개정 3판

종교사회학의 이해

나남
nanam

나남신서 1824

종교사회학의 이해

1997년 7월 25일 초판 발행
2005년 3월 5일 초판 4쇄
2006년 8월 20일 개정판 발행
2013년 4월 5일 개정판 3쇄
2015년 9월 5일 개정 2판 발행
2015년 9월 5일 개정 2판 1쇄
2019년 3월 5일 개정 3판 발행
2025년 3월 5일 개정 3판 3쇄

지은이 李園圭
발행인 趙相浩
발행처 ㈜나남
주소 10881 경기도 파주시 회동길 193
대표전화 (031) 955-4601
FAX (031) 955-4555
등록 제1-71호(1979. 5. 12.)
홈페이지 www.nanam.net
전자우편 post@nanam.net

ISBN 978-89-300-8824-4 94200
ISBN 978-89-300-8001-9 (세트)

책값은 뒤표지에 있습니다.

나남신서 1824

개정 3판

종교사회학의 이해

이원규

나남

nanam

Introduction to

the Sociology of Religion

4th ed.

by

Won Gue Lee

nanam

사랑하는 아내 장혜옥에게

개정 3판 서문

2015년 통계청의 인구주택총조사가 있었지만 그 결과는 2017년에야 발표되었다. 여기에는 중요한 종교인구 통계가 포함되어 있어, 그 자료를 토대로 하여 이 책 내용의 일부를 수정하는 것이 불가피해졌다. 이것이 이 책의 개정 2판이 나온 지 3년 만에 개정 3판을 내는 이유다.

통계자료는 주로 8장과 15장에서 대체되거나 보완되었고, 6개의 표는 새로 만들었다. 이에 따라 교체된 통계에 근거하여 그 내용을 다시 분석했고, 15장 2절의 '사회변동과 한국종교의 성쇠' 단원은 새로 썼다. 그리고 얼마의 최근 참고문헌을 추가했다.

이 개정 3판이 한국의 최근 종교 실태와 변화에 대한 이해에 도움이 되기를 바란다. 이 책의 개정 3판 출판을 허락해 주신 나남출판의 조상호 회장님과 편집을 위해 수고한 편집부 직원들께 깊은 감사의 뜻을 전한다.

2019년 봄 목동에서

이원규

개정 2판 서문

이 책은 1997년 초판이 발행되었고, 통계자료들을 교체하고 내용도 보완하여 2006년에 개정판을 냈다. 이후 9년이 흐르면서 세계의 종교적 상황도 많이 변했고, 종교현상을 사회학적으로 분석하는 데 도움이 되는 통계자료들도 최근의 것들이 필요하게 되었다. 그리고 그동안 종교사회학 분야의 새로운 연구서적들도 많이 발간되었다. 이러한 상황변화로 불가피하게 다시금 이 책의 개정 2판을 출간하게 되었다.

종교와 관련된 통계자료는 많지 않을 뿐만 아니라, 그것들을 찾아내는 일도 쉬운 작업은 아니었다. 게다가 한국에서는 종교 관련 경험적 연구도 별로 이루어지지 않았고, 그것을 뒷받침하는 통계자료는 더욱 제한적이었기 때문에 최근의 자료를 구하는 데 많은 어려움을 겪었다. 그럼에도 필자는 나름대로 최선을 다하여 그 자료들을 찾아 이 책의 내용을 새롭게 수정 보완하려고 노력했다.

통계자료가 최근의 것으로 대체되고 보완된 것은 제 7, 8, 10, 12, 13, 15장에서였으며, 모두 25개의 도표를 새롭게 만들었다. 제 7장("종교와 사회심리적 요소")의 제 3절에서는 "종교와 삶의 적응"이라는 단원이 추가되었고, 제 4 절에서는 "종교와 친사회적 행위"와 "종교와 반사회적 행위"라는 단원이 새로 편입되었다. 제 8장("종교와 성(性), 나이, 지역")의 제 1절 가운데 "종교성과 성" 부분은 대폭 수정 보완했으며, 여러 새로운 이론들을 소개했다. 제 2절 "종교와 나이", 제 3절 "종교와 지역" 부분도 모든 통계자료를 최근의 것으로 바꾸어 새로 썼다. 제 12장("종교와 사회계층")의 제 5절에서 "종교와 사회계층의 관계"와 "종교적 귀속과 사회계층" 단원에서도 통계자료를 모두 교체하고 다시 분석했다. 제 13장("종교와 사회제도")의 제 1절 "종교와 정치제도" 부분에서도 통계자료를 모두 최근의 것으로 교체하고 몇 가지 자료를 추가하여 이에 대하여 설명했다.

가장 많이 손질한 부분은 제 15장("종교와 사회변동 II")이다. 제 3절 "종교의 세속화" 부분에 "종교성쇠에 대한 이론" 단원을 추가했고, 제 4절은 4, 5절 두 부분으로 나누어 그 내용을 대폭 보강했다. 제 4절은 "종교의 탈세속화" 주제를 다루었고, 제 5절은 "종교의 미래"에 대하여 보강 설명했다.

최근의 많은 저서와 논문이 새로 참고되었기 때문에, 참고문헌 목록에 그것들이 대거 추가로 편입되었다. 물론 "찾아보기"에도 많은 새로운 주제와 인명이 추가되었다.

이 개정 2판이 종교현상을 사회학적으로 바르고 새롭게 이해하는 데 도움이 되면 좋겠다. 이 책의 개정 2판 출판을 허락해 주신 나남출판의 조상호 회장님과 편집을 위해 수고한 편집부 직원들께 깊이 감사드린다.

2015년 8월 목동에서

이 원 규

개정판 서문

필자의 《종교사회학의 이해》가 처음 출판된 것은 1997년이었다. 이 책은 종교사회학이라는 학문을 소개하기 위하여 나름대로 공을 들여 최선을 다하여 집필한 책이었다. 고맙게도 그 분야에 관심을 가진 많은 분들 덕분에 그동안 이 책은 여러 차례 발간될 수 있었다. 그러나 이제 10년 가까이 지남에 따라 그 책에서 소개되고 분석되었던 많은 통계자료가 오늘의 현실을 이해하기에는 적절하지 않은 낡은 자료가 되고 말았다. 특히 사회과학 분야에서는 최근의 통계자료가 현상분석의 가장 중요한 단서가 되는데, 이것은 종교사회학 영역에서도 마찬가지다. 따라서 이제 이 책의 개정판을 내는 근본적 이유는 각종 통계자료를 최근의 것으로 대체하고, 그것을 근거로 하여 종교현상을 새롭게 분석하기 위한 것이다.

원래 종교와 관계된 통계자료는 많지 않고, 더구나 최근의 자료는 더욱 흔하지 않아 이것들을 찾아내는 일은 쉽지 않다. 그러나 필자는 가능한 대로 다양한 형태의 최근 종교통계 자료들을 찾으려고 노력했고, 그것들을 새롭게 이 책에 수록했다. 따라서 20여 개의 표가 대체되거나 새롭게 편입되었다. 특히 제 7, 8, 10, 12, 13, 15장에서 새로운 통계자료를 많이 보완하였다. 그리고 최근의 세계종교 현황에 대한 통계자료를 제시했다.

책의 기본적인 틀과 전체적인 구조는 바꾸지 않았다. 왜냐하면 현재로서는 새로운 단원을 추가하거나, 불필요한 부분을 삭제할 필요성을 별로 느끼고 있지 않기 때문이다. 다만 제 15장 4절 "세속화의 결과와 종교의 미래"에서 '종교의 탈세속화' 문제를 다루는 단원을 추가했다. 제 6장의 제목을 "종교의 기능에 대한 이론"에서 "종교에 대한 사회이론"으로 바꾸었다. '카톨릭'이라는 명칭은 모두 '가톨릭'으로 바꾸어 표기했다. 그리고 얼마의 최근 참고문헌을 추가로 첨부했다.

이 개정판이 종교사회학 분야의 다양한 주제, 여러 이론과 실제뿐만 아니라 최근의 종교현상에 대한 사회학적 이해에 도움이 되었으면 한다. 이 책의 개정판 출판을 허락해주신 나남출판의 조상호 사장님과 편집을 위해 수고한 편집부 직원들께 다시 한 번 감사드린다.

2006년 8월 목동에서

이 원 규

머리말

종교는 인간의 역사와 함께 시작되었다. 인간이 있는 곳에는 그리고 사회가 있는 곳에는 언제나 그리고 어디서나 종교가 있었다. 종교는 인간생활의 중요한 일부분이었고, 사회의 유지와 관계가 있는 사회적 현상이었다. 사실상 종교는 사회를 이해하는 데 매우 중요한 요소이기 때문에 뒤르켐과 베버 이래로 사회학은 종교현상을 그 연구대상의 하나로 다루어 왔다. 사회학에서 종교문제를 집중적으로 탐구하는 분야가 바로 종교사회학이다. 종교사회학은 종교를 일종의 사회적 현상으로 보면서 종교와 사회의 관계를 사회과학적인 방법으로 탐구한다.

서구사회에서 종교사회학이 초기부터 사회학의 한 분야로 진지하게 취급된 것에 비해 한국에서는 그 분야가 소개된 역사도 짧았지만, 그것에 대한 관심도 많지 않았다. 한국인의 약 절반이 종교를 가지고 있다는 사실을 감안하고, 종교의 영향력이 사회에서 크게 작용하고 있다는 사실을 고려한다면, 그동안 한국의 사회학계가 종교현상을 깊이 있게 다루지 않았던 것은 이상한 일이라 하겠다. 아마 그 이유 가운데 하나는 종교사회학이라는 학문이 우리나라에 충분히 소개되지 못했기 때문일 것이다.

최근에는 여러 대학교의 사회학과, 종교학과, 신학과 등에서 종교사회학 강좌가 열리고 있는데, 이것은 매우 다행한 일이라 할 수 있다. 왜냐하면 종교사회학이라는 학문을 통해서 종교현상을 보다 객관적으로 볼 수 있는 길이 열릴 뿐만 아니라 종교가 중요한 하나의 부분이 되고 있는 사회현상 자체를 이해하는 데도 그 분야가 도움이 되기 때문이다.

그러나 문제는 종교사회학 분야를 공부할 수 있는 자료의 빈곤이었다. 지금까지 이 학문을 우리말로 배울 수 있는 책은 10여 종의 번역서와 몇 권의 단행본이 고작이었다. 더욱이 종교사회학에서 다루는 많은 주제들을 포괄적으로 소개하는 책은 별로 없었다. 이 책은 이러한 절박한 상황에 대처하기 위하여 집필된 것이다.

필자가 이 책을 쓰기로 계획을 세우고 자료를 정리하기 시작한 것은 1987년 안식년 때였다. 결국 이 책은 준비한 지 10년 만에 빛을 본 셈이다. 그동안 많은 어려움이 있었지만 오랜 기간의 노력의 결과로 마침내 이러한 하나의 작은 결실을 보게 된 기쁨을 필자는 독자들과 함께 나누고 싶다.

이 책은 몇 가지 특징을 가지고 있다. 첫째로, 필자는 이 책에서 종교사회학 분야의 거의 모든 주제들을 망라하여 포괄적으로 취급하려고 했다. 종교사회학이 어떤 학문이고, 여기에서 다루는 주제들은 어떤 것이며, 그 내용은 무엇인가 하는 것을 전체적으로 충분히 이해할 수 있도록 하기 위하여 주제를 다양하게 구성했고, 그 내용도 될 수 있는 대로 자세히 설명하려고 했다. 그래서 책의 부피가 두꺼워졌고 단원도 15장으로 늘어났다.

둘째로, 필자는 이 책에서 종교사회학에 대한 개론적인 소개에 더

하여 각 주제에 따른 이론적인 설명을 제시하고 있다. 즉, 이 책은 종교사회학 입문서, 개론서, 이론서의 성격을 모두 가지고 있다. 필자는 원래 종교사회학 개론서와 이론서를 따로 집필할 생각이었으나 그렇게 할 경우 상당부분 그 내용이 중복될 것 같아 개론적 소개와 이론적 분석의 두 가지 목적을 이룰 수 있는 종합적 체계의 책을 집필하기로 했던 것이다. 이에 따라 이 책을 통하여 독자들은 종교사회학에 대한 기초적인 지식을 얻을 수 있을 뿐만 아니라 보다 심층적인 이론적 논의에 접근할 수 있을 것이다.

셋째로, 이 책에서 필자는 종교사회학 주제들에 대한 논의에서 단순히 이론적 설명을 전개하는 것으로 그치지 않고 가능한 범위 내에서 여러 경험적 연구결과 혹은 통계자료를 제시하려고 했다. 경험적 자료의 제공은 이론적 설명을 뒷받침해 주는 좋은 근거가 되기 때문에 종교에 대한 사회학적 분석에 매우 중요한 역할을 한다. 한국의 상황에서 경험적인 종교사회학 연구는 제한되어 있으나 필자는 가능한 범위 내에서 경험적 자료를 활용하려고 했다.

마지막으로, 이 책의 한계라고 할 수 있는 점은 이 책에서 논의되고 분석한 내용들을 한국의 종교와 사회상황에 모두 그대로 적용하는 데는 어려움이 있다는 사실이다. 이것은 종교사회학에 관한 연구는 그동안 거의 기독교권의 서구사회에서만 이루어져 참고자료가 대개 서구사회의 사회학적 연구결과를 토대로 하고 있기 때문이다. 그러나 종교는 인간의 보편적 현상이기에 필자는 이 책에서 논의되는 내용들도 상당 부분 한국 상황에 그대로 적용될 수 있으리라고 판단한다.

물론 필자는 이 책에서 기존의 종교사회학적 분석의 틀에 한국의 종교상황을 적용해 보려는 시도를 나름대로 하려고 노력했다. 그러나 한국종교를 사회학적으로 분석한 자료가 매우 제한되어 있고, 한국 종교의 실태에 대한 정확한 통계자료도 별로 없는 현 상황에서는 한국종교전반에 대한 심층적인 사회학적 분석은 현실적으로 용이하지 않았다. 이것은 앞으로의 종교사회학계의 과제로 남겨 놓는다.

이 책은 15장으로 구성되어 있으나 크게 나누어 보면 그 내용은 여섯 부분으로 구분될 수 있다. 제 1장과 제 2장은 종교사회학이라는 분야를 소개하는 서론적인 부분이라 할 수 있다. 두번째 부분은 3, 4, 5장으로, 여기에서는 종교에 대한 고전적인 사회학 이론과 사상이 소개되고 있다. 제 6장은 오늘날의 종교사회학 이론의 쟁점을 논의하는 이론적 부분이라 할 수 있다. 제 7장과 제 8장은 종교와 사회심리적 및 인구학적 배경변수와의 관계를 다루고 있다. 이 책의 9, 10, 11장은 종교 자체의 사회적 성격을 규명하는데, 그것의 문화적, 조직적 성격을 논의하고 있다.

마지막으로 제 12, 13, 14, 15장은 종교와 사회의 중요한 관계를 사회계층, 사회제도, 사회변동이라는 주제를 중심으로 다루고 있다. 종교와 사회변동의 관계는 특히 중요하기 때문에 종교를 독립변수와 종속변수로 볼 수 있는 두 가지 상반된 경우를 제시하고 있다. 전체 15장은 각각 독립된 주제를 다루고 있고, 따라서 공부하는데 순서는 바뀌어도 좋으나, 이해를 돕기 위해서는 가급적 순서대로 책을 읽는 것이 좋을 것이다.

마지막으로 필자는 이 책이 나올 수 있도록 힘이 되었던 여러분들께 감사의 말을 전하고자 한다. 부족한 아들을 위해 멀리 미국에서 항상 기도로 힘이 되어 주셨던 어머님께 감사드린다. 많은 학문적

대화를 통하여 이 책 집필에 용기를 주었던 동료 교수들과 친구들, 그리고 낯선 학문을 진지하게 공부해 온 제자들도 필자에게는 자극이 되었다.

그러나 이 책의 완성에 가장 큰 힘이 되었던 것은 아내 혜옥의 끊임없는 격려와 도움이었다. 그녀는 필자가 이 책을 집필하는 데 결정적으로 중요했던 정신적인 조언자였을 뿐만 아니라 이 책의 내용을 컴퓨터로 정리해 준 실질적인 조력자였다. 그리고 틈틈이 옆에 와서 용기와 격려의 말을 건네곤 했던 딸 애리와 아들 진석에게도 고마운 마음을 가지고 있다.

필자는 특히 학문적인 깊이와 인간적인 폭넓음으로 이 책의 출판을 기꺼이 허락해 준 나남출판의 조상호 사장께 심심한 감사의 뜻을 표한다. 끝으로 이 책의 출판을 위해 여러 가지로 직접 수고해 준 방순영 부장과 편집부 직원 여러분들, 그리고 '찾아보기' 정리에 도움을 준 감신대 대학원의 종교사회학회 회원들에게도 고마운 마음을 전한다. 이 책이 한국 종교사회학계의 학문적 발전에 적은 힘이나마 도움이 되었으면 한다.

1997년 5월 목동에서

이 원 규

나남신서 1824

개정 3판

종교사회학의 이해

차 례

제1장

종교사회학이란 무엇인가

1. 종교사회학의 관점

1) 종교사회학의 성격

인간은 종교적 동물(*homo religious*)이다. 인류가 시작되면서 종교도 함께 시작되었고, 인류가 오늘날까지 지속적으로 생존하면서 종교도 함께 생존하고 있다. 인간이 개인적으로 종교를 가지고 있든 없든, 종교적이든 종교적이 아니든 상관없이 종교는 존재하고 있다. 인간이 태어나서 죽고 새로 또 태어나고 죽기를 반복하는 것처럼 유사 이래로 수많은 종교들이 생겼다가 없어지고 또 생겨나기를 거듭했다. 인간이 사회적 존재임을 감안한다면 사회가 존재하듯 종교도 존재했다고 말할 수 있을 것이다.

종교에 대한 관심은 종교를 우호적으로 보는 사람들뿐만 아니라 그것을 비판적으로 평가하는 사람들에게도 있다. 또한 종교적 관심은 신자들에게만이 아니라 비신자들에게도 있다. 종교적 관심은 특히 종교란 무엇인지, 나아가서는 왜 종교가 있는지, 왜 사람들은 종교를 믿는지, 종교는 인간과 사회에 어떤 구실을 하는지 알고 싶어 하는 사람들에게 중요하다.

이러한 관심은 평범한 일반인에 의해서 나타날 수도 있고 전문학자에 의해서 표출되기도 한다. 종교에 대한 전문학자의 관심은 학문의 형태로 여러 관점에서 나타날 수 있다. 종교사회학(*sociology of religion*)은 이러한 학문, 그리고 관점의 하나라고 할 수 있다.

종교사회학은 사회과학으로서의 사회학의 한 하위분야(*sub-discipline*)이다. 즉, 종교사회학은 하나의 사회현상으로서의 종교현상에 대하여 사회학적으로 연구하는 학문이다. 이때 종교는 연구자료(*data*)가 되고, 사회학은 연구방법(*methods*)이 되는 셈이다.

사회학에서는 종교를 하나의 사회현상으로 본다. 물론 종교는 개인적이고 심리적인 성격을 가지고 있다. 종교는 흔히 '영적'인 문제를 다루고 있고, 종교신앙은 절대자 혹은 절대적 진리에 대한 개인의 믿음과 관계성을 나타내기 때문에 그것은 개인적 현상이라고 볼 수 있다. 그러나 그러한 신앙마저도 대개는 그것을 공유하는 사람들 사이에서 집단적으로 믿어지고, 집단적인 신앙행위로 표출되는 경향이 있기 때문에 사회적이다(Brothers, 1971:g 3). 매우 주관적인 신비적 경험도 사회적으로 가능한 상징을 통하여 의미가 주어진다. 회심과 같은 개인적 종교경험도 주관적인 것이지만 사회환경 안에 있는 것이며, 사회적 관례에 의해 의미가 주어지는 것이다. 그래서 종교는 개인적이며 동시에 사회적인 현상이다.

종교는 또한 같은 신앙을 가진 사람들을 결속시키고, 이에 따라 형성되는 조직을 유지, 발전시키게 된다는 의미에서도 사회적이다. 즉, 종교도 하나의 사회제도이다. 하나의 집단현상으로서의 종교는 개인들의 사회생활에 영향을 미칠 뿐만 아니라 정치, 경제, 가족, 교육과 같은 다른 사회제도에 영향을 미치고, 또 그것들로부터 영향을 받을 수도 있기 때문에 사회적인 현상이라 할 수 있다.

나아가서 종교는 그 자체가 하나의 하위문화(*sub-culture*) 현상으로 가치나 규범(규범문화), 과학이나 지식(인지문화), 예술(심미문화)과 같은 문화적 요소들과 영향을 주고받는다는 의미에서도 사회적 현상이다. 종교는 또한 사회구조나 사회변동에 영향을 미치거나 혹은 그것들의 영향을 받을 수 있기 때문에 사회적 현상이라 할 수 있다. 종교사회학은 이러한 하나의 사회현상으로서의 종교의 성격, 구조, 기능, 변동에 대하여 연구하는 학문분야라 하겠다.

사회학이 종교연구에 관심을 가지는 우선적인 이유는 많은 사람들이 종교를 가지고 있으며, 그것이 그들에게 중요한 작용을 하기 때문이다. 세계적으로 2015년 현재 전 인구의 86%인 62억 8천만 명이 종교인이다(Pew Research Center, 2017). 한국의 경우에는 2015년 현재 전체 인구의 44%인 2천 160만 명이 종교인이다(통계청, 2015). 그러나 점복, 금기, 주술, 제사, 굿, 풍수, 조상숭배, 세시풍속, 통과의례 등의 민속신앙 혹은 민간신앙을 종교의 범주에 넣을 경우 종교와 무관한 한국인은 별로 없을 것이다. 따라서 개인적인 것이든 집단적인 것이든, 규칙적인 것이든 불규칙적인 것이든 종교적 수행은 많은 사람들에게 생활의 중요한 부분이 되고 있다.

종교적 가치와 규범은 신자들의 태도와 행위에 영향을 미친다. 수많은 사람들이 교회나 성당, 혹은 절을 찾아 기도하거나 점을 치거나 굿을 한다. 수많은 사람들이 제사를 드리거나 고사를 지낸다. 종교적 가르침에 따라 이슬람교도는 돼지고기를 먹지 않으며, 힌두교도는 소고기를 먹지 않는다. 종교적 가르침에 따라 시한부 종말론자는 가정과 직장을 포기하고 종교집단에 참여하며, 어떤 종파(여호와의 증인)는 수혈을 거부하기까지 한다. 어떤 이들은 신앙적 이유로 자신의 목숨까지 바치는가 하면(순교), 타인의 목숨을 위협하기도 한다

(종교재판, 마녀사냥 등). 어떤 이들은 신앙적 동기로 자신의 모든 것을 불쌍한 사람들에게 나누어주는가 하면, 온갖 테러를 자행하기도 한다.

이와 같이 종교는 수많은 개인들의 생활에 어떤 형태나, 어느 정도로든 중요한 역할을 한다. 종교는 그들의 생각이나 태도, 행위에 커다란 영향을 미친다. 따라서 인간의 상호작용 및 사회생활을 탐구하는 사회학의 입장에서 보면 종교현상은 매우 중요한 연구주제가 된다.

종교는 또한 그것이 사회에 미치는 영향과 사회로부터 받는 영향 때문에 사회학의 중요한 연구주제가 되고 있다. 분명히 하나의 제도로서의 종교는 다른 사회제도들과, 그리고 사회구조나 사회변동이라는 사회현상과 역동적으로 깊은 상호관계를 유지하고 있다. 종교는 또한 사회운동이나 사회문제에도 어떤 식으로든 깊이 관계되어 있다. 이러한 관계들은 순기능적일 수도 있고 역기능적일 수도 있으며, 의도된 것일 수도 있고 의도되지 않은 것일 수도 있다.

종교가 사회계급 제도를 공고히 하는 작용을 하는가 하면, 어떤 경우에는 계층이동을 촉진하는 힘이 되기도 한다. 종교가 독재정치 체제를 뒷받침하기도 있고, 때로는 민주체제의 형성에 기여할 수도 있다. 종교운동이 사회운동을 촉발하는 계기가 되는가 하면, 사회변동의 결과로 새로운 종교운동이 전개될 수도 있다. 종교가 사회안정에 도움이 될 수도 있으나, 반대로 사회갈등을 조장하는 수도 있다. 또한 종교가 일탈행위를 예방함으로써 사회문제 해결에 공헌할 수 있지만, 때로는 오히려 종교가 하나의 사회문제가 되어 버리는 경우도 있다. 종교의 이름으로 전쟁이 일어날 수도 있고, 평화가 유지될 수도 있다. 종교적 이념이 자연을 파괴할 수도 있고 자연을 보호할 수도 있다.

이와 같이 종교가 사회와 밀접한 관계를 가지고 있다는 현실이 사회학에서 종교현상을 다루지 않을 수 없는 또 다른 이유가 되는 것이다.

그러나 사회학은 종교를 보는 여러 가지 가능한 방법 가운데 한 가지일 뿐이다. 사실상 종교는 여러 각도에서 이해되고 연구될 수 있다. 심리학자는 개인의 정신적, 감정적 경험으로서의 종교경험을 분석한다. 종교철학자나 종교학자는 다양한 종교들의 믿음 내용을 비교하고 분석한다. 조직신학자는 신에 대한 교리, 신과 인간, 그리고 세계와의 관계성에 대한 교리를 발전시킨다. 윤리학자는 종교적 인간의 도덕적 책임성을 규정한다. 인류학자는 종교의 문화적 성격 및 종교와 문화와의 관계를 탐구한다.

이와 같이 종교현상을 이해하고자 하는 접근방법은 다양하지만, 그 어느 것도 종교현상을 완전하게 설명하지는 못한다. 각각의 방법은 종교를 이해하기 위한 하나의 방법일 뿐이다. 따라서 종교를 충분히 이해하려면 가급적 여러 가지 관점을 폭넓게 탐구하는 것이 좋을 것이다.

종교사회학은 종교를 연구하는 방법, 관점들 가운데 하나이다. 그러나 종교현상을 탐구하는 여러 가지 관점 가운데서 사회학은 인류학, 심리학과 가장 인접해 있다. 무엇보다 그 분야들은 사회과학으로서의 종교현상을 연구하는 데 과학적 방법을 공통적으로 사용하고 있기 때문이다. 따라서 종교사회학은 종교현상을 문화적 측면에서 주로 탐구하는 종교인류학, 그리고 종교현상을 개인 심성의 측면에서 주로 접근하는 종교심리학과 밀접한 관계를 가지면서 서로 도움을 주고받고 있다.

2) 과학적 종교연구의 특성

종교사회학은 종교현상을 사회학적으로 연구하는 학문분야라고 했다. 이때 '사회학적'이라는 말은 과학적(혹은 사회과학적)이라는 말이다. 즉, 종교현상을 과학적으로 연구하는 것이다. 여기에서 '과학적'이라는 말은 연구내용을 의미하는 것이 아니라 연구방법을 지칭하는 말이다. 과학적 방법이란 사실들(*facts*)을 수집하고 정리하는 방법으로서 여기에는 4가지 기본원칙이 있다.

첫째로, 과학적 방법은 경험적(*empirical*) 방법이다. 사회학자는 경험적 자료에 의해서 관찰될 수 있는 현상만을 연구한다. 그는 오감을 통해서 측정될 수 있고, 관찰될 수 있고, 검증될 수 있는 사실만을 다룬다. 따라서 종교사회학은 초경험적 존재나 실재에 대하여는 다루지 않는다. 예를 들면 신은 존재하는가 하는 물음은 형이상학적 질문은 될 수 있을지 몰라도 과학적 물음은 될 수 없다. 왜냐하면 신의 존재는 경험적으로 검증될 수 없기 때문이다.

그러나 신을 믿는 사람들의 믿음 유형, 가치관과 태도, 행동양식 등은 경험적으로 충분히 측정, 검증될 수 있기에 이러한 문제들은 사회학에서 다룰 수 있는 주제가 될 수 있다. 비슷하게 내세나 구원의 문제도 그 존재 여부나 가능성의 문제를 논하는 것은 신학의 영역이지 사회학의 영역은 아니다. 그러나 내세나 구원에 대한 믿음이 개인과 사회에 미치는 영향에 대해서는 경험적 자료에 의해 관찰될 수 있기에 이러한 주제연구라면 사회학에서 가능할 수 있고, 실제로 중요하게 다루어지는 주제의 하나이다.

둘째로, 과학적인 방법은 객관적인(*objective*) 방법이다. 객관적이라 함은 연구자가 자료를 수집하고 분석하고 해석하는 동안 자신의 주관적인 편견이나 확신을 잠정적으로 배제하는 것을 의미한다. 물론 사회학자도 개인의 주관적인 종교신앙을 가질 수 있다. 그러나 그는 자료에 대해 개방적이어야 하고, 특정 종교집단이나 종교과정에 대해 선입견을 피해야 한다. 사회학자는 개인적인 전제나 가정, 신념이나 세계관은 일단 접어놓고 그가 연구하는 종교현상을 관찰하고 해석하는 데 객관성을 유지해야 한다. 종교집단을 연구할 때는 그 집단에 대한 연구자 개인의 견해가 있을 수 있겠지만, 사회학자는 그 집단을 그 집단 자체의 용어로 이해하고, 다른 이들도 공감할 수 있는 객관적 근거를 제시할 수 있어야 한다. 예를 들면 매우 진보적인 신앙을 가지고 있는 사회학자가 어떤 매우 보수적이고 열광적인 종교집단을 연구하게 되었다고 가정해 보자. 그가 과학적인 연구결과를 얻으려면 그는 연구하는 동안은 보수적인 신앙노선에 대한 그의 부정적이고 비판적인 관점을 배제하고 제삼자의 입장에서 편파나 편향 없이 있는 그대로를 밝혀내야 하는 것이다. 물론 이러한 객관성의 유지가 항상 쉬운 것은 아니다. 개인적 신앙이 무의식적으로 종교에 대한 관점에 영향을 미칠 수 있다. 그러나 최대한 객관성을 유지하는 것이 과학적인 연구의 열쇠가 된다.

셋째로, 과학적 방법은 검증적(*verifiable*) 방법이다. 과학은 증명을 요구한다. 어떠한 연구결과가 사실로 받아들여지기 위해서는 다른 연구자들도 첫 연구자와 같은 관찰단계를 통해 같은 결론에 도달해야 한다. 그러한 증명이 가능할 때에만 과학자는 그 사실이 확립되었다고 결론짓는다.

사회학자는 통계자료이든 문헌자료이든 간에 자신의 주장을 확고히 뒷받침할 수 있는 근거를 제시해야 한다. 그리고 될 수 있는 대로 증명이 가능한 연구방법론(예를 들면 서베이 연구법, 실험법, 참여관찰법, 내용분석법 등)을 채택하여 자신의 입장을 입증하는 것이 좋다. 많은 경우 사회학적 연구는 가설설정과 증명의 절차를 거친다. 따라서 검증이 불가능한 추상적 이론이나 개념은 사회학적 연구로서는 적합하지 않다.

넷째로, 과학적 방법은 가치자유적(*value-free*) 혹은 가치중립적(*value-neutral*) 방법이다. 이것은 연구대상 혹은 주제에 대한 가치판단을 하지 않는 것을 의미한다. 즉, 관찰하는 현상의 가치내용과 실제적 존재 사이를 구분해야 한다는 것이다. 과학은 사실을 결정하거나 지식을 획득하는 방법이지, 가치를 결정하거나 도덕적 규정을 마련하는 방법은 아니다. 가치나 규범, 도덕성은 과학적으로 규정될 수는 없다. 따라서 사회학자는 '되어야 하는 것'(*what ought to be*)이 아니라 '있는 것'(*what is*)에 관심을 갖는다. 가치판단을 배제하고 종교현상을 연구하기 때문에 사회학자는 그것이 옳다거나 그르다거나, 선하다거나 악하다는 식의 평가를 하지 않는다. 할 수 있다면 그 현상을 옳다고 보거나 그르다고 보는 이들의 태도나 행위를 관찰하는 연구를 할 수 있을 뿐이다.

가치평가에 관한 한 연구자는 중립의 입장에 서서 고착된 주관적 평가로부터 자유로울 수 있어야 한다. 물론 사회학자도 개인적 가치관을 가질 수 있다. 예를 들면 어떤 종교집단을 사교집단으로 보는 관점을 가지고 그 집단은 사회악이라고 개인적으로 평가할 수 있을 것이다. 그러나 그가 과학적 연구자의 입장에서 그 집단을 분석하려면 가치판단의 전제는 배제하고 중립적 입장에서 관찰하고 연구하도록 해야 한다.

이러한 원칙들 가운데서 객관성과 가치자유(가치중립)의 문제에 대하여는 많은 논란이 있었다. 그것이 바람직한가 하는 문제는 그만 두고라도 그것이 가능한가 하는 문제이다. 특히 사회학자의 종교연구에서는 객관성이나 가치중립성을 어렵게 만드는 요소들이 많다는 것이 지적되었다(Vogt, 1967: 116~18). 즉, 사회학자 개인의 인성구조(기질, 습관, 관심, 가치, 신앙, 도덕), 사회적 위치(가족에서의 지위와 역할, 자신이 속한 집단구조의 특징), 그의 문화적 환경, 그의 사회-종교적 혹은 사회-이념적 위치, 연구의 동기 등이 그의 사회학적 관점에 암묵적으로 영향을 미칠 수 있다는 것이다. 물론 완전한 중립성이나 객관성은 불가능할지 모른다. 그러나 사회학자의 연구가 과학적인 것이 되기 위해서는 중립성과 객관성을 유지하려는 최선의 의도적, 의식적 노력이 필요하다.

종교사회학이 종교현상을 경험적, 객관적, 검증적, 가치자유적으로 연구한다는 것은 종교현상을 있는 그대로의 사실로 연구한다는 것을 의미한다. 따라서 종교사회학의 연구는 다음과 같이 그 성격이 규정될 수 있을 것이다(Vernon, 1962: 16~7). 우선 종교사회학 연구는 종교적 이념들이 진실인지 허위인지의 탐구가 아니다. 종교적 이념의 진위성은 다분히 주관적 가치평가를 근거로 하기 때문에 그것이 신학적 탐구주제일 수는 있어도 사회학적 탐구주제는 될 수 없다. 예를 들면 많은 종교들이 내세에 대한 신앙을 가지고 있다. 그러면 이 신앙은 참된 것인가 아니면 거짓된 것인가? 내세를 믿는 사람에게는 그 신앙이 진실일 것이고, 내세를 부인하는 사람에게는 그 신앙은 거짓일 것이다. 그 신앙이 진실이냐 허위이냐 하는 것은 주관적이고 초경험적이며 가치평가적인 신학적 판단에 근거한 문제로서 사회학에서는 다룰 수 없는 주제이다.

같은 논리로 종교사회학 연구는 어떤 종교적 가치는 옳고 다른 종교적 가치는 옳지 않다는 것을 지적하려는 시도도 아니다. 이 사람에게 옳다고 여겨지는 가치가 저 사람에게는 옳지 않다고 여겨질 수 있기 때문이다. 개인의 주관에 따라 다르게 이해될 수 있는 문제에 대하여 가치평가를 하는 것은 사회학의 일이 아닌 것이다. 종교사회학은 어떤 종교적 형태가 더 옳고 그른지를 결정하려는 시도 역시 아니다. 종교사회학은 근본적으로 종교 자체가 좋은 것인지 아닌지에 대한 물음에 대답하려는 시도도 아니다. 그것은 또한 종교에 대한 변호나 공격을 위한 시도도 아니며, 한편 사회개혁을 위한 프로그램도 아니다.

그러나 종교를 과학적으로 연구하고자 하는 입장에 대하여 적지 않은 반발이 있었다. 그것은 대개 두 가지 형태로 나타났다.

하나는 종교에 대한 과학적 연구는 불가능하다는 입장이다. 종교현상은 인간이 검증할 수 없는 것이며, 사회의 영향 밖에 있는 것으로 사회학과 같은 경험지향적 방법으로는 접근할 수 없는 현상이라고 보는 단순한 입장이다. 이 입장은 신학적으로 보면 보수적, 근본주의적 혹은 극단적 정통주의 관점이라 불린다(Hill, 1980: 7).

종교는 경제적, 사회적, 정치적 활동과 같은 세속적 활동과는 구분되며, 신앙에 의해서가 아니면 취급될 수 없는 거룩한 경험이라고 보기 때문에 세상적 방법으로는 접근될 수 없다는 생각이다. 이 입장은 종교에 대한 사회학적 관찰을 거부한다. 그들은 흔히 색유리창의 비유를 든다(Whitley, 1964: 1~5). 바깥에서 색유리창 안을 보는 것이 어떻게 가능하겠느냐는 것이다. 종교의 참된 의미는 안에 있는 사람에게만 보이기 때문에, 사회학자는 색유리창 밖의 세속적 양상에 대해서만 말할 수 있을 뿐이지 성소 안에 있는 진리에 대해서는 아무것도 말할 수 없다는 것이다.

그러나 이것은 종교현상의 성격뿐 아니라 사회학의 성격에 대한 곡해에서 비롯되는 것이라 할 수 있다. 성소 안에서 신앙을 가지고 색유리창을 보는 사람은 성소 밖에서는 색유리창이 어떻게 보이는가를, 성소 자체가 어떻게 보이는가를 알 수가 없다. 이것을 알지 못하는 한 그는 성소나 종교현상은 신앙 안에 있는 사람에게 뿐만 아니라 신앙 밖에 있는 사람에게도 보이며, 때로는 신앙 밖에 있는 사람이 신앙 안에 있는 사람보다 더욱 정확하고 폭넓게 종교현상을 볼 수도 있다는 사실을 깨닫지 못하는 것이다. 성소 안에 갇혀 있는 사람은 그 안의 사정은 더 잘 알 수 있겠으나 성소 밖은 볼 수 없지만, 성소 밖에 있는 사람은 성소와 세계를 함께 볼 수 있는 것이다.

한편 사회학자는 성소 안의 문제, 즉 종교의 본질(*essence*)에 속하는 문제에는 관심이 없다. 그는 다만 성소 밖에서 성소의 모습을 다각도로 분석할 뿐이다. 사회학자는 성소의 사회적 위치, 사회적 기능과 역할, 외면적 변화를 객관적으로, 경험적으로, 가치중립적으로 성소 밖에서 탐구하는 것이다. 따라서 종교사회학은 종교현상에 접근하는 하나의 방법으로서 가능한 것이다.

두 번째로, 종교에 대한 과학적 연구에 반대하는 또 하나의 입장은 그러한 연구가 비록 가능하다 할지라도 그것은 바람직하지 않다는 것이다. 그들에게 끊임없는 비판적 사고와 인과관계의 경험적 증거를 추구하는 과학적 종교연구 태도는 신앙이 요구하는 전적인 신뢰와 상치되는 것으로 보일 수 있다(Roberts, 1984: 10).

이때 종교에 대한 사회학적 분석은 신앙에 대한 위협으로 보여질 수 있다. 사실상 사회학적 분석은 신자들을 동요하게 만드는 종교적 사실을 발견하기도 하고, 때로는 신자들의 신앙개념에 도전하는 인과관계의 해석을 제공하기도 한다. 예를 들면 종교인의 실제적인 신앙적 동기는 세속적인 것인 경우가 많다든지, 종교성이 강할수록 편견, 배타성, 독선이 심하다든지 하는 사회학적 연구결과들은 신자들의 심기를 매우 불편하게 만들고, 그러한 연구에 대한 거부감을 불러일으키기 쉬울 것이다.

많은 종교인들이 객관적 연구가 종교적 신앙을 약화시키고 종교적 충성을 와해시킬 수 있다고 두려워하기도 한다. 예를 들어 믿음으로, 기도로 병이 고쳐졌다고 믿는 신자가 종교적 치병현상은 대개가 집단최면 현상이든지 혹은 잠정적인 심리적 치유효과가 있을 뿐이라는 과학적 검증자료(예를 들면, 김광일, 1981)에 접한다면 얼마나 신앙적으로 좌절될 것인가. 이와 같이 종교인들은 지나치게 차가운 과학적 검증이 그들의 친숙한 신앙적 가치를 약화시키거나 그들의 뜨거운 신앙적 감정을 손상시키리라고 두려워하기도 하는 것이다.

그러나 종교에 대한 과학적 연구는 종교이해나 발전에 공헌할 수도 있다. 우선 과학적 연구는 앞에서 밝힌 대로 종교를 보다 완전하게 이해하는 데 하나의 도움이 될 수 있다. 그것은 특히 편파적이거나 편협할 수 있는 종교에 대한 좁은 신앙적 견해를 넓히도록 도와줄 수 있다. 과학적 연구는 때로 종교현상에 대한 무지와 편견을 교정하는 역할을 하기도 한다.

한편 과학적 종교연구는 종교의 문제적인 상황을 밝혀내고, 그 역기능에 대해서도 분석하기 때문에 종교 자체의 갱신과 개혁의 실마리가 되는 자료를 제공할 수도 있다. 심지어 종교실태를 과학적으로 분석, 평가한 자료는 종교의 선교 혹은 포교의 전략에 이용될 수도 있다. 이렇게 본다면 종교에 대한 과학적 연구(종교사회학)는 사회학의 입장에서뿐 아니라 종교의 입장에서도 가능하며 또한 바람직한 것이라고 하겠다.

3) 종교사회학의 발전

사회학은 전례 없이 급격한 사회변동을 겪던 서구사회에서 19세기 중반 무렵에 생겨났다. 그러한 변동을 초래한 배경은 무엇보다 산업혁명의 결과로 생겨난 산업화 과정이었다. 특히 농업에서 공업으로의 산업구조의 변화는 촌락 공동체를 약화시키고 복잡한 도시사회를 형성했다. 도시로의 광대한 인구이동에 따른 사회구조의 변화는 인간관계, 사회관계를 근본적으로 바꾸어 놓았고, 사회적 혼란과 무질서를 야기시켰다. 그 가운데서도 산업과 과학기술의 발달은 물질적 풍요를 보장하는 듯이 보이기도 했다.

산업혁명이 경제구조의 획기적 전환점이 되었다면 프랑스 혁명(1789년)은 정치구조에 커다란 변화를 가져왔다. 즉, 귀족 중심의 군주제에서 신흥 중산층 중심의 민주주의 제도로의 전환이 이루어지기 시작한 것이다. 이에 따라 급격히 변화되는 사회상황에 대한 진단과 평가의 필요성이 지성인들 사이에 생겨나기 시작했다. 더욱이 그들은 다윈(Charles Darwin, 1809~82)의 생물학적 진화론을 응용하여 사회현상을 설명할 수 있다는 생각을 하게 되었고, 문화접촉을 통해 알게 된 다른 사회들에 대한 관심도 높아지게 되었다. 이러한 배경에서 사회학이 시작되었으나, 사회학이란 명칭은 1839년 콩트(Comte)에 의해 처음으로 명명되었다.

종교사회학의 역사는 사회학의 역사와 함께 시작되었다. 그 관심이 크든 적든, 그 관점이 긍정적이든 부정적이든 초기의 사회학자들은 거의 예외 없이 종교를 연구하였다. 그러나 가장 초기의 사회학자들에게 종교현상이 중심적인 연구주제는 아니었다. 그 결정적 이유는 종교가 그들 시대의 정치, 경제, 그리고 그 밖의 여러 중요한 세속영역에 별로 영향을 미치지 못하게 되었다는 생각 때문이었다.

이러한 생각의 배경에는 몇 가지 중요한 사상적 조류들이 있었다. 하나는 실증주의(*positivism*)로서 이 관점에서 보면 종교는 인간의 원시적 과거로부터의 한 잔존물로 남을 뿐, 과학과 계몽의 시대에는 종교가 사라질 것이라는 것이다. 따라서 그들은 대개 종교의 시대는 과학의 시대로 바뀐다는 진화론적 시각을 가지고 있다. 이 관점에 대하여는 콩트나 스펜서(Spencer)와 같은 초기 사회학자들뿐만 아니라 타일러(Tylor), 프레이저(Frazer)와 같은 대부분의 초기 인류학자들도 동조했다. 실증주의 관점에서 보면 종교는 제도화된 무지이며 미신이었다.

초기 사회학자들에게서 종교에 대한 관심이 멀어지게 된 또 하나의 사상적 조류는 경제결정론적 입장이다. 맑스(Marx)로부터 시작된 이 관점은 사회의 경제제도가 사회변동의 궁극적 근원이라고 보면서 종교문제를 도외시하는 태도를 보였다.

이처럼 실증주의도 경제결정론도 종교영역에서의 사회학적 연구를 가치 있는 것으로 보지 않은 것은, 그 이론들이 현대사회에서 종교는 무시해도 좋을 힘으로 보았기 때문이다(Lenski, 1961: 3).

이와 같이 19세기의 사회학자, 그리고 인류학자들은 대부분 전통적 종교신앙을 지성적 과오로 보았고, 과학과 합리성의 발전은 그 신앙이 마침내 사라질 때까지 그것을 약화시킬 것이라고 보았다. 따라서 종교는 단지 역사적 관심에 머무는, 그리고 현대사회에서는 주변적인 어떤 것으로 이해되었다. 종교는 일반적으로 과학에 의해 수정될 수밖에 없는 믿음과 동일시되었기 때문에 과학자들, 특히 사회과학자들은 주로 불가지론자가 되었다(Budd, 1973: 2).

그러나 20세기에 접어들면서 새로운 종교적 관심이 사회학자들 가운데서 생겨나기 시작했다. 그들에게 종교에 대한 분석은 사회적, 문화적 생활을 이해하는 데 중심적 주제가 되었다. 이러한 변화의 배경에는 과학이나 지식의 발달에도 불구하고 종교는 여전히 인간사회를 움직이는 하나의 원천이며, 또한 종교는 여전히 사회적, 문화적 요소와 밀접하게 관계되어 있다는 사실에 대한 새로운 인식이었다(Robertson, 1984: 13). 종교문제에 깊은 관심을 가지고 종교에 대한 사회학적 연구의 기초를 마련하여 오늘날까지 종교사회학 분야의 이론적, 경험적 분석의 중심적 틀을 제공하는 대표적 사회학자는 베버(Weber)와 뒤르켐(Durkheim)이었다.

베버와 뒤르켐은 각기 다른 종교적 관심과 관점, 그리고 방법을 가지고 종교현상을 연구했다. 나중에 상세히 논의하겠지만 베버의 중심적 관심은 종교와 사회변동의 관계였다. 특히 종교가 사회변동을 촉진하는 하나의 동인(動因)이 될 수 있음을 밝혀내려고 했다. 한편 뒤르켐은 종교가 어떻게 사회를 통합시키는 데 기여할 수 있으며, 종교는 어떠한 사회적 의미를 가지며, 또 사회는 어떠한 종교적 의미를 가지는가 하는 문제를 깊이 연구했다.

이들은 종교가 인간의 무지에서 생겨났다든지 진화의 과정에서 사라져 버릴 것이라는 식의 초기 사회과학자들의 진화론적 시각에 동의할 수 없었다. 혹은 종교가 단순히 사회변동의 지배를 받거나 이른바 하부구조에 의해 결정된다는 일방적 주장에도 찬성하지 않았다. 그들은 적어도 종교가 가진 역동성(*dynamics*), 그리고 그것이 발휘할 수 있는 커다란 잠재적 힘을 발견했던 것이다.

그러나 다시 1920년대로부터 2~30년 간의 기간은 종교사회학의 측면에서는 비생산적인 시기였다. 사회학계에서 종교사회학을 소홀하게 다룬 이유는 한편으로는 맑스주의 영향을 수반한 실증주의 관념의 유산이 되살아났기 때문이고, 다른 한편으로는 도시화에 따른 사회변동에 대한 연구가 관심을 끌었기 때문이다(Nottingham, 1971: 290).

한편 이 기간에 주로 제도적인 기독교 영역 안에서의 사회학적 연구가 프랑스를 중심으로 이루어졌다. 르브라(G. Le Bras)의 주도하에 진행된 이러한 시도는 종교적 사회학(*religious sociology*)이라고 불린다. 이것은 사회지적(社會誌的) 전통으로 자료수집과 조작의 체계적 방법을 사회학적으로 활용하기는 했으나 목회신학과 밀접한 관련이 있었고 근본적으로는 실천적 의도가 있었기 때문에, 보다 깊이 있는 사회학적 분석이나 설명을 불가능하게 만들었다(Robertson,

1984: 15~7). 종교적 사회학은 가톨릭의 신학적 가정들에 근거한 연구에 가장 잘 적용될 수 있다(Hill, 1973: 1~17). 그러나 이러한 연구는 경험적이기는 하나 객관적이거나 가치중립적인 것이 아니기 때문에 순수하게 사회학적 연구라고 할 수는 없다.

종교사회학 연구가 다시 활발하게 이루어지게 된 것은 1950년대 이후의 일이었다. 이것은 유럽보다는 미국의 사회학계에서 두드러지게 나타난 현상이었다. 종교에 대한 관심이 사회학 분야에서 다시 활발해진 데는 몇 가지 이유가 있다. 우선 산업화를 통한 경제성장, 민주적 정치체제 확립, 과학과 기술의 발전, 합리적이고 실증적인 사고 등이 미국이나 유럽 사회에 낙관적이고 인간주의적인 세계관을 만연시켰다. 그러나 두 번에 걸친 세계대전 및 경제적인 대공황 등의 사건들은 그들로 하여금 인간과 세계에 대하여 비관적 관점을 갖게 만들었다. 뿐만 아니라 급격한 도시화는 공동체성과 정체성의 위기를 가져왔다.

이러한 상황은 많은 사람들로 하여금 잊었던 종교를 다시 찾게 만든 것이다. 즉, 종교 붐이 일어나기 시작한 것이다. 1950년대부터 새로운 종교부흥의 분위기가 미 대륙에서 확산되었다. 이에 따라 사회학자들은 다시금 종교문제에 눈을 돌린 것이다. 사라져가는 듯 보였던, 별 볼 일 없는 것처럼 보였던 종교가 왜 다시 성행하게 되었고, 종교를 떠났던 많은 사람들이 왜 다시 종교로 돌아오는가 하는 것은 사회학적으로 좋은 연구의 소재가 될 수 있었다. 그러나 유럽에서는 이러한 종교적 부흥은 일어나지 않았다. 아마 이것이 왜 훌륭한 종교사회학 전통을 가지고 있었던 유럽이 오늘날에는 그 분야에 대한 연구가 미국보다 부실한가 하는 것을 설명할 수 있는 하나의 이유가 될 것이다.

1957년 잉거(J. Milton Yinger)의 *Religion, Society and the Individual*

이 출판된 이래로 수십 종의 종교사회학 개론, 혹은 입문서들이 출판되었다(예를 들면 Vernon, 1962; Glock and Stark, 1965; O'Dea, 1966; Demerath and Hammond, 1969; Yinger, 1970; Nottingham, 1971; Hill, 1973; Fallding, 1974; Johnstone, 1975; 2006; Hargrove, 1979; McGuire, 1981; 2008; Roberts, 1984; 2004; Hamilton, 1995; 2001; Christiano et al., 2002; Zuckerman, 2003; Dawson, 2011; Roberts and Yamane, 2012; Davie, 2013). 그리고 1950년대 이후 미국에서만 종교사회학 분야의 전문지가 세 가지나 생겨나서〔JSSR: *Journal for the Scientific Study of Religion*, RRR: *Review of Religious Research*, SR: *Sociology of Religion*(SA: *Sociological Analysis*의 후신)〕 매우 활발한 연구들이 진행되었다.

그러나 오늘날 미국에서의 종교사회학 연구는 버거(Berger)나 벨라(Bellah)와 같은 소수 학자들을 제외하고는 베버나 뒤르켐과 같은 고전적인 대가들의 비교종교학적인 그리고 거시사회학적인 이론적 연구보다는 미시사회학적인 경험적 연구에 편향되는 경향이 있다. 반면에 독일이나 프랑스와 같은 유럽 지역에서의 종교사회학 연구는 사회과학적 방법을 응용하기보다는 다분히 이론적이고 철학적인 성격이 강하게 나타났다.

한국에 종교사회학이 처음 소개된 것은 1960년대 말이었다. 그러나 당시로는 그 분야가 학계에서 별로 주목을 받지도 못했고, 그 학문을 공부한 학자도 드물어 상당히 낯선 영역으로 머물렀다. 종교사회학이 활성화되기 시작한 것은 1980년대 이후의 일이라고 할 수 있다. 종교사회학을 전공 혹은 부전공으로 공부한 학자들이 늘어나면서 이 분야에 대한 관심이 점차 학계에서뿐만 아니라 종교계에서도 확산되었다. 한국에서의 종교사회학에 대한 관심의 증가도 역시 1960년대 이후의 한국 종교들의 급성장 상황과 깊은 관계가 있을 것이다. 물론 아직까지는 국내 학자들의 종교사회학 분야 저술이나 외

국서적의 번역이 미미한 실태이다. 더욱이 과학적 방법을 이용한 경험적 연구가 아직까지는 별로 없고, 또한 이론적 배경도 약한 연구 수준에 머물러 있다. 그러나 1993년에는 한국 사회학회에, 1994년에는 한국 종교학회에 종교사회학 분과가 독립되어 신설됨에 따라 보다 활발한 연구가 기대되고 있다.

종교사회학의 발전에 대하여는 제 3장과 제 4장에서 상세히 다시 논의할 것이다.

4) 종교사회학의 연구주제

종교사회학은 종교현상을 사회학적으로 분석하되 그 관심의 초점은 종교와 사회의 관계성에 맞춰져 있다. 이때 종교라는 현상은 몇 가지 수준으로 구분되어(혹은 혼합되어) 사회와의 관계가 탐구될 수 있다. 즉, 종교가 개인적 종교성(*religiosity*)을 의미하는 개인 수준의 현상으로 이해될 수도 있고, 혹은 집단적인 종교적 가치정향(*value orientation*)을 의미하는 집단 수준의 현상으로 이해될 수도 있다. 한편 종교는 하나의 구조를 지닌 조직체(*organization*)로서 이해될 수도 있고, 집단적 움직임으로서의 하나의 역동성이라는 운동(*movement*)의 수준에서 이해될 수도 있다.

한편 사회라는 포괄적 개념도 구체화하면 몇 가지 양상으로 구분될 수 있다. 즉, 사회는 사회집단의 사회적 수행에 의해 만들어지는 사회체계의 총체적 형태인 사회구조(*social structure*), 사회구조와 사회적 관계성에서의 중요한 변경을 뜻하는 사회변동(*social change*), 사회의 공통된 가치와 과정들을 구현하고 기본적 요구를 만족시키는 사회적 관계성의 조직화된 체계를 뜻하는 사회제도(*social institution*), 사회 구성원들에 의해 사회적으로 배워지고 공유되는 모든 것은 의미하는 문화(*culture*) 등으로 이해될 수 있을 것이다(Horton and Hunt, 1984).

이렇게 본다면 종교와 사회의 관계를 연구한다는 것은 구체적으로 다음의 관계들을 연구하는 것을 의미한다(〈그림 1-1〉 참조). 물론 양자의 관계는 상호적인 것이다.

〈그림 1-1〉에 의하면 종교사회학의 연구주제는 매우 다양하다는 것을 알 수 있다. 첫째, 종교와 사회구조와의 관계이다. 사회구조는 크게 통합구조와 갈등구조로 나누어진다. 따라서 종교사회학에서는 개인적 종교성, 집단적 종교정향, 종교조직, 종교운동이 사회의 통합구조에 기여하는지 아니면 갈등구조에 기여하는지를 탐구한다. 종교와 사회통합 구조의 관계에 대하여 집중적으로 연구하는 이론이 뒤르켐에게서 시작된 기능이론(*functional theory*)이고, 종교와 사회갈등 구조의 관계에 대한 분석은 맑스에게서 유래된 갈등이론(*conflict theory*)의 중심주제이다. 반대로 사회의 통합, 혹은 갈등구조가 종교현상(개인적인 종교성, 집단적인 종교정향, 종교조직, 종교운동)에 어떠한 영향을 미치는가 하는 것도 연구하게 된다.

둘째, 종교와 사회제도와의 관계이다. 특히 중요한 사회제도는 정치제도, 경제제도, 가족제도, 교육제도 등이다. 따라서 종교사회학은 개인적 종교성, 집단적 종교정향, 종교조직, 종교운동이 정치,

〈그림 1-1〉 종교와 사회의 관계유형

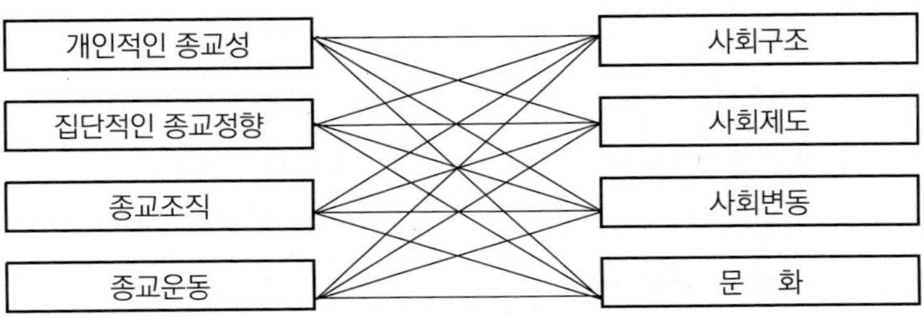

경제, 가족, 교육이라는 다른 사회제도들에 어떠한 영향을 미치고 또 그것들로부터 어떠한 영향을 받을 수 있는가 하는 문제들을 다룬다. 이 문제에 대하여 연구한 대표적인 학자는 렌스키이다(Lenski, 1961).

셋째, 종교와 사회변동의 관계이다. 종교가 사회변동에 영향을 미칠 수 있는 가능성은 대체로 다음 3가지 형태이다. 종교가 사회변동의 동기를 마련해 주는 기능을 하든지, 직접 사회변동의 매개(*agent*)가 되든지, 아니면 사회변동을 억제하는 힘으로 작용하든지이다.

종교가 사회변동에 영향을 미칠 수 있는 하나의 힘이 될 수 있다는 주장은 《개신교 윤리와 자본주의 정신》(Weber, 1958) 등에서 밝혀진 베버 종교사회학의 중심주제라고 할 수 있다. 한편 종교현상(개인적인 종교성, 집단적인 종교정향, 종교조직, 종교운동)이 사회변동의 영향을 받을 수도 있다. 이 경우에는 대체로 종교에 어떤 결과가 생겨나기 쉬운데, 이러한 변화를 흔히 세속화(*secularization*)라고 부른다. 이러한 종교의 세속화론은 버거, 루크만, 윌슨과 같은 대표적인 현대 종교사회학자들의 중심적 연구주제였다(Berger, 1982; Luckmann, 1982; Wilson, 1966).

넷째, 종교와 문화와의 관계이다. 문화는 물질적, 규범적, 인지적, 심미적 요소들로 구분될 수 있다. 종교사회학에서는 종교가 이러한 문화적 요소들에 어떤 영향을 미칠 수 있으며, 반대로 그것들에 의해 종교가 어떠한 영향을 받을 수 있는가 하는 문제를 다룬다. 이때 문화와 영향을 주고받을 수 있는 것은 개인적 종교성, 집단적 종교정향, 종교조직, 그리고 종교운동의 각 수준에서 가능할 수 있다.

또한 종교문화(*religious culture*)에 대한 연구도 가능하다. 즉, 종교를 하나의 하위문화(*sub-culture*) 유형으로 보며 종교의 문화적 특성을 분석하고, 다양한 종교문화의 유형들을 비교분석하는 것도 중요한 사회학적 연구주제의 하나가 되고 있다(Swanson, 1960; Wallace, 1966).

종교사회학은 결국 종교와 사회의 관계에서 각각이 독립변수와 종속변수가 될 수 있음을 밝히는 것이다. 즉, 종교가 사회의 제반현상에 영향을 미친다고 보는 것은 종교를 하나의 독립변수로 간주하는 것이고, 반대로 사회가 종교의 여러 수준에 영향을 미치는 것으로 보는 것은 종교를 하나의 종속변수로 간주하는 것이다.

그러나 종교사회학이 종교와 사회의 관계에 대해서만 탐구하는 것은 아니다. 사회학적으로 보면 종교도 하나의 사회현상이다. 따라서 종교의 사회적 성격 자체를 연구하는 것도 종교사회학 분야의 또 다른 과제가 된다. 개인적 종교성을 심리적 심성으로 분석하는 것은 종교심리학의 일이겠으나 그러한 종교성이 사회적으로 형성되는 과정과 그것이 갖는 사회적 성격에 대한 분석은 종교사회학의 몫이 될 수 있다. 종교성의 차원과 측정에 대한 사회학적 연구가 이에 속한다(예를 들면 Glock and Stark, 1965).

집단적 종교적 가치정향도 사회적 가치정향의 하나라고 볼 수 있기에 그것에 대한 사회학적 연구가 가능하다. 여기서 종교적 경험과 종교적 회심, 그리고 사회화의 과정에 대한, 그리고 종교인의 사회적 태도와 같은 사회심리적 요소들에 대한 사회학적 분석이 이루어질 수 있다. 대표적인 것이 아가일과 베이트-할라미의 연구이다(Argyle and Beit-Hallhami, 1975).

한편 종교조직도 넓게 보면 하나의 사회조직이며, 따라서 그것의 사회적 성격과 그것이 형성되고 발전하는 과정에 대한 분석도 종교사회학의 연구과제이다. 여기에서는 트뢸치(Troeltsch), 니버(Niebuhr) 등의 교회-종파 이론(*church-sect theory*)이 중요하게 다루어지고 있다. 같은 논리로 종교운동 역시 하나의 사회운동이라고 본다면, 그 운동의 사회적 성격을 규명하고 그것의 전개에 대한 사회학적 분석도 종교사회학의 연구주제가 될 수 있다. 천년왕국운동(*millenarian movement*), 제의운동(*cult movement*)에 대한 연구 등이 대표적 사례가 될 것이다.

물론 개인적 종교성, 집단적 종교정향, 종교조직, 종교운동이 각각 서로의 수준에 대하여 어떤 관계를 가지고 있으며, 어떠한 영향을 주고받는지에 대한 탐구도 빼놓을 수 없는 종교사회학의 한 연구과제가 되고 있다. 예를 들면 카리스마적인 능력을 가진 개인적 종교성이 종교조직이나 종교운동에 미치는 영향에 대한 베버의 연구(Weber, 1963), 집단적 종교적 가치정향이 종파조직 유형에 미치는 영향에 대한 연구(Wilson, 1970) 등이 여기에 속할 것이다.

이러한 다양한 주제들에 대한 연구는 그 성격에 따라 크게 두 가지 범주로 구분될 수 있다. 하나는 이론적 연구이고, 다른 하나는 경험적 연구이다. 그러나 양자가 전혀 별개의 연구유형은 아니다. 이론적 연구는 경험적 자료를 토대로 하지 않으면 안 되고, 반대로 경험적 연구는 이론적 틀 안에서 이루어져야 하기 때문이다. 이 문제와 관련하여 다음 절에서는 종교사회학의 구체적인 연구방법론에 대하여 살펴보기로 한다.

2. 종교사회학 연구방법론

1) 이론과 경험적 연구방법

종교사회학의 목적은 종교현상을 관찰하고 측정할 뿐만 아니라 종교 안의 여러 요소들 간의 상관관계, 그리고 종교와 종교외적 요인들과의 상관관계를 구체적인 자료들을 토대로 과학적 방법으로 증명하는 데 있다. 이때 이러한 연구절차에서 중심적인 것은 이론(*theory*)이라 할 수 있다. 이론은 경험적 사실을 일반화시킨 것이나 현상을 논리적으로 일반화시켜 진술한 것을 말한다. 사람들은 어떠한 사실들에 대하여 상식적 수준으로 혹은 막연하게 알고 있는 경우가 많다. 그리고 때로는 그러한 사실이 엄연히 존재하고 있음에도 불구하고 그것을 미처 깨닫지 못하는 수도 있다.

사회학자는 이러한 사실들의 존재를 확실히 밝히고 그것들의 원인과 결과에 대하여 과학적으로 밝히려고 한다. 그리하여 가능한 자료들을 수집하고 검증하는 과학적 절차를 통해 그 현상에 대한 일반적인 설명과 해석을 하는데 이렇게 정리된 진술이 곧 이론이라 할 수 있다. 그렇다면 종교사회학 이론이란 이와 같은 절차와 방법에 의해 밝혀낸 종교현상에 대한 체계적이고 일반화된 설명이라 할 수 있다. 그러나 일단 정리된 이론은 다시금 여러 경험적 검증의 연구과정들을 거쳐 거부되거나 수정되거나 혹은 재확인될 수 있다.

이론은 어떤 자료를 사용해야 되는가를 규정해 줌으로써 연구의 방향을 정해주며, 개념적인 틀을 제공하여 현상에 대한 이해를 도우며, 연구주제에 관해 알려진 지식을 종합하는 역할을 하고, 또 다른 이론을 도출할 수 있는 근거를 제공하는 등의 구실을 하기 때문에 사회학 연구에서 결정적으로 중요하다(양춘 외, 1987: 53~4).

사회학에서는 이론에 도달하기 위한 연구절차가 과학적이며 검증적인 것이어야 하기 때문에 가설(*hypothesis*)의 개념이 또한 중요하다. 가설이란 아직 경험적으로 실증되지 않았거나 논리적으로 타당성이 입증되지 않은 명제를 의미한다. 그렇다면 이 가설이 경험적으로 검증되었거나 논리적으로 증명된 것이 곧 이론이라고 하겠다. 즉, 이론에 도달하기 위해서는 가설이 설정되고 그 가설은 경험적 검증과정을 통해 증명되어야 한다.

사실, 가설, 이론의 관계를 밝히려는 방법은 크게 연역법(*deductive method*)과 귀납법(*inductive method*)으로 구분될 수 있다. 연역법은 일반적 원리에서 출발하여 특수한 경우를 밝혀내려는 방법이고, 귀납법은 반대로 특수한 경우에서부터 일반적 원리를 밝혀내려는 방법이다(Babbie, 1975: 30~5). 연역법이 일반적 법칙 혹은 이론을 특별한 구체적 사례에 적용시키려는 시도라면, 귀납법은 관찰된 자료(구체적 사실들)에서 시작하여 일반화된 이론에 도달하려는 시도이다. 이 차이가 〈그림 1-2〉에 요약되고 있다.

종교현상을 과학적으로 밝히기 위하여 종교사회학자는 연역법 혹은 귀납법의 방법, 혹은 두 가지를 혼합한 방법을 사용한다. 각 방법에 따른 종교현상 연구의 실례를 들어보자.

〈그림 1-2〉 과학적 탐구의 논리체계

〈연역법〉

이론 → 가설설정 → 사실검증 → 가설입증 혹은 반증 → 이론수용 혹은 거부

〈귀납법〉

자료수집 → 사실검증 → 사실발견 → 잠정적 결론 → 이론화

일찍이 맑스는 종교를 소외의 결과라고 주장했다(Baum, 1983: 32~55). 즉, 소외당하는 노동자 계급의 고통을 무마시키기 위하여 생겨난 것이 종교라는 것이다. 그렇다면 종교를 찾는 사람은 소외감의 정도가 심할 것이라는 가정이 가능할 것이다. 따라서 종교에 귀의하는 사람의 소외감의 정도를 조사하고 이것을 종교에 귀의하지 않는 사람의 그것과 비교해 봄으로써 맑스의 소외론에 기초한 종교이론의 타당성 여부를 검증할 수 있을 것이다. 이때 사용된 방법은 연역법적인 것이라 하겠다.

반면에 종교개혁 이후의 개신교 윤리의 성격과 내용에 대한, 그리고 자본주의의 특성과 발전에 대한 여러 가지 자료들을 종합하고 분석하여 양자의 상관관계를 밝혀냈던 베버(1958)의 연구는 귀납법적 방법의 사례라 할 것이다. 어떤 논리적 방법을 채택하느냐 하는 것은 연구자의 취향과 연구의 주제, 대상, 성격, 자료수집 방법 등에 따라 결정될 수 있는 문제이다.

2) 과학적 연구방법론

과학적 연구절차와 분석과정에서 가장 특징적인 양상은 사실을 검증하기 위하여, 그리고 이론을 정립하기 위해서는 자료를 분석하는 방법이 결정적으로 중요하다. 이것은 사회과학적 분석방법은 형이상학적 분석방법과 근본적으로 다르기 때문이다. 앞에서 우리는 과학적 종교연구의 원리는 그 접근방법이 객관적, 경험적, 검증적, 가치중립적인 것이라고 밝힌 바 있다. 그러면 구체적으로 사회학에서 사용하는 과학적 연구방법론에는 어떠한 것들이 있는가 알아보기로 한다. 이것들은 자료를 수집하고, 분석하고, 검증하는 구체적 방법들이다.

(1) 역사적 연구방법

역사적 연구방법(*historical study*)은 엄밀한 의미에서는 과학적 방법이라고 할 수 없으나 사회학자들 가운데서는 역사적 자료를 이용하는 경우가 가끔 있다. 그러나 사회학자가 역사적 자료를 이용할 때 그는 역사학자와는 다르게 그 자료를 이용한다(Nottingham, 1971: 296~98). 역사학자는 대개 역사적 사건에 대한 구체적 설명을 하거나 혹은 어떤 특수한 사건의 원인과 결과에 관계된 상황을 밝히려고 한다. 그러나 사회학자는 어떤 종류의 역사적 상황이 어떤 다른 '전형적'(*typical*) 상황에 '전형적으로' 수반되거나 뒤따라지는가에 관심을 가지고 있다.

따라서 종교사회학자는 대개 사회적 사건과 종교적 특징의 관계성에서의 어떤 한 형태, 즉 일반적 규칙을 발견하려고 한다. 목표는 그 관계성을 설명하는 이론을 발전시키려는 것이다. 이 접근방법은 종교의 진화이론, 종교집단 유형의 발전연구 등에 적합하다. 이 방법은 흔히 유형론적(*typological*) 연구의 형태로 발전하기도 한다. 베버나 트뢸치의 교회-종파 이론이 유형론적 역사연구의 대표적 사례라 하겠다. 사회학 분야에서는 현대의 자료나 상황에 대한 관심이 증가하는 반면에 역사적 관심은 약화되면서 역사적 연구는 감소되는 경향이 있다. 그러나 현대 자료에 근거한 유형론적 비교연구는 지속되고 있다.

(2) 서베이 연구법

서베이 연구방법(*survey research*)은 질문서나 면접을 이용한 사회조사를 통해 사람들의 생각과 태도에 대한 정보를 얻는 방법이다. 이 방법은 직접 관찰하기에는 너무 큰 인구에 대하여 설명하려는 목적으로 자료를 수집하는 데 관심을 가지는 사회과학자에게 가능한 최상의 연구방법일 것이다(Babbie, 1975: 259). 조심스럽게 표집된 대상들의 응답결과는 보다 큰 인구의 입장을 나타내는 것으로 이해될 수 있다. 이 방법은 사람들의 태도와 정향을 측정하고 분석하는 데 매우 유용한 방법이다. 조사자료는 잘 구성된 설문지를 표집대상에 배포, 수거하거나(*questionnaires*) 혹은 그들을 직접 대면하여 대답을 받아내는 식(*interview*)으로 수집될 수 있다. 이렇게 수집된 자료는 통계적 분석방법을 거쳐 현상을 설명하고 해석하는 데 이용된다.

종교사회학 연구에서는 서베이 연구법이 가장 흔하게 선호되고 있다. 특히 종교성이라는 종교적 변수(종교 유무, 종교종류, 참여도, 인지도, 종교적 가치나 규범)와 사회적 태도나 의식 및 사회적 행동과 같은 사회적 변수 사이의 상관관계에 대한 연구에서는 이 방법이 매우 유용하다. 사실상 종교사회학 분야의 경험적 연구는 대부분 서베이 방법을 이용한다고 해도 과언이 아니다. 이 방법을 가장 효과적으로 사용한 학자는 글락(Glock)으로서 그는 서베이 방법을 통해 종교성의 유형과 인구학적 변수의 관계를 밝히고(1968), 종교성과 반유대주의(*antisemitism*)의 상관관계를 연구했으며(1966), 종교가 박탈당한 사람들에게 행동주의(도전)를 유발하는지 아니면 정적주의(위로)를 유발하는지를 조사했다(1967).

서베이 연구법은 상관관계성을 밝히는 데는 적절하지만 그것의 인과관계를 밝히는 데는 다소 어려움이 있다. 그리고 그 방법은 응답자의 회상된 과거행위 혹은 전망되거나 가설적인 행위에 대한 자기보고를 얻을 수 있을 뿐 사회행동 자체를 측정할 수 없다는 문제점이 있다. 그러나 정교하게 준비되면 이 방법은 매우 유용하며, 따라서 그것은 사회학에서 가장 폭넓게 사용되는 연구방법이다.

(3) 참여관찰법

현장조사법(*field research*)이라고도 불리는 이 연구방법은 특히 인류학에서 많이 이용되는 방법으로서, 연구자가 어떤 사회현장에 직접 참여하여 그곳에서 일어나는 모든 사건이나 일들을 체험적으로 정리하고 분석하는 방법(*participant observation*)이다. 이 방법은 어떤 현장에 소속되거나 참여하는 이들의 행동, 활동, 의미, 관계성, 배경 등을 연구하는 데 적합한 방법이다. 예를 들면 만일 어떤 연구자가 아프리카의 어떤 부족사회를 연구하기 원한다면 그는 그 사회에 들어가 그들과 더불어 살아가면서 그들의 실태를 보고, 듣고, 느끼면서 상황을 진단, 분석하는 것이 현실을 바로 인식하는 데 크게 도움이 될 것이다. 종교사회학에서는 이 방법이 새로운 종교운동 혹은 신흥 종교집단 등을 연구하는 방법으로 적절하다. 연구하고자 하는 종교집단에 참여함으로써 연구자는 그 집단의 종교적 상황에서의 사람들의 행위를 관찰할 수 있다. 이러한 방법을 이용하여 종교현상을 연구한 대표적 예로는 미국의 제의운동(*cult movement*)에 대한 종교사회학자들의 참여관찰에 의한 분석들을 들 수 있다(Glock and Bellah, 1976).

이 연구방법은 연구현장에 대한 깊은 이해가 가능하고, 현장의 변화과정을 분석할 수 있다는 이점이 있다. 그러나 이 방법도 특정 집단이나 현상에만 집착하기 때문에 어떤 현상 전체를 일반화하기에는 적합하지 않으며, 관찰자(연구자)가 보는 현실 이해와 참여자(연구대상자)가 경험하는 현실 이해와의 사이에 괴리가 있을 수 있다는 문제가 있다. 그럼에도 불구하고 어떤 종교집단에서 일어나는 종교적 행위, 태도, 분위기를 파악하기 위해 종교사회학자가 그 집단에 직접 참여하여 관찰하는 것은 하나의 의미 있는 경험적 연구방법이라 할 것이다.

(4) 실험법

이 방법은 심리학 혹은 사회심리학의 영역에서 가장 많이 이용되는 사회과학적 연구방법이다. 이 방법은 소집단에 대한 인위적이고 계획적으로 조작된 어떤 실험을 통해 그러한 실험적 상황이 미치는 효과를 객관적으로 관찰하고 측정하는 방법(*experiments / experimentation*)이다. 여기에서 중요한 것은 사전검사(*pre-test*)와 사후검사(*post-test*) 개념이다. 예를 들면 어떤 종교교육 과정이 효과적인가 하는 것을 알아보기 위해서는 조사대상자에 대하여 그 실험과정을 시작하기 전에 사전검사를 하고 나중에 그 실험과정이 끝난 후에 다시 사후검사를 하여, 차이(변화)가 있는지를 검토함으로써 그 실험효과를 검증할 수 있을 것이다. 이 연구과정에서 중요한 또 하나의 요소는 이른바 통제집단(*control group*)과 실험집단(*experiment group*)이라는 것이다. 즉, 보다 확실한 실험결과를 얻기 위해서는 두 집단을 선정해서 하나의 집단에는 실험적 조치를 취하고(실험집단), 다른 집단에는 그러한 조치를 취하지 않은(통제집단) 후에 두 집단을 비교함으로써 실험적 조치가 효과가 있었는지를 알아볼 수 있다.

이 연구방법은 매우 경제적이며 어떤 실험(독립변수)의 결과(종속변수)가 쉽게 밝혀질 수 있다는 이점이 있다. 그러나 소수의 실험대상자가 전체 인구의 성향을 대표할 수 없을 뿐만 아니라 실험으로 검증할 수 있는 영역은 매우 제한되기 때문에(차배근, 1990: 519~21) 이 연구방법이 종교사회학 분야에서는 제한적으로 이용되고 있다.

(5) 내용분석법

내용분석법(*content analysis*)은 기존의 문헌의 내용을 과학적으로 분석하는 방법이다. 즉, 내용분석법이란 어떤 주어진 메시지 또는 문헌에 나타난 준거, 태도, 주제 등을 알아내는 방법이다. 이때 연구의 자료는 책, 신문, 잡지, 연설문, 설교 등에서 모을 수 있다. 그렇게 모은 자료들을 주제에 따라, 내용에 따라, 성격에 따라 분석한다. 이때 분석단위는 문헌들에 나타난 인물, 사건, 개념, 주제 등일 수 있다. 내용분석법에서는 문헌에 대한 분석을 통해 누가, 왜, 무엇을, 어떻게, 누구에게, 어떤 효과를 가지느냐 하는 물음들에 대한 대답을 추구한다. 그리고 서로 다른 대상의 문헌내용을 분석할 때는 그것을 비교하여 차이점과 공통점을 추구하기도 한다. 예컨대 종교사회학에서 신문기사에 나타난 종교에 대한 평가를 분석하려면 신문에 난 종교관계 기사자료들을 수집해서 그것의 특징을 분석함으로써 그 시대에 비쳐진 여러 종교의 다양한 인상을 제시해 줄 수 있다.

흔히 서베이 연구법, 참여관찰법, 실험법, 내용분석법과 같은 연구방법을 경험적 연구(*empirical study*)라고 부른다. 이러한 방법들은 안락의자에 앉아서 도서관의 문헌자료들을 토대로 이론적으로 탐구하는 연구방법에 대한 보다 과학적인 방법론적 대안으로 이용된다. 사실상 고전적 학자들의 이론은 경험적 연구가 충분히 뒷받침되지 않은 추론적 수준에 머무는 경우가 많았고, 이런 의미에서 과학적이라고 하기에는 미흡한 점이 있었다. 따라서 오늘날의 종교사회학자들은 경험적 연구방법들을 활용하여 종교현상에 대한 보다 과학적인 분석을 하는 경향이 강하다. 그러나 경험적 연구에 치중한 나머지 그들은 고전학자들이 추구해온 폭넓은 이론화 작업에는 소홀히 하는 경향이 있다.

사회학자가 어떤 방법으로 종교현상을 연구하는 것이 좋은가 하는 것은 연구의 목적, 대상, 주제, 내용에 따라 다를 수 있다. 따라서 종교연구의 방법론은 연구자 자신이 연구의 성격에 적합한 것으로 선택할 수밖에 없다. 대체로 조사대상자의 종교의식 성향이나 태도에 관한 연구라면 서베이 연구법이 가장 적합할 것이고, 어떤 종교집단의 성격을 규명하는 연구라면 참여관찰법이 좋을 것이다. 소집단의 종교적 성향의 변화를 알아보는 연구라면 실험법이 좋을 것이고, 종교문헌에 대한 연구라면 내용분석법이 가장 도움이 될 것이다. 그러나 각각의 연구방법은 나름대로의 장단점이 있기 때문에 보완적으로 두 가지 이상의 방법을 혼용하는 것이 경우에 따라서는 보다 적절한 방법이 될 수 있다.

3) 과학적 연구유형

앞에서 예시했던 여러 가지 사회과학적 연구방법론을 이용하여 수행되는 연구는 그 연구의 목적에 따라 몇 가지 유형으로 구분될 수 있다.

(1) 측정 기술 연구(*Measurement and Description Research*)

이것은 연구대상의 특수성이나 속성을 측정하여 그 성향을 보고하는 수준의 초보적 연구이다. 가장 기본적 연구유형으로서 이 연구는 단순히 조사대상자의 인구학적 특징이나 의식성향을 비례(*proportion*), 백분율(*percentage*), 비(*ratio*)와 같은 간단한 통계수단에 의해 규명하여 기술하는 연구이다. 예를 들면 어떤 종교집단에 참여하는 구성원의 성별에 따른, 연령에 따른 분포를 조사해서 그 특징을 제시하거나, 혹은 설문조사를 통해 그들의 종교적, 사회적 의식 성향이 어떠한가를 알아보는 것과 같은 연구가 여기에 속할 것이다.

(2) 유형 비교 연구(*Typology and Comparison Research*)

이 연구는 연구대상을 속성에 따라 일정수의 범주로 유형화하고 비교하여 그것들 사이의 공통점, 유사성, 차이점들을 밝혀내는 연구이다. 이때 비교되는 조사대상은 개인이나 집단과 같은 사람일 수도 있고 조직이나 문헌, 사상과 같은 사물일 수도 있다. 이때 비교는 문헌들을 근거로 하여 서술적으로 할 수도 있고 통계자료를 토대로 하여 경험적으로 할 수도 있다. 사실상 이념형(*ideal-type*)으로 사회 및 종교현상을 유형화하여 비교 분석한 연구의 대가는 베버라고 할 수 있다. 그리하여 그는 종교의 유형(주술, 사제종교, 예언종교), 종교조직의 유형(종파, 교회), 신정론의 유형(종말론, 예정론, 이원론, 윤회설), 구원방법의 유형(금욕주의, 신비주의) 등을 이념형적으로 구분하여 그 특징을 비교했다(Weber, 1963).

(3) 상관관계 연구(*Association Research*)

이 연구는 연구대상의 여러 변수 혹은 속성들이 어떻게 상호관계되어 있는가를 밝혀내는 수준 높은 연구이다. 그 변수들은 독립변수와 종속변수로 나뉘어 양자 사이에서 어떤 상관관계가 있는가 하는 것이 교차분석(*cross-tabulation*), 상관계수(*correlation coefficient*)등의 통계방법에 의해 밝혀질 수 있다. 예를 들어 성별에 따라 누가 더 종교조직에의 참여도가 높은가 하는 것을 알아보려면 성(독립변수)과 참여도(종속변수)의 두 변수를 교차분석하면 그 차이가 쉽게 드러날 수 있다. 보다 심층적인 분석을 위해서는 통제변수(*control variable*)가 이용될 수도 있다. 그러나 어떤 때는 무엇이 독립변수이고 무엇이 종속변수인지 구분하기 힘든 경우가 있다. 예를 들면 신앙적으로 보수적인 사람은 정치의식도 보수적이라는 사실이 통계학적으로 증명이 되어 종교인의 이념적 종교성과 정치의식 사이에는 상관관계가 있다는 것이 밝혀졌다 해도 어느 변수가 어느 변수에 영향을 미쳤는가 하는 것은 단순한 상관관계 분석으로는 알 수 없다. 즉, 종교적 보수성이 정치적 보수성에 영향을 미치는 것인지 아니면 정치적 보수성이 종교적 보수성에 영향을 미치는 것인지 하는 문제가 남아 있다.

그러나 요즈음에는 경로분석(*path analysis*)과 같은 고급통계학을 이용하면 원인과 결과의 관계를 분석하는 것도 가능하게 되었다. 한편 여러 독립변수들이 종속변수에 각각 어느 정도로 영향을 미치는가 하는 것도 다원회귀분석(*multiple regression analysis*)이나 요인분석(*factor analysis*)과 같은 사회통계 방법으로 밝혀낼 수 있다(이관우, 1982: 582~693). 어쨌든 오늘날 경험적 연구를 하는 종교사회학자들은 거의가 이러한 상관관계 연구를 하고 있다.

제 2 장

종교의 사회학적 의미

1. 종교의 사회학적 정의

베버는 일찍이 그의 책《종교사회학》(*The Sociology of Religion*)의 서두에서 종교의 정의(定義)는 연구의 처음에 내릴 수 있는 것이 아니며, 만일 필요하다면 연구의 맨 마지막에 내려야 한다고 주장했다(Weber, 1963: 1). 물론 베버 자신도 그가 종교를 연구하는 영역에 분명히 어떤 기준이 있었겠지만, 그는 그의 책 마지막까지 종교에 대한 사회학적 정의를 내리지 않았다. 베버의 주장에 대하여 버거는 "과학적 연구에서 정의를 회피하거나 뒤로 미루는 것의 중요한 결과는 그 연구분야가 모호해지거나 혹은 명시적 정의보다는 암묵적 정의가 내려지는 것"이라고 비판하면서 명시적 정의가 필요하다고 제안했다(Berger, 1982: 192). 한편 로버트슨도 역시 어떤 것의 정체에 대한 기준도 없이 그것을 분석하는 것은 불가능하다고 지적하면서 베버의 입장에 반대했다(Robertson, 1984: 39).

어떤 현상이든 그것을 연구하는 필연적인 출발점은 그것이 모든 다른 현상으로부터 구분되고 밝혀질 수 있는 기준을 확립하는 것이다. 그렇다면 종교에 대한 사회학적 분석의 출발점은 종교란 무엇인가를 사회학적으로 규명하는 일일 것이다. 사실상 종교를 정의한다고 하는 것은 그 현상을 연구하는 범위, 한계, 내용 등을 설정하는 것이기 때문에, 사회학적 종교 이해에서는 종교정의가 필연적인 것이며 또한 출발점이 된다. 나아가 종교와 사회의 관계를 연구하는, 그리고 특히 종교의 기능에 초점을 맞추는 사회과학적 연구에서는 정의 문제가 더욱 중요한데, 이것은 종교를 어떻게 정의하느냐에 따라 그 기능의 종류와 범위가 달라질 수 있고 또한 사회와 종교의 관계도 다양하게 이해될 수 있기 때문이다(Spiro, 1966: 85~96).

그러나 종교에 대하여 엄격하고 초역사적이며 문화적으로 모든 것에 적용될 수 있는 정의를 내린다는 것은 매우 어려운 일이다. 종교마다 그 내용이나 성격이 다르고, 종교를 보는 사람들의 시각도 각기 다르기 때문에 무엇이 종교냐 하는 것을 한마디로 정의 내린다는 것은 쉬운 일이 아니다. 예를 들면 어떤 이는 종교를 집단현상으로 보는가 하면, 다른 이는 종교를 개인의 신앙으로 보기도 한다. 어떤 이는 절대자에 대한 신앙을 전제로 종교를 이해하는가 하면, 다른 이는 절대자 개념 없는 종교도 가능하다고 본다. 또 어떤 이는 분명한 역사와 전통을 가진 것만을 종교의 범주에 넣는가 하면, 다른 이는 역사와 전통이 분명치 않은 것을 종교에 포함시키기도 한다.

더욱이 종교현상 자체가 끊임없이 변화를 겪기 때문에 그것에 대한 고정적인 정의를 내리는 일은 더욱 복잡한 문제가 된다. 그래서 어떤 학자는 '종교'(*religion*)가 무엇이냐고 규정하기보다는 '종교적'(*religious*)인 것이 무엇이냐고 묻는 것이 보다 타당하다고 지적하기도 한다(Williams, 1972: 23~5).

또 한 가지 유의할 점은 종교에 대한 정의를 내리는 데 어떤 특정 종교의 종교적 성격에 집착해서는 안 된다는 것이다. 즉, 사회학자의 종교정의는 종교 일반에 근거한 것이어야 한다. 이에 대하여 잉거는 다음과 같이 지적하고 있다.

> 종교일반과 한 종교 사이의 구분을 하지 못하는 사람은 두 상반된 과오 중 하나를 범하기 쉽다. 그는 한 종교의 어떤 전통적 표현의 변화나 붕괴가 종교의 종말이라고 생각하든지, 아니면 그것이 두려워 교리의 수정이나 사회 안에서의 새로운 요소들에 대한 모든 적용을 극단적으로 반대한다(Yinger, 1964: 6).

이와 같이 종교에 대한 사회학적 연구에서 정의의 문제가 중요함에도 불구하고, 그 현상 자체의 복잡성과 다양성 때문에 모든 종교현상을 포괄하여 설명할 수 있는 정의는 매우 어려운 것으로 믿어지고 있다. 그러나 이 문제를 부분적으로나마 해결할 수 있는 방법으로는 두 가지가 있는 것으로 보인다. 하나는 많은 사람들이 종교적 현상이라고 생각하는 모든 요소들의 공통점을 정리하여 정의를 내리는 방법이고, 다른 하나는 연구자가 자신의 연구 목적을 위하여 종교현상에 대하여 임의로 설정한 조작적 정의(*operational definition*)를 사용하는 방법이다. 전자가 이론적 연구에 적합한 방법이라면 후자는 경험적 연구에 도움이 되는 방법이다. 종교의 정의문제에 대한 이러한 어려움과 제한점을 전제로 하고 종교에 대한 사회학적 정의에 대하여 논의해 보기로 한다.

1) 종교 성격에 따른 정의

종교는 크게 두 가지 성격을 가진 것으로 이해되고 있다. 하나는 본질적 성격이고, 다른 하나는 기능적 성격이다. 본질이 내재적이고 성향에 관계된 것이라면, 기능은 표출적이고 결과에 관계된다. 사회학적 관점에서 보면 종교의 본질을 탐구하는 근본적 물음은 “종교는 무엇인가”(*What* **is** *religion*) 하는 것이고, 종교의 기능을 탐구하는 근본적 물음은 “종교는 무엇을 **하는가**”(*What does religion* **do**) 하는 것이다. 종교에 대한 사회학적 정의는 종교의 어느 성격에 초점을 맞추는가에 따라 두 가지 형태로 구분된다. 즉, 종교의 본질에 근거하여 종교가 무엇인가를 규정하는 것을 본질적 정의라고 하면, 종교의 기능에 초점을 맞춰 종교가 수행하는 작용과 역할을 규정하는 것을 기능적 정의라고 한다.

(1) 본질적 정의

종교의 본질적 정의는 종교의 특질을 가진 종교적 내용의 범주들과 비종교로 규정되는 다른 범주들을 구분하려고 한다. 그리하여 로버트슨은 종교의 본질에 초점을 맞춰 “종교문화는 경험적 실재와 초경험적인 초월적 실재 사이의 구분과 관계된 일련의 믿음과 상징”(그리고 그것들로부터 직접 유래되는 가치)이라고 규정했다(Robertson, 1984: 51). 그러면 경험적인 것과 구분되는 초경험적인 것은 무엇인가? 많은 학자들이 그것을 ‘성’(*the sacred*), ‘성스러움’(*sacredness*) 혹은 ‘거룩성’(*holiness*)이라는 용어로 설명한다. 즉, 종교의 본질은 거룩한 차원을 가지고 있고 비일상적 경험과 관계가 있다는 것이다. 성스러운 것은 사람들로 하여금 존경과 경외를 가지고 처신하도록 하는 비범한 어떤 것이라고 본다. 물론 비범한 모든 것이 거룩한 것은 아니며, 한 사람에게 거룩한 것이 다른 이에게는 거룩하지 않을 수 있다. 그러나 인간에게 두려움과 놀라움, 경외감과 신비감을 줄 수 있는 존재나 힘에 대한 경험은 ‘성스러운 것’의 본질이다.

일찍이 뒤르켐은 세계를 ‘성’(*the sacred*)과 ‘속’(*the profane*)의 영역으

로 구분하여, 금지되고 고립되어 위대한 힘을 가지고 도덕적 의무를 부여할 수 있는 비일상적이고 초경험적인 성스러움의 성격을 종교의 본질로 보았다(Durkheim, 1965). 비슷하게 오토도 거룩성(*das Heilige*)의 경험을 '두렵고 신비스러움'(*mysterium tremendum*)이라는 용어로 설명하고 있는데, 이 경험은 ① 경외와 두려움의 느낌, ② 접근이 불가능하다는 느낌, ③ 힘과 에너지의 느낌, ④ '전적 타자성'의 느낌, ⑤ 매혹과 매력의 느낌을 야기시킨다고 하면서 그러한 거룩성을 '장엄함'(*numinous*)이라고 표현한다(Otto, 1923). 엘리아데(Eliade) 역시 종교의 본질에서의 종교적 대상물의 거룩성을 강조한다. 종교적 인간은 항상 하나의 절대적 실재, 즉 이 세상을 초월하지만 이 세상 가운데 나타나서 그것을 거룩하게 만들고 그것을 실재로 만드는 '성스러운 존재'가 있다고 믿는다는 것이다(Eliade, 1959: 202).

그러나 종교의 본질이 '성스러움'에 있다고 해도 그것은 초월적 존재, 인간, 동물, 정령 물질에, 혹은 추상적 이념과 믿음에, 인간행위형태와 말에, 그리고 어느 것에도 적용될 수 있다(Vernon, 1962: 48~9). 그렇다면 성과 속의 차이는 사물이나 행동 자체에 있지 않고, 특별한 대상이나 물질, 행동을 성스러운 혹은 거룩한 것으로 규정하는 사람에게 있다. '성스러움'은 인간이 어떤 양상들에 부여한 규정이며, 어떤 일이나 수행을 보는 방식이다. 예를 들어 똑같은 빵과 포도주라 해도 기독교의 성찬예식(*sacrament*)에 쓰일 때 그것은 거룩한 것이 되는 것이다.

거룩한 것이 외형적으로는 일상적인 것과 다르지 않다. 결정적 차이를 만드는 것은 믿는 이의 태도이다. 만질 수도 없고, 보이지도 않는, 그리하여 그 존재가 경험적으로 진술될 수 없는 거룩한 실체와 존재는 믿지 않는 이들에게는 존재하지 않는 것으로 생각될 수 있다. 그러나 믿는 이들에 의해 고수되는 경외심은 실제적 감정이다. 이 경외심은 믿는 이들에게 거룩한 성격을 심어줄 뿐만 아니라 이 '상상적' 실체가 믿는 이들의 마음 가운데 존재하는 것을 가능하게 만든다(Nottingham, 1971: 16). 결국 '성'이란 심오한 경외와 존경으로 취급되는 어떤 것이라고 할 수 있다. 그릴리는 인간은 그가 궁극적 가치를 두는 것을 거룩한 것으로 만드는 경향이 있다는 점을 강조한다(Greeley, 1972a: 9).

종교의 본질은 '성'이라는 개념 이외에도 '궁극성'(*ultimacy*)이라는 개념으로 설명되기도 한다. 종교적인 사람에게 궁극성은 자신에게 영향을 미친다고 믿는 마지막 실재이다. 궁극성은 인간이 피할 수 없는 삶의 기본적 근원이며, 궁극적 존재는 인간 삶과 운명의 원초적인 결정자로 생각된다(Williams, 1972: 28). 그러나 그 궁극적 존재가 인간에게서 떨어져 있는 것으로, '저기 밖에' 있는 것으로만 생각될 수는 없다. 그것은 때로 멀고 큰 것뿐만 아니라 가깝고 작은 것에도 명시되어 있으며, 신적인 것뿐만 아니라 인간적인 것에도 명시된 존재로 이해될 수도 있다. 때로는 인간이 궁극적 존재가 무엇과 같은지 확인할 수 없을 수도 있지만, 궁극적 존재가 있다는 것, 삶의 어떤 양상들은 그 안에 근원을 가진다는 것을 믿을 수 있으며, 이러한 믿음은 바로 종교의 한 본질적 요소가 된다. 따라서 종교는 인간이 궁극적 존재라고 믿는 것에 대한 인간적 관심이나 인간적 헌신을 의미할 수 있다(Tillich, 1956: 12). 이때 궁극적 존재는 기독교나 이슬람교의 경우처럼 초자연적 존재로 이해될 수도 있으나 초기 불교나 유교의 경우처럼 자연적 존재로 이해될 수도 있다.

한편 종교의 본질을 완전한 '힘'(*power*)으로 보는 견해도 있다. 즉, 종교는 힘에 대한 반응이라는 것이다. 자연의 일이나 인간의 일에 다양한 형태로 힘을 발휘한다고 믿어지는 마나(*mana*)신앙과 같은 것이 하나의 예라 하겠다. 결국 종교 뒤의 실재는 영향을 행사하는 힘으로서, 인간의 종교적 의식은 그러한 힘의 비범한 과시에 대한 반응으로 나타나게 된다는 것이다(Van der Leeuw, 1963).

사회학자가 종교의 본질에 근거해 종교의 정의를 내릴 때에는 '성스러움'이나 '궁극성' 혹은 '힘'이라고 하는 속성이 어떻게 사회적, 문화적 의미를 가지며, 그것이 어떻게 사회적, 문화적으로 표출되는가 하는 문제에 관심을 갖는다. 그래서 스피로는 본질적 요소에 초점을 맞추되 종교를 "문화적으로 가정된 초인간적 존재와 문화적으로 이루어지는 상호작용을 하는 제도"라고 규정한다(Spiro, 1966: 96). 여기에서 '제도'(*institution*)란 사회적으로 공유되는 형태의 행위와 믿음을 말하는 것으로, 모든 제도는 믿음, 행위양태, 그리고 가치체계를 가지고 있다. 따라서 종교의 결정적 양상은 믿음, 행위 양태, 그리고 가치체계가 지향하는 '초인간적 존재'와의 제도적 상호작용이다. 여기에서 '초인간적'이라는 개념은 '성스러움', '궁극성', '힘'을 나타내는 종교의 본질적 속성을 나타내는 것으로 봐도 좋을 것이다. 결국 종교란 문화적인 것으로 초인간적 힘이나 존재에 대한 상호관계적인 믿음과 행위 등의 집합을 의미한다.

이와 같이 종교의 본질적 정의는 '성스러움', '궁극성', '힘'이라는 본질을 종교적 속성의 핵심으로 보면서 그것이 어떻게 제도적으로 규정되고 반응을 나타내는가 하는 것을 밝힌 것이라고 할 것이다. 그리하여 '성', '궁극성', '힘'의 경험으로부터 나오는, 그것에 대한 '믿음', 그것에 근거한 '가치와 규범', 그것에의 반응으로서의 '의례', 그것에서 도출되는 '도덕적 행위' 등이 외연적(外延的)인 종교의 본질이 될 수 있다.

본질적인 종교정의의 몇 가지 사례를 제시하면 다음과 같다.

종교는 궁극적 의미의 문제에 초점을 맞춘 상징, 믿음, 가치, 수행의 제도화된 체계이다(Glock and Stark, 1965: 4).

> 종교는 사람들의 집단이 초자연적이고 거룩하다고 느끼는 것에 대하여 해석하고 반응하는 믿음과 수행의 체계이다(Johnstone, 1975: 20).

종교의 본질적 정의를 한마디로 요약하자면 그것은 거룩하고 궁극적인 존재, 세계, 그리고 힘에 초점을 맞춘 상징, 믿음, 가치, 수행의 제도화된 체계라고 하겠다.

(2) 기능적 정의

종교의 기능적 정의(*functional definition*)는 종교가 개인과 집단에 대하여 무엇을 하는가를 강조한다. 즉, 그것은 하나의 현상을 밝히고 분류하는 기준으로 그 현상이 수행하는 기능을 이용하는 정의이다(Robertson, 1984: 42). 종교는 그것이 성취하는 사회적 기능들에 의하여 규정되기 때문에, 종교적 믿음과 수행의 내용은 종교의 결과보다 덜 중요하다. 기르츠(Geertz)의 종교정의는 기능적 정의의 좋은 예가 될 것이다.

> 종교는 존재에 대한 일반적 질서의 개념들을 구성함으로 ①, 그리고 강력하고 침투적이며 지속적인 분위기와 동기가 독특하게 실제적인 것처럼 보이는 ②, 사실성의 영향력으로 그 개념들을 표현함으로 ③, 사람들 가운데 그 강력하고 침투적이며 지속적인 분위기와 동기가 확립되도록④, 작용하는 상징들의 한 체계 ⑤ 이다(Geertz, 1973: 90).

이 정의는 사회학적으로 여러 가지 중요한 개념들을 강조하고 있다. 가장 중요한 요소는 '의미를 마련한다'는 것인데, 왜냐하면 공유된 의미(예를 들면 상징)를 확립하는 것은 근본적으로 사회적인 사건이기 때문이다. 그 정의는 또한 '분위기', '동기', 그리고 '사실성' 등의 개념들을 통하여 사회구조적인 그리고 사회심리적 기능들을 설명한다. 이 정의의 독특한 특징은 '존재의 일반적 질서에 대한 개념'(*conceptions of general order of existence*)이다. 기르츠에 따르면 사람들은 사건과 경험을 질서의 보다 큰 의미와 연결시켜 그것들을 의미 있는 것으로 해석한다(Geertz, 1973: 98~108). 경험적으로 종교적 믿음과 수행의 내용이 그것을 믿는 이들에 대하여 어떤 초월적 질서를 상징화하는 한 그 내용은 문제가 되지 않는다. 중요한 것은 내용(본질적 정의)이 아니라 기능(기능적 정의)이다.

사회학자는 그것이 갖는 사회적 의미 때문에 종교에 대한 기능적 정의를 선호하는 경향이 있다. 물론 그들이 종교현상을 기능적으로 정의를 내린다 해도 종교의 본질 문제를 비껴 나가는 것은 아니다. 그러나 중요한 것은 종교의 본질이 무엇인가 하는 것보다는 그 본질이 어떤 작용을 하는가 하는 기능의 문제이다. 예를 들어 벨라는 "종교는 인간을 그의 존재의 궁극적 상황에 관계시키는 일련의 상징적 형태와 행위들이다"라고 정의 내리는데, 여기에서 중요한 것은 '관계시키는' 기능이다(Bellah, 1964 : 359). 한편 잉거도 "종교는 일단의 사람들이 인간생활의 궁극적 문제들을 해결하려는 수단이 되는 믿음과 수행의 한 체계"라고 규정한다(Yinger, 1970: 7~8). 즉, 그에 따르면 종교는 다르게는 설명될 수 없는 것을 설명하고, 모든 다른 힘으로는 실패하는 힘을 얻으며, 다른 노력으로는 제거하지 못하는 악과 고통에 직면하여 평온과 안정을 얻으려는 시도라는 것이다.

그러면 종교현상으로 규정될 수 있는 그것의 기능은 어떠한 것들인가? 로버트슨은 이것을 3가지 수준에서 제시한다(Robertson, 1984: 43~46).

첫째는 '궁극적 문제'(*ultimate problems*)에 대한 관심이란 용어로 종교가 규정될 수 있다. 즉, 개인의 궁극적 물음에 대하여 대답하는 것이 종교라는 것이다. 여기에서의 '궁극성'은 본질적 정의에서의 인간 삶에 영향을 미치는 존재와 관계된 개념과는 달리 인간 자신의 삶 가운데서 의미의 문제로 추구하게 되는 가치체계를 나타내는 개념이다. 앞에서 예시한 벨라의 정의가 여기에 속할 것이다. 그러나 궁극적 문제를 해결하기 위하여 추구하는 것이 종교로서 간주될 수 있는 반면에(기능적 정의), 경험적 연구에서 궁극성의 개념을 이용하기 위해서는 종교 혹은 궁극성이 본질적 정의에 가까운 어떤 것으로 규정되기 쉽다.

둘째는 종교를 문화의 가장 '높고' 가장 일반적인 '수준'으로 명시하는 것이다. 이때 그 문화체계는 인간행위의 일반적 지침을 마련해주는 기능을 수행한다고 본다. 문화체계 자체의 가장 일반적 수준에는 '의미의 근거'(*grounds of meaning*)가 있고, 이것이 전형적으로 종교적 믿음과 가치의 영역과 동일시되고 있다. 이러한 입장의 대표적 학자는 파슨스라고 할 수 있다(Parsons, 1965).

셋째는 루크만(Luckmann)에 의해 제안된, 가장 포괄적인 규정이 있다. 그에게 인간적인 것은 모두 또한 종교적인 것이며, 따라서 종교는 객관적이고 도덕적으로 결속시키며 모든 것을 포함하는 의미의 세계(*universes*) 구성을 통하여 인간의 생물적 본성을 초월하는 인간 유기체의 능력이다(Luckmann, 1982: 64~5). 여기에서는 세계관은 물론 개인적 정체성까지도 하나의 종교적 범주에 포함된다.

이렇게 본다면 기능적으로 정의를 내릴 때에 종교의 범주에는 궁극적 의미를 마련하는 것, 알 수 없는 것을 해석하고 통제할 수 없는 것을 통제하려는 시도, 인간 이상(理想)의 인격화, 문화의 통합과 사회체계의 정당화, 인간의 의미와 사회적 형태들의 우월한 실체에 대한 투사(*projection*), 그리고 인간 존재의 궁극적 문제들을 다루려는 노력과 같은 것들이 모두 포함될 수 있다(McGuire, 1981: 7). 종교의 기능적 정의의 특징을 요약하자면 개인이나 사회에 '궁극적 의미'(*ultimate meaning*) 혹은 '최상의 중요성'(*supreme significance*)을 부여하는 기능을 하는 것을 종교현상으로 보려고 하는 것이다.

(3) 본질적, 기능적 정의의 장단점

로버트슨은 종교현상에 대한 매우 엄격하게 한계지어진 개념 없이는 인과관계에 대한 일관성 있고 체계적인 분석을 하기 어렵다고 하면서 본질적 정의가 사회학적 종교연구에 적합하다고 주장한다(Robertson, 1984: 46). 사실상 본질적 종교정의는 기능적 정의보다 더욱 구체적이며, 종교의 내용에 대하여도 보다 명백하게 밝히고 있다. 그것은 자연과 초자연, 믿음과 행동에 대한 당연한 이념들에 근거하기 때문에 친숙하다. 본질적 정의는 기능적 정의보다 범위가 좁고 잘 정리되어 있다. 그 정의를 이용함으로써 우리는 하나의 현상이 종교인지 아닌지를 식별하기 쉬울 뿐만 아니라, 또한 본질적 정의는 상식적 종교개념(종교적이라는 것이 무엇을 의미하는지에 대한 전통적 관념)에 더욱 가까운 경향이 있다. 본질적 정의는 다소 안정된(그리하여 사회변동과 여러 문화의 다원성에 대한 문제가 별로 없는) 사회들에서 종교를 연구하는 데 적절하다.

그러나 본질적 정의는 그것이 하나의 특정한 장소와 시간에서의 종교를 생각하는 데 근거하기 때문에 역사적으로 그리고 문화적으로 한정된다는 문제가 있다. 또한 서구 역사 경험에 기초하기 때문에 본질적 정의는 흔히 너무 범위가 좁아 비서구 종교현상들에 대하여는 설명하는 데 어려움이 있다. 그리고 비록 본질적 정의가 종교의 경험적 연구들에 대하여는 보다 구체적이고 수정이 가능한 장점이 있기는 하지만, 그것이 종교적 변화를 설명하는 데는 어려움이 있다. 만일 종교가 하나의 역사적 시기에서 종교적 표현의 용어로만 이해된다면 그 표현 형태로부터의 어떤 변화도 비종교처럼 보일 것이며, 만일 어떤 종교의 상(像)을 '참종교'와 동일시한다면 그 형태로부터의 어떤 변화도 비종교를 향한 경향(세속화)으로 보여질 것이다(McGuire, 1981: 6). 그러나 문화는 끊임없이 그리고 때로는 급격히 변하기 때문에, 모든 시기와 모든 장소를 포괄하는 하나의 본질적 정의를 만들어내는 것은 어려운 일이다.

기능적 정의의 장점은 그것의 폭넓음이다. 기능적 정의는 종교의 여러 문화적, 초역사적, 그리고 변화하는 양상들을 포괄하여 설명하는 데 유리하다. 기능적 정의는 또한 종교 믿음이 신 혹은 초자연을 참조해야 하느냐 아니냐의 어려운 물음을 피한다. 사실상 초자연을 믿는 사람과 믿지 않는 사람 사이를 구분하는 것에 의존하는 종교의 정의는 매우 협소하여 전체적 종교현상을 설명하기 어렵다. 그러나 기능적 정의는 종교에 대한 시야를 넓히고 인식을 확장시키는 데 도움이 된다.

기능적 정의가 문화적으로나 역사적으로 제한을 덜 받고 있으나, 이 포괄성 때문에 명료하고 수량화될 수 있는 범주를 요구하는 경험적 연구에서는 그 정의를 이용하기가 어렵다. 즉, 기능적 정의에 기초한 종교현상에 대하여는 개인의 종교성의 정도나 사회의 종교적 성향의 정도를 측정하는 것이 쉽지 않다. 어떤 비판은 기능적 정의가 모든 것을 포함하는 범주가 있기 때문에, 종교적 영역과 다른 영역을 구분하는 데 모호한 방법으로 설명하는 경향이 있다고 지적한다(Robertson, 1984: 46). 그 한계가 모호한 종교정의에 기초해서는 종교현상에 대한 체계적 분석을 할 수 없고, 인과관계에 대하여 초점을 맞출 수도 없다는 것이다.

또한 기능적 정의를 이용하는 사회학자는 왜 참여자 자신은 종교적인 것이라고 생각하지 않는 현상을 그는 종교라고 보는지를 설명할 필요가 있다. 예를 들면 민족주의가 어떤 사람들에게 궁극적 의미를 제공한다는 점에서 한 사회학자가 그것을 일종의 유사종교현상으로 정의 내렸다고 할 때(기능적 정의), 민족주의자 자신도(비록 민족주의에 심취했다 해도) 과연 자신을 종교적이라고 규정한 사회학자의 입장에 동의할 수 있겠는가 하는 문제이다. 여기에 종교는 '안으로부터의'(*from within*) 이해, 즉 종교를 신자들 입장에서 본질적으로 보려는 이해가 필요하다(Berger, 1974: 125~33).

본질적 정의와 기능적 정의 사이의 선택은 결국 전략의 문제이다. 그러나 그 두 전략은 사회변동, 세속화, 사회 안에서의 종교와 다른 제도들 사이의 관계, 그리고 종교의 새로운 형태와 같은 다양한 주제에 대한 매우 다른 해석을 초래한다. 예를 들어 종교를 본질적으로 정의 내리는 학자는 유럽에서의 제도화된 종교의 쇠퇴에 대하여 종교적 힘과 영향력의 약화라는 용어로 설명하겠지만, 종교를 기능적으로 정의하는 학자는 제도화되지 않은 종교형태가 여전히 중요하게 개인과 사회에서 작용하고 있기 때문에 제도적 종교의 쇠퇴는 종교현상의 한 작은 변화일 뿐이라고 설명할 것이다. 어쨌든 종교에 대한 기능적 정의는 연구자에게 새로운 종교적 지평을 크게 열어주는 대신 문화적 구속은 약화시킨다. 그리하여 비록 오늘날 종교사회학에서 이론이나 사고의 많은 부분이 기능적 유형의 종교정의를 따르지만, 대부분의 경험적 연구는 측정이 용이한 본질적 정의를 따르는 경향이 있다.

2) 종교범위에 따른 정의

(1) 배타적 정의와 포괄적 정의

종교현상으로 보는 범위를 근거로 하여 종교에 대하여 내리는 종교정의 역시 두 가지로 구분된다. 하나는 배타적 정의(*exclusive definition*)이고, 다른 하나는 포괄적 정의(*inclusive definition*)이다. 전자는 종교의 범위를 좁게 제한하며, 후자는 그것을 폭넓게 본다. 일반적으로 배타적 정의는 본질적 정의와 가깝고, 포괄적 정의는 기능적 정의와 밀접한 관계를 가지고 있다. 이 두 가지 정의의 차이는 헐벅(Herberg)이 구분한 3가지 종류의 종교에서 설명될 수 있다.

① 그것(종교)은 특정한 사회에서 일반적으로 종교의 이름을 갖고 있는 태도, 믿음, 감정, 표준 그리고 수행의 체계를 의미한다(전통적 종교).
② 그것은 실제로 사회에 사회생활이 통합되고 사회활동이 정당화되는 의미와 가치의 궁극적 구조를 마련해 주는 태도, 믿음, 감정, 표준 그리고 수행의 체계를 의미할 수도 있다(실제적 종교).
③ 그것은 실존적으로 최상의 충성심과 헌신을 수반한 인간의 궁극적 관심과 그의 생활에 관계된 구조로 이해될 수도 있다〔세속주의(Herberg, 1967: 471~72)〕.

여기에서 종교의 성격에 따라 분류해 본다면 첫 번째 정의(전통적 종교)는 본질적 정의이고, 두 번째(실제적 종교)와 세 번째(세속주의) 정의는 기능적 정의라 할 수 있다. 종교의 범위에 따라 구분한다면 첫 번째 것만을 종교로 규정한다면 그것은 배타적 정의이고, 3가지 모두를 종교 범위에 포함시킨다면 그것은 포괄적 정의일 것이다.

포괄적 정의는 개인이나 사회에 '최상의 중요성'을 부여하는 기능을 수행하는 현상은 모두 종교적 현상이라고 가정한다. 이때 '최상의 중요성'이란 삶의 사소하고 우연적이며 주변적인 양상이 아니라 중요하고 근본적이며 중심적인 의미나 양상을 뜻하는 것이다(Williams, 1972: 32). 한편 루크만은 '궁극적 중요성'(*ultimate significance*)이란 용어로 포괄적 종교정의를 내리는데, 사회는 말할 것도 없고 개인에게 '궁극적 중요성'을 줄 수 있는 것은 모두가 종교적 현상이라고 주장한다(Luckmann, 1982).

이렇게 포괄적으로 종교를 규정하면 기독교, 불교, 이슬람교와 같이 역사와 전통을 가진 기성종교는 물론 민간신앙 수준의 민속종교, 그리고 새로 생겨나는 신흥종교도 종교의 범주에 포함된다. 뿐만 아니라 '최상의 중요성'을 부여한다면 민족주의, 사회주의, 맑스주의, 민주주의, 인간주의, 나치즘, 파시즘과 같은 집단 이데올로기도 하나의 종교현상, 혹은 유사종교(*quasi-religion*)로 보게 된다. 예를 들면 맑시즘의 경우에도 예언자, 전통신조의 강조, 의례, 선교적 열정, 추종자들의 믿음과 같은 종교적 요소가 있다. 이러한 주의(主義: *ism*)들을 종교현상으로 보는 학자들은 많다. 폴딩은 실증주의, 인간주의, 나치즘, 공산주의 등을(Fallding, 1974), 벨라는 시민종교를(Bellah, 1967), 헐벅은 민주주의를(Herberg, 1955), 샬펀트 등은 세속주의를(Chalfant et al., 1981) 일종의 유사종교로 본다.

포괄적 정의는 나아가서 '최상의 중요성' 혹은 '궁극적 중요성'을 부여할 수만 있다면 개인적 세계관 혹은 가치정향(*value-orientation*)까지도 종교의 일종이라고 규정한다. 루크만은 이러한 세계관도 '하나의 기본적인 사회적 형태의 종교'라고 보면서 그 예로 자율성, 자기실현, 이동정신, 성 그리고 가족주의 등을 들고 있다(Luckmann, 1982: 71~84, 159~66). 그는 전통적인 기성종교를 '공식적' 유형이라고 부르는 반면에 세계관과 같은 것에 대하여는 '궁극적으로' 중요한 개인적 종교성 체계라고 부르면서 구분하지만, 그것들 모두를 종교의 범주에 포함시킨다. 루크만은 그러한 비공식적인 개인적 종교성을 '보이지 않는 종교'(*the invisible religion*)라고 명명한다. 그밖에도 개인적 세계관으로 물질주의, 성공주의, 집합주의, 개인주의, 쾌락주의, 금욕주의, 권위주의, 평등주의, 과학주의, 실증주의 등이 종교적 성향을 띠는 것으로 이해될 수도 있다. 이러한 것들은 모두 '대체종교'(*alternative religion*), 혹은 '대용종교'(*surrogate religion*)라고 불린다.

심지어 포괄적 종교정의에 따르면 극단적으로는 전통종교가 수행할 수 있는 어떤 기능(위로의 기능이든 긴장해소의 기능이든)을 수행할 수만 있다면, 혹은 개인에게 '최상의 중요성'을 부여할 수만 있다면, 스포츠, 예술, 음악, 오락, 취미와 같은 인간활동의 특질까지도 종교적 영역에 포함될 수 있다. 흔히 이러한 수단을 종교에 대한 '기능적 대행물'(*functional equivalents*)이라고 부른다. 예를 들어 어떤 10대 청소년이 어떤 음악이나 스포츠에 깊이 빠져들면 우리는 흔히 그를 미쳤다고(狂) 말한다. 그것에 시간, 관심, 정력 모든 것을 바치기 때문이다. 부흥집회에서 열광하는 신도나 농구장이나 공연장에서 열광하는 청소년의 차이는 얼마나 큰 것일까? 열광적 신도가 교회에서 얻는 것을 청소년은 체육관이나 음악당에서 얻고 있다면 틀린 말일까? 물론 차이는 많다. 그러나 공통점은 '최상의 중요성'이라는 것이고, 바로 이 점에서 삶에 결정적으로 의미를 주는 것이라면 취미마저도 '종교적' 성격을 지니고 있다('종교'라고 이름 붙일 수는 없다고 해도)는 것이다.

그러나 어느 범위까지 종교현상으로 볼 것인가는 연구자가 임의로 판단할 수 있는 주관적 입장일 뿐이다. 종교에 대한 배타적 정의와

〈그림 2-1〉 종교적 현상의 범위

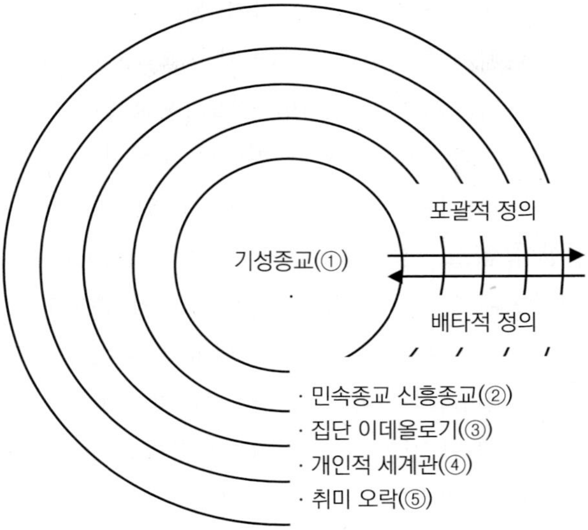

포괄적 정의는 〈그림 2-1〉과 같이 상대적 개념으로 이해할 수 있을 것이다.

가장 배타적인 종교정의는 기성종교(①)만을 종교로 취급하는 입장이고, 가장 포괄적인 종교정의는 다섯 영역(①, ②, ③, ④, ⑤)을 모두 종교현상에 포함시키는 입장이다. 학자에 따라서는 민속종교, 신흥종교까지만(①, ②) 혹은 집단 이데올로기까지(①, ②, ③), 아니면 개인적 세계관까지(①, ②, ③, ④) 종교현상으로 보는 등 다양한 입장이 가능하다.

(2) 배타적, 포괄적 정의의 평가

종교의 범위에 대한 견해는 일치하지 않지만 사회학자들은 포괄적인 정의를 선호하는 경향이 있다. 왜냐하면 그들의 관심은 어느 특정 종교에 제한되지 않는 광범위한 사회적, 문화적 맥락에서의 보편적인 현상으로서의 종교에 초점이 맞춰져 있기 때문이다. 그러나 종교에 대한 포괄적 정의는 몇 가지 문제점을 안고 있다. 우선 종교정의를 지나치게 광범위하게 내리면 거의 모든 것이 종교로 규정될 것이며, 만일 그렇다면 어떤 것도 종교적일 수 없게 된다(Johnstone, 1975: 22). 즉, 개인의 취미나 오락까지(비록 최상의 중요성을 부여한다 하더라도) 종교적 현상일 수 있다고 한다면 종교현상 아닌 현상이 없고, 종교적이 아닌 사람이 없다고 해도 과언이 아닐 것이다. 모든 것이 종교적이고, 모든 이가 종교적이라면 논리적으로 아무것도, 아무도 종교적이 아니라고('종교적'이라는 것의 독특하고 구분되는 의미와 특징이 없으므로) 할 것이다. 그리하여 종교적인 것과 비종교적인 것의 구분이 불가능하다면 '종교적'이라는 것 자체가 무의미해질 것이다.

포괄적 정의의 다른 어려움은 종교의 본질에 기초한 배타적 정의와는 달리 포괄적 정의의 경우 학자들에 따라 종교의 범위에 대한 입장이 주관적으로 너무 다양하기 때문에 종교현상에 대한 객관적 연구가 어렵게 된다는 점이다. 예를 들면 종교의 사회적 기능에 대하여 논의할 때 종교를 전통적 기성종교로 보는 배타적 입장에서는 현대사회에서 종교의 사회적 기능이 약화된다고 말할 것이지만, 민족주의와 같은 집단 이데올로기를 종교로 인정하는 포괄적 입장에서는 종교의 사회적 기능은 오늘날 오히려 강화된다고 말할 수 있을 것이다. 각각이 틀린 의견은 아니지만 결과적으로는 상반되게 주장함으로써 혼란이 생기는데, 이것은 결국 어느 영역까지 종교현상으로 보느냐 하는 입장의 차이에 기인하는 것이다.

결국 포괄적 정의로 종교에 접근하게 되면 "어떤 사람이 얼마나 종교적이냐?"(*How religious is a person?*) 하는 질문은 불가능하고, "그 사람이 어떻게 종교적이냐?"(*How is the person religious?*)는 물음만이 가능해진다. 제도화된 기성종교인에 대해서는 종교집회에의 참여횟수나 개인적 종교수행의 정도 등을 통해서 그의 종교성을 양적으로 측정하는 것이 가능하겠지만, 개인적 세계관이나 취미 따위를 '종교적'이라고 규정한다면 그 종교성의 심도(*intensity*)나 정도(*degree*)를 양적으로 측정하기란 쉽지 않다. 포괄적 종교정의로는 연구 대상자가 어떤 식으로 종교적인가 하는 것은 밝힐 수는 있겠으나 얼마나 종교적인가 하는 것을 밝히는 일이 쉽지 않기 때문이다. 따라서 종교현상을 사회학적으로 설명하는 '이론적' 측면에서는 어떤 특정 종교나 특수한 종교현상만을 취급하는 교구적인 혹은 협소한 입장을 극복하기 위하여 기능적이며 포괄적인 종교정의가 사회학자들에게 선호되나, '경험적' 연구에서는 포괄적 정의에 근거한 분석이 매우 어렵기 때문에(측정상의 어려움과 종교범위에 대한 학자들의 이견 때문에) 그들은 연구에서 설정한 조작적 정의에 불가피하게 의존하는데, 이때 대부분의 조작적 정의는 배타적인 본질적 정의(서구학자들의 경우는 대개가 교회 중심의 기독교를 종교와 동일시 함)를 나타내는 경향이 있게 된다.

이 책에서는 대체로 다소 배타적인 본질적 정의에 근거하여 종교문제를 사회학적으로 다루고 있으나 경우에 따라서는 주제의 성격상 다소 포괄적이고 기능적인 정의에 기초하여 종교현상을 논의하기도 할 것이다.

2. 종교의 구성요소

종교현상을 그 성격으로 규정짓든, 기능이란 용어로 설명하든 모든 종교는 중심적인 구성요소들을 가지고 있다. 종교현상에서 발견되는 가장 핵심적 요소가 무엇인지는 뒤르켐의 종교정의에서 분명히 드러나고 있다.

> 종교는 거룩한 것들, 즉 구분되고 금지되는 것들과 관계되는 믿음과 수행 — 그것들을 신봉하는, 그리고 모든 사람들을 교회라고 불리는 하나의 도덕적 공동체로 연합시키는 믿음과 수행 — 의 총체이다 (Durkheim, 1965: 62).

이 정의에 나타난 것처럼 종교의 핵심적 구성요소는 믿음, 수행 혹은 의례, 그리고 공동체이다. 비슷하게 바흐도 종교적 경험의 표현은 3가지 양태, 즉 이론적 표현(교리), 실천적 표현(제의), 사회학적 표현(친교)으로 나타난다고 지적한다(Wach, 1958: 18~33). 바흐의 '교리'는 뒤르켐의 '믿음체계'를, '제의'는 '의례'를, '친교'는 '공동체'를 의미하는 것으로 봐도 좋을 것이다. 종교를 구성하는 이 3가지 요소들을 살펴보기로 한다.

1) 믿음체계

믿음은 종교의 '인지적'(*cognitive*) 양상을 나타내는 것이다. 종교는 추종자들에게 세계에 대한, 그리고 자신에 대한 이해의 근거를 마련해 주고, 이에 따른 그들의 행위의 기초로 작용한다. 믿음은 거룩한 대상이나 존재의 성격과 기원을 설명하고, 보이지 않는 세계에 대한 지침을 마련해 준다. 믿음은 또한 어떻게 그 거룩한 존재나 세계가 실제적 인간존재나 인간세계와 의미 있게 관계되는가를 말해 준다. 종교적 믿음은 사람들로 하여금 선택하게 하고 사건을 해석하며 행동을 계획하게 만들 뿐만 아니라, 그들에게 어떤 행동이 선하고 바람직하며 어떤 것이 악하고 피해야 하는가를 알려준다.

파슨스는 종교적 믿음이 행위를 위한 인위적 상황규정과 관계되어 있다고 지적한다(Parsons, 1964: 367). 예를 들어 한 사람이 만일 악령은 실재한다고 생각한다면 그에게서 악령은 실재하는 것이다. 즉, 실재는 믿음으로 인하여 실재하는 것이다. 사람들이 실재(또는 현실)가 무엇인지를 규정하면(상황규정), 그것이 객관적으로는 실재가 아니더라도 그들에게는 현실이 되고 그래서 그들의 행동도 이에 따라 결정된다는 말이다(Thomas, 1937). 파슨스는 믿음의 기능을 다음과 같이 설명하고 있다.

> 그것은 '의미'의 문제들, 즉 경험적 인지대상의, 자연의, 인간 본성의, 사회의, 삶의 성쇠 등의 문제들을 포함하며 … 종교적 믿음은 행동에 대한 의미를 부여하면서 인지적 정향체계(*cognitive orientation system*)의 통합을 위한 중심점이 된다. 종교적 믿음은 인간행위의 도덕적 문제, 인간상황의 양상, 우주 안에서의 인간과 사회의 위치에 대하여 관심을 가지고 있는데, 그것은 인간의 도덕적 태도와 가치지향 형태에 가장 적합하다(Parsons, 1964: 367~8).

그러나 이러한 믿음의 내용과 범위는 종교에 따라, 사회에 따라, 그리고 시대에 따라 매우 다양할 수 있다. 예를 들어 어떤 절대자 혹은 '성스러움'에 대한 관점은 정령신앙(*animism*: 모든 사물에 생명이나 영혼이 들어 있다는 믿음), 유생관(有生觀 *animatism*: 자연에는 비인격적인 힘 '*mana*'가 있다는 믿음), 토템신앙(*totemism*: 특수한 물질, 식물, 동물이 한 집단과 혈연관계를 가지고 있고, 보호하는 힘을 가지고 있다는 믿음), 주술신앙(*magic*: 의례와 희생의 수단으로 요구된 행동을 강요할 수 있는 힘들로서의 신들에 대한 관념), 다신론(*polytheism*: 여러 신들에 대한 신앙), 단일신교(*henotheism*: 각 사회가 하나의 독특한 신을 가지고 있다는 신앙), 그리고 유일신론(*monotheism*: 유일한 최상의 신에 대한 믿음)과 같이 다양할 수 있다(Hoult, 1958: 8).

교리나 신조와 같은 공식적인 종교적 믿음뿐만 아니라 신화, 규범, 가치와 같은 덜 공식적인 믿음도 비슷한 종교적, 사회적 기능을 하면서 종교의 한 중요한 요소가 되고 있다. 그러나 믿음체계에서 특별히 중요한 것은 종교적 경험 혹은 믿음의 이론적 표현으로서의 교리이다. 원시적인 정신에서 신화로 표현되는 것이 보다 진보된 문명수준에서는 교리라는 용어로 이해되고 있다(Wach, 1958: 20). 자체로서 독특한 논리와 표준을 가진 신화적 언어는 역사발전 과정에서 체계화되면서 통일된 체계의 규범적 성격으로 교리가 형성되는데, 이것이 '신학'의 기원이 된다. 자료의 수집, 편집, 성문화 작업을 통해 성문서가 생겨나며, 신학자들은 적절한 변증적 방어를 목적으로 하는 신앙의 규범적 체계를 발전시키는데, 바로 이것이 믿음으로서의 교리이다.

지성적 표현으로서의 믿음의 내용은 특별히 중요한 3가지 주제인 신, 세계, 인간에 관한 것으로 이에 따라 신론적, 우주론적, 인간론적 개념들이 신화, 교리, 교의의 용어로 발전된다(Wach, 1958: 23). 그리하여 신의 성품, 신성(*divinity*)의 기원과 성장(신통기 神統記: *theogony*: 신들의 기원계보), 신의 속성, 신성과 세계의 관계와 그 정당화(신정론 神正論: *theodicy*)와 같은 것이 신학 안에서 기술되고 구성되면서 믿음의 내용이 된다.

우주론은 세계의 기원, 발전, 다양한 단계, 문명과 관계된 설명을 하며, 인간론(구원론과 종말론을 포함한)은 인간의 기원, 성격, 운명을 고려하고 있다. 이와 같이 믿음의 구체적인 내용은 종교가 어느 정도 발달하게 되면 점차 교리라는 용어로, 그리고 신학이라는 표현으로 체계화된다. 그러나 교리로서 확립되지 않은 단순한 신앙체계

(예를 들면 정령신앙이나 주술신앙)도 역시 단순하기는 해도 나름대로의 신학을 가지고 있다는 것을 기억할 필요가 있다.

마지막으로 한 가지 유의해야 할 사항은 종교적 믿음의 내용은 종교에 대한 정의에 따라 그 범위와 성격이 다르게 이해될 수 있다는 점이다. 만일 종교적 믿음에 대한 이해가 배타적 종교정의에 근거한다면 주로 초월적, 초자연적 존재나 힘, 그리고 이와 관계된 세계와 인간에 대한 믿음을 의미할 것이겠지만, 포괄적 정의에 따른다면 이 세상적인, 자연적인 여러 존재나 사건 혹은 힘에 대한 믿음도 종교적 믿음에 포함되는 것으로 볼 수 있는 것이다.

앞에서도 논의했듯이 인간주의나 민족주의 같은 이데올로기 혹은 심지어 과학과 같은 합리적이고 실증적인 신조들에 어떤 최상의 중요성을 부여하는 신봉자들에게는 그러한 이념이나 신조에 대한 믿음이 유사종교적, 혹은 대체종교적 믿음이 될 수 있을 것이다. 왜냐하면 그들은 그러한 이념이나 신조로부터 세계를 움직이는 절대적 힘이나 세계와 인간의 근본 원리를 발견하기 때문이다.

2) 의 례

종교를 구성하는 두 번째 요소는 '의례'(*rituals*)이다. 이것은 종교적 수행을 의미하는 것으로 의식(*rites*)과 비슷한 용어로 쓰인다(*rite*가 '의례'로 번역되고 *ritual*이 '의식'으로 번역되기도 함). 의례는 믿음체계와 밀접한 관계를 가진 것으로 넓게는 믿음에 의해 결정되는 모든 실천적 표현을 의미하며, 좁게는 종교적 인간의 행위, 곧 예배를 의미한다(Wach, 1958: 25). 믿음이 종교의 인지적 양상을 나타낸다면, 의례는 종교적 의미의 실천적 수행으로, 그 둘은 서로 밀접하게 관계되어 있다. 종교집단의 믿음은 의례수행에 의미를 부여하고 그것을 구성하며, 한편 의례는 그 집단의 믿음을 강화하고 확증한다(Durkheim, 1965: 51f).

종교의례의 수행은 참여자들이 종교적 감정을 표현할 수 있는 공인된 수단이 된다. 원래 초자연적이고 초월적인 절대자와의 화해를 목적으로 수행되는 의례는 또한 사회 안에서의 개인의 사회적 관계, 지위, 역할에 대한 상징적 표현으로 공동체의 초월적이고 경외적인 실재와 궁극적인 가치를 반영한다. 정규적인 재현과 반복을 통하여 의례는 거룩한 존재나 세계에 대한 믿음을 강화시키는 수단이 되며, 종교적 상징에 대한 감정적 표현의 구체적 방법이 된다.

종교의례는 여러 가지 개인적, 사회적 기능을 수행한다. 의례의 수행은 집단의 일치를 상징화하는 방법으로 종교적 확신을 돕는다. 의례적 행위로 집단은 공유된 의미를 기억하고 자체에 대한 충성심을 강화시킨다. 종교집단은 의례를 통하여 열정과 일체감을 회복하며 개인 구성원들은 그들의 집단과, 그리고 그 집단의 목표와 일체감을 갖게 된다(Durkheim, 1965: 420). 나아가서 의례는 거룩한 영역 안에서의 행동의 규칙을 마련해 주고, 일상적 행위에 의미를 부여하기도 한다. 이와 같이 종교의례는 개인들에게 일상생활 가운데서 삶의 의미를 부여하고 변화되는 생활에의 적응 능력을 키워주며, 그들이 속해 있는 집단 혹은 사회에 대한 소속감을 느끼며, 연대감을 갖게 해 주는 통합의 기능도 수행한다(Mol, 1983: 52~60).

그리하여 의례적인 언어와 행사는 경외, 신비, 경이 그리고 기쁨의 경험을 일깨울 수 있다. 그러나 의례의 거룩한 성격은 거룩한 대상의 내면적 성격에 달려 있지 않고, 의례를 향하여 집단에 의해 수행되는 정신적, 감정적 태도에, 그리고 그것이 수행되는 사회적, 문화적 맥락(*context*)에 달려 있다(Nottingham, 1971: 18). 같은 식사가 세속적인 것일 수도 있고 거룩한 것일 수도 있다. 식사를 의도적으로 하지 않는 목적이 세속적인 것일 수도 있고(단식), 거룩한 것일 수도 있다(금식). 의례는 거룩한 행위가 생겨나는 맥락을 규정한다. 의례는 특히 사람들이 함께 모여 있는 때에 효과적이다. 왜냐하면 그들은 의례에의 공동참여에서 서로를 자극하면서 감정적인 상승효과를 경험하기 때문이다.

그러나 의례는 또한 도구적 성격을 띤다. 즉, 의례 수행의 근본적 목적은 의례가 수행되는 대상에 의해 어떤 은전을 부여받거나 혹은 불행을 피하려는 것이다(Raglan, 1956: 127). 의례를 통하여 일상적이고 정상적인 방법으로는 효과적으로 해결되기 어렵다고 생각하는 문제에 대한 바람직한 결과를 기대하게 된다. 여기에는 기성종교의 예배라든지 무속종교의 굿 혹은 제사와 같은 것들이 포함될 수 있다. 예를 들어 원시부족 사회에서는 흔히 다른 부족과 전쟁을 하게 되거나 집단사냥을 나갈 때 종교적 의례를 수행하는 경우가 많다. 이때 그 의례의 목적은 단순하다. 전쟁에 이기게 해 달라든지 혹은 무사히 많은 사냥을 할 수 있게 해 달라고 절대적이고 거룩한 존재로 믿어지는 대상에게 청원하는 신성한 종교의식이 의례인 것이다. 기성종교의 예배의식도 마찬가지이다. 그것은 영혼과 육체가 건강하고 만사가 형통하기 바라는, 혹은 진리를 깨우치고 삶의 의미를 깨닫기 바라는 의도에서 이루어지는 경우가 많다. 따라서 의례는 인간존재나 자연의 상태가 변형되기를 기대하든지 아니면 반대로 어떤 변형이 일어나지 않기를 초자연적인 힘에게 기원하는 바람과 관계가 있다고 할 것이다(Wallace, 1966: 106~7).

종교의례에는 크게 4가지 종류가 있다(Lessa and Vogt, 1972).

① 모방의례(*imitative rituals*)이다. 이것은 단순히 신화적 내용을 모방하고 반복하는 의례이다. 전해 내려오는 신화나 전설 속에서 수행되었던 어떤 의례들(주로 신을 향해 제사 드리거나 신과 화해하는 의

례)을 그대로 지키는 의례가 모방의례이다. ②긍정적 혹은 부정적 의례이다. 긍정적 의례는 어떤 대상물이나 개인을 성별(聖別)하거나 갱생시키는 의식으로서, 그것이나 그에게 특별히 거룩한 의미를 부여하여 새로운 존재로 인정하는 의례이다. 부정적 의례는 일종의 금기(*taboo*)로서 금지된 행위나 일을 피하게 하는 의례이다. 만일 금기된 행위나 일을 하면 순화 혹은 정화하는 의례를 수행하게 된다. ③희생의례(*sacrificial ritual*)가 있는데, 이것은 주로 신을 달래거나 즐겁게 하려는 목적으로 수행된다. 즉, 신의 진노를 누그러뜨리거나 신의 특별한 축복을 기원하는 목적으로 수행되는 것이 희생의례이다. 이때 희생제물은 인간이 되기도 하고 동식물이 되기도 하며 때로는 물질이 되기도 한다. ④'삶의 위기' 의례(*life crisis ritual*)는 개인 혹은 집단생활의 한 영역에서 다른 영역으로, 삶의 한 단계에서 다음 단계로 옮겨가는 데서 행해지는 의례로서 통과의례(*rites of passage*)라고도 불린다.

한편 월레스는 의례의 내용 혹은 영역을 5가지로 구분한다(Wallace, 1966: 107~66). ①'기술'(*technology*)로서의 의례로서 이것은 점(*divination*) 등을 통하여 어떤 활동의 효과나 수확을 기대하는 것으로, 현대사회에서는 흔히 미신으로 간주된다. ②'치유'(*therapy*) 그리고 '반치유'(*antitherapy*)의 의례이다. 어떤 의례를 통하여 질병이나 불행을 극복해 보고자 하는 기도가 치유의 의례이며, 악의 근원인 마술(*witchcraft*)을 이기려고 하는 것이 반치유이다. ③이데올로기로서의 의례이다. 대표적인 예는 통과의례에서 찾아볼 수 있는데 출생, 성인식, 결혼, 죽음의 일을 경험할 때 어떤 의례를 수행함으로써 삶의 각 과정이 합리적으로 이해되고, 또 그 의례에 참여하는 모든 이들이 그것을 통하여 집단 연대감을 느끼고 공유된 가치들을 재확증하게 된다(Van Gennep, 1960). ④구원(*salvation*)과 관계된 의례이다. 특정한 의식을 수행함으로써 개인은 새 사람이 되고 세계와 새로운 관계를 갖게 된다고 보는 것이다. ⑤'재활'(*revitalization*)의 의례로서 이것은 구원의 의례와 유사하지만, 다만 그 초점이 개인에게 있는 것이 아니라 사회에 있다는 점이 다르다. 이것은 사회의 새로운 정체성을 확립하기 위하여 이루어지며, 때로는 사회변동을 초래하기도 한다.

이와 같이 의례는 믿음체계와 밀접한 관계를 가지면서 그것에 참여하는 사람들에게 의미를 제공하고 결속력을 마련해 주는 또 하나의 중요한 종교적 요소가 된다. 그러나 어떤 의례가 종교의례의 범주에 들어갈 수 있는가는 종교를 배타적으로 정의하느냐 포괄적으로 정의하느냐에 따라 달라질 수 있다. 예를 들면 배타적 정의에 따르면 전통종교의 기성화된 의례, 혹은 무속종교의 특정 의례 등을 종교의례로 볼 뿐이지만, 포괄적 정의는 국가와 국기에 대한 국민의례 따위도 일종의 상징적 종교의례가 될 수 있다고 본다(Bellah, 1967; Warner, 1961).

3) 공동체

종교는 개인적이며 동시에 집단적인 현상이다. 따라서 종교성 혹은 종교신앙은 개인적으로 나타날 수도 있고 혹은 집단적으로 나타날 수도 있다. 그러나 사회학자는 대체로 종교의 집단적 성격에 초점을 맞추는 경향이 있다. 이것은 특히 뒤르켐이 강조하는데, 그 기본적 생각은 개인 심리적인 측면의 종교성향은 심리학의 주제이기 때문에 종교사회학은 종교의 집단적 혹은 사회적 성격을 탐구해야 한다는 것이다. 뒤르켐에게 종교적 믿음은 항상 하나의 기존 집단에 대해 공통적인 것이어야 하고, 그 집단은 믿음을 받아들이고 믿음과 관련된 의례를 수행해야 한다. 그가 종교에 대한 정의에서 '교회'라고 부르는 것은 기독교의 교회를 의미하는 것이 아니라, 공통된 이념을 가지고 공동의 의례를 수행하는 하나의 종교적 공동체를 뜻한다. 교회는 사제들의 집단이 아니라 단일한 믿음을 가진 모든 믿는 이들에 의하여 구성되는 '도덕 공동체'이다(Durkheim, 1965: 61).

종교의 공동체적 성격은 친교나 교제의 의미가 있다. 사실상 활발한 종교는 사회관계성을 만들어내고 유지한다. "하나의 기독교인은 기독교인이 아니다"(*Unus Christianus, nullus Christianus: One Christian is no Christian*)라는 표현은 모든 종교에 적용될 수 있다고 바흐는 주장한다(Wach, 1958 : 29). 신비주의, 영성주의와 같은 종교적 태도의 유형도 공동체와 관계된 개인의 종교성을 나타내는 것일 수 있다. 문화적, 사회적 배경의 영향으로부터 개인이 점차 독립적이 되며, 종교가 사회제도들로부터 계속 분화되는 과정 가운데서 개인주의적 종교성이 확산되는 경향이 있는 것은 사실이지만, 종교를 하나의 사회적 현상으로 이해하기 위해서는 그것이 가지고 있는 집합적 성격, 즉 공동체성을 종교의 한 구성요소로 보아야 한다. 물론 종교를 포괄적으로 정의한다면 개인이 가진 단순한 신앙도 종교현상의 일부라고 할 수 있겠으나 사회학자들은 대체로 공동체를 형성하는, 혹은 공동체적 성격을 가진 현상을 종교현상으로 규정하는 경우가 많다.

믿음과 의례를 공유하는 과정은 집단의 정체성을 강화시키는 경향이 있다. 한편 집단의 공동체성은 개인들에게 믿음과 의례의 의미를 재확인 시켜줄 수도 있다. 종교가 가진 공동체성은 흔히 '우리' 감정(*we-feeling*), '역할' 감정, '의존' 감정을 개인들에게 마련해 준다(MacIver, 1951: 9). 우리-감정은 공동체의 구성원이 서로 하나됨을 느끼는 것이고, 역할-감정은 구성원 각자가 공동체 안에서 의미 있는 하나의 몫을 차지하고 있다고 느끼는 것이며, 의존-감정은 구성원이 소속된 공동체에 대한 신뢰감을 나타내는 것이다. 종교는 구성원들에게 이와 같은 공동체성을 마련해 줌으로써 그들로 하여금 그들의 공동체와 그들의 종교에 대하여 일체감을 갖게 해 준다.

이와 같이 종교적 경험은 믿는 이들의 집단에 대한 소속감의 인식을 포함할 수 있으며, 의례는 흔히 개인에게 강한 결속력을 만들고 이러한 소속감을 상기시킨다. 믿는 이들의 공동체는 공식적으로나 비공식적으로 조직될 수 있으며, 종교집단은 개인의 믿음과 규범을 뒷받침하는 데 근본적인 것이다. 따라서 종교적 공동체는 종교적 의미와 경험에 대한 사회적 맥락을 이해하는 데 근본적인 것이 되고 있다.

3. 종교성의 차원과 측정

종교사회학은 종교와 사회의 관계에 대하여 사회과학적 방법으로 분석하는 학문이라고 했다. 그러면 그 관계는 경험적 연구에서 어떻게 가능할 수 있을까? 예를 들어 종교와 사회계층 사이에 어떤 관계가 있는가 하는 문제를 조사한다고 가정해 보자. 이때 사회계층이라는 변수는 수입, 교육수준, 직업지위 등의 정도를 기초로 하여 사회경제적 지위의 수준이라는, 측정이 가능한 척도로 구체화될 수 있다. 적절한 기준을 근거로 하여 조사대상자의 계층을 상류층, 중류층, 하류층으로 구분하거나 계층수준이 '높음', '중간', '낮음'으로 구분하는 것이 가능할 수 있다. 한편 종교라는 변수는 종교유무, 종교소속, 종교성 등의 측정 가능한 용어로 번역되어야 한다.

그래서 조사대상자의 종교소유 실태와 계층수준을 교차분석하면 종교를 가진 사람의 계층수준이 종교를 가지지 않은 사람의 계층수준보다 높은지 낮은지를 밝혀낼 수 있을 것이다. 한편 종교인 가운데서는 각기 신봉하는 서로 다른 종교실태와 계층수준을 교차분석하면 어떤 종교를 가진 사람의 계층수준이 높은지, 낮은지를 알 수 있다. 또한 종교성, 혹은 종교적 성향(믿음의 정도, 참여도의 정도, 경험의 정도 등)의 정도와 계층 수준의 두 변수를 교차분석하면 종교성의 정도에 따라 계층수준이 어떻게 다른지를 밝혀낼 수 있을 것이다. 따라서 경험적인 종교사회학 연구에서는 종교와 사회의 관계를 분석하기 위하여 종교의 개념은 측정될 수 있는 '종교성'(*religiosity*), '종교적 헌신', '종교적 투신'(*involvement*)과 같은 구체적인 용어로 번역되어야 하는 것이다.

1) 단일차원 종교성

'종교성'은 종교적 성향 혹은 정향을 의미한다. 종교성은 질과 양의 개념이라 할 수 있다. 질적으로 보면 종교성은 종교적 성향의 어떤 특징을 나타내는 것이고, 양적으로 보면 종교성은 종교적 성향의 정도를 나타내는 것이다. 전자의 경우가 어떤 사람이 이러한 혹은 저러한 종교성향을 가지고 있다는 것을 밝히는 것이라면(예를 들면 그가 기독교인이냐 불교인이냐 하는 것을 구분하는 것), 후자의 경우는 그 사람의 종교적 성향의 강하고 약함, 높고 낮음, 깊고 깊지 않음의 정도를 밝히는 것이다. 이때 종교성의 기준이 되는 근거를 종교성의 차원(*dimension*)이라고 한다. 한 가지의 척도로 종교성을 평가하는 것이 단일차원의 종교성인데, 여기에는 질적 종교성과 양적 종교성의 비교 측정이 모두 가능하다.

단일차원의 종교성에서 질적 특성을 비교할 수 있는 가장 기본적 형태는 종교의 소유 여부와 특정 종교조직이나 집단에의 가입 실태이다. 우선 종교를 가지고 있느냐 없느냐(종교인/비종교인의 이분법)

하는 것을 밝혀내는 것이 가능할 것이다. 만일 종교가 사람들의 행위에 영향을 미친다면, 우리는 종교인과 비종교인 사이의 차이를 관찰할 수 있을 것이다. 그러나 단순히 종교소유 여부를 알아보는 종교성 탐구는 종교를 가진 사람들 가운데서의 종교성향의 다양성에 대하여는 아무런 정보를 제공하지 못한다.

단일차원의 종교성의 또 다른 척도는 어떤 종교에 소속되어 있는가를 알아보는 일이다. 각 종교가 사람들에게 각기 다른 방식으로 영향을 미친다면 그들의 태도와 행위는 그들이 소속된 종교에 따라 다르게 나타날 것이다. 이것은 나아가서 한 종교 안에서의 여러 교파나 종단의 경우에도 마찬가지이다. 같은 종교를 가지고 있다고 해도 교파나 종단에 따라 각기 다른 집단에 소속된 사람들의 태도와 행위는 서로 다를 수 있기 때문에, 교파나 종단도 종교성의 특징을 발견할 수 있는 또 하나의 척도가 될 수 있는 것이다(Stark and Glock, 1968; 이원규, 1994a: 255~332).

종교성의 단일차원의 질적 특성을 측정할 수 있는 다른 방식으로 종교성의 전형적 양상을 범주화하여 비교하는 방법이 있다. 예를 들면 알포트는 종교를 갖게 된 동기, 종교를 통해 지향하는 가치, 종교를 통해 나타나는 결과 등을 근거로 사람들에게서 보여지는 종교성을 본래적 종교성과 비본래적 종교성으로 구분하였다(Allport, 1960).

여기에서 본래적 종교성이란 신앙을 그 자체 최상의 가치로 보는 종교성을 말한다. 자아중심적 요구를 초월하고 형제애의 계명을 심각하게 받아들인다. 이러한 종교성을 가진 사람은 신앙의 전체적 신조를 내면화하는 삶을 살며, 종교가 그에게 봉사하도록 하기보다는 그가 종교에 봉사하려고 한다. 반면에 비본래적 종교성은 공리적이고 자기방어적인 종교성으로서, 이러한 종교성을 가진 사람은 안전, 사회적 지위, 위안 등을 종교에서 기대한다. 비본래적 종교성은 모든 형태의 편견(인종적, 민족적, 정치적, 종교적)의 토양을 마련한다고 본다. 그리하여 비본래적 동기를 가진 사람은 그의 종교를 이용하려고 하지만 본래적 동기를 가진 사람은 그의 종교대로 살려고 한다. 종교성의 두 양상에 대한 알포트의 이러한 구분은 종교를 목적으로 보는 종교성과 그것을 수단으로 보는 종교성이라는 대조적인 종교성의 특성을 질적 측면에서 비교하고 있다는 점에서 주목받는다.

알포트의 본래적-비본래적 종교성 개념에 근거하여 헌트와 킹은 종교성의 질적 특성을 5가지 유형으로 구분, 비교했다(Hunt and King, 1971).

① 보편적-교구적(*parochial*) 종교성의 대비이다. 보편적 종교성이 형제애와 이웃사랑이 뒤따르는 종교성이라면, 교구적 종교성은 자기 우월주의에 빠져 다른 사람을 배척하는 종교성이다. ② 비이기적(*unselfish*)-이기적 종교성의 대비이다. 비이기적 종교성은 자기중심적 요구를 초월하려는 노력을 의미하는 데 반해, 이기적 종교성은 자신의 목적을 위해 종교를 방어적으로 이용하는 종교성을 말한다. ③ 모든 삶에 대한 적합성 여부이다. 여기에서는 전체적 삶이 동기와 의미로 넘치는 종교성과 자신의 생활방식대로 삶이 구획화되고 통합되지 못하는 종교성이 대비되고 있다. ④ 궁극적 종교성과 도구적 종교성의 대비이다. 궁극적 종교성이 종교가 목적이 되며 지배적인 동기가 되는 것이라면, 도구적 종교성은 종교가 수단이 되며 그것이 공리적으로 이용되는 종교성을 나타낸다. ⑤ 협의체적 종교성과 공동체적 종교성의 대비가 있다. 전자가 종교적 친교, 깊은 가치를 지향하는 종교성이라면, 후자는 사교성과 지위를 추구하는 종교성이다.

헌트와 킹의 제안은 종교인에게서 나타날 수 있는 종교성의 차이를 질적 측면에서 이분법적으로 다양하게 유형화함으로서 알포트의 종교성 연구를 보완하고 있다. 확실히 종교인은 그 종교적 성향에서 이런저런 특성이 강하게 나타날 수 있는 것이다.

단일차원의 종교성은 양적으로 탐구될 수도 있다. 예를 들면 종교의례에의 참여도를 종교성의 척도로 삼고자 한다면 사람들의 종교의례 참여 빈도수를 조사하면 그 종교성이 강하고 약한 것을 밝혀낼 수 있다. 이러한 양적 종교성은 그 정도를 쉽게 측정할 수 있기 때문에 경험적 연구에서 널리 이용된다. 단일차원의 양적 종교성을 깊이 있게 연구한 최초의 학자는 피히터(Fichter)이다. 그는 가톨릭 신도들의 종교성을 연구하기 위하여 미사에의 출석, 고해성사에의 참여, 교회 하위집단에의 참여 등에 근거하여 신도들을 4가지 유형, 즉 핵심적 신도, 전형적 신도, 주변적 신도, 그리고 휴면적 신도로 구분했다(Fichter, 1954).

그에 따르면 핵심적 신도는 회원자격의 기본적 요구들을 넘어서서 교구활동에 적극적이며 매주 미사와 성만찬에 참여하는 신도로서 그 비율은 5.7%로 나타났다. 전형적 신도는 종교적 의무를 거의 다 준수하지만 핵심적 신도만큼 적극적 참여는 하지 않는 신도인데, 그 비율은 70%였다. 주변적 신도는 자신이 신도라고 생각하고 교회도 그렇게 생각하고 있으나 미사나 기타 종교활동에는 별로 참여하지 않는 신도로 비율은 20%로 나타났다. 휴면적 신도는 가톨릭 가정에서 태어났고 영세도 받았으나 공식적으로 가톨릭 교구의 신도가 아닌 사람을 말한다.

비록 피히터의 종교성 유형론이 주로 종교조직에 대한 의식적이고 공식적인 참여와 관련시켜 종교성을 측정한 단일차원적이지만, 다른 학자들로 하여금 이 분야의 연구를 확장하도록 한 것은 그의 공헌이라 하겠다. 그러나 단일차원적 종교성 연구는 종교적 경험이나 차원을 단순화하는 것이며, 따라서 신뢰도나 정확성에 문제가 있다는 이유로 종교성에 대한 다차원적 연구가 1960년대부터 본격적으로 이루어지기 시작했다.

2) 다차원적 종교성

다차원적(*multi-dimensional*) 종교성에 대한 관심이 증대된 것은 종교성향은 다양한 양태로 표현될 수 있고, 따라서 다양한 평가기준으로 측정될 수 있다는 사실을 사회학자들이 인식하게 된 것에 기인한다. 이러한 다차원적 종교성 연구들은 다양한 종교성이 서로 간에도 부조화가 있을 수 있고(한 차원의 종교성은 강한데 다른 차원의 종교성은 약하다든지 하는 경우), 각기 다른 종교성은 여러 인구학적 변수들(성별, 나이, 거주지역 등), 그리고 사회경제적 변수들(교육, 수입, 직업 등)과 각기 다른 방식으로 관계되고 있다는 사실들을 밝혀내고 있기 때문에 종교사회학 분야에서 매우 유용한 자료들을 제공하고 있다.

후쿠야마는 회중교회(*congregationalist*)를 연구하는 데 종교성을 인지적(*cognitive*), 제의적(*cultic*), 신조적(*creedal*), 그리고 경건적(*devotional*) 차원들로 나누어 그들의 종교성을 분석했다(Fukuyama, 1961).

여기에서 인지적 차원은 종교적 지식의 수준을 말하는 것이고, 신조적 차원은 믿음의 확신의 정도를 나타낸다. 제의적 차원은 의례에의 참여 정도를 나타내고, 경건적 차원은 헌신적인 종교적 경험의 정도를 말하는 것이다. 이 연구에서 후쿠야마는 종교성의 여러 차원들은 서로 다르게 관계되어 있으며, 기본적인 사회적 그리고 인구학적 변수들과도 다양하게 관계되어 있음을 밝혀냈다. 예를 들면 남성은 인지적 차원의 종교성만 강하고 나머지 3가지 차원의 종교성은 여성이 강하다는 사실, 나이가 많을수록 신조적, 경건적 종교성이 강하다는 사실, 교육수준이 높을수록 인지적 종교성은 강하나 경건적 종교성은 낮다는 사실을 밝혀냈다.

한편 렌스키는 독립변수로서의 종교의 사회적 영향이라는 베버의 명제를 현대적 상황에서 입증하는 시도로서 미국 디트로이트 지역 주민들을 대상으로 조사연구를 실시했다(Lenski, 1961). 이 연구를 위하여 그는 종교성을 두 유형으로 나누고 각각을 두 범주로 구분해서 4가지 종교성 차원을 구성했다. 그는 종교성을 크게 '종교적 집단참여'와 '종교적 정향'으로 나누었고, 다시 전자를 '협의체적 참여'와 '공동체적 참여'로 구분했고, 후자를 '교리적 정통주의'와 '경건성'으로 구분했다.

협의체적 참여는 교회 예배참여의 빈도수와 종교조직의 하위집단에의 참여도를 나타내고, 공동체적 참여는 사람들의 원초적 관계(친척, 친구와의 관계)가 자신의 종교집단 사람들로 제한되는 정도를 나타낸다. 물론 예배에의 참여 빈도수가 높고 종교조직에 적극적으로 참여할수록 '협의체적 참여'라는 종교성은 높고, 친척이나 친구가 자신과 같은 종교집단에 많이 소속되어 있을수록 '공동체적 참여'라는 종교성은 높다고 규정되었다.

그러나 렌스키는 이 두 차원의 종교성의 관계는 매우 낮다는 것을 발견했다. 즉, 협의체적 종교성이 강하다고 반드시 공동체적 종교성도 강한 것은 아니라는 말이다.

한편 교리적 정통주의는 종교집단의 확립된 교리에 동의하는 정도를 나타내며, 경건성은 개인적 신앙구조, 즉 기도의 횟수처럼 신과의 접촉이나 관계에 대한 중요성 및 그 정도를 나타내는 것이다. 믿음의 근거가 되는 교리에 대하여 동조할수록 '정통주의' 종교성은 높고, 개인적인 신앙구조가 현저할수록 '경건성'의 종교성이 강한 것으로 본다. 두 종류의 집단참여와 두 종류의 종교적 정향 사이에는 약한 상관관계가 있음을 발견한 렌스키는 이 4가지 차원의 종교성은 각각 종교의 분리되고 독립된 양상들이라고 결론지었다. 즉, 한 사람이 어떤 차원에서는 종교성이 강하나 다른 차원에서는 그렇지 않은 경우가 많다는 말이다.

다차원적 종교성에 대한 가장 깊이 있는 연구는 글락(Glock)과 스타크(Stark)에 의해 이루어졌다. 1959년과 1962년에 글락은 종교성에 관계된 글을 발표했고(Glock, 1959a: 25~42; 1962: 98~100), 1965년에는 스타크와 함께 잘 알려진 종교성의 5가지 차원을 제안했다(Glock and Stark, 1965: 18~38). 그것들은 이념적 차원, 의례적 차원, 경험적 차원, 지성적 차원, 그리고 결과적 차원이다. 만일 종교적 성향이 경험적 연구에서 식별되어야 한다면 각 개인들이 종교적일 수 있는 다양한 방식들이 확립될 필요성을 느낀 그들은 서로 다른 종교들이 서로 다른 종교적 표현을 할 뿐만 아니라 한 종교 안에서도 종교성의 표현방식이 다양할 수 있음에 주목하여 종교성의 5가지 차원을 제시했다. 이 5가지 종교성 차원에 대하여 자세히 살펴보자.

① 이념적 차원은 종교적 믿음과 관계된 것으로, 교리와 신조에 대한 믿음의 정도를 나타낸다. 종교적 믿음은 개인에게 그의 존재에 대한 해석을 마련해 주고 그에게 궁극적 의미의 문제를 해결해 줄 수 있기 때문에 중요하다. 그것은 또한 개인이 경험하는 박탈감을 초월하고 외로움을 극복하도록 도움을 줄 수 있다. 종교적 믿음에 관한 연구는 단순히 사람들이 무엇을 믿는가를 탐구할 수도 있고, 혹은 믿음의 정도에 대하여, 혹은 더 나아가서 개인에서의 믿음의 기능을 탐구할 수도 있다. 믿음 구조는 3부분으로 구분될 수 있다. 첫째, 종교는 그 우선적 역할이 신의 존재를 인정하고 그 성격을 규정하는 믿음을 가지고 있다(기독교의 경우 하나님에 대한, 그리스도에 대한, 그의 이적과 동정녀 탄생에 관한 믿음 등). 이것은 '근원적 믿음'이

라 불린다. 둘째, 신의 목적을 설명하고 그 목적에 관한 인간의 역할을 규정하는 '목적적 믿음'이 있다(기독교의 경우 원죄, 인간의 구속 가능성, 최후 심판, 영원한 구원이나 저주에 대한 믿음 등). 셋째, 신의 목적의 실현을 위한 '도구적 믿음'(*implementing beliefs*)이 있다. 이것은 신과 동료 인간을 향한 인간의 적절한 행위가 무엇인가를 확립하여 종교의 윤리적 근거를 마련하는 것이다. 분명히 이러한 믿음 차원은 그 강하고 약함, 즉 믿는 정도가 측정될 수 있는 종교성의 한 척도가 될 수 있다.

② 의례적 차원은 종교적 수행을 의미한다. 종교적 믿음의 경우에는 주요 관심이 믿음을 가진 사람이 "무엇을 믿는가"이라면, 종교적 수행에서의 주요 관심은 그가 "무엇을 하는가"이다. 종교조직에의 등록과 출석률이 여기에서 중요한 지표가 되고, 그밖에도 기도의 횟수나 성례전 참여도 고려될 수 있다. 의례적 차원과 관계된 연구에서는 단순히 의례적 활동에 참여하는 빈도수에 따라 개인을 구분하고 그것과 다른 변수들과의 관계성을 탐구할 수도 있고, 혹은 특별한 종교적 수행의 성격의 다양성(예를 들면 기도의 종류의 특징 비교)을 연구할 수도 있으며, 혹은 의례에 참여하는 개인의 의례행위 의미에 대해서도 연구할 수 있을 것이다. 그러나 종교에 따라 의례의 성격과 내용이 다르기 때문에 비교종교 연구에서는 그것들의 공통점이나 차이점을 분석하는 것도 중요한 과제가 될 수 있다. 의례적 차원의 종교성 역시 그 정도가 쉽게 측정될 수 있기 때문에 경험적 연구에서 활용될 수 있는 종교적 변수가 된다.

③ 경험적 차원은 종교적 느낌이나 감정을 의미한다. 여기에는 한 개인이나 집단에 의해 종교적인 것으로 규정되는 모든 느낌, 자각, 감각, 감정이 포함된다. 물론 종교적 경험은 종교에 따라, 혹은 개인들의 경험에 따라 공포에서 경외에, 굴욕에서 즐거움에, 영혼의

평화에서 우주나 신성과의 열정적 연합에 이르기까지 다양하다. 흔히 종교적 경험은 극단적인 경우(회심, 방언, 입신 등)와 동일시되기도 하지만, 그것은 또한 믿음, 신뢰, 교제와 같은 평범한 것일 수도 있다. 종교적 경험은 다음의 방법으로 표현될 수 있다. 첫째, 개인이 초월적 이념을 가지려는 관심일 수 있고, 둘째, 신성에 대한 인지(*cognition*) 혹은 인식에 대한 개인의 능력일 수 있으며, 셋째, 자신의 생활이 신적 힘의 손안에 있다는 신뢰의 느낌일 수 있으며, 넷째, 두려움의 느낌일 수 있다. 어떤 경우이든 주관적인 종교적 경험은 개인적 종교성의 한 지표가 될 수 있다.

④ 지성적 차원은 종교적 지식을 나타낸다. 이것은 종교적 믿음의 차원과 관계가 있으나 그것과 항상 일치하는 것은 아니다. 즉, 무신론자처럼 종교적 지식은 있으나 믿지는 않는 사람이 있는가 하면 지식 차원에서는 무지하면서도 단순히 믿기만 하는 사람도 있다. 문제는 어떤 종류의 종교적 지식을 얼마나 개인이 가지고 있고, 그것과 종교성의 믿음, 수행, 경험 차원과의 관계는 무엇인가 하는 것이다. 종교적 지식에는 종교와 관계된 교리, 신학, 성문서, 역사 등에 대한 지식이 포함될 수 있다. 얼마나 많은 사람들이 무엇을 얼마나 알고 있는가와 그 지식을 어떻게 평가하는가는 종교성의 한 지표가 될 수 있다.

⑤ 결과적 차원은 종교적 영향을 의미하는 것으로, 개인의 종교적 믿음, 수행, 경험, 지식에 대한 세속적인 결과를 나타낸다. 여기에는 사람들이 해야 하는 것을 나타내는 종교적 규범과 종교의 결과로서 그들이 지켜야 하는 태도를 포함한다. 종교적 결과의 한 예는 보상에 대한 기대이다. 그 보상은 마음의 평화, 근심으로부터의 자유, 복지의 느낌, 물질적 성공과 같은 즉각적인 보상일 수도 있고, 구원, 영원한 생명의 약속과 같은 미래적인 보상일 수도 있다. 그러나

종교적 결과로서 개인이 할 것으로 예상되는 보다 중요한 기대는 어떤 종류의 행위는 피하고 다른 것에는 적극적으로 관계해야 한다는 것이다. 흔히 행위(*work*)로 표현되는 이 차원은 신과 인간의 관계라기보다는 인간과 인간의 관계를 알아보는 것이라 할 수 있다. 종교의 결과적 차원의 종교성은 종교인과 비종교인의 세속적 태도와 행위를 비교함으로, 그리고 종교인들 사이에서의 태도와 행위의 정도를 비교함으로써 측정될 수 있다.

글락과 스타크는 종교성의 다섯 가지 차원에 대한 제안에서 그 차원들은 각기 독립적일 수 있다고 결론을 내린다(1965: 38). 즉, 한 차원에서 표현된 종교성이 자동적으로 다른 차원에서도 표현될 것으로 생각할 수는 없다는 것이다. 그 이후 많은 학자들이 종교의 다양한 차원들과 그것들의 다른 사회적 변수들과의 상관관계를 연구하기 위하여 글락과 스타크의 유형론을 이용했다. 특히 그들의 다차원적 종교성 가설을 경험적으로 검증하기 위하여 포크너와 드용은 각 차원들에 대한 거트만 척도법(*Guttman scaling*)을 사용한 이른바 5-D(*dimension*) 척도를 제안하였다(Faulkner and DeJong, 1966: 246~54). 5-D 척도들 사이의 상관관계들을 분석한 후에 그들은 그 척도들 각각이 종교성의 독립되고 독특한 양상이라고 결론지었다. 즉, 그 다섯 차원들이 모두 긍정적으로 서로 관계되기는 하지만, 그것들 사이의 상관관계의 정도에서의 다양성은 종교성의 다차원성에 대한 증거로서 해석되었다. 이 연구는 후에 여러 학자들에 의해 검증되어 동조를 받기도 했고(Campbell and Fukuyama, 1970; Lehman and Shriver, 1968), 한편 적절하지 못하다는 비판을 받기도 했다(Weigert and Darwin, 1969; Gibbs and Crader, 1970).

얼마 후 스타크와 글락은 그들의 초기 종교성의 다섯 차원들을 수정하여 검증하기가 어려운, 그리고 분석하기가 매우 모호한 결과적 차원을 배제하고, 그 대신 나머지 4가지 차원을 확장하여 측정할 수 있는 9가지 척도를 고안해서 그것들을 한 심층적인 종교성 연구에서 활용하였다(Stark and Glock, 1968).

그 내용이 〈표 2-1〉에 요약되고 있다. 여기서 1차적 척도는 종교성을 밝혀내는 중심적 기준이 되는 것을 의미하며, 2차적 척도는 종교성을 밝혀내는 주변적 기준이 된다는 것을 나타낸다. 종교적 믿음이라는 종교성을 측정하는 기준으로 스타크와 글락은 정통주의 지표(*orthodoxy index*)를 1차적 척도로, 그리고 특수주의와 윤리주의를 2차적 척도로 삼고 있다. 정통주의 지표는 신에 대한 믿음, 예수의 신성에 대한 믿음, 기적과 내세에 대한 믿음, 죄와 구원에 대한 믿음의 정도를 알아보기 위해 구성된 것이다. 종교적 특수주의는 자신의 종교만이 허용될 수 있고 다른 것들은 거짓이고 어리석고 사악하다고 믿는 믿음이다. 이것은 종교적 배타주의 혹은 우월주의 개념과 비슷한 것이다(Glock and Stark, 1966). 윤리주의는 초자연적 믿음과 관계된 것으로 다른 사람들에 대한 사랑의 실천적 관심의 정도를 뜻하는 것이다. 종교적 수행의 정도를 측정하는 척도로는 의례참여 지표와

〈표 2-1〉 종교적 위탁의 척도

종교적 위탁의 일반적 차원들	1차적 척도	2차적 척도
1. 믿 음	정통주의 지표	특수주의 지표 윤리주의 지표
2. 수 행	의례참여 지표 경건주의 지표	
3. 경 험	종교적 경험 지표	
4. 지 식	종교적 지식 지표	
	관계적 지표	공동체 참여 지표 우정 지표

* 출처: Stark and Glock(1968: 175).

경건주의 지표의 두 가지를 설정한다. 전자는 교회출석, 성례전에의 참여, 저녁집회 참여, 교회조직에의 참여, 헌금과 같은 조직적인 종교의식에의 개입 정도를 나타내고, 후자는 성경 읽기와 기도 등의 개인적 신앙생활의 빈도를 나타내는 것이다. 종교적 경험을 알아보는 경험지표는 신의 현존에 대한 확증, 구원에 대한 확증 등의 확신 정도를 측정하기 위해 마련되고 있다. 종교적 지식 차원의 종교성을 알아보기 위한 지식 지표는 십계명, 성서의 구절들, 성서의 인물들 등에 대한 지식 수준을 근거로 한다. 관계적 지표는 종교의 중요성에 대한 실태를 두 가지 관계적 척도에서 평가하려는 것이다. 공동체적 참여 지표는 참여하는 모든 조직들 가운데서 종교적 조직의 비율이 얼마나 되는가 하는 것을 측정하고, 우정 지표는 가장 가까운 친구들 가운데서 같은 종교(교회)에 소속된 사람이 얼마나 되는가를 측정하는 것으로서 이 관계적 지표는 종교에의 관심과 개입의 정도를 판단할 수 있는 또 하나의 근거가 된다.

글락과 스타크의 종교성 차원에 대한 연구는 두 가지 중요한 결과를 보여준다. 하나는 종교성의 차원은 다양하며 그 차원들은 각기 독립적 성격을 지니고 있다는 점이다. 따라서 개인의 종교성에 대한 평가는 단순히 강하거나 약하다는 식으로 내릴 것이 아니라 어떠한 차원의 종교성이 어느 정도 높거나 낮다는 식으로 구체화되어야 한다는 것을 일깨워준다. 다른 하나는 종교성의 각 차원은 개인 사이에서뿐만 아니라 종교집단 간에도 두드러진 차이가 나타난다는 사실이다. 특히 개신교 교파 간의 종교성의 차이는 너무 두드러져서 종교인들의 종교성 구조를 일반화시키는 것은 종교현상을 크게 왜곡시킬 위험이 있다는 것을 보여준다. 따라서 종교성에 대한 경험적 연구에서는 같은 종교 안에서도 여러 하위집단 간의 이질성을 심각하게 고려해야 한다.

종교성의 다차원적 요소에 대한 보다 포괄적이고 다양한 설명이 킹과 헌트에 의하여 수행되었는데, 그들은 기존의 여러 연구들의 내용들을 종합하여 주로 개신교 주류 안에서 본 종교성의 차원들을 다음과 같이 커다란 3영역 안에서 13가지로 구분하였다(King and Hunt, 1975: 13~22).

1. 기본적인 종교적 척도
   ① 신조적 동의, ② 경건성, ③ 교회 출석, ④ 조직 활동,
   ⑤ 재정 보조, ⑥ 종교적 절망, ⑦ 성장 지향성
2. 혼합적인 종교적 척도
   ⑧ 행위의 특징, ⑨ 인식의 특징, ⑩ 정규적 활동
3. 인지적 양태 변수들
   ⑪ 모호성에 대한 관용성, ⑫ 삶의 목적: 긍정적 측면,
   ⑬ 삶의 목적: 부정적 측면

이 가운데서 첫 번째 요소들의 대부분은 글락과 스타크의 믿음, 경험, 의례 차원들과 유사한 것들이고, 혼합적 요소들도 글락, 스타크, 렌스키, 피히터의 종교성 차원들과 비슷한 면이 있으나, 인지적 양태 변수들은 심리적 측면을 다루는 인성(*personality*)의 차원과 관계된 것이 특이하다.

기본적인 종교적 척도 가운데서 '신조적 동의'는 교리적 믿음에 대한 동조 정도를 나타내고, '경건성'은 개인적인 신앙적 수행을 의미한다. '교회출석'은 예배와 성례전에의 참여 정도를, '조직활동'은 공식적인 의례 이외의 여러 조직활동에의 참여 정도를 나타낸다. '재정보조'는 헌금의 상황과 관계되고, '종교적 절망'은 삶에서 존재에 대하여 느끼게 되는 절망의 정도를 나타내는 일종의 신앙적 결과라고 할 것이다. '성장 지향성'은 신앙의 성장을 위하여 성서, 종교문헌 등을

얼마나 읽으며, 신앙의 의미를 얼마나 깊이 탐구하는가를 말한다.

한편 혼합적인 종교적 척도에서 '행위의 특징'은 교우, 친구, 이웃, 동료 등과의 신앙적 교제와 개인적 신앙생활의 정도를 나타내며, '인식의 특징'은 종교적 믿음과 생활에 대한 인지적 확신의 정도를 밝히려는 것이다. '정규적 활동'은 교회생활, 조직활동, 집회참여, 물질적 봉헌 등에 얼마나 규칙적으로 수행하는가를 알아보려는 지표이다. 이것은 앞에서의 '교회출석'과 '조직활동'의 정도를 더욱 구체적으로 밝혀 보려는 것이다.

인지적 양태 변수들에서 '모호성에 대한 관용성'은 세상을 이분법적으로 보는 시각에 대한 반응을 알아보려는 것이다. 긍정적 측면에서의 '삶의 목적'은 삶을 얼마나 만족하고 긍정적, 낙관적으로 보는가 하는 정도를 나타내고, 부정적 측면에서의 '삶의 목적'은 삶에 대하여 얼마나 불만스러워하고 그것을 부정적, 비관적으로 보는가 하는 것을 알아보려는 것이다.

지금까지 제시한 종교성의 차원과 척도 및 측정에 관한 모든 논의는 종교를 배타적으로, 그리고 본질적으로 정의 내린, 그것도 주로 기독교적 맥락에서 규정된 종교현상을 토대로 한다. 불행하게도 포괄적으로 종교를 정의할 경우에는 경험적 연구에서 응용할 수 있도록 그 종교성을 척도화하는 것이 매우 어렵다. 예를 들어 집단 이데올로기나 개인적 가치관까지 일종의 종교현상으로 보는 포괄적 종교 정의를 토대로 해서는 그러한 종교성 정도의 양적 측정은 매우 어려운 일이다. 즉, 포괄적으로 광범위하게 정의 내려진 종교현상은 구체적인 경험적 연구대상으로 삼기에는 그 자료가 너무 막연하고 광범위할 뿐만 아니라, 사회학자들 사이에서도 그 정의에 함축된 범위와 내용이 너무 다양하기 때문에 학문적으로 다른 학자들로부터 동조 받고 또 검증 받기가 매우 어렵다는 말이다.

불과 소수의 경험적 연구들이 포괄적 종교정의에 근거하여 종교현상을 연구했다. 예를 들면 시민 종교의 종교성에 대한 연구(Wimberley et al., 1976), '궁극적 관심'에 대한 종교성 연구(Yinger, 1977), '의미체계'에 대한 종교성 연구(Wuthnow, 1976; McCready and Greeley, 1976) 등이 있다. 비록 이런 연구들이 보다 광범위한 맥락에서 종교현상과 그 기능을 이해하는 데 하나의 새로운 방향을 제시하기는 했으나, 그 방법들이 아직은 충분히 발달되지 않았고, 따라서 아직도 대답되고 검증되어야 할 물음들이 많이 남아 있다(Roof, 1979: 17~45).

결과적으로 종교에 대한 대부분의 경험적 연구들은 대개 불가피하게 배타적 종교정의에 근거한 하나의 제도적인 교회종교의 자료에 의존하거나, 혹은 조작적 정의로서 그 범위를 축소시켰다(Lee, 1981). 종교성의 측정과 관계된 또 하나의 한계는 그 측정이 주로 기독교적 맥락에서만 논의되었다는 사실이다. 종교사회학은 대부분 기독교와 종교를 거의 동일시하다시피 한 서구 기독교권에서 발달했기 때문에, 지금까지의 종교성에 관한 연구는 기독교 이외의 종교(예를 들면 불교나 힌두교)의 상황에 적용하기가 매우 어렵다는 문제가 남아 있다. 따라서 기독교 이외의 종교에서의 종교성을 측정할 수 있는 척도를 마련하고, 여러 종교들을 상호 비교해 볼 수 있는 공통된 종교성을 구성하는 일이 이 분야에 요청되는 과제라 할 것이다.

제 3 장

고전 종교사회론

종교사회학에서 흔히 고전(*classical*)이론이라 함은 대체로 19세기에서 20세기 초에 걸쳐 종교에 대하여 연구했던 사회과학자들의 사상을 일컫는다. 이 시기에 종교에 대한 연구는 크게 두 가지 흐름이 있었다. 하나는 종교를 사회에 있어서 일종의 부수현상(*epiphenomenon*)으로 보거나 시대의 변화과정 가운데서 사회라는 무대에서 퇴장해야 할 주변적 현상으로 보는 사회진화론적 혹은 유물론적 시각이고, 다른 하나는 종교현상을 사회를 이해하는 데 하나의 핵심적 요소로 보고 그것의 사회적 의미를 재발견하고 사회적 기능의 중요성을 밝혀내려고 시도하는 노력이다.

후자의 대표적 인물로는 뒤르켐과 베버를 들 수 있다. 그들의 사상에 대해서는 제 4장과 제 5장에서 집중적으로 논의할 것이다. 이 장에서는 고전적 종교사회론 가운데서 종교에 대하여 부정적이고 비판적인 입장을 보여주는 사회진화론자들과 맑스의 사상을 검토하기로 한다.

1. 사회진화론

초기의 사회과학자들은 다윈(Darwin)의 생물학적 진화론의 영향을 크게 받았다. 그들은 그러한 진화론이 사회현상을 이해하고 설명하는 데도 그대로 적용될 수 있을 것이라고 믿었다. 즉, 대부분의 초기 사회학자 및 인류학자는 진화한다는 것은 생물의 영역에서만 나타나는 현상이 아니라 사회의 영역에서도 진행될 수 있는, 그리고 진행되고 있다는 확신을 가지고 있었다. 이것을 사회진화론(*social evolutionism*) 혹은 사회 다윈주의(*social Darwinism*)라고 부른다.

그들은 '적자생존'과 '자연도태'의 생물학적 진화의 원리가 사회현상에서도 적용될 수 있다는 전제를 가지고 종교현상을 탐구했다. 이러한 진화론적 견해는 종교문제에 관심을 가지고 있던 사회과학자들로 하여금 오늘날의 종교형태가 유래되었던 종교의 원시적 기원에 대한 탐구를 우선적으로 하게 만들었다. 그리하여 그들은 가장 단순한 사회에서의 종교생활의 '기본적인 것'을 발견하려고 시도했던 것이다. 여기에는 만일 종교의 기원이 밝혀질 수 있다면 종교 자체의 본질과 인간의 종교적 본능의 근거를 발견할 수 있을 것이라는 가정이 있었다. 초기의 사회과학자들에게 종교는 그것이 단순한 사회에서 매우 중요한 부분으로 보였기 때문뿐만 아니라 또한 오늘날의 종교적 믿음도 문화의 초기 단계로부터의 잉여나 잔존으로 가정되었기 때문에 흥미 있는 것이었다(Budd, 1973: 22). 따라서 사회진화론자들의 우선적인 관심은 종교의 기원에 관한 것이었다.

1) 종교의 기원에 대한 연구

사회진화론자들은 종교가 기본적으로 인간의 경험에 대한 반응으로 생겨났다고 본다. 종교가 처음 생겨났던 원시시대에 경외롭고 신비하고 무서운 사건이나 일이 생길 때에 원시인들은 그 원인을 이해할 필요를 느꼈고, 이에 대한 나름대로의 설명이 원시적 믿음의 형태를 띠었으며 이것이 종교의 기원이 되었다는 것이다. 종교의 기원에 대한 사회진화론적 관점은 '지성주의적' 관점이라고 불리기도 한다. 왜냐하면 적어도 원시인들에게 종교는 놀랍고 두렵고 신비스러운 현상에 대하여 원시적이긴 하지만 그들 나름대로의 합리적이고 지성적인 판단과 믿음에 기초하여 그 현상을 이해하고 설명하려는 시도였기 때문이다. 무엇이 종교의 가장 원초적인 형태, 즉 그 기원인가에 대하여는 대체로 3가지의, 그러나 서로 밀접하게 연관되어 있는 주장이 있다.

(1) 정령신앙: 타일러

종교의 기원에 대한 첫 번째 이론은 정령신앙(精靈信仰: *animism*)을 그 기원으로 보는 입장이다. 많은 초기의 인류학자들은 그들이 연구했던 '원시인'(사실은 오늘날 가장 원시적 생활을 하는 사람들)은 영(*spirits*)에 대한 보편적 믿음을 가지고 있다고 생각했다. 즉, 원시인은 살아 있고 자라나는 것들과 움직이는 존재는 물론 모든 종류의 활기 있는 대상들이 영을 가지고 있다는 믿음을 가지고 있었는데, 바로 이러한 믿음을 정령신앙이라고 부른다.

따라서 영에 대한 관념은 동물, 식물, 심지어는 생명 없는 물질에까지 연장되어 모든 것이 영을 가지고 있다고 생각되는 것이다. 그러나 모든 영들은 철저하게 의인화(疑人化)된 형태로 이해되고 있다. 즉, 그것들은 보이지는 않으나 특징, 성격, 느낌, 의지를 가지고 있다고 본다. 그것들은 사람들처럼 기분 좋을 때는 사람들에게 우호적이나 반대로 흥분하거나 노하면 심술궂고 위험할 수도 있다. 예를 들어 코코넛이 머리에 떨어질 때 원시인은 "코코넛이 익었군, 코코넛 철이 다시 왔군!" 하고 말하지 않고 "누가 그것을 던졌지? 영을 화나도록 내가 무엇을 잘못했나?"하고 말한다. 혹은 가다가 나무뿌리에 걸려 넘어지면 자신이 둔한 것을 탓하기보다는 왜 뿌리의 영이 손을 뻗쳐 그를 잡았는가, 즉 "이것은 뿌리의 영의 장난인가, 아니면 나의 행위에 대한 경고인가?"를 묻는다. 따라서 이러한 영들에 대하여는 아첨, 충성, 복종이 요구되며, 그것들을 달래고 위로하거나 기쁘게 하는 어떤 노력이 필요하게 된다.

영에 대한 이러한 믿음은 원시인 가운데서 자신의 경험뿐만 아니라 물리적 환경에서 자연적 사건을 설명할 필요성에서 생겨났다고 초기 사회과학자들은 이해하고 있다. 어떤 의미에서 이것은 인간이 통제할 수 없는 많은 것들에 적응할 수 있는 수단으로서 일종의 합리성에 대한 요구이다(Johnstone, 1975: 29). 즉, 그것은 신비스러운 일들을 설명하기 위한 원시적 사람들의 인지적 요구라는 것이다.

정령신앙이 종교의 기원이라고 하는 입장을 취한 대표적인 인류학자는 타일러(Edward B. Tylor, 1832~1917)였다. 그는 종교현상이 거쳤던 진화적 단계들을 설명하는 데 영(*spirit*) 혹은 영혼(*soul*)의 중요성을 강조한다. 그는 종교가 영혼에 대한 관념에 근거하고 있다고 보았으며, 원시인 나름대로의 합리적 사고는 영이 다양한 영역의 자연과 인간활동 등과 관련이 있다는 믿음을 주었다고 주장한다. 그리하여 타일러에게는 혼과 영적 존재에 대한 믿음(정령신앙)이 종교의 기원에 대한 근거가 되고 있다(Tylor, 1920). 그에 따르면 정령신앙은 두 개의 커다란 교의로 나누어지면서 하나의 일관된 교리의 부분들이 되고 있으니, 하나는 죽음 혹은 파멸 이후에도 지속적으로 존재할 수 있는 개체 피조물들의 영혼에 관계된 것이고, 다른 하나는 서열을 가진 신적인 영들에 관계된 것이다.

우선 타일러는 어떻게 인간이 영혼의 개념을 창조하게 되었는가 하는 질문을 제기하고, 그 대답을 그들을 당황하게 하는 꿈, 환상, 그리고 다른 변칙적인 정신현상을 이해하려는 그들의 노력에서 찾고 있다. 낮은 수준의 문화를 가진 사람들은 두 부류의 생물학적 문제들에 깊은 관심을 가졌다. 하나는 살아 있는 몸과 죽은 몸의 차이와 입신(入神), 수면, 질병, 그리고 죽음의 원인에 관한 것이고, 다른 하나는 꿈과 환상 가운데서 나타나는 인간 형체에 관한 것이었다(1920: 428). 그 현상들을 보면서 원시인은 모든 인간이 그에게 속해 있는 두 가지 것들, 즉 생명과 영혼을 가지고 있다고 생각했다는 것이다. 죽음을 당했을 때 몸으로부터 떨어져 나간 영 혹은 영혼은 자유로이 떠돌아다니고 배회하는 것으로 생각되었다. 이런 식으로 타일러는 인간의 제사의 기원이 죽은 자의 영혼에 봉사하려는 데서 비롯되었다고 주장한다.

나아가서 타일러는 영혼에 대한 관념을 동물, 그리고는 식물, 심지어는 돌, 무기, 음식, 기념물 등과 다른 물질에까지 확대했다(1920: 467~77). 영적 존재들이 물질세계의 사건과 인간의 현세 그리고 내세의 삶을 조종하거나 영향을 미치는 것으로 생각했다. 그리고 영적 존재들은 인간과 의사소통을 하고 인간의 행동으로부터 기쁨이나 불쾌감을 느낄 수 있다고 생각되며, 그리하여 그것들의 존재에 대한 믿음은 자연적으로(거의 불가피하게) 조만간 활발한 경외심과 화해에로 인도된다(1920: 427).

타일러는 나아가서 죽음의 순간에서의 영혼의 이주(*transmigration*)와 미래의 삶과 같은 관념을 발전시키고, 영혼에 대한 원래적인 이론을 영들에 대한 보다 광범위한 교리, 즉 자연의 정령신앙 이론으로 확대시킨다. 그리고 그는 영들이 세계 현상의 원인이라는 견해를 발전시킨 다음 수호자 기원을, 그리고 마지막으로는 다신론적 체계의 완성으로서의 유일신론(*monotheism*)의 관념을 발전시켜 종교의 근원을 밝힌다(1920: chaps. XII~XVII). 이와 같이 타일러는 종교의 기원을 정령신앙으로 보면서도 그 신앙 자체도 진화과정을 거쳐 변화된다는 점을 지적하고 있다.

(2) 자연신앙: 뮐러

종교의 기원에 대한 두 번째 설명은 이른바 자연학파 이론에서 유래한 자연신앙(*naturism*)에 대한 관점이다. 이 이론은 종교적 믿음과 경외스런 자연현상에 대한 이해 사이의 연관성을 보여주는 데 관심을 가진다. 이 입장 역시 우리가 자연적인 일로 보는 현상을 원시인은 올바로 이해할 능력이 없기 때문에 그들 나름대로 그 일의 원인에 대하여 설명할 필요가 생겼고, 여기에서 종교가 유래되었다고 보는 점은 정령신앙 이론과 비슷하다. 그러나 이 설명에서는 종교의 기원이 영에 대한 믿음을 야기시키는 사건이나 일에 있지 않다. 오히려 자연의 어떤 신비적인 일들—천둥, 일출, 조수, 자연의 경외적 사건이나 물리적 행위—에 대한 설명의 필요성에서 종교신앙이 생겨난다고 본다. 확실히 그러한 자연현상은 원시사람들에게는 공포와 경외의 대상이었다. 이 이론에 따르면 인간은 항상 자신보다 무한히 더 크고 보다 강력한 것의 현존 앞에서 경외감을 경험하며, 그러한 경험에서 무한한 존재에 대한 느낌이 생기는데 바로 그러한 것이 종교신앙의 근원이라는 것이다.

원시인은 그들에게 커다란 영향을 미치는 사건들, 특히 자연적 사건들의 영향을 크게 받기 때문에 그 힘을 통제하는 존재에 대한 믿음이 생겨나게 되었다. 다시 말하면 원시인은 이러한 자연적 사건이나 재난이 두렵고 그 앞에서는 약하기 때문에, 신적 존재가 자연적 힘들을 통제한다는 믿음이 생겨났다. 그리하여 원시인은 자신 혹은 집단의 이익이나 안전을 위하여 신비스럽고 무서운 힘들을 통제하도록 달래야 한다는 믿음을 갖게 되었다. 이 믿음은 나아가서 그러한 힘을 가진 신들 혹은 신적 대행자에 대한 믿음으로 발전했고, 이에 따라 불행을 피하고 이익을 얻기 위하여 그러한 힘을 가지고 있다고 믿어지는 대상에 대하여 예배하거나 그 대상을 조종하려는 시도가 있게 되었다고 본다.

종교의 기원을 자연신앙으로 보는 대표적인 학자는 독일의 역사학파 이론가에 속하는 뮐러(Max Müller, 1823~1900)이다. 그는 종교적 사상과 언어에 대한 충동은 무엇보다도 심미적 경험, 즉 인간에 대한 외부 자연의 영향으로부터 생겨난다고 주장하고 있다(Müller, 1889). 이 견해에 따르면 종교는 일종의 공허하고 혼란된 꿈과 같은 것으로서가 아니라 실재에 근거한 관념과 수행의 한 체계로서 나타난다. 뮐러는 자연이 가장 큰 놀람이요, 공포이며, 경이이고, 기적이라고 본다. 왜냐하면 자연의 양상은 인간을 둘러싸고 지배하는 압도적인 무한성의 느낌을 일깨워주기 때문이다. 종교가 생겨나는 것은 바로 이 느낌(*sensation*)으로부터라고 그는 지적한다(1889: 195~6). 인간을 둘러싼 무한한 공간에 대한, 현재의 순간을 앞질러 가고 또 뒤따르게 될 무한한 시간에 대한, 그리고 인간보다 무한하게 우월한 힘들에 대한 이 느낌은 그 인간 밖에서 그가 의존하는 무한한 힘이 존재한다는 관념을 그에게 일깨워 준다는 것이다.

그러나 이 무서운 자연적 현상으로 부르는 이름들은 실제적 대상물을 의미할 뿐만 아니라 그 자체가 무한자의 의미를 함축한다고 할 수 있다. 그래서 점차 그 현상 자체의 이름이 초자연적인 어떤 것의 이름이 되고, 따라서 신의 이름이 되어간다는 것이다. 이 단계들을 거쳐 무한자에 대한 일반화된 느낌은 점차 인격화된 초인간적 존재로 변형된다. 자연현상에 대한 두려움이 종교신앙의 기원이 되는 것은 사실이지만, 한편 자연의 힘들이 인간에 의하여 추상적인 힘으로부터 인격적인 존재, 살아 있고 생각하는 존재, 영적 힘이나 신들로 변형될 때에만 종교가 생겨날 수 있다. 왜냐하면 이런 종류의 존재에 대해서 비로소 종교적 의례가 수행되기 때문이다. 따라서 정령신앙의 경우와 비슷하게 자연신앙을 종교의 기원으로 보는 입장도 종교적 신앙의 진화과정을 함축하고 있다고 할 것이다.

(3) 토템신앙: 프로이트

종교의 기원에 대한 세 번째 설명은 토템에 대한 신앙이 종교의 시작이라고 보는 입장이다. 토템신앙(*totemism*)은 어떤 자연적 대상물(대개는 동물이나 식물)을 한 부족이나 혈족을 상징하는 것으로 섬기는 원시종교 형태이다. 이때 토템 대상물을 나타내는 것은 신성한 것으로 여겨진다. 토템신앙을 종교의 근원이라고 보는 대표적인 인물은 프로이트(Sigmund Freud, 1856~1939)이다. 성격상 프로이트의 이론은 사회학적인 것은 아니다. 그러나 종교적 믿음과 행위의 동기에 관한 그의 이론들은 종교의 원인에 대한 탐구의 흥미로운 예를 보여준다.

종교에 대한 프로이트의 관심은 그가 환자들에게서 관찰했던 신경증적 행위와 그가 호주 원시인들 가운데서 본 종교행위 사이의 유사성으로부터 생겨났다. 두려움의 대상에 대한 강박적인 신경증의 반응과 토템적 상징에 대한 원시인의 반응이 모두 "거룩한 두려움"으로 특징될 수 있음을 주목하면서 프로이트는 신경증세에 대한 설명이 종교의 기원을 설명할 수 있다고 추론했다. 그가 종교를 일종의 신경증세로 본 것은 종교 안에서 사랑과 증오, 존경과 두려움, 친근성과 소외의 혼합물을 발견했기 때문이다. 그는 인류의 가장 초기에 생겼던 커다란 원초적 범죄를 가정하면서 종교적 충동을 범죄와 죄책감의 생물적 유산으로 추적했다.

근본적으로 프로이트는 종교를 원시적 인간성과 관계된 '신화'나 '비유'의 용어로 설명한다. 《토템과 터부》(*Totem and Taboo*, 1960)에서 그는 토템신앙의 유래를 하나의 은유적 이야기 형식으로 다음과 같이 설명한다.

인간의 역사 초기에 부족의 '아버지'가 모든 여인을 혼자 독점했기 때문에 그의 '아들들'의 분노를 유발시켰다. 하루는 그 아들들이 아버지의 여인들을 소유하기 위해 힘을 합쳐 아버지를 살해하고 그 살을 나누어 먹었다. 이 난폭한 원시적 아버지는 아들들에 대하여는 선망과 두려움의 모델이었다. 그러나 이제 그들은 그를 먹음으로써 그와 자신들을 동일시했고 각자는 그의 힘의 한 부분을 획득하게 되었다. 그러나 일단 부친살해를 범하자 그들은 아버지에게 느꼈던 사랑으로 인해 깊은 후회와 고뇌를 하게 되었다. 아들들은 아버지에 대한 대체물로 토템을 설정해 그것을 죽이는 것을 금지한다고 선언함으로써 죄책감을 말소했다. 그들은 또한 그 여인들에 대한 권리를 포기함으로써 근친상간의 금기가 생겨났다. 그리하여 토템 축제는 많은 일들, 사회조직, 도덕적 제한, 그리고 종교가 시작되었던 기념할 만한 범죄적 행동의 반복과 기념일 수 있다는 것이다(1960: 183).

프로이트는 나아가서 토템신앙에서 유래하는 종교는 자연과 사회의 좌절 때문에 인간이 약하고 어쩔 수 없다고 느낄 때에 그들이 창조한 하나의 버팀목이 된다고 본다(Freud, 1964). 이 환각적 위안과 위로를 포기할 때에야 인간은 현실적으로 적응할 성숙성을 배우게 된다. 왜냐하면 프로이트에게 종교는 유아기적인 회귀적 반응이기 때문이다. 인간은 상황에 의해 생겨난 일반적인 무력감 가운데서 유아기에 배웠던 입장으로 도피하게 된다는 것이다. 유아기에 인간은 아버지에 대한 양면적 태도를 배운다. 인간은 자신을 좌절시키는 아버지의 힘 때문에 그를 두려워하지만 또한 자신을 보호하는 데 대하여 아버지께 감사한다. 이러한 양면성은 일종의 허구적인 신(神) 관념을 만들어낸다.

프로이트에게 토템신앙은 아버지 상(像)에서 만들어진 하나의 허구이며 여기에서부터 신들이 탄생된다는 것이다. 이때 어느 정도 인간에 의해 영향받을 수 있고 화해될 수 있는 신에 대한 믿음은 자연과 운명의 잔인성을 이해할 수 있는 것으로 만들었고, 문화가 인간에게 포기하도록 강요하는 요구를 정당화한다고 본다.

그러나 완전한 성숙이 그들을 완전한 인간으로 변형시킬 때에는 그들이 종교 없이 지낼 수 있을 것이라고 그는 지적한다. 신적 도움 없이 성숙하게 살아가는 도전은 영웅적인 것이다. 왜냐하면 신에 대한 믿음은 인간으로 하여금 의존과 '어쩔 수 없음'의 느낌을 갖게 만들며, 그리하여 실제로 그의 욕망을 좌절시키도록 위협하는 힘들에 대항하여 인간이 스스로 싸워서 성장하는 것을 저해하기 때문이다. 이와 같이 프로이트는 토템신앙에서 유래하는 종교는 공격성이나 성에 대한 좌절된 본능에 대한 인간의 허구적인 한 반응으로 보는 것이다.

2) 종교의 진화

종교의 기원에 대하여 탐구했던 초기의 사회과학자들을 대체로 사회진화론적 시각을 가지고 있었다. 즉, 그것이 정령신앙이든 자연신앙이든 혹은 토템신앙이든 일단 이렇게 하여 시작된 원초적 형태의 종교는 점차 진화되어 초월적 신 관념을 가진 이른바 고등종교의 형태로 발전되었다는 것이다. 그러나 일단의 초기 사회학자 및 인류학자들은 종교의 기원 자체보다는 그것의 진화 혹은 변화과정에 더 큰 관심을 가졌다. 대표적인 인물로는 스펜서, 프레이저, 콩트 등을 들 수 있다.

(1) 스펜서

가장 원시적이라 생각되는 부족들을 연구함으로써 스펜서(Herbert Spencer, 1820~1903)도 타일러와 비슷하게 종교의 기원에 대하여 설명한다(Spencer, 1898). 즉, 그에 따르면 종교의 기원으로서의 원시 신앙은 죽은 자의 망령(*ghost*)이 살아 있는 자의 몸 속으로 들어와서 발작적인 행동, 광기, 질병, 그리고 죽음을 야기시킨다는 믿음이라는 것이다. 따라서 종교적 신앙은 죽은 자의 망령에 대한 달램으로부터 시작되었다고 본다. 그러나 스펜서의 주된 관심은 그러한 신앙이 어떻게 진화되었는가 하는 것이었다. 그는 죽음과 같이 악을 초래하는 것으로 이해되었던 원초적인 망령신앙이 발전하면서 여러 종류의 초자연적인 신앙이 생겨난다고 본다.

스펜서에게는 특히 죽은 자에 대한 행위와 태도가 중요하다. 죽은 자를 취급하는 공인된 목적은 죽은 자의 지위를 회생시키는, 그래서 화해하는 의례를 수행하는 것이다. 이 동기와 의례 수행으로부터 모든 종류의 예배가 생겨난다(1898: 428~29). 망령에 대한 두려움이 무덤의 구조를 거룩한 것으로 만들며, 이것이 성전으로 발전하고 무덤 자체는 제단이 된다. 망령을 위하여 음식을 절제하는 것이 금식으로 발전한다. 그리고 예물을 가지고 무덤으로 찾아가는 것이 성소순례가 된다. 죽은 자를 찬양하고 그에게 기도하는 것이 종교적 찬양과 기도로 발전한다. 이처럼 스펜서에게는 모든 거룩한 의례가 장례의식으로부터 생겨난 것이다. 이와 같이 일반적으로 망령신앙으로부터 창조자나 신성으로 간주되는 먼 조상들에 대한 망령예배가 발전했다는 것이다.

〈그림 3-1〉 종교의 진화

망령신앙 → 조상숭배 → 초월종교

망령의 존재에 대한 믿음이 지배적인 사회로부터 보다 진보된 발전수준에서는 망령신앙이 조상숭배의 형태와 조화를 이루는 사회가 있다. 여기에서 더 진보된 것은 초자연적인 신의 '서열'이 있는 사회이다. 이러한 틀에서 스펜서는 유대교나 기독교와 같은 고등종교들은 죽은 자의 영에 대한 믿음의 특별한 발전으로 본다. 이렇게 본다면 스펜서에게 종교의 진화는 망령신앙이 조상숭배(*ancestor worship*)로 발전하고 이것이 다시 절대자를 믿는 초월종교의 형태로 진화되는 과정을 거쳐 이루어진다고 할 수 있다. 이러한 진화과정을 간단히 도식화하면 〈그림 3-1〉과 같다.

또한 스펜서는 인간 형체와 닮은 물체들도 예배의 대상이 되었고, 그리하여 원시사람들은 망령이 많은 물체들 안에 있는 것으로 믿었다고 본다.

조상들을 우상, 동물, 식물 그리고 자연적인 힘들과 동일시함으로써 특수한 모양을 가진 것들과 행동들에 대한 예배, 나아가서는 동물숭배, 식물숭배, 그리고 자연숭배가 생겨나게 되었다(1898: 429~31). 영들 혹은 귀신들이 기후, 운명, 심지어는 생명 자체까지도 지배하는 것으로 이해되었다. 그러한 견해, 즉 이른바 '마니즘'(*manism*)은 인간이 한편으로 는 지성적으로 다른 한편으로는 감정적으로 종교를 창조하는 것으로 보고 있다.

나아가서 스펜서는 비록 삶에 대한 두려움이 정치적 통제의 기초가 되지만 죽음에 대한 두려움이 종교적 통제의 근거가 됨을 밝힘으로써 종교에 대한 그의 이론을 사회에 대한 보다 광범한 이론으로 발전시켰다(1898: 437). 바꾸어 말하면 정치적 권력은 살아 있는 자들에 대한 두려움에서 생겨났고, 종교적 통제는 죽은 자에 대한 두려움에서 생겨났다는 것이다. 이렇게 모든 문화들에서 종교는 사회질서의 한 근본적 부분이었다. 스펜서는 죽음의 사회적 응집력의 결과에 특히 관심을 가졌다. 예를 들어 장례식에서는 3가지 일이 생겨난다고 본다. 첫째, 그것은 가족의 모임과 친족 결속을 강화시킨다. 둘째, 죽은 자에 대한 공유된 존경심은 가족 구성원 사이의 적대감을 중화시키고, 그리하여 그들 사이의 분리를 치유한다. 셋째, 죽은 자의 소망이 알려지면, 이것은 그것을 수행하려는 시도 가운데서 후손들을 결합시킬 수 있다(1898: part 4). 이런 식으로 스펜서는 종교가 사회적 결속을 유지하고 강화시키는 기능을 할 수 있는 가능성을 인정하고 있다.

(2) 프레이저

종교의 기원에 대하여 타일러의 정령주의 이론이나 뮐러의 자연주의 이론과는 달리 인류학자 프레이저(James G. Frazer: 1854~1941)는 그것을 원시문화의 자연적인 요구 혹은 필요의 탓으로 돌린다(Frazer, 1951). 《황금 가지》(*Golden Bough*, 1951)에서 프레이저는 초기 인간들은 무엇보다도 실제적 목적을 위하여 자연의 과정을 조정할 것을 추구했고, 그들의 의례나 주문(주술: *magic*)에 의해 그것을 직접적으로 수행했다고 설명한다. 훨씬 후에 그들의 주술적 능력의 한계를 깨닫자 그들은 두려움이나 희망 속에서 혹은 탄원이나 도전 가운데서 보다 높은 존재들, 즉 조상의 영들(*ancestor spirits*)이나 신들에게 호소하게 된다. 이렇게 하여 주술적 신앙은 종교적 신앙형태로 진화된다는 것이다.

프레이저는 주술의 근본적 개념은 과학의 개념과 동일한 것으로 본다. 왜냐하면 주술과 과학은 모두 사건들의 연속이 불변의 법칙에 의해 결정되는 완전히 규칙적이고 확실한 것이라는, 그래서 그 작용이 정확하게 예견되고 측정될 수 있다는, 따라서 변덕이나 사고의 요소들이 자연의 과정으로부터 추방될 수 있는 것이라는 생각에서 생겨나기 때문이라는 것이다(1951: 56). 다시 말하면 주술은 만일 인간이 자연을 지배하는 법칙을 주술적으로 알기만 한다면, 자연을 지배할 수 있으리라는 인간적 확신에 근거해 있다는 점에서 과학과 유사하다. 사실상 인간은 처음부터 자연적 현상의 질서를 자신에게 유리하게 이용할 수 있는 일반적 규칙을 찾으려고 노력했다. 그러나 프레이저는 자연적 현상과 실제적 필요 혹은 요구와의 관계의 원칙이 합리적으로 적용될 때는 그 원칙이 과학을 낳게 했고, 비합리적으로 적용될 때는 그것이 주술을 낳게 했다고 설명한다. 따라서 모든 주술은 필연적으로 거짓이고 무익한 것이라고 말하는 것이 옳다. 왜냐하면 만일 그것이 진실되고 바람직한 것이라면 그것은 이미 주술이 아니라 과학일 것이기 때문이다(1951: 57).

프레이저는 주술이 정신의 가장 단순하고 가장 기본적인 과정에 대한 그릇된 적용이라고 보면서 그것을 두 가지로 나누고 있다(1951: chap III). 하나는 '모방적' 주술로서 이것은 '유사성의 법칙'에 근거해 있어서 주술가가 모방으로 그가 원하는 어떤 결과에 이를 수 있다고 생각하는 주술이다. 다른 하나는 '접촉'의 주술로서 이것은 '접촉의 법칙'에 근거해 있으며 그 원리는 주술가가 물질적 대상에게 하는 것이 똑같이 그것과 접촉하게 되는 사람에게도 영향을 미칠 수 있다고 생각하는 주술이다.

대조적으로 주술에서 진화된 종교는 자연의 과정이나 인간의 생활을 지시하고 통제한다고 믿어지는, 인간보다 우월한 힘 혹은 존재에 대한 화해 또는 경외를 함축하고 있다. 인간이 자신의 목적을 위하여

자연의 힘을 조종할 수 있는 자신의 능력에 의존할 수 없다고 인식할 때에, 그는 자연의 신비 뒤에 있는 어떤 위대한 보이지 않는 존재의 자비를 구하게 된다. 그리하여 주술은 점차 종교에 자리를 내어주게 된다. 종교는 이론적인 것과 실천적인 것으로 구성되는데, 전자는 인간보다 우월한 힘에 대한 믿음이요, 후자는 그 힘과 화해하고 그것을 기쁘게 하려는 시도, 즉 의례이다(1951: 58). 만일 종교가 첫째로, 세계를 지배하는 초인간적 존재에 대한 믿음과 둘째로, 그 존재의 은총을 얻기 위한 시도와 관련된다면, 그것은 분명히 자연의 과정이 어느 정도 융통성이 있고 가변적이라는 것과 인간이 자신의 이로움을 위하여 그것을 지배하여 사건의 흐르는 방향을 바꾸도록 하는 능력 있는 존재를 설복시키고 권유할 수 있다는 것을 의미한다. 자연의 융통성 혹은 가변성은 과학은 물론 주술의 원칙에 정반대되는 것인데 이 두 가지는 모두 자연의 과정이 그 작용에서 엄격하고 변화될 수 없다는 것, 그리고 그 과정은 위협은 물론 설복에 의해서도 그 방향이 바뀌어 질 수 없다는 것을 의미한다(1951: 59).

앞에서 논의된 가정 아래서 프레이저는 주술이 인간의 역사에서 종교보다 오래 되었다고 보고 있다. 만일 주술이 사고의 기본적 과정으로부터 직접적으로 유래되고 사실상 그 정신이 거의 자생적으로 빠지게 되는 과오인 반면에, 종교는 단순히 동물적인 지능이 도달할 수 없는 개념에 근거되어 있다면, 인류의 진화에서 주술이 종교보다 먼저 생겨났을, 그리고 인간이 기도와 희생으로 환심을 사서 은밀하고 변덕스러운 혹은 성미가 급한 신을 설복시키고 진정시키려고 노력하기 이전에 먼저 주문이나 마술의 얄팍한 힘으로 그의 희망을 이루려고 시도했을 가능성이 많다고 프레이저는 지적한다(1951: 63).

프레이저에게 주술은 '원초적 형태'의 믿음체계이나 그는 주술로 시작하여 종교를 거쳐 과학에 이르는 움직임을 가정함으로써 진화론

〈그림 3-2〉 믿음체계의 진화

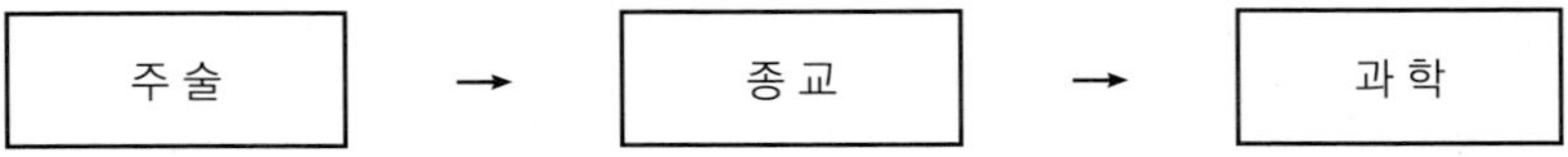

적 입장을 분명히 하고 있다. 그는 과학의 지속적 발전이 유일한 미래 진보의 희망이라는 관념을 가지고 있었다. 왜냐하면 과학만이 인간이 자연의 질서를 올바로 이해하고 그것을 통제하고 지배할 수 있게 하는 합리성의 유일한 근거가 되기 때문이다. 이러한 진화과정을 도식화하면 〈그림 3-2〉와 같을 것이다.

(3) 콩트

사회학의 시조라고 불리는 콩트(Auguste Comte: 1798~1857)는 실증주의(*positivism*)와 인간주의(*humanism*) 관점에 근거하여 처음으로 사회현상을 과학적으로 분석하려고 시도했다. 그는 사회학을 사회정학(靜學: *social statics*)과 사회동학(動學: *social dynamics*)으로 나누어 연구했다. 사회정학에서는 주로 사회가 결속될 수 있는 안정의 근거로서의 합의에 대한 문제를 다루고, 사회동학에서는 사회의 진보과정 혹은 사회변동에 관한 주제를 취급한다. 그러나 콩트는 사회의 진보과정에 중심적 중요성을 부여하면서 종교현상을 보려고 했다. 그는 사회가 진보의 방향으로 진화되고 있다는 전제를 가지고 이러한 발달에 결정적으로 영향을 미치는 것은 지식, 혹은 지성의 발전이라고 보았다. 그리하여 그는 '지식발달의 3단계 법칙'을 제안했는데, 그것은 인간의 지성적 발전에서 점차적인 그러나 불가피한 경향이라고 생각했다(Comte, 1896).

콩트는 사회의 특수한 유형보다는 '전체적인 것으로 보여지는 인간정신의 진보적 과정'에 관심을 가졌는데, 그 첫 단계는 신학적 단계이다. 이것은 지식의 모든 부분이 신학 혹은 허구적인 이론적 기초에 의해 특징지어졌던 원초적 단계이다. 다음 단계는 형이상학적 단계인데, 이것은 마지막 단계로의 전환을 마련하는 추상적 단계이다. 마지막 단계는 모든 부분의 지식이 실증주의적인 이론적 기초에 의해 특징지어지는 과학적 단계이다. 콩트에게 이 마지막 단계는 전환의 출발점 혹은 추세로서보다는 '고정되고 완성적인' 것이었다.

이 진보의 법칙에 따르면 신학에 기초한 종교적 시대가 이성의 원리에 근거하고 있는 철학적 시대를 거쳐 실증주의적인 법칙의 지배를 받는 과학의 시대로 옮겨가면서 전통적 종교는 점차 퇴물이 되어갈 것이라고 예측한다. 이 점에서 콩트의 입장은 분명히 사회진화론적이다.

그러나 콩트는 신학적 단계 자체 안에서도 종교의 진화과정이 있었다고 지적한다. 즉, 가장 초기 형태의 종교신앙은 주물(呪物) 숭배(*fetishism*)로서 이것은 가족이나 작은 부족 단위의 기복적인 신앙형태를 나타낸다. 주물숭배에서 발전된 형태의 종교신앙은 다신론(*polytheism*)이다. 다신론은 보다 큰 공동체나 초기 국가 안에서 발견되기 때문에 보다 진보된 사회에서의 종교신앙이라고 보았다. 다신론에서 더욱 발전된 종교신앙은 유일신론(*monotheism*)으로서 이것은 보다 크고 진보된 사회나 국가에서 나타나게 되었다는 것이다. 따라서 신학적 단계는 유일신론의 발전으로 그 절정에 이르게 된다고 본다.

한편 인간 지성의 발달은 모든 현상의 원동자(原動者)로서의 신에 대한 가정을 넘어서게 만드는데, 이렇게 하여 형이상학적 혹은 철학적 단계에 접어들게 된다. 여기서는 모든 현상의 원인을 자연적인 것으로 이해하게 된다. 이 단계에서 지식이 더욱 진보되면 최후적이고 결정적인 실증적 혹은 과학적 단계에 도달하게 된다. 이 단계는 형이상학적 단계의 추상성을 넘어서 추상적 개념들에 대한 탐구를 포기하고, 모든 현상의 작용을 지배하는 법칙이라는 용어로 그 현상을 설명하려는 실증주의적인 완성된 지식의 단계이다.

그러나 콩트는 종교가 사회를 응집시키고 그 구성원들을 결속시키는 힘을 가지고 있다고 믿었다. 물론 신학적 단계의 완숙기인 중세까지는 가톨릭과 같은 전통적 종교가 사회적 연대감을 마련하는 데 중요한 역할을 했다고 본다. 그렇다고 콩트가 실증적 단계에 종교가 소멸될 것으로 생각하지는 않았다. 왜냐하면 사회적 합의와 일치를 위해서는 종교가 필요하다고 보았기 때문이다. 그러나 그는 실증적, 과학적 단계의 사회에서는 전통적인 초경험적, 초자연적 신관념을 가진 종교가 그 역할을 수행할 수는 없으리라고 보고 있다. 그러면 무엇이 그 역할을 담당할 수 있는가? 그는 그 자리에 실증주의 혹은 과학이라는 새로운 종교를 놓기 원했다. 따라서 그에게는 사회 진보에 따라 종교가 폐위되었다기보다는 변형이 되었다.

이와 같이 콩트의 지식의 3단계 법칙이 처음에는 종교의 쇠퇴를 의미하는 세속화 이론으로 보이지만 사실은 세속화의 변형모델과 부합된다고 하겠다(이원규, 1987: 41~3). 즉, 지식의 발달에 따른 사회의 진보에 대한 그의 설명은 결국 인간성의 종교(*Religion of Humanity*)라는 이름으로 중세 가톨릭 시대의 사회적 응집력을 회복하려는 분명한 목적을 가진 반(反)개혁이라고도 할 수 있다(Hill, 1980: 20). 사회적 응집력의 기초를 마련해 주는 종교의 필요성이 콩트로 하여금 실증주의라는 종교를 고안하게 했다. 그에게 실증주의의 사제는 과학자인 것이다. 콩트의 사회진화론적 관점은 〈그림 3-3〉과 같이 요약될 수 있다.

그러나 여기에서는 종교에 대한 정의의 문제가 제기될 수 있다. 즉, 종교를 포괄적으로 그리고 기능적으로 정의 내리자면 실증주의, 인간주의도 하나의 종교 혹은 대용종교가 될 수 있어서 지식발달과

〈그림 3-3〉 지식 발달의 3단계

신학적 단계 → 형이상학적 단계 → 실증적 단계

주물숭배 → 다신론 → 유일신론

실증주의,
인간주의

정의 실증적 단계도 종교가 결정적으로 중요한 시대라고 할 수 있겠지만, 한편 종교를 배타적으로 그리고 본질적으로 정의를 내린다면 실증적 단계는 종교가 무용지물이 되거나 퇴거되어 버린 시대라고 규정지을 수 있을 것이다. 어쨌든 전통종교의 입장에서 보면 그 종교가 실증적 단계에서는 역사의 한 잔존물일 뿐이다.

3) 사회진화론의 평가

(1) 종교의 기원 연구에 대한 평가

종교의 기원에 대하여 연구했던 초기 사회과학자들의 입장은 대체로 사회진화론적 관점에 근거했다. 따라서 종교는 인간이 자연현상이나 인간의 운명과 같은 일에 대하여 그 원인을 아직 잘 알지 못했던 원시시대에 그것에 대한 나름대로의 합리적이고 지성적인 방식의 이해에서 생겨났다고 주장한다. 따라서 그들은 인간이 무지에서 벗어나게 되면 종교적 설명이 필요 없게 되며, 결과적으로 종교는 쓸모없게 된다는 종교무용론(宗敎無用論)의 입장이었다. 그러나 종교의 기원에 대한 그들의 연구는 많은 비판을 받아 왔다.

타일러의 정령신앙 이론은 꿈과 같이 비일상적 정신상태의 물리적 현상을 설명하는 합리적 요구가 원시인에게는 관심 밖의 문제일 뿐만 아니라, 그것이 종교에 필수적인 감정적 특성을 설명하지 못한다는 비판을 받았다. 한편 뮐러의 자연신앙 이론의 중요한 과오는 자연에 대한 원시적 인격주의(*personalism*)를 그것이 마치 일종의 인식적 실수인 것처럼, 그리고 원시인이 세계를 냉혹하게 객관적이고 과학적인 용어로 이해했던 것처럼 설명한 데 있다. 프로이트의 토템신앙 이론은 무엇보다 실제적이 아닌 허구적 이야기로부터 실제적인 종교의 기원을 설명하는 비과학적 이론이라고 비판받았다. 즉, 그는 종교가 환상이라는 것을 설명하기 위하여 우화 같은 환상의 이야기를 그 근거로 삼았다. 뿐만 아니라 그는 종교의 창조적 상상력에 대하여 간과했다는 점도 흔히 지적되고 있다.

종교의 기원, 즉 원시종교에 대하여 연구했던, 특히 정령신앙이나 자연신앙 이론을 제안했던 초기 이론가들은 실제로 원시종교에 대하여는 잘 알지도 못하면서 안락의자에 앉아 "자, 만일 내가 원시인이라면 나는 그것을 어떻게 믿게 될까?"라는 식으로 물었다(Evans-Pritchard, 1965: 23). 이에 대한 대답은 원시종교에 대한 이론이라기보다는 종교에 대한 원시이론이라고 할 수 있다.

타울러는 두 가지 점에서 종교의 기원에 대한 지성주의적 혹은 합리주의적 설명이 과오라고 지적했다(Towler, 1974: 23~4). 첫째로, 종교신앙이 문제를 해결하려는 합리적 시도의 결과로서 생겨난다는 가정이 틀렸다는 것이다. 이것에 대해서는 증거가 없기 때문이다. 종교적 신앙의 기원에 대한 증거가 없기 때문에 그 이론들은 동조되거나 반박될 수조차 없는 가정일 뿐이다. 둘째로, 그 이론들은 종교가 개인 인간들의 마음에서 유래했다고 가정하는 것도 문제이다. 이 가설도 역시 검증될 수 없기 때문에 쓸모없다. 그리고 예외 없이 단순한 사람들 가운데서의 종교도 역시 근본적으로는 사회적이기 때문이다. 결국 후대 학자들의 결론은 그때 거기에는 아무도 없었기 때문에, 종교가 어떻게 시작되었는가 정말로 말할 수는 없으며, 그렇게 하려는 시도도 무익하다는 것이다(Greeley, 1972a: 32). 그리하여 후대 사회학자와 인류학자들은 종교의 기원, 성장, 쇠퇴를 설명하기보다는 종교와 사회의 관계성을 이해하려고 노력하게 되었다.

그러나 종교의 기원 혹은 원시종교에 대한 연구들은 두 가지 점에서 긍정적 평가를 받고 있다(Towler, 1974: 24). 첫째로, 그 연구들이 종교적 관념을 세계에 대한 합리적 이해에 도달하려는 그릇된 노력의 산물로 생각하는 것은 잘못이지만, 종교에서의 인지적 요소를 인정하려는 것은 옳다. 둘째로, 그것들은 어떤 형태의 믿음과 수행은 많은 종교들에서 공통적이라는 인식을 가능하게 했다. 종교는 더 이상 하나의 단일한 우주적 현상 혹은 일련의 독립적이고 연관성이 없는 신화들로 이해되지 않고 있다. 대신에 종교적 전통의 자율성이 인식되었고, 매우 다양한 규칙적 형태에 대한 탐구가 시작되었던 것이다.

원시종교론에 대한 이러한 평가는 타일러나 뮐러에게만 해당되는 것이 아니라 종교의 진화에 대하여 탐구했던 스펜서, 프레이저, 콩트 모두에도 적용될 수 있을 것이다.

(2) 종교의 진화론에 대한 평가

종교의 진화과정을 설명하는 초기 사회과학자들은 대체로 종교의 기원 문제에도 관심을 가졌기 때문에 이들에 대한 평가는 원시종교론에 대한 평가와 일맥상통하는 바가 있다. 사회진화론의 맥락에서 종교를 보려고 했던 학자들은 사회의 진화과정을 '진보'(*progress*)라고 하는 가치개념으로 이해했다. 그리하여 미개한 사회는 좋지 않은 사회로, 진보된 사회는 좋은 사회로 보려는 우월주의적 전제를 가지고 사회의 진화과정을 설명하려고 한다. 이러한 생각은 가치중립적이 아니며 매우 주관적인 평가이기 때문에 과학적이라고 할 수 없다.

진화론적 개념의 핵심은 일직선적인 진화와 극단적인 합리성의 가정이다. 사회진화론자들은 가정하기를 오늘날의 종교를 이해하려면 비록 소멸되어가는 원시인의 종교를 먼저 연구해야 하고, 원시종교의 근원을 탐구하려면 믿음과 수행의 내용을 보아야 한다는 것이다. 왜냐하면 믿음과 수행은 합리적으로 그것들의 근원과 관계되기 때문이다. 그러나 종교적 믿음과 수행의 성격이나 형성이나 내용은 왜 사람들이 종교적 정감을 가지게 되는지의 이유와는 별로 혹은 전혀 관계가 없는 사회적 요인에 의해 설명될 수 있는 것이다(Demerath and Hammond, 1969: 18).

진화론적 가설은 종교가 무지의 결과이며, 따라서 진화과정에서의 진보는 종교에 대한 요구나 필요성을 감소시킬 것이라고 본다. 그리하여 종교는 점차 사라질 것으로 설명되고 있다. 그러나 분명히 이 일은 일어나지 않았으며, 과학의 시대에도 여전히 종교는 지속되고 있다. 뿐만 아니라 종교 자체도 진화되어 처음 형태의 종교신앙은 정령신앙이나 자연신앙, 혹은 토템신앙이나 망령신앙, 혹은 주물숭배나 주술의 형태이고, 이것이 점차 발전되어 고차원적인 신 관념이 생겨난다는 관점도 잘못되었다고 지적된다. 즉, 세계의 가장 단순하고 원시적인 사람들 가운데서도 고차원적인 신 관념이 나타날 수 있고, 가장 복잡한 현대의 사람들 가운데서도 원시종교의 관행이 있을 수 있기 때문이다. 특히 프레이저의 주술 - 종교 - 과학의 진화도식은 그 근거가 희박하다는 것이 밝혀졌다. 즉, 인간은 종교적, 주술적 의례를 동시에 수행했고, 기도와 주문(마법, 주술)을 동시에 수행해 왔다는 것이다(Hill, 1980: 32).

말리노브스키는 트로브리안드(Trobriand) 섬에서 원주민들에 대한 연구를 통하여 프레이저식의 주술 - 종교 - 과학의 진화도식이 잘못되었음을 밝혀 냈다(Malinowski, 1954). 즉, 원시생활을 하는 그 원주민들에게서 주술, 종교, 과학 모두가 발견되었다. 그들은 비록 초보적이긴 하지만 나름대로의 과학(지식과 기술)도 가지고 있었다. 그러나 그들에게는 과학적 기술에 의해 성취될 수 있는 것과 주술적 믿음과 의례에 의해 설명될 수 있는 것 사이에는 명백한 구분이 있었다. 주술은 수행에 따른 목적 달성과 같은 현실적인 목표를 가지고 있으나 종교는 전통에 대한 존경, 환경과의 조화, 슬픔을 당했을 때의 용기와 신념과 같은 감정을 만들어낸다. 그리하여 아이의 출생을 축하하는 종교적 의례는 아이 출생에서 죽음을 예방하기 위해 수행되는 주술 의례와는 구분된다.

이와 같이 말리노브스키에게 주술적, 종교적 믿음과 의례는 프레이저가 주장했듯이 '잘못된 것'이나 '잘못 인도된 과학'이 아니라 현실에 대한 서로 다른 반응일 뿐이다. 즉, 주술과 종교는 과학과 더불어 존재할 뿐만 아니라, 그것들이 단순히 부적합한 합리적 기술이나 그릇된 과학적 지식으로 간주되어서는 안 된다는 것이다. 그것들은 매우 다른 기능들을 가지고 있었고, 따라서 분리된 범주에 놓여야 한다.

원시사회에도 주술뿐만 아니라 종교와 과학이 함께 공존했다면 실증적인 현대사회에도 과학뿐만 아니라 종교와 주술이 함께 공존하고 있다. 즉, 비록 주술이 현대사회보다는 원시부족 사회에서 보다 확산되어 있다 하더라도 과학이 원시사회에 없는 것은 아니며, 마찬가지로 주술도 과학을 강조하는 매우 발달된 사회에 없는 것이 아니다. 원시사회의 사람들도 적어도 자연에서의 원인과 결과에 대한 초보적 지식을 항상 가졌다. 그들은 그들이 이해하는 과학적 기술을 이용했고, 그것을 주술적 그리고 종교적 기술로 보완했다.

이것은 현대사회의 경우에도 마찬가지이다. 현대인이 과학적 지식과 기술에만 의존하는 것은 아니다. 종교는 말할 것도 없고 여전히 주술도 성행하고 있다. 가장 간단하게는 금기사항들이 있다. 서양에서는 13이라는 숫자를 불길하다고 하여 피하는 경향이 있고, 한국에서는 4라는 숫자를 재수 없다고 기피하는 경향이 있다. 뿐만 아니라 세계 곳곳에서 여전히 점성술, 신탁점(神託占: 신령이 점치는 자의 육신에 강림, 빙의하게 함으로써 점차 자신이 일시적으로 신령이 되어 미래의 길흉을 점치는 것), 신시점(神示占: 각종 기물에 신령이 빙의하도록 하고 점치는 자가 거기에 나타난 신의 뜻을 파악하여 미래의 길흉을 예측함)이 행해지고 있다. 한국에서는 신탁점, 신시점 외에도 관상점, 사주법, 토정비결, 풍수지리와 같은 주술적 관행이 여전히 성행하고 있다.

한국갤럽의 조사결과 한국인의 37%가 "궁합이 나쁘다면 결혼하지 않는 것이 좋다"고 생각하며, 52%가 "명당에 선조의 묏자리를 쓰면 자손이 잘 된다"고 생각하고 있음이 드러났다(한국갤럽, 2015: 85~86). 1996년 1월 14일 일간지에는 아주 희한한 사진과 기사가 실렸다. 무궁화 2호 인공위성 발사를 앞두고 한국의 엘리트 과학자들이 세계 최첨단 과학기술의 상징인 미국 케이프커내버럴 공군기지 우주 발사장에서 통돼지 바비큐를 놓고 위성발사의 성공을 기원하는 고사를 지내는 모습이 커다랗게 신문에 난 것이다. 인공위성의 시대에도 돼지머리는 필요했던 것이다.

스펜서의 종교진화론도 비슷하게 비판받는다. 즉, 종교가 망령이나 영혼에의 믿음에서 유래한다는 관념은 조상숭배가 원시적인 사람들 가운데서 공통적으로 존재했다는 것을 의미하지만, 그러한 일반적 형태는 발견되지 않고 있으며 조상제의는 중국이나 로마제국과 같은 복잡한 문화에서 더 알려져 있었다는 것이다(Towler, 1974: 23).

그러나 근본적으로 사회진화론자들의 종교진화 이론들이 오늘날 그대로 받아들여지지 않는 이유는 그것들이 기초했던 인류학적 자료들은 그 이론들을 뒷받침하기에 충분치 않기 때문이다. 그들은 원시사회 및 원시종교를 이해하기 위하여 오늘날 원시적 삶을 사는 이들에 대하여 연구하면서 인류 초기의 생활형태가 그와 비슷할 것이라고 가정한다. 그러나 예컨대 호주의 원주민이나 콩고 피그미가 세계에서 가장 원시적일 수는 있으나, 그것이 그들은 맨 처음 생겨난 인류에 비유할 수 있다는 의미에서 원시적임을 의미하는 것은 결코 아니다(Greeley, 1972a: 32).

뿐만 아니라 오늘날의 사회와 종교를 인류 초기의 사회와 종교와 비교하기에는 인류 초기 상황에 대한 과학적 자료는 화석이나 유물을 제외하고는 거의 없는 실정이기 때문에 인류 초기에 종교가 어떻게 생겨났고 어떻게 유지되었으며 어떠한 변화를 겪었는지 단정짓는 것은 과학적일 수 없는 것이다. 보다 과학적이고 신빙성 있는 연구방법론이나 문헌자료들이 사회과학 분야에서 활용될 수 있었던 것은 20세기에 접어들어서 비로소 가능했다고 볼 때 이 자료를 예를 들어 중세기의 비과학적인, 주관적, 종교적 자료, 그리고 그나마도 자료가 전혀 없는 원시사회상황과 비교하는 것 자체가 무리인 것이다.

그러나 종교진화론은 종교가 정체된 것이 아니라 시대에 따라, 상황에 따라 변화될 수 있다는 사실에 사회과학자들이 관심을 갖게 만드는 데 공헌했다. 그리하여 보다 정교한 그리고 설득력이 있는 '종교의 진화' 과정을 설명하려는 새로운 시도들이 생겨났다(Bellah, 1964; Nottingham, 1971). 이 새로운 종교진화론은 종교가 시대에 따라 변화된 과정을 진보적 관점이 아닌 가치중립적 입장에서 객관적으로 분석하려고 노력하고 있다. 이 문제는 제 15 장에서 상세히 다룰 것이다.

또한 현대사회는 실증적이고 과학적인 시대로서 사람들의 의식과 행태에 합리성이 요구되고 있다는 사회진화론자들의 주장 자체는 옳은 것이다. 다만 이러한 시대에서는 종교가 자동적으로 쇠퇴하거나 소멸될 것이라고 가정한 것이 문제일 뿐이다. 그러나 오히려 여기에서 오늘날의 종교가 귀담아 들어야 할 부분이 있다. 즉, 사회는 합리적, 지성적, 이성적 방향으로 나아가는데 종교는 여전히 비합리적이고 반지성적이며 비이성적인 모습을 보인다면, 종교의 사회적 적응능력 및 사회적 기능과 역할은 약해질 수밖에 없다는 사실이다. 오늘날까지 종교의 이름으로 행해져 온 무지한 일, 반인간주의적인 일, 반지성적이고 비합리적인 일들이 얼마나 많았는가? 종교전쟁, 마녀사냥, 종교재판, 집단학살, 집단자살 등이 그 예이다. 이런 일은 오늘날에도 계속하여 벌어지고 있다. 따라서 오히려 오늘날의 종교(특히 전통종교)는 콩트식의 과학적이고 실증적인 정신과 지식에 의해 새롭게 정리되고 갱신될 필요성마저 제기되고 있다고 말할 수 있다.

2. 맑스의 종교사상

유물론적 혹은 경제결정론적 관점에서 종교현상을 일종의 부수현상으로 보면서 그것의 본질과 기능에 대하여 철저하게 비판적 분석을 했던 대표적 인물은 맑스(Karl Marx, 1818~1883)였다. 물론 그에게 종교가 중심적 연구주제는 아니었다. 그리고 종교는 사회경제적 요인들과의 관계에서만 취급되었기 때문에 종교에 대한 그의 입장은 그의 저서들 가운데서 여기저기 흩어져 있다. 그러나 그의 종교분석은 예리했고 이에 따라 신랄하게 종교를 비판했다. 맑스는 종교의 발생과 그 본질, 그리고 그것의 기능의 문제에 대하여 주로 논의했다. 비록 그가 다루는 종교의 범위가 때로는 원시종교라든지 아시아 종교 등을 포함하기도 하지만 그의 집중적인 비판대상은 주로 산업화 과정을 겪는 유럽 사회에서의 기독교였다.

호전적이기까지 한 그의 반종교적 통찰력은 종교를 단순히 시대착오적이고 옛 전통의 잔재로 보면서 자연적으로 그것이 소멸될 것이라고 보는 사회진화론적 입장을 넘어서서 종교를 반사회적이고 몰역사적인 것으로 몰아갔다. 맑스의 종교비판이 종교계에 커다란 충격을 준 것은 사실이지만, 그리고 종교에 대한 그의 정보와 지식 가운데 정확하지 못하고 정당하지 못한 부분들이 있는 것도 사실이지만, 그의 이러한 비판적 분석은 종교현상의 문제를 이해하는 데 도움이 되는 하나의 근거를 보여준다. 이 절에서는 맑스 종교사상의 배경, 종교의 본질 혹은 성격과 기능에 대한 그의 입장을 소개하고 이에 대한 종합적 평가를 내려 보려고 한다.

1) 맑스 종교사상의 배경

맑스의 종교에 대한 견해는 1847년 이전의 저서에 주로 나타나고 있다. 대표적 문헌으로는 "헤겔법철학 비판 서문"(1844), 《경제적 그리고 철학적 논고》(*Economic and Philosophic Manuscripts*, 1844), 《독일 이데올로기》(*The German Ideology*, 1846) 등이다. 맑스는 베를린에서 학창시절을 보내던 1837년을 전후해서 자연주의자, 현실주의자, 유물론자, 무신론자가 되었다. 그는 처음에는 변증법적 역사 발전과정에 대한 헤겔(Hegel)의 사상에 영향을 받았고, 종교를 역사화하고 상대화했던 그의 입장에 동조했다. 그러나 그는 점차 역사를 움직이는 힘으로서의 절대정신의 발전에서의 종교적 상상력의 중요성을 인정하는 헤겔에 반대하기 시작했다. 1831년 헤겔이 죽으면서 헤겔의 제자들은 종교적, 정치적으로 보수적인 스승의 사상을 승계한 나이 든 헤겔주의자와 급진적인 인간주의 입장에서 스승으로부터 등을 돌린 젊은 헤겔주의자로 나뉘었다.

이때 맑스는 후자 집단에 속해 있는 바우어(Bauer) 밑에서 공부하여 1841년 박사학위 논문을 제출했다. 이 논문에서 그는 두 영웅을 부각시켰다. 하나는 인간정신의 절대적 자율성에 대한 상징적 인물로서의 에피쿠로스(Epicurus)이고, 다른 하나는 신의 비밀을 인간에게 전해줌으로써 인간문명을 일으켰다는 신화적 인물인 프로메테우스(Prometheus)였다. 이들에 대한 그의 존경심이 바로 맑스의 급진적이고 인간주의적이며 반종교적인 성향의 토대가 된 것이다.

젊은 맑스는 종교가 사회의 근본적 지주가 되고 있다는, 그리하여 종교적 쇠퇴는 세속적 쇠퇴를 의미하는 것이라는 관념을 반박했다. 그리하여 종교로부터의 정치적 해방을 제안했던 스승 바우어가 충분히 급진적이 아니라고 생각하여 그를 떠나간다. "종교에 대한 정치적 해방의 관계성의 물음은 우리에게 인간해방에 대한 정치적 해방의 관계성의 물음이 된다"(1977: 44)고 보는 맑스에게 이제 종교비판의 스승은 바우어에서 포이어바흐(Feuerbach)에게로 옮겨간다.

포이어바흐는 《기독교의 본질》(*The Essence of Christianity*, 1841)에서 종교는 인간의 가장 높은 열망을 우주에 투사(*projection*)한 것에 불과하다고 주장했다. 그리하여 그는 신학을 인간학의 문제로 바꾸어 놓았다. 아직 미성숙한 사람들은 그들의 가장 높은 열망, 꿈, 그리고 가능성을 우주에 투사했고, 실제로는 인간으로서의 그들 자신의 운명을 신적인 것으로 숭배했다는 것이다. 그리하여 사람들은 자신의 가장 높은 열망을 신(神)에 투사했던 만큼 그들은 스스로 자신의 능력을 포기했고, 자신을 무능하고 도움이 필요한 존재로 간주했으며, 그들 자신의 삶과 운명으로부터 소외되었다고 한다. 맑스가 포이어바흐에게서 배운 것은 종교가 인간의 요구를 투사하는 하나의 환상(*illusion*)이라는 것과 그것에 대한 신앙은 인간을 자신의 깊이와 능력으로부터 소외시킬 것이라는 관념이었다.

그러나 맑스는 포이어바흐의 관념론적 이론에 대하여는 거부하였다. 즉, 그는 포이어바흐의 추상적 인간학을 현실적 인간과 그들의 경제, 사회생활의 실제조건을 설명해 줄 수 있는 유물론적 인간학으로 대치하기 원했다. 맑스는 포이어바흐의 무신론적 입장에 대하여는 동의했으나 포이어바흐가 왜 사람들이 최고의 것을 우주에, 신적인 것에 투사했는가에 대한 사회적, 경제적 근거에 대해서는 관심을 갖지 않았다고 비판했다(Marx and Engels, 1981). 포이어바흐의 무신론은 또 하나의 관념론적 환상이며, 그 환상은 또 다른 이데올로기가 될 수 있다고 본 것이다. 그리하여 후에 유명한 역사적 유물론에 대한 요약에서 맑스는 생산의 경제적 조건의 물질적 행태와 법적, 정치적, 종교적, 심미적, 혹은 철학적, 즉 이데올로기적 행태 사이의 구분이 되어야 할 뿐 아니라 항상 전자가 후자를 결정한다는 견해를 밝혔다(1977: 384ff).

이렇게 본다면 맑스의 사상은 처음에는 종교를 철학적으로 비판하였고, 얼마 후에는 종교와 철학을 정치적으로 비판하였으나 마침내는 종교, 철학, 정치 그리고 모든 이데올로기를 경제적으로 비판하였다고 할 수 있다(Löwith, 1954: 204). 이 때에 그는 종교비판을 모든 비판의 전제로 생각했다. 그래서 맑스는 "하늘에 대한 비판은 따라서 세상에 대한 비판으로 변형되며, 종교의 비판은 법의 비판으로, 신학의 비판은 정치학의 비판으로 변형된다"고 말한다(1977: 63). 맑스가 종교비판을 중요시한 이유는 두 가지였다. 첫째는, 그 당시 "기존의 상황"을 "가차 없이 공격"하기 위해서는 종교비판이 가장 효과적인 수단이었고, 둘째로는 이제 막 혁명적 열정을 가지게 된 노동자 계급을 위해서는 종교비판이 교육적으로나 치유적으로 가장 중요하다고 생각했기 때문이다(McKown, 1991: 34~5). 즉, 그는 종교적 오류를 제거하면 세속적 오류도 쉽게 없어질 것으로 보았다.

2) 종교의 본질

맑스의 초기 사상의 핵심이 종교를 소외된 인간의 환상으로 보는 것이었다면, 후기 사상은 계급 이데올로기로서의 종교에 대한 비판이 중심적이었다(McLellan, 1987: 31). 맑스의 초기 사상은 인간주의(*humanism*) 성격이 매우 강했다. 이때 그의 사상의 대표 개념은 '소외'(*alienation*)였다. 젊은 맑스의 소외론은 그의 종교관을 이해하는 데 핵심적 부분이 된다. 젊은 헤겔이 종교를 소외의 근원으로 보았다면, 젊은 맑스는 종교를 소외의 산물로 본다(Baum, 1983). 즉, 젊은 헤겔이 인간의 생활과 역사 너머에 있는 객체요 이방인으로 느껴지는 신관념의 종교가 인간을 소외시키는 작용으로 보았다면, 젊은 맑스는 근대 산업사회에서의 비인간화시키는 경제구조에서 생겨나는 소외 때문에 하나의 이데올로기로서의 종교가 생겨난다는 것이다. 그리고 그는 종교적 소외에 대한 포이어바흐의 심리학적 이론에 대한 해석을 정치경제의 영역에 적용하였다(McLellan, 1987: 16).

맑스는 자본주의 사회에서 노동자들이 경험하게 되는 소외를 분석하면서 그것은 근대 산업사회의 비인간화의 결과로 보았다. 노동자들의 소외는 부르주아 계급의 노동계급에 대한 착취에서 비롯된다. 여기에서 중요한 것은 사유재산 제도와 경제적 박탈이다. 즉, 노동자들이 박탈당하는 만큼 지배계급의 부는 증대된다. 특히 공장체계 안에서 원래 창조적인 일을 하도록 운명지어진 인간을 비인간화시키는 노동이 이루어지는데, 그것이 점차 사회로 확산되는 소외의 근원이 된다. 여기에서 노동은 이에 종사하는 사람들의 생활을 높여 주는 것이 아니라, 단지 생산수단을 소유한 이들의 힘과 부를 만들어 낼 뿐이다.

노동에 의하여 생겨나는 소외는 3가지 형태로 나타난다. 즉, 자연으로부터의 소외, 자신으로부터의 소외, 그리고 동료인간으로부터의 소외가 그것이다. 우선 노동자에게 부과된 노동은 그를 자연으로부터 소외시킨다. 이것은 일 자체 혹은 생산품으로부터의 소외이다. 일 속에서 노동자는 단순히 작업의 도구가 되며, 그를 지치게 만드는 일은 그의 상상력을 메마르게 하며 그의 지능을 흐리게 만든다. 공장의 기계에 따라 움직이면서 노동자는 하나의 기계가 되어 간다. 그에게 일은 욕망의 성취가 아니라 생존하기 위한 수단이며, 모든 자유를 상실한 채 가치를 만들어내는 만큼 능력이 쇠약해진다. 이렇게 하여 노동자는 자신의 자연적 환경으로부터 철저히 소외된다.

둘째로, 노동자는 산업노동을 통하여 자신으로부터 소외된다. 그는 자신의 일에 대하여 아무런 주장을 할 수 없을 뿐만 아니라, 단지 공장에서 그의 몸과 정력이 희생될 뿐이다. 그리하여 그는 인격마저도 상실하며, 단순히 그가 만드는 물건들처럼 되어 상품화되어 버린다. 노동자는 자신이 하나의 인격이라기보다는 하나의 물건, 하나의 값이 매겨져 있는 물체, 조종될 수 있는 한 조각의 장비, 원장(元帳)의 한 숫자가 되고 있음을 보게 된다.

이러한 자신으로부터의 소외는 셋째로 동료인간으로부터의 소외로 이어진다. 자신이 인격이 되기를 멈추듯, 그는 함께 일하는 동료인간도 물건으로 간주하게 된다. 그리하여 소외시키는 노동은 공동체성을 파괴하고, 노동자들은 서로를 타인으로 느끼게 된다. 이렇게 하여 노동자는 자신의 인간성을 상실할 뿐만 아니라 타인의 인간성마저 인정할 수 없게 된다.

이렇게 노동분화가 이루어진 생산관계 및 물적 행위는 사회경제적 모순과 소외상태를 야기시키고 이 양자는 종교가 발생하고 유지되는 조건이 된다. 그리하여 사회발전의 특정 단계에서 종교적 신념의 내용은 소외된 인간의 자아의식과 상상력의 자발적 행위에 의해 투사된다(Marx, 1964: 73). 이러한 의식은 소외된 의식일 뿐만 아니라 허위이거나 전도된 혹은 잘못된 의식이기도 하다. 이와 같이 맑스는 사회질서 가운데 현존하는 소외가 하나의 전도(顚倒)된 세계의식으로서의 종교를 만들어낸다고 본다. 종교는 인간의 부정의(不正義)한 현재 질서를 정당화시키고, 영원히 환상으로 남아 있는 정의에 대한 희망을 창조하기 때문에 전도된 가치인 것이다. 그래서 맑스는 이렇게 말한다.

> 비종교적 비판의 기초는 이것이다: 인간이 종교를 만들지, 종교가 인간을 만드는 것은 아니다. 종교는 실제로 아직까지 자신을 성취하지도 못했고 이미 자신을 상실했던 인간의 자기의식이며 자기인식이다. … 이 국가, 이 사회가 세계에 대한 종교의 전도된 태도를 만들어낸다. 왜냐하면 그것들 자체가 전도된 세계이기 때문이다. 종교는 이 세계에 대한 일반적 이론, 백과사전적 개요, 대중적 형태로서의 논리, 영적인 열망, 도덕적 제재, 엄숙한 보충, 위로와 정당화의 보편적 기초이다. 종교는 인간 본질에 대한 환상적 인식이다. 왜냐하면 인간 본질은 참된 실재를 소유하지 못하기 때문이다(1977: 63).

그러므로 종교는 항상 허위의식(*false consciousness*)으로서, 현재 사회질서의 부정의를 반영하고 있으며 그것을 보호하고 있다고 본다. 맑스에 따르면 노동의 분화, 착취, 그리고 계급사회가 발전하는 동안에 소외된 자아의식과 상상력에 사로잡힌 인류에 의해 종교적 개념들이 투사될 수 있는 조건들이 생겨났다. 이와 같이 투사된 개념들은 신념의 연금술에 의해 객체화되고, 그리하여 인간을 위협하고 그의 자율성을 빼앗아 노예로 전락시키는 인간 외적인 힘이 되었다. 이러한 힘이 바로 종교적 신념의 본질이며 내용으로서, 그것은 착취적 계급사회에 존재하게 되며, 적어도 그러한 사회가 지속되는 한 인간에게 그것이 통치권을 행사하게 된다. 소외의 상태에서 투사된 이러한 종교적 힘이 인간의 지위를 하락시키고 인간을 노예화하는 것이다.

> 노동자가 그의 일에서 자신을 외면화하면 할수록 외부적, 객관적 세계는 보다 강력해지고, 자신의 내면생활에서는 더욱 초라해지며 그가 자신의 것이라 부를 수 있는 것은 감소된다. 종교에서도 마찬가지이다. 인간이 신에 투사할수록 그는 자신의 것을 적게 소유한다(1977: 78~9).

이와 같이 맑스에게 소외에 의해 생겨나고 지속되는 종교는 잘못이고 전도된 의식의 양상이며, 종교가 부여하는 행복은 허위이며 환상이다. 따라서 그는 노동자 계급에게 종교의 허상을 이해시키려고 노력하였다. 그에게 종교는 단순히 자기 기만의 형태일 뿐만 아니라 노동자 계급을 통제하는 지배계급의 강력한 수단이기도 하다. 신들은 처음에 단지 소외의식에 의해 만들어졌으나 일단 출현하면 공포심과 혼돈감을 조성하고, 착취자의 이익을 대변하고, 강력하게 보수적인 힘을 발휘하게 된다.

물론 맑스는 종교가 압제당하는 계급의 고통에 대한 반영이라는 점을 인정하고 있다.

> 종교적 고통은 동시에 진정한 고통의 표현이며, 이에 대한 저항이다. 종교는 압제당하는 피조물의 한숨이고, 냉혹한 세계의 열정이며, 영

혼이 없는 상황에서의 영혼이다. 그것은 민중의 아편이다(1977: 64).

종교를 고통의 표현으로, 그리고 고통에 대한 저항으로, 억압에의 한숨으로, 냉혹한 세계의 열정과 영혼으로 표현한 것은 분명히 맑스가 종교를 소외에 대한 반응으로 보려는 것이다. 그러나 문제는 종교를 "민중의 아편"이라고 결론적으로 규정하고 있다는 점이다. 아편이 진정한 고통의 표현이며, 사회질서에 의해 생겨난 좌절 때문에 추구하는 하나의 위로이지만, 아편은 고통에 대한 저항은 아니다. 아편이 압제당하는 피조물의 한숨일 수는 있으나 그것은 공정하지 못하고 착취하는 세계 가운데서 인간의 생활이 어떠해야 하는가를 직관하는 영혼은 아니다(Baum, 1983: 52). 맑스에게 종교는 무산계급의 고통을 반영할 뿐만 아니라 그것으로부터의 환상적인 탈출의 길을 마련해 주는 것이었다. 따라서 맑스에게 이러한 비합리성에서 합리성으로, 전도된 의식에서 진정한 인간의 자기인식으로 변화하기 위해서 종교는 없어져야만 하고, 그것의 좋지 않은 영향력은 제거되어야만 한다. 그리하여 종교에 대한 투쟁은 간접적으로 영적인 풍취를 가진 종교적 세계에 대한 투쟁이며, 사람들의 환상적 행복으로서의 종교의 폐기는 참된 행복을 위한 요구이다(1977: 64).

맑스에게 종교는 항상 그리고 불가피하게 이데올로기적이다(Marx and Engels, 1964). 맑스적인 용어로서 이데올로기는 항상 거짓된 어떤 것이고, 사회적 이익을 위한 진리의 곡해이며, 지배집단이 권력과 특권을 정당화시키고, 권력에 도달할 수 없는 이들에게 부과된 사회악을 용납하는, 정신의 한 상징적 구조이다.

3) 종교의 기능과 그 미래

종교의 기능에 대한 맑스의 대표적인 용어는 "민중의 아편"이라는 것이다. 이 말은 특정 종교의 특정 신앙의 내용을 지칭하는 것이 아니라 모든 종교가 수행하는 하나의 기능에 대한 것이다(McKown, 1991: 81). 종교가 계급구조의 모순에 의해 야기되는 노동자 계급의 고통을 감소시켜 줄 수 있다는 것은 일종의 위안적 기능이라고 할 수 있다. 그러나 맑스는 이러한 위안이 일종의 도피나 체념 혹은 생존의지의 박탈을 초래할 가능성에 주목하고 있다. 또한 그는 종교가 "세계에 대한 도덕적 재가"의 기능을 수행한다고 말하고 있다. 여기에서 그는 종교가 사회적 발달의 여러 단계에 있는 다양한 도덕을 정당화하고, 그들의 가치를 재가함으로써 계급사회에서 보수적인 기능을 수행한다는 점을 증명하려는 듯이 보인다(McKown, 1991: 84). 그러나 실제로 그가 염두에 두었던 것은 종교가 지배계급의 이익에 적합한 도덕적 구조를 지지하는 방향으로 위선적이고 조작적인 기능을 수행한다는 것이었다.

맑스는 또한 종교가 "실제적 고통에 대한 저항"이라고 함으로써 그것이 변화를 지향하는 작용을 할 수 있을 것으로 암시하고 있다. 그러나 역시 이러한 저항도 고통에 대한 하나의 감정적 표출일 뿐 계급의식에 근거하여 사회경제적인 구조적 모순에 대하여 도전하는 것을 뜻하는 것은 아니다. 따라서 맑스에게 종교적 기능이란 소극적 의미에서는 억압받는 계급으로 하여금 체제에 적응하고 순응하도록 하고, 적극적 의미에서는 지배계급의 지배 이데올로기를 정당화함으로써 체제를 유지하도록 하는 매우 부정적인 것이었다. 이에 따라 구체적인 종교비판은 주로 그 역기능에 초점을 맞추고 있다.

맑스는 《독일 이데올로기》의 앞부분에서 자연종교와 사회적 종교의 발생이론을 전개했다(1981: 48ff). 자연종교에 대한 그의 견해는 사회진화론자들의 생각과 비슷했다. 즉, 그 발생 원인을 초기 인간의 공포와 무지에서 찾았던 것이다. 그리하여 자연종교에 대하여 이렇게 말한다.

> 자연은 인간에게 처음에는 전혀 알 수 없고 강력하여 어떻게 할 수 없는 힘으로 나타난다. 그리고 인간의 자연에 대한 반응은 순전히 동물적이며, 인간은 동물과 마찬가지로 자연으로부터 위압감을 느낀다. 따라서 초기의 의식은 자연에 대한 순수하게 동물적인 의식이다(1981: 51).

그러나 맑스는 자연종교의 개념을 가볍게 취급했다. 왜냐하면 인류가 자연환경을 완벽히 통제할 수 있는 기술적 능력을 얻게 되면 자연종교는 더 이상 존재하지 않게 될 것으로 보았기 때문이다. 물론 자연종교에 대한 맑스의 생각은 사회진화론자들의 종교의 기원에 대한 주장의 오류와 똑같은 오류를 범하는 것으로 비판받고 있다.

맑스가 집중적으로 비판한 종교는 사회경제적 삶의 모순에 대한 의식의 반영으로서의 사회적 종교이다. 그는 힌두교를 인간을 비하시키는 극단적인 종교로 규정하고 있다. 인도사회는 차별적 신분계급과 노예제도로 오염되고 있고, 인도인을 환경의 지배자가 아니라 환경의 노예로 만들었고, 스스로 발전할 수 있는 사회를 정체된 사회로 만들었으며, 따라서 자연의 지배자인 인간으로 하여금 소를 숭배하게 할 정도로 인간의 존엄성을 손상시키는 야만적 자연숭배를 야기시켰다고 비판한다(McKown, 1991: 55). 한편 맑스는 가톨릭에 대하여는 그것의 권위주의적 구조, 도덕적 타율성, 가까이 할 수 없는 신, 형식주의가 신앙의 주체와 대상 사이의 거리를 멀게 만들었다고 비판하고 있다(1964: 79). 그리하여 가톨릭은 중세를 “완벽한 불합리성”의 시대로 만들어 버렸다는 것이다. 비록 개신교가 가톨릭이 야기시킨 정신적 타율성을 철폐시키고, 사제라는 계급을 제거함으로써 종교적 속박으로부터의 정신적 해방이라는 측면에서 공헌하기는 했으나(1964: 94), 이 종교는 부르주아 계급이 성장하는 단계에서 가장 적합한 종교라고 꼬집고 있다.

그리하여 맑스는 특히 기독교의 사회원리에 대하여 다음과 같이 신랄하게 비판한다.

> 기독교의 사회적 원리는 고대의 노예제도를 정당화했고, 중세기의 농노제도를 찬양했으며, 필요한 경우에는 프롤레타리아의 억압을 옹호할 수 있다. 기독교의 사회적 원리는 지배계급과 억압받는 계급의 필요성을 설교하고, 후자는 전자가 자선을 행할 수 있도록 경건한 바람 가운데서 모든 것을 그들에게 제공하게 한다. 기독교의 사회적 원리는 모든 파렴치 행위에 대한 천상에서의 보상을 마련하고 지상에서의 이 파렴치 행위의 지속을 정당화한다. 기독교의 사회적 원리는 억압받는 자에 대한 억압의 모든 야비한 행위가 원죄나 다른 죄에 대한 정당한 처벌이라고, 혹은 주께서 무한한 지혜 가운데서 구속받은 자를 위해 제정하는 시도라고 선언한다. 기독교의 사회적 원리는 비겁, 자기경멸, 품위실추, 굴종, 비하, 즉 천민의 모든 특질을 설교하지만, 자신이 천민으로 취급받는 것을 허용하지 않을 프롤레타리아는 용기, 자신감, 자부심, 빵보다는 독립심을 필요로 한다. 기독교의 사회적 원리는 비열하고 위선적이며, 프롤레타리아는 혁명적이다(Marx and Engels, 1975: 231).

이와 같이 기독교에 대한 맑스의 견해는 기독교는 끊임없이 문제를 ‘천상’의 영역에 놓았다는 것과 기독교는 노예근성과 비겁함을 되풀이하여 가르쳤다는 것이다.

맑스는 공산주의의 도래와 함께 종교가 사라질 것으로 확신했다. 물론 종교를 아편으로 보았던 초기 저작에서는 종교의 제도적, 억압적 측면은 사라질지라도 그 기능은 지속될 것이라는 암시가 있었다. 즉, 종교가 시대착오적인 것이 되었음에도 불구하고, 맑스는 그것의 잔재가 역사적인 표류물로서 한동안 지속될 것이라는 사실을 알고 있었다. 그러나 그는 이 점에 대해서는 신경을 쓰지 않았다. 왜냐하면 잔재물로서의 종교는 프롤레타리아 계급에게 전혀 도움이 되지 못하며, 따라서 어느 정도 시간이 지나면 없어지고 말 것이기 때문이다(1947: 32).

근대적인 노동자들은 종교를 포함한 모든 구시대의 제도를 확실히 없앨 수 있다고 그는 믿었던 것이다. 다시 말하면 공산주의를 향한 역사적 발전과정이 종교의 자연스러운, 완전한 소멸로 이어질 것이라고 보았다. 그 이유는 완전히 만족스러운 상호관계성을 가진 자기 창조적 사회가 되는 공산주의는 신의 창조, 의존성, 중재의 주제를 가진 종교를 필요로 하지 않기 때문이다(1977: 121ff). 즉, 공산주의는 종교가 소외된 형태로 표현했던 열망을 만족시킬 수 있을 것으로 보았던 것이다. 그리하여 그는 "현실 세계에 대한 종교적 사고는 인간과 인간, 인간과 자연 사이의 일상생활의 실천적 관계들이 투명하고 합리적인 형태로 그에게 자체를 보여줄 때에 사라질 수 있다"(1976: 173)고 말한다. 맑스에게 종교는 더 이상 긴요한 것이 아니다. 왜냐하면 종교적 신념의 내용은 결코 경험적이지 않고 다만 상상할 수 있는 것이며, 종교적 투사는 사회경제적 삶의 특정 형태의 반영이고 그것에 의해서 결정되기 때문에 역사가 없으며, 계급이 없는 사회가 오면 종교의 기능은 소멸하게 되어 종교는 스스로 없어지게 될 것이기 때문이다(McKown, 1991: 75).

맑스는 인간, 특히 노동자는 세상에서 부인된 성취를 하늘에서 찾는 경향이 있는 것은 그가 세상에서 성취하지 못했고 소외되어 있기 때문에 생겨난 종교에 기인한다고 본다. 이 조건은 그들이 생산과정의 착취의 희생자였기 때문에 생겨난 것이므로 그 조건이 지속되는 한 그들은 보상으로서 종교의 환상에 매달릴 것이다. 필요한 것은 사회주의 혁명을 성취함으로써 종교를 생겨나게 하는 사회적 조건을 변화시키는 일이다. 그때에는 종교는 사라질 것이라고 본다.

> 민중의 환상적 행복으로서의 종교의 폐지는 그들의 참된 행복을 위한 요구이다. 그들의 조건에 대한 환상을 포기하라는 요구는 환상을 필요로 하는 조건을 포기하라는 요구이다. 따라서 종교에 대한 비판은 종교적으로 고양(高揚)되고 있는 슬픔의 위로에 대한 비판이다(1977: 64).

종교는 고통의 세상에 대한 유일한 자원이라는 것이 종교인들에 의해서는 공통적으로 인식되고 있다. 그러나 인간이 사회주의 혁명을 통하여 유토피아, 낙원, 천국에 도달할 수 있다면(공산주의 사회), 종교는 전혀 보존가치가 없을 것이라는 것이 맑스의 생각이었던 것이다.

이상에서 본 것처럼 맑스의 종교사상은 종교가 쓸모없게 되었다는 사회진화론자들의 종교무용론(宗敎無用論)의 수준을 넘어서서 종교는 계급 없는 유토피아적인 사회를 향한 역사발전 과정에서의 결정적인 장애요소로 작용하고 있다고 하는 종교유해론(宗敎有害論)의 입장이라 할 것이다.

4) 맑스 종교론의 평가

맑스의 종교론은 기독교 호교론자들은 물론 중립적인 사회과학자들에 의해서도 많은 비판을 받았다. 비록 그 자신도 중요하게 다루지는 않지만 자연종교에 대한 그의 생각은 자료의 제한과 그의 편견 때문에 전혀 사실과 다르다는 비판을 받았다.

맑스는 종교를 무엇보다도 사회경제적 구조로부터 생겨난 파생물, 즉 하나의 종속변수로 보았다. 즉, 불평등한 경제구조 때문에 생겨난 일종의 전도된 이데올로기, 허위의식이 바로 종교라는 것이다. 따라서 종교는 사회구조의 변화에 따라 변화될 것이다. 예를 들면 그는 사회주의 혁명으로 소외의 문제가 해결되면 더 이상 종교는 필요 없게 될 것이고 설명했다. 그러나 이러한 일방통행식의 인과관계 도식은 정당한 것이 아니다. 제 5 장에서 논의될 것이지만, 베버가 지적하듯이 하나의 이념체계로서의 종교가 항상 종속변수만 되는 것이 아니라 때로는 사회변동을 촉진할 수 있는 독립변수로 작용할 수도 있다(Weber, 1958).

맑스는 노동자들이 겪는 소외가 종교를 만들어냈고, 이때 종교는 소외된 노동을 초래하는 노예체계의 정당화라고 비판했다. 따라서 '하늘나라'의 것으로 노동자의 저항의식을 마비시키는 종교를 배제하면, 오히려 소외의식은 계급의식과 나아가서 계급투쟁을 가능하게 할 요인이 될 것으로 보았다. 그러나 그의 소외론은 몇 가지 점에서 비판받는다.

첫째로 그는 노동자의 소외의 문제가 종교가 아닌, 그러나 혁명도 아닌 방식으로 해결될 수도 있는 가능성을 예견하지 못했다. 즉, 소외를 유발시키는 사유재산 제도나 경제적 불평등의 문제가 개선된 자본주의(수정 자본주의) 혹은 사회민주주의라는 경제제도로 상당부분 극복될 수 있는 가능성을 보지 못했다. 둘째로, 맑스는 소외의 문제에 대하여 노동자들이 보다 적극적인 방식으로 대처하여 이것을 최소화할 수 있는 방법을 추구해 왔다는 것에 대해서도 예측하지 못했다. 즉, 오늘날의 노동자는 노동조합, 노동정당, 노동권 행사 등을 통하여 자신의 권리를 찾음으로써 혁명적 방식이 아니고서도 소외의 문제를 극복할 수 있는 것이다. 셋째로, 현대사회에서 소외는 노동자만의 문제가 아니라 인간의 보편적 현상으로도 이해되고 있다. 즉, 소외는 경제영역 이외에도 정치, 사회, 문화적 영역이나 정신적, 육체적 영역에서도 경험될 수 있는, 인간의 근본문제일 수 있다는 것이다. 따라서 소외와 종교의 관계에 대한 맑스의 관점은 보편적인 종교비판의 근거가 되기에는 불충분한 설명이라 하겠다.

맑스는 또한 종교의 역기능에 대하여 특히 신랄하게 비판했다. 즉, 종교가 억압받는 계급에 대해서는 고통에 대한 위안, 즉 아편과 같은 작용을 하고, 지배계급에 대해서는 그들의 이익을 대변하는 이데올로기로 작용한다는 것이다. 이렇게 맑스는 인간의 고통이 사회경제적 조건에 의해서만 생겨나는 것으로 보고 있다. 그러나 그는 인간의 삶의 위기와 재난의 중요한 부분을 차지하는 자연적, 육체적, 비사회적 조건과 관련이 있는 종교적 위안의 기능을 간과했다(McKown, 1991: 82). 아편으로서의 종교가 치유해 줄 수 있는 고통의 범위는 맑스가 생각했던 것보다 훨씬 더 광범위하다. 또한 종교가 지배계급의 이익에 적합한 도덕적 구조를 지지하는 방향으로 위선적이고 조작적인 기능을 수행한다고 맑스는 지적하고 있다. 그러나 그는 종교가 종종 사회 내에 존재하는 계급의 이해관계와는 상관없이 전체사회의 도덕이나 도덕의 일정 부분을 자발적으로나 모르는 사이에 재가해 준다는 사실을 전혀 고려하지 않았다(McKown, 1991: 85~6).

물론 종교 안에 많은 문제들이 있을 수 있다. 예를 들면 제도화된 종교가 지배 엘리트의 이익을 주로 대변한 점, 세속적 제도의 성격을 서서히 지니게 된 점, 성직자들이 권위와 권력을 사칭한 점, 하위 성직자들이 근거 없는 신앙내용을 확고한 사실처럼 주장한 점, 그들은 자신이 주장한 것을 안 믿기도 하고 그들이 설교한 것을 실천에 옮기지 않기도 하고 그들이 자신의 종교에 대해서 말한 것의 모범이 되지 않기도 한 점, 그 중에는 위선적인 종교인도 있었던 점, 그리고 다양한 방법과 다양한 정도로 제도화된 종교가 세속적 삶 속에서 발견할 수 있는 모든 종류의 악을 저지르기도 하였다는 점을 부인할 수 없다(McKown, 1991: 89). 맑스가 종교를 통해 발견해 내고 혐오감을 느끼게 된 이러한 사실들은 모두 위선, 사기, 착취와 통하는 것들이다. 그러나 이것은 종교의 한 단면일 뿐이고, 일부 종교인의 특성일 수 있다. 따라서 위에서 열거한 문제들을 토대로 종교 자체의 성격을 규정짓는 것은 비과학적인 지나친 일반화라 할 것이다.

맑스는 종교를 근본적으로 하나의 환상이라고 보았다. 그러나 만일 종교인의 하늘나라가 환상이라면 맑스적인 유토피아도 환상일 것이다. 맑스는 종교적 이상에 대한 충성이 세계를 변화시킬 의지를 약화시킨다고 분노했지만, 공산주의의 유토피아적 이상에 대한 충성은 그 의지를 강화시킬 것이라고 믿었다. 그래서 종교적 헌신은 세계의 현재상태에 대한 무관심을 유발한다고 보았다. 그러나 세계를 변화시키는 동기의 많은 것이 바로 종교적 헌신으로부터 나왔다. 신이 세상에서 활동하고 있다고 보는 종교는 신봉자들에게 세계를 구원하기 위하여 신과 더불어 일하도록 고무할 것이라는 것이다(Fallding, 1974: 37).

맑스의 유토피아는 단순히 신이 배제되고 인간적 이상이 대체물로 삽입되어 있는 것이라 할 수 있다. 적어도 메시아적 완성을 기대하는 관점에서는 맑스도 유대교 예언자들과 비슷하다. 그러나 유대기독교 입장은 몇 가지 점에서 맑스적 이데올로기와는 다르다(Fallding, 1974: 37). 첫째, 종교적인 사람은 신에게 희망을 두기 때문에 신에 의해 개선되는 미래에서뿐만 아니라 신과의 연합을 통해 지금에서도 어느 정도의 완전을 누릴 수 있다. 둘째로, 종교인의 개혁적 열망은 전체주의 이데올로기주의자의 거친 폭력주의를 거부한다. 왜냐하면 그것은 자연적이고 다원적인 투쟁에 근거하지 않기 때문이다. 진보를 만들어내는 것은 인간 안에 있는 본성이 아니라 세계 가운데 있는 신이기 때문에 문제를 극복하는 방식은 희생인 것이다. 셋째, 종교적 활동가는 서두르지 않는다. 왜냐하면 그는 변화를 통한 잠정적 개선에 대하여 커다란 기대를 갖지 않기 때문이다.

맑스에게 종교는 허위의식을 만들어내는 이데올로기이다. 맑스적 용어로 이데올로기는 항상 거짓된 어떤 것이고, 사회적 이익을 위한 진리의 곡해이며, 집단들이 권력과 특권을 정당화시키고 권력에 도달할 수 없는 사람들에게 부과된 사회악을 용납하는, 정신의 한 상징적 구조인 것이다. 그는 종교에서 이데올로기적 요소만 보았다. 그러나 만하임은 종교를 이데올로기적 종교와 유토피아적 종교로 구분했다(Mannheim, 1936). 전자가 현존하는 사회질서를 정당화하고 지배적 가치를 변호하며 지배계급의 권위를 조장하고, 사회는 안정되고 변치 않는다고 보는 상상력을 만들어내는 종교라면, 후자는 현재의 사회질서의 병폐를 폭로하고 사회의 지배적 가치를 전도시키고, 지배집단의 권위를 손상시키고 사람들로 하여금 현 체제의 붕괴를 기대하도록 하는 종교를 의미한다. 즉, 종교에는 변형지향적인 유토피아적 성향도 있다는 것이다. 이 변형의 방법은 혁명적일 수도 있고 진화적일 수도 있다. 맑스는 종교의 잠재적인 창조적 능력을 간과했다.

사실상 맑스의 후예들 가운데는 종교가 모든 경우에 억압받는 자들을 물러나 활동을 못하게 할 목적으로 억압자들에 의해 운영되는 아편만은 아니라는 사실을 지적하는 이들이 적지 않다. 그들은 혁명적 사회변동에 영향을 미치는 데 종교에 의해 수행될 수 있는 적극적 역할을 인식했다. 예를 들면 카우츠키는 초기 기독교 연구에서 종교의 혁명적 역할을 밝혀 냈고(Kautsky, 1953), 번슈타인은 영국 시민전쟁 시기의 공산주의적 종파의 활동을 연구했다(Bernstein, 1963). 적지 않은 맑스주의자들이 현대 사회주의와 공산주의의 조상은 고전적인, 중세기의, 그리고 산업이전 시대의 혁명적인 종교운동들로 거침없이 거슬러 올라갈 수 있다는 종교양상을 당연시하고 있다(O'Toole, 1984: 189). 즉, 억압받는 자들의 기대와 열망이 종교적 언어로 표현된 많은 저항운동들이 그 시대의 해방운동으로 이해되었던 것이다.

분명히 맑스의 종교론은 아편으로서의 종교에 대한 일차원적 분석이었다. 그것은 종교의 보수적 기능, 종교가 사라질 것이라는 불가피성의 근거가 되는 사회구조의 조건만을 일직선적으로 보는 경향이다. 그러나 특히 1960년대 이후 맑스주의 학자들은 맑스 입장을 유지하면서도 종교를 각 사회의 경제체계에 의해서 외면적으로, 기계적으로 결정되는, 전적으로 종속변수로만 이해하는 전통적인 환원론(*reductionism*)을 극복하려는 시도를 하고 있다. 이러한 접근방법으로 "종교의 상대적 자율성"을 확증하려고 한 마두로는 다음과 같은 결론을 내린다(Maduro, 1977: 366).

① 종교는 단순히 사회적 생산관계의 수동적 결과가 아니다; 그것은 사회과정에 영향을 미치고 그것의 영향을 받는 사회적 역동성의 한 능동적 요소이다.

② 종교는 사회과정 가운데서 항상 종속적 요인은 아니다; 그것은

특정 사회구조의 생성과 공고히 하는데 자주 하나의 중요한 역할을 할 수 있다.

③ 종교가 반드시 사회에서 하나의 기능적이고 재생산적이거나 혹은 보수적인 요인은 아니다; 그것은 흔히 사회혁명을 초래할 중요하고 가능한 통로 가운데 하나이다.

이 접근방법은 사회구조와 종교체계 사이의 복잡한 상호영향을 역동적으로 밝히려는 의미 있는 시도라고 하겠다. 마두로의 이러한 입장은 제 4 장에서 다시 논의될 것이다.

분명히 맑스의 종교론은 많은 문제점을 안고 있고, 이에 따라 많은 비판을 받았다. 그러나 그의 종교사상이 시사하는 바도 또한 크다고 할 것이다. 비록 맑스의 종교비판이 주로 유럽의 산업화 과정에서 파생된 계급구조의 모순에 대한 분석에서 비롯된 것이기는 하지만, 종교가 빠지기 쉬운 위험성을 지적한 것은 중요한 공헌이다. 그 위험은 무엇보다 종교가 지배계급의 이데올로기로 전락하여 억압받는 자들의 고통을 외면하거나 아니면 정당화함으로써 반사회적인 역할을 수행하는 일이다. 따라서 이에 대한 맑스의 비판은 예언자적인 경고라고도 할 수 있다. 또한 계급갈등의 동인(動因)으로서의 종교에 대한 그의 비판은 종교가 사회갈등의 상황을 통합이나 평화라는 용어로 위장하여 현실을 왜곡함으로써 사회변동을 방해하는 사회적 역기능을 수행할 수 있는 문제에 대한 심각한 지적으로 받아들일 수도 있다. 따라서 맑스의 종교비판 가운데는 종교의 사회의식, 역사의식을 일깨워 주는 요소들이 있다고 할 것이다.

제 4 장

뒤르켐의 종교사상

앞장에서 우리는 종교현상을 부정적 혹은 비판적 관점에서 보았던 고전 사회과학자들의 사상을 살펴보았다. 많은 사회진화론자들에게 종교는 원시인간의 인지적인 무지의 산물로서 그것이 오늘날에는 시대착오적인 구시대의 유산으로 남은 쓸모없는 것일 뿐이었다(종교무용론). 한편 맑스에게는 종교가 경제적 억압구조에서 파생된 하나의 환상으로서, 그것은 역사발전 과정에 장해물이 되는 반사회적인 전도된 이데올로기 혹은 허위의식이었다(종교유해론). 이와 같이 19세기의 지성적 분위기는 대체로 반종교적 정서가 지배적이었다. 그러나 이러한 사상적 조류에 대하여 강하게 반론을 제기한 뒤르켐과 베버 같은 위대한 사회학자가 있었다.

뒤르켐과 베버는 대체로 비슷한 시기에 각각 프랑스와 독일에서 눈부신 학문적 연구로 사회학 분야에 중요한 업적을 남겼다. 비록 그들의 사회학 연구방법이나 사회연구의 주제와 관심, 그리고 범위는 각각 달랐으나 종교사회학의 입장에서 볼 때 그들에게는 중요한 공통점이 있었다. 그것은 양자가 모두 종교현상을 사회를 이해하는데 중심적 요소로 보았다는 점이다. 사회진화론이나 맑스 유물론적 관점의 종교론을 거부하면서 뒤르켐과 베버는 종교가 가진 독립적인 창조적 힘을 발견했을 뿐만 아니라 종교가 수행할 수 있는 적극적 기능을 매우 중요하게 취급했다.

물론 종교의 사회적 기능에서 뒤르켐의 주된 관심은 종교가 사회를 통합시키는 기능을 주로 수행한다는 것이고, 베버의 중심적 관심은 종교가 사회변동에 영향을 미칠 수 있다는 것으로서 양자 사이에는 연구주제와 관심에 차이가 있다. 그러나 중요한 것은 그들이 종교의 사회적 의미를 재발견하고 그 기능에 대하여 적극적으로 평가함으로써 종교현상에 대한 사회학적 연구를 활성화시키는 데 결정적으로 공헌했다는 사실이다. 이 장에서는 먼저 뒤르켐의 종교사상을 살펴본다.

1. 뒤르켐 종교사상의 성격

1) 뒤르켐 종교사상의 특징

에밀 뒤르켐(Emile Durkheim, 1858~1917)은 사회를 이해하는 데 생물학적 해석이나 심리학적 해석을 거부하고 오로지 사회구조적 해석만이 적합하다는 것을 일관되게 주장한 프랑스 최초의 순수한 전문 사회학자였다. 그에게 사회 현상은 '사회적 사실'(*social fact*)이었다. 사회적 사실이란 개인에 대하여 외적 구속력을 가진 사회적 힘을 나타낸다(Durkheim, 1950). 즉, 사회는 각 개인을 넘어서는 하나의 사회적 실재(*social reality*)라는 것이다. 뒤르켐에 따르면 개인은 사회생활의 결과이며 표현이다. 개인들은 사회에 의하여 그들의 권리와 능력과 특징을 부여받는다. 그리하여 그는 개인에 대한 사회의 존재론적, 논리적, 인과적, 그리고 도덕적 우위성을 주장한다.

사회로부터 벗어난 개인을 반사회적이고 비도덕적이며 이기적인 존재로 본 뒤르켐의 저술은 도덕생활의 사회학이라고 하겠다. 그는 도덕적 규칙들을 개인을 규제하는 강력한 사회적 힘으로 보았다(Durkheim, 1961). 뒤르켐에게는 도덕적 의무가 성(聖)에 대한, 그리고 사회의 지배적인 힘에 대한 경외로부터 온다. 공통된 도덕적 규칙과 이상의 중요성을 강조하면서 뒤르켐은 사회의 단일성과 성격을 만드는 집단적인 정감과 집단이념을 고양시키고 확증시킬 필요를 느끼지 않는 사회는 있을 수 없다고 믿었다(Durkheim, 1965). 결국 그는 도덕적 요소들—집합양심, 집합감정, 집합의식, 집합표상—을 사회화된 개인을 통제하는 강력한 힘으로 보았다. 뒤르켐에는 또한 기능(*function*)이라는 개념이 중요하다. 이 개념은 그의 저작 전체를 통해 중심적 역할을 한다. 기능에 대한 분석은 어떤 사회현상을 설명하려 할 때 그 나타난 결과를 이해하는 데 가장 적합한 분석방법이기 때문이다(1950: 95~7).

종교에 대한 뒤르켐의 분석은 도덕성, 집합의식, 연대감, 기능이라는 여러 개념적 틀 안에서 이루어진다. 종교를 하나의 집단현상으로 보는 그는 종교를 개인의 종교적 심성이라는 측면에서 다루는 심리학적 분석을 거부한다. 또한 종교의 쇠퇴나 소멸을 당연히 여기며 오히려 그것을 계몽(이성)의 승리라고 보는 사회진화론적 시각에도 반대하며, 종교는 항상 사회유지에 필요한 도덕성의 중요한 근거였다고 주장한다. 종교의 기원에 대한 연구는 종교현상을 이해하는 데 무익한 수고일 뿐이라고 보는 뒤르켐은 종교의 기능에 대한 분석에로 사회과학자들이 관심을 돌려야 한다고 제안하고 있다. 종교가 일종의 조작된 이데올로기로서 계급 간의 갈등을 조장하는 역할을 한다는 맑스의 입장과는 달리, 종교는 반대로 사회적 갈등과 긴장을 해소시켜 집합의식을 마련함으로써 사회통합에 기여한다고 강조한다. 이렇게 본다면 뒤르켐의 종교사상은 그의 선구자들, 혹은 많은 그의 동시대 학자들과도 크게 다르다는 것을 알 수 있다.

2) 뒤르켐 종교사상의 배경

처음에는 프랑스 보르도(Bordeaux) 대학에서, 그리고 나중에는 소르본(Sorbonne) 대학에서 독립된 학문으로서의 사회학을 가르쳤던 뒤르켐은 일찍이 스승인 역사학자 쿨랑주(Coulanges)에게 역사적 연구방법을 배웠다. 그러나 그의 사상은 프랑스 지성사에 뿌리박고 있었으니, 그에게 영향을 미쳤던 사상가들은 루소, 몽테스키외, 콩트, 생시몽 등이었다(Coser, 1982: 228~30). 뒤르켐은 루소(Rousseau)의 '사회계약설'에 영향을 받아 사회적 연대감(*solidarity*) 개념을 발전시켰고, 몽테스키외(Montesquieu)에게서는 사회현상의 상호연관성 개념을 배웠다. 한편 연대의 기반으로서 도덕적 신념의 결속력을 강조하고 분업이 독립적인 개인들 사이에 만들어 놓은 통합을 강조한 점은 어느 정도 생시몽(Saint Simon)과 콩트(Comte)에게서 배운 것이다. 특히 사회적 행위에 대한 실증적 법칙을 탐구하려는 노력은 콩트에게 힘입은 바가 크다. 뒤르켐의 '집합의식' 개념은 콩트의 '합의'(*consensus*) 개념의 변용이라 할 수 있다.

현대사회의 위기를 합리주의, 산업주의, 개인주의에 직면한 사회질서, 도덕질서의 위기로 보는 뒤르켐은 전통적 유물론이나 관념론 입장이 사회과학의 기초로서 적합하지 않다는 점을 분명히 한다. 따라서 뒤르켐의 학문적 관심은 도덕성과 사회적 응집의 문제에 대한 사회과학적 연구에 초점이 맞춰져 있다. 개인들의 공유된 가치, 이념, 믿음, 그리고 정감을 반영하는 것으로서의 사회현상을 분석했던 뒤르켐에게 사회는 도덕성, 인성, 그리고 생활 자체의 근원이었다(Bellah, 1973: ix). 따라서 그에게 사회문제는 하나의 도덕적 문제이며, 현대사회의 위기는 사회자체의 구조의 탓일 수 있는 도덕성의 위기인 것이다. 그는 사회를 성격상 하나의 합의(合意)에 기초한 단일체(*unity*)로 본다. 갈등은 역사적 운동의 충동이 아니고 인간 본성의 표현도 아니며 모든 공동생활의 불가피한 성취도 아니다. 그것은 일종의 병리 혹은 위기의 징후이다. 뒤르켐의 눈에는 현대사회는 경제활동에 귀착된 지배적 이익으로, 기능과 사람의 극단적인 분화로, 그리하여 그것 없이는 어떠한 사회적 질서도 가능하지 않은 합의의 붕괴의 위험으로 규정된다(Aron, 1967: 325). 뒤르켐의 모든 저작은 이러한 전제를 그 기반으로 한다.

《분업론》(*The Division of Labor in Society*, 1956)에서 뒤르켐은 사회의 도덕적, 규범적 질서의 역사적 진화개념을 밝히고 현대사회의 도덕적 위기를 지적한다. 전통사회에서는 일반화된 동조와 집단규범에 의해 사회를 결속시키는 기계적 연대감에 의해 사회질서가 유지되었으나 현대사회에서는 분업에 의해 사회 성원들 사이에 이질감이 형성되지만 상호연관성에 근거해 이루어지는 유기적 연대감에 의해 사회질서가 유지되는 식으로 변화가 생겨난다고 지적한다. 그러나 그는 유기적 연대감이 지배적 사회에서도 여전히 어떤 공통의 신념, 공통의 집합의식이 필요하다고 주장한다. 여기에는 전통사회에서 기계적 연대감의 형성에 크게 공헌했던 종교적 영향력이 점차 감소되는 현실에 대한 위기의식이 잠재적으로 함축되어 있다고 할 것이다.

《자살론》(*Suicide*, 1951)에서 뒤르켐은 현대사회의 도덕적 건강에 대하여 논의한다. 그는 통합과 규제라는 두 사회학적 변수에 근거하여 자살이 사회적 현상임을 밝혀냈다. 그리하여 개인이 집단에 너무 강하게 통합되어 있을 때에는 그 집단을 위하여 자신을 희생하는 이타적 자살이, 반대로 개인이 집단에 전혀 통합되지 못할 때에는 이기적 자살이 생겨나기 쉽다는 것이다. 한편 지나친 사회규제는 숙명적 자살을 유발하기 쉽고, 반대로 그것이 약하거나 부적합할 경우에는 아노미적(*anomic*) 자살이 생겨날 가능성이 많다는 것을 지적한다. 《자살론》에서 뒤르켐이 강조하는 것은 현대사회의 질병이다. 그는 그 질병이 도덕성과 관계된 것으로 보고 있다.

> 우리가 고통을 겪는 부적응은 고통의 객관적 원인들이 수와 심도에서 증가되었기 때문에 존재하는 것이 아니다. 그것은 보다 큰 경제적 빈곤을 증거하지 않는다. 오히려 그것은 도덕성의 빈곤을 나타내는 것이다(1951: 386~87).

뒤르켐은 이러한 도덕성의 빈곤은 전통사회를 결속시켰던 도덕적 힘으로서의 종교적 영향력이 현대사회에서 약화되는 데서 기인한다고 보고 있다. 그리하여 개인의 욕구가 공동의 규범에 의하여 규제되지 못하고 이에 따라 개개인이 목표를 추구하는데 도덕적 지침을 갖지 못하게 되는 상태, 전체사회나 구성집단에서의 무규범 상태, 즉 아노미(*anomie*) 상황의 도래를 뒤르켐은 염려했다.

이러한 사회진단과 위기의식을 배경으로 뒤르켐은 그의 종교사상을 전개한다. 다시 말하면 《분업론》과 《자살론》에서(다른 저작들에서도 마찬가지로) 그는 도덕성, 사회적 연대감, 그리고 그것들 사이의 연계에 깊은 관심을 보이며, 이것은 불가피하게 종교에 대한 사고에로 인도한다(O'Toole, 1984: 77). 그는 자신의 논리를 따라 개인의 내부에 사회의 요구에 부응하는 도덕적 의무감을 만들어내는 하나의 힘으로서의 종교를 연구한다. 그러나 그의 종교이론의 기초는 개인적 현상으로서가 아닌 집합적 현상으로서의 종교현상에 대한 이해이다. 그리하여 뒤르켐은 개개인의 다양한 종교적 경험을 연구하는 심리학적 종교연구를 가볍게 보는 대신 사람들이 종교행위에 참여함으로써 생겨나는 집합적 행위와 공동의 유대에 관심을 가졌다. 특히 종교가 도덕적 의무감을 사람들에게 심어줌으로써 사회적 응집과 통합에 어떻게 공헌할 수 있는가 하는 문제가 그에게 중심적 연구과제였다.

뒤르켐은 정령신앙이나 자연신앙에서 종교가 유래하였다는 사회진화론자들의 종교의 기원에 대한 설명을 받아들이지 않는다. 그는 그러한 이론들은 종교적 행위와 믿음의 가장 근본적 형태를 다루지 못하고 있다고 믿었다. 종교를 일종의 인간지성의 무지의 산물로 보는 사회진화론의 입장에 반대하여 그는 만일 종교가 인지적 과실에 기초한다면, 그것이 지금까지 지속되는 사실을 어떻게 설명할 수 있겠는가고 묻는다. 즉, 그는 종교가 과오라기보다는 본질적인 어떤 것에 기초하고 있음에 틀림없으며, 사회의 유지에 중요한 기능을 수행했음에 틀림없다는 확신을 가졌다. 뿐만 아니라 종교를 하나의 환상으로 보려는 어떤 시도에 대해서도 그는 반대했다. 그리하여 그는 "우리의 전체적 연구는 모든 시기의 신자들의 일치된 정감이 단순히 환상적인 것일 수 없다는 가정에 근거하고 있다"(1965: 464)고 말한다. 물론 이것은 타일러와 프레이저 같은 사회진화론자들과 맑스, 프로이트 등의 종교관에 대한 비판적 진술이다.

나아가서 뒤르켐은 "종교적 믿음은 그 진술적 가치가 과학적 실험의 그것보다 열등하지 않은 특수한 경험에 근거하고 있다"(1965: 465)라고 주장하면서, "실재에서 거짓인 종교란 없다. 모든 종교가 그 자체의 양상에서 진실이다; 비록 각기 다른 식으로이긴 하지만 모든 종교가 인간 존재의 주어진 조건들에 대답하고 있다"(1965: 15)라고 단언한다.

사실상 종교에 대한 사회학적 연구인 뒤르켐의 대작 《종교생활의 원초적 형태》(*The Elementary Forms of the Religious Life*, 1965)는 원래 1893년에 출판된 《분업론》, 1897년의 《자살론》, 1911년의 《사회학과 철학》에 이어 그의 학문적 생애의 완숙기요 말년에 가까운 1912년에 출판되었다. 이 책은 종교에 대한 사회학적, 인류학적 연구에서 가장 영향력 있는 단일한 저작으로 인정받는다. 뒤르켐의 종교연구에 특히 영향을 미쳤던 것은 고전적인 옛 도시의 정치적, 법적 구조를 사회조직의 기초가 되었던 종교적 믿음과 수행으로부터 추적했던 쿨랑주의 《고대도시》(*The Ancient City*)와 근동의 부족생활에 대한 관찰에 기초하여 원시종교는 하나의 사회적 실체로서, 인간이 사물을 설명하는 믿음을 선택하는 것이 아니라 오히려 종교적 행동을 (다른 것과 함께) 배우는 사회적 위치에서 인간이 태어난다고 주장했던 스미스(Robertson Smith)의 《셈족 종교 연구》(*Lectures on the Religion of the Semites*, 1889)였다. 그러나 그의 전임자들과는 달리 뒤르켐은 "가장 근본적 형태의 종교적 사상과 수행이 의존하는, 그리고 그것이 언제나 현존하는 원인을 식별하는 수단을 발견"하려고 추구했다(1965: 20). 이러한 종교의 '원초적' 형태를 이해하기 위하여 그는 호주 원주민의 원시신앙 형태인 토테미즘을 집중적으로 연구했다. 그러나 그의 토테미즘 연구는 종교의 '처음 시작'을 밝혀내려는 의도가 아니라 종교적 정감을 유지하는 힘을 밝혀내려는 목적에서 이루어진 것이다.

2. 종교의 속성

종교의 본질 혹은 속성에 대한 뒤르켐의 규정은 그의 종교정의에서 잘 나타나고 있다. 종교에 대한 직접적 정의를 꺼렸던 베버와는 달리 뒤르켐은 종교연구를 위해서는 미리 종교의 개념이 무엇인지 밝힐 의무가 있다고 주장한다(1965: 38). 신비, 알려지지 않음, 진술될 수 없음, 무한성의 의미들을 가진 '초자연'의 광범위하고 본질적인 개념의 용어로 종교를 정의 내리는 것을 거절하면서, 그리고 신들 혹은 영적 존재들에 대한 믿음에 기초한 보다 좁은 정의를 배격하면서 뒤르켐은 광범위한 본질적 구성요소를 기능적 요소와 결합시키는 정의를 내린다. 앞에서 소개되었던 뒤르켐의 종교정의를 다시 한 번 인용하기로 한다.

> 종교는 거룩한 것들, 즉 구분되고 금지된 것들과 관계된 믿음과 수행 — 그것들을 신봉하는 모든 사람들을 교회라고 불리는 하나의 도덕공동체로 연합시키는 믿음과 수행의 체계 — 의 총체이다(1965: 62).

이 정의에 함축된 종교의 속성은 크게 3가지 요소로 나눌 수 있다. 첫째는 '성'(聖) 혹은 '성스러움'의 개념이며, 둘째는 의례와 믿음이라는 구성요소이고, 셋째는 종교의 사회적 혹은 공동체적 성격에 관한 것이다.

1) 성과 속

뒤르켐에 따르면 종교의 가장 현저한 특징은 그것이 '거룩한' 것들을 취급한다는 것이다. 거룩한 것들은 "분리하고 금하는" 것인 반면에, 속된 것들은 일상적인 것이다. 종교에 대한 그의 전체 이론은 성(*the sacred*)과 속(*the profane*) 사이의 구분에 맞춰져 있다. 그것의 독특한 형태가 다양할 수 있으나 성-속의 이분법은 보편적인 것이며, 인간 사고의 모든 역사 가운데서 그렇게 심오하게 분화되어 있거나 그렇게 철저하게 서로 반대되는 두 범주의 일은 발견될 수 없다고 뒤르켐은 주장한다.

> 단순한 것이든 복잡한 것이든 모든 종교적 믿음은 하나의 공통된 특징을 보여준다; 그것은 인간이 생각하는 실제적이고 이상적인 모든 것은 속과 성이라는 두 독특한 용어로 표현되는, 서로 구분되고 반대되는 두 가지 부류로 나뉠 수 있다(1965: 52).

성과 속 사이의 구분이 중요한 이유는 그것이 보편적으로 확고한 종교정의의 출발점일 뿐만 아니라, 그것이 가장 원초적인 종교적 형태라고 할 수 있는 양상을 나타내기 때문이다. 뒤르켐은 이 구분을 종교에 대한 초기 이론들을 공박하고 자신의 종교이론의 기초를 형성하기 위해 사용한다. 뒤르켐에게 종교의 모든 다양한 요소들의 공통점은 그것의 거룩성에 있다. 이 때 '성'이란 예배할 가치가 있는 것뿐만 아니라 흔하지 않고 평범하지 않으며 상대적으로 중요한 모든 것을 포함한다.

> 세계를 두 영역, 즉 거룩한 모든 것과 속된 모든 것으로 구분하는 것은 종교사상의 독특한 성향이다; 믿음, 신화, 교의, 전설은 거룩한 것들의 성격, 거룩한 속성을 갖는 덕과 힘들, 혹은 그것들 사이의 관계를 표현하는 표상(*representation*) 혹은 표상체계이다(1965: 52).

그러나 거룩한 것들을 단순히 신 혹은 영이라 불리는 인격적 존재만으로 이해해서는 안 된다. 바위, 나무, 섬, 돌, 나뭇조각, 집, 한 마디로 어느 것도 거룩할 수 있다(1965: 52). 다시 말해, 거룩한 성격은 어떤 대상 안에 있는 것이 아니라 그것을 지키는 사람의 마음 가운데 있다.

거룩한 것은 속된 것보다 존엄성과 힘에서 우월성을 가지는데, 이것은 특히 인간 자신과의 관계에서 그러하다. 인간은 거룩한 것들을 존경하며 자신을 그것들에 희생한다. 때로는 성에 대한 인간의 관계는 경외의, 혹은 사랑의, 심지어는 측정할 수 없는 공포의 관계이며, 다른 때는 거룩한 대상에 대한 관계는 쉽고 즐거운 것일 수 있다. 종교가 가지고 있는 '성스러움'이라는 속성은 종교의 다른 속성인 의례와 믿음과 밀접한 관계를 가지고 있다.

2) 의례와 믿음

뒤르켐에 의하면 종교는 의례와 믿음의 두 구성요소를 갖는다. "믿음은 의견의 상태로서 표상으로 지속되며, 의례는 행동의 결정된 방식이다. 이 두 부류의 사실 사이에는 사상을 행동과 구별하는 모든 차이가 있다"(1965: 51). 종교적 의례와 믿음은 모두 거룩한 속성을 지니고 있다. 뒤르켐은 사회통제, 그리고 사회의 존재 자체가 공유된 관념들에 근거될 수 있다고 믿었다. 서술적이고 규범적인 이 관념들은 집합양심(*conscience collective*)을 만들어낸다. 종교는 우리에게 그것 없이는 생각할 수 없는 이해의 범주들을 만들어 준다. 따라서 종교는 세계에 대한 완전한 표상을 우리에게 주는 관념들의 체계이다. 바로 이것이 종교의 믿음체계이다. 뒤르켐에게 믿음은 개인 멤버들에 대한 사회의 도덕적 권위와 우월성에 대한 은유적 혹은 상징적 표상이다. 종교적 믿음은 사람들에게 확신과 힘을 준다.

그의 신과 소통하는 신자는 단순히 비신자가 모르는 새로운 진리를 보는 사람이 아니다; 그는 보다 강한 자이다. 그는 자신 안에 존재의 시련을 견디거나 그것을 극복할 더 많은 힘이 있다고 느낀다. 그는 마치 세상의 곤경에서 구제되는 것 같다. 왜냐하면 그는 단순한 인간으로서의 그의 조건에서 구제되기 때문이다; 그는 그가 악으로부터 구원받았다고 믿는다(1965: 464).

뒤르켐은 모든 신조의 첫 번째 항목이 신앙에 의한 구원이라는 믿음에 있다는 것을 인정한다. 그리고 실제로 하나의 관념체계로서의 믿음이 개인에게 커다란 힘이 될 수 있다는 점도 받아들인다. 그러나 단순한 관념이 어떻게 우리 자신의 성격으로 우리가 소유하는 것보다 우월한 힘을 발휘할 수 있겠는가고 묻는다. 믿음은 사실상 우리 자신의 일부일 뿐이라는 것이다. 따라서 뒤르켐은 종교의 의례가 결정적으로 보다 중요하다고 본다.

뒤르켐은 그의 《종교생활의 원초적 형태》의 제3부에서 종교적 의례에 대하여 상세히 설명한다. 그는 여기에서 의례(*ritual*), 의식(*rite*), 제의(*cult*), 예식(*ceremony*), 수행(*practice*) 등의 용어를 혼용하고 있으나, 편의상 본 절에서는 '의례'라는 말로 통일해 사용하기로 한다. 뒤르켐은 참된 종교적 힘은 주로 의례로부터 나온다고 믿었다.

실제로 종교를 수행했던 사람은 즐거움의, 내면적 평화의, 평온함의, 열정의 표현들(신자들에게는 그의 믿음의 실험적 입증이 되는)을 생겨나게 하는 것은 의례라는 것을 매우 잘 알고 있다. 의례는 단순히 신앙이 외면적으로 번역되는 표시의 체계가 아니다; 그것은 신앙이 주기적으로 창조되고 재창조되는 수단의 집합이다(1965: 464).

그것이 물리적 행위이든 정신적 작용이든 의례는 항상 종교의 효과적인 요소가 되고 있다. 모든 의례는 이중의 양상을 나타낸다. 하나는 부정적인 것이고, 다른 하나는 긍정적인 것이다. 실제로 이 둘은 분리될 수는 없으나 구분되어야 한다. 의례는 특히 성-속 분리와 밀접한 관계를 가지고 있다. 사실상 의례는 성과 속의 근본적 분리 상태를 실현시킬 목적을 가지고 있다. 이것은 부정적 의례와 관계된 것이다. 부정적 의례의 기능은 (성-속의) 어울리지 않는 혼합을 방지하고, 이 두 영역 가운데 하나가 다른 것으로부터 침식당하지 않게 하는 것이기 때문에 그것에는 금지적인 혹은 부정적 행동이 요구된다(1965: 338). 그것은 신자들에게 어떤 행동을 하라고 명령하는 대신 어떤 방식의 행동은 금지하도록 제한한다. 따라서 그것은 금지의 형태를 취하는데, 흔히 민속학자들에 의해서는 금기(*taboo*)로 불린다. 부정적 의례의 기능은 인간을 '속'에 의한 오염, 혹은 잠재적 오염으로부터 보호하여 '성'을 성취할 수 있도록 한다. 이것을 위해서는 자기비하, 자기부정의 극단적 행동, 엄격한 금욕주의적 행동이 요구된다.

한편 긍정적 의례는 다른 성격을 띠고 있다. 뒤르켐은 그것을 다음과 같이 규정한다.

> 만일 부정적 의례가 예배자에게 속된 세계로부터의 도피를 명한다면, 그것(긍정적 의례)은 그를 거룩한 세계에로 가까이 데려오는 것이다. 인간은 종교적 힘을 향한 그의 의무가 모든 사회적 관계의 절제로서 단순하게 환원될 수 있다고 생각하지는 않았다. 그들은 종교적 힘과 긍정적이고 상호적인 관계를 가지고 있다고 믿었다. 이러한 특별한 의례체계에 대하여 우리는 **긍정적** 의례라고 이름을 붙인다(1965: 366).

뒤르켐은 긍정적 의례에서는 신과 인간 사이에 상호적 관계가 중요하다고 보고 있다. 그 의례는 인간 자신처럼 신에게도 중요하다는 것이다. 왜냐하면 예배자가 신 없이 존재할 수 없는 것처럼 신도 예배자 없이는 존재할 수 없기 때문이라고 말한다(1965: 389). 물론 이때 그가 말하는 신은 사회에 대한 상징적 표현이다. 이 주제는 다음에 다시 논의하기로 한다.

뒤르켐에게 의례는 사회의 구성적 요소와 같은 것으로, 그것 없이는 사회가 약화될 것이라고 보았다. 일상적으로 공리적 혹은 세속적 활동 가운데에는 개인주의의 강한 경향이 있고, 이에 따라 사회의 결속력이 약화되기 쉽다. 그러나 종교적 의례는 집단 멤버들 사이의 관계성을 배가시키고 그들을 서로 친근하게 만든다(1965: 389). 이렇게 하여 그들의 의식이 변화된다.

> 의례가 준수될 때 그들의 생각은 공통된 믿음, 공통된 전통, 조상에 대한 기억, 집단적 이상에 맞춰진다. … 사람들은 자신 안에서 지닌 사회적 존재의 일부분으로 집단쇄신(*collective renovation*)에 필연적으로 참여하게 된다. 개인 영혼은 그의 삶이 유래한 근원 가운데 다시 몰입함으로써 갱생된다; 결과적으로 그 영혼은 더욱 강하게 느끼고, 보다 충분히 자신을 극복하며, 물리적 필요에 덜 의존하게 된다(1965: 390~91).

이렇게 종교적 의례를 통하여 인간은 스스로 더욱 강하게 느끼게 될 뿐만 아니라 적극적으로 사회에 참여하게 된다.

뒤르켐은 나아가서 긍정적 의례의 4가지 유형을 제시한다. 첫째는 희생의례이다(1965: 366~92). 이것은 상징적 방식으로 속과 성 사이의 괴리를 메운다. 여기에서는 음식을 통한 교제행위가 특히 의미 있는 의례로 인식된다. 이 의례를 통해서 인간과 신 사이에, 인간 구성원 사이에 유대관계가 강화된다고 본다. 둘째는 모방의례이다(1965: 393~413). 이것은 토템과 같은 숭배대상을 모방함으로써 복을 받고, 불행을 막을 수 있다는 믿음에서 유래한다. 셋째는 표상적 의례이다(1965: 414~33). 기념의례라고도 불리는 이 의례는 과거와 미래와의 집단적 연속성을 기념 혹은 축하하는 의례이다. 이것은 거룩한 행사를 통하여 살아 있는 사람이 그의 조상과 후손과 관계를 갖는 연관성을 나타낸다. 이것은 통합의 기능을 수행한다. 그러나 이 표상적 의례로부터 그것에 첨가된 목적을 부여하는 심미적이고 오락적인 활동이 뒤따르기도 한다. 넷째는 속죄의례이다(1965: 434~61). 앞의 3가지 의례는 모두 확신, 즐거움, 열정의 상태에서 수행된다. 그러나 속죄의례는 모든 불행이나 나쁜 일, 슬픔이나 공포감을 불러일으키는 일에 대하여 적응하기 위해 수행되는 의례이다. 슬픔, 공포, 비극에 직면하여 이루어지는 이 의례는 사람들에게 위안을 제공하는 기능을 한다.

이와 같이 뒤르켐에게 거룩한 성격을 지닌 종교적 요소는 믿음과 의례이지만 특히 의례가 지닌 의미와 그 기능은 결정적으로 중요한 것이다.

3) 공동체성

뒤르켐에게 강조되는 종교의 또 다른 속성은 그것이 지닌 사회적 속성, 즉 공동체성이다.

> 참으로 종교적 믿음은 항상 특정 집단에 대하여 공통적인 것으로 그것은 추종자들에게 그 믿음을 고백하게 하며 믿음과 관계된 의례를 수행하게 만든다. 종교적 믿음은 집단 멤버들에 의해 단순히 개인적으로 받아들여지는 것이 아니다. 그것은 그 집단에 속한 어떤 것이

며, 그것은 일치를 만들어낸다. 집단을 구성하는 개인들은 그들이 하나의 공통된 신앙을 가지고 있다는 단순한 사실에 의하여 서로 연합되었다고 스스로 느낀다. 그 멤버들이 거룩한 세계에 관하여, 거룩한 세계와 속된 세계의 관계에 관하여 똑같은 식으로 생각하고 있다는 사실에 의하여, 그리고 그들이 이 공통된 관념을 공통된 수행으로 구체화한다는 사실에 의하여 결합되는 사회는 이른바 교회(*Church*)라고 불리는 것이다. 모든 역사에서 우리는 교회 없는 종교를 발견하지 못한다(1965: 59).

물론 여기에서의 '교회'라는 말은 일반화된 하나의 종교조직체 혹은 제도화된 집단적 구조를 의미한다. 뒤르켐에게 개인적 신앙은 종교로 규정되지 않는다. 종교는 집합적, 공동체적 성격을 갖는다. 그 집단이 국가적, 민족적 수준이든, 아니면 그것의 일부에 속하든 종교는 명확한 하나의 집단을 그 근거로 가지고 있다고 뒤르켐은 지적한다. 이와 같이 뒤르켐의 이론에서 기본이 되는 것은 개인적 현상으로서가 아닌 집합적 현상으로서의 종교현상에 대한 강조이다. 뒤르켐의 확고한 생각은 종교는 현저하게 사회적인 어떤 것이라는 것이다.

종교적 표상은 집단적 실재를 표현하는 집합표상(*collective representations*)이다; 의례는 회집한 집단 가운데서 생겨나는, 그리고 이 집단 가운데서 어떤 정신적 상태를 유발하고 지속하거나 재생산하도록 되어 있는 행위방식이다(1965: 22).

뒤르켐에게 종교적 믿음은 집단적으로 공유된 믿음이며, 종교적 의례는 집단적으로 수행되는 의례이다. 따라서 종교는 철저하게 공동체적 성격을 띤다. 종교의 공동체성은 종교가 특히 집합적 흥분을 일으킬 때에 강화되는 경향이 있다. 즉, 종교는 집중화된 집합적 활동의 강하고 전율하며 흥분되는 분위기에서 생겨나기 쉽다는 것이다.

따라서 뒤르켐에 따르면 신자들의 공동체 없이 종교는 있을 수 없고, 마찬가지로 종교 없이는 인간사회가 있을 수 없다. 종교의 믿음과 의례는 사회에 속해 있다. 이러한 사회는 뒤르켐에 의해 '도덕 공동체'라고 불린다(1965: 61). 종교를 도덕 공동체로 보는 것은 종교가 강제적이고 의무적인 성격을 지닌 채 사회의 모든 멤버들에 의해 공유되고 추종되고 있기 때문이다. 이런 의미에서 종교와 사회는 근본적으로 분리될 수 없는 관계를 지니고 있다고 할 것이다.

3. 종교의 원초적 형태: 토테미즘

뒤르켐은 종교일반을 설명하기 위하여 그가 '가장 원시적이고 단순하고 독특한' 형태라고 생각하는 종교의 현상을 분석했다. 이것이 바로 토테미즘(*totemism*)이다. 성과 속의 구분에 대한, 그리고 의례, 믿음, 공동체성과 같은 종교의 속성에 대한 뒤르켐의 설명은 모두 토테미즘에 대한 그의 연구에 기초하고 있다고 할 수 있다. 물론 그가 토테미즘을 연구할 때에 그는 단순히 그것에서 종교의 기원을 찾으려는 의도는 별로 없어 보인다. 비록 토테미즘이 원시적 종교형태임을 인정하나, 그의 관심은 토템 연구를 통해 종교 일반에 대한 이론을 도출하려는 데 있었다. 그에게 중요한 것은 종교의 기원이 아니라 종교의 기능이었다. 따라서 뒤르켐은 토테미즘이 어떻게 유래되었는가 하는 문제보다는 그것이 부족 혹은 사회에 어떻게 작용하고 기능하는가 하는 문제를 집중적으로 탐구했다.

뒤르켐이 주로 연구대상으로 삼았던 것은 호주의 아룬타(Arunta) 부족의 토테미즘이었다. 아룬타 부족은 호주 중앙지역의 여러 원시 부족 중의 하나로서 그들의 영토 안에서 작은 집단으로 배회하면서 사냥하거나 나무 열매, 뿌리를 찾아 생계를 잇는 수렵 채취인들이었다. 그러나 엄격하게 말하면 각 부족(*tribe*)은 다시 여러 친족들로 구성되었고, 각 친족(*clan*)은 각기 다른 토템을 가지고 있었다. 그러나 아룬타 부족에서 가장 현저한 토템은 타원형의 나뭇조각이나 돌 조각에 새겨진 추링가(churinga)로 불리는 상(像)이었다. 뒤르켐은 아룬타 부족과 토템 사이의 관계는 어떠한 것이며, 이러한 토템신앙이 그 부족의 의식이나 생활에 어떠한 영향을 미치는가 하는 것을 분석하려고 했다.

1) 토테미즘의 성격과 기능

뒤르켐은 종교의 원초적 형태를 토테미즘으로 보고 있다. 그는 토테미즘이 종교의 모든 기본적 양상들, 즉 거룩한 것과 세속적인 것의 구분, 영혼, 영, 신비적 존재 그리고 신성에 대한 개념, 금욕적 수련의 부정적 제사, 봉헌과 성찬의 의식, 모방의식, 축제의식, 그리고 화해의식을 모두 내포하고 있다고 본다. 그러나 뒤르켐은 조상숭배, 영들에 대한 두려움, 재난을 수반한 자연적 사건들이 집단에 확산되면서 토템적 대상이 생겨나고 이에 대한 숭배가 이루어진다는 사회진화론자들의 정령신앙이나 자연신앙에 대한 이론을 거부한다(1965: 194~215). 대신에 그는 종교적 정감은 사회조직에 의하며, 집단생활 자체에 의하여 생겨난다고 본다. 즉, 토템은 각 개인에게서 발견되는 힘을 나타내지만, 어느 한 개인과 동일시되지 않으며 오히려 그것은 부족의 힘을 나타낸다는 것이다.

적어도 토테미즘은 4가지 요소로 구분된다. ①토템적 상징이고, ②토템신앙의 대상(대개 동물이나 식물)이며, ③그 토템을 소유한 부족 멤버들, ④토템을 통하여 세계를 설명하는 이념이나 믿음이다. 이 요소들의 성격과 관계에 대하여 좀더 알아보기로 하자. 토템은 성과 속의 구분에 대한 좋은 예가 된다. 토템은 거룩한 것이다. 토템에 대한 거룩성의 상징적 의미가 부여되기 때문에 이 상징이 나타내는 동물과 식물도 거룩할 뿐만 아니라 이 토템을 중심으로 모인 부족도 거룩한 것으로 인식되고 있다.

> 토템이 하나의 집합적 명칭이지만, 그것은 또한 종교적 성격을 가지고 있다. 사실상 일들이 성 혹은 속으로 구분되는 것은 토템과의 연관성 안에서이다. 토템은 바로 거룩한 유형의 것이다(1965: 140).

어떤 "특별한 것"으로 구분되어, 토템적 동물이나 식물은 금지, 규제, 금기로 둘러싸여 있다. 그러나 토템 자체보다는 토템의 표상이 더 거룩한 것으로 생각된다. 즉, 토템적 존재의 상징적 의미가 그것들 자체보다 더 거룩하다고 할 수 있다. 물질적, 외면적 표시의 수단으로 토템의 관념을 나타내는 강한 요구를 경험함으로써 호주의 원시부족은 그러한 표상을 경외심을 가지고 바라보며, 그것들을 토템 자체보다 더욱 강력한 것으로 간주한다(1965: 156).

그러나 성의 특질은 토템과 그 상징적 의미에 국한되는 것은 아니다. 뒤르켐에 따르면 부족을 집합적으로 움직이게 하는 것은 토템이며, 부족의 토템은 구성원 각자의 토템이 되어 하나의 부족과 그 구성원임을 밝히는 하나의 표시가 되고, 부족이라 불리는 사회의 상징으로 각 부족을 다른 것들과 구분하는 표시가 된다. 그들은 그들의 토템(동물이든 식물이든)과 일체감을 갖는다. 그리하여 그들은 자신에게, 그리고 자신의 부족에 그 토템의 이름을 붙인다. 이름의 이 일체화는 따라서 자연의 일체화를 의미한다(1965: 156~57). 즉, 토템적 동식물, 그것들의 표상, 그리고 그러한 표상을 만들어내는 인간(개인으로서가 아니라 부족으로서의)이 모두 거룩한 것일 수 있다. 이렇게 본다면 토테미즘은 단순히 어떠한 동식물이나 사람, 혹은 상징적 표상의 종교가 아니라, 익명의 비인격적 힘의 종교라고 할 수 있다. 토테미즘은 부족 사람들에 선행(先行)하고 그들을 생존케 한다.

> 개인들은 죽고, 세대들을 지나가고 다른 것에 의해 대체된다; 그러나 이 힘은 항상 활동적이고 살아 있고 똑같은 것으로 남아 있다. 그것은 그것이 어제의 세대를 활기 있게 했고, 내일의 세대를 활기 있게 할 것처럼 오늘의 세대를 활기 있게 한다. 넓은 의미에서 우리는 그것이 각 토템의례에 의해 숭배되는 신이라고 말할 수 있다. 그러나 그것은 이름이나 역사가 없는, 세계 안에 내재해 있고, 셀 수 없이 다양한 것들 가운데 확산되어 있는 비인격적 신이다(1965: 217).

그러나 이 비인격적 힘은 원시부족에게 추상적 방식으로 나타나는 것이 아니라 친근하고 가시적이며 구체적인 대상의 형태로 나타난다. 토템은 개인들이 활기를 얻을 수 있는 힘의 근거가 되고 있다. 또한 토테미즘은 도덕적 성격을 가지고 있다.

> 만일 원주민에게 왜 그가 토템의례를 준수하느냐고 묻는다면, 그는 그의 조상들이 항상 그것을 지켰기 때문이며, 그는 그들의 예를 따라야 한다고 대답한다. 그리하여 만일 그가 토템존재를 향하여 어떤 식으로 행동한다면 그것은 단순히 그것 안에 있는 힘이 물리적으로 가공할 만한 것이기 때문뿐만 아니라, 또한 자신이 도덕적으로 그렇

게 행동할 의무가 있다고 느끼기 때문이다(1965: 218).

그리하여 거룩한 토템적 존재는 부족에게 두려움도 되고 존경도 받는다. 토템적 힘은 경외로운 도덕적 힘이며, 똑같은 토템적 원리를 나누는 모든 존재들은 친족의 연계와 의무에 의하여 도덕적으로 서로 결속되어 있다. 따라서 뒤르켐에게 토테미즘은 원시부족 사람들에게 물리적이고 동시에 도덕적 용어로 우주의 개념을 마련해 주는 관념체계이다.

결국 토테미즘은 한 부족사회를 결속시키는 강력한 힘이 되는 것이다. 여기에서도 역시 중요한 것은 토템적인 종교의례이다. 종교의례는 부족 구성원에게 신체적이고 정신적인 흥분을 만들어낸다. 의례를 수행하는 가운데 그들 각각은 다음과 같은 것을 느끼게 된다.

> 평상시와는 다르게 자신을 생각하고 행동하게 만드는 일종의 외면적 힘에 의해 자신이 지배당하고 있고 이끌리고 있다고 느끼면서, 그는 자연적으로 자신은 아무 것도 아니라는 인상을 갖는다. 그는 새로운 존재가 되었다고 느낀다. … 그리고 동시에 그의 모든 동료들이 같은 식으로 변형되었다고 느끼며, 그들의 울부짖음, 제스처, 일반적 태도에 의해 그들의 정감을 표현함에 따라, 그는 그가 일상적으로 살고 있는 세계와는 다른 특별한 세계로, 그리고 그를 사로잡고 그를 변형시키는 강렬한 힘으로 채워진 환경에로 옮겨간 것처럼 느낀다(1965: 249~50).

뒤르켐은 시끄럽고 거친 원시부족의 의례적 행동에서 종교적 충동의 근거를 발견한다. 그들이 함께 모여 의례를 수행할 때에 그들에게는 집단적인 흥분 혹은 광기가 생겨난다. 그들은 서로 화답하며 원초적인 열정을 발산시킨다. 이제 그들은 모두가 하나이며 그들과 부족은 하나이며, 또한 그들과 토템은 하나가 된다.

이렇게 뒤르켐은 현존하는 사회질서에 대한 개인적 위탁을 끌어내는 데서의 의례의 역할은 물론 집단적 의례의 사회적으로 통합하는 기능에 대하여 강조한다. 즉, 토템은 하나의 부족을 결속시키는 기능을 한다. 그것 없이는 종족의 단위라는 것이 있을 수 없다. 왜냐하면 그 구성원들이 서로를 알아볼 수 있는 것은 하나의 공통된 토템을 함께 소유함으로써 가능하기 때문이다. 토템은 친족과 사회적 구성원 자격의 기초로서 연대성의 근거가 된다. 이렇게 토테미즘은 사회적 그리고 도덕적 질서를 만들어낸다.

2) 사회의 종교적 성격

토테미즘의 성격과 기능에 대하여 논의하면서 뒤르켐은 또 하나의 중요한 이론을 제기한다. 앞에서 토템은 성의 상징이며 또한 사회의 상징이라고 했다. 그리고 토테미즘은 단순히 동식물, 사람, 상징의 종교가 아니라, 이것들 모두에서 발견되는 익명의 비인격적 힘의 종교라고 했다. 그렇다면 성과 사회는 하나일 수 있지 않겠느냐는 것이다. 만일 토테미즘이 토템 자체의 외면적이고 가시적인 표시라면, 그리고 부족 멤버들을 규정짓는 상징이라면, "토템의 신, 토템의 원리는 토템으로 섬겨지는 동물이나 식물의 가시적 형태 아래서의 상상력이 인격화되고 대표되는 부족자체 이외의 다른 것일 수 없다"(1965: 236)고 뒤르켐은 말한다. 만일 그 집단과 그 집단이 믿는 신성이 두 실재라면 어떻게 그 집단의 상징이 이 유사신성(類似神性)의 모양으로 나타날 수 있겠느냐는 것이다.

부족(사회)의 '신격화'를 설명하려는 시도에서 뒤르켐은 사회는 인간정신 안에 신성의 감각을 불러일으키기에 필요한 모든 것을 가지고 있다고 진술한다. 그래서 그는 "사회는 신이 그 예배자들에 대하여 있는 것처럼 … 인간이 자신보다 우월하다고 생각하는, 그들이 의존하고 있다고 느끼는 존재"라고 주장한다(1965: 236~37). 사회의 거룩한, 종교적 성격을 규정하면서 뒤르켐은 이렇게 말한다.

> 사회는 우리의 개인적인 것과는 다른 성격을 가지고 있기 때문에, 마찬가지로 특별한 목적을 추구한다. … 그것은 우리 자신의 이익을 잊고 우리가 자신을 그것의 종복으로 만들 것을 요구하며, 우리를 모든 종류의 불편, 고난, 희생을 감내하게 한다. 우리가 만들지도 않고 바라지도 않았으며, 때로는 우리의 가장 근본적인 경향과 본능에 반대되기까지 하는 행동과 사고의 규칙에 자신을 복종시킬 책임이 있는 것은 이것 때문이다. … 개인들에 대하여 사회가 지닌 통치적 힘은 특권을 가진 그것의 물리적 우월성에 기인한다기보다는 그것에 부여된 도덕적 권위에 기인한다. 만일 우리가 그것의 질서를 지킨다면 그것은 단순히 그것이 우리의 저항에 승리할 만큼 충분히 강하기 때문이 아니라, 무엇보다 그것이 경외적인 존경의 대상이기 때문이다(1965: 237).

개인에 대해 외면적 실재를 소유한다 하더라도 사회는 또한 사람들의 마음 가운데 살아 있다고 말할 수 있다. 그리하여 그것은 초월적이며 동시에 내재적이라 할 수 있다. 사회는 개인 위에서 존경과 권위로서 군림할 뿐만 아니라 그 힘은 개인적인 도덕적 양심에 내면화되기도 한 것이다.

만일 사람들의 사회적 세계와 종교적 세계의 행태가 원래 하나이고 같은 것이라면, 사회의 멤버와 종교의 추종자는 동일하다고 할 수 있다. 뒤르켐이 도덕 공동체로 규정하는 것은 종교적 믿음과 수행에 따른 집단으로서의 사회이다. 인간은 동시에 사회 안에, 그리고 도덕 공동체 안에 살고 있다. 신자들 공동체 없이 종교가 있을 수 없듯이 종교 없이는 인간사회가 있을 수 없다는 것이 뒤르켐의 생각이었다. 그는 종교가 사회경험으로부터 유래했을 뿐만 아니라 사회는 종교의 강제적이고 의무적인 성격에 힘입어 도덕 공동체가 될 수 있다고 본다. 결과적으로 뒤르켐에게서 사회는 그 자체를 신성화하고 또한 사회는 신과 동일시되는 것이다. 그러므로 종교는 사회의 깊음과 높음과의 인간의 만남이다. 신들은 단순히 '사회의 실체형태'(1951: 312)이다. 이러한 신들을 통해, 즉 상징적 표상들을 통해 사회는 그것의 숨겨진 잠재성, 그것의 가장 풍부한 근원, 그것의 대담한 이상을 발견한다. 종교는 한마디로 그것에 대해 사회가 그 자체를 의식하게 되는 상징의 체계로서 그것은 집단적 존재를 생각하는 특징적인 방식이 된다(1951: 312). 결국 뒤르켐은 종교를 사회의 감정 혹은 가치를 표현하고 유지함으로써 사회생활을 가능하게 만드는 하나의 광대한 상징적 체계로 보는 것이다. 이와 같이 뒤르켐은 토테미즘에 대한 연구에서 종교일반에 대한 폭넓은 설명을 도출하고 있다.

4. 종교의 기능과 전망

뒤르켐의 중심적 관심 가운데 하나는 토테미즘 연구를 통해 밝혀낸 종교의 속성과 기능을 하나의 일반적 종교이론으로 체계화할 뿐만 아니라, 오늘날 도덕성의 위기를 맞게 된 사회적 상황 가운데서 종교가 어떠한 작용을 할 수 있으며, 그 미래는 어떻게 전망될 수 있는가 하는 문제였다.

1) 종교의 기능

앞에서 우리는 뒤르켐에게 종교는 성이 경험될 수 있고, 그리하여 공동체를 고양시키고 집단에 대한 소속감을 갱신하며 믿음을 지속시키는 종교적 의식과 수행으로 구성된 것이라고 밝혔다. 즉, 종교는 사회의 구성원들이 자신에 대하여 그들의 사회를 나타내는 수단, 즉 집합표상(*collective representation*)이다. 그리하여 뒤르켐에게 종교는 현존하는 사회질서를 정당화하는 거룩한 힘이다(Baum, 1983: 161). 종교는 사회질서 안에서 작용하는 가장 깊은 가치를 축하하고, 그 성격의 가장 높은 표현을 발견했을 사회 역사의 순간을 기념하며, 사회가 미래에 되어져야 하는 것의 상징적 표현을 만들어낸다. 종교는 사회를 결속시키는 가치, 이상, 그리고 희망에 대한 상징적 축하이다. 이와 같이 뒤르켐은 종교 안에서의 집단에 대한 재확증, 그리고 종교 자체 안에서의 사회의 규범들에 대한 성화(聖化)를 강조함으로써 종교의 통합적인 사회적 기능을 설명한다.

종교의 기능에 대한 뒤르켐의 설명은 종교와 주술(*magic*)의 비교에서 분명히 드러난다. 뒤르켐에게 사회는 종교와 함께 시작되었다. 종교가 주술로부터 발달되었다고 생각하는 프레이저에 반박하면서 뒤르켐은 종교는 처음부터 인간 공동체의 원초적 요소였고, 그들의 사회적, 정신적 생활의 근원이었다고 강조한다(1965: 57~61). 주술과는 달리 종교는 항상 사회적인 것이고, 공동선을 위해 봉사하며 인간을 이기적인 집착으로부터 구해 주고 그들 가운데서 다른 사람을 사랑하고, 그들을 포함하면서도 초월하는 사회적 실재에 대해 그들 자신을 굴복하는 능력을 길러준다. 반면에 주술은 사회적이 아니고 공동선을 위해 봉사하지도 않으며 초월적 존재에 대한 복종을 촉진하지도 않는다(1965: 60~1). 주술은 개인적 이익이나 청원자의 이득을 위해 봉사할 뿐이다. 따라서 뒤르켐에게 주술은 종교의 부패이며 주변적인 것이다.

특히 의례에서 두드러지게 나타나는 종교의 통합적 기능에 대한 뒤르켐의 견해를 알퍼트는 다음과 같이 정리한다(Alpert, 1961: 198~203). 첫째, 종교적 의례는 훈련적이고 준비적인 기능을 수행한다. 즉, 의례는 사회생활에 필요한 자기훈련을 나타낸다. 사회의 멤버들은 속박과 통제에 동화할 필요가 있다. 종교적 의례를 따르는 것을 배우는 것은 이 능력의 발전을 촉진시킨다. 둘째, 종교적 의례는 응집적 기능을 수행한다. 즉, 그것은 사람들을 함께 모으며, 그들의 공통된 결속을 재확증시키고, 사회적 연대감을 강화한다. 일을 함께, 반복적으로 함으로써 그 집단 멤버들은 관계성의 결속을 강화시킨다. 근본적인 것은 함께 모이고 공통으로 정감을 느끼고 공통된 행동을 표현한다는 것이다. 셋째, 종교적 의례는 재활하는 기능을 수행한다. 그것은 사회의 멤버들이 그들의 공통된 사회적 유산을 깨닫게 만든다. 그것은 그들을 과거에로 연결시켜 자신의 역사를 깨닫게 한다. 이러한 인식은 간직할 만한 가치가 있는 전통에 대한 동기와 열망을 마련해 줄 수 있다. 넷째로, 종교적 의례는 행복감의 기능을 수행한다. 그것은 사회적 복지의 즐거운 느낌을 확립하도록 돕는다. 이 기능은 한 집단이 재난, 실망, 멤버의 상실, 안정에 대한 위협에 직면할 때에 특별히 중요하다. 그것은 실망과 절망의 어두움 가운데서 얼마의 빛을 더 해 준다.

요약하자면 뒤르켐은 종교가 사회 구성원들에게 공통된 가치와 도덕적 의무감을 마련해 줌으로써 사회에 연대감과 일체감을 제공하여 사회의 통합에 크게 기여한다고 보는 것이다.

규칙적으로 일치와 인성을 만들어내는 집합감정과 집합이념을 고양하

> 고, 재확증할 필요를 느끼지 않는 사회란 있을 수 없다. 이 도덕적 개조는 서로 밀접하게 연합되는 개인들이 그들의 공통된 정감을 재확증하는 재결합, 회집 그리고 만남의 수단에 의하지 않고는 성취될 수 없다(1965: 474~5).

이와 같이 뒤르켐에게 종교는 사회 구성원들 사이에 연대감을 마련해 줄 수 있는 힘이 되고 있다. 따라서 "종교적 힘은 인간적인 힘이요, 도덕적인 힘이 될 수 있는 것"이다(1965: 466).

2) 종교의 미래적 전망

종교의 미래에 대한 뒤르켐의 전망은 다소 비관적이다. 왜냐하면 그는 병리적 형태의 분업에 의해 지배되는 사회에서는 종교가 위축된다고 보았기 때문이다. 과거에 종교는 사회의 접합체로서 사람들이 다양하게 그물망을 이루는 매일의 관심으로부터 거룩한 것들에 대한 공통된 헌신으로 그들을 인도하는 수단이었다. 인간을 일상생활의 공리적 선입관으로부터 돌아서게 하면서 종교는 반(反)개인주의적 힘으로서 개인적 목적을 초월하는 윤리적 목적에 대한 공동의 헌신을 조장했다. 그러나 뒤르켐은 현대 유럽에서 아노미가 증가하는 경우 거룩한 가치들의 지속된 쇠퇴, 개인주의와 세속화에 의해 야기되는 종교의 쇠퇴의 증가를 보았다(Nisbet, 1966: 256). 물질주의와 회의주의와 같은 현대 교리들의 영향 아래서 성에 대한 개인의 관계는 보다 하찮아진다. "인간들은 그들이 그 이유를 알 수 없는 의례를 준수할 수 없고, 또한 그들이 이해할 수 없는 신앙을 받아들일 수도 없게 되었다"(1965: 478). 이것은 현대사회에서 성이 상실되고 있음을 보여주는 전형적 양상이라 할 것이다. 뒤르켐은 분명히 현대사회에서 가톨릭과 같은 전통적 종교제도는 더 이상 추종자들에 대한 주장을 지속할 수 없다고 보았다.

그러나 전통적인 종교적 정향의 지배가 끝난다면 무엇이 그것을 대체할 것인가? 전통적 종교의 종말이 모든 도덕적 공동체가 보편적으로 붕괴되고 아노미의 상태로 붕괴되는 전조는 아닌가? 종교는 현저하게 "집합적인 일"이다. 그것은 사람들을 결속한다. 그러나 만일 결속하는 큰 힘인 종교가 죽어간다면, 어떻게 현대사회의 질병, 즉 해체되는 그 경향이 치유될 수 있는가? 도덕성의 빈곤은 전통사회를 결속시켰던 도덕적 힘으로서의 종교의 영향력이 현대사회에서 약화되는 데서 기인한다고 보는 뒤르켐은 "종교적 사고가 지속적으로 자체를 그 안에 담는 모든 특별한 상징들을 생존케 하도록 운명지어진 종교 안에는 영원한 어떤 것(*something eternal*)이 있다"는 것을 확증하면서도, "옛 신들은 늙어가고 있거나 이미 죽어버렸고, 다른 신들은 아직 생겨나지 않았다"고 말한다(1965: 474~75).

> 우리의 조상들에게 열정을 채워 주었던 과거의 위대한 일들이 우리에게는 똑같은 감동으로 흥분시키지 못한다. 그것은 그것들이 우리가 그것들을 의식하지 못하는 정도로 흔한 용법이 되어 버렸기 때문이든지, 혹은 그것들이 더 이상 우리의 실제적 열망들에 대답하지 못하기 때문이다; 그러나 아직은 그것들을 대체할 아무것도 없다(1965: 475).

뒤르켐도 사회진화론자들과 마찬가지로 현대사회에서는 과학의 발달로 종교적 가치가 약화될 가능성을 인정하고 있다. 그러나 그들과는 달리 뒤르켐은 과학이 종교의 자리를 대신할 것으로 보지는 않는다.

과학은 원칙적으로 종교를 부정한다고 말한다. 그러나 종교는 존재한다; 그것은 주어진 사실의 체계이다; 한마디로 그것은 하나의 실재이다. 어떻게 과학이 이 실재를 부인할 수 있는가? 또한 종교가 행동인 한, 그리고 그것이 사람들을 살아가게 만드는 수단인 한, 과학은 종교의 자리를 취할 수 없다. 왜냐하면 과학이 삶을 표현한다 해도 그것이 삶을 창조하지는 않기 때문이다(1965: 478).

즉 비록 옛 신(神)인 종교는 약화되고 있으나 과학이 새로운 신은 아닌 것이다. 그렇다고 뒤르켐이 종교가 곧 사라지도록 운명지어진 어떤 역사적 현상은 아니라고 주장한다. 사회 자체의 존재는 주기적인 의례의 수행에 달려 있고 그러한 사건들을 통해서만 개인들의 정감이 연결될 수 있다고 본다. 비록 뒤르켐 자신도 현대사회에서 종교의 전통적 기능이 약화되어 온 것을 인정하지만 그는 과학이 발달되어도 종교적 상징들은 잔존할 수 있다는 점을 밝히고 있다. 이 문제와 관계된 뒤르켐 저서의 결론부분을 벨라는 이렇게 요약하고 있다.

하나는 우리가 아직도 세계에 대한 종교적 사고가 퇴색할 때조차도 정감을 일으키고 행동하도록 추진하는 신앙의 상징들을 필요로 한다는 것이다. 다른 하나는 과학이 아무리 진보된다 하더라도 그것이 결코 모든 문제들을 해결할 수는 없으며, 혹은 적어도 과학적 탐구의 결과들이 있기 전에 얼마의 인지적 인도를 필요로 하는 많은 경우들이 있을 것이다. 이 경우들에서 우리는 종교적 이념들에 의존할 수 있다(Bellah, 1973: li).

그러나 뒤르켐의 판단으로는 죽은 과거가 아니라 생명 자체만이 살아 있는 의례를 만들어낼 수 있다. 옛 신들의 죽음에도 불구하고 생명은 여전히 지속되며, 그리하여 뒤르켐이 이해하는 불안정하고 혼란스러운 현대적 조건은 불가피하게 대체되어야 한다. 그래서 그는 "새로운 관념이 생겨나고 새로운 처방이 발견되는 과정 가운데서 우리 사회가 창조적인 흥분의 시간을 알게 될 날이 올 것"이라고 말한다(1965: 475). 그러나 그는 미래의 새로운 신들의 성격에 대한 판단에 대해서는 유보하고 있다.

> 영혼불멸의 복음이란 없다. 그러나 인간이 새로운 복음을 창조할 수 없다고 믿을 이유도 또한 없다. 이 새로운 신앙이 어떠한 상징들을 표현할 것인지, 그 상징들이 과거의 것들을 닮을 것인지 아닌지, 그 상징들은 그것들이 해석하려고 시도하는 실재에 대하여 적절한 것인지 아닌지의 문제는 인간의 예견의 능력을 넘어서는 어떤 것이다(1965: 476).

한편 뒤르켐의 말대로 종교가 본질상 사회의 힘에 대한 초월적 표상이라면 전통종교의 사라짐이 사회의 붕괴의 전령일 필요는 없다. 이제 현대인에게 요구되는 유일한 것은 전에는 그들이 종교적 표상의 수단을 통해서만 인식했던 사회에의 의존성을 직접 깨닫는 일이다. "우리는 오랫동안 가장 근본적인 도덕적 이념들을 위한 수단으로 작용했던 이 종교적 개념들에 대한 합리적 대체물을 발견해야 한다"(1961: 9). 해체되는 사회에 대한 도덕적 일체감을 마련하는 데 관심을 갖고 있는 뒤르켐은 우리가 집합의식에 근거한 시민적 도덕성 가운데 연합할 것을 기대하고 있다.

5. 뒤르켐 종교론의 평가

뒤르켐의 종교론은 세 부류의 반응을 사회과학계에 불러 일으켰다. 하나는 그의 관점에 대한 철저한 비판이요, 다른 하나는 그의 관점의 기본적 틀을 인정하면서도 내용상의 문제에 대하여 수정 보완하는 입장이며, 또 다른 하나는 그의 주장을 거의 전적으로 수용하여 다른 연구에 적용하거나 그것을 더욱 발전시킨 경우이다. 그러나 결국은 뒤르켐 사상에 대해서는 비판적 시각과 동조적 시각으로 대별될 수 있겠다. 그리하여 뒤르켐의 기능적 종교정의는 지나치게 포괄적이고 공허하며 궁극적으로는 순환적이라고 비판자들로부터 공격받고 있으나 똑같은 이유로 많은 추종자들에 의해 변호받고 있다(O'Toole, 1984: 195). 마찬가지로 종교와 사회통합에 관한 뒤르켐의 이론이 단순한 사회의 단일한 사례의 기초 위에 있는 보장되지 않은 일반화라고 비판자들에 의해 공격받고 있으나, 동조자들에게 그의 이론은 보편적인 사회적 신빙성의 뛰어난 통찰과 추론을 나타내는 것으로 받아들여지고 있다(Hammond, 1974: 115~42). 뒤르켐의 종교론에 대한 평가의 두 가지 상반된 입장을 함께 살펴보기로 한다.

1) 뒤르켐 종교론의 비판과 공헌

뒤르켐의 종교론에 대한 가장 많은 비판은 토테미즘에 대한 그의 설명에 대하여 가해졌고, 오늘날 이 비판은 대체로 정당하다고 인정되고 있다. 이 비판은 우선 부족사회와 토테미즘은 알려진 가장 단순한 사회구조와 종교가 아니며, 토테미즘이 항상 사회조직이나 사회집단과 관계되는 것은 아니라고 주장한다(Lowie, 1924). 토테미즘은 원시인에게 복잡한 사회적, 종교적 전체성으로부터 단순하고 사소한 상징에 이르기까지 그 중요성에서나 그것이 관계되는 믿음과 수행에서 너무 다양하기 때문에, 그것이 하나의 일반화된 전체적 양상으로 취급될 수 없다는 비판이 있다(Radcliffe-Brown, 1952). 또한 토테미즘은 서로 다른 사회에서 매우 다른 문화적 그리고 심리적 기능들을 수행하기 때문에, 그것이 하나의 단일한 제도로 생각될 수 없다는 것이다(Radcliffe-Brown, 1939). 특히 왜 어떤 대상들이 거룩한 것으로 취급되어야 하는지에 대한 토템 부족들 사이에 공통점이 없다는 것이다. 한편 레비스트로스(Levi-Strauss)의 토테미즘 이론(1969)은 뒤르켐의 것과 비슷하지만, 뒤르켐이 믿음과 사회집단을 관계시키려고 하고 자연세계에 대한 인간의 견해를 하나의 사회적 창조로 설명했던 반면에, 레비스트로스는 토템적 개념들을 사회적 세계를 자연세계에 관계시키려는 시도로 보았다.

다른 비판은 가장 '원초적 형태'의 종교로부터 종교 일반의 이론을 도출하는 것은 무리라는 점을 지적한다. 즉, 뒤르켐은 종교가 사회전체가 아니라 하위집단을 결속시킬 뿐인, 종교적으로 다원화된 진보된 사회에서는 사회적 응집이 어떻게 생겨날 것인가에 대하여는 정확하게 밝히지 못했다는 것이다. 결과적으로 그는 작고 단순한 사회를 탐구함으로써 여러 전문화된 종교조직들을 가진 분화된 사회에서 어떻게 종교가 기능했는가를 설명하는 이론을 제시했다고 비판받고 있다(Eister, 1957). 부족사회의 종교가 진보사회의 종교와 같은 식으로 영향을 미치고 같은 기능을 수행한다고 가정할 수는 없다는 것이다. 그러나 '원초적 형태의 종교'(토테미즘)에 대한 연구에서 도출된 뒤르켐의 종교론은 가장 기본적인 종교의 제 양상과 기능을 설명하기 때문에 그 이론은 오늘날의 상황에서도 적용될 수 있다는 반론도 제기된다(Bellah, 1967; 1975). 이 문제는 잠시 후 다시 논의할 것이다. 한편 거룩한 대상에 대한 예배는 보다 큰 사회적 통합을 만드는 데 거의 필요하지 않고, 그것은 오히려 하위집단 사이에 균열을 만들어낼 수도 있다는 비판도 제기된다(Demerath and Hammond, 1969: 32).

종교에 대한 그의 이론은 역사적 유물론의 한 변형이 아니라는 그의 강한 저항에도 불구하고 어떤 이는 뒤르켐을 일종의 유물론적 환원론의 옹호자로 본다(Lowie, 1924). 왜냐하면 그들은 뒤르켐에게 종교적 상징주의의 으뜸가는 목적 혹은 기능은 사회의 표상 혹은 재생산이라고 이해하기 때문이다. 프로이트에게 신은 실제로 아버지라면, 뒤르켐에게 신은 실제로 사회라고 주장하는 에반스-프리차드(Evans-Pritchard)도 역시 뒤르켐에게서 그러한 환원론적 공식을 발견하고 있다.

> 종교적 개념이 사회질서에 대한 관계를 나타낸다는 것은 허용될 수 있으며 어느 정도 경제적, 정치적, 도덕적 그리고 다른 사회적 사실과 조화를 이룰 수 있고, 심지어는 사회 없이는 종교가 있을 수 없다는 의미에서 종교적 개념이 사회생활의 산물이라는 것이 인정될 수 있다. … 그러나 뒤르켐은 그것 이상을 주장하고 있다. 그는 영, 영혼 그리고 다른 종교적 관념과 상(像)들이 사회의 투사이며, 감격의 상태를 초래하는 조건에서 유래한다고 주장하고 있다(Evans-Pritchard, 1965: 64).

반면에 보토모아(Bottomore)는 뒤르켐을 유물론자보다는 관념론자로 특징지으면서 이렇게 지적하고 있다.

> 뒤르켐은 집단표상에서 표현된 도덕적 관념의 역할에 훨씬 더 큰 중요성을 돌리게 되었다. 뒤르켐에게 인간의 의식이 그들의 존재를 결정하는 것이지, 맑스가 주장했듯이 사회적 존재가 그들의 의식을 결정하는 것은 아니다(Bottomore, 1981: 912).

그러나 뒤르켐을 단순한 유물론자나 혹은 단순한 관념론자로 보는 것은 옳지 않아 보인다. 다만 종교와 사회의 관계에 대한 그의 입장에는 유물론적 요소나 관념론적 요소가 각기 함축되어 있을 뿐이다. 이것은 뒤르켐에게서 발견되는 종교의 사회적 성격 그리고 사회의 종교적 성격에 대한 양면적 견해에서 알 수 있다고 하겠다.

뒤르켐의 이론은 사회진화론의 관점에서 보여지는 '지성주의적' 요소가 결여되고 전적으로 '감정주의적'이라는 비판도 있다. 이것은 뒤르켐이 종교의 기원에 대한 정령신앙 이론이나 자연신앙 이론을 거부하고, 집합감정이나 집합흥분의 상태에서 종교는 사람들을 결속시키는 힘을 발휘한다고 보는 그의 설명에 근거한다고 할 수 있다. 물론 뒤르켐은 가치, 동기적 위탁, 집합감정, 사회적 연대감, 도덕 공동체와 같은 감정적 요소를 강조한다. 그러나 이것이 뒤르켐에게는 인지적 입장이 전혀 무시되고 있다는 결론으로 인도되어서는 안 된다. 비록 그가 인류의 가장 초기 지성집단들에 대한 종교의 기원을 추적하려는 시도는 하지 않았으나 그의 저작에서 종교의 인지적 양상이 결코 간과되지는 않고 있다. 사실상 뒤르켐에게 토테미즘의 중요 요소는 토템에 대한 믿음이라는 인지적 요소라고 할 수 있다. 인간이 자신에게 세계와 자신을 그려 넣었던 표상의 첫 체계가 종교적 기원을 가지고 있었다는 것을 확신하면서, 뒤르켐은 "동시에 우주론(신적인 것에 대한 사고)이 아닌 종교는 없다"고 지적한다(1965: 21).

한편 맑스적 입장에서 볼 때 뒤르켐의 종교론의 문제점은 그가 종교를 사회를 통합하는 기능을 수행한다는 긍정적 시각만을 가지고 있다는 것일 수 있다. 즉, 종교가 수행할 수 있는 역기능의 문제, 사회갈등을 조장할 수 있는 긴장과 분열의 근거로서의 종교의 부정적 기능에 대하여 간과하고 있다는 것이다(Demerath and Hammond, 1969: 33). 이러한 비판은 적절한 것으로 보인다. 특히 종교의례에 대한 설명에서 뒤르켐이 주로 '순기능적' 측면만을 강조하는 것도 문제로 지적된다(양영진, 1992: 137~8). 즉, 집단적 의례가 개인이나 집단을 활기 있게 만들어 줄 수도 있으나, 때로 그것에서 자발성이 결여되고 그 참여가 강제성을 띠거나 지나치게 의무화될 때에는 개인이나 집단 내에 갈등이나 긴장이 초래될 수도 있는 것이다. 실제로 래드클리프-브라운은 안다만(Andaman) 원주민에 대한 연구에서 종교의례가 오히려 사람들에게 심리적으로 불안을 야기시킬 수도 있다는 점을 밝혀내기도 했다(Radcliffe-Brown, 1952).

또 다른 비판은 뒤르켐이 종교의 사회통합 기능의 문제에 집착한 나머지 사회변동에 대해서는 별로 설명하지 못하고 있다는 것이다. 즉, 뒤르켐에게 종교는 사회의 핵심으로, 그리고 본질적으로는 보수적인 것으로 나타나기 때문에, 변동은 실제로 허용되지 않는 것으로 보여지기까지 한다는 비판이다(Demerath and Hammond, 1969: 33). 그리고 이것이 사회변동과 종교의 관계에 대한 연구가 중심적 관심이었던 베버의 관점이 뒤르켐의 그것과 근본적으로 다른 점이라는 것이다. 그러나 이에 대하여는 종교가 대중집회의 즉흥성, 흥분, 열정을 통하여 사회적 변형의 폭발적인 가능성을 가지고 있음을 지적한 뒤르켐의 입장을 제시하면서, 그가 사회 안에서의 종교와 변동의 가능한 관계를 모른다든지 관심이 없다고 주장하는 것은 정확하지 않다는 반론도 제기된다(O'Toole, 1984: 87).

그러나 분명한 것은 비록 변동에 대한 관심이 뒤르켐의 종교분석에서 전적으로 없는 것은 아니지만, 변동과 갈등보다는 사회적 안정과 통합이 그의 우선적 관심임에는 의심의 여지가 없다. 뒤르켐은 사회갈등의 관점에서 종교문제를 보았던 맑스나 앞으로 논의하겠지만 사회변동의 관점에서 종교문제에 접근했던 베버와는 근본적으로 다르다. 변동과 갈등의 문제가 보다 주목을 받고 탐구되는 현대의 사회학적 분위기에서 뒤르켐의 관점은 이제 다소 낡은 듯한 성격을 가진 것이 사실이다. 그러나 이것이 결코 뒤르켐적 관점이 부적합하다는 것을 의미하는 것은 아니다. 뒤르켐의 입장을 변호하면서 벨라는 이렇게 말한다.

> 각 위대한 사상가는 그 자신의 시각과 그 자신의 맹점을 가지고 있다. 뒤르켐이 맑스나 베버와는 다르다는 방식을 발견하며 뒤르켐을 읽는 것이 적합하다. 뒤르켐에게는 도덕적 비전, 사회적 존재의 깊이에로의 복귀를 발견할 수 있는데, 이것들은 어떤 의미에서는 맑스나 베버보다 더 급진적인 것이다(Bellah, 1973: liv).

통합, 지속, 연속성의 주제가 해체, 갈등, 변동보다 본질적으로 덜 가치 있는 분석이나 탐구는 결코 아닌 것이다.

종교사회학 분야에서의 뒤르켐의 공헌은 지대한 것이라 할 수 있다. 첫째로, 그는 당시 유행했던 종교에 대한 사회과학적 연구의 지배적 주제인 '종교의 기원'에 대한 관심을 '종교의 기능'에 대한 관심으로 돌려놓았다. 종교의 기원에 대한 연구는 그 자체가 신빙성이나 정확성을 기할 수 없는 주제일 뿐만 아니라, 그것에 대한 탐구는 자연히 종교를 원시적 현상으로 보게 만드는 경향이 있었다. 즉, 사회의 진화과정 가운데서 사라져 버릴 인간의 무지나 미성숙의 산물로 종교를 보게 만들기 쉬운 것이다. 실제로 초기의 대부분의 인류학자, 사회학자들은 사회진화론자들로서 대개 그러한 종교이해를 가지고 있었다. 이에 대하여 뒤르켐의 '종교의 기능'에 대한 관심과 연구는 종교와 사회의 관계를 현실적으로 탐구할 수 있는 길을 열어 놓았다. 다시 말하면 종교가 어떻게 생겨났는가 하는 문제는 오늘날 종교의 위치와 역할에 대한 이해에는 별로 도움이 되지 못한다. 반면에 종교의 기능에 대한 뒤르켐의 연구는 종교를 사회를 이해하기 위해 반드시 필요한 요소로 보게 만들 뿐만 아니라, 종교가 사회의 안정과 유지에 어떤 작용을 하고 있는가 하는 적극적인 종교연구를 활성화시켰다.

둘째로, 뒤르켐은 종교의 사회통합 기능에 대한 폭넓은 이론을 제시함으로써 종교의 사회적 의미와 역할에 대한 사회과학적 관심을 확산시켰다. 종교의 사회적 기능에 대한 뒤르켐의 연구는 후대 사회학자들의 종교기능론에 결정적 영향을 미쳤다. 그리하여 뒤르켐 이후 수십 년 간 종교사회학과 종교인류학에서의 거의 모든 연구는 어떻게 종교가 사회를 통합하도록 작용하는가를 보여주는 데 관심을 가지게 되었다. 결국 종교의 기능에 대한, 그리고 종교와 사회통합의 관계에 대한 뒤르켐의 연구는 사회학 분야에 식어가던 종교에 대한 관심을 활발하게 다시 불러 일으켜주는 결과를 가져왔다고 하겠다.

셋째로, 뒤르켐의 포괄적 종교정의는 종교현상을 인간사회의 보편적 현상으로 이해하는 데 도움을 주었다. 특히 의례, 믿음, 공동체의 구성요소를 종합적으로 종교의 속성으로 제시함으로써 종교가 갖는 다차원적 성격을 일찍이 밝혀냈다고 하겠다. 특히 종교적 의례에서 나타나는 종교의 감정적 요소에 대한 강조는 종교적 믿음체계에 주로 관심을 가졌던 당시의 종교연구의 방향을 새롭게 제시해 주었다. 또한 집합의식, 집합감정, 집합양심 등의 개념은 종교가 지닌 공동체적 성격을 규명하는 데 매우 유용한 도구가 되고 있다. 뒤르켐의 종교정의는 후대 학자들에게 기능적 종교정의를 선호하게 만들었다. 기능적 종교정의는 보다 일반적인, 포괄적인 종교이론을 정립하는 데 효과적이기 때문이다.

넷째로, 사회의 가치, 이상, 열망을 반영하는 상징체계로서의 종교에 대한 뒤르켐의 분석은 종교가 가진 상징적 의미에 대한 탐구를 종교사회학 분야에서 중요한 연구과제로 만드는 데 공헌했다. 특히 ‘성스러움’의 상징적 의미, 종교적 의례가 함축하는 상징적 역할 등에 대한 뒤르켐의 이론은 종교의 본질과 기능의 문제를 이해하는 데 중요한 실마리를 제공했다고 할 수 있다. 이것은 상징 인류학(*symbolic anthropology*)에서 종교적 의례와 믿음의 상징적 의미를 심층적으로 분석하는 계기를 만들었고, 뒤르켐의 가장 충실한 후계자 벨라의 상징적 실재론(*symbolic realism*)의 기초가 되고 있다(Bellah, 1970).

뒤르켐의 종교사상은 말리노브스키(Malinowski), 파슨스(Parsons), 기르츠(Geertz), 스완슨(Swanson), 벨라(Bellah), 그릴리(Greeley) 등 수많은 학자들의 종교사상에 커다란 영향을 미쳤고, 오늘날에도 그의 사상은 종교사회학에서 결정적으로 중요한 한 고전적 전통으로 받아들여지고 있다. 그의 사상을 계승하여 이른바 기능론적 이론이 발전하였는데, 이에 대하여는 제 6장에서 상세히 다룰 것이다.

2) 뒤르켐의 계승자들

뒤르켐의 사상을 이어받아 발전시킨 계승자들은 매우 많으나 대표적 학자는 인류학 분야에서는 말리노브스키를, 사회학 분야에서는 스완슨과 벨라를 들 수 있다.

(1) 말리노브스키

말리노브스키(Bronislaw Malinowski: 1884~1942)는 뒤르켐의 비판적인 계승자였다. 우리는 앞에서 주술-종교-과학의 진화론적 도식을 제안한 프레이저 사상에 대한 말리노브스키의 비판에 대해 살펴본 바 있다. 말리노브스키는 종교의 기원을 사회에서의 집합의식의 결과로 보는 뒤르켐의 견해에는 반대한다(1954: 59~60). 그에 의하면, 첫째로, 원시사회에서 종교는 주로 순수한 개인적 근원에서 생겨났다는 것이다. 둘째로, 집단으로서의 사회에 반드시 신앙의 산물이나 혹은 종교적 마음의 상태가 주어지는 것은 아니다. 셋째로, 전통은 세속적인 것들과 거룩한 것들 모두를 포함하며, 특히 원시사회에서 그것들을 굳게 고수한다. 마지막으로, 사회의 인격화(*personification*)는 사실상 아무런 근거가 없다는 것이다.

종교와 주술의 관계에 대한 입장에서도 말리노브스키는 뒤르켐과 생각을 달리 한다. 뒤르켐은 주술을 종교의 부패현상으로 진단하며 그것의 이기적이고 개인주의적 성향을 신랄하게 비판했으나 말리노브스키는 주술과 종교의 차이는 그것들이 추구하는 목적과 기능의 차이일 뿐이라고 본다. 주술과 종교의 관계에 대한 말리노브스키의 설명은 다음과 같이 요약될 수 있다(1954: 87~90). 주술과 종교는 초자연적 영역에의 의식과 신앙에 의하지 않고서는 어떠한 경험적 방법도 제공해 줄 수 없는 그러한 상황이나 곤경으로부터의 탈출구를 마련해 준다는 점에서, 신화론적 전통에 엄격하게 기초되어 있다는 점에서, 기적적인 일들의 분위기 가운데 존재한다는 점에서, 그리고 세속세계의 행위들로부터 구별되는 행위를 나타내는 금기나 의식수행에 의해 지배받는다는 점에서 비슷하다. 그러나 주술이 하나의 실제적 목적을 추구하는 데 비해 종교는 목적의 완성을 위해 자제하는 행위들의 체계라는 점에서, 그리고 주술은 제한적이고 주변적인 기술인데 반해 종교는 복잡한 양상과 목적을 가지고 있으며 더욱 창조적이라는 점에서 그 둘은 다르다는 것이다.

그러나 말리노브스키는 뒤르켐과 마찬가지로 종교는 사회의 구조적 접합제로서 사회를 결속시키는 기능을 수행한다는 점을 강조하고 있다. 그래서 그는 종교의 기능은 내면적, 외면적 재난과 위협에 의해 초래되는 긴장과 압박감에 직면하여 사회를 결속시키는 것이라고 본다. 그는 뒤르켐이 그랬던 것처럼 종교의 의례가 수행하는 통합적 기능을 중요시한다. 사회의 기초가 되는 사회적 연계의 지속, 봉사와 의무의 상호성, 협동의 가능성은 종교적 의례의 수행을 통해 이루어지기 쉬운데, 바로 이것은 공동체에서의 도덕의 유지에 없어서는 안 될 것이라고 말리노브스키는 보고 있다(1954: 67).

말리노브스키는 특히 죽음과 관계된 종교적 의례의 기능에 대하여 커다란 관심을 가졌다. 죽음에 직면하여 이루어지는 종교의례는 사후세계가 있다는, 그것이 현재생활보다 나쁘지 않거나 혹은 오히려 낫다는 희망을 확증해 준다. 그리하여 의례는 죽어 가는 사람에게 필요한, 심한 갈등 가운데서 그가 얻을 수 있는 위로가 되는 믿음, 감정적 태도를 표현한다(1954: 60). 위기의 때에 인간에 대한 사회적 도움을 주는 것 이외에도, 종교는 또한 사람이 죽은 후에 죽음의 사실에 적응하는 것을 돕는다고 말리노브스키는 보고 있다.

> … 죽음 후에도 비극은 끝나지 않는다. 사별한 사람들이 있고 이들은 미개인이든 문명인이든 똑같이 고통을 당하며, 위험한 정신적 혼돈에 던져진다. 공포와 경건, 존경과 두려움, 사랑과 증오 사이에 찢겨져서 그들은 정신적 해체로 인도하는 정신상태 가운데 있다. 이것으로부터 종교는 거룩한 매장의례에서 영적 협동이라 부를 수 있는 것에 의해 개인을 고양시킨다. 이 의례에는 죽음 후의 연속성의 교리, 떠나간 이를 향한 도덕적 태도가 표현되고 있다. … 그래서 죽은 자와 남은 자 사이의 연속적 결속이 유지되는데, 이것은 문화의 지속과 전통의 유지에 매우 중요하다(1964: 61).

결국 그는 종교가 전통에 대한 존경, 환경과의 조화, 어려움과의 투쟁에서나 죽음에 직면해서의 용기와 확신과 같은 모든 가치 있는 정신적 태도들을 확립하고 강화시킨다고 본다(1954: 89). 이렇게 뒤르켐의 종교사상을 계승한 말리노브스키는 영국을 중심으로 한 유럽의 인류학계에서 기능이론을 확산시킨 공헌을 했다.

(2) 스완슨

스완슨(Guy E. Swanson)은 유신론적 주장은 사회적 사실에 대한 은유적인 표상 혹은 상징이라는 뒤르켐의 기본적 명제를 수용하고, 그가 유신론적 믿음의 준거라고 주장하는 사회의 구체적인 구성요인들을 기술함으로써 뒤르켐적 관념을 발전시켰다. 그러나 뒤르켐과는 달리 스완슨은 종교의 일반적 기능에 관심을 가지지 않고, 한 부류의 종교적 내용들에 대한 사회적 근거에 관심을 가졌다. 그리하여 그는 《신들의 탄생》(*The Birth of the Gods*, 1964)에서 인간의 관념은 물리적이고 사회적인 그의 환경에 대한 경험에서 생겨난다는 기본적인 사회학적 가정에서 출발하여 어떤 형태의 종교적 믿음을 만들어 내는 특수한 인간 경험과 조건의 예를 발견하려고 시도하였다. 특히 영들에 대한 믿음의 기초 위에서 그는 원시사회에서는 어떠한 종류의 믿음(유일신론, 다신론, 조상숭배, 영혼의 윤회 및 내재에 대한 믿음, 마법, 초자연과 도덕성)이 어떠한 사회적 조건과 관계가 있는가를 추적했다.

스완슨은 50개의 원시 부족사회들에 대한 사례들을 모아 한편으로는 종교적 믿음과 수행, 그리고 다른 한편으로는 사회의 식량근원, 식량생산의 양, 타 사회로부터의 공격의 위험의 정도, 인구 규모, 사유재산 소유의 정도, 사회 안에서의 공동적 혹은 비공동적 전문성에 대한 강조, 사회계층, 다른 사회 멤버들과의 정당화되지 못한 접촉의 성격과 빈도, 사회조직의 다양성과 종류 등과의 상관관계를 분석했다. 결과적으로 그는 얼마의 경우에는 일단의 사회적 요인들과 특별한 종교적 믿음 혹은 수행 사이의 매우 높은 관계를 발견했고, 또한 모든 경우에서 매우 암시적인 관계를 발견했다. 예를 들면 스완슨은 마법(*witchcraft*)에 대한 믿음과 수행은 그들을 인도할 분명한 규범, 통제, 구조가 없이 중요한 문제들에 서로 상호접촉해야 하는 사회들에서 생겨나는 경향이 있음을 밝혀냈다(1964: 137~52). 그리하여 이 사회들에서 사람들은 그들에게 생겨나는 일들을 설명하고, 무엇보다 통제할 목적으로서의 하나의 대용물로서, 보상적 장치로서 마법이 정착된다는 것이다.

다른 예를 들면 윤회에 대한 믿음은 정착형태가 "작은 촌락들, 확대가족의 구성원들, 작은 유목집단들, 흩어진 농촌 이웃들, 마을보다 작은 단위들"의 경우 지배적이라는 것이 조사되었다(1964: 109~20). 즉, 윤회에 대한 믿음은 상대적으로 작으나 매우 독립적인 사회단위 안에서, 그것이 사회 구성원들을 생존시킨다고 믿어지는 곳에서, 친밀하고 매우 상호 의존적인 관계성이 오래 지속되는 곳에서 생겨날 가능성이 높다는 것이다. 여기서는 각 구성원이 잠재적으로 다른 이들의 삶을 제한하거나 촉진하는 것으로, 그 영향은 그가 죽은 후에도 지속되는 것으로 이해되기 때문이다.

또 다른 예를 들면 스완슨은 조직적인 복잡성이 결여된 사회는 세상을 창조했다고 믿어지는 유일신적인 "최고의 신"에 대한 믿음을 받아들이지 않는다는 것을 밝혀냈다(1964: 55~81). 유일신론(*monotheism*)을 받아들이는 사회는 셋 혹은 그 이상의 삶의 구체화된 영역에 대한 궁극적 결정권위를 가진 '통치집단'의 위계서열적 장치가 있는 사회라는 것이다. 스완슨에게는 특히 정치적 요소가 중요하게 취급되었다. 즉, 맑스가 경제적 구성요소를 결정적인 것으로 보았던 곳에 스완슨은 정치적 영역에서 신들에 대한 참된 준거를 발견할 수 있다고 믿었다. 한 집단은 그것이 통치권을 소유하는 만큼 신의 개념에 대한 모델을 제공할 수 있다고 주장하면서, 스완슨은 신들은 '통치권을 구성하는 사회적 장치'에 따라 모양을 갖춘다고 주장한다. 그래서 그가 '구성적 구조'라고 부르는 이 장치는 인간들이 흔히 인격화되고 초자연적인 존재로 개념화하는 것이라고 본다(1964: 27). 스완슨에게 신들은 정치적 통치 구조에 대한 은유적 표상이다. 신들에게 돌려진 속성들은 통치구조와 유사성을 갖는다는 것이다.

이렇게 스완슨은 여러 부족사회에 대한 교차문화적(*cross-cultural*) 분석에서 어떤 사회적 요인들, 조건들, 관계성들이 없는 한 어떤 믿음들은 결코 생겨나지도 받아들여지지도 않는다는 것을 보여주었다. 비록 그의 연구가 복잡하고 다원적인 현대사회와 종교들의 경우에는 어떻게 적용될 수 있겠는가 하는 문제가 남아 있기는 하지만, 그의 분석은 분명히 사회적 조건의 반응으로서의 종교의 성격에 대한 뒤르켐의 관점을 구체적으로 입증한 연구로서 의미 있는 시도라 할 것이다.

(3) 벨라

뒤르켐의 가장 확실한 후계자는 벨라(Robert N. Bellah)이다. 뒤르켐의 사상, 특히 그의 도덕적 개념, 집합표상, 상징적 의미개념 등에 깊은 영향을 받아 벨라는 종교의 의미를 해석함에서 도덕적이고 철학적인 관점과 사회과학적 방법을 종합하려고 시도한다. 상징적 의미라는 개념은 뒤르켐의 경우처럼 벨라의 종교이해에서 핵심적 개념이다. 그에게서 종교적 상징체계는 자아에서의 의미와 동기를 연결시키며, 이렇게 기능적으로 규정된다면 모든 사회가 가지고 있다. 그 이유는 인간이 문화적으로 그 자신을 규정지을 필요가 있기 때문이다. 문화적으로 규정된 존재의 일반적 질서에 대한 개념으로서의 상징은 중요하다. 왜냐하면 인간은 우주와 세계에 대하여 알 필요가 있기 때문이다. 그렇다면 의미의 문제는 사라지지 않으며 따라서 상징적 설명을 해주는 종교의 기능도 없어지지 않을 것이다.

따라서 벨라는 그것을 통해 인간이 자기 존재의 이율배반성과 화해하게 되는 상징적 형태로서의 종교는 인간의 본성이 그 자신에게 문제성을 안겨주는 한 약화거나 그렇게 되지도 않을 것이라고 주장한다(1970 : 227). 다시 말하면 인간의 본성에 대하여 말하기 위해서는 종교에 대하여 말하는 것이 요구된다. 종교는 언어가 인간의 자기규명에 중심 되는 요소인 것처럼 인간의 삶의 한 부분이기 때문이다(1970: 223).

종교를 기능적 결과로서 설명하려는 '결과론적 환원론'과 종교를 종교의 현상인 신화나 의식에 숨겨진 의미로서 설명하려는 '상징적 환원론'을 비판하면서, 벨라는 주체의 감정, 가치, 그리고 소망을 표현하는 주체와 객체 사이의 상호작용을 구성하고 규정하는 상징을 강조한다(1970: 247~51). 이것이 벨라가 '상징적 실재론'(*symbolic realism*)이라 부르는 입장이다. 상징체계로서의 종교는 주체와 객체를 포함하는 전체성으로 삶과 행위가 마침내 의미를 갖게 되는 관계를 마련해 준다는 것이다. 그리하여 그는 뒤르켐이 사회에 대하여 말했던 것처럼 종교는 '하나의 독특한 실재'라고, 솔직하게 말하면 종교는 참된 것이라고 표현한다(1970: 253).

이와 같이 뒤르켐의 뒤를 이어 벨라는 종교가 개인과 사회에 상징적 의미를 제공하면서 필요불가결한 독특한 기능을 수행한다고 지적하고 있다. 뿐만 아니라 그는 종교를 인간사회와 문화에 하나의 보편적 현상으로 설명한다. 그러나 종교사회학계에 보다 커다란 반향을 불러일으킨 것은 뒤르켐이 강조했던 종교의 사회통합 기능의 현대적 가능성에 대한 벨라의 연구이다. 사실상 뒤르켐 자신은 '새로운 신이 아직 나타나지 않은 것'을 염려하면서 현대사회에서의 종교의 사회통합 기능에 대하여 다소 회의적인 생각을 했으나, 오히려 벨라는 오늘날에도 여전히 사회통합에 기여할 수 있는 종교적 힘이 있다고 보았다. 이것이 바로 '시민종교'(*civil religion*)라는 것이다(Bellah, 1967; 1975). 원래 시민종교라는 개념은 루소(Rousseau)에서 유래하지만, 시민종교 개념에 대한 벨라의 활용은 그 정신에서 결정적으로 뒤르켐적이다. 종교가 하나의 사회적 현상인 것처럼, 사회도 하나의 종교적 현상이라는 뒤르켐의 통찰력에 깊은 인상을 받고, 벨라는 미국사회 안에 있는 근본적으로 거룩한 요소들의 종교적 성격을 규명하고 그것이 어떻게 사회적 연대감과 응집력을 만들어내는가를 밝히려고 했다. 전통사회에서는 종교가 사회적 일체감과 결속력을 마련하는 역할을 담당하는 것이 쉬웠으나, 종교적으로 다원화된 현대사회에서는 어떤 하나의 종교집단도 그러한 기능을 수행할 수 없다고 생각되어 왔다. 실제로 종교집단들은 조화와 일치보다는 시민적 갈등과 적대감의 근원이 될 수도 있다. 그러나 벨라는 사회전체의 합의와 응집력을 가능하게 하는 시민종교의 존재와 그 통합적 기능에 대하여 탐구했다.

벨라는 시민종교를 "초월적 실재의 빛에서 그 역사적 경험을 해석하게 되는, 모든 사람이 생활에서 발견하게 되는 종교적 차원"이라고 정의했다(1975: 3). 그의 기본적 개념은 미국사회에 '거룩한' 사람들, 경험들, 사건들, 전통들, 의례들을 토대로 한 일련의 종교적 믿음과 상징들이 존재한다는 것이다. 그리고 이것은 미국인 대다수가 공유하는 종교정향이라는 것이다. 벨라는 미국에서 시민종교가 신화들, 의식들, 국경일들, 국가적 성자들의 생애에 대한 축하들, 국가적 성소들에 대한 방문들, 그리고 국가적 상징들에 대한 거룩한 취급을 통해 표현되고 있다고 본다. 그에 따르면 이러한 요소들은 "미국제도의 발전에 결정적 역할을 했고, 정치적 영역을 포함한 미국 삶의 전체적 구조에 대한 종교적 차원"을 제공한다(1967: 3).

시민종교가 기독교적 성격도 가지고 있고, 민족주의적 성격도 가지고 있는 것은 사실이지만, 그리고 여기에서 국가의 의미가 특히 중요한 것으로 믿어지고 있는 것도 사실이다. 그러나 시민종교는 그 어느 것과도 동일시되지 않고 그 모든 것의 종합이며 초월이라 할 수 있는 미국적 정신이며 경험이라 할 것이다. 물론 시민종교의 뒤에는 매 시점에 출애굽, 선민, 약속된 땅, 새 예루살렘, 희생적인 죽음과 재생과 같은 원형들이 있다. 그러나 그것은 또한 순수하게 미국적인 것이며, 순수하게 새로운 것으로 자체의 예언자들, 순교자들, 자체의 거룩한 사건들과 장소들, 자체의 장엄한 의례들과 상징들을 가지고 있다고 본다(1967: 18). 이렇게 시민종교는 결국 일련의 공통된 관념, 이상, 의례, 상징을 마련해 줌으로써 다원적 사회에서 구성원들과 집단들 사이에 하나의 포괄적인 응집력과 일체감을 조장할 수 있다는 것이다.

그러나 한편 벨라는 "국가가 보다 높은 심판 아래 있다는 인식 없이는 시민종교의 전통은 위험하게 될 것"이라고 경고하면서, 보수적 기능이 미국의 시민종교의 유일한 역할이라는 것을 부인한다(1967: 17~8). 즉, 국가를 시민종교의 전형적 모습으로 절대화할 때에는 현재의 사회구조들이 옳든 그르든 간에 그것들을 무조건 성화하는 잘못을 범할 수 있다는 것을 지적한 것이다. 시민종교는 미국이 그 신조대로 살아가지 못할 때에는 위기를 맞게 될 것을 경고하면서 국가의 이상은 비판과 개선의 기초를 마련하고 있다고 본다. 이와 같이 벨라는 시민종교가 미국사회에서의 연대감의 근본적 기초를 마련해 준다는 것을 말하면서도 한편으로는 정치적으로 조직화된 미국사회가 연대감의 기초를 마련하는 도덕적 질서의 요구들로부터 떠나갔다는 사실도 지적하고 있다. 그래서 그는 미국의 시민종교가 이제는 "텅 비고 깨어진 빈 껍데기"가 되었다고 말하면서 그 근본적 이유는 도덕성과 영성이 상실되고 있기 때문이라고 한다(1975: 142ff).

정치적 그리고 문화적 수준에서 시민종교를 회복하기 위한 해결책으로 벨라는 두 방법을 제시하고 있다. 하나는 그 집단의 가장 깊은 경험들을 요약하는 전통과 신화를 회복하는 일이고, 다른 하나는 전체성에 대한 지식을 마련해 주는 초월적 이성 혹은 환상적 이성을 회복하는 일이다(1975: 153). 그렇다면 벨라에게 시민종교는 사제적 기능뿐만 아니라 예언자적 기능도 수행한다고 하겠다.

벨라의 시민종교 주제는 다른 학자들에 의해 미국 이외의 여러 나라의 경우에 적용되었고, 근본적으로 뒤르켐적 종교와 사회의 관계에 대한 견해를 재확증하게 되었다(Bellah and Hammond, 1980: 27~118; Coleman, 1970: 67~77; McGuire, 1981: 149~79). 나아가서 시민종교의 개념은 그것을 '새로운 종교운동'의 현상으로 보는 논의에로 인도하기까지 했다(이원규, 1987: 205~9). 비록 어떤 비판자들에 의해서는 현대사회의 참된 성격에 대한 통찰력으로는 공허하고 순환적이며 단일성이 결여되어서 본래적이지도 않고 열매맺지도 못하는 개념으로 간주되기도 했으나, 벨라의 시민종교 주제는 오랫동안 사회과학에서 생겨난 가장 비범한 관념들 가운데 하나로서 독창적 관점을 보여주었다. 어떤 의미에서 벨라는 사회를 통합시킬 수 있는 '새로운 신'을 발견했다고도 할 수 있다. 이와 같이 벨라는 뒤르켐의 전통에서서 뒤르켐의 진가를 재발견했고, 그의 사상을 이어받아 현대적인 상황에서 그것을 적용하고 발전시켰다는 점에서 뒤르켐의 업적을 새롭게 빛나게 했고, 그러면서도 자신의 종교사회학적 관점을 나름대로 독자적으로 확립하는 공헌을 했다.

제 5 장

베버의 종교사상

뒤르켐과 마찬가지로 종교현상을 일종의 사회의 부수현상으로 보지 않고 그것의 중심적 현상으로 이해하면서 종교와 사회의 관계를 유의미하게 탐구한 또 하나의 대표적 고전 사회학자는 막스 베버(Max Weber, 1864~1920)였다. 백과사전적인 폭넓은 지식과 정보를 가지고 종교현상을 매우 폭넓게 연구하면서 그 현상의 사회적 의미를 다양한 개념적 도구를 이용하여 분석한 베버는 특히 사회변동과 종교의 관계에 깊은 관심을 가지고 있었다. 이 장에서는 베버 사회학의 특징적 양상과 이에 근거한 그의 종교사상의 성격을 개괄적으로 소개하고, 그의 구체적인 종교사회학 연구인 "개신교 윤리" 주제와 비교종교학적 분석, 그리고 종교의 기능과 전망에 대한 그의 사상을 알아보기로 한다.

1. 베버 종교사상의 성격

1) 베버 사상의 배경과 성격

베버는 하이델베르크(Heidelberg)와 베를린(Berlin) 대학에서 법학, 경제학, 역사학, 사회학, 철학, 신학 등을 폭넓게 공부하면서 매우 광범위한 지식을 습득하게 되는데, 이것이 그의 광범위하면서도 해박한 저작들의 기초가 되었다. "중세 상업 사회사"로 베를린 대학에서 박사학위를 받고, 이어서 "로마 농업사"로 교수자격 논문에 통과한(1891) 베버는 프라이부르크(Freiburg) 대학 경제학부 교수가 되었다가 1896년엔 하이델베르크 대학에 정교수로 초빙되었다.

그는 신칸트주의(*neo-Kantism*)의 관념론과 독일 역사주의의 영향을 받아 자연주의나 유물주의 입장에 대하여 반대한다. 그러면서도 베버는 맑스의 영향을 많이 받았다. 그의 계층이론이나 경제행위 이론은 다분히 맑스의 갈등론적 시각을 반영하는 것이라 할 수 있다. 뿐만 아니라 관념은 집단이익의 표현이며 계급 간의 투쟁에 무기의 구실을 하는 것이라는 맑스의 생각에도 커다란 영향을 받은 것이 사실이다(Coser, 1982: 372). 그러나 베버는 맑스의 일방적인 유물론에는 반대하면서 관념체계가 가지고 있는 주체적인 영향력의 가능성을 제시하고 있다. 그의 종교론은 바로 이러한 관념체계의 독립변수적 성격을 규명하는 데 초점이 맞춰져 있다고 할 것이다. 뒤르켐이 콩트적인 사회진화론의 영향을 받았으나 이를 극복하여 대안을 제시했듯이, 베버는 맑스적인 유물론의 영향을 받기는 했으나, 이를 넘어서는 대안을 마련했다고 하겠다.

베버는 사회학을 사회적 행위에 대한 종합적 과학으로 보았다. 뒤르켐의 주된 관심이 사회구조의 통합을 유지시키는 제도적 장치에 있었고, 사회를 보는 맑스의 전망은 변화하는 사회구조와 생산관계 속에서 나타나는 사회적 계급들 간의 갈등으로 이루어진다면, 베버의 주된 관심은 인간행위자가 특정 사회-역사적 맥락에서 상호지향하는 가운데 자신의 행위에 부여하는 주관적 의미에 있었다(Coser, 1982: 325). 즉, 베버는 인간의 행위는 개인적 동기와 주관적 의미의 용어로 이해되어야 한다는 것이다. 개인에 대한 사회의 도덕적 우위성을 주장하면서 사회를 개인과 집단의 통합체계로 보는 뒤르켐과는 달리 베버는 사회에는 자신의 이상과 물질적 이익을 추구하는 개인들과 집단들 사이에서 이익을 추구하는 경쟁적 갈등이 존재한다는 점을 중요시하였다(Weber, 1968, vol. 1; Bendix, 1962: 262ff). 따라서 그는 가치들을 통전적(通典的) 특질보다는 개인적 정향의 유형으로 분석하면서, 사회 안에서 서로 다른 사회적, 정치적, 그리고 경제적 계층의 이념과 이상적 이익에서의 차이를 분석했다(Weber, 1968, vol. 2: 486f). 이와 같이 뒤르켐이 도덕적 요소를 개인을 통제하는 힘으로 보았던 것에 비하여 베버는 행위자들의 주관적 정향에서 규범적 정향과 혼합된 습관과 자기 이익을 보았다(Pope et al., 1975: 423).

베버의 학문적 관심은 그가 살았던 사회와 문화 체계에 있었다. 따라서 그의 우선적 노력은 서구세계의 정치적, 경제적, 법적, 종교적 제도들의 기원과 발전에 대한 연구에 집중되었다. 이러한 연구를 위해 베버는 먼저 사회학은 사회적 행위에 대한 이해적인(*Verstehen*: *comprehensive* 혹은 *interpretive*) 과학이 되어야 한다고 본다. 여기에서 이해란 연구자가 연구대상자인 개인들의 행위를 그들의 경험과 감정에 비추어서 파악하는 방법을 말한다. 그리하여 연구자는 행위자의 행동이 함축하는 주관적 의미에 대한 이해와 그 동기에 대한 이해를 충분히 밝혀내야 한다는 것이다. 따라서 베버에게 과학은 인간이 믿어 왔던 가치들을 이해하고 설명하려는, 인간에 의해 생겨난 일들을 설명하고 이해하려는 노력으로 규정된다(Aron, 1967 : 228).

나아가 베버에게 사회과학은 단순히 행위의 주관적 의미에 대한 이해적 해석일 뿐만 아니라 또한 인과의 법칙을 밝혀내는 과학이기도 하다. 즉, 인과성(*causality*)에 대한 분석은 사회학에서 필수적인 것이다. 베버에 따르면 이때 인과적 탐구는 두 방향에서 찾을 수 있다(Aron, 1967: 234~41). 하나는 역사적 인과성 분석으로, 이것은 특수한 사건의 다양한 선행적 사건들에 의해 이루어지는 영향을 분석하여 어떤 사건이 생겨난 독특한 환경을 밝혀내는 것이다. 다른 하나는 사회학적 인과성 분석으로서 이것은 하나의 현상과 다른 현상 사이의 규칙적인 연관성이나 연속성을 밝혀내는 것이다. 베버는 사회현상을 분석하는 데 끊임없이 인과관계의 물음을 물으면서, 나타난 어떠한 현상은 역사적으로, 혹은 사회적으로 어떠한 인과성에 근거하고 있는가 하는 것을 탐구했다. 그러나 그는 단일한 한 요인에 의해 일직선적으로, 그리고 일방적으로 어떤 현상이 전체적으로 결정될 수는 없는 일이라고 보고 있다. 베버의 이 인과성에 대한 부분적인, 분석적인 개념은 역사적 유물론에 대한 하나의 반론일 수 있다.

베버는 그의 사회학에서 이념형(*ideal type*)이란 개념을 사회현상을 이해하는 데 유용한 도구로 사용한다. 이념형이란 실재에서 관찰될 수 있는 사건들의 역사적 혹은 사회적 실체나 성향을 논리적으로 유형화하여 그 주제를 알기 쉽게, 그리고 비교하기 쉽게 만드는 가상적 표현이다. 이념형은 삶의 상황이나 행동의 탐구 과정에서 비교되는 제한된 개념이기는 하지만, 그것은 또한 구체적인 역사적, 사회적 사건이나 상황의 분석을 위한 도구가 된다. 현상을 이념형적으로 분석하는 것은 역사적, 사회적 요소나 실체의 의미성에 대한 이해를 도울 뿐만 아니라, 여러 요인들 사이의 인과적 관계성을 밝혀내는 데도 도움이 되는 연구방법이 되고 있다. 실제로 베버는 사회현상을 설명하는 데 다양한 이념형들을 이용한다. 베버는 특히 이념형을 토대로 한 역사적 비교의 연구방법을 즐겨 사용했다. 이러한 비교연구(*comparative study*)는 그의 이해사회학이나 인과적 분석에도 도움이 될 수 있는 연구방법이 되고 있다. 이상에서 살펴본 베버 사회학의 특성은 종교에 대한 그의 연구에도 그대로 적용되고 있다.

2) 베버 종교사상의 특징

종교연구는 베버에게 일상적 관심으로부터 편리하게 분리될 수 있는 불연속적인, 하위분야적 활동이 아니다. 반대로 그것은 그의 필생의 작업의 중심적 구성요소이며, 사회질서, 역사적 변동, 인간 존재의 복잡성의 성격에 대한 그의 이해에서 절대적으로 없어서는 안 될 요소이다(O'Toole, 1984: 114). 베버 종교사회학에서 가장 중요한 것은 종교적 영역과 비종교적 영역 사이의 관계성 및 상호작용에 관한 것이었다(Schneider, 1970: 112). 이것은 그의 《개신교 윤리와 자본주의 정신》에서 탐구된 주제라고 할 수 있다. 여기서는 특히 개신교와 경제발전의 관계가 집중적으로 다루어진다. 종교적 관념과 윤리가 사회의 경제영역에서 어떠한 영향을 미칠 수 있는가 하는 그 관계성을 신앙 행위자들의 주관적 의미와 이해라는 관점에서 분석하면서, 어느 정도는 인과성까지도 추적한다. 넓은 의미에서 이것은 종교와 사회변동의 관계에 대한 연구라고 할 수 있다. 즉, 종교가 사회변동에 영향을 미칠 수 있는 하나의 독립변수가 될 수 있음을 입증한 것이라 하겠다. 베버에게 사회변동에 영향을 미칠 수 있는 것은 종교적 믿음이나 이념의 힘만은 아니다. 종교적 카리스마(*charisma*)의 힘도 역시 사회변동에 크게 작용할 수 있는 또 하나의 근거가 된다. 종교의 카리스마 혹은 카리스마적 지도자의 영향은 소집단에서 시작하여 사회전체의 변화로 이어질 수 있는 작용을 할 수도 있다는 것이 베버의 생각이었다.

개신교가 경제영역에 미치는 영향에 대한 분석은 나아가서 비교역사적인 연구로 발전된다. 그리하여 베버는 개신교의 경우에 비해 볼 때 중국의 종교(유교와 도교), 인도의 종교(힌두교와 불교) 등은 어떻게 사회발전, 좁게는 경제발전에 영향을 미쳤는가 하는 것을 비교 분석하였다. 이 때 관심의 초점은 사람들의 종교적 관념과 믿음이라는 것이 그것을 신봉하는 이들의 의식구조나 사회적 행위와 태도에 어떠한 영향을 미쳐 결국 특별한 사회적 결과를 초래하게 되었는가 하는 것이었다. 베버는 중국과 인도의 경우 근대 유럽의 경우와는 달리 종교가 사회적, 경제적 생활의 변동을 억제하는 힘으로 작용하고 있음을 알아냈지만, 여기에서 중요한 것은 그가 종교적 관념이나 믿음이 가지고 있는 인과적 영향력에 대하여 밝혀냈다는 점이다. 이와 같이 베버의 종교사상의 가장 두드러진 특징은 종교와 사회변동의 관계에 대한 심층적 연구가 중심적 위치를 차지하고 있다는 사실이다. 결국 베버가 근대 개신교뿐만 아니라 고대 유대교, 힌두교, 유교 등에 대하여 폭넓게 탐구한 것은 그 자체가 목적이 아니라, 하나의 목적을 위한 수단, 즉 사회변동에 대한 이해를 위한 것이었다(Luckmann, 1977: 11).

그러나 베버가 종교와 사회적 및 경제적 요소와의 관계에서 전자가 후자에 영향을 미친다고 하는 일방적인 인과적 관계성만을 주장하는 것은 아니다(Aron, 1967: 265). 즉, 인간의 경제적 태도가 종교적 믿음체계에 의해 지배받을 수 있는 것처럼 믿음체계도 경제체계의 지배를 받을 수 있다는 것이다. 사실상 베버는 사회를 각각 자체의 경제적 이익, 지위적 명예, 세계관과 인간관을 가지고 있는 여러 지위집단들의 경쟁적이고 갈등적인 관계로 보고 있다(Bendix, 1962:

262). 따라서 사회집단의 종교적 이념은 그들의 사회경제적 지위에 대한, 물질적 이익에 대한 반응으로 형성될 수도 있는 것이다. 종교적 관념과 사회계층의 관계에 대한 베버의 연구는 이러한 전제에 근거하고 있다고 하겠다. 대표적인 예가 사회계층에 따라 각기 다른 형태로 나타나는 신정론(*theodicy*)에 대한 그의 분석일 것이다.

베버는 종교에서 의미의 문제를 매우 중요시하고 있다. 즉, 행위자들의 일상생활에 대한 의미를 부여하는 데 종교의 역할이 중요하다는 것이다. 그는 어떻게 다양한 가치, 관념, 믿음이 인간행위에 다양하게 영향을 미칠 수 있는가, 즉 종교적 의미는 행위자 각자에게 어떻게 이해되고 있는가 하는 문제들에 대해서도 탐구하기 원했다. 그리하여 베버는 다양한 계층들의 다양한 믿음 형태들을 비교분석했고, 그것들이 그들에게 어떠한 작용을 하는가 하는 것을 밝히려고 시도했다. 여기에서 그는 이념형적 개념들을 활용하여 종교적 이념 및 행위의 유형들, 종교를 받아들이는 자세나 태도의 유형들을 비교 연구하고 있다. 그리하여 베버는 나중에 상세히 논의되겠으나 예컨대 종교조직 유형, 종교지도자 유형, 종교믿음 유형, 구원의 방식과 내용의 유형, 종교적 권위의 유형들을 이념형적으로 설정하면서 종교현상을 설명했다.

베버를 사회진화론자로 볼 수는 없으나 그의 종교사상에는 다분히 진화론적 관점이 나타나고 있다. 이것은 그의 중심적 관심이 정체돼 있고 잘 통합돼 있는 것으로서의 사회현상에 있는 것이 아니라 합리화 과정을 통해 근대화되어 가는 변화지향적인 것으로서의 사회현상에 있기 때문일 것이다. 마찬가지로 베버는 종교에 대한 분석에서도 비교역사적인, 그리고 이념형적 연구를 통해 변화되는 종교 유형을 추적했고, 한 종교 안에서도 사회에 대한 그것의 이념적 역할의 변화과정을 밝혀내려고 했다. 그러나 그는 19세기 사회진화론자들이 진화과정을 단순한 변화라기보다는 진보로 보았던 가치평가적 관점과는 달리 가치중립적 입장에서 그 변화과정의 특징적 양상을 비교하려고 애썼다. 이것은 베버의 주된 관심이 사회안정의 강화로서의 종교가 아니라 사회변동의 역동성의 근원으로서의 종교에 있었다는 사실과도 무관하지 않은 것이라 하겠다(Parsons, 1963a: xxx). 종교진화에 대한 그의 분석의 대표적인 예는 주술-사제종교-예언종교의 비교연구라고 할 수 있다.

이상에서 개괄적으로 논의된 베버의 종교사상의 이론적 및 방법론적 특징 및 연구주제들에 대하여 이제부터 상세히 알아보기로 한다.

2. 개신교 윤리와 자본주의 정신

1) "개신교 윤리" 주제의 성격과 배경

종교사회학 저술들 가운데 베버의《개신교 윤리와 자본주의 정신》만큼이나 사회과학과 인문계열의 학계에 커다란 파문을 일으켰던 문제작도 드물 것이다. 끊임없는 해석, 재해석, 잘못된 해석 때문에, 베버의 유명하고 논쟁적인 "개신교 윤리" 주제(*The Protestant Ethic Thesis*)는 끝없는 관심의 초점이 되고 있다. 이 책의 내용은 한마디로 표현하면 개신교 윤리(종교적 관념)가 근대 자본주의(경제구조) 생성에 커다란 영향을 미쳤다는 것이다. 베버의 이 주제는 흔히 역사과정에서의 '물질적' 관심의 지배에 대한 맑스적 주장에 반대하는 하나의 일반적인 반격으로, 역사적 유물론에 대한 실증적 비판으로 읽히고 있다(Bendix, 1962: 72n; Luckmann, 1977: 13). 그러나 "개신교 윤리"가 통속적인 맑시즘에 대한 적절한 반박을 제공하지만 이것이 결코 그것의 유일한 혹은 우선적 목적은 아니다(Marshall, 1982). "개신교 윤리" 주제에서의 베버의 주된 관심은 경제정신의 발전에 대한 혹은 경제적 체계의 에토스에 대한 어떤 종교적 관념들의 영향에 관한 것이었다. 여기에서 그는 종교적 요인과 경제적 요인 사이의 인과적 연관성을 탐구하고, 종교가 사회변동에 미칠 수 있는 영향의 가능성을 밝혀보려고 했다.

베버의 "개신교 윤리" 주제는 서구사회 밖의 문명들 가운데 많은 자본주의적 현상들이 있었던 것에 비하여, 근대 서구 자본주의의 특수한 성향은 역사과정 가운데서 단 한번 나타났다는 문제에 근거하고 있다. 그는 역사적으로, 사회적으로 많은 사회들이 자본주의 경제체제가 생겨날 수 있는 기본적인 여건들을 갖추고 있었음에도 불구하고 16~18세기의 유럽 사회서만 근대적인 합리적 자본주의가 형성되었던 이유를 종교적 요인에서 찾고자 했다. 즉, 베버는 근대 자본주의가 가장 발달했던 지역이 바로 개신교 지역이었던 것을 발견하고, 종교(개신교 윤리)와 경제체제(자본주의) 사이의 인과적 상관관계를 추적했다. 베버에게 이러한 확신을 주었던 것은 역사적으로 개신교 지역이 가톨릭 지역보다 산업화되어 있고 개신교인이 가톨릭 교인보다 부유하다는 문헌과 자료들이었다. 그는 어떤 종류의 과정들이 이 상황을 야기시켰는가를 묻고, 개신교인들로 하여금 자본주의적 성공에 필수적인 종류의 활동에 기울게 하는 개신교 믿음과 그 윤리의 특징을 조사하였다. 그리하여 베버에 의해 제시된 가설은 개신교 믿음의 어떤 요소가 자본주의 체제의 형성에 우호적인 어떤 동기를 만들어냈다는 것이었다. 다시 말하면 경제활동을 향한 개신교 윤리의 어떤 정신이 자본주의 정신과 일관성이 있다는 것이다.

근대 합리적 자본주의의 생성에 대한 개신교 윤리의 영향을 분석함에서 베버가 탐구했던 기간은 루터(Luther)의 종교개혁 후 서구

유럽과 미국에서의 16~18세기 중엽까지로, 그 대상은 이 세상적 금욕주의(*innerworldly asceticism*) 윤리가 종교생활의 기초가 되었던 개신교 지역들이었다. 특히 17세기 서부 유럽에서 그러한 윤리가 중요한 영향을 미쳤던 지역에서 발견되는 칼뱅주의(*Calvinism*) 형태, 칼뱅주의 운동에서 벗어난 경건주의(*Pietism*), 18세기 중엽 영국교회 안에서 처음 생겨났고 나중에 미국으로 확산된 감리교(*Methodism*), 16, 7세기에 생겨난 침례교(*Baptism*) 종파들이 모두 베버 연구의 역사적 배경의 근원이 되었다. 그러나 베버는 경제적으로 가장 발달된 나라들인 네덜란드, 영국, 프랑스 등에서의 칼뱅주의를 연구의 우선적 근원으로 삼았고, 유럽 대륙의 경건주의와 앵글로색슨의 감리교, 그리고 침례교 종파는 2차적 근원으로 삼았다.

베버에 따르면 자본주의 정신뿐만 아니라 개신교 윤리도 서구문화 역사에서 '합리화' 과정의 결과이다(Parsons, 1963a: xxxii~xxxiii). 베버의 물음들은 개신교 윤리의 어떤 부분들이 합리화되었는가? 어떤 방향으로 그것들이 갔는가? 그것들로부터 어떤 결과들이 초래되었는가? 이것들은 근대 경제생활의 정신이 어떻게 금욕적 개신교의 합리적 윤리와 관계되어 있는가 하는 문제이다. 여기에서 베버가 보여주려고 노력한 것은 비록 경제적 합리주의(자본주의)의 발달이 부분적으로는 합리적 기술과 법에 의존하고 있으나, 그것은 동시에 종교적 관념으로부터 정당화된 어떤 유형의 실천적인 합리적 행위에 크게 기인하고 있다는 것이다. 개신교 윤리와 자본주의 정신의 관계를 알아보기 위해서는 자본주의 정신에 대한 베버의 이해를 탐구하는 것이 우선적으로 필요하다.

2) 자본주의 정신

근대시기에 서양은 어느 다른 곳에서도 나타나지 않았던 매우 다른 형태의 자본주의가 발달했다. 이 기업 자본주의의 수행은 "이윤의 추구, 그리고 돈의 수단에 의해 교환기회의 활용수단에 의해 되풀이되는 이윤의 추구"를 나타낸다(Weber, 1958: 17~8). 그러나 자본주의 정신은 두 다른 중요한 요인이 없었다면 불가능했을 것이다(1958: 21~2). 그것들은 가사로부터의 기업의 분리 및 부기(*book-keeping*)기술의 발달, 그리고 노동의 합리적인 자본주의 조직이었다. 베버가 생각했던 경제의 기업적 이데올로기 혹은 자본주의 정신은 세 원리로 구성되어 있다.

첫째는 경제적 합리주의이다. 이것은 돈을 벌기 위한 모든 합리적 활동을 지시하는 것으로, 새로운 기업경영의 생활방식에 윤리적 기초와 정당화를 주었던 이념이다. 즉, "개인주의적 자본주의 경제의 근본적 성격 가운데 하나는 그것이 엄격한 계산의 기초 위에서 합리화되고, 경제적 성공을 향한 예측과 조심스러움을 지향한다는 것"이다(1958: 76). 원래 지속적인 이윤추구는 기업가의 관심이다. 즉, 기업가는 돈 버는 일에 의해, 삶의 궁극적 목적으로서의 축적에 의해 지배받으며, 경제적 축적은 인간의 물질적 요구에 대한 만족의 수단이 된다(1958: 53). 그러나 자본주의자의 축적적 충동은 동시에 자본주의 정신에 의해 제한받는다.

따라서 자본주의 정신의 두 번째 원리는 세상적 금욕주의(*worldly asceticism*)이다. 자본주의 정신, 기업적 이데올로기는 단순히 재정적 성공이란 용어로 안락하고 좋은 삶을 규정하는 데 만족하지 않는다. 그것은 또한 성공적인 사람이 어떻게 자신을 처신해야 하는지를 구체화하고 있다.

> 자본주의 기업가의 이념형은 의식적인 권력의 향유는 물론 허례허식과 불필요한 지출을 피하며, 그가 받는 사회적 인식의 외면적 표시에 의해 부끄러워한다. 즉, 삶에 대한 그의 방식은 어떤 금욕적 경향으로 구분된다(1958: 71).

기업가의 금욕주의는 수도승의 저 세상성과 관계되어 있지는 않다. 그것은 세상적 금욕주의(1958: 79~184)로서, 이것은 수도원에서가 아니라 일상의, 세속적인, 일하는 세계에서 수행되는, 그러나 금욕주의적인 자기 부정의 교리이다. 금욕주의의 원리는 자본주의 정신 안에서 너무 강력하여 그것은 돈의 지배와 축적을 넘어설 수 있었다. 세상적 금욕주의의 강령은 기업가가 그의 직업을 잘 수행하는 일 이외에는 그의 부로부터 자신을 위해서는 아무 것도 얻지 말 것을 요구한다. 즉, 성공적이고 부유한 사람은 지나친 소비에 빠지지 않고 그의 권력이나 명예를 즐기지 않는다. 기업가에게 최상의 선은 "삶의 모든 즉흥적 즐김에 대한 엄격한 회피와 함께 돈을 더욱 더 버는 것"이었다(1958: 53).

자본주의 정신의 가장 중요한 세 번째 구성요소는 "그 자체 목적으로서, 소명(*calling*)으로서의 노동의 개념"이다(1958: 63). 자신의 일을 소명으로 간주하는 것은 그것이 물질적 보상뿐만 아니라 영적 보상을 가지는 과제라고 제안하는 것이다. 그것은 "세상적 일에서의 의무의 성취를 개인의 도덕적 활동이 가정할 수 있는 최고의 형태"로 간주하는 것이다(1958: 80).

> 소명에서의 의무의 이 특별한 관념은 자본주의 문화의 사회적 윤리의 가장 특징적인 것이며, 어떤 의미에서 소명으로서의 노동은 자본주의 문화의 근본적인 기초이다. 그것은 개인이 그의 직업적 활동의 내용을 향해 느끼도록 요구되고 또 느끼게 되는 의무 사항이다(1958: 54).

요약하면 자신의 일을 하고, 직업을 따르며, 선택된 경력에서 뛰어나게 되는 것은 매우 도덕적인 것이라는 것이다. 그리고 그것은 선하고 적절한 삶에로 인도하는 것이라는 것이다. 소명의 개념은 자본주의에 대한 베버의 이해에서 중심적인 것이다. 그래서 베버는 자신의 과제를 "소명의 관념과 소명 가운데서 노동에의 헌신의 지성적인 근거를 발견하는 것"으로 규정하고 있다(1958: 78).

베버의 주제는 초기 단계의 자본주의에서 무엇이 기업가들로 하여금 그들의 성공을 헌신적 소명으로 간주하게 했는가를 설명하는 것이었다. 베버에게 그러한 헌신과 위탁은 자연적인 것도 합리적인 것도 아니었다. 오히려 그것은 "결코 자연의 산물이 아닌 태도"(1958: 62)요, "순수하게 행복론적인 자기 이익의 관점에서는 비합리적 태도"(1958: 78)였다. 상업적 성공에 대한 헌신과 위탁이 자연적인 것도, 합리적인 것도 아니었기 때문에, 베버는 이에 대하여 다른 방식의 설명을 추구했다. 기업가에 자신의 가장 깊은 헌신에 대한 합리적 근거, 그리고 그의 본질과 노력을 표현할 수단을 마련하도록 도울 수 있는 어떤 종교적 믿음체계가 있었다는 것을 베버는 발견했다. 그것은 바로 개신교 윤리였다.

3) 개신교 윤리

베버는 자본주의 정신을 촉진한 근거를 개신교의 윤리에서 찾고 있다. 물론 그는 '자본주의 정신'의 발전을 특수한 신학적 관념 출현의 '의도되지 않은 결과'(*unintended result*)로 파악하고 있음이 분명하다(O'Toole, 1984: 118). 즉, 개신교의 어떤 윤리가 자본주의의 발전이라고 하는, 의도하지 않았던 결과를 초래하게 되었다는 말이다. 베버는 그들의 어떤 윤리적 교리들이 이런 방향으로의 변화를 가져다 준 '함축적 동기'를 포함하는 것으로 보았다(Bendix, 1962: 80). 베버가 개신교 윤리의 근거로 특히 관심을 가졌던 것은 루터(Luther)의 '소명'(*Beruf*: *vocation*) 개념과 칼뱅(Calvin)의 '예정론'(*pre-destination*) 교리였다.

베버는 루터의 가르침이나 그 교회의 태도에는 자본주의 정신을 정당화할 요소가 거의 없다고 보았다. 그러나 성서의 번역에, 그리고 소명감의 성격에 대한 가르침에서 루터가 성서 단어 'Beruf'를 사용한 것은 개신교인들에게 적지 않은 영향을 미쳤다. 삶의 과제 혹은 일에서의 소명의 개념은 개신교 교파의 중심적 교의가 되었으나, 이것은 가톨릭 진영이 버렸던 윤리적 개념이기도 했다. 분명히 이 개념은 새로운 것으로서 종교개혁의 한 독특한 산물이라고 할 수 있다.

> … 그것(소명)은 세상일에서 의무 성취의 가치를 개인의 도덕적 활동이 가정할 수 있는 최고의 형태로 보는 것이다. 그것은 불가피하게 매일의 세상적 활동에 종교적 중요성을 부여하는 것이다(1958: 80).

소명에 대한 교의는 '하나님께 받아질 수 있게 사는 유일한 방식'은 '세계에서 그의 위치에 의해 개인에게 부과된 의무의 성취를 통해서만'이라고 가르친다(1958: 80). 이러한 견해는 세상적 활동에 대한 도덕적 정당화라고 할 수 있다. 이것은 분명히 개신교 개혁의 중요한 결과들 가운데 하나이다. 이러한 개혁의 결과는 가톨릭의 태도와 비교해 볼 때 소명 가운데서 조직화된 세상적 일에 대한 도덕적 강조와 종교적 재가(裁可)가 크게 증가되었다는 것이다(1958: 83).

소명의 개념은 개신교 교파들에 의해 공통적으로 주장된 것이었다. 그러나 예정론의 교리는 칼뱅주의 개신교 형태에서 독특한 것으로서, 베버는 이것의 독특한 신학적 교리가 자본주의 정신의 생성에 결정적이었다고 보고 있다(1958: 87). 베버는 예정론의 교리의 특징을 웨스트민스터(Westminster) 신앙고백서(1647) 가운데서 다음과 같이 인용하고 있다.

> 인간은 죄의 상태에 빠짐으로써 어떤 영적인 선에 대한 의지의 모든 능력을 전적으로 상실했다. 선으로부터 돌아선 죄에 죽은 자연적 인간은 자신의 힘으로는 자신을 돌이키거나 자신을 준비할 수 없다. 하나님의 섭리에 의하여, 그의 영광을 드러내기 위하여 어떤 사람들은 영생으로 예정되고, 다른 이들은 영원한 죽음으로 예정된다(1958: 99~100).

예정론의 교리는 하나님의 절대주권을 강조하는 교리이다. 선택받은 자가 되든지 혹은 저주받은 자가 되는 지위는 하나님의 명령의 결과이다. 그것은 어떤 식으로든 개인이 수행할 수 있는 행동이나 선행에 달려 있지 않다. 그것은 "세계의 기초가 세워지기 이전에" 하나님에 의해 명령된 지위이며, "영원하고 변경할 수 없는" 것이다. 개인은 그의 지위를 바꾸기 위하여 아무것도 할 수 없다. 예정론 교리에 따르면,

> 우리는 단지 인간의 일부만이 구원받고, 나머지는 저주받은 것을 알 뿐이다. 인간의 공로나 죄가 이 운명을 결정하는 데 하나의 역할을 한다고 가정하는 것은 영원으로부터 정해져 있는, 하나님의 절대적으로 자유로운 결정을 인간의 영향에 의해 변화될 수 있는 주제로 생각하는 것으로서의, 불가능한 모순이다(1958: 103).

그리하여 회개하는 죄인과 잃은 양의 구원을 즐거워하는 신약의 하나님은 인간 이해의 범주를 넘어서 있는 초월적 존재, 즉 그의 이해

할 수 없는 명령이 개개인의 운명을 결정했고, 영원으로부터 인간 존재를 규제했던 초월적 존재에 의해 압도되게 되었다(1958: 103~4). 이것은 베버의 표현대로 '어둡고 무서운'(*decretum horribile*) 교리였다(1958: 102).

이제 베버는 신자들의 생활에서 칼뱅주의의 그 무서운 교리들의 실천적 결과는 무엇이었는가를 묻는다. 그는 칼뱅주의 교리에서 보여지는 돌이킬 수 없는 결정에 의해 인간의 운명을 예정했고, 그의 의지는 절대적으로 이루어져야 했던 하나님의 철저한 초월은 인간을 단순히 창조주의 도구로 축소시켰고, 그리하여 수동적이고 신비적인 길보다는 능동적이고 금욕적인 방식으로 종교적 에너지를 돌렸다고 주장한다.

> 종교적 신자는 그 자신이 성령의 그릇(*vessel of the Holy Spirit*) 혹은 신의 뜻의 도구(*tool of the divine will*)라고 느끼는 데서 그의 은총의 상태를 확인할 수 있다. 전자의 경우 그의 종교생활은 신비주의와 감정주의, 후자의 경우에는 금욕적 행동의 경향이 있다. 루터는 전자 유형에 가까이 서 있었고, 칼뱅주의는 분명히 후자에 속했다(1958: 113~14).

하나님의 절대적 초월성에 대한, 그리고 육에 속한 모든 것의 타락에 대한 냉혹한 교리는 문화와 종교 안에 있는 모든 감각적이고 감정적인 요소들을 전적으로 부정하는 태도를 조장했다. 왜냐하면 그것들은 구원을 향해서는 쓸모없는 것이며 감상적인 환상과 우상적인 미신을 촉진할 뿐이기 때문이다(1958: 105). 이렇게 칼뱅주의는 종교적 의례의 표적은 물론 어떠한 미신도, 구원에 대한 주술적, 성례전적 힘들의 효과에 대한 믿음도 거부했다. '소명'에 대한 초기 교리를 활용하고 수도원주의를 반대하면서 칼뱅주의는 수도승적인 '저 세상적' 금욕주의를 세상 사람의 '이 세상적' 금욕주의로 대체하는 데 성공했다고 베버는 지적한다. 다시 말하면 중세기 수도승처럼 칼뱅주의자는 그의 가치를 금욕생활에 의해 입증하기를, 보다 정확히 말하면 구원받은 자의 하나로서 그의 가치에 대한 확신을 입증하기를 기대하고 있다. 그러나 수도승과는 달리 그의 금욕주의는 일상생활의 사건들로부터 분리된 '저 세상적' 금욕주의가 아니라, 자신의 예정에 대한 증거로서 일상생활의 일들에 대하여 세심한 주의를 요구하는 '이 세상적' 금욕주의이다. 결국 예정론의 무서운 교리에 기초하여 칼뱅주의 윤리는 "세상 밖에 그리고 위에 있는 수도승들의 영적 귀족주의를 세계 안에 있는 하나님의 예정된 성자들의 영적 귀족주의로 대체했다"는 것이다(1958: 121).

예정론의 교리는 또한 칼뱅주의자에게 심리적 불안감을 만들어내기도 했다. 구원이나 선택의 문제에 대해 인간이 할 수 있는 일이란 아무 것도 없고 예정은 하나님의 자유의지에 의해 처음부터 정해진 것임을 깨닫게 되면서, "나는 선택받은 자의 하나인가? 하는 물음이 곧 모든 신자에게 생겨나며, 모든 다른 관심은 뒤로 밀려나게 되었다"(1958: 110)는 것이다. 그는 "전례 없는 내적 고독의 느낌"에 직면하게 된다(1958: 104).

> 영원으로부터 그에게 정해졌던 운명에 직면하여 홀로 그의 길을 따르도록 강요받았다. 아무도 그를 도울 수 없었다. 사제도… 성례전도… 교회도… 심지어는 하나님까지도… (1958: 104).

예정의 결정은 하나님에 의해 만들어졌고, 그것은 영원으로부터 정착되었다. 어떤 지상적 행동도, 성례전을 수행하는 것조차도 그것을 변경시킬 수 없었다. 어떤 지상 사람도, 사제도, 평신도도 그것을 변화시킬 수 없었다.

그러나 예정론에 따른 심리적 불안감은 그 이해에서의 융통성에 대한 압력으로 나타나기 시작했다. 즉, 예정론의 교리가 주장되었던 곳에서는 점차 선택받은 이가 그 사실을 알 수 있는 기준이 없는 것인가의 물음이 제기되었다. 비록 공식적으로 버려지지는 않았으나 예정론에 대한 칼뱅의 정통주의 개념은 많은 칼뱅주의자들에게는 심리적으로, 목회적으로 입맛에 맞지 않는 것임이 입증되었다. 그리하여 그 교리는 재해석되거나 개인 구원에 대한 신적 암시가 칼뱅주의 신자에게는 식별될 수 있으리라는 믿음이 생겨났다. 사람이 자신의 예정된 지위를 변화시킬 수는 없어도, 적어도 그것이 무엇인지 알 수는 있다는 희망을 갖게 된 것이다. 이 새로운 목회적 시도는 교인들로 하여금 자신이 선택되었다고 믿으며, 마귀의 유혹으로서의 모든 의심을 버리고, 자기 확신 가운데서 종교적 불안의 느낌을 상쇄하기 위한 수단으로 세상적 활동에 적극 참여하라는 명령을 만들어 냈다(1958: 111~2). 나아가서 그것은 참된 신앙은 하나님의 영광을 증대시키도록 봉사하는 기독교인의 행동유형에 의해 인식될 수 있다는 믿음을 조장했다.

선행(善行)은 선택받은 자의 독점이며, 그들이 식별될 수 있는 표시이다. 비록 선행이 구원을 성취하는 데 도움이 되지는 않으나 그것은 저주의 두려움을 극복하고 개인에게 구원의 확신을 만들어내는 "기술적 수단"이 되고 있다(1958: 114~5). 이런 의미에서 선행은 때때로 구원에 직접 필요한 것으로 간주된다. "실제로 이것은 하나님은 스스로 돕는 자를 돕는다는 것을 의미한다. 그리하여 칼뱅주의자는 스스로 자신의 구원을 창조하거나 혹은 보다 정확하게는 그것에 대한 확신을 창조한다"(1958: 115).

구원에 대한 심리적 불안을 극복하게 된 칼뱅주의자의 에너지는 그가 지상생활을 통해 최선을 다하는 소명감으로 전환되었다. 칼뱅주의는 세상 재화의 소비에 탐닉하고 감각적 취향에 만족하는 것에 대하여 심하게 정죄하는 반면에, 근면과 절제, 그리고 저축을 명령했다. 따라서 부의 축적을 경원시하고 영적 요소만을 추구했던 가톨릭적인 "전통주의적 윤리의 굴레로부터" 벗어나서 취득의 자유가 허락된 그 부(富)는 칼뱅주의자에게 자신의 구원에 대한 주관적이고, 객관적인 증거를 확보하는 기회가 되었다(1958 : 117~22, 171~2).

육(肉)을 통제하는, 영적 의심을 제거하는, 자연을 지배하고 지상에서 하나님 나라를 준비하는 하나의 기술로서의 노동에 대한 고상한 금욕적 접근은 전에는 알려지지 않은 직업윤리였다. 그리하여 유용한 소명에 쉬지 않고 지속적이며 체계적으로 열심히 일하는 것은 칼뱅주의자에게는 아담의 원죄의 부정적 결과로서가 아니라 하나님의 뜻을 행하는 긍정적 수단으로 파악되었다. 일을 잘하는 것은 "그 자신의 깊은 종교적 관심의 최상의 성취"이며 구원에 대한 확신의 수단이었다(1958: 121~5). 그러나 만일 그러한 의로운 행동이 신의 은총의 정당한 표시로 해석될 수 있었다면 그것은 하나님이 다음 세상에서뿐 아니라 이 세상에서 그의 선택하신 자들을 돌보실 것이라는 생각이 생겨났다. 따라서 소명 가운데 정직하게 성취된 성공자체가 선택받은 자들의 한 표시이어야 한다고 생각하게 되었다.

이러한 입장을 설명하기 위하여 베버는 박스터(Richard Baxter)의 글을 인용한다.

> 만일 하나님이 당신에게 당신이 다른 식으로가 아니라 (당신의 영혼이나 다른 사람의 영혼을 해치지 않고) 합법적으로 더 많은 것을 얻을 수 있는 방식을 보여주신다면, 그리고 당신이 이것을 거절하고 덜 얻을 수 있는 방식을 선택한다면, 당신은 당신의 소명의 목적 중

하나를 지우는 것이며, 따라서 당신은 하나님의 청지기가 되기를, 그의 선물을 받아들이기를 거절하는 것이다(1958: 162).

이와 같이 비록 예정론에 대한 칼뱅 자신의 견해와는 멀다 해도 그것에 의해 하나님의 의도가 의심 없이 추론될 수 있는 편리한 객관적 수단에 대한 이 자각이 성공적 기업인에게 그의 세상적인 성공에 대한 영적인 설명을 제공할 수 있었다.

4) 개신교 윤리와 자본주의 정신

베버가 개신교 윤리에 대하여 말할 때에 칼뱅주의를 가장 중요한 것으로 취급하기는 하지만, 여기에는 이 세상적 금욕주의 성향을 띠는 경건주의, 감리교 운동, 침례교 종파의 윤리와 그 실천에 모두 포함된다. 이들을 총칭할 때에 베버는 퓨리턴(*Puritan*)이라는 말을 흔히 쓴다. 여기에서는 개신교 윤리가 어떻게 자본주의 정신과 관계가 있는가 하는 문제를 마지막으로 다루어 보기로 한다.

베버에 따르면 사람이 만일 자신의 행동이 근본적으로 그리고 이상적으로 하나님이 원하셨던 것임을, 자신은 하나님께 받아들여지게 살았다는 것을 확신할 수 있다면, 그는 "개신교 종교가 추구했던 최고의 선, 즉 구원의 확신"을 성취했다고 믿을 수 있다는 것이다(1958: 115). 따라서 선택받은 자들 가운데 있다는 최상의 가능한 표시는 소명의 의무를 완성하는 것이며, 직업을 수행하는 것이고, 직업을 따르는 것이고 선택된 경력이나 사업에서 성공하는 것이다. 그리하여 소명에 대한 커다란 헌신과 이에 대한 전적인 위탁에 종교적 재가가 주어졌다. 사업에의 헌신과 위탁은 단순히 좋은 기업이 아니며, 그것은 선택받은 자들 가운데 있다는 표시였다. 그리하여 고정된 소명의 금욕적 중요성에 대한 강조는 이윤에 대한 섭리적 해석을 마련해 주었고, 사업가의 활동을 정당화했다(1958: 163).

그렇다면 개신교 윤리를 구성하는 종교적 믿음(예정론과 같은)과 초기 자본주의 정신(기업 이데올로기) 사이에는 '선택적 친화성'이 있다. 소명의 개념에 대한 연관성을 통하여 예정론에 대한 믿음은 기업의 본질과 노력의 표현인 이윤추구를 마련해 주었다.

> 하나님의 은총의 충만함 가운데 있으며, 그에 의해 가시적으로 축복받고 있다는 의식과 함께, 부르주아 기업인은 그가 그렇게 함으로써 의무를 성취했다고 느끼면서 그의 재정상의 이익을 추구했다(1958: 176~7).

나아가서 예정론적 믿음은 기업영역 안에서의 노동자, 가난한 자와의 관계성에 기업의 물질적 이익과 공존할 수 있는 소명의 개념을 뒷받침했다. 소명에 대한 위탁은 기업에 대한 기업가 편에서의 동일한 헌신을 요구했다. 그리하여 "종교적 금욕주의의 힘은 착실한, 양심적인, 매우 근면한 노동자(그의 일을 하나님에 의해 의도된 삶의 목적으로 알았던)들을 기업가에게 제공했다"(1958: 177). 마지막으로 예정론에 대한 믿음, 선택받은 자와 저주받은 자로 나뉘는 인간 존재에의 믿음은 이 세상에서의 재화의 불평등한 분배는 신의 특별한 은총의 경우처럼 신의 특별한 섭리라고 위안하는 확신을 주었다(1958: 177). 이렇게 하여 개신교 윤리는 예정론의 개념과 함께 기업 이데올로기, 자본주의의 정신을 수렴할 수 있었다.

개신교 윤리와 자본주의 정신의 관계를 요약하면 다음과 같다. 개신교 윤리의 이 세상적 금욕주의에서 하나님의 부르심은 세속적 소명으로 경험되었다. 개신교인들은 열심히 일하는 것과 개인적 사업에 대한 헌신 가운데서 복음의 의미와 힘을 경험했다. 그리고 그들은 일의 성공을 하나님의 인정과 축복으로 간주했다. 부(富)는 그것이 게으름과 삶의 죄악적인 즐김에의 유혹일 때에만 윤리적으로 악한 것이며, 그것의 축적은 그것이 나중의 즐거운 삶의 목적으로 될 때에만 악한 것이었다. '이 세상적'인 개신교 금욕주의는 소유 자체를 즐기는 것을 반대했고, 소비, 특히 사치의 소비를 제한했다. 그러나 소명 가운데서 의무의 수행으로서 그것은 단순히 도덕적으로 허용될 수 있을 뿐만 아니라 실제로 즐겨졌다. 그 금욕주의는 개인과 공동체의 필요를 위하여 하나님의 뜻하신바 부의 합리적이고 공리적인 사용을 인정했다.

소비의 제한이 축적적 활동의 허용과 결합되었을 때의 불가피한 실제적 결과는 명백했다. 금욕적 강제를 통해 저축함으로써 가능해진 자본의 축적, 그리고 부의 소비에 부과된 제한은 자연적으로 자본의 생산적 투자를 가능하게 만듦으로써 부를 증대시키도록 작용했다. 고정된 소명의 금욕적 중요성에 대한 강조는 근대의 전문화된 노동분업의 윤리적 정당화를 마련해 주었다. 이 새로운 영성은 자본주의적 발전에 대한 종교적 장애물을 제거했다. 왜냐하면 중세기의 교회는 빌려준 돈에 대하여 이윤을 취하는 것을 죄로 간주했을 뿐만 아니라, 명상과 '저 세상'성을 강조했고, 자신의 위치에서 인내할 것을 주장했고, 심지어는 가난을 헌신적 기독교인의 이상으로 생각하기까지 했기 때문이다.

나아가서 새로운 세상적 금욕주의는 공민의 새로운 자유를 반영하고 산업과 상업에서의 자유기업을 허용하는 사회를 건설하려는 세속적 노력에 대한 강한 종교적 동기를 공급했다. 이 새로운 에토스에 힘입어 합리적 원리들은 무역과 생산의 확장, 부기와 투자 정책의 확장뿐만 아니라, 정부를 포함한 사회의 모든 제도들에 적용되었다. 그리하여 근대 자본주의 정신의 근본적 요소들 가운데 하나인 소명 관념의 기초 위에서의 합리적 행동이 개신교 금욕주의 정신으로부터 생겨났다는 것이다. 특히 칼뱅주의와 근대 자본주의의 관계에 대한 베버의 설명을 도식으로 요약하면 〈그림 5-1〉과 같다.

그러나 베버는 개신교가 근대 합리적 세계나 근대 자본주의를 만들어냈다고 주장하지는 않는다. 그는 과학과 테크놀로지의 발달, 상업 산업의 확장, 새로운 생산방식의 창조의 영향을 간과하지 않고 있다. 그의 의도는 새로운 개신교 금욕주의, 즉 신적 소명의 새로운 의미가 세속적 정향의 확산에 대한 종교적, 전통적 방해물들을 제거했고, 새로운 세상적 헌신을 위한 종교적 추진력을 마련했으며, 결과적으로 유럽에서의 근대 자본주의 형성의 급격한 확산을 촉진했고, 전례 없는 규모로 새로운 문화적 상황을 창조하는 동기가 되었다는 것을 밝히려는 것이었다. 그리하여 베버는 종교적 관념과 믿음체계가 합리화 과정을 통하여 사회변동에 영향을 미칠 수 있음을 보여주었다.

3. 동양의 종교와 경제발전

《개신교 윤리와 자본주의 정신》을 통하여 개신교의 '이 세상'적 금욕주의 윤리가 자본주의 정신과 어떠한 선택적 친화성을 가지고 있고, 그것이 유럽의 근대 자본주의 형성에 어떠한 작용을 했는가 하는 것을 밝혀낸 베버는 이어서 자본주의 사회가 될 수 있었던 많은 경제적, 사회적 전제조건들을 가지고 있었음에도 불구하고 이념적, 종교적 요소들이 결여되어 근대 자본주의 발전이 불가능했던 동양사회(특히 중국과 인도)에서 그 근원을 종교에서 찾아보려고 시도했다.

〈그림 5-1〉 칼뱅주의와 근대 자본주의의 연관성

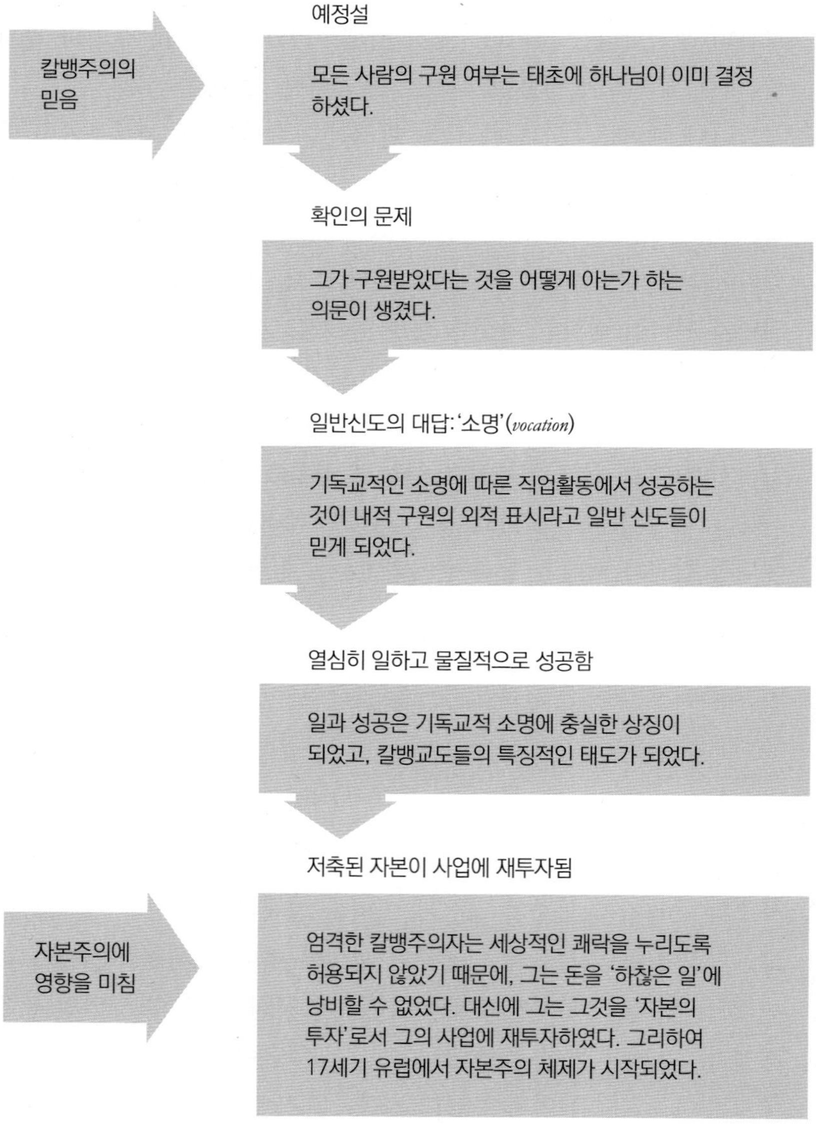

* 출처: Baldridge(1975: 397).

즉, 그는 자본주의 정신과 개신교 윤리의 관계를 다른 종교들의 경우에 적용시켜 이를 비교하려고 했다. 여러 중요 종교들의 윤리를 비교함에 베버는 경제생활의 합리성에 대하여 그것을 가속화시키거나 혹은 지연시키는 종교적 영향에 초점을 맞추고 있다. 그리하여 베버는 그가 연구했던 다른 지역들에서는 서구 합리적 부르주아 자본주의와 비견될 수 있는 어떤 발전도 일어나지 않았다는 것에 주목하면서, 그는 자본주의 발전의 결여와 종교적 윤리 자체의 성격 사이의 연관성을 확립했다(Parsons, 1949: 540). 그러므로 금욕적 개신교 윤리와는 대조적으로 그의 판단으로는 다른 세계 종교들의 윤리는 자본주의 정신의 출현을 조장하기보다는 억제했다는 것이다.

일찍이 중국에서는 합리주의적 문화가 있었고, 인도에서는 금욕주의가 상당히 발전했다. 그럼에도 동양에서는 왜 근대 자본주의가 생겨나지 않았는가? 베버는 종교가 나타내는 합리화의 수준은 두 척도에 달려 있다는 것을 관찰했다. 하나는 종교가 주술에서 벗어났던 정도이고, 다른 하나는 그것이 신과 세계 사이의 관계성, 그리하여 세계에 대한 그 자체의 윤리적 관계성을 체계적으로 연합시키는 정도이다(Weber, 1951). 이 문제들에 근거하여 동양 종교들과 사회의 관계에 대한 베버의 설명을 살펴보기로 한다.

1) 중국의 종교

중국의 전통적인 대표적 종교는 유교와 도교이다. 베버는 중국에서 자본주의의 발전에 장애요소로 작용했던 유교와 도교 신앙이 어떻게 오랫동안 유지되었던 중국의 사회적, 문화적 특징의 중심적 표현이었는가를 보여주었다(Weber, 1951). 중국의 종교가 자본주의 형성에 걸림돌이 되었던 3가지 요소들은 주술적 신앙, 확고한 정부 관료주의, 그리고 가족관계였다.

우선 주술적 신앙의 문제를 보자. 여러 영들에 대한 고대 중국의 믿음과 주술의 효험이 도교적 관점에서 그 논리적 극단에 이르렀다. 민족 주술의 유산을 발전시키면서 이 종교는 주술적 의례를 통하여, 신들의 의지에 대한 완전한 동의를 통하여 신들을 즐겁게 하는 데 전적인 강조점을 두었다. 도교의 가장 중요한 철학적 강조는 '무위'(無爲)라는 것이다. 이러한 태도는 분명히 성공적인 자본주의 기업을 위해 필요한 끊임없는 활동에로 인도할 수 없다. 도교에 내포된 주술적 믿음은 무위의 태도에 공헌할 뿐만 아니라 또한 기본적 산업의 발전에도 직접적인 장해물이 되었다. 그리하여 주술적 경향은 경험적인 기술적 유산을 저해하는 요소가 되었다(1951: 199). 그러한 주술적 믿음은 유교에서도 부인되지 않았다. 유교는 다른 방식으로 영원에 이르는 참된 길은 균형과 조화를 통해 이루어진다는 믿음을 가졌다. 유교에서 부를 긍정적 가치로 보기는 했으나 영혼의 평화는 탐욕으로 위험해진다고 느꼈다.

관료주의적인 중국의 정치구조도 또한 유교적 교리와 밀접한 관계를 가지고 있었다. 중국에서는 교육이 높게 평가되었으나 그 전적인 목적은 관료주의에서 영향력 있는 위치를 획득하는 데 요구되는 시험을 통과하기 위한 것이었다. 세습적 관료주의의 조건 아래서, 지배계층의 경쟁은 성직계층과 학위 추구 지식계급 가운데서의 경쟁으로 나타났고 모든 다른 추구는 질식되었다(1951: 151). 유교에서 보편적 정향의 자기완전의 덕 없이는 아무것도 얻어질 수 없지만, 덕은 영향력 있는 지위 없이는 유용하지 않다. 군자는 이득이 아니라 지위를 탐한다. 이것이 퓨리턴 견해와 대조된다.

전형적 유교인은 그 자신과 가족의 저축을 학자 교육을 받기 위하여 사용하며 시험을 위하여 훈련하는 데 사용한다. 그리하여 그는 교양 있는 지위, 위치를 얻는다. 전형적 퓨리턴은 많이 벌고 적게 쓰며 그 수입을 저축하기 위한 금욕주의적 충동으로부터 합리적 자본가 기업에서 자본으로 재투자한다. "합리주의"가 양자 윤리의 정신에서 구현되었다. 그러나 퓨리턴의 합리적 윤리만이 경제적 합리주의로 인도되었다. … 두 종류의 합리주의 사이의 기본적 차이는 유교 합리주의는 세상에 대한 합리적 적응을 의미하지만, 퓨리턴 합리주의는 세상의 합리적 지배를 의미한다는 것이다(1951: 247~8).

중국에서는 전통적 사회조직의 기초로서 가족관계가 또한 유교윤리와 밀접하게 관계되어서 경제체계로서의 자본주의에 대하여 장애요소가 되었다. 중국의 유교적 가족윤리의 핵심은 근친의 확대가족이었다. 전통적으로 재산은 근친 소유이고 근친이 통제했다. 여기에서 개인은 아무것도 아니었다. 만일 그에게 이윤이 생기면 그에게는 그것을 수많은 가족 멤버들 사이에서 분배할 것이 기대되었다. 그는 저축할 수 없고, 기업을 세우기 위하여 재투자할 수 없다. 다른 가족에 속한 사람은 믿을 수 없다는 것이 중국인의 기본적 생각이었다. 근친지향적 중국인은 친척이 아닌 한 기업적 신뢰를 다른 이들에게 가질 수 없었다. 그러나 개신교 윤리는 달랐다.

윤리종교, 무엇보다 개신교의 윤리적이고 금욕적인 종파들의 위대한 성취는 근친의 속박을 부수는 것이었다. 이 종교들은 혈족 공동체에 대한 반대에서, 심하게는 가족에 대한 반대 가운데서 믿음의 우월한 공동체와 공통된 윤리적 생활방식을 확립했다. 경제적 관점에서 보면 그것은 비인격적인, 직업적인 일 가운데 그의 윤리적 특질을 기업적 신뢰에 맡기는 것을 의미한다(1951: 237).

그러나 유교에서는 가족관계에 대한 지나친 집착으로 인해 개인적인 기업적 활동이 크게 제한받게 되었다.

나아가서 중국에서 근대 자본주의 형성의 커다란 걸림돌이 된 것은 중국종교, 특히 유교가 가진 세계관 혹은 가치관이었다. 합리적이고 윤리적인 명령의 결과로서 퓨리터니즘이 만들어냈던, 그래서 그 추종자들로 하여금 세상적 일에 대하여 체계적이고 금욕적으로 대면하게 했던 '세계'를 향한 엄청난 긴장과는 대조적으로 유교는

> 자연과 신성 사이에, 윤리적 요구와 인간의 결함 사이에, 죄의 의식과 구원의 필요성, 세상의 행위와 '저 세상'의 보상, 종교적 의무와 사회정치적 실재 사이에 긴장을 거의 만들어내지 않았다. 따라서 거기에는 전통과 관례로부터 자유로운 내적 힘을 통하여 행위에 영향을 미칠 지레 장치가 없었다(1951: 235~6).

베버의 관심을 끌었던 것은 무엇보다 경제발전에 대한 이러한 장해물을 돌파하는 데 중국 종교의 믿음의 전통과 기능이 긍정적으로 작용하지 못했다는 점이었다. 이에 대하여 벤딕스(Bendix)는 이렇게 정리한다.

> 사회질서의 요구에 적응함으로써 유교인은 하늘과 땅의 우주적 조화에 적응했다. 그의 최고의 덕목은 가족과 직책에 대한 전통적 의무를 성취하는 것이며, 삶의 모든 환경에서 적절한 의례를 준수하는 것이었다(1962: 152).

역사적 실재에서 유교와 중국사회에 대하여 지배적 정향이 되었던 것은 도(道)와 '황금의 과거'의 이상으로부터의 혁신의 잠재성이 아닌 전통주의(*traditionalism*)였다고 할 수 있다(Yang, 1951: xxxvii~xxxviii).

불충분한 교육, 정부행정의 미숙, 경제적 희소성을 인간 재난의 우선적 원인으로 보았던, 그리고 주술적으로 이해된 영들을 공격하는 주요 수단으로 보았던 종교로서 유교는 단순하고 실제적인 삶의 규칙을 옹호했다.

> 구원에 대한 옳은 길은 영원하고 초신적(超神的) 세계질서에 대한, 그리하여 우주적 조화에서 생겨나는 사회생활의 요구에 대한 적응에 있었다. 세속적 힘의 고정된 질서에 대한 경건한 동조가 최상의 가치였다. 개인적 이상은 보편적이고 조화적으로 균형잡힌 인성으로서의 자아의 확립이었다. 유교적인 이상적 인간으로 양반은 전통적 의무를 수행하는 것에서 표현되었다. 따라서 자아완성에서의 최상의 덕과 목표는 모든 삶의 환경에서 의례적 적합성을 의미했다. 이 목표에 대한 적절한 수단은 주의 깊은 그리고 합리적 자제요, 비합리적 감정이 야기시킬 수 있는 것에 대한 억제였다(1951: 228).

물론 중국인도 돈 버는 일에는 커다란 관심을 가지고 있었다. "중국에서의 인구의 엄청난 밀도와 관계되어 계산적인 정신과 매우 강한 자족적인 검소는 세상 지향적인 공리주의와 도덕적 완성의 수단으로서의 부의 가치에 대한 믿음의 영향 아래서 발전했다"(1951: 242). 그러나 그러한 탐욕에도 불구하고 중국인은 결코 합리적 방법이나 조직화된 기업을 발전시키지 못했고, 돈과 재정과 법의 합리적 조직을 발전시키지 못했으며, 상업적 회계체계도 발전시키지 못했다. 청교도는 일하는 것이 삶에서의 그의 사명이었기에 일했으나, 유교인은 그가 부를 획득할 수 있도록, 그의 시간을 여가에 쓸 수 있도록 하기 위해 일했다. 청교도에게 목표는 생산이고, 유교인에게 목표는 소비이다. 청교도에게 세계는 치유받아야 할 악한 장소이고, 유교인에게는 적응하고 즐길 수 있는 좋은 곳이다. 따라서 유교인은 축적적 합리주의자이지만 퓨리턴과 같은 의미의 자본주의자는 아니었고 될 수도 없었다.

퓨리터니즘은 전통이 절대적으로 거룩한 것은 아니라고 가정함으로, 그리고 주어진 세계를 윤리적으로, 합리적으로 정복하고 지배하는 끝없는 과제를 취함으로써 문명을 역동적으로 변형시켰으나, 유교는 전통의 신성불가침을 강조함으로써 삶의 행위의 모든 전해진 형태를 그대로 보존하려고 했다(1951: 240). 결국 중국의 경우 유교나 도교와 같은 종교가 조장한 주술적 성향의 종교성, 관료주의적 정치구조, 가족주의적 성향, 그리고 그 종교가 가지고 있는 전통주의적, 적응적, 조화적 세계관이 중국에서의 자본주의적 경제발전, 넓게는 사회변동을 억제하는 힘으로 작용했다고 하겠다.

2) 인도의 종교

베버는 세계를 변화시키려고 시도하기보다는 신도들을 세계에 적응하도록 했던 다른 사례를 인도의 종교에서도 발견했다(Weber, 1952). 그에 따르면 인도의 종교들도 대중의 믿음으로부터 주술을 제거하는 데 중국의 종교들보다 성공적이지 못했다. 그러나 중국인들이 세계에 대하여 낙관적이고 그것에 적응하려고 노력했던 것에 비해, 인도인들은 비관주의적이며 그것으로부터 벗어나려고 노력했다. 퓨리터니즘과 인도종교(힌두교이든 불교이든)는 모두 구원종교들이었다. 양자가 모두 인간이 근본적으로 악한 세계와 씨름했던 금욕주의를 제안했다. 그러나 금욕주의의 목적은 크게 달랐다. 인도인은 세계를 통제하고, 그것을 합리적 지배 아래로 가져오려고 하지 않고, 오히려 그것을 이해하고 철학적 통찰력을 얻으려고 하였다. 그들은 세상적 관심을 비움으로써 신비적 경험을 얻기 원했다.

> 힌두교 혹은 불교의 지식계층은 그들의 참된 관심영역은 이 세계의 일 밖에 있다는 것을 발견하였다. 이것은 영혼에 대한 신비적이고 무시간적인 구원의 추구와 존재의 "수레바퀴"의 의미 없는 기계적 반복으로부터의 도피였다(Weber, 1952: 338).

이와 같이 세계에의 체계적 참여보다는 그것으로부터의 탈출이 교육받은 힌두교인 혹은 불교인의 주된 관심사였다.

인도사회에서 사회변동, 좁게는 자본주의적 경제발전의 결정적 장애요소는 브라만(*Brahmins*: 사제), 크샤트리아(*Kshatriyas*: 무사와 귀족), 바이샤(*Vaishyas*: 상인과 장인), 수드라(*Sudras*: 농민)라는 네 계급으로 구성되어 있는 철저한 계급제도, 즉 카스트제(*caste system*)였고, 이것을 강력히 뒷받침한 것은 힌두교 교리였다. 따라서 엘리트에 의해 형성된 종교적 관념은 인도사회의 전통적이고 변하지 않는 성격을 이해하는 데 결정적이다. 힌두교리와 카스트제의 상호침투성과 통합은 사회적 안정을 위한 문화와 사회구조의 상호협조의 전형적인 사례가 되고 있다. 카스트제는 종교교리에 의해 정당화되고 강화되며 재생산된다. 개인적 사회이동을 배제하는 철저하게 등급화된 위계서열로서의 카스트제는 현상(現狀)을 효과적으로 유지하며 사회변동을 성공적으로 저지한다. 그것의 악명 높은 불평등에도 불구하고 카스트제는 불가피한, 그러나 최상의 사회체계로 받아들여지는데, 이러한 믿음은 힌두교의 종교적 교리에 의해 강력하게 뒷받침되고 있다.

인도사회의 카스트제를 정당화하는 힌두교의 중심적 믿음은 영혼의 윤회와 재생에 관한 교리(삼사라: *samsara*)와 보상 혹은 응보에 관한 교리(카르마: *karma*)이다. 힌두교는 이 교리들에 기초하여 퓨리터니즘의 이 세상적 금욕주의와는 현저하게 대조되는, 세계에 대한 수동적 수납의 태도를 가르친다. 일상생활에서의 세계에 대한 무관심은 사회환경을 변화시키려는 노력과는 거리가 먼 것이다. 힌두교 교리에 따르면 죽음은 전생의 행위에 대하여 적절하게 보상받아 영혼을 새로운 존재로의 환생으로 이르는 관문이다. 그리하여 베버는 영혼의 윤회에 대한 믿음이 죽음 후의 영의 운명에 대한 보편적인 믿음으로 이어진다고 보았다(1952: 119). 그리고 현재의 삶은 과거에 있던 일들의 불가피한 결과이다. 따라서 카스트제 안에서의 한 개인의 위치는 전생에서의 그의 활동의 직접적 결과이다. 현세에서의 개인의 사회적 운명은 전생으로부터의 보상의 불가피한 결과이다.

> 개인의 카스트 상황은 우연이 아니다. 인도에는 '출생의 우연' 관념은 거의 없다. 인도인은 개인이 전생에서의 행위, 업적에 의해 어떤 카스트로 태어나는 것으로 본다(1952: 121).

카스트제에서 개인적 사회이동은 환생을 통해서만 일어난다. 그리하여 그의 위치를 유지하거나 개선하기를 추구하는 사람은 그의 현재 삶에서 선하게 사는 것에 의해서만 그렇게 할 수 있다. 그러나 힌두교 맥락에서는 선하게 산다는 것은 그가 자신의 환경에 충실하는 것을 의미한다. 의란 자신의 카스트에서의 의례적 의무(다르마: *dharma*)를 양심적으로 수행하는 것을 의미한다. 자신의 사회적 위치를 바꾸거나, 지위를 부여하는 사회질서를 변경하려는 어떤 시도도 전적으로 배격된다. 카스트제의 서열에서 그의 위치가 어떠한 것이든 삶은 견디어야 한다. 그 삶은 앞으로 올 보다 나은 지위의 희망 가운데서 살아져야 한다. 세계는 변경시킬 수 없는 것이지만, 사람은 자신의 의무를 잘 감당함으로써 앞으로의 삶에서는 세계 안에서의 보다 나은 위치를 차지할 수 있다. 이에 대하여 베버는 다음과 같이 논평한다.

> 카르마 교리는 세계를 매우 합리적인, 그리고 윤리적으로 결정된 우주로 변형시켰다. … 공산당 선언은 이 구절로 끝난다. "무산계급은 사슬 외에는 잃을 것이 아무것도 없다. 그들은 이길 세상을 가지고 있다." 낮은 카스트의 경건한 힌두교인에 대해서도 똑같이 주장될 수 있다. 그 역시 "세상을 이길 수 있다(하늘의 세계까지도); 그는 크샤트리아, 브라만이 될 수 있다. 그는 하늘을 얻을 수 있고 신이 될 수 있다—그의 삶에서가 아니라 단지 재생 후의 미래 삶에서"(1952: 121~22).

카스트제와 카르마 교리의 결합은 현세의 지배적 계급체계를 전복시키는 것을 예방하여 현재 상황에 지성적으로나 감정적으로 만족하게 만드는 세계관을 제공한다. 따라서 카르마의 교리가 흔들리지 않고 남아 있으며, 대중들의 동의를 계속 받는 한, 혁명적인 관념이나 진보주의는 생각할 수 없는 것이었다(1952: 123).

자신의 위치를 알고, 이것을 받아들이는 것이 힌두 생활의 우선적 규칙이다. 출생, 죽음, 재생의 거의 끝없는 순환에 갇혀서 힌두신자는 나중에 다른 카스트에 속하기 위하여 벌 받을 열망을 억제하고 현재 카스트의 의무에 충실하게 된다. 힌두교 교리에 따르면 질서와 순위는 별들의 과정처럼, 동물과 인간의 차이처럼 영원한 것으로, 그것을 뒤집으려 하는 것은 무의미한 일이다(1952: 122). 이러한 맥락에서는 사회변동의 동기가 마련될 수 없다. 따라서 전통적인 인도 사회에서는 있는 그대로의 세계에 대한 헌신을 유도하기 위하여 초월적 보상과 처벌의 체계를 활용하는 신정론(神正論)에 의하여 종교가 잠재적인 사회적 부동의를 억누르며, 사회적 불균형을 지속시킨다. 뒤르켐적 관점에서 보면 힌두교는 믿음과 의례를 통하여 특정사회의 통합과 안정을 보장하는 기능을 하는 종교의 전형적인 예가 된다고 할 것이지만, 맑스적 용어로는 힌두 신정론은 지배계급의 이익에서 형성된, 그리고 하나의 최면제로서 파산된 민중들 가운데서 선전된 이데올로기의 한 최상의 예가 될 것이다(O'Toole, 1984: 148).

이와 같이 베버는 인도의 종교는 불평등한 현실세계에 의미를 부여하고 있으며, 고통과 악의 문제를 자연스럽고 불가피한 것으로 받아들이게 함으로써 사회변동을 억제하는 힘으로 작용했음을 지적하고 있다. 특히 힌두교의 윤회와 보상의 교리는 현존하는 정치적 질서와 사회계급 체계에 대한 종교적 성화나 정당화의 기능을 하고 있다는 점을 중요시하고 있다. 즉, 근대 자본주의 형성에 영향을 미치고 사회변동을 촉진했던 개신교의 에토스와는 대조적으로 인도 종교의 에토스는 인도 사회에서의 사회변동이나 경제발전에 결정적 장애요소로 작용했다는 것이다. 이와 같이 종교는 사회변동을 촉진하기도 하지만 방해하기도 하는 것이다.

4. 종교의 기능과 전망

베버는 종교에 대한 연구에 여러 가지 이념형적 개념들을 토대로 한 유형비교 방법을 즐겨 사용하고 있다. 그러나 이 방법을 이용하여 그가 탐구한 종교적 주제들은 매우 다양할 뿐만 아니라 그 내용도 방대하기 때문에 이 장에서 다 다룰 수는 없다. 그의 유형론적 종교연구의 결과들은 이 책의 여러 장들에서 다시 소개될 것이다. 그 주제들만을 소개하면 다음과 같다. 베버는 구원의 방법으로서의 금욕주의(*asceticism*)와 신비주의(*mysticism*) 유형을, 구원을 추구하는 정향(定向)으로서의 '이 세상성'(*inner-worldliness*)과 '저 세상성'(*other-world-*

liness) 유형을 조합하여 4가지 이념형적 구원관과 윤리적 실천방식을 구분하면서 각각에 해당하는 종교의 예를 비교하고 있다(이것은 제 9장에서 논의될 것이다). 베버는 또한 사회계층의 차이에 따른 종교성의 차이, 계층에 따라 다른 형태로 발전되는 신정론의 문제들을 연구했다(제 9장과 제 12장). 베버는 최초로 종교조직 형태를 교회형(*church-type*)과 종파형(*sect-type*)으로 구분해서 비교 연구했고(제 10장), 기능에 따라 다른 성격을 띠게 되는 종교들(주술, 사제종교, 예언종교)의 특징을 비교분석했으며, 주술가, 사제, 예언자로 구분되는 종교지도자 유형을 비교했고(제 11장), 종교적 권위의 유형을 전통적 권위, 카리스마적 권위, 합리적 권위로 구분하여 그 특징을 비교하고 발전과정을 추적했다(제 11장).

이 절에서는 종교의 기능과 전망에 대한 베버의 견해를 정리한다.

1) 종교의 기능

앞에서 우리는 종교가 사회변동, 특히 경제구조에 영향을 미치는 하나의 힘으로 작용할 수 있다는 베버의 주장을 살펴보았다. 분명히 종교는 하부구조에 의해 결정되는 종속변수만은 아닌 것이다. 그것이 의도했던 것이든 의도되지 않은 것이든 종교는 때로 사회변동에 긍정적으로나(개신교처럼 그것을 촉진시키는 경우) 혹은 부정적으로(동양의 종교들처럼 그것을 억제하는 경우) 기능을 할 수 있다는 것이 베버의 커다란 관심사였다.

종교가 사회변동을 촉진할 수 있는 것은 개신교 윤리의 경우처럼 종교적 이념이 윤리적 실천으로 이어지면서 개인의 생활변화, 나아가서는 사회의 구조변화를 초래하는 것이 전형적인 사례가 되겠지만, 베버는 종교가 사회변동에 영향을 미칠 수 있는 두 다른 가능성에 대해서도 분석하고 있다. 하나는 예언자 중심의 예언종교이다. 예언자는 자신을 명백하게 그리고 의식적으로 기성질서에 대항하는 것으로 본다(Weber, 1963: 46ff). 예언자는 그릇된 전통이나 현존하는 질서에 대하여는 항상 비판적이고, 경우에 따라서는 그것을 파괴하기를 원한다. 예언자는 세계에 대한 '의미'의 해석에서, 인간이 그것에 대해 취해야 하는 태도에서 합리화과정의 커다란 촉발자로서 중요하다(Parsons, 1949: 567). 예언자의 종교는 기성질서에 도전하고, 그것과의 단절을 추구하는 식으로 사회변동에 영향을 미칠 수 있다.

종교가 사회변동을 촉진할 수 있는 또 하나의 가능성에 대하여 베버는 카리스마(*charisma*)라는 개념으로 설명한다. 카리스마는 예언자들과 특별히 관계가 있으나 그렇다고 그들만이 카리스마를 가지고 있는 것은 아니다. 카리스마란 일상인과는 구분되고 초자연적, 초인간적 혹은 적어도 특별히 예외적인 힘이나 특질을 부여받은 것으로 취급되는 한 개인의 어떤 특질을 말하는 것이다(Weber, 1947: 358~59). 베버에게 카리스마는 인간사회에서 중요한 역할을 수행한다. 일상적인 것에서 벗어나서 그것은 불안정과 혁신의 근원이 되며 따라서 사회변동의 한 전략적 요소가 된다(O'Dea, 1966: 22~3). 카리스마적 지도자는 하나의 공동체를 만들어내며 그의 말을 받아들이고 그의 권위에 복종하는 사람들의 운동을 시작한다. 카리스마는 모든 영역에서 나타날 수 있으나 종교 영역에서 특히 현저한 요소로 보여진다. 종교적 카리스마 운동 혹은 카리스마적 지도자의 영향은 하나의 사회운동으로 발전하여 사회를 변화시키는 작용을 할 수 있다(예언자와 카리스마에 대해서는 제 11장에서 상세히 논의될 것이다).

예언종교나 카리스마운동에 의해 종교가 사회변동을 촉진하는 기능을 파슨스는 '돌파'(*breakthrough*) 기능이라고 부른다(Parsons, 1963a:

xxxiii~xxxiv). 여기에서 돌파란 하나의 기성질서에서 다른 질서로의, 하나의 상태에서 다른 상태로의 변화과정을 의미한다. 따라서 베버에게 중심적 관심은 사회의 안정을 강화시키는 기능이 아니라 사회변동의 역동성의 근원으로서의 종교적 기능이다.

그러나 종교의 기능에 대한 베버의 또 다른 관심은 종교가 사람들에게 부여하는 '의미의 문제'(*problem of meaning*)였다. 그는 인간들이 "의미 있는 우주에 대한 형이상학적 요구"를 가지고 있다고 주장한다(1946: 281). 의미에 대한 요구는 무의미함과 경험의 보편적 조건으로부터 유래한다. 무의미함은 죽음, 고통, 그리고 부, 권력, 지위 분포의 무작위적 요소들에서 생겨날 수 있다. 베버는 역사를 통해 종교는 의미에 대한 인간적 요구를 만족시키도록 기능했다고 주장한다. 그래서 그는 "모든 종교들은 세상의 과정이 어떻게든 의미가 있다는 것을 구체적인 전제로서 요구해 왔다"고 말한다(1946: 353).

인간은 불가해 보이는 사건들을 의미 있게 만들 필요가 있는데, 종교는 비범한 일들을 설명하고 일상생활의 일상적 질서를 정당화하는 신정론과 삶의 해석을 설명한다. 즉, 인간은 그들의 운명과 관계된 물음들, 도덕성과 훈련에 대한 요구, 부정의나 고통 및 죽음의 악들에 대한 대답을 요구하고 있는데, 종교가 이 문제들에 대한 대답을 마련함으로써 종교는 일상생활에서의 인간의 실제적 태도에 영향을 미친다. 이런 식으로 종교적 개념들은 목표의 형성, 수단을 규제하는 규칙, 선택과 결단에 영향을 미치는 일반적 가치에 영향을 미친다는 것이다(Parsons, 1954: 208~9). 베버는 종교가 그것을 신봉하는 이들에게는 의미의 문제에 대한 궁극적 대답을 마련해 준다고 생각했던 것이다. 종교의 기능에 대한 베버의 관점을 스티만(Steeman)은 다음과 같이 정리하고 있다.

베버에게 종교는 삶의 비합리성을 합리적으로 다루려는 인간의 끊임없는 노력이다. 종교는 존재의 요구에서, 그리고 그것의 모호성과 갈등에서 생겨나며 삶에의 필요한 열정을 준다. 종교는 아무리 삶의 변덕스러움이 구체적 상황에서 이해되어야 한다고 해도 그것으로부터의 자유와 구원을 약속한다. 그리고 열정을 가지고 살 이유를 제공한다. 그리하여 그것은 궁극적 의미의 문제와, 그리고 삶의 충만함의 약속과 관계되어 있다. 그것은 삶의 변덕스러움을 받아들일 수 있는 것으로 만들며 삶에 고귀함을 주고 삶을 가치 있게 만드는 삶의 방식을 처방한다. 요약하면 종교는 인간이 자신의 역사에서, 그가 살고 있는 세계에서, 매 순간 어떻게 삶을 살아야 하는지에 대한 기본적 이해를 만들어낸다(1964: 56).

요약하면 주어진 사회구조에 대한 인간의 적응, 그리고 그러한 사회적 배열의 안정과 지속은 의미의 문제에 대한 종교적 대답에 크게 달려 있다고 할 것이다.

그러나 베버는 종교가 모든 이들에게 똑같은 의미를 주는 기능을 한다고 보지는 않았다. 즉, 그는 종교가 다양한 사람들에게 그들의 사회경제적 배경이나 종교적 배경에 따라 각기 다른 의미를 줄 수 있다는 점을 분명히 했다. 그리하여 베버는 유교, 힌두교, 불교, 이슬람교, 유대교, 기독교가 각기 어떤 계층집단에 특히 커다란 의미를 주는지를 분석했고(1946: 268~9), 농민, 도시인, 귀족, 무사, 장인(匠人), 지식층 등의 각기 다른 계층집단들에게 종교는 어떻게 다른 의미를 부여하는지를 탐구했다(1963: chs. VI~VIII)(이 문제들은 제12장에서 논의될 것이다). 또한 그는 종교가 특권계급과 비특권계급에게 각기 다른 신학적 의미를 부여함으로써 각각 자신의 신분적 위치에 적응할 수 있게 하는 기능을 수행하고 있음에 대하여도 연구했다(1946: 270~7).

뒤르켐에게서처럼 베버에게도 종교는 보편적 현상으로 이해되고 있다. 즉, 만일 의미의 문제가 실제로 인간조건의 편재하는 양상이라면, 그리고 만일 의미의 궁극적 근거가 사회질서의 기능적 필요조건이라면, 베버적 의미에서 종교는 인간 사회에서 보편적 요소로 간주되어야 한다(O'Toole, 1984: 137). 인간이 의미를 추구하는 존재이고 종교가 의미의 문제에 대한 해답을 주는 것이라면 종교는 사회진화론자들의 주장처럼 사라지지는 않을 것이다.

결국 베버에게 종교는 인간이 그의 자연적, 사회적, 경제적, 정치적, 지성적 환경에 적응하는 수단이 될 수 있는 한편 그것은 또한 그러한 환경을 초월하거나 변화시킬 수 있는 수단도 될 수 있는 것이다. 그러나 그의 우선적 관심은 후자(변동의 기능)에 있다고 하겠다.

2) 종교의 미래적 전망

문화일반에 대한 견해에서도 마찬가지지만 종교의 미래에 대한 베버의 관점은 다소 비관적이다. 베버는 개신교 윤리의 경우처럼 종교가 사회를 변화시킬 수 있는 가능성은 점차 약화될 것이고, 나아가서 종교가 지닌 '의미의 문제'나 종교적 힘의 근원이 되는 '카리스마의 문제'가 현대사회에서는 어려움을 겪게 될 것이라고 예견하고 있다. 다시 말하면 '합리화', '지성주의화', 혹은 '세계의 비(非)마술화'와 같은 용어로 설명되는 현대성이 종교의 문제에 어려움을 야기시키고 있다(Weber, 1946: 155).

합리화란 개념은 사회변동에 대한 베버의 사상을 이해하는 데 결정적으로 중요하다. 그에 따르면 합리화란 사회생활의 어떤 영역들이 수단-목적, 혹은 기능적 합리성의 기준에 따라 조직되는 과정이다. 그는 근대화의 핵심적 특징을 기능적 합리성에 대한 강조가 증대되는 것으로 이해했다. 베버에 따르면 근대 서구사회는 '합리화된' 경제와 이에 수반된 특수한 '정신'을 가지고 있다. 합리적 정신은 전통주의와는 대조되는 정신으로 그것은 일을 하는 새로운 방식들을 향한 개방성과, 그리고 기능적으로 전문화된 역할과 수행의 보편주의적 기준에 적응하는 경향과 관계되어 있다. 이 합리화 과정의 특징은 모든 현상이 합리적으로 설명될 수 있다고 하는 믿음이다(Weber, 1958: 139). 사실상 베버는 개신교 윤리가 일종의 합리화된 이념체계였고, 이에 따라 그것이 합리적 근대 자본주의 형성에 도움을 주었던 것이라고 분석했다. 그러나 일단 합리적으로 확립된 경제체계는 더 이상의 종교적 설명이나 동기부여의 필요성을 갖지 않으며, 바로 이것이 사회변동에 미치는 종교의 영향력 감소의 전형적인 예가 될 것이다.

비록 베버가 사회진화 이론에서 인지적 편견을 비판했지만, 그는 종교가 현대성 가운데서 개인적 정체성과 도덕 공동체의 근원으로서 쇠퇴할 것이라고 주장했던 점에서는 진화론적 관점을 유지했다(Seidman, 1983: 268). 종교의 미래에 대한 다소 비관적인 전망은 비(非)마술화와 지성주의화의 사회-역사적 과정에 대한 그의 설명에서 보여진다. 비마술화는 주술적, 초자연적 힘이 없는 세계를 나타낸다. 베버는 비마술화의 두 중요한 근원을 밝혔다. 하나는 개신교에서 절정에 이르는 서구의 종교적 합리화 과정이고, 다른 하나는 16, 7세기의 과학적 혁명이다. 과학의 발전은 그것이 내재적인 자연적 힘에 따라 작용하는 자율적 세계를 투사하기 때문에 특별히 중요했다. 베버는 비마술화의 과정을 문화의 지성주의화의 전체적 틀 안에 놓았다. 지성주의화는 사회문화적 질서의 윤리적, 종교적 전제로부터 합리성의 공식적인 과정적 유형에 의해 정당화되는 일반적 규칙과 가르침에 근거한 사회질서로의 전환을 강조한다(Seidman, 1983: 269).

현대 지성주의화된 문화는 종교에 결정적 결과를 가져온다. 베버는 문화가 지성주의화될 때에 그것은 종교를 가치절하하며 반대로 종교에 의해서도 그것은 가치절하된다고 주장한다. 이것은 개인적 정체성과 사회적 연대감을 확보하는 하나의 의미체계로서의 종교를 점차 무력하게 만들고 있다. 즉, 베버는 세속적, 과학적 에토스(*ethos*)가 현대성의 문화와 심리학에 침투할 때에 종교는 비합리적 영역으로 밀려나게 된다고 본다(1946: 351). 여기에서 종교는 사적 개인의 감정적이고 표현적인 행동으로 보여지며, 이 견해는 후에 버거(Berger)나 루크만(Luckmann) 등의 이른바 종교의 사사화(私事化) 이론으로 발전한다. 베버는 또한 현대성의 과학적이고 지성주의화된 문화의 비종교적 성격은 종교생활과 수행을 세상적 내용에 그 자체를 비우도록 강요한다고 주장한다(1946: 142).

베버에게 종교의 영향력이 점차 약화되어가는 또 하나의 이유는 현대사회에서 카리스마의 힘이 감소되고, 카리스마적 권위와 관계성이 지배하는 경우가 감소하기 때문이다. 물론 이것 역시 합리화 과정의 결과이다. 현대사회에서 전통적인 혹은 카리스마적 근원을 가진 권위(특히 종교적 권위)가 법적 혹은 합리적 권위로 대체되는 경향은 종교의 영향력을 약화시키는 구체적 사례가 될 것이다.

베버에게서 우리는 비마술화된 세계관으로 인도했던 합리화의 역전될 수 없는 과정이 '쇠 우리'(*iron cage*)를 마련할 것이라는 '자멸적 예언'을 보며 그의 문화적 비관주의의 일면을 보게 된다. 그는 원래 《개신교 윤리와 자본주의 정신》에서 종교적 동기와 정당화가 합리적 형태의 조직과 정신을 가져오는 데 중심적 역할을 했다고 주장했다. 즉, 보편주의적 윤리의 발달과 세계에 대한 합리적 지배를 위한 종교적 추진력의 발전이 그것이었다. 그러나 이 합리성이 일단 사회구조의 한 부분이 되면서 그것은 그것의 역사적 기원으로 떨어져 나가 그 자체의 추진력을 얻게 되었다. 그리하여 베버는 현대사회의 합리적으로 조직화된 질서가 개인에게 하나의 압도하는 힘으로 나타나고 있음을 관찰했다. 특히 현대 경제질서의 상황은 도구성의 '쇠우리'가 되었다.

> 미래에 누가 이 우리(*cage*) 안에서 살게 될지, 이 거대한 발전의 끝에 전적으로 새로운 예언자들이 생겨날지, 혹은 옛 이념과 이상의 위대한 재생이 있을지, 혹시 아무 것도 아니라면 일종의 필사적 자존심으로 장식된 기계화된 무기력이 있게 될지 아무도 모른다. 왜냐하면 이러한 문화적 발전의 마지막 단계에서는 이렇게 말해질지 모르기 때문이다: "영이 없는 전문가들, 감정이 없는 감각주의자들; 이 쓸데없는 사람들이 전에는 성취해 본 적이 없는 문명의 수준을 성취했다고 생각하고 있다"(Weber, 1958: 182).

종교적, 윤리적 뒷받침 없이 합리성의 논리와 힘의 지배만 받게 되는 문명의 비극적 결말을 베버는 예고했다. 그러나 베버는 이러한 비관주의를 넘어설 한 가지 희망이 있었다. 즉, 근대 이전 세계들의 일원적 세계관이 점차 깨어져 버린 것이 사실이지만, 이것이 현대세계는 의미가 박탈당했다는 것을 의미하는 것은 아니다. 베버의 입장은 현대성 가운데서 의미의 상황과 성격은 소멸되는 것이 아니라 변형된다는 것이다(Seidman, 1983: 273). 베버는 진리 혹은 과학, 미 혹은 미학, 선 혹은 도덕성의 영역의 분화(分化)를 지적하고 있다. 그는 윤리적 세계의 일원성의 가정이 현대성 가운데서의 가치 다원주의(*pluralism*)로 대체되고 있다고 주장한다(1946: 149ff). 단일한 세계관의 용해와 유기체적 사회질서의 붕괴와 함께 종교적 가치와 의미는 그것의 절대적 성격을 상실하며 사사화된다. 그러나 베버에게 그 유기체적 질서의 사라짐이 가치들의 쇠퇴, 의미의 종식, 자유의 소멸을 나타내는 것은 아니다. 그는 분화, 문화적 다원주의, 개인주의화의 과정들이 역사적으로 독특한 개인적 의미와 자유의 상황을 낳았다고 주장했다(Seidman, 1983: 277). 베버는 이미 종교적 다원주의 상황의 현대사회에서는 종교가 사적으로 개인에게 종교적 의미를 부여할 수 있을 것을 예견했다.

5. 베버 종교론의 평가

베버 종교론에 대한 비판은 대부분 그의 "개신교 윤리" 주제에 대하여 이루어지고 있으나, 그 비판 못지않게 그 주제에 대한 변론도 폭넓게 이루어지고 있다. 이 절에서는 우선 베버의 "개신교 윤리" 논쟁에 대한 여러 가지 평가결과를 소개하고, 그의 전체적 종교론의 공헌에 대하여 살펴본 후 그의 영향을 받아 종교이론을 전개한 학자들의 입장을 간단히 소개해 보려고 한다.

1) "개신교 윤리" 주제의 평가

베버의 "개신교 윤리" 주제에 대한 비판은 여러 가지이다. 첫 번째 비판은 개신교의 종교적 관점과 윤리가 자본주의 정신을 촉진했다는 베버의 명제 자체를 부정하는 비판이다. 가장 심한 비판은 맑스적 해석으로서 경제적 조건으로서의 자본주의의 생성이 오히려 이념과 가치로서의 개신교 윤리의 출현의 원인이 되었다고 주장한다. 이러한 입장의 대표적 인물은 새뮤얼슨(Samuelsson)이다(1964). 새뮤얼슨은 윤리적-종교적 동기가 경제활동에서의 한 결정적 요소로서 나타나는 신빙성에 의문을 제기한다. 한편 보다 온건하게 개신교 윤리와 자본주의 발흥 사이의 관계를 비판하는 입장도 있다. 이러한 입장을 견지하는 학자들은 개신교 윤리와 자본주의 정신의 상관관계 자체를 부정하기보다는 그 연관성이 인과관계에 있다는 것을 부정하는 것이라고 할 것이다.

이들은 그 대안의 가능성들로 자본주의 합리화의 결과가 개신교 윤리라는 것, 과학적 세계관의 발전이 둘 다를 만들어냈다는 것, 종교적 자유 혹은 경제활동에 대한 교회 통제의 붕괴가 양자의 원인이었다는 것, 정치적 분화를 초래한 사회들이 개신교 윤리와 자본주의를 모두 낳게 했다는 것들을 제안하고 있다(Budd, 1973: 61). 혹은 새로운 경제적 기회, 새로운 테크놀로지, 새로운 계급, 그리고 결과적으로 사회에 대한, 그리고 동료 인간들에 대한 의무의 새로운 변화가 이미 자본주의적 추진력을 창조했다고 주장되기도 한다.

두 번째 유형의 비판은 자본주의 정신과 개신교 윤리의 친화성은 개신교 개혁 이전에, 혹은 개신교 이외의 경우에서도 발견되고 있다는 비판이다. 예를 들면 좀바르트(Sombart)는 서구 자본주의를 촉진하는 데는 유대교인들의 활동이 보다 효과적이었다고 지적한다(1951). 한편 토니(Tawney)는 자본주의가 가톨릭 지역들에 존재했는데, 자본주의 정신은 중세기 성자들과 전설적 인물들에 너무 친숙해 있고, 가톨릭 도시들은 중세 유럽의 중요한 상업 중심지였고 가톨릭 은행가들이 그것의 앞선 재정가들이었다고 지적한다(1962). 이러한 비판은 개신교 윤리와 자본주의 정신의 관계 자체를 부정한다기보다는 베버가 개신교 윤리만을 자본주의 정신과 관계시키고자 했던 방식에 대한 비판일 것이다.

"개신교 윤리" 주제에 대한 세 번째 비판은 개신교 윤리가 자본주의의 발흥에 영향을 미쳤던 것은 사실이나 그 방식을 잘못 추론했다는 것이다. 이 비판의 근거는 사회생활에 대한 혁신적 정향을 가져오는데 결정적인 것은 한 교리의 본질적인 믿음과 가치가 아니라, 오히려 그 교리를 추종하는 사람들이 사회 안에서 차지하는 구조적 위치라는 주장이다. 즉, 종교적으로 소수민 지위에 있는 사람들은 기업적 일 외에는 갈 곳이 없다는 것이다. 전통적 직업들로부터 배제되었기 때문에, 오히려 그들은 경제적 활동 가운데서 자신을 주장하게 되었다는 것이다. 그리하여 개신교도들의 주변적 지위, 이주해 온 개신교 집단들, 혹은 일탈적인 가톨릭 집단들에 '자본주의 정신'을 부채질 한 공이 돌려져 왔다(Robertson, 1984: 173). 예컨대 허드슨(Hudson)은 칼뱅주의자들은 전형적으로 박해받은 집단이었고, 그러한 집단들은 자연히 근면하고 검소해지는 경향이 있다고 제안하고 있다(1949).

한편 개신교 윤리와 자본주의 발전의 관계를 직접적 인과관계로 보지 않고 간접적 관계로 보면서 양자 사이에 정치적, 사회적 요인을 놓고자 하는 대안적 제안을 하는 학자들도 있다. 예를 들면 왈저(Walzer)는 어떤 개인들은 무엇보다도 사회적 불안정의 시기에 안전에 대한 자기통제와 정체성의 새로운 방식에 대한 필요성을 느꼈기 때문에 칼뱅주의자와 청교도들이 되었다고 주장하면서, 그들은 급변하는 불안정의 시대에서 선택받은 사람으로 "의견과 의지 위에 세워지지 않은 옛 충성들"—가족, 조합, 지방성, 그리고 영주와 왕에 대한 충성들—을 폐기할 것을 요구하는 새로운 질서의 훈련을 위탁받은 사람들이었다고 지적한다(1965). 이와 같이 칼뱅주의자와 청교도들을 자본주의 지향적이게 만든 것은 그들의 정치적, 사회적 성향과 의식이라는 것이다. 또한 스완슨(Swanson)은 정치적으로 권력집중화가 높은 것은 가톨릭의 산물이며, 그것이 낮은 것은 개신교의 산물로서, 권력집중화가 낮을수록 그 사회는 경제적으로 성장할 가능성이 높다는 것을 밝혀냈다(1967). 그에 따르면 개신교는 권력이 분산된 사회들에서 발전했으며, 이런 사회들에서는 상인과 장인들은 흔히 중앙정부기관과는 동떨어진 이익과 권력의 수행자였는데, 결과적으로 개신교는 기업가적 산업을 정당화시키는 한 형태로서 기능을 수행했다는 것이다.

베버에 대한 비판 가운데 많은 것이 사실은 베버 저작의 전체적 맥락과 의도를 잘못 이해한 데서 유래했다고 지적되었다. "개신교 윤리" 주제에 대한 가장 흔한 비판은 새뮤얼슨이나 토니 등에게서 보여지는 것처럼 베버의 연구는 종교적 믿음에 대한 경제적 요인의 영향을 탐구하지 않았다는 것과 베버의 설명은 결과적으로 일방적 인과관계라는 것이었다. 베버는 이에 대하여 이미 그의 저작에서 정확하게 대답했다. 즉, 베버는 그가 경제적 발전과 종교적 이념 사이의 관계성의 한 양상만을 보았는데, 그 이유는 그것이 가장 흔히 간과되었던 것이기 때문이지만, 어떻게 개신교 금욕주의가 반대로 사회조건의 전체성 특히 경제에 의해 그 발전과 성격이 영향받았는가를 탐구하는 것도 또한 필요할 것이라고 지적했다(1958: 183). 그의 책의 각주(脚註)에서 그는 물질문화에 대한 종교적 관념의 영향이 '실제로 의심의 여지가 없었던' 관계성만을 탐구했다고 진술했다(1958: 283). 이 연구의 고립성을 수정하고 문화발전 전체에 대한 관계성을 밝히기 위하여 그는 종교와 사회 사이의 관계성에 대한 비교종교적 연구를 시작했던 것이다.

한편 유물론적 입장에 반대하는 관념론적 입장이 베버의 생각이라는 비판을 의식하며 베버는 이렇게 말한다.

> 물론 일방적인 유물론을 똑같이 문화와 역사에 대한 일방적인 영적, 인과적 해석으로 대치하려는 것이 내 목적은 아니다. 두 가지가 똑같이 가능하다. 그러나 각 방법에서 도출된 내용이 만일 준비로 작용하

> 는 것이 아니라 탐구의 결론으로 내려지는 것이라면 그것은 역사적 진리의 관심에서 보면 성취하는 것이 거의 없게 된다(1958: 183).

유물론이나 관념론은 물질과 이념 사이의 어떤 인과성의 존재 여부를 알아보는 하나의 방법론적 연구방법 혹은 준비작업이지 결정론적 판단을 내리려는 가치평가적 결론이 될 수는 없다는 말이다. 베버는 유물론적이든 관념론적이든 경제와 종교적 이념의 관계를 이해하는 데 일방적인 인과적 주장을 하는 것을 반대했고, 바로 이 점에서 그는 맑스를 극복할 수 있었다. 베버가 경제영역(자본주의)에 미친 종교적 이념(개신교 윤리)의 영향을 말했다는 것이 후자는 전자의 영향을 받을 수 없다는 것을 말하는 것은 아니다.

분명히 베버를 반맑스적 관념론자로 취급하는 것은 잘못이다. 그리하여 피쇼프(Fischoff)는 "사실상 베버는 맑스 가설의 신봉자였다. 다만 그것이 절대적이고 보편적인 요약 철학(*summary philosophy*)으로 만들어져서는 안 된다고 반대했을 뿐이다; 그는 나아가서 모든 절대적 주장과 모든 일원론을 거부하였다"고 설명한다(1968: 75). 베버는 분명히 물질적 혹은 경제적 요인의 인과적 중요성에 대하여도 인식하고 있다. 그래서 그는 이렇게 말하고 있다.

> 관념이 아니라 물질적 그리고 관념적 이익이 인간의 행위를 직접 지배한다. 그러나 매우 흔히 '관념'에 의해 창조되었던 '세계에 대한 인상'(*world images*)이 전철수(*switchmen*)처럼 이익의 역동성에 의해 행동이 추진되었던 궤도(*track*)를 결정지어 왔다(1946: 280).

베버에게 관념과 물질은 상호작용하며 영향을 주고받는 것으로 이해되고 있음이 확실하다. 베버의 이 관점을 맑스와 헤겔의 경우와 비교하면 〈그림 5-2〉와 같을 것이다.

"개신교 윤리" 주제에 대한 평가에서는 베버의 연구목적과 의도, 그리고 그가 강조하려고 했던 의미를 파악하게 되면, 그에 대한 많은 비판들이 무의미하거나 중요하지 않거나 아니면 오해에서 비롯된 것임을 알 수 있다. 이 연구에서 베버의 가장 중요한 공헌은 종교적 윤리와 경제적 에토스 사이의 관계성을 엄격하게 규정하고 정확하게 추적한 것이었다. 그리고 경제와 이념의 관계에 대한 맑스의 유물론적 해석에 대한 하나의 대안적 설명의 가능성을 제시했다는 점이다. "개신교 윤리" 주제를 탐구함에 베버는 이념형적 연구방법, 이해사회학적 분석방법, 인과적 해석의 방법을 적절하게 이용했다고 할 수 있다.

베버가 "개신교 윤리" 주제에서 밝혀낸 종교연구의 업적은 매우 크다. 무엇보다 베버는 "개신교 윤리" 연구에서 종교현상은 사회에 대한 일반적인 역사적, 비교적 이해에 매우 중요하다는 것을 밝혀냈다고 하겠다(Eisenstadt, 1968). 그의 종교분석은 종교적 관념이나 믿음과 인간행동의 다른 양상들 사이의 관계에 대한 이해에 새로운 시대를 열었다고 할 수 있다(Parsons, 1963a: xx).

〈그림 5-2〉 관념과 물질의 관계

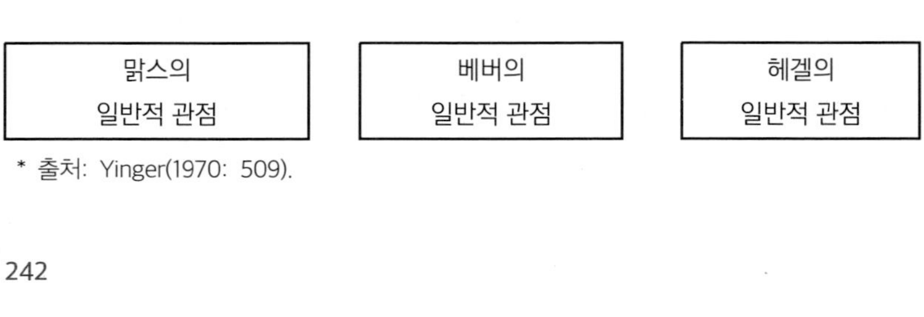

* 출처: Yinger(1970: 509).

둘째로, "개신교 윤리"에서의 금욕적 개신교의 궁극적 가치태도들에 대한 베버의 탐구와 의미체계에 대한 그의 관심은 이해(*verstehen*)의 방법을 종교현상을 이해하기 위한 가장 적합한 사회과학적 방법임을 보여준다. 그리하여 17세기 일상적인 보통의 퓨리턴의 삶의 자리에서 자신을 가정하려는 베버의 노력(그들의 상황, 관심, 동기의 성격을 이해하려는 수단으로)은 종교사회학에 해석적(이해적) 분석의 범례적(凡例的) 경우를 보여준다(O'Toole, 1984: 132).

셋째로, 금욕적 개신교의 관념과 근대적인 합리적 자본주의의 성격 사이의 연계를 추적하려는 시도에서 베버가 종교적 변수를 다루는 정교함과 조심성은 후대 저작들에서 종교를 결정론적으로 취급하지 않도록 하는 하나의 모델이 되고 있다. 비록 그가 종교를 세계역사적 중요성의 "매혹적이고 결정적인 수수께끼에 대한 열쇠"로 보지만, "종교가 일반적으로 그리고 필연적으로 역사적 변동의 근원"이라고 주장하지는 않는다(Luckmann, 1977: 11). 결국 베버는 상부구조로서의 종교와 하부구조로서의 물질(경제)과의 관계를 일방적인 것으로, 결정론적인 것으로 이해하려는 시도의 위험성을 지적함으로써 보다 객관적이고 과학적 종교연구(그리고 사회연구)의 길을 제시했다고 할 것이다.

넷째로, "개신교 윤리"는 관념체계의 내면적 논리, 합리화의 진화적 과정, 그리고 개인적, 집단적 의미체계의 마련에서의 종교의 역할과 같은 문제들을 폭넓게 다룸으로써 종교연구의 여러 가지 주제들을 함께 논의하고 이에 따라 종교의 기능이나 역할은 복합적인 성격을 띠고 있음을 보여준다. 보다 구체적으로 말하면 "개신교 윤리"의 주제는 구원, 신정론, 종파 형태의 종교조직, 보다 합리적 문화체계로의 돌파, 지성인의 교리적 창조와 대중적 종교성 사이의 부조화와 같은 것으로서, 그의 종교사회학의 전반적인 주제들이 모두 여기 함축되었다(Weber, 1963 참조).

이런 의미에서 베버는 "개신교 윤리" 연구에서 개신교와 자본주의 사이의 유사성을 입증하려는 것보다 훨씬 많은 것을 했다. 많은 역사학적, 사회학적 전문가들이 해 왔던 것처럼 "개신교 윤리"를 단순히 16, 7세기에서의 경제와 종교의 관계에 대한 하나의 국지적인 역사적 명제라는 용어로 취급하는 것은 충분치 않다(Nelson, 1973: 83). 베버의 "개신교 윤리" 주제에서 우리는 종교사회학 분야에서 다룰 수 있는, 그리고 다루어야 하는 수많은 논제들을 발견하게 될 뿐만 아니라, 종교에 대한 사회학적 분석은 어떤 방법으로 어떻게 시도되어야 하는가 하는 방법론적 모델에 대하여도 많은 것을 배우게 된다.

2) 베버 종교론의 공헌과 그 영향

베버 종교론의 우선적 공헌은 하나의 독립변수로서의 종교의 역할에 대한 그의 강조라고 할 수 있다. 특히 그는 종교가 사회변동을 촉진하는(혹은 억제할 수 있는) 작용을 할 수 있음을 밝힘으로써 관념, 가치, 문화의 중요성을 보여주었다. 이 주제는 주로 개신교 윤리가 자본주의 형성에 미친 영향에 대한 연구와 동양종교와 사회발전의 관계에 대한 비교종교적 연구에서 탐구되었지만, 특히 종교가 사회변동에 기여하는 경우에서는 카리스마에 대한 연구, 예언종교의 발전에 대한 연구, 합리화 과정에 대한 연구 등에서도 깊이 있게 그 문제가 다루어졌다. 베버의 이러한 연구주제는 일본에서 종교가 사회변동에 미친 영향을 분석한 벨라(Bellah)의 연구(1957), 라틴 아메리카에서의 종교와 사회변동의 관계에 대한 마두로(Maduro)의 연구(1988) 등에 이어진다. 뒤르켐이 종교의 사회통합 기능에 대하여 주로 논의했던 것과는 대조적으로 베버는 종교의 사회변동 혹은 변형 기능에 대한 연구를 중심적 과제로 삼음으로써 종교의 역동성에 대한 후대의 종교사회학 연구들을 활성화시켰다.

독립변수로서의 종교의 역할에 대한 베버의 분석은 종교가 다른 제도적 영역에 영향을 미칠 수 있다고 하는(반드시 변동은 아니라 하더라도) 가능성을 보여준 것이고, 이에 따라 종교와 사회 제도적 변수의 상관관계(가능하면 인과관계까지)를 밝혀보려는 많은 노력들이 생겨났다. 대표적인 것이 렌스키(Lenski)의 《종교적 요인》(*The Religious Factor*, 1961)이다. 그는 이 책에서 미국 디트로이트 시(市)에서의 서베이 조사결과를 토대로 하여 여러 종교성의 차원들이 정치, 경제, 교육, 가족 제도에 미치는 영향을 조사 분석했다. 그 결과 그는 종교성 혹은 종교라는 변수가 사회의 다른 제도적 영역에 영향을 미치고 있다는 것을 발견했다. 물론 개신교가 가톨릭의 경우보다 더 큰 사회적 영향을 보여주고 있다고 하는 그의 조사결과에 대하여는 많은 논란이 있으나(Riccio, 1979; Bouma, 1973), 중요한 것은 렌스키가 종교를 독립변수로 보고 그것이 제반 사회제도의 영역에 영향을 미치는 가능성에 대하여 폭넓게 분석을 시도했다는 점이다. 어쨌든 그의 연구는 종교와 사회제도들(정치, 경제, 교육, 가족) 사이의 관계에 대한 여러 학자들의 연구를 활성화시켰는데, 이것은 사실 근원적으로는 베버의 영향이었다.

베버는 '의미의 제공'을 종교의 또 다른 핵심적 기능으로 보았다. 이것은 종교가 심리적으로는 사람들에게 정체성(*identity*)을 마련해주고, 그리하여 사회심리적으로는 죽음이나 고통 혹은 부정의와 같은 삶의 위기 가운데서 적응력을 키워주는 것을 뜻한다. 베버에 따르면 그 어느 것도 대신할 수 없는 근본적인 종교의 기능은 바로 사람들에게 삶과 죽음의 의미를 '의미 있게' 설명함으로써 삶과 죽음에 대하여 바로 대면할 수 있게 한다는 것이다. 이 사상은 '의미를 부여하는', 그리고 사회생활에 적응하는 데 도움을 주는 종교의 기능을 중요시하는 파슨스(Parsons)의 종교론에 결정적인 영향을 미쳤다. 그리하여 그는 베버의 견해를 따라 종교적 신앙체계의 인지적이고 평가적인 기능을 강조한다.

> 종교적 이념들은 행위전체를 위한 인지적 상황규정에 관계되어 있는데, 여기에는 그 상황의 정감적, 그리고 평가적 수준의 관심이 포함되어 있다. … 그것들은 또한 철학의 넓은 의미에서 '의미'의 문제, 즉 경험적 인지 대상과 자연, 그리고 인간본성과 사회적 삶의 성쇠 등의 문제들을 포함해야 한다. 따라서 사회체계의 통합이란 관점에서 보면 종교적 신앙은 행동에 대한 의미를 부여하면서 인지적 정향체계(*system of cognitive orientation*)의 통합을 위한 중심점이 된다(Parsons, 1964: 367~8).

파슨스가 '의미를 제공하는' 종교의 기능에 대한 베버의 견해를 다시금 확인한 이래로 그 주제는 종교의 기능에 대한 모든 종교사회학 분석에서 기본적 요소가 되고 있다.

교회-종파 이론(제 10장의 주제)의 창시자로서의 베버의 공헌도 매우 중요하다. 종교조직의 두 이념형적 모델로서의 종파와 교회에 대한 그의 연구는 후대 학자들의 종교조직 연구에 크게 영향을 미쳤다(Troeltsch, 1960; Niebuhr, 1957; Wach, 1958; Yinger, 1946; Wilson, 1970). 또한 종파주의 연구를 혁명적이거나 진화적인 사회변동의 종교운동들 연구와 결부시키는 많은 시도들도 구원, 예언, 카리스마에 대하여 논의했던 베버에게서 힘입은 바가 크다고 할 것이다(Wallis, 1979; Worsley, 1968). 뿐만 아니라 현대의 역사적 배경에서의 천년왕국적, 메시아적, 토착적, 재활적 운동에 대한 연구들도 베버의 선구적 연구에 크게 빚지고 있다(Cohn, 1970). 한편 현대화된, 산업화된, 그리고 세속화된 사회들의 매우 다른 조건들에서 생겨났던 이른바 '신종교 운동'(*new religious movement*)의 연구자들도 종교조직과 종교운동에 대한 베버의 이론에 힘입은 바 크다고 할 것이다(Needleman and Baker, 1978; Glock and Bellah, 1976).

다양한 이익집단의 사회경제적 배경의 차이에 따른, 즉 계층의 차이에 따른 종교성 혹은 종교적 관심이나 종교적 이데올로기의 차이에 대한 베버의 연구는 종교와 사회계층의 관계에 대한 후대 학자들의 연구에 지대한 영향을 미쳤다. 이것은 종교적 성향은 계층적 배경에 따라 각기 다른 양상으로 나타나게 된다는 베버의 이해사회학적 연구와 관계된 주제이다. 이 경우에는 종교를 일종의 종속변수로 보는 관점이라 할 수 있다. 사회계층에 따른 종교성의 다양성(제 12장의 주제)에 대한 베버의 분석은 종교성이 사회경제적 지위의 영향을 받으며, 이에 따라 종교가 계층에 따라 서로 다른 기능을 하게 된다는 연구의 근거를 마련하고 있다(Glock, 1964; Stark, 1972; E. Goode, 1980; Demerath, 1965).

마지막으로 합리화, 지성주의화, 세계의 비(非)마술화라는 용어로 표현되는 현대사회의 불가피하고 돌이킬 수 없는 사회적 변동상황이 종교에 영향을 미쳐 종교의 기능을 축소시키게 된다고 하는 베버의 설명은 후대 학자들의 종교의 세속화론(제 15장의 주제)에 결정적 영향을 미치고 있다. 특히 다원주의 그리고 제도적 분화로 이해되는 현대적 상황변화가 종교에 미치는 영향에 대한 베버의 분석은 윌슨의 종교쇠퇴론(Wilson, 1966), 그리고 버거와 루크만, 펜 등의 종교사사화론〔私事化論(Berger, 1982; Luckmann, 1982; Fenn, 1978)〕의 이론적 근거가 되고 있다.

이와 같이 베버의 종교론은 그 범위의 폭넓음과 그 내용의 깊이로 인하여 오늘날의 종교사회학 분야의 매우 다양한 주제에서 매우 많은 학자들에게 커다란 영향을 미치고 있다. 베버는 오늘날의 종교사회학을 가능하게 했던 지식과 정보, 통찰력과 문제제기의 근원적 배경이 되었다고 해도 과언이 아닐 것이다.

제 6 장

종교에 대한 사회이론

거시적으로 사회현상을 이해하고 설명하는 사회이론은 크게 기능이론과 갈등이론으로 나뉘어진다. 전자는 사회를 조화적이고 안정적이며 통합적인 구조로 보는 반면에, 후자는 사회를 부조화적이고 불균형적이며 갈등적인 구조로 본다. 사회에 대한 이러한 이해는 종교에 대한 관점에서도 그대로 반영된다. 우리는 기능이론의 관점에서 종교를 설명하는 이론을 종교기능론(*functional theory of religion*), 갈등이론의 관점에서 종교를 설명하는 이론을 종교갈등론(*conflict theory of religion*)이라고 부른다.

종교기능론이 종교가 개인이나 사회에 미치는 기능적 작용에 초점을 맞추고 있다면, 종교갈등론은 종교가 개인이나 사회에 미치는 역기능적 결과를 강조한다. 그러나 종교에 대한 갈등이론적 연구는 아직까지 충분히 이루어지지 않기 때문에 여기서는 종교기능론에 대한 논의에 많은 부분을 할애할 것이다. 그리고 뒷부분에서는 갈등이론 및 두 접근방법을 통합하려는 종합이론에 대해서도 간단히 소개한다.

1. 종교기능론

1) 종교기능론의 성격

종교기능론이란 종교에 대한 기능이론 혹은 기능주의적 접근방법을 의미한다. 따라서 종교기능론에 대한 이해에서는 사회학의 가장 오랜 이론적 전통이라 할 수 있는 기능주의 혹은 기능이론에 대한 일반적 이해가 먼저 필요하다. 그리고 기능이론의 관점에서는 종교를 어떻게 설명하는가 하는 것을 밝히는 것이 순서일 것이다.

(1) 기능이론의 성격

기능주의(*functionalism*) 혹은 기능이론(*functional theory*)은 사회를 설명하는 하나의 이론 또는 사회를 이해하려고 시도하는 하나의 접근방법을 의미한다. 흔히 기능주의 이론 혹은 접근방법은 주로 뒤르켐, 그리고 어느 정도는 베버에게서 유래되었다고 본다. 뒤르켐의 영향을 받아 사회의 구성과 유지에서의 기능적 요소와 작용을 탐구한 사회학자들에 의해 이 이론이 기능주의라는 이름으로 발전되었으나, 한편 그의 영향을 받은 인류학자들은 사회구조와 그 기능의 관계에 초점을 맞춰 사회, 문화를 분석하려고 했기 때문에 이 후자 집단에 의해서는 그 이론이 '구조-기능주의'라는 이름으로 발전되었다(Turner and Maryanski, 1979).

기능이론은 사회현상을 이해하는 데 사회 안에 있는 모든 요소들은 상호관계되고, 그 각각은 어떤 식으로든 개인적 그리고 집합적 목표의 성취에 공헌하고, 그 각각이 적응과 조정에 의하여 서로의 변화에 반응한다고 본다. 기능이론이 설명하는 사회는 다음과 같이 요약될 수 있다(Van den Berghe, 1963: 696). ① 사회는 상호연관된 부분들의 체계로서 총체적으로 보여져야 한다. ② 따라서 인과관계는 다중적이고 상호적이다. ③ 통합이 결코 완전하지는 않아도, 사회체계는 근본적으로 역동적인 균형상태에 있다. 그리하여 외부변화에 대한 적응적 반응은 그 체계 안에서의 변화의 양을 극소화하는 경향이 있다. ④ 역기능, 긴장, 그리고 일탈(逸脫)이 존재하며 지속될 수는 있으나, 그것들은 자체가 해소되거나 '제도화되는' 경향이 있다. ⑤ 변화는 일반적으로 갑작스럽고 혁명적인 방식이 아니라 점차적이고, 적응적인 방식으로 일어난다. ⑥ 만일 변화가 생겨난다면, 그것은 세 근원에서 온다. 밖으로부터의 변화에 대한 적응, 구조적 그리고 기능적 분화를 통한 성장, 사회 안의 멤버들이나 집단에 의한 발명이나 혁신이 그것이다. ⑦ 사회통합을 만드는 가장 중요하고 기본적인 요인은 가치합의(*value consensus*), 즉 사회체계의 대부분의 멤버들이 바람직하다고 생각하고 동의하는 광범위한 목표와 원리이다.

기능이론은 사회를 사회적 생존의 기본적 문제를 지향하는 부분들의 상호의존 체계로, 그리고 그 안에 있는 여러 부분들의 균형의 결과로 본다. 오데아(O'Dea)는 기능이론의 성격을 다음과 같이 제시한다(1966: 2~4).

> 기능이론은 사회를 규범들이란 용어로 인간의 활동을 유형짓는 사회제도의 지속적인 한 균형으로, 즉 인간 참여자들 자신에 의하여 정당화되고 결속되는 것으로 보고 있다. … 기능이론은 문화를 지식, 믿음 그리고 가치의 다소 통합된 체계로 본다. … 기능이론은 인간을 자신의 생존을 보장하기 위하여 적응하든지 혹은 지배하거나 통제함으로써 환경에 대처해야 하는 것으로, 그리고 또한 감정을 표현하고 표출된 요구를 행하며 사람과 사물에 반응하고 관계를 맺어야 하는 것으로 본다.

〈그림 6-1〉 기능이론의 기본도식

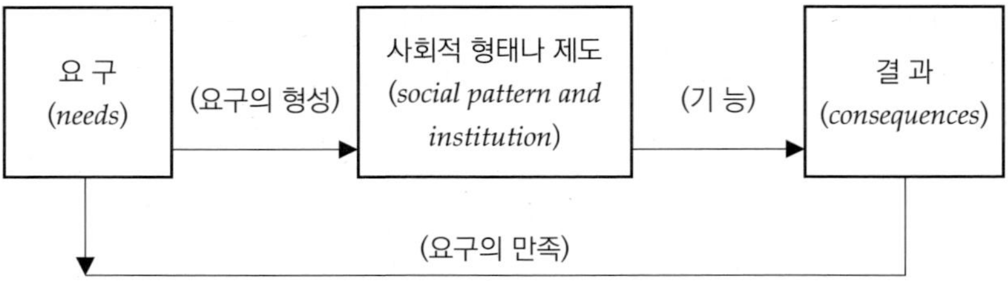

* 출처: Roberts(1984: 49).

그렇다면 문화, 사회체계 그리고 인성(*personality*)은 그 영향이 인간의 행동에 미치는 하나의 복합적인 사회적 현상의 양상으로 보여진다. 따라서 기능론적 물음은 사회관계의 지속적인 체계, 문화의 유지, 그리고 인성의 작용과 관계된 기능적인 물음에 초점이 맞춰지게 된다.

기능이론에서 중요한 것은 '기능'(*function*)의 문제이다. 이때 기능이란 "어떤 것으로부터 유래된 객관적 결과들"을 의미한다(Whitley, 1964: 33). 사회학자는 현상을 연구함에 그것의 의도나 목표 혹은 목적보다는, 기본적인 사회적 요구에 따라서 수행된 기능의 사회적 결과에 관심을 가지고 있다. 이것을 도식화하면 〈그림 6-1〉과 같다.

어느 사회에나 개인적 혹은 사회적 요구가 있게 마련이고 이것은 사회적 형태나 제도를 형성하며, 이것은 나아가서 그 요구를 충족시키도록 기능하여, 만족스러운 (혹은 불만스러운) 결과를 초래한다. 기능이론은 이런 식으로 사회적 과정을 탐구하는데, 그것은 종교연구에서도 마찬가지이다.

(2) 기능이론과 종교

기능이론은 종교가 인간 그리고 사회의 요구에 따라 생겨난 하나의 제도로서 그 요구를 만족시키기 위한 기능을 수행하는 것으로 설명한다. 종교를 필요로 하게 되는 기본적 요구는 인간이 지닌 능력의 한계 때문이다. 오데아는 종교가 공헌하게 되는 기능을 유발시키는 인간의 한계상황을 3가지로 제시한다(O'Dea, 1966: 5; 1970: 205~6).

첫째는 우연성이다. 이것은 인간이 불확실성의 상황에서 살고 있다는 것을 의미한다. 인간의 안전과 복지에 결정적으로 중요한 사건들은 그의 예측 너머에 있다. 예측할 수 없는 미래에 대한 불확실성은 삶에 불안과 긴장을 초래하기 쉽다. 이때 인간은 주어진 조건이나 진행되는 사건이 우연이 아니며, 미래적 사건은 좋은 방향으로 예측될 수 있기를 기대한다. 이러한 요구를 충족시키는 데 종교가 적합하다는 것이다.

종교적 요구의 근거가 되는 인간의 또 하나의 한계상황은 불가능성이다. 자신의 삶의 조건을 통제하고 영향을 미칠 수 있는 인간의 능력은 제한되어 있다. 인간은 자신이 갈망하는 것이 생애에서 그리고 여기 지상에서 모두 실현될 수 있는 것은 아니라는, 그리고 그가 마음 가운데 두는 열망이 흔히 그의 능력 너머에 있다는 사실을 발견하게 된다. 이때 인간은 무력감을 느끼며 좌절의 경험을 하게 된다. 이러한 무력감과 좌절을 극복하도록 하는 데 종교는 중요한 기능을 한다는 것이다.

인간이 종교적 해결을 필요로 하는 또 다른 요구의 근거는 희소성이다. 인간이 원하는 가치는 대개 재화나 지위, 권력과 같은 희소가치이다. 이 가치는 귀한 만큼 희소하고, 따라서 소유하기가 어렵다. 특히 희소가치가 불평등하게 분배될 때, 그리고 그것을 원하는 만큼 소유할 수 없을 때 인간은 박탈감을 느끼게 된다. 이때 종교는 어떤 식으로든 박탈에 대해 보상해주는 기능을 하게 된다는 것이다. 이렇게 본다면 인간이 직면하게 되는 한계상황은 종교적 기능을 기대하게 만드는 기본적 요구이며, 필요조건(충분조건은 아니라 해도)이 된다고 하겠다.

흔히 우연성, 불가능성, 그리고 희소성과 같은 인간의 한계상황은 산업 이전 혹은 원시사회에서의 종교의 기능을 설명하는 데 적절하다(Radcliffe-Brown, 1948; Malinowski, 1954). 그러나 그러한 한계상황은 현대 산업사회에서도 극복되지 않고 있다. 질병과 우연적 죽음은 여전히 예측할 수 없고 통제할 수 없는 방식으로 작용하고, 사회부정의(不正義)는 여전히 사회 가운데 존재한다. 그리하여 가장 진보된 현대 산업사회에서도 사람들은 세계의 예측 불가능성, 통제 불가능성, 윤리적 냉혹성 때문에 기대에 대한 좌절, 그리고 이에 따른 긴장과 갈등을 겪을 수 있다(Winter, 1977: 25). 따라서 종교의 기능에 대한 하나의 전제조건으로서 인간의 한계상황은 시대에 따라, 사회에 따라 정도의 차이나 내용의 차이는 다소 있을지라도 기본적으로는 인간과 사회의 보편적 현상이라고 할 수 있다.

한편 스피로(Spiro)는 개인 혹은 집단이 만족되기를 기대하는 기본적 3가지 요구를 인지적, 실재적, 표출적 요구로 보고, 이러한 요구들을 충족시키는 종교의 기능을 조정적, 적응적, 통합적 기능이라고 부른다(1966: 106~22).

첫째로 인지적 요구는 삶에서, 사건에서 의미를 찾으려는 것을 말하며, 종교는 이에 대하여 조정적 기능을 수행한다. 종교적 믿음체계는 사회 멤버들에게 그렇지 않으면 의미 없고 이해할 수 없을 현상에 대한 의미와 설명을 마련해 준다. 물론 여기에서 의미는 자연적 현상, 역사적 사건, 사회학적 사실의 '의미'를 뜻하는 것은 아니다. 여기서의 의미는 베버가 말하는 불평등한 삶의 운명, 좌절 혹은 죽음과 관계된, 즉 '고통'이라는 주제로 설명되는 '의미'이다(Weber, 1963). 따라서 종교의 조정적 기능이란 종교가 고통에 대하여 도피하거나 그것을 초월할 수 있는 인지적 근거를 마련해 준다(Spiro, 1966: 110). 즉, 종교는 궁극적 질서의 개념을 제공하여 합리적 사고 방식과 과학적 능력으로도 해결될 수 없는 죽음, 고통, 부정의와 같은 인간의 무질서적이고 비합리적인 정황에 의미를 부여한다. 의미 부여의 문제는 인간의 정체성 확립의 문제와도 관계된다. 그리하여 벨라(Bellah)는 긴장과 갈등의 상황 가운데서 어떻게 현상체계 자체가 유지되어야 하고, 어떻게 손상된 체계가 고쳐져야 하는가에 대한 지침을 마련함으로써 종교는 개인에게 인지적 정체성을 제공한다(1970: 11). 결국 스피로나 벨라의 주장은 종교에 내포된 가치는 인간의 본성과 숙명에 대한 신념을 받아들여 자기규정을 가능하게 하고, 세계와 자아와의 의미 있는 관계성을 확인할 수 있게 함으로써 고통스런 삶의 문제들에서 의미를 찾을 수 있게 한다는 것이다.

스피로가 지적한 인간의 기본적 요구의 두 번째는 실재적 요구이며, 이에 상응하는 종교의 기능은 적응적 기능이다. 즉, 인간은 그의 실재적 열망들(예를 들면 자연의 조종, 병의 회복, 전쟁의 승리, 천국이나 열반의 추구 등)을 만족시키기 위하여 초인간적 존재를 믿고 종교적 의식을 수행한다(Spiro, 1966: 112). 이 실재적 욕망의 대부분은 고통을 극복하거나 초월하려는 시도이다. 인간은 단순히 고통의 의미를 알고 싶을 뿐만 아니라 그의 구체적 고통—경제적, 정치적, 신체적—을 극복하기 원한다. 베버가 지적하듯이 종교는 고통에 대한 설명을 마련해줄 뿐만 아니라 또한 그것으로부터 구원을 약속하기도 한다(1963: 138~206). 종교적 테크닉—의식수행, 신앙, 명상, 도덕적 실행 등—은 이 약속이 성취된다고 느껴지는 수단이 된다. 비록 종교적 의례가 실제로는 가난의 제거, 건강의 회복, 비를 오게 하는 일 등에는 효과적일 수 없다 하더라도, 그것을 통해 이 목적을 성취할 수 있다는 믿음은 '소망 없음'—그리고 이에 수반되는 불안

— 을 감소시킬 수 있다. 이것이 바로 적응적 기능이다.

스피로가 지적하는 인간의 세 번째 요구는 표출적 요구로서, 이것은 인간의 '고통스러운 충동'과 '고통스러운 동기'와 관계된다. 전자는 정신분석학이 말하는 공포와 불안(자아파괴에의 공포, 제거됨의 불안, 정치-경제적 대격변에의 환상, 유아기적 자아느낌 등) 이고, 후자는 문화적으로 금지되었기 때문에 — 공격, 의존성, 성의 금기 등 — 생겨나는 수치, 부적합성, 도덕적 불안의 느낌이다. 인간은 이러한 충동과 동기가 감소되고 만족을 얻기 원하는데 이때 종교는 그것이 상징적으로 조종되고 표현될 수 있는 하나의 통로가 된다. 종교적 믿음과 의례가 문화적으로 구성된 투사, 대체, 순화기제(그것들에 의해 무의식적 공포와 불안이 감소될 수 있는)를 위한 내용을 마련하기 때문에, 이 충동과 동기는 종교적 행위의 한 중요한 무의식적 근원을 구성한다고 스피로는 보고 있다(1966: 115). 이러한 표출적 요구가 충족될 때에 인간은 심리적으로 통합될 수 있고, 따라서 그는 이것을 통합적 기능이라고 부른다.

이와 같이 기능이론은 인간이 극복하기를 원하는 근본적 한계상황에 흔히 직면하기 때문에, 그리고 인간이 충족되기를 원하는 기본적 욕망이나 요구를 가지고 있기 때문에 종교가 필요하며, 종교는 바로 그러한 문제들에 대한 해결책을 마련해 주는 기능을 한다고 본다. 그러나 이러한 한계상황이나 욕망 혹은 요구가 개인의 심리적 측면에서만 적용되는 것은 아니다. 그것들은 집단적, 사회적 상황이나 현실에서도 적용될 수 있다. 즉, 인간의 기본적 요구는 개인적 요구일 수도 있고, 사회구조적 요구일 수도 있다. 이러한 요구에 대한 반응으로서의 종교의 기능에 대하여 오데아는 일반적 용어로 다음과 같이 정리한다(O'Dea, 1966: 16~7).

종교는 문화에 궁극적 의미가 가정되는 용어로 하나의 정박점을 마련해 준다. 이 궁극적 의미는 인간의 목표와 열망의 근거를 마련해주며, 문화자체의 가치와 목표에 대한 지속적이고 효과적인 동의를 확인하는 경외의 태도를 일깨워준다. 종교는 인간이 우연성과 무력성에 직면하는 극한상황에서 의미의 문제에 대한 대답을 제공한다는 점에서 사회체계에 공헌한다. 그것은 또한 실망과 관계된 사회적 좌절에 적응할 수단을 마련해준다. 인성(*personality*)에 대한 종교의 기능은 그것이 인간의 생활과 노력이 의미가 있다는 것을 보장하는 기본적 근거를 공급하며, 표출적 요구의 출구와 인간 감정에 대한 정화(*catharsis*)와 위안을 마련해준다. 그것은 또한 사회의 규범과 규칙의 성화에 의하여 인간적 훈련을 도와주며, 그리하여 개인을 사회화하고 사회안정을 유지하는 데 하나의 역할을 수행한다.

2) 종교의 기능

앞에서 우리는 종교가 수행할 수 있는 기능을 일반적 용어로 설명했다. 그러면 기능이론에서는 종교가 수행하는 구체적 기능에 대하여는 어떻게 설명하는가를 살펴보자. 종교의 기능은 크게 사회적 기능과 심리적 기능으로 구분될 수 있다. 사회적 기능은 주로 사회를 통합시키는 종교의 기능을 의미하는 경향이 있으나, 넓게는 사회를 변화시키고 통제하는 기능도 종교의 사회적 기능에 포함된다. 한편 심리적 기능은 개인에게 의미를 부여하여 정체성을 확립하게 하며 사회적 적응력을 키워주고 긴장을 해소시켜주는 기능을 나타낸다. 종교의 사회적 기능과 심리적 기능은 밀접한 관계를 가지고 있다. 즉, 사회적 기능은 전체 사회(혹은 부분 사회)에 어떤 역할을 수행함으로써 그 영향이 개개인에게 미칠 수 있다. 한편 심리적 기능은 본래 개인들에게 작용하지만 그들이 사회 구성원으로 사회에 참여하게 된다는 점에서 사회적 영역으로 그 영향이 확산될 수 있다.

종교는 다양한 기능을 수행한다. 종교적 신앙, 의례, 조직은 개인과 사회구조에 대하여 여러 요구를 충족시킨다. 그러나 종교의 기능이 모든 개인과 모든 사회에서, 그리고 모든 상황에서 똑같은 방식으로, 똑같은 정도로 수행되는 것은 아니다. 종교가 기능하는 방식은 사회구조, 그 사회의 문화, 그리고 종교 자체의 특수한 성격에 따라 다양할 수 있다. 예를 들어 낯선 곳으로 이주해 온 집단에게는 종교가 정체성이나 소속감을 마련해주는 것으로 중요할 것이고, 고통을 경험하는 집단에 대해서는 종교가 위로나 도움의 역할을 주로 할 것이며, 급격한 사회변동을 경험하는 사회에서는 안정의 느낌을 주며 가치를 유지하게 하는 종교의 기능이 강조될 것이다. 따라서 여기에서 열거하는 종교의 기능은 상황의 다양성을 전제로 한 보편적이고 일반적인 유형의 기능들이다.

(1) 종교의 사회적 기능

① 사회통합의 기능

기능이론에서 가장 강조하는 종교의 사회적 기능은 사회통합의 기능이다. 사회학의 지속적인 일반적 제안 가운데 하나는 종교가 사회 안에서 사회통합, 사회적 연대감, 사회 응집이라고 불리는 것을 뒷받침하는 중심적인 그리고 결정적 기능을 수행한다는 것이다(Glock and Stark, 1965: 170). 종교의 사회통합 기능에 대하여 강조하여 후대 기능이론의 발전에 결정적인 영향을 미친 것은 뒤르켐이었다. 앞에서 살펴본 대로 그는 종교가 사회의 기본적 가치와 규범의 근거를 확립하고, 사회 구성원들 사이에 집합적 의식과 정감을 마련해 줌으로, 사회가 하나의 도덕 공동체로서 질서와 안정을 누릴 수 있게 한다고 역설했다. 종교의 사회통합기능을 강조하는 사회학자들은 모두 뒤르켐의 전통을 따른다.

종교가 사회 안에서 통합하는 기능을 수행하는 것은 어떤 방식으로 이루어지는가? 우선 종교는 사회의 가치와 규범을 강화하는 방식으로 사회의 통합에 기여한다. 종교는 사회의 지배적 가치와 규범을 정당화함으로써 사람들로 하여금 현존하는 사회질서에 순응하게 하는 역할을 할 수 있다. 종교는 대체로 사회의 전통과 문화유산에 대하여 긍정적 의미를 부여하는 경향이 있다. 종교의 이러한 강화기능은 사회 구성원들이 사회에 동조하고 적응하게 하는 데 효과적이다. 어떤 의미에서 종교는 사회의 지배적 가치와 규범을 사람들에게 사회화시키는 역할을 수행함으로써 사회통합에 기여한다고 볼 수 있다. 예를 들면 미국에서는 종교가 '민주주의'라는 가치를 시민들에게 가르침으로써 그들을 민주주의 국가로서의 미국사회에 충성하게 만든다. 한편 한국에서는 종교가 '자본주의'의 가치를 종교인들에게 주입시킴으로써 그들을 반공의 집단으로 결속시킨다. 이와 같이 사회적 가치와 규범을 성화시킴으로써 종교는 사회안정을 증진시킬 수 있다.

종교는 또한 현존하는 사회구조나 질서 자체를 정당화시킴으로써 사회통합에 기여할 수 있다. 종교는 나은 자와 못한 자, 혜택받은 자와 박탈당한 자, 상류계급과 하류계급, 지배자와 피지배자와 같은 사회적 구분들이 행운, 힘, 혹은 간계의 산물로서가 아니라 받을 만한 것으로, 그리고 바르게 놓여져 있는 것으로 받아들이게 만든다(O'Dea, 1970: 264). 예를 들면 힌두교는 계급제도를 교리적으로 철저하게 정당화함으로써 계급갈등의 여지를 없애고 불평등한 사회구조에 사람들이 순응하게 함으로써 사회통합에 기여한다.

한편 종교는 개인들을 집단 안에서 다른 이들과 의미 있는 관계성에로 이끌어 줌으로, 때로는 위기에 직면한 개인들로 하여금 그 위기를 극복할 수 있게 도와줌으로, 때로는 사회에서 소외당한 계층에 대한 사회복지 역할을 감당함으로써 많은 이들을 사회생활에 적응시킨다(Johnstone, 1975: 145~8). 이러한 종교적 기능은 사회통합을 도울 수 있는 간접적 방법이 될 수 있다. 오데아는 종교의 사회통합 기능을 사제적 기능(*priestly function*)이라고 부른다. 이것은 사제의 역할은 대개 믿음과 가치에 대한 권위적 가르침을 통하여 현존하는 질서를 뒷받침하고, 이렇게 함으로써 사회안정에, 현상(*status quo*)의 유지에 공헌하기 때문이다(O'Dea, 1966: 14).

종교가 사회통합 기능을 수행할 수 있는 구체적 내용에 대하여 데이비스(Davis)는 다음과 같이 설명하고 있다(1948: 529).

> 종교는 본능적 욕망에 대한 감정의 지배와 개인적 이익에 대한 집단 목적의 지배를 유지하도록 돕는 4가지 일을 한다. ① 종교는 초자연적 믿음의 체계를 통하여 집단 목적에 대한 설명과 그것의 우위성에 대한 정당성을 제공한다. ② 종교는 집단의례를 통하여 공통된 감정의 지속적인 갱신의 수단을 마련한다. ③ 종교는 거룩한 대상물을 통하여 같은 가치를 공유하는 모든 이들에게 가치와 활력을 위한 구체적 준거틀을 공급한다. ④ 종교는 보상과 처벌 — 선한 행위에 대하여는 보상, 악에 대하여는 처벌 — 의 무제한적이고 절대적인 근거를 마련한다. 이런 식으로 종교는 사회통합에 독특하고 없어서는 안 될 공헌을 한다.

종교가 오늘날과 같이 도시화, 산업화, 세속화된 사회에서도 과연 사회통합의 기능을 수행할 수 있는가 하는 데 대해서는 많은 논란이 있지만(이 문제는 잠시 후 다룰 것이다), 기능이론에서 가장 강조되는 종교의 사회적 기능이 사회통합의 기능이라는 것은 부인할 수 없는 사실이다.

② 사회통제의 기능

사회통합의 기능과 밀접하게 관계되면서도 구분되는 것은 종교의 사회통제 기능이다. 사회는 그 구성원들이 반드시 지켜야 할 규범들을 가지고 있다. 그것이 단순히 습관적 행위규범을 의미하는 민습(*folkways*)이든, 사회가 명령적인 것으로 느끼는 행위규범을 뜻하는 원규(*mores*)이든, 아니면 강제적이며 제재적인 성격을 띠는 법이든 모든 사회는 나름대로의 다양한 규범을 가지고 있다. 이 규범이 지켜질 때에 사회는 질서가 유지될 수 있으나, 반대로 그것이 지켜지지 않으면 사회는 무질서, 혼란의 아노미(*anomie*) 상태에 이르게 된다.

이러한 사회적 규범에서 벗어나는 행위를 일탈(逸脫)행위라고 부른다. 사회 안에서 일탈행위—예를 들어 살인, 강도, 절도, 폭행과 같은 범죄행위와 이혼, 동성연애, 알코올 중독과 같은 비범죄적 행위—가 만연한다면 그 사회는 해체위기에 처하게 된다. 따라서 사회는 해야 할 일과 해서는 안 될 일들을 규정하는 규범들을 가지고 있다. 이러한 규범을 통하여 사람들의 일탈행위를 방지하는 것을 사회통제라고 한다.

종교는 사회통제의 가장 강력한 수단이 될 수 있다. 종교는 개인적 바람이나 욕망, 본능이나 요구에 대하여 집단적, 사회적 목표의 우월성을 강조하기 위하여 사회의 지배적 규범을 성화(聖化)시킨다(O'Dea, 1966: 14). 종교는 특히 여러 가지 금지규정(예를 들어 '살인하지 말라', '도둑질하지 말라'는 등의)을 종교적 계명으로 확립함으로써 사회 안에서 사람들의 일탈행위를 억제하고 예방하는 역할을 한다. 종교는 집단적 목표와 이상을 위하여 개인적 목표와 이상을 통제하며 여기서 일탈하는 행위에 대해서는 도덕적 제재를 가하게 된다.

그리고 개인들이 이기적 욕심을 충족시키기 위하여 정당하지 못한 방법을 사용하는 것을 예방할 수 있기 위하여 윤리적 가르침을 제공한다. 특히 금지의 윤리('… 하지 말라'는 식의)를 강조함으로, 그리고 이것을 지키지 않는 것을 죄로 규정함으로써 종교는 사람들의 일탈 행위를 억제하고 사회통제에 기여할 수 있다.

종교가 지향하는 규범적 가치는 대체로 그 사회에서 질서를 유지하는 데 도움이 되는, 사회가 개인에게 지키도록 요구하는 바람직한 가치와 일치하는 경우가 많다. 그러나 종교적 규범이 힘이 있는 것은 여기에는 궁극적이고 거룩한 초월적 준거가 있기 때문이다(O'Dea, 1970: 264). 그리하여 종교는 사회적 무질서와 무규범을 예방하고 억제하면서 사회의 도덕성 확립을 도와주는 기능을 수행한다.

③ 사회변형의 기능

종교는 가끔 사회통합과 같은 안정지향적인 보수적 기능과는 달리 사회를 변화시키려는 진보적 기능을 수행하기도 한다. 이것은 특히 베버의 새로운 사회질서로의 전환을 촉구하는 종교지도자들의 카리스마에 대한 연구, 개신교 윤리가 근대 서구 자본주의 형성에 미친 영향에 대한 연구 등에서 밝혀진 대로 종교가 사회변형 혹은 변동에 중요하게 작용하는 힘이 될 수 있음을 강조하는 종교의 기능이다. 또한 종교는 때로 사람들의 의식의 변화를 초래하여 태도와 행위의 변화를 유발하기도 한다. 실제로 기독교가 근대 서구의 계몽주의 사상과 과학의 발전, 자본주의 경제구조나 근대 정치이념들에 크게 영향을 미쳐 서구 근대화에 공헌했다고 하는 것은 잘 알려진 사실이다.

한편 사회변형의 다른 중요한 경우는 종교가 때때로 수행하는 사회비판의 기능이다. 종교는 경우에 따라 사회적 부조리와 모순, 경제적 불평등과 부정의, 정치적 부패와 타락에 대하여 날카롭게 비판하고 그 질서에 도전하면서 사회변혁을 촉구하기도 한다. 이러한 비판기능은 베버가 명명한 이래로 종교의 예언자적 기능이라고 불리고 있다(1963: 40ff). 예언자적 기능은 흔히 기존의 사회적 조건이나 형태에 대한 중요한 사회적 저항의 한 근원이 될 수 있다. 이렇게 동시대의 사회적 형태를 초월하고 기존의 파당적 이익을 무시하는 윤리적 이상이나 명령을 세움으로써 종교는 파괴적인 그릇됨을 바로잡아 보다 안정된 사회에 공헌할 수 있거나, 혹은 혁명의 후원자와 주도자가 될 수도 있다(O'Dea, 1970: 264~5).

그러나 종교의 사회변형 기능은 그 성격상 사회통합의 기능과 현저하게 대조되기 때문에 각기 다른 기능을 수행하고자 하는 종교간에, 종교집단간에 긴장과 갈등이 생겨날 수 있다. 예를 들어 같은 종교 안에서도 종교의 통합기능(혹은 사제적 기능)을 강조하는 집단과 종교의 변형기능(혹은 예언자적 기능)을 강조하는 집단 사이에 심각한 대립과 마찰이 있을 수 있다.

(2) 종교의 심리적 기능

종교의 심리적 기능의 공통된 근거는 그것이 의미를 제공한다는 것이다. 여기에서 의미의 문제라 하는 것은 인간이 과거 역사와 미래적 예측뿐만 아니라 현재에서의 개인적 재난과 성공, 불행과 행복을 도덕적, 종교적 용어로 해석하는 설명을 종교가 마련해 준다는 것을 말한다. 종교가 인간 경험에 의미를 제공한다는 것은 베버 이래로 종교사회학의 중요한 주제 가운데 하나였다. 종교는 궁극적 질서의 개념을 제공하여 합리적 사고방식과 과학적 능력으로도 해결될 수 없는 죽음, 고통, 부정의와 같은 인간의 무질서적이고 비합리적인 정황에 의미를 부여한다(Weber, 1963). 종교는 존재의 의미, 인생의 의미를 보여주는 설명과 해석의 틀을 제공하여 인간 존재의, 그리고 세계구조의 유의미성과 질서감을 일깨워준다. 또한 종교에 내포된 가치뿐만 아니라 그 가치관과 병존하는 인간의 본성과 숙명에 대한 신념을 그대로 받아들임으로써 인간은 자의식과 자기규정의 중요한 측면을 발전시킨다. 그리고 인간의 영혼으로 하여금 우주에 대하여 어떤 의미를 가지도록 하며 또한 우주가 인간에게 어떤 의미를 가지도록 함으로써 종교는 인간의 자아를 확대시킨다. 종교는 특히 우연성, 불확실성, 회소성이라는 인간의 한계상황에서 현실에 대한 의미를 부여함으로써 그의 여러 가지 심리적 문제들을 극복할 수 있도록 기능한다. 종교가 의미를 제공함으로써 심리적 기능을 수행할 수 있는 구체적 상황과 내용은 다음의 몇 가지로 구분될 수 있다.

① 긴장-해소의 기능

비극과 긴장은 인간상황의 한 본질적 성격이다. 어느 사회에든 문화적으로 멋진 희망과 기대와 그것의 성취 사이에는 항상 괴리가 있다. 또한 인간은 그가 적절히 예견할 수 없고 통제할 수 없는 사건들에 적응해야 한다. 이러한 상황은 인간에게 긴장을 야기시킨다. 종교는 바로 이러한 상황에서 의미를 제공함으로써 문제를 극복할 수 있는 동기를 마련해 줄 수 있다.

인간이 긴장을 경험하게 되는 영역은 3가지이다(Nottingham, 1971: 79~94). ① 죽음의 문제에서 생겨나는 긴장이 있다. 자신 혹은 중요한 타자와 관계된 죽음의 문제는 절망적인 것이다. 따라서 죽음의 의미에 대한 재확증 없이는 인간은 긴장상황에서 벗어날 수 없다. ② 예측할 수 없고 통제할 수 없는 힘들에 직면할 때 인간은 긴장을 경험하게 된다. 자연적, 신체적, 사회적 재난이나 불행은 때로 인간의 생존에 위협적인 힘으로 나타날 수 있다. ③ 한 사회의 구조 안에서의 모순에서 유래하는 상충되는 가치에 직면하게 될 때 정신적 긴장이 야기될 수 있다. 특히 변동상황에서의 일관성 없고 모순적인 가치들에 직면할 때, 인간은 혼란과 갈등을 경험하게 된다.

종교는 이러한 긴장의 해소에 효과적일 수 있다. 즉, 의미의 발견은 긴장을 해소시키고 마음의 안정과 평화를 가져올 수 있다. 종교는 왜 죽음이 있고, 재난이나 불행이 있으며, 그러한 문제들을 넘어서기 위해 바람직한 삶의 자세는 어떠한 것인지와 같은 물음들에 대해 해석적 설명을 해 준다. 이와 같이 종교는 가치의 준거틀을 마련함으로써 인간의 생활 가운데서 생겨나는 불확실성의 긴장과 불안의 요소들을 극복할 수 있게 하는 기능을 수행한다(O'Dea, 1966: 5~7).

② 박탈-보상의 기능

모든 사회는 기능과 역할, 지위와 보상의 배분체계를 가지고 있다. 그러나 모든 배분은 기회, 희소가치, 희소상품의 분배에서 다르고 차별화된다. 이러한 사회적 불평등의 결과로 박탈당한 사람들이 생겨나게 마련이다. 희소가치를 소유하지 못하는 이들은 좌절감과 무력감을 느끼게 된다. 박탈감은 욕구가 증대되는 것과 현실적인 성취 가능성이 일치되지 않을 때 더욱 심화된다. 이러한 박탈감에 대하여 종교는 보상하는 기능을 수행한다. 즉, 종교는 사회적으로 가치 있는 목적(재화, 권력, 지위 등)에 도달하려고 노력하는 데서 사람들이 불가피하게 경험하게 되는 좌절에 대하여 그들에게 보상한다. 물론 박탈에 대한 종교적 반응은 박탈의 원인이 부정확하게 인식되거나 혹은 박탈에 대한 원인을 통제할 수 없을 때 생기기 때문에 종교는 그 원인을 제거하기보다는 오히려 박탈감의 느낌을 보상하는 경향이 있다(Glock, 1964: 29).

종교는 박탈당하고 좌절당한 이들에게 위로를 제공한다. 또한 종교는 박탈감에 의해 어렵게 만들어진 상황에서 감정적 도움을 제공하기도 한다. 박탈에 대한 보상의 기능에 대하여 데이비스는 이렇게 정리한다(Davis, 1948: 531).

> 종교는 이 세상 너머의 목표를 마련해 줌으로써 사람들에게 좌절(그들이 사회적으로 가치 있는 목표에 도달하려고 노력하는 데서 끝없이 경험하는)에 대하여 보상한다. 그것은 잠재적인 위험한 공격을 보이지 않는 존재에 대한 호의적 신앙으로 대체한다. … 그리하여 종교는 슬픔과 공포로부터 자유롭게 한다. … 의례적 수단은 죄책감을 없이 하도록, 그리하여 신적 은총에 의지할 수 있도록 자유롭게 마련되어 있다.

그러나 박탈의 종류가 실제로는 다양하기 때문에 이에 대한 종교적 보상도 다양하다(Glock, 1964: 29~35). 경제적 박탈(재화를 소유하지 못함)과 사회적 박탈(명성, 권력, 지위를 소유하지 못함)에 대해서는 종교가 주로 내세에서의 구원이나 축복이라는 신념을 제공하든지 이 세상에서의 경제적 부나 사회적 지위를 과소평가하는 식으로 자족케 함으로써 보상의 심리를 느끼게 한다. 물론 현세에서의 물질적, 명예적 보상을 약속하는 경우(특히 우리나라의 종교들처럼)도 있다(이원규, 1993: 168~80). 육체적 박탈감(건강을 상실함)에 대해서는 위로와 용기를 불어넣는 것으로, 윤리적 박탈감(사회의 가치혼란을 느낌)에 대해서는 확고한 규범적 근거를 마련함으로, 그리고 정신적 박탈감(정신적 공허감)에는 희망과 믿음을 심어줌으로써 종교가 보상의 길을 제공할 수 있다. 그러나 분명한 것은 박탈에 대한 보상의 기능도 역시 주로 종교가 의미를 제공하는 방식으로 이루어진다는 사실이다.

③ 정체성과 소속감의 기능

종교가 수행하는 의미-부여의 기능은 개인의 정체성(*identity*) 확립과 소속의식 강화에 도움을 준다. 종교의 의미체계는 개인에게 그가 어떤 '종류'의 사람인지, 그리고 그가 수행할 역할의 중요성, 그가 참여하는 사건의 목적과 그 존재의 중요성은 무엇인지를 알려준다(McGuire, 1981: 24). 이렇게 하여 종교는 개인의 정체성과 사회적 존재를 의미 있게 만든다. 종교는 개인에게 집단의 가치와 규범을 알려줄 뿐만 아니라, 그의 과거 행동에 대한 평가와 미래 행동의 동기를 가능하게 해 줌으로써 자신에 대한 정체성을 확립하는 데 도움을 준다.

종교는 개인에게 사회적 존재로서의 역할과 책임에 대한 의식을 불어 넣어줄 뿐만 아니라 때로는 어떤 지위를 부여함으로써 종교적, 사회적 정체성을 갖도록 하기도 한다. 이와 같이 종교는 존재의미와 관계된 자아확립에 기여한다. 정체성의 확립은 성숙에 도움이 될 수도 있다. 종교는 때로 개인이 삶의 위기에 직면할 때에 이 도전에 대하여 성숙하게 대처할 수 있는 확신과 자신감을 갖게 도와줄 수 있다.

확립된 정체성은 소속감으로 이어진다. 정체성을 확립한 개인들은 함께 모여 공동체를 형성하게 된다. 더욱이 사회이동이 활발한 도시사회에서는 정체성을 확립하는 일만큼 소속의식을 갖기가 힘들다. 그러나 비슷한 정체성을 가진 이들은 쉽게 연대감을 갖으며 공동체의식을 느낄 수 있다. 공동체 감정은 '우리-감정', '역할-감정', '의존-감정'을 만들어낸다(MacIver, 1951). 그런데 종교는 바로 개인들에게 이러한 공동체 감정을 심어주는 기능을 한다. 이렇게 함으로써 종교는 개인들에게 '우리-감정'(구성원들이 하나 됨을 느낌), '역할-감정'(역할과 책임의식을 느낌), '의존-감정'(공동체에의 신뢰감)을 가질 수 있도록 돕는 기능을 수행한다.

3) 종교기능론의 평가

종교기능론은 종교에 대한 사회학적 연구방법과 접근방법 및 종교에 대한 이해에서 나름대로 커다란 공헌을 했다. 그러나 한편 이에 못지않게 여러 가지 이유로 비판을 받기도 했다.

(1) 종교기능론의 공헌

초기의 사회학자와 인류학자들은 사회진화론적 관점에서 종교의 기원의 문제에 주로 관심을 가졌다. 이들은 이렇게 묻는 경향이 있다. 어떻게 사회가 종교의 발전에 영향을 미치는가? 혹은 어떻게 개인적인 지성적 혹은 감정적 요구가 종교의 기원에 영향을 미치는가? 여기에서 종교는 무엇보다 종속변수로 취급되었다. 그리고 종교는 점차 쇠퇴하도록 운명지어진 하나의 원시적 잔재라고 믿었다. 그리하여 종교문제는 사회과학 분야에서 중요하지 않은 주제가 되었다. 그러나 뒤르켐으로부터 시작되어 발전된 기능이론에서는 관심의 전환을 이끌어 냈다. 기능이론에서는 종교를 하나의 확고한 사실로 보면서 이렇게 묻는다. 종교가 사회와 개인을 위하여 무엇을 하는가? 여기에서는 종교가 독립변수로 이해되고 있다.

종교기능론은 인류학자에 의해 주도된 종교의 기원의 문제나 심리학자에 의해 탐구된 종교적 심성의 문제에 대한 연구로부터 벗어나서 종교에 대한 새로운 사회학적 연구의 가능성과 중요성을 일깨워주었다. 즉, 종교를 부수현상이나 상황에 종속된 가변적 현상이 아니라 기능적 측면에서는 보편적이면서도 독립적 영향력을 가진 현상임을 밝혀냄으로써 사회과학 분야에서 종교에 대한 관심을 다시 일깨워 주었고, 이에 대한 연구의 폭을 새롭게 넓혀 주었다.

종교기능론은 종교연구에 대한 대부분의 사회학적 접근방법의 이론적 기초를 제시한다. 기능이론은 종교를 미신의 잔존으로 혹은 미개한 사람들의 무지와 과오로 보는 경향이 있던, 따라서 테크놀로지적 혹은 경제적 합리성에 기초하지 않은 모든 인간 활동을 인간사회 발전에서 부정적 중요성을 가진 것으로 취급했던 사회과학의 이론들에 대한 커다란 전환의 길을 열었다(Parsons, 1949). 그리하여 종교기능론은 하나의 보편적인 사회적 현상으로서 종교를 이해할 수 있는 효과적 통로 혹은 접근방법을 마련했다. 그 이론은 종교의 한 전략적 양상으로 우리의 관심을 돌렸다. 즉, 문화, 사회, 인성에 대한 초월적 참조와 그것의 기능적 중요성을 효과적으로 제시했다. 이것은 두 가지 점에서 의미가 있다. 하나는 종교와 문화, 종교와 사회, 종교와 인성의 관계를 재확인할 수 있게 했고, 다른 하나는 현대사회에서도 초월적, 초자연적 신앙이 여전히 상징적 의미와 중요성을 가질 수 있다는 것을 보여주었다는 점이다.

또한 기능이론에서 주로 다루는 사회, 문화, 인성의 맥락에서의 기능적인 물음들은 경험적 연구의 광대한 영역을 열어 놓았다(O'Dea, 1970: 208). 사실상 오늘날 종교성과 사회적, 심리적 변수들과의 상관관계에 대한 많은 경험적 연구들은 기능이론의 여러 전제들에 대한 검증의 형식을 띠고 있음을 알 수 있다. 특히 종교 혹은 종교성을 독립변수로 보고 그것의 심리적, 사회적 영향을 탐구하는 경험적 연구들은 대체로 기능이론의 인식의 틀 안에서 이루어진다고 해도 과언이 아니다.

(2) 종교기능론의 비판

종교사회학 분야에서의 종교기능론의 지대한 공헌에도 불구하고 이 이론에 대하여는 또한 많은 비판이 있다.

① 자료와 적용의 문제

이 비판은 종교기능론이 내포하는 명제들이 주로 문자 이전의 여러 사회에서의 종교에 대한 연구들에 근거하고, 대부분이 오래 전에 연구된 다소 낡은 자료들을 이용하기 때문에, 현대의 복잡한 종교상황에는 적용되기 어려운 점이 많다는 것이다(Glock, 1959b: 153~77). 특히 '종교의 통합하는 기능'에 대한 무공간적이고 무시간적인 일반화는 주로 문자 이전 사회들에서의 관찰로부터 유래하고 있다는 점을 중시하면서, 머튼(Merton)은 서로 다른 종교들이 같은 사회 안에 공존하는 상황이라면 흔히 통합보다는 부조화의 가능성이 많을 것이라고 지적한다(1957: 28).

지나친 일반화의 문제는 오늘날의 자료들을 토대로 종교의 기능에 대하여 탐구하는 경우에도 마찬가지인 경우가 많다. 즉, 하나의 사회 혹은 상황에서 수행될 수 있는 긍정적이고 통합적인 기능이 다른 사회 혹은 상황에서는 부정적이고 해체적인 기능을 할 수 있기 때문에 기능이론에서의 명제를 보편적으로 적용하는 것은 무리라는 비판도 있다. 예를 들어 기능이론이 미국의 중산층 종교에 대한 분석에는 적절한 모델이 되지만 노동계급의 종교에 대한 분석에는 적절치 못하다고 데메라드(Demerath)는 지적한다(1965). 한마디로 종교의 기능이란 상황에 따라, 사회에 따라, 개인에 따라 다양할 것이기 때문에 기능이론처럼 일반화된 보편적 이론으로서 종교현상을 설명할 수는 없다는 것이다. 따라서 종교기능론은 다양한 계급과 집단에 따라 각기 다른 의미를 가질 수 있는 종교에 대하여, 그리고 그들에게 각기 다른 다양한 요구를 수용하는 종교에 대하여는 제대로 설명하지 못하는 문제점이 있다(Nottingham, 1971: 70~1). 즉, 기능이론이 종교가 전체사회에 공통된 기능을 성취하는 것으로 설명하는 것은 정확하지 않다는 것이다.

② 전제와 가정의 문제

머튼은 일찍이 기능이론이 빠지기 쉬운 3가지 그릇된 전제 혹은 가정에 대하여 지적했다(Merton, 1957: 25~37). ① 모든 활동이나 믿음이 기능적이라는, 즉 전체 사회체계를 위하여 필요하고 유용하다는 가정이고, ② 모든 사회형태는 긍정적 기능을 가지고 있다는 가정이며, ③ 어떤 기능들은 사회의 생존을 위해 없어서는 안 될 것이라는 가정이다. 머튼은 이러한 가정들은 잘못된 것이라고 지적한다. 이러한 그의 비판은 종교의 경우에도 그대로 적용된다. 즉, 종교가 사회를 위하여 반드시 필요, 유용하며, 종교가 긍정적 기능만을 수행하고, 종교의 기능은 사회의 생존을 위해 없어서는 안 될 것이라는 종교기능론은 검증되지 않은 설명으로 그 근거가 불충분하다는 것이다(Yinger, 1970: 101~2).

즉 종교의 어떤 작용이 기능적일 수는 있으나 없어서는 안 될 것은 아닌 경우도 있다. 또한 비록 종교가 어떤 과제나 기능을 수행하는 것이 틀림없다 하더라도, 그 과제를 수행하는 형태나 기제는 오늘날 그것이 해야 하는 만큼 그 일을 잘 하지 못하고 내일에는 그것을 전혀 수행하지 못할 수도 있는 것이다(Johnstone, 1975: 141).

종교기능론의 문제적 전제의 또 다른 주제는 종교의 기능을 촉발하는 인간의 기본적 요구와 관계된다. 즉, 우연성, 불가능성, 희소성과 같은 한계상황에 직면한 인간의 요구에 대하여 종교가 기능하게 된다는 가정은 사람들이 종교를 추구하는 동기를 충분히 설명하지 못하고 있다. 그러한 한계상황의 절박성을 심각하게 경험하지 못했거나(행운을 가진 자) 생각해 보지 못한 사람들(인생을 심각하게 생각하지 않은 자)

가운데서도 여러 다른 이유들로(그것이 보다 적극적이고 긍정적인 삶의 의미를 추구하려는 것이든, 종교를 통하여 자신의 정치적, 경제적, 사회적 목적을 달성하려는 것이든 또는 그밖의 다른 이유에서든) 종교를 추구할 수도 있다(이원규, 1991: 114). 즉, 종교적 요구의 전제조건은 긴장, 불안, 소외, 박탈과 같은 한계상황적 요소뿐만 아니라 희망, 욕망, 혹은 구도(求道)와 같은 적극적 요소도 포함될 수 있다.

③ 기능의 문제

종교기능론은 또한 주로 전통사회에 대한 관찰에 근거하여 종교의 보수적 기능에 초점을 맞추는 경향이 있고, 따라서 혁신 그리고 심지어는 혁명에서의 종교의 역할을 소홀히 하고 있다는 비판이다(O'Dea, 1970: 209). 이것은 주로 종교의 통합기능에 초점을 맞추는 뒤르켐적 관점에 대한 베버적 비판이라 할 수 있다. 즉, 종교는 사회의 안정과 조화에 기여할 수 있는 만큼 사회변동에 공헌할 수도 있다는 점이 기능이론에서는 과소평가되고 있다는 것이다. 특히 새로운 종교들은 사회운동을 주도하는 변혁적 기능을 수행할 수도 있는, 그래서 사회갈등을 유발할 수도 있는 가능성에 대해 기능이론은 간과하는 경향이 있다는 지적이다(Budd, 1973: 51).

기능문제와 관계된 또 다른 비판은 종교의 부정적 기능 혹은 역기능의 문제이다. 이것은 종교가 단순히 사회의 통합에서 사회적 목적의 명시와 사회통제의 강화에 공헌하는 요소일 수만은 없으며, 또한 단순히 도덕성과 인간 심성의 균형에 공헌하는 요소일 수만도 없다는 것이다(O'Dea, 1966: 100~4). 사회와 개인에 대한 종교의 기능은 부정적이고 따라서 역기능적일 수 있으나 기능이론은 이 점을 간과하는 경향이 있다. 사실상 종교는 반통합적일 수도 있으므로 그것은 긴장과 갈등의 원인이 될 수도 있고, 적응에 대한 걸림돌이 될 수도 있다. 이것은 맑스적 비판이라 할 수 있다(Maduro, 1988). 종교간에, 그리고 종교 안에서의 집단간에 생겨나는 긴장과 갈등의 문제, 그리고 종교와 사회 사이에서 생겨나는 부조화의 문제는 사실상 흔히 보여지는 현실적 문제이다. 그리고 종교가 사회 안에서의 각기 다른 계층 집단 간의 갈등을 조장하는 경우도 얼마든지 찾아볼 수 있는 상황이다. 그러나 종교기능론은 이러한 문제들에 대하여는 최소한의 관심을 보여왔고, 이에 대하여 심한 비판을 받아왔다.

2. 종교기능론의 쟁점

종교기능론에 대한 많은 비판에도 불구하고 여전히 종교사회학에서 중심적 이론과 접근방법으로 이해되고 적용되고 있다. 다만 오랜 비판과정을 통해서 문제점을 보완하고 수정하여 오늘날의 종교기능론은 초기의 편협하고 일방적인 주장은 하지 않는다. 여기서는 종교기능론의 이러한 발전을 위해서 다양한 논쟁과 문제제기된 쟁점들을 소개한다.

1) 기능의 양면성

종교의 기능이란 단순한 것이 아니며 긍정적 측면만 있는 것은 아니라는 인식이 생겨났다. 그리고 그 기능이 항상 의도하는 방향으로만 작용하는 것은 아니라는 지적도 나왔다. 종교의 기능은 항상 양면성을 띠고 있는 것이다.

(1) 종교의 역기능

종교기능론은 사회안정을 지나치게 강조하고, 갈등과 변동은 덜 강조하는 방향으로 과오를 범하는 경향이 있었다. 그렇게 함으로써 기능이론가들은 흔히 사회가 매우 잘 통합된 체계인 것처럼 가정하여 긍정적 기능들이 역기능보다 더욱 크게 강조되었던 것이 사실이다. 그러나 오늘날의 종교기능론자들은 종교가 긍정적 기능만을 수행하는 것으로 보지는 않는다. 그들은 종교가 초래할 수 있는 다양한 부정적 기능, 즉 역기능의 가능성을 인정하면서, 이에 대한 탐구도 게을리 하지 않고 있다. 그렇다면 종교는 어떠한 역기능들을 수행할 수 있는가? 앞에서 논의했던 6가지 종교의 기능들의 경우를 생각해 보기로 한다.

① 사회통합 기능의 경우

종교는 현존하는 사회질서를 정당화하고 합리화시킴으로써 사회를 통합시키는 기능을 수행할 수 있다. 그러나 이러한 종교의 기능이 때로는 현재의 정치적, 사회적, 경제적인 구조적 악을 묵인함으로써 현 체제의 혁신과 발전에 커다란 장애물이 될 수도 있다. 그래서 반사회적 수구세력으로 종교가 비판받기도 한다. 예를 들어 히틀러의 통치 아래 있던 나치 독일은 매우 통합된 사회였고 이에 독일교회가 커다란 공헌을 했으나 그러한 통합은 자율성이 상실된 강압과 통제의 합의였고, 반민주적인 최악의 사회적 상황을 초래했다. 이렇게 종교는 때로 사회안정과 질서라는 미명 아래 현존하는 구조적 악을 방조하여 부조리하고 모순된 사회구조를 지속시키는 역기능을 수행할 수 있다. 우리는 1970, 80년대의 억압적인 군부독재 정치체제에 대하여 대부분의 한국 종교가 이를 도덕적으로 정당화시키고 그 체제유지를 도와주었던 역사를 가지고 있다.

또한 초월자와 관계를 맺어 사제적 기능을 시행하는 데 종교는 국한된 생각과 국부적인 편파심을 신성화함으로써 환경에 대한 사회의 지식이라든지 자연을 통제하려는 인간의 노력을 향상시키는 것을 저지하기도 한다(O'Dea, 1966: 100). 종교의 통합시키는 기능은 속성상 보수적 기능으로서 변화를 원하지 않는 경향이 있다. 이것은 "종교는 절대적이고 변화될 수 없는 영원한 진리"라는 개념에 근거하고 있다. 따라서 이미 확립된 사회적 규정과 조화되지 못하는 사회체계에로 인도되는 변동은 종교에 의해 흔히 저항을 받는다(Vernon, 1962: 87). 그리하여 갈릴레오나 코페르니쿠스적인 과학적 발상의 전환은 종교로부터 사회통합을 저해하는 것으로 오랫동안 배척을 받았다. 결국 통합기능에 대한 종교의 지나친 강조는 종교영역의 변화를 문화요소 가운데서 가장 뒤떨어지게 만드는 문화지체(*cultural lag*)의 원인이 될 수 있다고 하겠다.

② 사회통제 기능의 경우

종교는 사회의 바람직한 가치와 규범을 사회에 제공함으로써 사회의 도덕성을 유지하며 사회적 일탈을 예방하는 사회통제의 기능을 수행할 수 있다. 그러나 경우에 따라서는 사회의 규범과 가치를 신성화하는 데 특수한 상황에서 이루어진 행동규범이 변화된 상황에서 더 이상 타당성이 없을지라도 종교는 이를 영원한 뜻이 있는 것으로 만들 수도 있다. 이로써 종교는 변화하는 환경과 상황에 보다 잘 기능적으로 적응하는 것을 방해할 수도 있다(O'Dea, 1966: 100). 즉, 시대에 뒤진 낡은 가치와 규범을 고수함으로써 종교는 사회변동과 발전에 하나의 걸림돌이 될 수 있다.

또한 가치나 규범을 통해 도덕성의 근거를 마련함으로써 일탈행위를 방지하는 종교의 사회통제 기능은 또 다른 두 가지 역기능을 초래할 수도 있다. 하나는 인간의 본능적 욕구를 강하게 통제함으로써 종교는 종교인을 이중의 인격을 소유하게 만드는 결과를 초래할 수 있다. 즉, 겉으로는 도덕적 인간상을 보이면서도 속으로는 규범적 통제를 벗어나려는 경향이 생겨날 수 있다. 종교인이 때로 위선자로 비판받는 것은 이런 이유에서이다.

또 하나의 문제는 종교의 사회통제 원리가 주로 금기의 윤리에 기초하기 때문에, 스스로 도덕적으로 완전하다고 생각하는 사람은 그렇지 않은 사람에 대하여 경멸하고 거부하는 태도를 보이며 때로는 박해하기까지 하는 잔혹성을 보일 수 있다. 중세기에 교회는 사회통제라는 명목으로 얼마나 많은 이들을 이단으로, 마녀로 몰아세워 처형했는가? 이러한 종교적 인민재판은 자신의 규범적 기준에 맞지 않는 다른 이들에 대하여 지금도 계속되고 있다. 종교의 사회통제 기능은 때로 종교인 스스로를 사회통제에서 벗어난 이들에 대한 가혹한 심판자가 되게 만들어 긴장과 갈등을 유발시키기도 하는 것이다.

③ 사회변형 기능의 경우

종교는 원래 보수적 속성을 가지고 있기 때문에 이런 현상이 흔히 나타나는 것은 아니지만, 때때로 종교는 사회의 구조적 모순에 대한 비판세력으로 변형을 촉구하는 예언자적 기능을 수행할 수 있다. 그러나 이러한 사회변형의 기능도 때로는 너무 비현실적이 되어 참된 문제를 가려버리는 수 있고, 개혁에 대한 예언자적 요구가 너무 유토피아적이어서 보다 현실적인 행동을 수행하는 데 하나의 방해물이 될 수도 있다(O'Dea, 1966: 101). 그리고 심한 경우에는 종교의 예언자적 기능이 급진 이데올로기에 편승하여 종교적 본질을 상실하고 정치적 투쟁의 수단이 되어버릴 가능성도 있다.

또한 사회변형적인 예언자적 전통은 때로 지나치게 경직되어 흑백 논리에 사로잡히는 수가 있다. 지나치게 '의'(義)를 내세우다 보면 현실과의 타협이나 대화의 가능성을 전혀 배제해 버릴 수 있다. 즉, 예언자(혹은 예언자적 전통을 실천하려는 종교집단)가 자신을 신의 의지의 대리자로 보는 한, 그는 극단주의를 취할 수 있고, 이에 따라 건설적이고 현실적인 변화를 가져올 수 있는 타협을 거부할 수 있다(Roberts, 1984: 74). 이렇게 되면 종교의 예언자적 기능은 오히려 사회적 긴장과 갈등을 조장하는 결과를 초래할 수 있다. 이것은 사회적인 합의나 조화를 어렵게 만드는 역기능적 결과라고 하겠다.

④ 긴장해소 기능의 경우

종교는 인간이 흔히 직면하게 되는 긴장상황에서 의미를 부여함으로써 긴장을 해소시키는 기능을 수행할 수 있다. 그러나 때로는 종교가 권위주의적인 종교적 수행을 통하여 오히려 사람들에게 정서적 불안정을 야기시킬 수 있고, 이에 따라 정신적 긴장을 오히려 가중시킬 수도 있다(Chesen, 1972). 사람들에게 부담을 주는 어떤 종교적 교리는 오히려 죄책감, 망설임, 좌절의 감정을 불러 일으켜서 정신건강에 해로울 수도 있다. 그리하여 공포, 불안, 그리고 위협을 조장하는 종교적 가르침은 병든 영혼을 만들어내는 부작용이 있다(James, 1958). 지옥불, 최후의 심판, 멸망, 저주와 같은 종교적 주제에 대한 지나친 강조는 오히려 사람들에게 정서적인 불안과 긴장을 가중시킬 것이다.

종교는 또한 사람들에게 여러 가지 지나친 요구를 함으로써 정신적 부담을 심화시킬 수 있다. 도덕적으로 완전하라는 요구, 종교에 대한 물질적 책임을 완수하라는 요구, 종교적 교리에 대하여 절대적으로 수용하라는 요구, 종교활동에 적극 참여하라는 요구 등은 그 정도가 지나칠 경우 오히려 사람들에게 긴장을 조성하는 역기능이 생겨날 수 있다. 분명히 종교는 긴장을 해소하는 작용도 하지만, 때로는 오히려 긴장을 만들어내는 경우도 있다고 하겠다.

⑤ 박탈보상 기능의 경우

종교는 박탈당한, 혹은 박탈감을 느끼는 사람들에게 보상해주는 기능을 수행할 수 있다. 그러나 종교는 흔히 이러한 보상을 '영적인' 것으로, '내세적인' 것으로 포장함으로써 박탈의 문제가 현실적으로, 그리고 근원적으로 해결될 가능성을 배제했다. 이것은 결국 불평등한 사회구조를 지속시키는 결과를 초래하게 되며, 바로 이러한 종교의 역기능을 맑스는 '민중의 아편'이라는 용어로 설명했다. 박탈보상의 역기능에 대하여 부기(Boughey)는 다음과 같이 비판한다(1978: 22~3).

> 이 관점에서 제도화된 종교는 인간사회에서 항상 그러했고 지금도 그러하지만 반혁명적 힘이다. 경제적, 사회적 정의와 다른 이들의 지배로부터의 자유와 같은 구체적 이득을 위한 민중의 요구와 투쟁은 전통적으로 그 대신 '영적' 보상의 제공으로 충족되어 왔다. "너는 너의 영혼을 구하라. 나는 나의 이득을 취하겠다." 종교적 대변인을 통해 엘리트들은 말한다. "노예들이여, 참으라. 하늘에서 정의를 얻을 것이다. 가난한 자들은 복이 있다. 내 발꿈치 아래서의 너의 고통은 하나님의 의지의 표현이다. 따라서 너의 불만을 근본적으로 없이 하라. 너는 정의를 얻지 못할 것이다. 대신 천국 기쁨을 얻도록 하라. 그러면 기분이 좋을 것이다."

종교의 박탈-보상 기능에 대한 비판은 흔히 그 보상이 불평등한 사회구조를 정당화시키기 위한 허위의식으로 작용하는 경우가 많다는 데 초점이 맞춰져 있다. 실제로 종교는 박탈당한 사람들에게 그 박탈의 근원을 제거하기 위한 구조적 노력보다는 박탈의 현실에 인내하거나 그것을 망각하게 하는 미봉책을 제시할 뿐이며, 경우에 따라서는 변혁의 의지를 제거하기까지 하는 역기능을 수행하는 일이 흔한 것이다. 이러한 역기능은 개인적으로는 실제적 박탈의 상황으로부터 벗어나지 못하게 하며, 사회적으로는 불평등한 구조적 모순을 지속시키는 작용을 한다는 비판이다.

⑥ 정체성과 소속감 기능의 경우

종교는 개인에게 존재의 의미를 깨닫게 함으로써 자아를 확립하고 성숙하게 하는 정체성의 기능과 그로 하여금 비슷한 정체성을 가진 사람들의 공동체에로의 소속감을 갖게 하는 기능을 한다. 그러나 이러한 기능들의 경우에도 많은 부정적 결과가 생겨날 수 있다. 종교에 의해 확고하게 확립된 정체성은 때로는 새로운 상황에 합당한 새로운 정체성을 발전시키는 데 지장을 줄 수도 있다(O'Dea, 1966: 101). 또한 자신의 정체성에 대하여 지나치게 집착하면 이것은 편협, 완고함, 자기 우월주의 의식을 조장할 수 있다. 종교적 자아의 우월성의 느낌, 그리고 여기에서 초래되는 편견은 타인에 대한 배타성과 적대감을 조장할 수 있다. 이러한 점에서 종교는 역기능적이다.

종교적 정체성은 성숙을 저해하는 요인으로 작용할 수도 있다. 즉, 종교적 죄책감과 무가치의 느낌은 자신감을 잃게 만들고 정신건강을 해치는 수가 있다. 종교는 또한 흔히 미성숙을 제도화하고, 신봉자들을 개인적 책임과 주체성을 확인하는 능력보다는 종교적 믿음, 종교제도, 종교지도자에의 의존성을 강화시키는 경향이 있다(Chalfant et al., 1981: 50). 절대자에 대한, 그리고 종교지도자에 대하여 요구되는 복종은 신도들을 의존적이게 만든다. 그리고 종교는 독립적이고 비판적인 사고를 장려하지 않는 경향이 있다(Roberts,

1984: 75). 종교는 이러한 성향 때문에 오히려 사람들을 미성숙한 인간이 되게 만들 수도 있다.

종교가 제공하는 소속감의 기능의 경우에도 역기능이 초래될 수 있다. 종교집단에의 강한 소속감은 사회 안에서 단편화와 분리를 조장할 수 있다. 극단적인 경우에는 종교가 사람들의 충성에 대하여 다른 사회제도들과 공격적으로 경쟁함으로써 사회를 심각하게 와해시킬 수 있는 가능성이 있다(Johnstone, 1975: 151). 이러한 긴장관계는 종교집단 사이에서도 생겨나서 종교갈등을 유발할 수 있다. 자신이 소속된 종교집단에 대한 연대감과 충성심이 강할수록 타집단에 대하여(그것이 사회집단이든 종교집단이든), 나아가서는 전체사회에 대하여 배타성이 강해지는 경향이 있기 때문에 지나친 소속의식은 문제이다. 더욱이 그들의 종교적 정체성이 강하여 자신의 종교적 귀속의 정당성과 우월성을 지나치게 의식하게 되면 이른바 자기우월주의(*ethnocentrism*)에 빠져 타집단에 대한 적대감이 배양되고, 이에 따라 심각한 종교갈등과 사회갈등이 생겨날 수 있다.

(2) 명시적 기능과 잠재적 기능

인간이 종교적 혹은 다른 제도의 규범과 동조하여 행동할 때, 그는 어떤 목적을 가지고 있으며 그의 행동은 어떤 결과를 가지고 있다. 그러나 사회에서의 인간행동의 결과가 항상 그 수행자에 의해 의식적으로 의도된 것일 수는 없다. 따라서 종교행위의 사회적 기능을 분석하려고 시도하는 데는 사람들이 그들의 행위로 성취하려고 의도하는 것과 사회생활 가운데 이 행위의 의도되지 않은 결과 사이를 구분하는 것이 중요하다. 그리하여 종교기능의 양면성은 또한 그것이 명시적일 수도 있고 잠재적일 수도 있다는 쟁점을 만들어냈다.

한때 기능이론가들은 종교의 역기능적 요소보다는 기능적 요소에,

그리고 또한 명백히 드러난 의도된(명시적) 기능에 대하여만 관심을 집중했다. 그러나 머튼이 명시적 기능과 잠재적 기능 사이의 구분을 시도한 이래로 기능이론가들은 이러한 구분을 유용한 분석의 틀로 이용했다(Merton, 1957: 61~4). 여기에서 명시적 기능이 체계 안에서 의도되고 인식되는 기능이라면, 잠재적 기능이란 의도되거나 인식되지 않는 결과를 초래하는 기능을 의미한다. 기능에 대한 이러한 구분은 특히 종교연구에 유용하다. 즉, 종교에는 실제로 그 기능이 처음부터 의도되고 계획된 것이라기보다는 의도되지 않고 계획되지 않은 경우가 흔하기 때문이다. 제도화된 종교적 행위의 사회적 결과들은 사실상 인간행위자들에 의해 흔히 계획되지 않은 경우가 많이 있다. 특히 종교의 역기능들은 대부분 잠재적 성격을 띠고 있다고 할 수 있다.

이렇게 본다면 종교의 기능에 대한 연구에서는 그것이 어떤 종류의 기능인가를 구체적으로 밝힐 필요가 있다. 구드(W. Goode)는 머튼적인 개념을 받아들여 기능주의적 분석을 할 때 염두에 두어야 할 기능의 유형들을 〈표 6-1〉과 같이 구분하고 있다(1951: 33).

종교의 기능은 그것이 긍정적일 수도 있고 부정적(역기능)일 수도 있다. 한편 머튼식으로 그것은 명시적일 수도 잠재적일 수도 있다. 따라서 종교의 중요한 기능의 유형은 명시적이며 긍정적인 기능, 잠재적이며 긍정적인 기능, 명시적이며 부정적인 기능, 잠재적이며 부정적인 기능으로 나눌 수 있겠다. '부적합함'의 범주는 긍정적인 것도, 부정적인 것도 아닌 것으로 기능이론에서는 별로 중요하지 않은 부분이다. 이렇게 본다면 기능이론가들은 종교의 긍정적인 잠재적 기능에 관심을 쏟았던 반면에, 그들에 반대하고 종교의 문제를 폭로하려는 이들은 종교의 부정적인(역기능적인) 잠재적 기능에 집중했다고 할 수 있다(Yinger, 1970: 101~2).

〈표 6-1〉 기능의 유형

긍정적 기능		부정적 기능		부 적 합	
명시적	잠재적	명시적	잠재적	명시적	잠재적

사실상 많은 경우 종교의 기능들, 특히 부정적 기능들은 잠재적 기능에 해당된다는 것이 지적되었다. 즉, 종교의 역기능적 수행은 의도되지 않은 잠재적 결과라는 것이다. 예를 들어 맑스식으로 종교가 '민중의 아편' 구실을 한다면 종교는 잠재적 역기능을 수행하는 것으로 설명될 수 있다.

따라서 오늘날의 종교기능론은 종교의 기능을 분석하는 데 그것이 기능적인가 역기능적인가 하는 것 이외에도, 그것이 명시적인 것인가 잠재적인 것인가 하는 것을 함께 탐구하려는 노력을 시도하며, 이것은 기존의 종교기능론의 설득력의 폭을 넓혀주고 있다고 하겠다.

2) 통합기능의 문제

종교기능론에서 가장 중심적으로 다루는 주제는 통합에 관한 것이다. 즉, 종교의 통합기능은 종교가 수행하는 가장 중요하고 핵심적인 기능으로 이해되었다. 우리는 앞에서 기능이론에서 강조하는 종교의 통합기능이 오늘날에는 분명치 않고 그 가능성도 의심받고 있을 뿐만 아니라, 실제로 종교가 사회통합의 기능을 수행할 수 있다 하더라도 이에 대한 부작용 혹은 역기능이 생겨날 수 있다는 것을 지적했다. 그러나 종교의 사회통합 기능에 대한 관심이 사라진 것은 아니다. 오히려 그 주제를 보다 구체적으로 규명해 보려는 시도가 생겨났다. 물론 오늘날에는 종교가 사회 전체를 통합시킬 수 있다고 보는 기능이론가들은 별로 없다. 그러나 조심스럽게 종교와 사회통합의 관계에 대해 기능이론적 접근을 시도하는 경우가 있다.

사실상 종교의 사회통합 기능에 대한 분석에는 몇 가지 어려움이 있다(Yinger, 1970: 110~1). ① 종교가 통합의 기능을 한다는 명제가 서로 다른 유형의 사회들에서 과연 일반적으로 적용될 수 있는지 아니면 어느 경우에 적용되지 못하는지를 밝혀서 이 다양한 가능성들이 생겨나는 상황을 명시해야 한다. ② 통합적 기능에 대한 진술은 종교의 다른 기능들과 역기능들에 대한 진술과 연합돼야 하며, 이 광범한 진술은 폭넓은 경험적 연구에 의해 검증돼야 한다. ③ 종교의 통합기능에 대한 가정은 사회와 인성에 대한 넓은 이론들과 관계돼야 한다. 즉, 통합이 가능하다면, 이것을 사실로 만드는 사회와 인성의 성격은 무엇인가를 밝혀야 한다.

이러한 물음을 토대로 하여 잉거(J. Milton Yinger)는 종교의 통합적 기능이 약화될 수 있는 상황을 열거했다(1970: 111~4). 즉, 종교의 통합기능에 영향을 미치는 변수는 다음과 같다.

첫째, 종교의 통합하는 영향은 종교적 다양성이 있는 사회에서는 감소될 것이다. 종교적 다양성은 경쟁적인, 그리고 가능하게는 서로 반대되는 이데올로기를 의미한다. 예를 들어 한 종교집단이 국가 정책과 행동을 뒷받침하고, 다른 집단은 그것에 반대하는 사회에서는 종교는 덜 통합적일 것이다. 또한 하나의 종교를 가지고 있는 사회는 다양한 종교나 종파를 가지고 있는 사회보다 종교의 통합기능이 용이할 것이다.

둘째, 사회 멤버들의 '확립된 기대들'이 좌절될 때에 종교의 통합하는 기능은 약화될 것이다. 사회의 멤버들이 기대하는 만족감을 기성종교에서 얻지 못해 좌절감을 느끼게 되면 그들은 주변적인 종파적 종교로 옮겨가게 된다. 이때 이것은 그들의 분리감을 표현하는 수단이 되며, 따라서 반통합적 작용을 하게 된다.

셋째, 사회변동의 상황이 종교적 의례와 믿음체계의 매력을 감소시킬 때 종교의 통합기능은 약화된다. 한 세대에 일체화하는 전통의 느낌을 줄 수 있는 것이 사회적, 문화적 변동에 민감한 다른 세대에는 소외의 느낌을 줄 수 있다. 종교의 통합적 기능은 사회변동을 경험하고, 확립된 경제와 과학의 발전이 진행될 때에 덜 성공적인 경향이 있다. 이것은 과학과 기술적 혁신, 그리고 경제적 가치가 종교와 긴장관계에 있을 때 더욱 그러하다.

넷째, 한 사회로부터 다른 사회로의 이동성이 활발할 때에도 종교의 통합기능은 약화될 수 있다. 지역적인 사회이동이 급격히 이루어져서 각기 다른 형태로 사회화된 멤버들이 사회를 구성하게 되면 통합의 가능성은 그만큼 줄어든다. 비록 같은 기본적 종교체계를 공유하더라도 종교전통에 지방적 다양성은 반드시 있으며, 이질적 사회는 통합하기 어려운 넓은 범위의 다양한 인성체계를 가질 것이다. 이러한 상황에서 종교의 사회통합 기능은 어려워질 수밖에 없다.

다섯째, 한 사회가 예리하게 계급들, 혹은 다른 위계서열적 구분들로 나누어지고, 이것이 하나의 억압적 사실로서 강하게 느껴질 때 종교는 사회통합의 기능을 수행할 수 없다. 종교 자체가 전통적인 힌두교나 중세 기독교의 경우에서처럼 계급체계가 하나의 억압적 사실로 느껴지지 않도록 도울 수 있다. 그러나 만일 종교가 그 자체의 원리에 기초하여 수입, 권력, 위광에서의 차이를 '변명하여 발뺌'할 수 없다면 그것은 사회를 통합하는 기능을 덜 수행하게 된다. 흔히 하류계급과 소외된 중산층과 상류계급 사람들이 억압적 계급의식을 갖게 되면 종교는 사회통합보다는 갈등의 상징이며 원인으로 인식될 가능성이 높아질 수 있다.

여섯째, 바깥의 압력들이 사회를 분열시킬 때 종교의 사회통합 기능은 약화될 수 있다. 물론 외부의 압력(국가적 혹은 민족적)이 어떤 경우에는 종교적 체계를 강화시키고, 한 사회의 내면적 연대감을 증진시킬 수 있다. 그러나 외부의 힘이 충분히 강할 때는 종교의 응집하는 영향이 사회의 일치를 지속하는 데 부적합할 수 있다. 그 압력에 따라 종교적 차이가 오히려 그것에 대한 대응방식의 차이를 심화시킬 수 있다. 이것은 통합이 아니라 분리의 결과를 가져올 수 있다. 예를 들면 유대교는 강력한 외부의 힘에 따라서 때로는 일체화시키는 힘도 되었지만, 때로는 붕괴, 분열시키는 작용도 했던 것이다.

이상에서 우리는 왜 "종교가 사회통합을 만들어낸다"는 단순한 진술을 쉽게 받아들일 수 없는가의 이유를 발견할 것이다. 물론 앞에서 논의했던 경향들이 반대방향으로 가면 그것들은 종교의 통합적 양상들을 강화시킬 것이다. 따라서 우리가 종교의 사회통합 기능에 대하여 논의할 때에는 반드시 그 기능의 범위와 정도는 주어진 사회의 성격과 상황의 현실에 따라 크게 다를 수 있다는 것을 염두에 두고 신중하게 그 문제를 취급해야 한다.

3) 기능적 대행물의 문제

머튼(Merton)은 또한 '기능적 대행물'(*functional equivalents* 혹은 *alternatives*)이라는 유용한 개념을 제안했다(1957: 33~4). 이것은 한 사회체계 안에서의 한 특별한 하위단위의 주어진 행동이나 역할이 기능적이라는 사실이 곧 그것이 그 특별한 위치와 시간 안에서 그런 식으로 기능적일 수 있는 유일한 행동이라는 것을 의미하지는 않는다. 이 개념은 사회체계 안에서 종교의 역할을 이해하는 데 매우 적합하다. 종교가 어떤 기능들을 수행하고 사회와 그 개인 멤버들의 어떤 요구를 만족시킨다는 사실이 종교만이 불가피하게 그리고 유일하게 그 일을 할 수 있다는 것을 의미하는 것은 아니다. 다른 체계나 기제(*mechanism*)도 이 요구들을 마찬가지로 혹은 더 잘 만족시킬 수 있다. 자신의 기본적 요구를 충족시키고 문제를 해결하기 위하여 얼마의 사람들은 기성종교를 추구하는 반면에, 다른 이들은 그 종교들 밖에서 종교적인 기능적 대행물을 추구한다.

따라서 우리는 앞에서 논의했던 종교의 여러 가지 사회적, 심리적 기능들을 기성종교들만이 수행할 수 있다고 보아서는 안 된다. 특히 현대사회에서는 전통적으로 종교가 수행했던 기능들을 대신하는 기능적 대행물의 역할의 종류가 매우 다양할 뿐 아니라 그 범위도 매우 넓어지고 있음을 알 수 있다. 그러면 어떠한 기능적 대행물들이 종교의 기능들을 대신하고 있는가?

첫째로, 사회통합 기능의 경우를 보자. 오늘날 종교가 사회를 통합시키는 힘은 점차 약화되고 있다. 그러나 여전히 사회를 통합시키는 강력한 힘으로 남아 있는, 혹은 새롭게 등장한 것은 집단 이데올로기이다. 예를 들어 복잡하게 다원화된 현대 미국사회를 통합시킨 것은 기독교가 아니라 '시민종교'(Bellah, 1967), '미국적 생활방식' 혹은 '민주주의라는 종교'(Herberg, 1955)라는 주장이 설득력 있게 받아들여진다. 헐벅은 미국인들의 생활을 통합시키는 "일련의 공통된 이상들, 의식들, 그리고 상징들"을 마련해 주는 것은 미국적 생활방식 — 혹은 미국의 민주주의라고 불리는 — 이라고 제안한다. 경우에 따라서는 민족주의나 사회주의와 같은 집단 이데올로기가 사회를 통합시키는 힘이 되기도 한다(Schneider, 1970: 89~91). 북한 사회의 경우에는 주체사상이라는 이념이 사회를 통합시키는 결정적 기능을 수행했다고 하겠다. 결국 이러한 집단이념은 사회를 통합시키는 하나의 대체 종교(*alternative religion*)가 될 수 있다.

한편 요즈음은 대중매체도 사회를 통합시키는 기능을 한다고 주장되기도 한다. 특히 신문, 방송과 같은 매체들은 다양한 사람들의 다양한 관심을 하나로 모을 수 있는 커다란 힘이 있음을 보게 된다. 여론을 조성하고 사회적 공감대를 형성할 수 있게 하는 통합의 기능을 오늘날에는 대중매체가 대신하고 있다.

둘째로, 사회통제의 기능에서는 어떠한가? 오늘날 사회를 통제하는 종교적 힘이 약해지는 대신 정부와 법과 같은 다른 제도들이 그 기능을 대신하는 보다 강력한 힘이 되고 있다. 특히 사회를 통제하는 기능에서 법은 종교를 보완하거나 아니면 이를 능가할 수 있다. 사람들이 질서를 지키려고 하고 규범대로 행동하려고 하는 것은 종교적 가르침이나 제재 때문이라기보다는 법적 제재가 두렵기 때문이라는 것을 쉽게 알 수 있다. 일탈행위를 방지하고 사회의 질서와 안정을 유지하는 사회통제의 기능은 이제 법제도에 의해 보다 효과적으로 수행되고 있다.

셋째로, 사회변형의 기능에서도 기능적 대행물이 종교의 역할을 크게 대신하고 있다. 우선 오늘날 사람들은 사회변형의 이념적 근거를 종교보다는 급진 이데올로기에서 찾는다. 여기서는 특히 맑스 사상의 영향을 받은 계급이론이나 종속이론이 중요하게 취급된다. 또한 사회변형의 기능은 여러 가지 시민사회운동을 통해서 수행되기도 한다. 인권이 보장되는 인간화 그리고 복지화를 지향하는 힘은 다양한 시민운동을 통해 발휘될 수 있는 것이다. 이러한 급진 이데올로기나 사회운동은 비판적이고 변혁적인 사회기능을 수행하는 능력 있는 대행물이라 할 수 있다.

넷째로, 긴장을 해소시키는 종교의 기능은 '여가산업'에 의해 크게 대체되고 있다(이원규, 1991: 111). 여가산업의 발달은 여러 가지 취미, 오락, 유흥을 위한 편리하고 다양한 시설과 도구, 방법과 수단을 마련해 준다. 그것들이 이제는 복잡하고 지쳐있는 현대적 삶의 리듬에 활력을 불어넣어 주는 중요한 구실을 한다. 여러 가지 여가산업의 산물에 몰입하면서 많은 현대인들은 긴장을 풀고 고독을 달래며 좌절감을 잊거나 극복하려고 한다. 텔레비전, 영화, 스포츠의 발달, 그리고 오락시설과 유흥시설의 발달이 여기서 큰 몫을 차지하게 된다. 정신의학의 발달과 전문적 상담기술의 발달도 긴장을 해소시키는 데 중요한 역할을 할 수 있다.

다섯째로, 박탈에 대한 보상의 기능에서도 이제는 현실적 보장이 되지 않는 종교보다는 확실히 그 성과를 기대할 수 있는 구체적 행동으로 그 해결방법을 찾는다. 여기서 특히 효과적인 것은 정치적 행동이다. 박탈감의 문제를 해결하기 위해 종교가 약속하는 영적인, 미래적인 방법보다는 집단적 실력행사를 통하여 그것에 대한 실제적이고 구체적인 보상을 받으려는 것이다. 노동조합과 결사체 조직을 통하여 작업조건을 개선하고 보다 나은 처우를 받음으로써 현세에서 즉각적으로 주로 경제생활에서의 보상을 추구할 수 있다(Stark, 1972).

마지막으로, 정체성과 소속감을 주는 종교의 기능도 여러 대행물에 의해 대체되고 있다. 자아 정체성을 찾기 위하여 인생의 의미를 일깨워 주는 여러 가지 서적들을 보거나 명상이나 심신단련과 같은 훈련을 하는 사람들이 늘고 있다. 성숙하게 하는 기능은 무엇보다 교육제도가 대신한다. 유아원에서부터 시작하여 대학원에 이르는 공식적 교육기관은 물론 다양한 평생교육 프로그램이나 취미, 교양을 위한 비공식적 교육 프로그램은 지적인, 정적인 성숙에서 종교보다 더 효과적일 수 있다. 소속감의 경우에도 오늘날에는 많은 사람들이 종교 이외의 다양한 '자발적 결사체' 모임들에서 그 요구를 충족시키고 있다. 자신이 일하고 있는 직업집단, 그리고 취미나 교양 혹은 봉사를 위한 결사체 집단, 학연, 혈연, 지연을 근거로 한 준거집단,

지위나 신분 혹은 역할을 근거로 한 전문가 집단 등은 사람들에게 다양한 소속의식을 제공할 수 있고, 이에 따라 소외감을 극복하고 공동체성을 확인할 수 있다.

이와 같이 적어도 종교의 기능이라는 측면에서 보면 종교는 수많은 기능적 대행물들과 경쟁하는 위치에 있을 뿐만 아니라, 그 역할 수행에 많은 부분을 대행물들에 의해 크게 침식당하고 있다. 이것은 종교의 위기로 비쳐질 수도 있다. 즉, 기능적 대행물들에 의해 종교의 전통적 기능들이 크게 약화되는 것은 종교의 쇠퇴를 나타내는 뚜렷한 증거라는 것이다.

그러나 한편 다른 시각도 있다. 즉, 기능적 대행물들의 발달은 종교의 불가피한 쇠퇴가 아니라 사회적 요구를 강화시키는 과제를 주장하는 사회구조로부터의 종교의 해방이라는 것이다. 즉, 종교제도에서 전통적인 사회적 기능의 일부가 떨어져 나가는 것은 오히려 기본적인 종교적 목적에 대한 헌신을 재확증하게 되는 결과를 가져올 수 있다(Brothers, 1971: 80). 그리하여 종교에 대한 기능적 대행물들의 발달은 오히려 종교의 고유 기능, 즉 구원이라는 본래적 기능을 강화시키는 결과를 가져올 수도 있다. 뿐만 아니라 기능적 대행물들의 기능은 종교에 대하여 부분적으로만 대행적이라는 점도 지적된다. 즉, 그것들은 종교와는 달리 죽음과 같은, 그리고 이와 유사한 삶의 위기에서 생겨나는 의미와 목적의 문제에 대하여는 대답할 수 없기 때문에, 전체적 의미로서의 종교는 여전히 필요하고 중요하다는 것이다(Scharf, 1970: 74). 그러나 이러한 주장들이 하나의 격려가 될지 위안이 될지 아니면 변명이 될지는 경험적 연구에 의해 밝혀져야 할 일이다.

4) 종교기능의 범위 문제

(1) 사사화 이론

사회학자들에게 종교의 기능에 대한 탐구의 한 주제는 그 기능이 오늘날 사회적 수준에서도 가능한가 하는 문제이다(이원규, 1991: 79~94). 많은 학자들이 현대사회에서는 종교의 기능이 주로 개인적이고 심리적인 수준에 머물고 있다고 지적한다. 다원화되고 세속화된 현대의 사회적, 종교적 상황은 종교의 기능을 사적인 것으로 축소시켰다는 것이다. 이것을 사사화(私事化) 이론(*privatist theory*)이라고 한다. 이 이론은 현대사회의 고도로 발달된 분업화, 다원화, 그리고 세속화의 과정들이 필연적으로 종교를 사적 문제, 개인적 문제, 심리적 작용으로 만들었고, 종교의 다원화 과정과 관계된 자발적 행위로 만들었다고 주장한다.

사사화 이론을 내세우는 대표적 학자는 버거이다(Berger, 1979; 1981; 1982). 버거는 인간에게 세계를 질서잡힌 것으로 보게 함으로써 그 의미성을 제공하는 기능을 종교가 해 왔다는 것을 인정한다. 그래서 종교는 역사 안에서 세계를 구성하고, 세계를 유지하는 힘을 가지고 있었다고 말한다(Berger, 1982: chaps. 1, 2). 그러나 버거는 현대사회에서는 종교가 설득력을 상실하면서 종교의 그러한 사회적 기능은 사적 기능으로 축소되었다고 본다. 이러한 변화의 근원은 '다원화'라고 그는 설명한다. 그에 의하면 다원화된 상황이 서로 경쟁하는 합리적 구조들의 수를 증가시켰고, 그것이 종교의 내용들을 상대적인 것으로 평가절하시켰다는 것이다. 따라서 종교의 기능도 주관적인 것이 되어 버린다.

> 이와 같이 종교의 탈독점화(*demonopolization*)는 사회구조적 과정일 뿐만 아니라 또한 사회심리적 과정이기도 하다. 이제 종교는 더 이상 세계를 정당화시키지 못하게 되었다. 오히려 상이한 종교적 집단들은 경쟁적인 하위세계들의 다원성에 직면하여 그것들의 특정한 하위세계를 여러 가지 수단을 통하여 유지하려고 애쓴다. 그뿐만 아니라 이러한 종교적 정당화 체계의 다원성은 우리가 그 가운데서 하나를 선택할 수 있는 가능성의 다원성으로 의식 속에 내면화된다(Berger, 1982: 168).

이렇게 하여 종교적 내용은 의식 안에서 당연시되었던 객관적 실재의 지위를 박탈당하고 주관화되어 버린다. "종교는 이제 코스모스(*cosmos*)나 역사와 관계되어 있는 것이 아니라 개개인의 실존이나 심리와 관련되고 있다"는 것이다(1982: 168). 이러한 현상을 버거는 '종교의 사사화'라고 부른다. 버거에게 종교는 현대의 다원주의 상황 아래서 그 기능과 위치에 커다란 변화를 겪는데, 기능에서는 사적인 일로서 크게 축소되었고, 위치에서는 사회적 정당화를 독점하던 위치에서 많은 대체물들과 경쟁할 수밖에 없는 상대적 위치로 전락되었다고 하겠다. 종교는 결국 개개인의 사적 생활에서 그들의 도덕적 요구와 치유적 요구에 적용되는 기능을 할 뿐이라는 것이다(1982: 163).

한편 루크만(Luckmann)은 종교에 대하여 포괄적 정의를 내림으로써 버거보다 훨씬 광범위하게 그 문제를 다루었으나, 적어도 종교의 기능에 대한 이해에서는 버거와 비슷한 생각이다(1982). 루크만도 다원화와 제도적 분화의 결과로 종교는 점차 하나의 '사적인 일'(*a private affair*)이 되고 있다고 본다. 즉, 종교적 주제들은 '사적 영역'의 경험에만 근거하고, 그것들은 주로 감정과 기분에 근거하며, 매우 주관적인 것이 되었다는 것이다(1982: 149). 루크만의 중심된 주장은 종교가 급속히 존재의 개인적 영역으로 옮겨왔다는 것, 사회의 현저한 세계화는 실제로 사회 안에서의 개인의 급증하는 자율화라는 것, 그리고 개인은 궁극적 혹은 초월적 의미를 추구함에 다양한 방법들 가운데 자유롭게 사적으로 선택할 수 있다는 것, 그래서 종교는 개인에게 사적으로 기능할 뿐이라는 것이다.

펜(Fenn)은 더 나아가서 현대사회는 과거처럼 문화적 통합을 수행할 필요도 없고 할 수도 없다고 주장한다. 그리하여 종교의 사회적, 문화적 통합기능의 가능성을 전적으로 부정한다(1972: 16~27). 벨(Bell)의 '이데올로기의 종식'(*the End of Ideology*)의 주제와 다원주의 상황과 사회분화 현상에 대한 분석을 토대로 하여 펜은 종교가 단순히 개인들에게 사사화된 의미를 마련해 줄 수 있는, 그러나 중요한 사회 전체의 통합하는 기능은 수행하지 못하는 표현적 행위라고 주장한다. 특히 현대사회에서 분화의 과정은 종교적 신앙과 가치에 근거한 규범적 질서가 더 이상 가능하지 않은 지점에 도달했다는 것이다. 그리하여 그는 전통적 종교가 전체사회를 통합시킬 수 있는 상징들을 다시 마련할 가능성에 대하여, 질서를 유지하기 위해 필요하거나 혹은 바람직한 지배적 신앙의 가능성에 대하여 부정적으로 본다(Fenn, 1972: 18).

결국 사사화 이론은 현대사회에서 종교는 단순히 사적 영역에서 심리적 기능을 할 뿐 전체사회에 영향을 미치는 사회적 기능(특히 통합기능)은 수행하지 못한다고 주장한다.

(2) 문화주의 이론

사사화 이론과 달리 현대사회에서도 종교가 여전히 사회적 기능(특히 통합기능)을 수행한다고 보는 학자들도 있다. 이들에 의해 제시되는 설명을 문화주의 이론(*culturalist theory*)이라고 부른다. 이 이론은 오늘날에도 여전히 종교는 문화를 통합시킴으로써 사회를 결속시키는 응집력이 있다고 주장한다. 이 입장의 대표적 학자는 앞에서 소개한 벨라이다. 그는 종교가 원래 인간의 두 가지 문제와 관련된 행위에서 생겨난다고 보았다(1970: 11). 하나의 문제는 정체성으로서 그것은 특히 긴장과 갈등의 상황에서 필요한데, 왜냐하면 종교가 어떻게 현상체계 자체가 유지되어야 하며 어떻게 손상된 현상체계가 고쳐져야 하는가 하는 지침들의 가장 일반적인 내용들을 마련해 줄 수 있기 때문이다. 또 하나의 문제는 '무의식적 동기'로서, 이것은 인간의 무의식적인 불안, 소망, 그리고 두려움의 깊은 감정들과 관련된 것이다. 다시 말하면 종교적 윤리행위, 예배의식, 종교적 치유, 신앙을 통하여 종교가 죄의식, 불안, 고독, 고통, 무의미의 문제들을 해결해 준다는 것이다(1970: 265~86).

그러나 벨라는 종교의 기능을 사적 문제로만 보지는 않는다. 종교가 기능적으로 자아의 의미와 동기를 연결시키지만 인간은 사회적 존재로서 문화적으로 규정되어야 하기 때문에 개인의 의미는 사회적 맥락에서만 이해될 수 있는 것이다. 따라서 벨라는 하나의 사회적 상징체계로서 작용하는 종교가 있기 때문에 개인들도 삶에서 존재의 유의미성을 발견할 수 있다고 생각한다. 이런 의미에서 종교는 여전히 사회통합의 기능을 수행하며 또 수행해야만 한다고 본다. 그러나 이 때 벨라가 뜻하는 종교는 '시민종교'와 같은 포괄적 의미의 종교라는 것을 염두에 둘 필요가 있다. 이 점에서는 '민주주의라는 종교'가 미국에서 개신교, 가톨릭, 유대교라는 종교적 다원성에도 불구하고 미국인을 하나 될 수 있게 만드는 대체종교로서 사회통합의 기능을 한다고 보는 헐벅의 생각도 벨라의 것과 유사하다(Herberg, 1955).

한편 인류학자 기르츠(Geertz)는 광범위한 문화적 관계에서 이해되는 상징체계로서의 종교의 사회-문화적 기능에 대하여 설명한다(1973). 그는 문화를 인간의 사고나 행동이 근본적으로 상징이란 용어로 표현되는 사회적이고 공동적인 것이라는 가정 위에 형성되는 '통제 수단'이라고 본다. 그런데 주어진 문화의 도덕적 그리고 심미적 양상과 평가적 요소들을 의미하는 에토스(*ethos*)와 인식적이고 실존적인 양상을 의미하는 세계관 사이의 의미 있는 관계는 상징, 의식, 혹은 신화들을 통해 이루어질 수 있는데 그 관계는 종교에서 가장 명백히 나타난다는 것이다.

> 에토스와 세계관을 융합시킴으로써 종교는 아마 가장 강제적인 필요가 있는 일련의 사회적 가치들을 마련해 준다. 거룩한 의식과 신화들 가운데서 가치들은 주관적인 인간의 선택으로 보여지는 것이 아니라, 하나의 특수한 구조를 가진 세계 안에 함축된 삶의 조건들로 보여지게 된다(Geertz, 1973: 131).

그리하여 기르츠는 종교는 도덕적인 그리고 심미적인 선택을 실제의 변동될 수 없는 상식적인 것으로 묘사함으로써 그것을 객관화하며, 종교는 또한 깊이 느껴지는 도덕적 그리고 심미적인 감정들을 진리를 위한 경험적 증거로 밝힘으로써 세계에 대한 신념을 뒷받침한다고 주장한다. 기르츠에게 상징체계로서의 종교는 비록 그 형태와 범위가 각기 다른 문화에 따라 다양하긴 하지만 인간의 삶의 시간적이고 공간적인 한계를 초월하는 그 기능, 의미, 그리고 영향에서 보편적인 현상인 것이다.

(3) 평가

이와 같이 현대사회에서의 종교 기능의 범위에 대하여는 상이한 견해들이 사회학자들 사이에서 보여진다. 그러나 문제는 이러한 주장들이 경험적 연구에서 뒷받침되는가 하는 것이다. 미국의 여러 경험적 자료들을 토대로 한 연구결과는 제도화된 기성종교의 경우 종교가 개인 수준에서의 심리적 기능은 여전히 수행하나 사회적 통합 기능은 별로 수행하지 못한다는 것을 보여준다(Lee, 1981). 한편 이 문제를 한국종교 상황에 근거하여 분석한 경험적 연구에서도 비슷한 결과가 나타난다(이원규, 1991: 6, 7장). 따라서 종교가 심리적 기능을 수행한다는 점에서는 사사화 이론이 경험적으로 뒷받침되지만, 종교가 사회통합의 기능은 수행하지 못한다는 점에서 문화주의 이론은 경험적으로 뒷받침되지 않는다는 것을 알 수 있다. 그러나 여기에 주의해야 할 점은 종교를 제도적 기성종교로 규정할 때 그 종교가 사회통합의 기능은 수행하지 못하지만, 그것을 포괄적으로 정의내릴 때에는(예를 들어 시민종교) 여전히 종교가 현대사회에서도 사회통합의 기능을 수행할 수 있다는 것이다(Hughey, 1983; Richey and Jones, 1974).

결국 종교의 기능에 대한 연구는 어떻게 종교가 사회와 개인에 대하여 기능하는가 하는 문제들, 즉 '어떤 기능을', '어떤 식으로', '어떤 상황에서', '어느 정도' 그리고 '어떤 종류의 종교정의에 근거하여' 등의 문제들을 염두에 두고 이루어져야 할 것이다. 이런 의미에서 종교를 분석하는 하나의 접근방법이며 이론으로서의 기능이론은 오히려 새로운 국면을 맞아 새로운 전환기에 이르렀다고 볼 수 있다. 베버의 말대로 인간이 의미의 문제를 추구하는 존재인 한 종교는 사라지지 않을 것이고, 그것이 존속되는 한 그것은 개인과 사회에 어떤 형태로든 기능을 수행할 것이며, 이런 점에서 기능이론은 여전히 종교에 대하여 유용한 설명을 제공할 것이다.

3. 종교갈등론

1) 종교갈등론의 성격

종교갈등론이란 종교에 대한 갈등이론 혹은 갈등론적 접근방법을 의미한다. 따라서 종교갈등론에 대한 이해를 위해서는 먼저 사회학의 갈등이론에 대하여 살펴볼 필요가 있다. 그리고 나서 갈등이론의 관점에서 보는 종교에 대한 일반적 설명을 논의하기로 한다.

(1) 갈등이론의 성격

갈등이론(*conflict theory*)은 사회현상을 안정, 균형, 통합, 질서라는 용어로 설명하는, 보수적 성격을 띠는 기능이론에 대한 하나의 대안으로 발전했다. 맑스에게서 그 근원을 찾을 수 있는 갈등이론은 기능이론과는 전혀 다른 시각에서 사회를 보려고 한다. 갈등이론의 기본적 전제는 모든 사회가 집단들(특히 계급집단) 사이에 각각의 이익을 추구하려는 과정 가운데서 긴장과 갈등이 존재한다는 것이다. 갈등이론은 사회현상을 다음과 같이 설명하고 있다. ①사회는 기능적 체계가 아니며 그 안에 있는 사회적 하위단위들(계급, 파당, 이익집단 등)은 지속적 갈등과 투쟁 가운데 있다. ②사회갈등은 각각 이익을 주장하거나 성취하기 위해 투쟁하는 사회적 하위단위들의 대립적 이익에서 생겨난다. ③사회적 균형은 한 하위단위의 지배로부터, 그리고 불리한 하위집단의 허위의식에서 생겨나는 것으로 잠정적인 것일 뿐이다. ④사회변동은 불가피하고 갑작스럽고 격변적인 경향이 있다. ⑤변동은 변증법적인 양극화된 사회적 하위단위들, 즉 지배적 하위단위와 지배당하는 하위단위 사이의 갈등의 산물이다. ⑥사회갈등에 공헌하는 가장 중요한 요인은 한 하위단위에 의한 권력, 재화, 용역, 위광(*prestige*)의 독점과 다른 사회적 하위집단의 불리한 지위이다. ⑦물질적 불평등이 사회적 하위단위들 사이의 가치 부조화를 초래한다.

갈등이론은 사회관계의 근본적 성향은 갈등관계라고 본다. 이익의 양극적 대립에서 명시되는 갈등은 불가피한 것이며, 그것은 희소자원의 분배에서 흔히 일어난다(Turner, 1974: 80). 갈등이론은 힘, 갈등, 지배가 인간생활의 중요한 양상들이며, 이익집단들 사이의 관계는 특히 강제적 성격을 띠고 있다고 보는 점에서 강제이론(*coercion theory*)이라고도 불린다(Dahrendorf, 1959).

(2) 갈등이론과 종교

맑스의 영향을 받아 이데올로기 개념을 환기시킴으로, 사회에서의 힘의 차이의 중요성을 강조함으로써 갈등모델은 종교가 통합적 가치의 촉진자로 기능한다는 기능주의 견해에 도전하고 있다. 사회안정이 궁극적으로는 종교에 근거한 도덕성을 통해서만 성취될 수 있다고 주장하는 기능이론과는 달리 갈등이론은 경제적 힘을 사회질서의 충분한 원인으로 본다. 따라서 종교적 믿음에 대한 갈등이론의 관심은 현재의 경제적 배열을 정당화하는 종교의 힘에 있다(J. Wilson, 1978: 276). 갈등이론은 종교적 믿음과 수행에서 이데올로기적 요소를 보는 경향이 있다. 종교가 보장하는 '합의'라는 것은 결국 지배계급의 이익을 반영하는 일단의 지배이념일 뿐이다. 종교적 관념은 종속계급으로 하여금 지배계급의 지배를 보장하는 정치, 경제 제도들을 뒷받침하는 것으로 이해된다. 결국 갈등이론은 종교가 사회적 갈등(계급갈등)을 지속시키는 이데올로기적 역할을 한다고 본다.

종교는 사회적 균열의 정당화로 작용하기도 한다. 흔히 민족적, 종교적, 인종적으로 강한 소속감은 그 집단과 다른 집단 사이의 구분을 강화시키는 경향이 있다. 종교는 사회 안에서 집단 동일화를 위한 한 중요한 근거이기 때문에 그것은 균열을 만들어내는 중요한 요소가 될 수 있다. 종교적 경계선은 사회계급, 인종이나 민족, 정치적 혹은 국가적 충성과 같은 다른 갈등적 대립을 뒷받침함으로써 갈등을 심화시키는 경우가 많다(McGuire, 1981: 159~60).

이 경우 때로는 종교적 갈등이 다른 사회적 갈등들을 위장하는 형태로 나타날 수도 있다. 예를 들어 아랍국가들과 이스라엘 사이의 갈등관계는 이슬람교와 유대교라는 종교 이름으로 본래의 민족적, 인종적, 정치적 갈등을 증폭시키는 경향이 있다. 종교는 흔히 정치적, 그리고 경제적 갈등에 대한 정당화인 경우가 많다. 종교는 집단 사이의 갈등을 심화시키는 경향이 있으며, 따라서 종교집단들 사이의 갈등은 단순히 신앙적 갈등으로 끝나는 것이 아니라 사회갈등으로 나타나게 되는 것이다. 이때 갈등은 주로 종교적 특수주의(*particularism*)에서 기인한다. 특수주의는 자신의 종교집단을 유일하게 정당한 종교로 보는 것이다. 이러한 특수주의 성향은 다른 집단에 대해 비관용과 편견을 조장함으로써 갈등을 심화시킨다.

갈등은 종교집단 안에서도 생겨날 수 있다. 종교집단 내부의 투쟁도 그 집단 안에서의 사회경제적 문제, 리더십과 힘, 그리고 비종교적 이익과 관계되는 경우가 많다(McGuire, 1981: 165). 종교 내적 갈등의 근원이 표면적으로는 신학적 주제 때문인 듯이 보이지만 실제로는 통제력을 의미하는 권위의 문제인 경우가 흔하다(Niebuhr, 1957). 결국 종교내적 갈등은 집단 간의 이익에 대한, 권력에 대한 주도권 쟁탈이 주요 원인이 되고 있는 것이다. 그러나 이 경우에도 그 갈등이 신앙적인, 신학적인 문제인 것처럼 위장되는 수가 많다.

물론 종교내적 갈등이 신학적, 이념적 차이에서 생겨나는 수도 있다. 이것은 흔히 자유주의 혹은 진보주의와 보수주의 사이의 갈등이라 하겠다(Roberts, 1984: 82). 신학적 문제에서 변화를 거부하고 전통을 고수하려고 하는 보수주의자와 변화를 수용하면서 새로운 해석을 시도하려는 자유주의자 사이의 차이는 신앙적 실천과 사회적 실천의 차이를 가져와 서로의 갈등을 만들어낸다. 예를 들면 신앙적으로 보수적인 사람은 정치의식도 보수적이고, 신앙적으로 진보적인 사람은 정치의식도 진보적이어서 신앙의 차이는 결국 정치적 입장의 대립으로 이어져 갈등이 심화될 수 있다(이원규, 1991: 9, 11장).

종교내적 갈등은 종교집단 내에서의 일탈자(*deviant*)에 대하여 통제를 행사하는 가운데 생겨날 수도 있다. 종교집단의 규범과 가치에서 벗어나는 신학적, 실천적 일탈자에 대한 제재는 종교갈등의 한 요소가 될 수 있다. 안으로부터의 일탈의 위협은 외부인으로부터의 반대보다 더욱 파괴적이다. 왜냐하면 내부인은 '더 잘 알고 있기' 때문이다(McGuire, 1981: 164). 외부인은 '진리'를 알지 못하고 무지하다고 무시될 수 있지만, 내부인은 '우리들 가운데 하나'이기 때문에 보다 심각하게 취급된다. 중요한 집단규범에 반대하는 동료 멤버는 전체집단의 근본적 일치에 대하여 하나의 모욕이 된다. 따라서 종교내적 일탈자에 대하여는 더욱 가혹한 제재가 가해지게 된다. 극단적인 경우에는 축출, 파문, 출교 등의 처벌이 있게 된다. 일탈자에 대한 제재는 흔히 종교(교단)분열의 결과를 초래할 수 있다. 새로운 종교 혹은 종파를 시작한 사람은 기성종교로부터 일탈자로 낙인찍혀 배척받는 경우가 많다.

(3) 종교갈등의 기능

종교적 갈등이 사회갈등을 조장하고 종교 간의 긴장을 유발할 수 있는 반면에 그것은 또한 종교집단을 위해서는 내적인 일치의 근원이 될 수 있다. 갈등은 여러 이유에서 내적 응집력을 만들어낸다(Roberts, 1984: 81~2). 첫째로, 외부인에 의한 억압과 적대감은 공통된 곤경과 공통된 운명의 느낌을 창조하는 경향이 있다. 둘째로, 어떤 것에 대한 공통된 거부는 자신의 믿음을 형성하는 것을 돕는다. 실제로 그 멤버들이 믿는 것에 대하여 건설적 진술을 구성하는 것보다 어떤 것에 대한 거부에서 집단이 일치하는 것이 대개 더 쉽다. 비슷하게 세상적인 것에 대한 혹은 어떤 다른 특수한 집단에 대한 거부는 집단적 응집의 중요한 근원이 될 수 있다. 따라서 종교와 사회 사이의 갈등은 종교적 통합을 강화시킬 수 있고, 종교 간의 갈등은 각 종교의 내적 결속력을 강화시킬 수 있다.

또한 갈등은 흔히 변화의 근원이 된다. 현상을 옹호하는 사람들의 눈에는 그러한 갈등이 와해적이며, 따라서 역기능적이다. 그러나 와해가 반드시 모든 사람에게 역기능인 것은 아니다. 종교적 가치가 때때로 사회관계성을 지배적 문화가 규정하는 방식과 다르게 규정하기 때문에 종교는 와해를 가져올 수 있다. 만일 종교적 이데올로기가 모든 사람은 신 앞에서 평등하다고 주장한다면, 그리고 그 사회가 엄격하게 계층화되어 있다면, 그 종교적 이데올로기를 심각하게 받아들이는 집단에게는 하나의 부조화가 창조될 수 있다. 그러나 이렇게 함으로써 종교는 직접적으로든 간접적으로든 전체 사회의 변혁에 공헌할 수 있다. 왜냐하면 그것은 대안적 세계관과 대안적 가치를 마련해 줄 수 있기 때문이다.

종교와 사회 사이의 갈등은 사회변형의 한 근원이 될 수 있다. 종교가 사회적 규범이나 가치에 대하여 비판적이고 도전적이라면 그러한 규범과 가치에 변화의 가능성이 있을 수 있기 때문이다. 여기에서는 특히 베버가 중요하게 생각하는 카리스마적 종교지도자의 역할이 커다란 영향을 미칠 수 있다. 한편 종교내적 갈등은 종교 자체의 개혁이나 갱신의 계기가 될 수도 있다. 종교내적 갈등은 종교의 문제요소에 대한 불만에서 비롯되는 경우가 많기 때문이다. 또한 종교적 일탈자의 출현으로 인한 긴장과 갈등은 종교집단의 규범을 재확인하고 강화시키는 작용을 할 수 있다. 이것은 집단 연대감을 공고히 하고 멤버들 사이에 종교적 정체성을 확립하는 기회가 될 수 있다.

2) 종교와 계급갈등

종교와 사회갈등의 관계를 특히 맑스적 계급이론의 틀에서 분석하면서도, 맑스보다 폭넓고 다양하게 그 관계를 밝히려는 시도가 베네수엘라의 종교사회학자 마두로(Otto Maduro)에 의해 이루어졌다(1988). 비록 상대적으로 계급구조가 두드러지게 갈등의 양상으로 나타나는 라틴 아메리카라는 특수한 지역적 상황과 가톨릭이라는 특정 종교가 분석의 중심대상이기에 보편적으로 모든 사회에 적용하는 데는 어려움이 있다.

종교와 사회갈등의 관계를 계급갈등의 용어로 설명한 마두로의 이론은 종교갈등론의 한 중요한 입장이기 때문에 여기서는 그의 견해를 집중적으로 다루어 본다. 마두로는 지금까지의 종교사회학이 주로 제1세계 상황에 초점이 맞추어졌고, 주로 기능이론에 근거하여 종교의 사회통합 기능을 강조했던 전통에 반하여, 라틴 아메리카의 상황에서는 오히려 맑스적 분석의 틀을 이용하여 종교를 사회갈등의 측면에서 볼 때에 바로 이해될 수 있다고 강조한다. 마두로는 종교와 사회갈등의 관계를 3가지 형식으로 설명한다.

(1) 사회갈등의 산물로서의 종교

마두로는 그의 책《종교와 사회갈등》(*Religion and Social Conflicts*) 제2부에서 종교가 사회갈등의 산물로 나타나는 경우에 대하여 지적한다. 여기서는 종교는 종속변수로 이해된다. 우선 종교는 구체적인 사회적, 정치적, 경제적 조건과 배경에 존재하는데, 그 조건과 배경은 맑스가 말하는 생산방식(생산수단, 생산력, 생산품 분배)에 의해 결정되며, 따라서 궁극적으로는 종교도 생산방식의 지배 아래 있다고 말한다. 그런데 생산방식이 지배계급과 피지배계급의 사회계급을 만들게 하며, 이에 따라 계급간에 갈등과 대립이 생겨난다는 것이다.

이때 종교는 계급구조 안에 위치한 개인과 집단에 의해 수행되기 때문에 종교활동은 상이한 계급들 간의 갈등적이고 불평등한 권력관계 안에서 수행된다고 본다. 여기서 지배계급은 권력을 유지하고 확장하고 강화시키는 전략으로 종교를 상징적 힘으로 이용할 수 있고, 이에 따라 종교는 지배의 역동성에 종속된다. 한편 피지배계급은 자율권을 획득하고 저항하기 위하여 역시 종교의 상징적 힘을 이용할 수 있다. 이에 따라 종교는 계급갈등의 산물로서 보여질 수 있다고 마두로는 지적한다.

(2) 종교내적 갈등

마두로는 또한 사회상황과는 다소 독립적으로 작용하는 종교자체 내의 갈등상황에 대하여도 다룬다(1988: part 3). 즉, 종교자체 내에서도 종교의 생산수단에 대한 갈등이 생겨나는데, 이것은 그 수단을 독점하려는 집단과 박탈당한 집단 사이에서 일어난다고 본다. 그리하여 그 갈등은 성직자와 평신도의 분열, 평신도층 안에서의 지배계급과 피지배계급 사이의 분열, 그리고 상위 성직자와 하위 성직자 사이의 분열을 초래한다는 것이다. 그러나 일반적 경향은 상위 성직자층과 사회 지배집단의 제휴와 하위 성직자층과 사회 피억압계급의 제휴라고 마두로는 강조한다. 이때 지배계급은 종교적 권한을 독점하기 위한 전략을 세우게 되고, 피지배계급은 그 권한을 위한 투쟁을 할 수 있다는 것이다. 이와 같이 종교는 그 자체의 영역 안에서도 갈등의 구조를 만들어낼 수 있다.

(3) 사회갈등과 종교의 기능

마두로가 가장 중점적으로 다루는 주제는 사회갈등의 능동적 요소로서의 종교에 대한 것인데, 여기서는 종교가 일종의 독립변수로 이해된다(1988: part 4). 이때 종교는 지배계급이 주도권을 확립, 강화하는 데 장애물일 수도 있고, 협조자일 수도 있다. 다시 말하면 종교가 피억압 계급의 자율성 신장에 장애물이 되고, 지배계급의 주도권 쟁탈의 도구가 될 수 있다. 그러나 반대로 종교가 지배계급의 주도권 확보에 장애물이 되고, 피지배계급의 자율성 신장의 매개체가 될 수도 있다. 우선 종교는 지배계급의 주도권을 위한 전략으로 작용하여 갈등의 근거가 될 수 있다. 나아가서 종교체계의 생산이 성직자들에 의해 전유되고, 그들은 지배계급의 주도권 전략 안에 있게 된다. 이에 따라 종교는 모호한 선포를 통해 계급사회 내의 사회갈등을 상징적으로 은폐하거나 이를 초월하게 만든다는 것이다. 반면에 종속계급은 종교의 혁명적 기능을 전략으로 이용할 수 있어서 사회갈등을 촉발시킬 수도 있다. 이때 중요한 것은 종속계급이 지배계급의 세계관과 반대되는 세계관을 발전시킬 수 있어야 하며, 종속계급의 자율성이 계급의식, 계급조직, 계급동원에서 충분히 이루어져야 한다는 것이다. 이러한 종속계급의 불만이 종교 안에서 수렴되면 계급저항이 있게 되며, 따라서 종교는 잠재적인 혁명적 기능을 수행할 수 있게 된다고 마두로는 강조하고 있다.

(4) 평가

특히 맑스가 일찍이 종교를 지배계급이 피지배계급을 억압하기 위하여 조작해 낸 허위의식 혹은 전도된 가치관으로 보면서 '민중의 아편' 구실을 한다고 보았던 그 시각을 마두로는 그대로 받아들이면서, 오늘날 철저한 계급사회의 성격을 띠는 라틴 아메리카 상황에서는 그 이론이 적절하게 적용될 수 있음을 강력히 시사하고 있다. 그러나 마두로는 종교가 반대로 피지배계급의 저항과 혁명을 위한 중요한 근거가 될 수도 있다고 보면서 종교의 양면성을 지적한다. 그러면서도 그는 종교가 지배계급의 도구가 되든 피지배계급의 도구가 되든 사회갈등을 만들어내든지 혹은 사회계급의 갈등으로부터 생겨나든지 하는 것은 불가피한 일이라고 보는 것이다. 종교에 대한 마두로의 분석은 제 14장에서 다시 소개될 것이다.

3) 종교갈등론의 평가

종교갈등론은 여러 가지 측면에서 긍정적 혹은 부정적 평가를 받고 있다. 종교갈등론은 종교기능론과 너무 대조적인 종교 이해를 하기 때문에, 전자의 약점은 후자의 강점이 되고, 후자의 약점은 전자의 강점이 된다고 할 수 있다.

(1) 종교갈등론의 공헌

종교갈등론은 다음의 몇 가지 점에서 종교사회학 분야에서 공헌을 했다. 첫째, 지금까지의 전통적 종교사회학 이론이 주로 기능이론 입장에서 종교의 사회통합 기능, 그것도 주로 긍정적 기능의 측면에서 종교를 보려고 했던 것에 대하여, 실제적으로 가능할 수 있는 반대의 경우, 즉 종교의 역기능에 대하여, 그리고 종교가 사회갈등을 유발시킬 수 있다는 점에 대하여 밝혀낸 것은 종교갈등론의 매우 중요한 공헌이라 할 수 있다.

둘째, 기능이론에서는 종교를 주로 사회나 개인에 영향을 미칠 수 있는 독립변수로 보는 경향이 있었으나, 갈등이론은 반대로 종교가 사회구조, 특히 사회·경제적 조건에 의해 영향을 받는 종속변수가 될 수 있음을 지적했다. 종교현상이 사회적 결과(특히 갈등적인) 일 수 있다고 하는 분석은 매우 중요한 의미를 가진다(Robertson, 1984: ch. 6). 왜냐하면 종교적 믿음의 다양성이나 종교조직과 운동의 다양성의 근거를 이해하는 데 종교내적인 혹은 종교외적인 갈등관계가 실마리를 제공하는 경우가 많기 때문이다.

셋째로, 종교갈등론은 종교가 때로는 사회변동의 역할을 할 수도 있음을 밝혀내고 있다. 종교기능론이 종교가 수행하는 사회통합의 보수적 기능에 초점을 맞춘 반면에, 종교갈등론은 종교가 수행할 수 있는 변혁의 진보적 기능의 가능성을 제시한다. 따라서 종교갈등론은 종교가 갖는 잠재적인 역동적 힘을 보여주고 있다고 하겠다.

(2) 종교갈등론의 비판

만일 기능이론이 흔히 합의와 조화를 지나치게 강조하는 과오를 범한다면, 갈등이론은 흔히 긴장, 부조화만을 보는 경향이 있다. 갈등이론이 변동의 원인을 조명하는 데 도움이 되는 한편, 그것은 사회적 응집과 협동을 설명하는 데는 덜 완전하다.

종교갈등론에 대한 우선적 비판은 맑스가 비판받았듯이 사회구조와 종교현상의 제 조건과 형태들을 지나치게 경제적 용어로만, 계급갈등의 용어로만 이해하려는 환원주의적(*reductionistic*) 경향이 강하여 현상을 보는 시각을 좁혀 놓았다는 점이다. 종교와 사회갈등의 관계는 경제적 변수들 외의 다른 변수들(정치적, 문화적, 사회심리적)을 통해서도 폭넓게 논의될 수 있는 것이다.

둘째로, 종교갈등론은 종교적 행위의 동기를 개인이나 집단의 자기이익(*self interest*)으로 봄으로써 종교적 동기를 단순히 계급적 이익에서의 파생물로 규정하는 과오를 범하고 있다(Roberts, 1984: 86). 물론 종교가 각기 다른 이익집단에 의해 다른 식으로 이해되고 받아들여질 수 있는 것은 사실이지만, 종교성이 단순히 자기이익에만 근거하고 있는 것은 아니다. 종교적 믿음과 행위는 이타적 동기에서, 공동체적 동기에서, 혹은 희생적 동기에서도 가능한 것이다.

셋째로, 종교갈등론은 물론 종교의 갈등적인, 역기능적인, 문제적인 성향에 집중적 관심을 보이고 있다. 이렇게 함으로써 그 이론은 종교가 사회질서와 안정에 공헌할 수 있는 긍정적 기능의 가능성을 간과하고 있다. 특히 종교가 하나의 자율적이고 창조적인 힘으로 사회에 영향을 미칠 수 있는 가능성이 종교갈등론에서 무시되고 있다는 것은 문제로 지적될 수 있을 것이다.

4. 종합이론 모형

종교에 대한 기능이론이나 갈등이론은 각기 나름대로 종교현상을 설명하는 하나의 관점일 수 있다. 그러나 그 어느 것도 종교를 완전히 설명하지는 못한다. 따라서 종교에 대한, 특히 종교의 기능에 대한 이해에는 양자를 종합하는 포괄적 관점이 필요하다. 사실상 오늘날의 종교기능론은 종교에 대한 갈등이론적 관점을 수용하고 종교갈등론도 종교에 대한 기능이론적 시각을 부분적으로 받아들이는 경향이 있다. 어쨌든 종교현상을 정확하게 파악하려면 그 두 가지 입장을 조화적인 것으로 보아야 한다. 즉, 기능이론과 갈등이론은 상호 배타적일 필요는 없다. 그것들은 각각 중요한 통찰력을 제공하며 각각이 사회에 대한 관점에 맹점을 가지고 있다. 따라서 단지 하나의 관점에만 의존하는 분석은 종교와 사회 사이의 관계에 대한 완숙한 이해를 제공할 수 없다.

기능이론과 갈등이론은 사회를 이해하는 데 대안적인 것이 아니라 보완적인 것이다. 우리는 안정과 변동, 통합과 갈등, 기능과 동기적 힘, 합의와 강제의 변증법을 이해하지 않으면 사회를 이해할 수 없다(Dahrendorf, 1959: 163). 종교와 사회의 관계에 대한 적절한 견해는 기능과 갈등을 함께 보는 것이다. 그리하여 한 단위에 대해서 기능적인 것으로 보여지는 것이 다른 단위에 대해서는 역기능적일 수 있다. 매우 통합된 체계에 대한 탐구로부터 그것이 부분이 되는 보다 큰 체계에 대한 연구로 전환하면, 우리는 그것의 내면적 통합이 보다 큰 단위에서의 갈등을 설명하는 것을 돕는다는 것을 알게 된다(Yinger, 1970: 91).

예를 들어 어떤 종교집단의 내적인 통합은 동시에 다른 집단, 그리고 전체 사회와의 갈등으로 작용할 수도 있는 것이다. 한편 어떤 환경 아래서 집단을 분열시키는 갈등이 다른 상황에서는 적응적인 그리고 통합적인 기능까지 수행할 수 있다. 따라서 종교가 체제를 유지하기 위하여 어떻게 기능하는가 하는 문제는 그것으로부터 어떠한 갈등이 생겨날 수 있는가 하는 문제와 관계된다. 종교가 한 체계를 뒷받침하는 정도를 측정하는 것은 또한 그것이 그 체계를 손상시키는 정도를 측정하는 것이다(Yinger, 1970: 115). 종교의 한 형태가 적응과 통합, 체계에 공헌하는 조건을 측정하는 것은 그것이 긴장과 갈등, 해체에 공헌할 수 있는 조건에 대한 연구와 병행해야 한다.

결국 기능이론과 갈등이론의 종합이란 종교의 기능과 역기능, 잠재적 기능과 명시적 기능을 개인적 수준과 사회적 수준에서 포괄적

〈그림 6-2〉 종교의 기능에 대한 종합모델

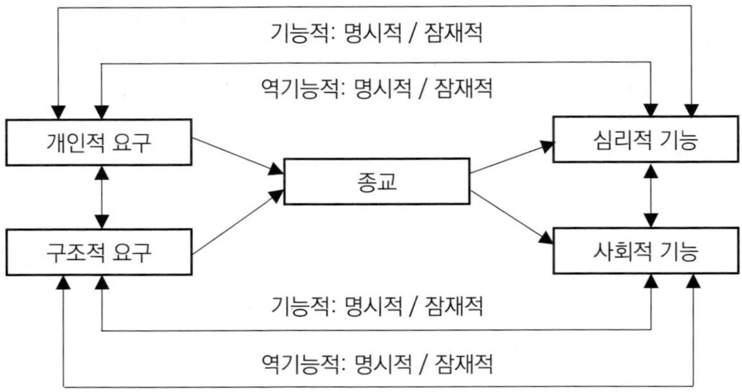

으로 다루려는 시도라고 할 수 있다. 이것에 대한 하나의 모델이 〈그림 6-2〉에 제시되고 있다.

오늘날까지 종교에 대한 갈등이론이 제대로 발전되지 못했기 때문에 기능이론과 갈등이론을 결합시키려는 종합적 모델은 〈그림 6-2〉에 나타난 것처럼 종교기능론의 틀 안에서 종교갈등론적 비판을 수용하여 결합시키려는 수준을 벗어나지 못하고 있다. 어쨌든 개인적 혹은 구조적요구의 결과로 종교가 심리적 및 사회적 기능을 할 때 그것은 긍정적인 것(기능이론적 시각)일 수도 있고, 반대로 부정적인 것(갈등이론적 시각)일 수도 있다. 또한 그 기능들은 명시적이거나 잠재적일 수도 있다. 개인적 요구는 구조적 요구와 관계되고 종교의 심리적 기능은 사회적 기능과 관계되어 있다. 나아가서 종교의 사회적 기능은 심리적 기능을 통해 개인적 요구에 긍정적이거나 부정적인 작용을 할 수도 있고, 한편 종교의 심리적 기능은 사회적 기능을 거쳐 구조적 요구에 긍정적이거나 부정적인 영향을 미칠 수도 있을 것이다. 이와 같이 종교적 기능의 양면성을 함께 다루는 것이 종교에 대한 이해에는 필수적인 것이라 할 수 있다.

제 7 장

종교와 사회심리적 요소

종교는 사회적 기능을 수행하는 사회적 현상일 뿐만 아니라 개인 심리에 영향을 미칠 수 있는 개인적 현상일 수도 있다. 즉, 종교는 개인에 의해 경험되는 것이며, 개인이 사회생활에 적응하는 데 도움이 될 수 있다. 종교는 개인의 마음에 변화를 가져올 수도 있고 그를 종교에 몰두하게 만들 수도 있다. 종교는 또한 개인의 인격형성에 영향을 미칠 수도 있고, 그의 가치관이나 세계관 확립에도 중요하게 작용할 수 있다. 이렇게 본다면 종교는 개인적, 심리적 용어로 설명될 수 있는 부분이 많다고 하겠다.

그러나 종교의 이러한 심리적, 개인적인 요소들도 결국은 사회적 맥락 안에서 이루어지고 있으며, 따라서 사회적 의미를 가지고 있다. 그리고 그것들은 사회적 과정에 깊이 관계되어 있고, 따라서 사회적 성격을 지니고 있다고 할 수 있다. 그렇다면 종교의 여러 가지 심리적, 개인적 요소들을 사회적 관계성과 의미의 틀 안에서 조명하는 일이 필요하다. 사회적 관계라는 맥락에서 심리적 문제를 다루는 것을 사회심리적 요소라고 부른다. 이 장에서는 종교와 사회심리적 요소의 관계를 다룬다.

1. 종교적 경험

1) 종교적 경험의 특징

종교적 경험은 거룩한 것에 대한 개인의 주관적 느낌이나 개입의 모든 것을 의미한다. 따라서 종교적 경험은 어떤 거룩한 것에 대한 막연한 느낌으로부터 신적인 존재와의 신비적 결합의 경험에 이르기까지 다양한 형태로 체험될 수 있다. 종교적 경험에 대한 일반적 정의를 내리자면 그것은 행위자에 의해 경험되는, 그리고 종교집단이나 사회에 의해 규정되는 것으로서 신적 본질이나 궁극적 실재나 초월적 권위와의 어떤 의사소통과 관계된 모든 종류의 느낌, 지각 그리고 감각을 의미한다(Glock and Stark, 1965: 42).

종교적 경험은 몇 가지 특징을 가지고 있다.

첫째로, 종교적 경험은 순수하게 개인적 의미를 가지기도 하지만 그것은 또한 사회적 의미도 있다. 비록 종교적 경험이 근본적으로는 사적인 것이지만, 사람들은 믿음의 표현을 통하여 그리고 의례 가운데서 그것을 함께 나누려고 노력한다. 공동적 의례는 개인적 종교경험을 위하여 마련될 수도 있다. 왜냐하면 사회적으로 획득된 믿음은 종교적 경험에 대한 개인의 해석을 형성하기 때문이다. 그리고 종교적 경험은 사회적 결과를 초래할 수 있다. 왜냐하면 종교적 경험의 결과로 가치관에 변화가 생겨 사회적 태도나 행위에 전과는 다른 인간관계, 사회관계를 보여줄 수 있기 때문이다.

둘째로, 종교적 경험은 스스로 체득할 수도 있으나 그것은 또한 문화적으로 배워지기도 하는 경험이다. 즉, 특별한 종교적 가치에 의해 개인에게 어떤 경험이 문화적으로 마련될 수 있다. 개인은 상황에 의해, 특히 그가 다른 이들로부터 받는 도움의 종류에 의해 영향을 받는다. 따라서 개인의 종교적 경험은 그의 가치, 요구, 그리고 동기에 의해 영향을 받는데, 그것들은 모두 그의 종교적 훈련으로부터 직접 생겨나는 것이며 동시에 그의 사회화의 범위에서 유래한다(Yinger, 1970: 144).

셋째로, 종교적 경험은 매우 다양하다는 것이다. 종교적 경험은 그 깊이에서 다양하다. 종교적 경험은 익숙한 의례의 수행으로부터 오는 단조로운 신앙의 재확증으로부터 황홀이나 환각 가운데서의 자아의 망각이나 상실에 이르기까지 다양하다. 또한 그 경험은 순간적인 평화와 정의의 감정으로부터 특수한 신비적 체험에 이르기까지 다양하다. 종교적 경험은 내용도 다양하여 그것은 평화, 조화, 기쁨, 복지 그리고 안전의 의미와 같은 즐거운 양상들을 포함할 수도 있고 또한 공포, 불안 그리고 위협을 만들어낼 수도 있다. 이와 같이 종교적 경험은 사람, 심도(*intensity*), 내용 그리고 그 빈도에 따라서 다양하다.

종교적 경험은 종교의 본질적 요소 가운데 하나이다. 그것이 제2장에서 논의했듯이 성(聖)의 경험이든, '궁극성'의 경험이든, '힘'에 대한 경험이든 종교적 경험은 종교적 믿음과 의례, 그리고 심지어는 종교적 공동체성과도 밀접한 관계를 가진 종교의 한 본질적 요소가 된다. 종교적 경험은 개인의 종교적 행위뿐만 아니라 사회적 행위의 한 중요한 근거가 된다. 종교적 경험은 믿음체계에 추진력과 감정을 마련해 주기도 한다. 무엇보다 종교적 경험은 종교적 가치와 규범뿐만 아니라 사회적 가치와 규범을 형성하는 데도 영향을 미칠 수 있다. 종교적 경험은 개인의 사회적 태도와 적응에 대한 중요한 근거가 된다는 점에서 그것은 사회심리적 성격을 띠고 있는 종교성인 것이다.

2) 종교적 경험의 유형

종교적 경험이 어떠한 사회심리적 성격을 띠고 있으며 어떠한 사회심리적 결과를 가져올 수 있는가 하는 문제는 종교적 경험의 유형에 대한 분석을 통해 보다 분명히 밝혀질 수 있을 것이다.

(1) 제임스

제임스(William James)는 그의 책 《종교경험의 다양성》(*Varieties of Religious Experience*, 1958)에서 종교적 경험을 크게 두 가지 유형으로 구분하여 이를 비교하고 있다. 하나는 '건전한 정신'의 경험이며, 다른 하나는 '병든 영혼'의 경험이다. 전자는 행복감과 희망을 주는 낙관적 종교경험으로서 세계에 대한 적응에 도움을 주지만, 후자는 병리적 불행의 느낌과 우울한 분위기를 만들어내는 비관적 종교경험으로서 삶에 오히려 불안을 조장하는 경향이 있다. 종교를 통하여 '건전한 정신'의 경험을 하는 이들은 삶을 낙관적으로 보는 경향이 있다. 그들은 실존의 보다 어두운 사실에 의존하지 않으며 악의 문제를 극소화하려고 한다. 반대로 종교를 통하여 '병든 영혼'의 경험을 하는 사람들은 악을 극대화하는 경향이 있다. 그들은 악과 죄책감의 짐을 쉽게 버릴 수 없고 그 현존으로부터 끊임없이 고통을 당하고 있다.

비록 종교적 경험에 대한 제임스의 설명이 개인적 경험에서의 차이와 개인적 다양성이 결정되는 사회적 환경의 차이를 탐구하기보다는 종교적 경험의 범위를 설명하기 위하여 기질적 차이의 모호한 개념에 의존한다는 비판을 받으나(Yinger, 1970: 144), 종교적 경험에 대한 그의 분석은 종교적 경험의 양면성을 보여준다는 점에서 중요한 의미를 가지고 있다. 즉, 종교는 어떤 경우에는 사람들에게 '건전한 정신'을 갖게 하기도 하지만, 다른 경우에는 사람들에게 '병든 영혼'을 갖게 만들기도 한다. 분명히 종교는 상황에 따라, 종교를 받아들이는 개인에 따라 희망을 줄 수도 있고 절망을 줄 수도 있으며, 마음의 평안을 줄 수도 있고 불안의 느낌을 줄 수도 있는 것이다.

(2) 매슬로

심리학자 매슬로(Abraham H. Maslow)는 종교적 경험을 '안정의 경험'과 '절정의 경험'으로 구분한다(1964). 안정의 경험은 일상적 종교 경험으로서 평온하고 잔잔하며, 지적 사색과 관계되는 종교적 경험이다. 이것은 일을 통해서나 훈련을 통해, 혹은 연구를 통해서나 헌신을 통해 경험할 수 있는 종교적 경험이다. 한편 절정의 경험은 극적이고 감정적이며 정점의 경험이다.

매슬로는 특히 절정의 종교적 경험에서 생겨날 수 있는 몇 가지 문제점을 지적한다. 환각적 경험과 '절정의 경험'을 하는 사람은 그것에 대한 즐거움과 경이 때문에 옳고 그른 것에 대한 다른 기준들을 모두 포기하고 그 경험만을 추구하려는 유혹에 빠지기 쉽다. 이러한 경이로운 주관적 경험에 집착하면 그는 '절정의 경험'의 계기를 추구하려고 세상과 다른 사람들로부터 돌아서는 위험을 감수할 것이다. 잠정적으로만 자아에 몰두하거나 내면을 추구하는 대신에, 그는 단순히 이기적인 사람이 되어 자신만의 개인적 구원을 추구하는 경향이 있다. 나아가서 '절정의 경험'을 추구하는 이들에게는 같은 반응을 만들어내기 위하여 점점 더 강한 자극이 필요하게 된다. 이와 같이 절정의 종교적 경험은 심화될수록 이기적이고 탈사회적인, 그리고 광적인 부작용이 생길 위험성이 있다.

(3) 글락과 스타크

사회심리적 측면에서 종교적 경험의 유형을 매우 심도 있게 연구한 학자는 글락과 스타크이다(Charles Y. Glock and Rodney Stark, 1965: 39~66). 종교적 경험을 초자연적인 힘과의 접촉의 느낌으로 규정하는 그들은 종교적 경험을 가장 흔하게 경험할 수 있는 것으로부터 경험하기 어려운 것으로의 단계에 따라 유형화하고 있다.

가장 초보적 단계의 종교적 경험을 그들은 '확증적 경험'(*confirming experience*)이라고 부른다. 이것은 가장 일반적이고 가장 흔한 종교적 경험이다. 확증적이란 말은 그런 경험이 자신의 믿음은 진실이라는, 자신의 세계관은 실재의 궁극적 의미에 대한 정확한 해석을 마련하고 있다는 갑작스런 느낌, 앎, 혹은 직관을 마련해주는 것을 나타낸다(1965: 43).

여기에는 두 유형이 있다. 하나는 '성(聖)에 대한 일반적 느낌'으로서, 이것은 성과 속의 경계선에 있는 존경, 경외, 장엄의 감정적 경험을 의미한다. 이것은 신앙의 가벼운 깨달음과 주변의 거룩성을 느끼게 되는 의례적 혹은 감정적 경험이다. 예를 들면 사람들은 장례식에 참여하여 엄숙한 느낌을 가질 수 있으며, 자연의 신비에 대하여 경이로움을 느낄 수 있다. 이러한 것은 누구나 쉽게 경험할 수 있는 가장 단순한 형태의 종교적 경험이라 할 수 있다. 확증적 경험의 보다 깊은 유형은 '신적 현존에 대한 구체적 인식'이다. 이 경험은 구체적 의미에서의 '신성'(神性)이 특수한 방식으로 자신에게 현존한다는 깨달음이다. 이것은 막연한 느낌으로서의 경외감이 아니라 어떠한 현상 가운데서 구체적으로 신적인 현존을 확증하는 경험인 것이다.

두 번째 단계로서는 '응답적 경험'(*responsive experience*)이 있다. 확증적 경험이 단지 신성의 존재나 현존에 대한 깨달음만을 지시하는 반면에, 응답적 경험은 사람이 이 알게 됨은 상호적이라고, 즉 신도 그 개인의 존재에 대하여 구체적으로 깨닫고 있다는 것을 느끼는 경험이다(1965: 46). 여기에는 3가지 하위 유형들이 있다. ① 구원적 경험이다. 이것은 사람들이 신은 그들을 영원한 보상을 위해 선택하셨다고 느끼는 상태를 말한다. 전형적으로 그러한 경험은 특히 '영혼구원'의 문제, 그리고 '죄'의 문제와 관련되어 있다. 즉, 구원적 경험은 죄로부터 그 영혼이 구제되었다고 하는 느낌이다. ② 이적적(*miraculous*) 경험이 있다. 이것은 개인이 위기와 어려움을 겪고 있을 때 신이 그를 지켜주고 중재하고 있다는 느낌을 말한다. 흔한 예는 치유의 경험이며, 다른 예로는 위험으로부터 벗어나거나 경제적 사업의 성공의 경험이다. 즉, 이러한 일들을 신의 이적적인 도우심의 결과라고 느끼는 것이다. 이적적 경험은 개인의 이익에 대한 물질세계에서의 신의 중재에 대한 깨달음이라고 할 수 있다. ③ 그러나 신은 부정적 방법으로도 중재한다고, 즉 개인을 그의 목표로부터 처벌하고 비키게 하려고 세상일들에서 방해한다고 느껴질 수 있다. 이것을 제재적 경험이라고 한다. 이 경험을 하는 사람들은 신이 자신들에게 보낸 불행은 결국 그 뒤에 따르는 예기치 못한 해(害)로부터 예방했다고, 혹은 그 불행이 잘못에 대한 인책이었다고 회상하는 경향이 있다.

세 번째 단계의 종교적 경험은 '환각적 경험'(*ecstatic experience*)이다. 이것은 덜 친숙한 유형으로서 신성에 대한 깨달음과 그 깨달음이 반응을 가지고 있다는 느낌이며, 나아가서 이 상호 깨달음의 느낌이 인격적 관계로 깊어지고 있다는 느낌이다(1965: 51). 확증적 경험이 신의 현존을 아는 것이라면, 응답적 경험은 신에게로 인도되는 것과 같은 것이고, 환각적 경험은 동반자의 친숙함에 비유될 수 있다. 이러한 종교적 경험은 신과의 '접촉'에 의한 감각적인 상태, 즉 도취나 발작과 비슷한 육체적, 심리적 고양(高揚)상태를 말한다.

마지막 단계는 '계시적 경험'(*revelational experience*)이다. 가장 흔하지 않은 이 경험은 개인이 신의 희망이나 의도에 관한 메시지를 받았다고 느끼는 경험이다. 이 경험은 신이 표시나 상징을 통하여 혹은 직접적인 음성으로 그러한 메시지를 주고 있다고 느끼는 것이다. 여기서는 특히 신의 음성을 듣는 것이 중요한데, 그것은 단순히 구원의 확증이나 축복에 관계된 것이 아니라 신의 성품이나 계획에 대한 비밀스런 정보를 제공하는 것이다. 계시적 경험은 궁극적 진리에 대한 깨달음을 나타내는 계몽의 차원을 넘어서서 개인에게 신의 구상에 대하여 특별한 행동을 취하도록 명령 혹은 위임이 주어지는 경험을 의미한다(1965: 58).

이상의 4가지 수준의 종교적 경험은 종교적이거나 사회적으로 고무되거나 반대되는 정도를 반영한다고 글락과 스타크는 지적하고 있다(1965: 60~1). 즉, 확증적 경험은 대부분의 종교에서 가장 강하게 격려되고 응답적 경험은 상대적으로 다소 적게 격려되지만, 환각적 경험은 훨씬 적게 격려되고, 계시적 경험은 대다수의 종교제도에 의해 부정적으로 평가되어 반대되기까지 한다. 이에 따라 확증적 경험은 가장 보편적이고 일반적인 경험이라면, 응답적 경험은 다소 특수한 경험이라 할 수 있다. 한편 환각적 경험은 다소 비정상적 경험으로 비쳐질 수 있고, 계시적 경험을 했다는 사람은 흔히 '미치광이' 취급을 받기 쉬운 것이다. 사회적으로도 초보적 종교경험에 대하여는 용납하는 경향이 있으나, 환각적, 계시적 종교경험에 대하여는 심리적 왜곡이나 반사회적 결과를 가져올 수 있는 것으로 보아 매우 부정적 시각에서 이를 비판하는 경향이 있다.

글락과 스타크는 앞에서 제시한 4가지 유형의 종교적 경험을 '신적' 경험으로 규정하면서 이와 대비되는 '악마적' 종교적 경험의 유형에 대하여도 설명한다(1965: 61~3). 그들은 악마적 종교경험을 '악한' 초자연적 힘과의 사탄적인 만남이라고 본다. 여기에도 4가지 수준이 있는데, 가장 기본적인 경험은 확증적 경험이다. 확증적인 악마적 경험에는 사람들이 악성(惡性) 혹은 '죄 많음'의 현존을 경험하는 '악에 대한 일반화된 느낌'과 악한 초자연적 존재나 힘의 특별한 현존에 대한 '구체적 깨달음'의 두 가지가 있다.

다음 단계는 응답적 경험으로 여기에는 3가지 하위유형이 있다. 하나는 '유혹적' 경험으로 개인이 악한 존재가 그로 하여금 죄와 악을 범하도록, 그리고 그를 신의 은총으로부터 끌어내도록 특별히 선택했다고 느끼는 경우를 말한다. 이것은 앞에서 소개한 '구원적' 경험의 반대라고 할 수 있다. 응답적 경험의 두 번째는 '천벌적' 경험으로 여기에서 악한 초자연적 힘들은 '죄'를 상주고 '의'를 방해하도록 세상일에 개입하는 것으로 보여진다. 이것은 '이적적' 경험의 반대 경우이다. 응답적 경험의 세 번째 유형은 '저주적' 경험으로 '제재적' 경험과 반대된다. 이것은 죄 됨을 거부했던 개인에게 악한 존재가 불행을 가져다주기 위해 개입하고 있음을 느끼는 경험이다.

악마적 종교 경험의 세 번째 수준은 '공포적' 경험으로, 이것은 '환각적' 경험의 반대 경우이다. 이것은 개인이 악한 존재에 의해 공격받고 있다는 구체적 느낌에 의해 놀라고 두려워하는 느낌을 갖는, 악마적 존재와의 높은 감정적 만남을 의미한다. 악마적 경험의 마지막 수준은 '사로잡힘'의 경험이다. 이것은 사탄의 메시지와 신뢰가 주어지고 있다는 자각으로서, 심한 경우에는 자신이 사탄의 대리자가 되어 그를 돕는다고 느끼는 경험이다.

비록 '악마적' 경험이 '신적' 경험보다 덜 일상적인 것이 사실이기는 하지만, 종교적 경험이 그러한 어둡고 무서운 형태로 생겨나는 경우도 흔히 있는 일이다. 특히 악이나 죄에 대하여 느끼는 '확증적' 경험의 경우는 종교인에게는 매우 보편화된 경험이라 할 수 있다.

그리고 이러한 수준의 경험은 기성종교에서도 오히려 조장되거나 권장되기까지 하는 경향이 있다. 또한 기성종교에서는 악마적인 '응답적' 경험에 대하여도 상당히 중요하게 취급하고 있다. 왜냐하면 이러한 유혹적이고 천벌적이며 저주적인 경험은 종교인이라도 빠질 수 있는, 그러나 극복되어야 할 경험으로 보기 때문이다.

글락과 스타크의 종교경험 유형론은 제임스나 매슬로의 경우와 마찬가지로 그 의미가 주로 기독교적 맥락에서 설명되고 있다는 한계를 지니고 있다. 그럼에도 종교경험의 유형에 대한 이들의 이론이 중요한 것은 종교경험의 차이가 종교인들 사이에서 종교적 믿음과 의례수행뿐만 아니라, 사회적 태도와 행위에서의 차이를 설명할 수 있는 하나의 중요한 요인이 될 수 있기 때문이다. 그리고 종교적 경험은 개인의 인간관계와 사회관계에도 영향을 미칠 수 있기 때문에 사회적으로도 중요한 결과를 초래할 수 있다. 예를 들어 한 사람이 어떤 깊은 종교적 경험을 했다고 할 때, 그 경험은 그에게 새로운 인생관을 갖게 만들어 이전의 인간관계와 단절하고 새로운 관계를 추구하도록 영향을 미칠 수 있다. 다른 예를 들어 공포와 불안의 종교적 경험은 세상을 비관적으로 보게 만들어 현실도피적이거나 종말지향적인 생각을 가지고 그러한 삶을 살도록 조장할 수 있다. 분명히 종교적 경험은 다양하고 또한 각 개인들에게 다양한 의미를 줄 수 있지만 그 경험이 그들의 종교생활과 사회생활에 영향을 미칠 수 있다는 점에서 그것은 사회심리적 현상이라고 할 것이다.

2. 종교적 사회화

사회화(*socialization*)란 개인이 사회의 가치와 규범을 배워서 문화인으로 성숙하는 과정을 의미한다. 따라서 종교적 사회화란 사람들이 종교적 확신과 관점을 배우면서 종교적으로 되어가는 과정이라 할 수 있다. 다른 가치나 규범과 마찬가지로 종교적 가치와 규범도 배워지게 된다. 여기서는 이 종교적 배움의 과정과 관계가 있는 몇 가지 문제들을 살펴본다.

1) 종교적 사회화의 특징

종교집단은 그 멤버들이 종교적으로 성숙해지기를 기대한다. 즉, 종교적 믿음이나 수행, 종교적 지식이나 경험에서 신자들이 잘 믿고, 잘 알고, 잘 느끼고, 잘 행할 것을 요구한다. 기존의 멤버들에 대한 훈련뿐만 아니라 종교집단은 또한 새로운 신자들을 확보하려는 노력도 하게 된다. 종교적 진리를 전하고 가르침으로 사람들이 그것을 믿고 받아들이도록 하는 것이 종교의 사명으로 인식되기 때문이다. 이것이 전도 혹은 포교의 형태로 나타나는 것이고, 이렇게 하여 확보된 신참자들에 대하여는 종교적 교육과 훈련을 통하여 종교의 성숙한 멤버가 될 수 있기를 기대하게 된다. 이러한 모든 과정이 종교적 사회화이다.

종교적 사회화는 특히 종교적 신참자에게 중요하다. 종교집단은 신참자에게 우선 그 집단의 성격에 대한 지식을 먼저 심어주고 그 집단에 대하여 신뢰감을 갖게 할 필요가 있다. 종교집단은 그가 그 집단의 규범과 가치(특히 믿음과 의례에서의)를 가르쳐 그 집단에 대한 이해와 애착을 가질 수 있도록 도와줄 것이다. 나아가서 종교집단은 신참자에 대한 지속적인 교육과 훈련을 통하여 집단에 대한 소속의식과 충성심을 고양시킬 수 있다. 사회화의 강화와 격려의 수단을 통하여 종교집단은 신참자가 그 집단에 적극적으로 참여하고 헌신할 수 있도록 지속적인 노력을 하게 된다.

종교적 사회화의 과정은 여러 가지 방법에 의하여 이루어질 수 있다. 첫째로, 교육체계를 통하여 종교적 사회화가 이루어질 수 있다. 학교가 하나의 사회화 매체가 될 수 있다. 예를 들어 유럽 사회에서는 과거 오랫동안 학교(특히 대학교)가 종교적 믿음을 강화시키는 역할을 했다. 비록 오늘날에는 그 영향력이 감소되기는 했으나 여전히 미션 스쿨은 적지 않은 젊은이들에게 종교적 사회화의 한 중요한 수단이 되고 있다.

〈표 7-1〉은 2018년 현재 종교계 학교 현황을 보여 준다. 〈표 7-1〉에 따르면 우리나라의 종교계 학교는 초등학교 38개, 중학교 189개, 고등학교 268개, 전문대학 26개, 대학교 86개, 대학원 대학교(전문대학원) 28개로 모두 635개다. 종교별로는 개신교 계통의 학교가 465개(73%)로 압도적으로 많고, 다음은 가톨릭의 91개(14%)로 기독교 계통의 학교가 전체의 87%(556개)에 이른다. 이것은 기독교(특히

〈표 7-1〉 종교계 학교 현황

학교 / 종교	초등학교	중학교	고등학교	전문대학	대학교	대학원 대학교	계
개신교	29	133	196	23	61	23	465
가톨릭	7	30	39	1	14	—	91
불교	1	15	13	—	5	3	37
기타 종교	1	11	20	2	6	2	42
계	38	189	268	26	86	28	635

* 출처: 문화체육관광부, 《한국의 종교 현황》(2018).

개신교)의 경우 선교 초기부터 오늘에 이르기까지 교육 분야에 큰 관심을 두고 미션 스쿨을 많이 세웠을 뿐만 아니라, 교육을 통한 선교 전략을 중요시했다는 사실을 반영하는 결과이다. 한편 불교 계통의 학교는 37개(6%)이며 기타 종교의 경우 모두 42개(7%)인데 그중 22개가 원불교가 세운 학교이다. 이렇게 종교계통 학교들은 적지 않은 숫자의 아동, 청소년, 청년에게 직·간접적으로 종교적 영향을 미치고 있다.

종교에 대한 교육은 종교기관 안에서의 교육제도에 의해서도 이루어지고 있다. 개신교의 예를 들면 주로 연령에 따라 유치부, 유년부, 초등부, 중등부, 고등부, 대학부, 청년부, 청장년부, 장년부라는 이름으로 각기 다른 신앙교육 과정이 교회학교라는 제도적 틀 안에서 시행된다. 이러한 신앙교육은 신참자에 대하여 뿐만 아니라 기존의 신도들에 대한 종교적 사회화의 효과적인 수단이 될 수 있다.

둘째로, 종교적 사회화는 종교집단 안의 비공식적 인간관계를 통하여 이루어질 수 있다. 특히 신참자의 경우에는 고참 신도들과의 상호작용을 통하여 종교에 관하여 많은 것들을 배우게 된다. 여기에서 특히 중요한 것은 친교(*fellowship*)이다. 신참자들이 기존의 멤버들과 어울리고, 지속적인 접촉을 함으로써 그들은 종교적 규범과 가치에 대하여 배운다. 대체로 종교집단은 신참자들을 위한 특별 교육 프로그램을 갖추고 있는 경향이 있지만, 이것보다 더욱 중요한 것은 그들을 받아들이는 집단의 분위기이다. 그리고 이러한 분위기가 매우 우호적이라고 느낄 때에 신참자는 종교집단에 대하여 보다 수용적이고 적극적인 태도를 보이게 되고, 이에 따라 종교적 사회화는 자발적인 성격을 갖게 된다.

셋째로, 종교적 사회화는 가족에 의해서 효과적으로 이루어질 수 있다. 아이들은 어려서부터 부모에게서 사회의 문화적 규범과 가치를 배우게 된다. 마찬가지로 아이들은 일찍부터 종교성향을 부모로부터 배운다. 자녀들은 일찍부터 부모를 따라 교회에 나가고 절에 가게 되며, 이에 따라 자연스럽게 부모의 종교를 배우게 된다. 따라서 자녀들은 대체로 부모와 비슷한 종교를 가진다. 자녀들의 종교가 부친의 종교와 일치하는 비율은 55%, 모친의 종교와 일치하는 비율은 66%에 이르는 것으로 나타났다(한국갤럽, 2015: 230~231). 한편 경우에 따라서는 자녀들에 의해 부모가 종교를 갖게 되는 수도 있다. 종교적 사회화는 배우자에 의해서도 이루어질 수 있다. 결혼을 통해서 배우자의 종교로 개종하든지 종교적 신앙이 강화되는 경우도 흔히 있다. 물론 같은 종교신앙을 가진 사람끼리 결혼할 가능성이 높은 것도 사실이다. 그래서 한국 기혼자의 69%가 배우자와 같은 종교인 것으로 나타났다(한국갤럽, 2015: 232).

넷째로, 종교적 사회화는 가까운 친구나 친척, 혹은 이웃에 의해서도 이루어질 수 있다. 이것은 특히 처음으로 종교에 귀의하거나 다른 종교로 개종하는 경우에 그러하다. 개신교인 대상의 한 조사결과를 보면 응답자의 26%가 친구/선배의 전도로, 14%는 이웃의 전도로, 7%는 친척의 전도로 "교회에 나오게 되었다"고 응답하고 있다(한목협, 2018: 94). 여기에서 동년배 집단의 영향은 매우 중요하다. 가까운 친구와는 많은 이야기를 나누고 지식을 교환하게 된다. 함께 인생을 논하고 대화와 토론을 벌이기도 한다. 특히 친구에 대한 신뢰심이 깊을수록 종교적 문제에서도 깊은 교감을 가질 가능성이 높아진다. 이것은 청소년 혹은 청년의 연령층의 경우에 더욱 그러하다. 친구에 의해 새롭게 종교를 갖게 될 수도 있으나 한편 친구에 의해 기존의 종교적 신앙이 강화될 수도 있다.

다섯째로, 종교적 사회화는 대중매체를 통하여도 이루어질 수 있다. 특히 종교적인 방송, 잡지, 신문이 직접 영향을 미칠 수 있다.

우리나라에는 2018년 현재 52개의 종교 라디오 방송(개신교 34, 불교 8, 가톨릭 5, 기타 5), 10개의 종교 케이블 TV 방송(개신교 5, 불교 2, 가톨릭 1, 기타 2), 그리고 869개의 등록된 종교 정기간행물(개신교 372, 불교 212, 가톨릭 48, 기타 48)이 있다(문화체육관광부, 2018). 경우에 따라서는 종교에 대하여 소개하는 세속적인 TV, 방송, 신문 등이 간접적으로 영향을 미칠 수도 있다. 그러나 대중매체를 통한 종교적 사회화는 개종자를 만들기보다는 이미 종교를 가진 사람의 신앙의 깊이와 폭에 도움을 주는 경향이 많다. 왜냐하면 종교적 대중매체를 이용하는 것은 대개 종교를 가진 사람들이기 때문이다. 대중매체는 이들에게 신앙을 강화시켜 줄 수 있는 여러 가지 지식이나 정보, 혹은 방법과 내용을 제공할 수 있다.

2) 종교적 회심

종교적 사회화의 보다 극적인 형태는 종교적 회심(回心)이다. 회심이란 삶에서 '돌아섬' 혹은 방향 바꿈의 과정을 의미한다. 특히 그것은 세계관의 변화를 의미하며, 이에 따라 한 사람의 자아상이 변화되는 것을 나타낸다. 종교적 회심은 자신이 누구인지, 그리고 어떻게 그가 어떠한 상황에 속해 있는지의 느낌과 생각을 변화시킨다.

(1) 회심의 종류

종교적 회심은 3가지 형태로 나타날 수 있다. 하나는 불확실하거나 미지근한 신앙을 가지고 있던 사람이 어떤 계기를 통하여 분명하고 확고한, 그리고 뜨거운 신앙을 갖게 되는 경우이다. 다른 하나는 종교를 가지고 있지 않던 사람이 종교를 가지게 되는 것이고, 또 하나는 어떤 종교를 가지고 있던 사람이 다른 종교로 옮겨가는 것이다.

후자의 두 경우에는 흔히 개종(改宗)이라는 말이 사용되기도 한다.

회심은 생겨나는 변형의 정도에 따라 구분될 수 있다(McGuire, 1981:58~60). 가장 초보적 수준의 회심은 재확증(*reaffirmation*)으로서, 이것은 전에 가졌던 정체성의 요소들을 다시금 확증함으로써 자아와 의미체계에 변화가 생기는 것을 나타낸다. 많은 청춘기 회심이 여기에 속한다. 이 회심에서는 비록 개인적 의미체계와 자아가 바뀌지만 이 변화는 전의 의미체계와 일관성이 있는 경우가 많다. 한편 새로운 의미체계와 자아가 전의 정체성을 공고히 하는 회심(*consolidation*)이 있다. 보다 극단적인 경우는 급진적 변형으로서 자아와 의미체계가 급진적으로, 그리고 극적으로 변화되는 회심이다.

회심의 유형이나 그 수준은 몇 가지 근거에서 평가될 수 있다(McGuire, 1981: 60). 우선 그 회심이 회심 경험자에게 얼마나 많은 개인적인, 고뇌하는 결단의 결과로 선택된 것인가 하는 것이다. 결단의 고뇌가 심할수록 극적인 회심을 경험할 가능성이 많을 것이다. 또한 회심의 결과로 어떠한 변화가 생겨났는가 하는 문제가 있다. 즉, 회심자의 생활방식이 옛 생활로부터 얼마나 바뀌었는가 하는 것이다. 그 생활방식이 크게 변화될수록 회심은 급진적인 것이었다고 할 수 있다. 회심에서는 그 지속의 정도도 중요하다. 새로운 의미체계와 자아가 얼마나 오래 지속될 수 있는가에 따라 회심의 극적인 효과의 정도를 판단할 수 있을 것이다. 분명한 것은 극적인 회심일수록 흔하지 않게 생겨난다는 사실이다.

(2) 회심의 조건: 로프랜드의 이론

미국에서의 통일교 가운데서의 회심에 대한 연구를 통해 로프랜드(John Lofland)는 종교집단의 멤버가 아니었던 한 사람이 헌신적인 신봉자로 옮겨가도록 작용하는 조건들에 대하여 설명하면서 이른바

'회심의 이론'을 제안하고 있다(1977). 그는 개인이 회심하여 종교를 받아들일 수 있기 위해서는 먼저 3가지 전제적인 성향적 조건들이 필요하며, 이 조건들이 충족되면 다음에는 4가지 상황적 가능성이 뒤따른다.

성향적 전제조건들은 종교에 접촉하기 이전에 존재하는 개인의 속성(성향, 태도, 관점)을 말한다. 성향적 전제조건의 첫 번째는 긴장이다. 긴장은 이상적인 일의 상태와 실제적 환경 사이에서 느껴진 부조화에서 기인하는 경우가 많다. 생활에서의 일종의 긴장이나 불만족은 한 사람을 종교집단에 가입하게 하는 가장 기본적인 필요조건이다. 물론 사람들은 긴장의 문제를 정신과 의사나 정치운동을 통해서든 혹은 여가산업을 이용해서든 다른 방법으로 해결할 수 있다. 그러나 종교적 해결방법은 사람들에게 그 효과성에서 특별한 의미가 있다. 또한 긴장을 야기시키는 원인은 경제적이거나 사회적, 문화적인 것일 수도 있다. 그 근원이 어떠한 것이든 어떤 형태의 긴장, 좌절, 박탈감 혹은 불만족은 그 사람을 종교적 개종자로 향하게 하는 첫 필요조건이 된다. 두 번째 성향적 특징은 종교적 문제해결의 관점이다. 이것은 다른 방법이 아니라 종교적 방법으로 문제를 해결하려는 경향을 의미한다. 한 사람이 사건에 대한 종교적 혹은 영적 의미를 부과하기 시작할 때에만 그는 종교집단의 메시지에 접근하게 된다. 셋째는 종교적 구도자성(*seekership*)이다. 흔히 개종자들은 그들이 자라왔던 종교적 세계관이 적합지 않다고 결론짓고, 새롭게 종교적 구도자가 되려는 느낌을 갖는 경향이 있다.

이어서 로프랜드는 종교적 회심이 생겨날 4가지 상황적 가능성들에 대하여 논의한다. 그 첫 번째는 '생활의 전환점'이다. 회심자 혹은 개종자는 옛 방식의 행동이 실패했고 혹은 붕괴되려는 순간을 흔히 경험한다. 두 번째 상황적 조건은 밀접한 '정감적 결속'이다. 회심의 경험은 인지적 수준보다는 정감적 수준에서 전부터 존재하는 우정의 망을 통해 이루어지는 경우가 많다. 셋째는 '전의 정감적 결속의 약화'이다. 예를 들어 가족과의 이별이나 애정결핍 때문에 개인은 가족과의 정감적 결속이 약화됨과 동시에 고립, 소외, 고독을 경험할 수 있다. 그러한 사랑의 전환점에서 감정적 조력의 필요성을 더 느끼게 된다. 넷째는 '집중적 상호작용'이다. 특히 공동체 생활이나 감정이 중요하다. 일단 집중적 상호작용이 일치와 조화의 느낌을 마련해 주면, 신봉자들에게 그 신앙이 강화되며 이에 따라 그들은 종교의 이념을 신봉하고 그 집단의 가치를 신뢰하게 된다. 회심 혹은 개종은 전체적인 것이 되고 헌신은 더욱 강렬해진다.

로프랜드는 이러한 모든 7가지 조건들을 순서적인 것으로 보고 있다. 즉, 선행적 요소들이 생겨나지 않으면 그다음 요소들이 생겨나지 않으며, 따라서 사건들은 순서에 따라 발생한다는 것이다. 이 조건들의 순서적 배열은 깔때기로 이해될 수 있다. 즉, 그것들은 개종 혹은 회심이 가능하다고 생각될 수 있는 사람들의 숫자를 체계적으로 감소시킨다(1977: 31). 인구의 대다수가 긴장을 경험할 수 있다(성향조건 ①). 긴장을 경험하는 이들 가운데 일부만이 종교적인 문제해결 관점을 채택할 것이다(성향조건 ②). 나아가서 이들 가운데서 일부만이 종교적인 구도자성을 가질 것이다(성향조건 ③). 이런 경험을 한 사람들 가운데 일부는 생활의 전환점을 맞게 될 것이다(상황조건 ①). 생활의 전환점을 맞게 된 이들 가운데 일부는 그들을 종교로 끌어들이려고 하는 이들과 정감적 결속을 할 수 있다(상황조건 ②). 또 이들 가운데 일부만이 옛날의 정감적 결속이 약화되는 아픈 경험을 가지고 있다(상황조건 ③). 그리고 이러한 모든 조건이 충족된 이들 가운데 일부만이 그들이 관계하게 되는 종교집단과 집중적인 상호작용을 하게 되는 것이다(상황조건 ④). 이렇게 본다면 로프랜드의 모델은 사람들의 ‘걸러냄’으로 볼 수 있다. 즉, 각 단계가 얼마의 사람들을 거르는 것과 관계되어 있는 것이다. 이렇게 마지막까지 걸러진 사람들만이 참된 회심 혹은 개종으로 사회화된다고 할 수 있다.

회심의 과정이나 유형은 매우 다양하기 때문에 로프랜드의 회심이론이 적용되기 어려운 경우들이 있는 것이 사실이다. 예를 들면 긴장 때문에 회심이 가능할 수 있겠지만 반대로 회심이 오히려 긴장을 가중시킬 수도 있다. 또한 회심의 경험이 종교적 구도자적 태도와는 관계가 없을 수도 있고, 회심자들이 전의 정감적 결속을 유지하는 경우도 있을 수 있다(Snow and Phillips, 1980). 이러한 문제점에도 불구하고 로프랜드의 회심이론은 회심이 가능할 수 있는 제 조건들에 대한 포괄적 연구라는 점에서 의미가 있다 할 것이다.

3) 종교적 헌신: 칸터의 헌신이론

종교적 회심 혹은 개종한 사람에게는 종교에 대한 전적인 헌신이 요구된다. 종교에 대하여 헌신하는 사람은 그 집단이 자신의 연장이라는, 그리고 그는 그 집단의 연장이라는 느낌을 가지고 있다. 종교적 헌신에 대하여 매우 비중 있는 연구를 한 이는 칸터(Rosabeth M. Kanter)이다(1972). 공동생활촌들(*communes*)에 대한 연구를 통해서 그녀는 종교적 헌신이 사회체계의 3가지 중요한 양상, 즉 멤버들의 유지, 집단 응집력, 사회통제와 관계되어 있음을 발견했다. 그리하여 종교적 헌신은 3가지 다른 수준에서 생겨나는데, 그것들은 조직 자체에 대한 헌신, 그 집단 안에서의 다른 사람들에 대한 헌신, 그리고 그 집단의 규칙, 규제, 그리고 법규에 대한 헌신이라는 것이다. 어느 종교집단이나 제도도 헌신의 이러한 유형들 가운데 하나 혹은 그 이상을 멤버들로부터 끌어내며, 이것에의 성공 여부가 멤버들의 종교적 헌신의 수준을 결정짓는다고 할 수 있다. 칸터는 3가지 유형의 종교적 헌신에 대하여 설명한다.

(1) 도구적 헌신

도구적 수준에서 개인은 그 집단 혹은 조직과의 지속된 관계는 그것이 요구하는 시간과 노력의 가치가 있다고 확신해야 한다. 따라서 개인은 일종의 대가/이익의 분석을 하게 된다. 인지적 혹은 사고적 수준에서 개인은 집단에의 지속적 참여와 관계된 이들이 중요하며, 시간과 에너지를 연장할 가치가 있다고 결론내려야 한다. 두 조직적 기제들이 이 대가/이익 비율에 영향을 미침으로써 도구적 헌신을 조장한다. 그것들은 희생과 투자이다.

> 희생은 멤버십이 보다 값비싼 것이며, 따라서 가볍게 취급되거나 쉽게 포기될 수 없는 것을 의미한다. 투자는 개인이 그 집단 안에서 이해관계를 얻고 그것에 대한 지금의 그리고 미래의 이득을 취하는(그리하여 그가 만일 그 이득을 깨닫는다면 계속하여 참여하도록 하는) 과정이다(1972: 72).

우선 종교 멤버들은 흔히 상당한 희생을 하도록 요구되고 있다. 엄격한 생활방식의 요구에 따라 안락한 생활에 대한 희생이 요구된다. 흔히 대중적, 친교적, 사회적인 금욕주의적 혹은 자기부정의 태도가 이들에게서 발견된다. 칸터는 이러한 희생이 헌신을 위해서는 매우 기능적이라는 것을 보여준다. 일단 멤버가 '희생'하기로 동의하면 그가 집단에 남게 되는 동기가 증가되며, 멤버십은 더욱 가치 있고 의미 있게 된다. 집단이 개인에게 어떤 것을 하도록 하는 데 대가가 많이 들수록, 그는 정신적 '경비'를 정당화하기 위하여 그것을 더욱 가치 있는 것으로 생각할 것이다(1972: 76). 희생은 그 사람으로 하여금 떠나는 것을 원하지 않게 만든다. 왜냐하면 떠나는 것은 그 희생이 가치 없는 것이라는 것을 인정하는 것이기 때문이다.

도구적 헌신을 조장하는 다른 기제는 투자이다. 집단은 개인이 그 집단에 시간, 에너지, 돈을 투자하도록 기대한다. 예를 들어 교회는 신도에게 적어도 수입의 10분지 1(십일조 헌금)을 바칠 것을 요구한다. 그의 물질적 헌납은 만일 그가 그 집단을 떠나기로 결심해도 돌려받지 못한다. 신도는 또한 그 집단에 상당한 양의 시간을 투자하도록 요구될 수도 있다. 예를 들어 모르몬교(*Mormon*)는 젊은 신도들을 2년간 선교사업을 하게 한다. 여호와의 증인(*Jehovah's Witness*)은 신도들이 많은 시간을 가정방문과 전도에 쏟도록 요구한다. 자신이 속한 집단에 대한 투자가 많을수록 그의 집단에 대한 그의 헌신은 커지게 되는 것이다.

(2) 정감적 헌신

정감적 헌신은 그 집단에 대한 감정적 의존을 의미한다. 집단의 멤버들은 참여자와의 관계에 원초적인 것, 중요한 준거집단이 된다. 정감적 연대감은 종교집단에 특히 중요하다. 정감적 헌신의 과정은 두 기제들과 관계된다. 그것은 전의 연계(*ties*)로부터의 분리 혹은 포기와 새 집단과의 결합이다. 우선 포기의 경우를 보자. 극단적인 경우 정감적 헌신은 옛 친구들, 가족, 사회집단을 중요하지 않은 것으로, 혹은 걸림돌로 규정하여 이를 포기하게 만들 수 있다. 비멤버들과의 경계선을 강조하며 그들과의 관계의 단절 혹은 접촉의 제한을 요구하는 경우가 있다.

두 번째 정감의 기제는 결합이다. 신참자는 전의 준거집단으로부터 떠나간 반면, 그는 새로운 준거집단에서 높은 정도의 감정적 조력이 마련되고 거기에서 따뜻한 정을 느끼게 된다. 많은 종교집단이 그 멤버를 가족으로 보는 경향이 있다. 실제로 그 집단은 멤버에게 하나의 대용적 가족이 될 수 있다. 칸터는 특히 공동적인 나눔, 공동작업, 정기적인 집단접촉, 외부로부터의 공통된 박해, 그리고 집단의식이 모두 집단 연대감과 정감적 헌신을 촉진하는 기능을 할 수 있다고 지적한다. 집단 안에서 멤버의 유지는 신자들과의 지속적인 원초적 관계성에 달려 있다. 여기서는 족내혼(*endogamy*: 같은 집단 내에서 결혼이 이루어짐)이 중요하게 된다.

(3) 도덕적 헌신

헌신의 세 번째 수준은 이데올로기 자체를 포함한 그 집단의 규범과 가치에 대한 헌신을 의미한다. 만일 그 집단이 일관성 있는 식으로 발전해야 한다면 멤버들은 그 집단의 이데올로기 혹은 강령을 받아들여야 한다. 종교집단은 군사력이나 경제적 통제력이 없기 때문에 멤버들의 자발적 응종(應從)에 의존해야 한다. 이때 신봉자들의 도덕적 헌신을 조장할 수 있는 기제는 굴욕과 초월이다. 굴욕의 과정은 사람들의 고집, 자기중심, 이기성, 기만성을 크게 강조하며, 이것에 대한 심각한 수치심을 만들어낸다. 종교집단, 특히 카리스마적 지도자는 사람들에게 겸손과 무가치성을 스스로 느끼게 만드는 경향이 있다. 자신의 무가치성과 겸손에 대한 느낌은 무조건적 충성심을 조장하고 그 집단의 리더십을 따르도록 만드는 데 도움이 된다. 사람들은 개인적으로 자신이 쓸모없고 죄가 많으며 중요하지 않은 존재라고 확신할 때에 더욱 겸손해지고 기꺼이 윗사람이나 조직에 복종하게 된다.

이러한 굴욕의 과정은 초월의 과정으로 인도한다. 비록 그 사람이 한 개인으로서 쓸모없다고 느낄 수 있지만 그의 삶은 그 집단의 한 멤버로서 궁극적이고 영원한 의미를 가지고 있다. 그 집단은 일상 존재의 무의미성을 말살시키는 최후 승리의 희망을 제공한다. 그 집단은 진리를 제공하며 그 진리에 대한 독점적 소유를 주장한다. 어느 다른 곳에서도 이러한 통찰력을 얻을 수 없으며 이 승리에 참여할 수 없다고 멤버들은 믿게 된다. 이것은 흔히 지도자들에 대한 신비와 경외의 느낌을 만들어낸다. 물론 점차적으로 경외는 그 멤버들이 조직이나 혹은 그 운동 자체에 대한 경외감의 느낌을 갖게 되도록 일상화된다. 비록 그 사람이 한 개인으로서 쓸모없게 느끼지만 그의 삶은 길게 보면 중요한 것이다. 궁극적으로 중요하다고 믿어지는 집단에 참여함으로써 그 개인은 초월과 궁극적 가치의 느낌을 가질 수 있다. 개인을 평가절하하고 집단에 영광을 돌리며, 그 집단의 이데올로기에 대한 경외감을 창조하는 이 과정들은 도덕적 헌신의 초석이 된다.

비록 칸터의 종교적 헌신이론이 모든 종교에, 모든 경우에 적용될 수 있는 것은 아니라는 한계는 있지만, 그녀의 이론은 종교적 회심의 과정이 헌신의 형태로 강화될 수 있는 여러 가지 기본적 기제들에 대하여 광범위하게 제시하고 있다는 점에서 종교적 사회화 과정에 대한 이해의 폭을 넓혀주고 있다.

3. 종교와 사회적 적응

앞 장에서 우리는 종교의 심리적 기능(그리고 역기능)에 대하여 상세히 논의했다. 이 주제와 관련된 또 하나의 문제는 만일 종교가 개인에게 어떤 심리적 기능을 수행하는 것이 사실이라면 종교는 그로 하여금 사회적 적응력을 강화시키도록 도와줄 것이라고 하는 가정이다. 종교는 과연 개인의 사회적 적응력을 높여 주는가? 여기에서 사회적 적응력이란 개인이 건강한 정신을 가지고 사회생활을 잘 할 수 있는 능력을 의미한다. 사회적 적응력의 가장 중요한 근거는 정신건강과 삶의 위기에 대한 대처능력이다. 따라서 종교와 정신건강 및 삶의 위기의 관계에 대한 이론적이고, 경험적인 분석이 필요할 것이다.

1) 종교와 정신건강: 클라인벨

정신건강이란 자아에 대한 적절한 이해와 사회환경에 대한 적절한 이해를 토대로 하여 자아실현과 자아일관성을 이루어내는 탄력성을 가지고 환경조건을 통제하거나 이에 적응할 수 있는, 그러나 상호작용의 협동적 체계와 봉사를 가능하게 하는 정신상태 혹은 삶의 자세를 의미한다(B. Smith, 1969: 157~67). 정신건강의 양상들로는 자아실현, 창조성, 그리고 정직, 믿음, 희망, 자선의 미덕들이 지적된다. 흔히 종교는 이러한 정신건강에 도움을 줌으로써 개인의 사회적 적응력을 높여준다고 믿어졌다. 그러나 종교가 과연 정신건강에 이롭기만한가는 문제도 제기된다. 즉, 종교는 때로 좁은 마음, 죄책감 콤플렉스, 그리고 감정적 의존에 공헌함으로써 정신건강에 부정적 영향을 미칠 수도 있다. 종교가 오히려 정신질환의 원인이 되는 수도 있다. 분명히 종교가 사람의 정신상태에 영향을 미칠 수 있지만, 종교와 정신건강 사이의, 혹은 종교와 정신질환 사이의 관계성은 간단한 것이 아니다. 따라서 종교가 과연 정신건강에 기여할 수 있는가를 판단하기 위한 기준이 필요하게 된다. 이 기준을 잘 소개하는 이는 클라인벨(Howard J. Clinebell)이다.

클라인벨(1965)은 어떤 종교집단이나 종교 이데올로기가 정신건강에 대하여 얼마나 건설적인가 하는 것을 평가하는 12가지 기준들을 명시하고 있다. 이것들은 정신적으로 건강한 종교에 대한 기준이라 할 수 있다. 여기서는 클라인벨이 제안한 내용들을 요약하여 소개한 로버츠(Roberts)의 설명을 정리해 보기로 한다(1984: 164~9).

① "종교적 사고와 수행이 사람들 사이에 다리를 놓는가 장벽을 쌓는가?" 하는 것이다. 건강한 종교는 사람들 사이에서 이해, 협조, 그리고 감정적 결속에 공헌하는 것으로 밝혀질 수 있다.

② "종교적 사고와 수행이 우주에 대한 기본적 신뢰감과 관계성을 강화하는가?" 하는 기준이 있다. 건강한 종교는 생산적인 인성(人性)에서 신뢰의 중요성을 강조한다.

③ "종교적 사고와 수행이 내면적 자유와 개인적 책임성의 성장을 촉진하는가?" 하는 기준이 있다. 종교가 자기가치의 느낌, 자기확신, 상호의존성, 그리고 개인적 책임성을 촉진할 수도 있으나, 그것은 또한 건강하지 못한 의존성, 공포, 굴종, 그리고 죄책감을 초래할 수도 있다.

④ "종교적 사고와 수행이 죄책감을 완화시키는 효과적 수단을 마련하는가? 그것이 잘 규정된, 중요한, 윤리적 지침을 마련해 주는가, 혹은 그것이 윤리적으로 하찮은 일을 강조하는가?" 하는 것이다. 어떤 종교는 율법주의에 사로잡혀 매일 사소한 행위에 집착하게 만든다. 그러나 정신적으로 건강한 종교는 사람으로 하여금 도덕적 결단을 하게 돕지만, 그것은 또한 그가 비도덕적 혹은 비윤리적 선택들을 하면 용서하고 새 출발을 돕는다.

⑤ "종교적 사고와 수행이 삶의 즐거움을 증가시키는가 혹은 감소시키는가? 그것이 삶의 정감적이거나 느낌의 차원을 감상하도록 고무하는가?" 하는 것이다. 삶을 즐기는 것이 중요하지 않거나 사소한 것이라고 보는 종교가 있지만, 한편 삶의 즐김은 정신건강의 한 중요한 구성요소가 되며 따라서 이러한 감응성(感應性)을 강조하는 종교도 있다.

⑥ “종교적 사고와 수행이 성(性)과 공격성의 활력 있는 에너지들을 건설적 방식으로 다루는가 혹은 억압적 방식으로 다루는가?” 하는 기준이다. 종교가 이러한 충동들을 ‘나쁜’ 것으로 낙인찍으면 사람들은 죄책감에 사로잡히게 되며, 이에 따라 정신건강과 감정적 성숙에 부작용이 생겨날 수 있다.

⑦ “종교적 사고와 수행이 현실을 받아들이도록 고무하는가, 그 현실을 거부하도록 고무하는가? 그것이 주술적 믿음을 육성하는가, 혹은 성숙한 종교적 믿음을 육성하는가?” 하는 것이다. 분명히 성숙한 종교적 믿음은 주술적 믿음을 반대하고 경험적 탐구에 역행하는 믿음을 미성숙한 것으로 볼 것이다. 성숙한 믿음은 정직한 회의(懷疑)를 무시하거나 삶의 모호성 자체를 인정하지 않는 것을 미성숙하고 건강하지 못한 것으로 본다.

⑧ “종교적 사고와 수행이 사랑과 개인적 성장을 강조하는가 혹은 그것의 두려움을 강조하는가?” 하는 것이다. 유년기 발달에 대한 연구는 사랑, 수납, 그리고 상호신뢰의 환경이 개인적 성장과 감정적 성숙을 유도하는 반면에, 지옥불과 유황불에 대한 설교는 정신건강에 바람직하지 않다고 지적해 왔다.

⑨ “종교적 사고와 수행이 그 추종자들에게 궁극적 의미, 목적, 그리고 가치의 느낌을 마련해 주는 데 적합한 삶의 철학을 제공하는가?” 하는 것이다. 정신적으로 건강한 종교는 삶의 철학을 위해 적합한 정향의 틀을 마련해 줄 수 있다는 것이다.

⑩ “종교적 사고와 수행이 개인으로 하여금 살아 있는 상징을 통하여 그의 무의식과 관계하도록 장려하는가?”하는 것이다. 건강한 종교는 삶에 심오한 영향을 미치는 숨은 세계와의 의사소통을 도와준다. 그러나 건강한 종교는 상징적 언어의 중요성과 힘을 인정하지만, 상징에 대한 문자적 그리고 절대적 해석을 피한다.

⑪ “종교적 사고와 수행이 사회의 신경증적 형태에 자체를 동화시키는가 아니면 그것을 변화시키도록 노력하는가?” 하는 것이다. 건

강한 종교는 마음의 평화나 적응은 강조하지만 병든 문화의 부정의와 편견 등에 대해서는 반대한다.

⑫ "종교적 사고와 수행이 자기평가를 강화시키는가 혹은 약화시키는가?" 하는 것이다. 건강한 종교는 건강하고 생산적인 인성을 위한 자기평가를 파괴하는 것이 아니라 강화시킨다.

사람들의 정신건강을 도와주거나 해칠 수 있는 종교적 기준에 대한 클라인벨의 제안이 종교의 적응적 기능을 가늠할 수 있는 절대적 근거는 아닐 것이다. 그리고 그의 설명에는 다소 서구적 편견이 있으며, 따라서 모든 문화에 보편적으로 적용하는 데 어려움이 있을 수 있다는 비판이 가능하다. 그러나 그의 기준들은 그것이 종교집단이 정신건강을 해치거나 아니면 증진시키는 구체적 방법들을 밝혀보려는 시도로서 중요한 의미가 있다고 본다. 특히 이러한 기준들을 근거로 하여 종교가 수행할 수 있는 사회심리적 역기능의 가능성을 탐구할 수 있도록 한 것은 클라인벨의 공헌이라 할 것이다.

분명히 정신건강의 문제에 종교는 양면성을 가지고 있다. 종교경험에 대한 제임스의 설명에서도 보았듯이 종교적 사고와 수행은 정신건강에 도움을 줄 수도 있으나, 경우에 따라서는 정신건강에 해를 끼칠 수도 있고 심한 경우에는 정신질환을 야기시킬 수도 있다. 기존의 경험적 연구들은 대체로 종교가 정신건강에 도움을 주는 경향이 있음을 밝혀내고 있으나, 반대로 종교가 정신건강에 부정적 결과를 가져오기도 한다는 연구도 적지 않다(Argyle and Beit-Hallahmi, 1975: chap. 8). 따라서 정신건강에 미치는 종교의 영향을 바로 이해하기 위해서는 그것이 어떠한 종교인가, 종교의 어떤 요소가 중요한가, 어떠한 상황에서 종교의 작용이 일어나고 있는가, 어떠한 인성을 가진 사람에게서 그 작용이 두드러지게 나타나고 있는가 하는 문제들이 폭넓게 연구되어야 할 것이다.

2) 종교와 삶의 위기

인간은 살아가면서 수많은 어려움을 겪으며 위기감을 느끼고 있다. 이것을 '삶의 위기'라고 부른다. 삶의 위기는 다양한 형태로 나타난다. 나 자신이 죽게 되었거나 심한 질병에 걸렸을 때, 혹은 사고로 다쳤을 때, 가까운 사람이 죽었거나 불치의 병에 걸렸을 때 사람들은 위기의식을 느낀다. 때로 사람들은 사업에 실패하기도 하고, 학생의 경우 입시에 낙방하기도 한다. 원하지 않게 가까운 사람과 이별하거나 사랑하는 사람으로부터 버림받거나 친구로부터 배신을 당하기도 한다. 자연적 재난으로 인명 혹은 재산의 피해를 입기도 한다. 불의의 사고로 건강과 재산을 잃어버리기도 한다. 이러한 삶의 위기의 경험은 정상적 사회생활을 하고 환경에 적응하는 데 커다란 위협이 되고 있다. 삶의 위기감을 초래하는 일은 그 종류가 다양하지만, 문제는 많은 경우 그러한 일들이 예기치 못하게 생겨난다는 점이다.

삶의 위기는 사람들에게 좌절감을 가져다준다. 이때 그러한 좌절에 대한 개인이나 집단의 반응은 다양할 수 있다. 하나의 반응은 만일 그 근원이 알려져 있고 공격이 가능하다면 좌절의 근원을 직접 공격하는 것이다. 예를 들어 나에게 피해를 준 사람에게 보복하는 경우가 있을 수 있다. 직접적 공격이 어렵다면 좌절의 원인에 편리하게 대체될 수 있는 다른 가상원인을 향해 공격이 이루어질 수도 있다. 이것을 '희생양'(*scapegoat*)이라고 부른다. 좌절에 대한 다른 반응은 목표를 포기하거나 그것을 성취하려는 노력에서 퇴거하여 보다 쉬울 것으로 믿어지는 다른 목표를 추구하는 것으로 나타날 수 있다. 때로는 좌절에 대하여 상황을 재규정함으로써 위기의식을 극복하려는 시도를 할 수도 있다. 예를 들어 자연적 재난에 대하여 그것을 전화위복의 계기로 삼을 수도 있다.

흔히 종교는 삶의 위기에서 생겨나는 좌절에 대하여 적응하는 힘을 마련해 준다고 강조되었다. 좌절의 문제에 종교가 적응력을 키워주는 것은 대체로 두 가지 방식에 의해서이다(Vernon, 1962: 117~8). 하나는 상황을 재규정하는 것이다. 즉, 종교는 위기의 상황에 의미를 부여함으로써 그 상황에 대하여 좌절보다는 적극적 대응을 하도록 도울 수 있다. 예를 들면 당면하게 되는 시련에 대하여 종교는 그것이 보다 강해질 수 있는 하나의 훈련과정이요 단련이라고 해석해 줌으로써 좌절에서 벗어날 수 있게 해 준다. 좌절의 문제에 대하여 종교가 적응력을 마련해 주는 또 하나의 방식은 대체목표를 마련해 주는 것이다. 예를 들면 죽음에 직면할 때에 종교가 제공해 주는 내세에 대한 약속은 좌절을 극복하는 데 도움이 될 수가 있다.

물론 종교가 반드시 적응의 기제로서만 작용하는 것은 아니다. 때로는 종교가 오히려 삶의 위기의식을 조장할 수도 있다. 그리고 종교가 개인과 집단의 좌절을 해결하는 유일하게 가능한 수단은 아니다. 종교 이외의 여러 가지 수단과 방법을 통해서도 삶의 위기에 따른 좌절이 경감되거나 극복될 수도 있다. 예를 들면 삶의 위기에서 생겨나는 좌절을 극복하기 위하여 사람들은 정신의학의 도움을 받을 수도 있고, 다양한 여가나 유흥 수단을 통하여 그것을 잊으려고 시도할 수도 있다. 그러나 이러한 방법들은 대체로 문제에 대한 근본적 해결책이라기보다는 잠정적인 미봉책인 경우가 많다. 그러나 이와는 대조적으로 삶의 위기상황에서 초래되는 좌절을 이겨낼 수 있도록 하는 종교의 역할은 지속적이며 그 범위와 깊이에서 매우 중요한 것이다.

종교가 삶의 위기에 따른 좌절을 극복하게 만드는 힘은 종교적 믿음, 특히 초자연적이고 초월적인 힘에 대한 믿음에서 유래한다. 이러한 믿음은 자신감을 강화시킨다. 초자연적 힘이 지상의 사건들의 결과에 영향을 미치도록 작용한다는 확신은 위기에 직면한 사람들로 하여금 그 힘에 의하여 절망과 좌절을 이겨낼 수 있도록 돕는다. 특별한 종교적 규정이나 믿음이 위기의 순간에 도움을 주었다는 종교인의 증언을 우리는 흔히 들을 수 있다. 물론 어떤 경우에는 종교가 위기에 따른 좌절을 심화시킬 수도 있다. 예를 들면 종교적 믿음이 과학적 방법을 거부하게 만드는 경우가 있다. 그리하여 종교적 이유에서 현대적인 의학적 처방과 치료를 거부함으로써 오히려 건강이 악화되는 일도 있다. 종교적 믿음과 수행은 또한 위기의 상황에서 감정적 순화(카타르시스)를 통해 좌절의 느낌을 경감시킬 수 있다. 특히 집단적인 의례적 수행(특히 열광적인)을 통해 삶의 위기에 처한 사람은 집단치유적 경험을 하며 이에 따라 좌절의 감정이 경감될 수 있는 것이다.

종교가 삶의 위기의식을 극복하도록 하는 데 가장 두드러진 작용을 하는 것은 죽음의 문제영역에서이다. 즉, 종교는 죽음과 관계된 좌절을 약화시키는 데 결정적으로 중요한 공헌을 한다. 죽음 상황에서의 종교의 중요한 기능은 종교가 죽음에 대한 엄격한 과학적 설명을 넘어서는 규정을 마련하는 것이다. 물론 과학은 죽음의 원인과 결과에 대한 대답을 가지고 있다. 그러나 많은 이들이 죽음에 관한한 과학적 사실 너머의 설명을 원한다. 사람들은 죽음이 교통사고에 의한 것인지 질병에 의한 것인지 하는 원인을 알고자 하는 것이 아니다. 그들의 물음은 다음과 같은 것이다. 왜 죄 없는 아이가 죽는가? 왜 모든 사람에게 필요한 그 지도자가 이 위급한 시기에 죽는가? 왜 불의한 자는 오래 사는데 의로운 사람은 일찍 죽는가? 어린아이들을 남겨놓고 그 부모는 왜 죽는가? 왜 이 군인은 살고 저 군인은 죽는가? 죽음에 대한 이러한 물음들은 도덕적 성격을 가지고 있다. 즉, 죽음에 대한 과학적 설명은 죽음의 의미를 충분히 이해시킬 수 없기 때문이다.

종교는 죽음의 문제를 초자연적 차원에서 다루며, 이에 따라 그 의미를 도덕적으로 해석함으로써 죽음으로 인한 충격과 좌절에서 벗어날 수 있도록 돕는다. 흔히 종교는 영혼불멸에 대한 신앙이나 내세에 대한 신앙, 그리고 부활에 대한 신앙, 혹은 환생에 대한 신앙 등을 통해 죽음의 문제에 대하여 의미를 부여한다. 이렇게 하여 종교는 죽음과 관계된 부조리나 모순에 대한 도덕적 정당화를 제공한다. 이때 죽음에 대한 도덕적 수납성은 흔히 죽음은 실제로 개인의 '마지막'이 아니라 그에게는 새로운 존재의 '시작'이라고 지시하는 종교적 규정에 의해 고양된다. 죽음의 적극적 의미에 대한 종교적 규정을 받아들이는 사람에게 죽음은 좌절과 슬픔이 아니라 평안과 희망의 성취, 심지어는 즐거운 기대로 이해될 수도 있는 것이다. 그리하여 성 어거스틴(St. Augustine)은 "주여, 당신의 품에 안길 때까지 나에게는 참된 평안이 없습니다"라고 고백하기까지 했다.

종교가 죽음의 문제에서 생겨나는 좌절을 극복하게 만드는 데 중요하게 작용하는 하나의 과정은 장례의식을 통해서이다. 즉, 종교의례는 유족들의 재활을 촉진할 뿐만 아니라 그 집단에 대한 재해석을 촉진한다. 종교는 죽음과 관계된 종교의례를 통하여 공포, 절망, 비도덕화의 원심력에 반작용하며, 그 집단의 약화된 연대감을 재통합하고 사기를 재확립하는 강력한 수단을 마련해 줄 수 있다(Malinowski, 1954: 53). 장례의식이 가까운 친척들, 때로는 공동체 전체를 모이게 하고 결속시키는 것은 전세계적으로 유사한 관습이 되고 있다. 이런 식으로 인간이 수행할 수 있는 가장 사적인 행동인 죽음은 사회적 사건으로 변형된다. 장례의식의 수행은 유족과 공동체를 안정시키고 그 지속성을 확인하도록 작용한다. 그리하여 장례의식은 대개 죽은 자가 아니라 그 의식에 참여한 살아 있는 참여자들을 강조하는 긍정적 언급으로 끝나는 경향이 있다. 종교적 장례의식은 좌절에 빠진 유족이나 친지들에게 현실에 적응할 수 있도록 돕는 것이다.

죽음에 관한 종교적 규정은 다른 잠재적 기능도 수행한다. 만일 인간이 육체적으로 죽은 후에도 그 영혼이 계속 살아 있다는 믿음을 종교가 심어 준다면, 그 영혼의 거처는 그가 살았던 공동체일 것이라는 믿음을 갖게 만든다. 따라서 이러한 종교적 믿음은 흔히 이 영적 존재가 살아 있는 자들의 공동체 생활에서 활발한 참여자로 머물러 있다는 가정을 하게 만든다. 그리하여 유교의 경우 죽은 자가 계속 거룩한 자로 존재하며 커다란 존경이 부여되는데, 바로 여기에서 제사가 그 중요성을 갖게 되는 것이다.

물론 종교가 삶의 위기를 자초하는 경우도 있다. 예를 들면 종교적 신앙의 문제로 가정에 파탄에 일어나는 경우도 있고(가족 멤버 가운데 일부가 사이비 종교에 빠져서 가출하는 사례에서 볼 수 있듯이), 종교적인 신유집회에 가서 안수(按手)나 안찰(按擦)을 잘못 받아 병이 악화되는 경우도 있다. 그러나 보다 보편적인 현상은 여러 가지 삶의 위기에 직면하여 생겨나게 되는 좌절을 극복하는 데 종교는 매우 효과적인 역할을 수행할 수 있다는 것이다. 삶의 위기를 절망과 좌절이 아니라 희망과 의미감으로 대처할 수 있게 함으로써 종교는 사회적 적응에 크게 공헌할 수 있다고 하겠다.

3) 종교와 삶의 적응

종교는 사람들이 일상적 삶에 잘 적응할 수 있게 심리적이고 사회적인 도움을 주는가? 그래서 종교는 그들이 가정, 직장, 학교, 지역 사회 등에서 바람직한 인간관계, 사회관계를 맺을 수 있도록 정신적으로나 도덕적으로 도움이 되는가? 결과적으로 종교는 사람들에게 심리적 안정과 적응력을 마련해 주고, 삶에 만족감을 느낄 수 있게 하는가?

얼마의 연구는 종교가 사람들이 사회적 삶에 적응하는 데 있어 부정적 결과를 가져올 수 있다는 것을 보여주었다(Argyle and Beit-Hallahmi, 1975: chap. 8). 즉, 종교적일수록 사람은 자신을 낮게 평가하고 자신감이 결여되어 있으며, 보다 자기 방어적이고 의존적이라는 것이다. 아마도 이것은 인간의 한계와 죄성을 강조하는 한편 절대자 혹은 절대 진리에 대한 복종을 요구하는 종교적 가르침 때문일 수 있다.

그러나 보다 지배적인 견해는 종교가 사람들의 삶의 적응에 긍정적으로 작용한다는 것이다. 종교는 개인에게 심리적 안정과 적응력을 마련해 주고 삶에 만족감을 느낄 수 있게 하는 긍정적 기능을 수행할 수 있다고 본다. 종교는 심리적 복지감(*psychological well-being*)을 제공하고(Bradburn, 1969), 삶의 질을 향상시키며(Campbell et al., 1976), 인성의 안정에 기여하고(Parsons, 1964), 영적 복지감을 마련해 주고(Moberg, 1979), 정신건강에 도움을 주는(Smith, 1969) 것으로 이해되고 있다. 실제로 많은 경험적 연구들이 종교 혹은 종교성이 심리적으로 긍정적 영향을 미쳐 사람들의 삶의 만족도를 높이고 행복감을 증진시킨다는 사실을 밝혀냈다(Clement and Sauer, 1976; Willits and Crider, 1988; Hadaway, 1978). 이 연구들에 따르면 종교적 참여가 삶의 만족과 긍정적으로 관계되어 있어서 종교적 사람들은 보다 행복하고 생활에 더 만족하고 있다. 종교적 믿음은 삶, 공동체, 결혼, 직업 영역에서 복지감을 높여 주고 있다고 했다. 종교인은 삶이 보다 가치 있다고 느끼며, 따라서 종교는 개인에게 희망, 의미, 안정감, 낙관주의를 마련해 준다는 것이다.

종교가 그러한 복지감, 행복감, 정신건강을 제공함으로써 삶에 적응할 수 있게 하는 메커니즘은 무엇인가? 여러 경험적 연구결과들을 분석한 후 아길(Argyle)은 종교가 다양한 방식으로 그러한 역할을 할 수 있다고 주장했다(2000: chaps. 11, 12). 종교인은 종교 공동체로부터 사회적 도움을 받고 있으며, 절대자와의 우호적인 관계는 삶에 대하여 낙관적 생각을 가질 수 있게 한다. 공유된 믿음과 의례가 종교인에게 새로운 친근감과 동반자 관계를 가능하게 하고, 이를 통해 도덕적이고 감정적인 도움을 받을 수도 있다. 내세에 대한 믿음이나 신이 돌본다는 믿음은 삶에 의미와 목적의식을 갖게 만든다. 그리고 절제된 삶에 대한 가르침은 육체적·정신적 건강에도 도움이 될 수 있다.

한국에서 실시된 몇 가지 조사결과도 종교(종교생활과 믿음)가 삶의 적응에 긍정적으로 영향을 미치고 있음을 보여주고 있다. 한 조사에 따르면 "종교로부터 개인의 행복, 정신적 건강과 관련해서 도움을 받았는지"에 대하여 응답자의 60%가 "도움을 받았다"고 했으며, 그 도움은 무엇보다 "자기 위로 및 심리적 안정"(74%)이라고 했다(글로벌리서치, 2013). 또 다른 전국단위 표본조사 결과를 보면 "종교생활을 하는 것이 내적 평화와 행복을 얻는 데 도움이 된다"에 80%가 동의했고, "종교생활을 하는 것은 어렵거나 슬플 때 위안을 얻는 데 도움이 된다"는 것에는 84%가 동조했으며, "종교생활을 하는 것은 친구를 사귀는 데 도움이 된다"에 63%가 동의했다(김상욱 외, 2009: 205~207). 한국인의 종교에 대한 한국갤럽의 조사결과 "종교를 믿는 것은 개인 삶의 질 향상에 도움을 준다"에 대해 59%가 "그렇다"(불교인 67%, 개신교인 84%, 천주교인 73%, 비종교인 43%)고 응답하고 있다(한국갤럽, 2015: 38~39).

분명히 종교적 믿음은 사람들의 생활에서 상황을 규정해 주고, 의미를 부여하는 기능을 하고 있음을 알 수 있다. 종교적 수행은 집단참여(예배 등)의 경우 공동체성을 통해 생활의 폭을 넓히고 새로운 관계가 유지될 수 있게 하며, 개인참여(기도, 경전 읽기 등)의 경우 종교적 진리에 대한 수용 가능성을 높이고 이것이 삶의 활력소가 될 것이다. 이와 같이 종교는 사람들이 영적·정신적 치유 기능을 수행함으로써 복잡하고 힘든 상황에서도 삶에 대한 적응력을 높여줄 수 있다.

4. 종교와 사회적 태도

사람들은 자신의 가치관이나 세계관에 따라 사물을 보며 행동하고 사회생활을 하게 된다. 가치관이나 세계관에 따라 인간관계, 사회관계에서 가지게 되는 태도를 '사회적 태도'라 하고, 이에 따라 행동하는 것을 '사회적 행위'라고 한다. 종교와 사회적 태도나 행위 사이에는 어떠한 관계가 있고, 종교는 사회적 태도와 행위에 어떤 영향을 미치며, 이것은 어떠한 결과를 가져오는가 하는 것은 중요한 문제이다. 사회적 태도와 행위는 인간 상호작용이나 사회생활에 긍정적 결과를 가져올 수도 있고, 부정적 결과를 가져올 수도 있다. 전자는 친사회적(*pro-social*) 태도나 행위로, 후자는 반사회적(*anti-social*) 태도나 행위로 불린다. 이제 우리는 종교와 친사회적 행위, 종교와 반사회적 행위, 종교와 반사회적 태도의 관계를 살펴보고, 반사회적 태도와 행위의 근거가 되는 종교적 배타성의 문제를 살펴보려고 한다.

1) 종교와 친사회적 행위

종교는 일반적으로 친사회적 행위를 적극적으로 권장함으로 종교인으로 하여금 다른 이들을 돕고 사회에 이바지할 수 있게 한다. 친사회적 행위에는 여러 가지가 있을 수 있으나 가장 중요한 것은 이타적 행위이다. 여기에는 자선, 기부, 자원봉사 등이 모두 포함된다. 이때 도움은 물질적인 것과 정신적인 것, 그리고 노력 봉사 등 여러 가지 형태가 있다.

세계의 모든 종교는 도움이 필요한 사람들에게 베풀어야 할 사랑과 자비의 중요성을 강조한다(Schroeder et al., 1995). 즉, 가난하고 약하고 병들고, 사회에서 소외당한 자들을 돌보는 것은 종교인의 의무요 책임으로 여겨진다. 예를 들어 기독교 전통 안에서는 "네 이웃을 네 몸과 같이 사랑하라"는 원칙에 대한 예수의 설명이나 '선한 사마리아인의 비유'로도 표현되는 자비 행위를 기독교인의 책임으로 가르친다. 이슬람교에서도 가난한 사람을 돕는 것(자선: zakat)을 무슬림의 다섯 의무 가운데 하나로 간주한다. 힌두교 역시 사회적 산물을 서로 나누도록 종교 공동체에 촉구한다. 불교에서도 자비를 베푸는 것이 불자의 마땅한 도리라고 가르친다.

그러면 종교의 가르침대로 종교인은 실제로 이타적 행위와 같은 친사회적 행위를 비종교인보다 더 적극적으로 수행하는가? 대부분의 경험적 연구는 종교와 이타적 행위 사이에 의미 있는 상관관계가 있다는 것을 밝혀내고 있다. 유럽의 국가들을 대상으로 한 광범위한 조사결과 사람들이 교회에 출석하는 것, 교리에 대해 확신을 가지는 것, 그리고 영성과 같은 종교성은 자선과 기부에 커다란 긍정적 영향을 미치고 있다(Reitsma et al., 2006). 종교인은 비종교인보다 2배 이상 많은 돈을 자선에 제공하며, 사회사업과 같은 좋은 일에 2배 이상 더 참여한다는 사실도 밝혀졌다(Argyle, 2000: 98~199). 교회에 나가는 사람이 더 이타적이며, 열심히 출석할수록 그 경향은 두드러질 뿐만 아니라, 그들은 더 많은 자선과 기부를 하고 있음이 드러났다(Wuthnow, 1991; Scheepers and Te Grotenhuis, 2005). 그리고 종교적인 사람은 비종교적인 사람보다 2배 이상 가난한 사람을 돌보았다.

종교인이 이타적 행위를 더 적극적으로 하는 것은 한국의 경우에도 마찬가지다. 몇 가지 예를 들어보자. 우리나라 사회복지시설(장애인복지, 아동복지, 노인복지, 정신요양, 부랑아 시설)은 모두 998개이다(보건복지부, 2005). 이 가운데 종교단체나 종교인이 운영하는 시설은 모두 831개로 전체의 83%에 이르고 있다. 대부분의 사회복지시설이 종교 혹은 종교인에 의해 운영된다. 이것은 자비, 자선, 자원봉사를 중요하게 여기는 종교의 정신과 가르침이 반영된 결과라 하겠다. 그러나 종교별로 차이가 있어 5대 복지시설 가운데 기독교가 운영하는 것은 72%(개신교 54%, 가톨릭 18%)이다. 반면에 불교에 의해 운영되는 것은 9%에 머물고 있다.

사회복지관 가운데서도 종교가 운영하는 것은 전체의 80%(개신교 52%, 가톨릭 13%, 불교 11%, 기타 종교 4%)나 된다(한국사회복지관협회, 2005). 1996~2002년 사이 해외 인도적 지원의 70%가 종교에 의해 이루어졌고(개신교 65%, 가톨릭 3%, 불교 2%), 2004~2005년 사이 대북 인도적 지원의 87%가 종교에 의해 이루어졌다〔개신교 56%, 가톨릭 1%, 불교 10%, 종교공동 20%(김홍권, 2008: 86~88)〕. 그밖에도 헌혈, 호스피스, 장기 기증, 재소자 결연 등 이타적 행위와 관계된 많은 일에 있어 종교인의 참여가 절대적으로 높다는 것을 알 수 있다. 이렇게 한국의 상황에서도 사회복지활동, 구휼활동, 자원봉사활동 등 친사회적인 이타적 행위가 종교인에게서 활발하게 이루어지고 있다. 다만 그러한 활동이 주로 기독교 중심으로 이루어지는 것은 그만큼 기독교에서 헌신과 희생과 봉사라는 사회적 책임을 강조하기 때문이 아닌가 한다.

그러면 종교가 이타적 행위와 같은 친사회적 태도를 유발하는 메커니즘은 무엇인가? 여기에는 다양한 이론이 있다(이원규, 2009: 143~145). 다른 이들에게 선을 행하는 것은 신의 뜻을 따르는 것이며, 만일 자비를 베풀지 않으면 나중에 벌 받을 것이라는 믿음 때문이라는 설명이 있다. 이것을 '응보(應報) 이론'이라고 부른다. 자신의 종교적 정체성 때문에 종교인이 이타적 행위에 적극적일 수도 있다. 즉, 종교인이라는 자신의 정체성을 확인하려면 도움이 필요한 사람을 돕는 것과 같이 사람들로부터 인정받을 수 있는 친사회적 행동이 필요하다. 이것은 '일관적 정체성 이론'이라고 한다. 종교는 신도뿐만 아니라 이웃이나 지역 공동체에 속한 사람들의 신체적·물질적·정서적·사회적 복지를 뒷받침하는 프로그램을 가지고 있으며, 신도들에게 이러한 활동에 참여하도록 권장하고 고무할 수 있다. 즉, 종교 공동체의 이타적 행위는 개인의 봉사적 참여에 대한 동기를 부여할 수 있다. 이것을 '공동체 사역 이론'이라고 부른다. 한편 종교인의 신앙이 성숙해지면 자연히 신과의 관계성을 나타내는 수직적 믿음과, 사회봉사를 포함한 다른 사람과의 관계성을 나타내는 수평적 사랑이 조화를 이루게 되며, 이것이 이타적 행위를 유발할 수 있다는 설명이 있다. 이것을 우리는 '신앙적 성숙 이론'이라 부른다.

2) 종교와 반사회적 행위

종교는 반사회적 행위나 태도를 억제할 수도 있고 조장할 수도 있다. 여기서는 종교가 반사회적 행위를 억제하는 경우를 먼저 알아보기로 한다. 사회가 안정과 질서를 유지하려면 그 사회가 규정해 놓은 규범들이 지켜져야 한다. 그 규범은 모든 사회 구성원들이 마땅히 따라야 할 행동규칙을 말하는 것으로, 그것은 자신이나 타인에 해를 끼치지 않음으로써 바람직한 인간관계, 사회관계가 이루어질 수 있도록 돕는다. 따라서 사회규범은 다양한 형태의 일탈행위를 억제하는 사회통제의 역할을 하는 도덕적 의미를 가지고 있는데, 이것을 강력하게 뒷받침하는 것이 바로 종교다. 반사회적 행위에 대한 금지의 윤리를 강조함으로써, 그리고 이것을 지키지 않는 것을 죄로 규정함으로써 종교는 사람들의 일탈행위를 억제할 수 있다.

실제로 종교는 일탈적인 반사회적 행위를 막기 위한 기본적인 도덕적 규범과 가르침을 가지고 있다. 히브리 신앙의 십계명, 산상설교에서의 예수의 가르침과 바울서신의 가르침, 힌두교의 다르마(*dharma*), 불교에서의 다섯 규칙, 코란(*Qur'an*)에 있는 이슬람교의 십계명은 모두 규범적 요구에 있어 많은 공통점을 가지고 있다. 예를 들면 살인, 강도, 절도, 폭력, 거짓말과 같은 범죄적 일탈행위를 하지 말라는 것이다. 뿐만 아니라 종교는 자살, 이혼, 동성연애, 알코올 중독과 같은 비범죄적 일탈행위에 대해서도 대체로 부정적 입장을 견지한다.

그러면 실제로 종교는 반사회적 행위를 억제하는 결과를 초래하고 있는가? 지금까지 대부분의 경험적 연구는 종교인이 사회적 일탈행위를 할 가능성은 낮다는 사실을 밝혀내고 있다. 예를 들어 한 연구는 종교성과 일탈 사이에는 부정적 상관관계가 있어서 종교인은 알코올, 마약, 절도, 폭력과 같은 일탈행위를 적게 한다는 것을 입증했다(Jensen and Erickson, 1979). 다른 연구도 종교적 헌신의 정도가 범죄에 영향을 미쳐서 종교성이 강할수록 범죄율이 낮아진다는 것을 밝혀냈다(Bender and Corwyn, 1997). 또한 종교 멤버십과 자살은 매우 강한 부정적 상관관계가 있어서 종교에 참여할수록 자살률도 낮은 것으로 드러난다(Bainbridge, 1997).

한국의 경우에도 범죄와 같은 반사회적 행위와 종교는 부정적 상관관계가 있다는 사실이 밝혀졌다(이원규, 2009: 217~221). 예를 들어 2003~2005년의 3년간 평균 연 형사범죄 건수 가운데서 종교인이 차지하는 범죄 비율은 32%로서, 이것은 당시 종교인 비율이 50%라는 점을 감안해 보면 낮은 비율이라 할 수 있다. 자체 인구당 범죄인 수를 보면 무종교인의 경우 23명당 1명이지만, 종교인의 경우는 36명당 1명이었다. 그러나 종교별로는 커다란 편차가 있어 불교의 경우 31명당 1명, 개신교는 39명당 1명, 가톨릭은 105명당 1명으로 나타났다. 이렇게 가톨릭의 범죄율이 현저하게 낮았다. 이것은 한국의 종교들 가운데 가톨릭이 가장 신뢰받는 종교로 인식되는 현실과도 관계가 있을 것이다(기윤실, 2017). 형사범죄가 아닌 생활관련 특별범죄의 경우에도 종교인에 의한 범죄비율은 33%로 상대적으로 낮았다.

종교가 일탈행위와 같은 반사회적 행위를 억제하는 데 작용하는 메커니즘은 무엇인가? 여러 가지 설명이 있다. 우선 종교가 하나의 도덕 공동체이기 때문에 종교는 반사회적 행위를 통제할 수 있다는 주장이 있다. 이것을 '도덕공동체 이론'이라고 한다. 이 이론은 종교는 도덕공동체로서 범죄적·폭력적 행위를 반대하며 신앙에 기초한 규범과 가치를 만들어내고 강화시키기 때문에, 전체적으로 종교에의 참여비율이 높아지면 사회적으로 범죄율이 낮아진다고 본다(Lee, 2006).

종교성이 강한 사람들은 덜 종교적이거나 비종교적인 사람들보다 범죄와 같은 일탈에 개입할 가능성이 적은데, 이것은 종교가 규정한 악을 행하는 사람은 사후 지옥에 갈 수 있다는 두려움 때문일 수 있다는 설명도 있다(Hirschi and Stark, 1969). 이것을 '지옥불 이론'(*hellfire theory*) 이라고 한다. 반사회적 행위를 하는 것은 신의 계명을 범하는 것이며, 따라서 초자연적 제재로 벌을 받을 것이라는 믿음이 일탈행위를 예방할 수 있다는 것이다.

종교가 일탈을 억제하는 메커니즘을 제도적 참여로 보는 입장도 있다. 이것을 '제도적 참여이론'이라고 부른다. 종교 공동체에의 참여는 사회적 규범을 재확인할 수 있게 할 뿐 아니라, 그 집단의 사회적 그물망을 강화시켜 일탈을 예방하게 된다(Lee and Bartkowski, 2004). 종교가 반사회적 행위를 통제하는 또 다른 방식은 종교가 바람직한 사회적 규범, 가치, 기대를 유지하고 전달하는 중요한 수단으로 작용하는 것이다. 이것을 '가치전달 이론'이라고 한다. 종교는 사회생활이 규범과 가치의 전달을 통해 규제되는 중요한 통로가 된다(Lee and Ousey, 2005). 종교가 일탈을 예방하는 또 다른 방식은 사회적 도움을 통해서이다(Krause et al., 2001). 이것을 '사회적 도움 이론'이라고 한다. 종교 멤버들이나 성직자로부터 받는 정서적 · 영적 도움은 일탈행위를 하려는 유혹으로부터 벗어나게 한다. 실제로 격려와 실질적 도움은 어려움을 극복하는 데 큰 힘이 될 수 있다.

3) 종교와 반사회적 태도

종교는 일탈행위와 같은 반사회적 행위를 예방하거나 억제하는 데 중요한 작용을 할 수 있다. 그러나 한편 종교는 바람직하지 않은 반사회적 태도를 조성하거나 강화시키기도 한다. 이제 이 문제들에 대하여 살펴본다.

(1) 특수주의

특수주의(*particularism*)란 어떤 특정 개인이나 집단이 진리, 지식,

선함을 독점적으로 소유하고 있다고 보는 태도를 의미한다. 그리하여 특수주의는 진리와 지식을 소유하는 자신의 집단, 즉 내집단(*in-group*)과 그것을 소유하지 못하는 타인의 집단, 즉 외집단 혹은 타집단(*out-group*) 사이에 경계선을 만들어낸다. 특수주의는 내집단의 정체성을 지키기 위해서 때로는 호전적일 것을 장려한다. 그리고 이것은 지도자가 추종자들을 동원하는 것을 더욱 쉽게 만든다. 특수주의에 사로잡혀 내집단은 그것이 자체와 비교할 수 있고, 그것이 대항하여 자체의 멤버십을 규정할 수 있는 타집단에 대한 편견, 그리고 타집단에 대한 적대감을 만들어낸다. 또한 특수주의에서 오는 사회갈등은 특수주의가 다수인(혹은 강한 자)의 속성일 때 훨씬 강하다. 소수인은 다수의 반대에 직면하여 그들의 특수주의를 수행하기 위해 생존의 모험을 감행하거나, 아니면 일종의 고립정책을 택할 수 있으나, 다수인이 특수주의적일 때에는 그 만남은 전형적으로 적대적이고 폭력적이기까지 하다(Glock and Stark, 1966: 30~1).

이러한 특수주의는 종교의 경우에도 그대로 적용된다. 종교적 특수주의는 단지 자신의 종교만이 참되고 정당하며, 다른 모든 것들은 거짓이고 어리석고 사악하다는 믿음을 만들어낸다. 그리하여 종교적 특수주의는 자신의 종교집단과 다른 집단(종교집단이든 아니든) 사이의 경계선을 강화시키면서 갈등의 관계를 만들어내기 쉽다. 그러나 더욱 심각한 문제는 특수주의적인 사회적 태도는 비종교인보다는 종교인에게서 더 두드러지게 나타나며, 종교인 가운데서는 종교성이 강할수록 그 성향이 강하게 나타나고 있다. 왜냐하면 진리(혹은 구원)를 독점한다는 의식은 종교인에게서, 그리고 종교성이 강할수록 더욱 현저하게 나타나기 때문이다. 종교인에게서 어느 정도의 특수주의는 불가피한 것일 수 있다. 그러나 종교적 특수주의는 대개 정도를 넘어서 사회갈등과 종교갈등을 야기시키는 수준에 이르는 경우가 흔히 있기 때문에 문제이다(이원규, 1992: 제2장). 종교적으로 정당화된 호전성과 결합된 특수주의는 성전(聖戰)에서 구체화되는 경우를 흔히 보게 된다. 멀리는 기독교와 이슬람교 사이의 십자군 전쟁, 그리고 최근의 이스라엘-중동 간의 전쟁, 보스니아 내전, 그리고 걸프(Gulf) 전이 모두 종교적으로 보면 성전의 성격을 띠고 있다고 할 것이다.

(2) 권위주의

문제적인 사회적 태도의 다른 형태는 권위주의이다. 권위주의란 인간관계와 사회원리를 규정하는 기본원리를 철저하게 위계서열적 관계로서 인식하고 그렇게 행동하는 태도나 자세를 말한다. 권위주의의 반대개념은 평등주의일 것이다. 흔히 권위주의는 좁은 세계관과 관계되며, 사회적 세계는 고정되어 있고 변할 수 없기 때문에 권위는 무조건 복종되어야 한다는 견해를 토대로 한다. 권위주의적인 사람은 '옳고' '그른 것'을 절대적 범주로 보며, 도덕적 결단은 매우 모호할 수 있다는 생각을 갖지 못한다. 이러한 관점을 가지는 사람은 권위적 인물, 절대적 진리, 옳음이 서로 밀접하게 연관된 것으로 보는 경향이 있다. 그리고 권위주의적 태도는 모든 관계를 서열적으로 보기 때문에 불평등의 인간관계, 사회관계를 정당화하고 또 이를 조장하기도 한다. 권위주의는 특수주의와 밀접하게 관련을 가지고 있다. 권위주의는 타집단에 대한 내집단의 우월의식에 근거하기 때문이다.

많은 연구들이 종교인은 비종교인보다 더욱 권위주의적이며, 종교인 가운데서는 종교성이 강할수록, 이른바 근본주의적 신앙을 가질수록 더욱 권위주의적이라는 것을 밝혀냈다(Argyle and Beit-Hallahmi, 1975: 940~60; 이원규, 1989a: 76~93). 그리하여 종교인은 그리고 종교성이 강한 사람일수록 권위에 집착하는 경향이 강하고, 자신이 옳지 않을 수도 있다는 사실을 인정하지 않으려고 한다. 종교인의 경우, 그리고 종교성이 강할수록 권위주의적이라는 것은 곧 그들이 사회의 여러 가지 불평등 구조를 조장하고 동조하고 있다는 것을 의미하는 것이기도 하다. 그리하여 종교는 계급에 따른, 인종에 따른, 나이에 따른, 성에 따른, 지역에 따른, 그리고 이데올로기에 따른 불평등 구조를 지속시키는 힘이 되고 있다.

(3) 자기우월주의

'*ethnocentrism*'이란 말은 원래 민족적 영역에서 적용되었기 때문에 '자민족우월주의' 혹은 '자민족중심주의'라는 용어로 쓰였지만, 그것이 오늘날에는 인종적, 종교적, 계급적, 민족적 영역 모두에서 나타나는 현상으로 포괄적으로 이해되기 때문에 '자기우월주의'라고도 표현된다. 이 개념은 한 집단이나 사회의 성원이 자기네 문화가 옳은 것이며 가장 우월하다고 믿는 태도를 의미한다. 이것은 특수주의와 권위주의 의식과 밀접하게 관계되어 있다. 자기우월주의는 나의, 혹은 내집단의 인종, 계급, 민족, 문화, 종교가 우월하다고 보는 대신에, 타인 혹은 타집단의 인종, 계급, 민족, 문화, 종교를 열등하게 보도록 만든다. 자기우월주의는 흔히 '우리/그들'(*we/ they*)이라는 이분법적 사고를 갖게 만든다. 신학적으로 표현하면 이것은 '빛의 자녀들'과 '어두움의 자녀들'의 구분이다. 그리하여 모든 옳은 것, 좋은 것, 선한 것, 우월한 것은 '우리'와 동의어로, 모든 그른 것, 나쁜 것, 악한 것, 열등한 것은 '그들'의 동의어로 보게 된다.

자기우월주의는 종교인들에게서 더 두드러지게 나타나며, 특히 종교성이 강할수록 심한 것으로 나타난다. 왜냐하면 그들은 자신을 특수주의적 관점에서, 그리고 권위주의적 입장에서 보는 경향이 강하기 때문이다. 그리고 자기우월주의는 특히 종교적으로 그 신념이 뒷받침될 때는 보다 강력한 지배 이데올로기가 된다. 이 때에 우월주의에 빠진 사람들은 자신을 '선택된 백성'으로 보면서 타인들은 열등한 존재로 본다. 다른 어떤 문화이든 종교이든 그것은 야만적이라거나 조잡하고 불합리하고 미신적이라든지 생각조차 할 수 없다든지 하는 식으로 생각하며, 그것을 비인간적이고 자연스럽지 못하다고 판단한다.

종교적 우월주의는 타종교인, 비종교인에 대한 적대감을 조장하기 쉽다. 흔히 자기 집단에 대한 충성심과 우월의식은 상대방에 대한 거부감과 적대감을 조장하는 경향이 있다. 경우에 따라서는 종교적 우월주의를 확인하고 내집단의 결속을 위해서는 희생양을 필요로 하기도 하며, 심한 경우에는 적대감을 표출할 대상을 만들기까지 한다. 중세기의 '마녀 사냥'이 한 예가 될 것이다.

종교적 우월주의는 나아가서 '문화 제국주의'의 근거가 되기도 한다. 문화 제국주의란 강한 힘을 가진 사회나 집단이 그것의 문화나 가치체계를 다른 사회나 집단에 강제적으로 부과하려는 시도로써 경제면에서의 제국주의적 침탈, 정치적 식민지 과정이 그 전형적 현상이지만, 그것은 종교영역에서도 마찬가지이다. 특히 서구 국가들이 아프리카, 아시아, 라틴 아메리카의 여러 지역들을 식민화할 때 서구 기독교가 이러한 종교 제국주의 역할을 했던 것이 사실이다(McGuire, 1981: 163). 종교 제국주의는 결국 종교적 우월주의에 근거한 것으로서 그것은 피지배 지역의 토착 종교는 물론 모든 타종교를 말살시키고 그 위에 자신의 종교적 체계를 세우려고 하기 때문에 심각한 문화갈등과 종교갈등을 야기시킬 수 있다.

(4) 편견과 차별

특수주의, 권위주의, 그리고 자기우월주의적 태도는 흔히 편견과 차별의 구체적 결과를 초래할 수 있다. 편견이란 왜곡되고 잘못된 가치관이나 의식을 말하는 것이고, 차별은 편견에 근거하여 부당하게 거부적인 태도를 보이고 그러한 행위를 하는 것을 의미한다. 특히 우월주의 의식은 타인이나 타집단을 평가하고 이해하는 데 객관성을 잃게 만들고, 그들을 쉽게 열등한 존재로 보게 만든다. 결과적으로 타인이나 타집단은 정확한 근거도 없이 부정적 존재로 전형화(*stereotyping*) 되어 버린다. 사람들이 모든 일을 옳고 그른 것으로 범주적으로 보는 데서, 그리고 그들이 옳은 것을 '우리'와 동의어로, 그른 것을 '그들'과 동의어로 보는 데서 편견이 생겨난다.

이렇게 편견이 전형화되면 그들에 대하여는 차별적 태도나 행위가 가해지게 된다. 흔히 계급차별, 성차별, 인종차별, 지역차별 등이 이렇게 유래되었다. 특수주의, 권위주의, 자기우월주의 성향이 강한 사람일수록 이러한 차별이 더욱 심하다.

여러 가지 편견과 차별은 종교인의 경우 더욱 현저하며, 종교성이 강할수록 더욱 심하다는 것은 잘 알려진 사실이다(Argyle and Beit-Hallahmi, 1975: 112~8; Roberts, 1984: 341). 종교인이, 그리고 종교성이 강할수록 편견과 차별이 심한 것은 그들이 특수주의, 권위주의, 자기우월주의 의식이 보다 강하기 때문이다. 그리하여 오늘에 이르기까지 인종차별과 성차별을 심하게 해 온 것은 종교인이며, 그 가운데서도 종교성이 강할수록, 근본주의 신앙을 가질수록 더욱 그러했던 것을 알 수 있다.

비종교인보다 편견과 차별을 더욱 심하게 하는 종교인은 일탈자에 대한 관용성도 약한 것으로 드러났다(Argyle and Beit-Hallahmi, 1975: 120). 즉, 종교인은 그리고 종교성이 강할수록 범죄자, 동성연애자,

미혼모, 약물 중독자, 성적 일탈자 등에 대하여 동정심이나 관용성을 보이지 않는 경향이 있다. 이것은 아마 그들의 우월주의적 의식과 일탈자에 대한 편견의 결과라고 하겠다.

4) 종교적 배타성

종교와 사회적 태도의 관계에서 중요한 또 하나의 요소는 종교적 배타성의 문제이다. 종교적 배타성이란 '구원'과 '진리'라는 관점에서 타종교를 인정하지 않고 자신의 종교만을 유일한 진리요 구원의 길이라고 보는 입장이다. 이러한 태도는 우선 종교 간의 갈등을 야기시킬 것이고, 나아가서는 사회갈등으로 발전될 수도 있기 때문에 사회적으로 볼 때 문제인 것이다. 이것은 특히 한국과 같이 종교적으로 다원주의적인 상황에서 더욱 문제가 될 수 있다.

(1) 종교적 배타성의 성격

종교적 배타성은 자신이 신봉하는 종교만이 진리이며, 따라서 그 종교를 통해서만 구원이 가능하다고 보는 종교적 믿음을 토대로 하여 다른 종교인 혹은 다른 종교적 신념을 가진 사람들에 대하여 거부감을 느끼고 적대감을 가지며 편견과 차별적인 태도를 보이는 의식 및 행위 성향을 의미한다. 종교적 배타성은 앞에서 논의했던 여러 가지 반사회적 태도들, 즉 특수주의, 권위주의, 자기 우월주의, 편견과 차별의 모든 성향이 복합적으로 작용하여 타종교인을 향해 표출되는 태도를 나타낸다. 종교적 배타성은 자기우월주의에 근거하기 때문에 다른 종교집단을 과소평가하고 열등하게 보며, 이에 따라 편견을 갖고 차별하게 된다. 뿐만 아니라 배타주의는 우월주의와 결합되어 내집단에의 충성심을 강화시키지만 반대로 외집단에 대해서는 적대감을 갖게 만든다. 결국 종교적 배타성은 종교적으로 '우리'와 다른 '그들'에 대한 반감 혹은 거부감에서 비롯되는 것이라 하겠다.

종교적 배타성의 형성과정을 그림으로 그리면 〈그림 7-1〉과 같다.

종교적인 특수주의적, 권위주의적, 자기우월주의적, 편견적 사고는 이분법적인 사고를 하게 만들어 '우리'와 '그들'을 구분하고, '우리' 집단에 대하여 충성을 요구하며 그 집단의 규범에 대한 동조를 강요한다. 그리하여 집단 간의 경계를 분명히 하게 만든다. 한편 절대주의적 사고는 근본주의 신학과 함께 신학적 교조주의(*dogmatism*)를 조장해서 그러한 경계를 강화시킨다. 그리하여 신학적 이분법과 교조주의는 높은 '집단 경계' 의식과 함께 '그들'에 대한 반감을 심화

〈그림 7-1〉 종교적 배타성의 형성

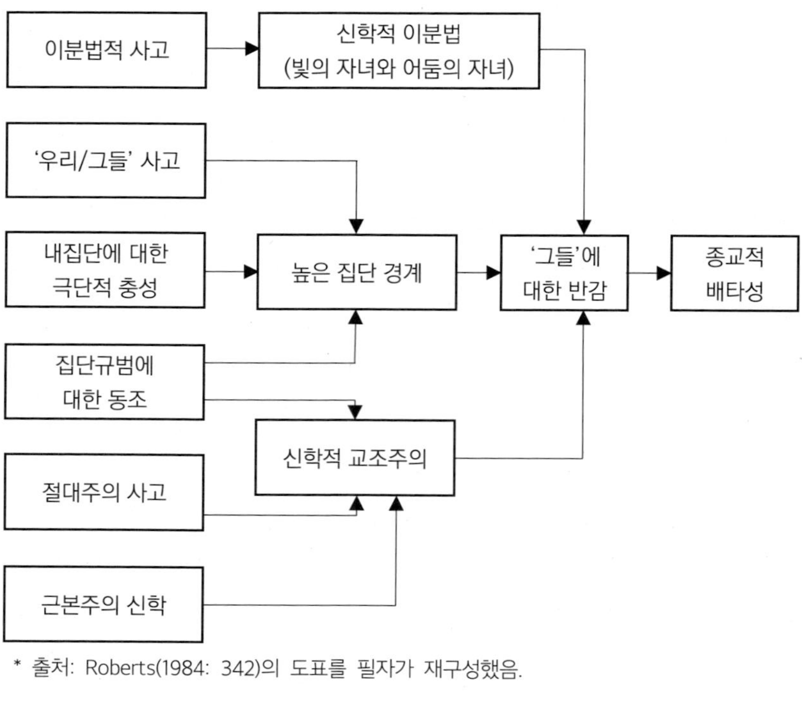

* 출처: Roberts(1984: 342)의 도표를 필자가 재구성했음.

시키면서 배타적인 태도를 갖게 만든다.

(2) 종교적 배타성과 종교

종교적 배타성은 모든 종교가 자체의 정당성과 진리를 주장하기 때문에 어느 정도는 불가피한 결과라고 할 수 있다. 그러나 종교적 배타성은 종교에 따라 그 정도에 커다란 차이가 나타날 수 있다. 종교에 따른 종교적 배타성의 차이는 다음의 몇 가지 요소에 근거한다(이원규, 1994b: 181~4). 우선 유일신(*monotheism*) 사상을 가진 종교가 더 배타적이다. 왜냐하면 유일신 사상은 신앙의 상대성을 인정하지 않기 때문에 타종교의 교리나 신앙을 배척하기 쉽다. 둘째로, 교리나 신조, 혹은 신학에서 이분법적 사고구조를 강조하는 종교가 더 배타적이다. 예를 들어 선과 악, 빛과 어둠, 하늘과 땅, 신과 인간, 영혼과 육체 등을 철저히 구분하는 이분법적 사고는 양자택일을 강요하는 경향이 있다. 따라서 조화적인 'both-and'의 태도보다는 배타적인 'either-or'의 태도를 갖게 만든다. 셋째로, 선민의식이나 특권의식이 강한 종교일수록 배타성이 강하게 나타난다. 선민의식은 우월주의와 특수주의 의식을 강화시키기 때문이다.

이렇게 본다면 종교적 배타성은 유대-기독교 전통에서 가장 강할 것이 예상된다. 유대-기독교 전통은 철저하게 유일신 신앙에 기초하고 있다. 물론 이것은 이슬람교의 경우에도 마찬가지이다. 이 종교들은 유일신 사상에 근거하여 구원과 진리의 문제에서 배타성을 강하게 보여준다. 힌두교나 불교의 경우 종교적 배타성이 약한 것도 유일신 사상이 없고, 구원의 다양한 길을 인정하기 때문일 것이다. 한편 교리나 신학에서도 이분법적 사고는 희랍 영지주의 철학의 영향을 많이 받은 기독교의 경우에 두드러지게 나타난다. 그리하여 기독교는 영과 육, 내세와 현세, 선택과 저주, 생명과 죽음, 빛과 어둠, 의인과 죄인, 선과 악을 철저히 구분하는 경향이 있다. 이에 반하여 불교의 경우는 조화와 일치의 사상이 강하다. 특히 한국 불교는 화엄경(華嚴經)의 일승원융(一乘圓融) 사상에 바탕을 두고, 현실과 이상을 하나로 조화시키려는 이상을 가지고 있다. 이러한 일원(一圓)사상은 종교적 배타성을 약화시키는 작용을 한다고 하겠다. 종교적 배타성의 근원이 되는 선민의식도 유대-기독교의 전통에서 특히 현저한 것으로 나타난다. 유대교나 기독교, 그리고 이슬람교는 특수주의적, 자기우월주의적 의식이 강한 종교이다. 특별히 선택받은 민족, 백성이라는 특권의식이 강한 만큼 타민족이나 타종교에 대한 배타성도 강한 것이다.

종교적 배타성이 종교에 따라 다르게 나타날 것이라는 가정은 〈표 7-2〉에서 뒷받침되고 있다. 한국갤럽의 조사결과 종교적 교리에 대한 관용도를 알아보는 문항 "여러 종교의 교리는 얼핏 생각하면 서로 다른 것 같아 보이지만 결국은 같거나 비슷한 진리를 말하고 있다"는 데 대해서 한국인의 70%가 "그렇다"고, 24%가 "아니다"라고 응답하여, 대체로 타종교에 대하여 관용적인 것으로 드러나고 있다. 그러나 예측한 대로 종교별로 커다란 차이가 있다. 타종교의 교리를

〈표 7-2〉 종교적 교리에 대한 관용도와 종교

(단위: %)

종 교	수용성	배타성	모르겠다	계
불 교	79	18	3	100.0 (N=334)
개신교	49	46	5	100.0 (N=318)
가톨릭	79	18	3	100.0 (N=98)
기타 종교	51	49	0	100.0 (N=4)
종교 없음	74	19	7	100.0 (N=746)
전체	70	24	6	100.0 (N=1,500)

* 출처: 한국갤럽(2015: 171).

인정하지 않으려는 배타적 응답("아니다"라는 답변) 비율이 불교와 가톨릭의 경우 동일하게 18%로 낮은 반면에, 개신교는 46%로 높게 나타났다. 흥미롭게도 수용적 응답("그렇다"는 답변) 비율 역시 불교와 가톨릭은 79%로 똑같이 높은 반면에, 개신교는 49%로 상대적으로 낮다. 비종교인의 입장은 불교, 가톨릭과 거의 비슷하다. 이 결과는 종교적 배타성이 불교와 가톨릭의 경우에는 약한 반면에, 개신교의 경우에는 매우 강하다는 것을 보여준다.

같은 기독교이면서도 종교적 배타성이 가톨릭의 경우 개신교보다 훨씬 낮은 것은 다양한 신학을 가지고 있으나 그 지배적 성향은 보수적 개신교와는 달리 대체로 단일 신학체계를 가진 가톨릭은 제2 바티칸 공의회(The Second Vatican Council, 1962~1965) 이후 종교적 배타주의 노선을 포기하는 공식결정에 따라 지배적인 신학적 분위기가 종교적 포용주의로 바뀐 것이 중요하게 작용했을 것이다. 비록 이 공의회에서 취하고 있는 신학적 노선이 일반적으로는 여전히 보수 성향을 띠고 있는 것이 사실이지만 종교 간의 대화 문제에서는 배타주의 노선을 넘어서고 있다(Baum, 1966). 그리고 타종교에 대한 한국 가톨릭의 상대적인 개방적 혹은 수용적 성향은 1970년대 이후의 한국 가톨릭의 진보적 사회의식과 실천적 성격과도 관계가 있을 것이다.

(3) 종교적 배타성과 종교성

종교적 배타성의 정도는 종교성에 따라서도 다양할 수 있다. 일반적으로 보면 이념적, 의례적, 경험적 차원 등 모든 종류의 지표에서 그 종교성이 강할수록 종교적 배타성도 강한 것으로 나타난다. 이것은 여러 경험적 연구에서 뒷받침되었다(Stark and Glock, 1968; Glock and Stark, 1966). 왜 종교성이 강할수록 종교적 배타성도 강한 것인가? 여기에는 몇 가지 근거가 있다(이원규, 1994b: 188). 이념적 차원의 종교성이 강한 사람은 자신의 종교적 신념의 정통성에 대하여 확고하게 믿는 경향이 있고, 이것은 그의 종교적 이념을 절대시하게 만들어 타신앙에 대한 배타성을 강화시키기 쉽다. 의례적 종교성은 집단적인 의례에의 참여와 개인적인 의례 수행으로 나누어질 수 있다. 그런데 사람들은 공식적 종교의례에 참여함으로써 집단의식을 확인하고 소속감을 느끼게 된다. 이러한 적극적 참여는 내 집단에 대한 충성심을 강화시키는 한편 타집단에 대하여는 거부감을 증대시킨다. 개인적인 의례 수행(기도와 같은)도 역시 신도들에게 종교적 정체성을 공고히 해주면서, 그것은 타집단과의 경계선을 조장하게 된다. 경험적 종교성의 경우에도 종교적 경험의 깊이가 깊을수록 그 경험을 못하는 사람들과 자신을 분리시키는 경향이 심화될 수 있다. 이와 같이 종교성이 강할수록 종교적 배타성도 강하게 나타날 수 있다. 이것은 여러 경험적 연구에서 뒷받침되고 있다. 〈표 7-3〉은 한국 상황에서 종교성과 종교적 배타성의 밀접한 관계에 대한 구체적

〈표 7-3〉 종교적 배타성과 종교성

(단위: %)

종교성 지표 \ 종교성	강함	보통	약함
믿음 깊이	59	41	24
교회 출석	53	36	27
기도 생활	60	38	31

* 출처: 한국갤럽(2015)의 원자료를 분석한 것임.

** 주: '믿음 깊이'는 스스로 평가하는 믿음의 정도.
'교회 출석'은 '한 주일 1번 이상'은 '강함', '한 달에 1~3번'은 '보통', 그 미만은 '약함'으로 분류함.
'기도 생활'은 '하루 한 번 이상'은 '강함', '일주일 1~3번 정도'는 '보통', 그 미만은 '약함'으로 분류함.

*** 백분율은 "아니다"라는 응답 비율.

인 조사결과를 보여주고 있다.

종교성의 기준이나 수준이 종교에 따라 다르기 때문에 여기서는 개신교의 경우를 예로 들어보려고 한다. 〈표 7-3〉에 따르면 모든 종류의 종교성에서 그것이 강할수록 종교적 배타성도 강한 것으로 나타난다.

"여러 종교의 교리는 얼핏 생각하면 서로 다른 것 같아 보이지만 결국은 같거나 비슷하다"는 데 대하여 "아니다"라는 배타적 응답비율은 종교적 믿음이 "깊다"는 응답자의 경우 59%, '보통'의 경우는 41%, "낮다"는 경우는 24%로 나타나고 있어 커다란 차이를 보인다. 교회 출석도 그 종교성이 '강한' 응답자의 53%가 배타적 태도를 보였지만, '보통'인 경우는 36%, '약한' 경우는 27%로 비율이 낮아지고 있다. 개인의 신앙생활의 한 척도로서 '기도를 하는 빈도'에 따른 종교성이 '강한' 응답자 가운데는 60%가 종교적 배타성을 보이고 있지만, '보통'인 경우는 38%, '약한' 경우는 31%로 역시 계속 낮아진다.

이상의 결과는 분명히 종교성이 강할수록(그 종교성의 지표가 어떠한 것이든) 타종교에 대한 배타성도 강하다는 것을 보여주고 있다. 물론 모든 경험적 조사자료가 개신교의 경우라는 한계가 있고, 따라서 그러한 조사결과가 다른 종교의 경우에도 똑같이 적용될 수 있을지는 경험적 연구의 뒷받침이 필요한 것이 사실이다. 그러나 이론적으로 볼 때에는 일반적으로 종교성이 강해질수록 자신의 종교에 대한 신뢰, 헌신의 정도가 깊어지며, 이에 따라 자신의 종교와 타종교 사이에 차별성을 두는 경향이 강해지면서 종교적 배타성도 강해진다고 할 수 있다. 이러한 종교적 배타성은 종교간에 갈등을 야기시킬 수 있고, 나아가서 사회갈등을 조장하기 때문에 그것이 종교인들에게서 강화되는 것은 바람직한 일이 아닐 것이다. 이렇게 본다면 종교적으로 다원주의적인 상황에서는 자신의 종교에 대한 종교성이 강할수록 종교적 긴장과 사회적 갈등이 생겨날 가능성이 높다고 하는 신앙적 딜레마에 직면하게 된다.

제 8 장

종교와 성(性), 나이, 지역

앞 장에서 살펴보았듯이 사람들의 종교성은 문화적으로 규정되는 경향이 있다. 다시 말하면 개인의 종교성향은 타고 나는 것이라기보다는 태어나 자라면서 사회적으로 배우고, 문화적으로 그 가치가 내면화되면서 형성된다고 하겠다. 따라서 한 사람의 종교성은 그가 속한 사회의 가치와 규범, 그가 속한 사회적 지위와 계층, 그가 사는 지역적 환경의 영향을 받게 된다. 이것은 왜 성에 따라, 나이에 따라, 지역에 따라 사람들의 종교성이 다른가 하는 것을 설명해 주는 근거가 될 것이다.

1. 종교와 성(性)

종교와 성의 관계에서는 두 가지 문제가 관심의 초점이 되고 있다. 하나는 사회적 성차별에 미친 종교의 영향이고, 다른 하나는 성에 따른 종교성의 차이의 문제이다.

1) 종교와 성차별

문화역사적으로 보면 인류 초기의 수렵-채취 사회에서는 성에 따른 불평등이나 차별이 별로 없었다. 그러나 그 후에 유목사회, 농경사회 등으로 사회가 발전하면서 가부장제가 확립되었고, 이에 따라 남녀의 지위와 역할이 점차 뚜렷하게 분화되고 성적 불평등이 심화되었다. 이러한 성차별은 산업사회를 거치면서 지속되었고, 이른바 후기산업사회라고 하는 오늘날에도 여전히 잔존한다. 한마디로 여성에 대한 차별은 오랜 세월을 거치면서 사회적으로 제도화되었고 문화적으로 규범화되었다. 성차별의 사회적 규범은 종교적으로 정당화되었고, 성차별에 대한 종교적 규정은 사회적으로 합리화되면서 성차별은 대부분의 사회와 종교에서 당연하게 여겨졌다.

(1) 성차별의 종교적 근거

종교는 역사적으로 성차별을 조장하고 촉진한 하나의 강력한 도덕적 힘이었다. 고전적인 힌두교에서는 어떤 여성도 현세에서는 구제받을 수 없고, 구제 받으려면 일단 내세에서 남성으로 다시 태어나야 한다고 보았다. 여성으로 태어난 것은 전생의 나쁜 카르마(*karma*: 業)의 결과로서, 이 상태에서는 구제가 불가능하다. 따라서 선한 카르마를 쌓는 데 가장 바람직한 행위인 베다(*Veda*) 연구와 명상은 남성만이 할 수 있으며, 여성은 단순히 노동을 통한 훈련(*yoga*)을 할 수 있을 뿐이다(Carmody, 1992: 55). 이 때 여성이 선한 카르마를 쌓을 수 있는 최상의 방법은 좋은 아내가 되어 남편을 신으로 여기고 순종하는 방법뿐이라고 가르친다.

불교에서 초기에 부다는 여성에 대하여 다소 관대한 태도를 보이기는 했으나, 그 후에는 점차 여성에 대하여 부정적 견해가 생겨났다. 불교의 문헌들은 여성을 승려의 수행에 장애가 되고 성적으로 굶주려 있으며 탐욕스럽고 질투심 많고 어리석으며 한마디로 불쾌한 존재로 묘사했다(Carmody, 1992: 61). 고전적 불교에서는 힌두교의 경우처럼 여성은 여전히 악한 카르마, 즉 욕망, 쾌락, 열정의 상징으로 보여진다. 따라서 여성에게는 성적인 절제가 강요되었고, 남편의 명령에 복종할 것이 요구되었다.

유교전통은 삼강오륜(三綱五倫)을 기본적인 윤리적 덕목으로 삼았다. 삼강오륜의 핵심은 지배-종속의 인간관계라 할 수 있다. 특히 가부장적 전통에 기초하여 유교는 철저하게 남녀를 구별할 뿐 아니라 여성을 차별하는 가치와 규범을 만들어냈다. 여성은 남성에 비해 열등할 뿐만 아니라 남성에 종속된 존재일 뿐이다. 이른바 삼종지도(三從之道)를 여성이 지켜야 할 도리로서 가르쳤다. 즉, 여성은 어려서는 아버지를, 시집가서는 남편을, 남편이 죽은 후에는 자식을 좇으라는 것이다. 결혼은 거의 완전히 출산을 위한 제도였고 여성은 대를 잇기 위해 아들을 생산해야 그 존재를 인정받았다. 여성은 교육받지 못했고, 부모의 제사에도 참여할 수 없었다. 여성에게는 혼전 순결과 남편에 대한 충성과 정조만이 요구되었다.

여성에 대한 차별은 가부장적인 유대교 전통에서도 드러난다. 비록 하나님이 남녀를 같이 창조했으나 처음 여성 이브는 처음 남성 아담의 갈비뼈로 만들어졌고, 뱀의 유혹에 넘어가 타락의 역사를 만들어낸 장본인이었다는 사고에 기초하여 여성을 열등한 존재로 본다. 여성은 아버지나 남편에 속해 있다. 여성은 어머니로서의 지위를 가질 뿐 종교적, 정치적 지위는 소유하지 못했다. 여성은 종교적으로 불결하다고 믿어졌기 때문에 사제가 될 수 없었고, 토라를 배울 수도 없었다. 여성은 자신의 재산을 소유할 수 없으며, 남편의 보호와 감독을 받아야 했다.

이슬람 사회에서의 성차별은 그 어느 사회의 경우보다 현저하며, 여기에는 코란(*Qur'an*)의 가르침과 마호메트 언행록(*hadith*)이 결정적으로 영향을 미쳤다(Carmody, 1992: 173). 일부다처 사회에서 여성은 일종의 재산에 불과했다. 여성은 결혼 전에는 아버지의 재산이고, 그 재산을 남편이 사면 여성은 남편의 소유가 된다. 여성은 남성에게 절대 복종해야 했고, 남편을 위해 남자아이를 낳아야만 했다. 여성에게 베일을 씌우고 그녀를 격리시켜 여성의 권리를 감소시켰을 뿐만 아니라 공적 활동을 완전히 배제시켰다. 여성은 문화적 사각지대에 갇혀서 사회적, 심리적, 경제적으로 소외된 삶을 살았다. 여성은 상속받을 권한이 없으며, 이혼은 남편만이 제기할 수 있다. 여성은 남성의 쾌락의 도구이지만, 항상 순종적이며 감사를 표하는 생활을 해야 한다. 그러나 이슬람의 가르침은 여성을 은혜를 모르고 불결하며 정신이 모자라는 존재로 묘사하고, 여성이 지옥에 많이 간다고 지적한다(Carmody, 1992: 178). 종교적으로도 격리되어 여성은 신앙의 가르침을 받지 못하며, 종교적 의무도 수행하지 못한다. 여성에게 읽거나 쓰는 법을 가르치지 말도록 성직자들은 권하고 있다. 이와 같이 이슬람교는 여성에 대한 편견과 차별의 극치를 보여준다.

기독교의 경우 예수의 가르침이나 행적에는 여성에 대한 차별의 흔적이 별로 나타나지 않고 있으나, 초대교회는 유대교 랍비 출신으로 영지주의적인 이원론적 사상을 계승한 바울의 영향으로 여성을 차별하는 경향이 나타나기 시작했다. 그래서 초대교회는 여성에게 조용히 복종하고, 침묵하고, 단정한 생활을 할 것을, 그러나 남성에 앞서거나 남성을 지배해서는 안 될 것으로 가르쳤다. 그러나 교부(敎父)시대(2~5세기)에 와서는 여성혐오적 성향이 강해져서 여성을 사악한 존재로, 악마적 존재로 보기 시작했다. 여인들도 영혼을 가지고 있다고 결정한 것은 6세기의 메이콘 회의(Macon Council)에서였는데, 59명의 감독이 실시한 이 투표에서는 겨우 한 표 차이로 통과되었다(Vernon, 1962: 101).

이러한 편견적 성차별은 중세기까지 이어졌다. 여성은 도덕적으로 더 취약하고 부정을 저지르기 쉽고, 여성은 남성에게 종속되어야 한다고 가르쳐졌다. 여성에 대한 이러한 차별은 육체, 성 그리고 여성을 경멸했던 영지주의적 이원론의 영향을 교회가 크게 받은 탓도 있으나, 인간의 원죄에 대한 책임을 여성(이브)에게 돌리는 신학적 이해의 탓이 크다. 여성에 대한 차별은 만인제사직을 외쳤던 개신교 개혁의 시대에서도 별로 달라지지 않았다. 예를 들어 루터(Luther)는 여성이 '사탄의 사제'이기 때문에 그리스도의 사제가 될 수 없고, 여성은 단지 임신을 위해서 필요한 존재에 불과하며, 이브는 타락에 의해서 아담보다 열등하게 되었고, 여성은 남편의 이름을 사용하여야 하며 남편에게 복종해야 한다고 가르쳤다(Carmody, 1992: 157).

이와 같이 종교는 여성을 차별하는 사회적 가치와 규범을 강력하게 뒷받침하는 도덕적 근거를 제공하고 있으며, 이에 따라 성차별의 문화전통의 확립에 결정적 영향을 미쳤다고 할 수 있다.

(2) 성차별과 종교적 사회화

역사적으로 종교는 성의 역할에 대한 문화적 규정에 중요한 근원의 하나였다. 그리하여 사회적으로 기대하는 남성됨이나 여성됨의 가치나 규범을 자연스럽게 배워서 이에 적응하도록 돕는다. 이러한 종교적 사회화는 여성에 대한 차별을 당연한 것으로 만든다. 예를 들어 유대인들에게는 어려서부터 남녀에 각기 다른 사회적, 종교적 역할이 부여되고 훈련된다. 그리하여 남자에게는 지성적인 발전, 성문서에 대한 논의, 종교법에 대한 적용이 강조되는 반면에 여자에게는 종교의례적 의무는 없으며 그녀는 단순히 어린이를 가르치고 집안일을 하도록 요구되었다(McGuire, 1981: 90~91). 따라서 율법의 해석, 예배와 종교적 재판은 남자들의 일이 되고 있다. 이러한 성차별적 종교사회화는 모든 역사 종교들의 공통적 특징이 다. 힌두교의 경우에는 성의 구분을 하나의 카스트(*caste*) 형태로 이해하여 남녀로 출생했다는 것 자체가 변경될 수 없는 계급적인 사회적 배열로 가르친다.

성차별의 종교적 사회화는 종교의 상징이나 신화의 형식으로 강화되기도 한다. 예를 들면 대부분의 종교에서 절대자 혹은 신은 남성으로 이해되며, 남성 우월의식의 근거를 제공한다. 그리하여 정통 유대교인은 매일 아침 "나를 여자로 창조하지 않으신 만물의 왕 우리 하나님 주를 찬양합니다"라고 기도한다. 남성지배적 문화에서의 창조 이야기는 흔히 여자들이 악의 현존이나 현재 세계의 고통이나 문제에 대하여 책임이 있는 것으로 돌려진다(McGuire, 1981: 92). 이 신화들은 성적인 유혹, 호기심, 속기 쉬움, 그리고 만족하지 못하는 욕망과 같은 문제들을 여자의 성격으로 돌리면서, 이에 따라 인류의 문제나 여성의 열등한 역할에 대한 책임을 여성에게 지우는 경향이 있다.

성차별의 종교적 사회화는 종교조직에의 참여에도 이루어지고 있다. 여성들은 영적 능력이 부족하고 또한 불결하다는 인식은 여성에게 종교의 중심적 의례에의 참여나 종교 안에서의 권위적 위치나 상징적 역할(예를 들면 사제직)에 이르는 길을 제한했다. 많은 종교의 경우 여자들은 어떤 거룩한 장소에 들어오도록 허락되지 않았고, 만일 참여가 허락되더라도 격리되든지 조용히 있어야 했다. 때때로 그들은 장막이나 베일로 숨겨졌다. 이러한 격리나 베일로 가림은 여자의 현존이 남자들을 미혹하지 못하도록 예방하려는 의도 때문이든지, 여자는 실제로 사람으로 간주되지 않기 때문이라고 이해되고 있으나(McGuire, 1981: 94), 이것은 분명히 그들의 열등한 지위를 나타내는 것이다.

여성의 성은 역사적으로 남자들에 의해 깨끗하지 않고 거룩하지 않으며 선하지 못하며 열등한 것으로, 그래서 통제되고 정화되어야 하며 때로는 파괴되어야 할 것으로 이해되었다. 예를 들어 중세기의 악마에 대한 박해는 주로 여자들에게 맞춰졌는데(마녀사냥), 그들은 보다 약하고 따라서 악마의 영향에 보다 취약한 것으로 가정되었다. 당국은 전형적으로 종교가 여성에 대하여 규정한 규범에서 벗어난 여자들을 가려냈는데, 그들은 사회적 순수성에 대하여는 커다란 위협이었다. 그리하여 그들의 성에 대한 부정적인 문화적 가정 때문에, 그리고 비정상적 여자는 위험하고 타락시키는 것으로 이해되었기 때문에 수십만의 여자들이 마녀로 고문받고 처형당했다(McGuire, 1981: 99).

이와 같이 대부분의 사회에서 발견되는 성차별은 가부장적 남성중심의 문화에서 생겨난 종교적 상징과 신화, 종교적 교리와 신학, 종교적 의례와 믿음이 종교적으로 사회화되면서 강화되었다고 할 수 있다.

(3) 여성과 대안적 종교성

여성들은 대체로 공식종교의 중심으로부터 배제되었기 때문에 그들이 중심역할을 했거나 아니면 적극적 참여를 했던 종교영역은 대체로 비공식적인 영역인 경우가 많았다. 지배적 종교집단이 여자들에게 중요한 종교적 역할을 별로 할당하지 않았던 반면에 그들은 흔히 인정된 종교적 구조 밖에서 중요한 상징적 역할을 발견했다(McGuire, 1981: 103). 여자들은 치유자, 강신술사, 산파, 무당으로서 탁월한 역할을 했다.

한편 새로운 종교운동들이 여성에게 흔히 하나의 대안적 종교로서 중요하게 작용했다. 즉, 새로운 종교운동들, 흔히 종파적 성격을 띠는 이러한 운동들은 여성을 쉽게 받아들이는 경향이 있고, 따라서 처음에는 여자들에게도 거의 평등을 허용했다. 기독교 계통의 예를 들면 17세기 무렵의 침례교(*Baptism*)와 감리교(*Methodism*) 운동이 그러했고, 18, 9세기의 구세군, 모르몬, 크리스천 사이언스(*Christian Science*), 여호와의 증인과 같은 종파들이 그러했다(Robertson, 1984: 166~8). 새로운 종교운동에 여성이 쉽게 접근할 수 있는 근본적 이유는 그 운동이 여성차별을 포함하는 전통적 권위구조를 거부하고 특히 박탈당한 계층에 대한 종교적 대안을 제시해 주는 경향이었기 때문이다. 이것은 왜 소종파 형태의 종교집단에 여성이 더욱 적극적으로 참여하는가 하는 데 대한 하나의 설명이 될 것이다. 그러나 이러한 종교운동들도 나중에는 점차 제도화되면서 다시 성차별을 정당화하는 전통적 종교문화에 젖어드는 경향이 있다.

제도적 사회구조 안에서 성차별의 문제에 대하여 강하게 반발하면서 여성의 해방을 본격적으로 외치기 시작한 여성운동(*feminism*)은 최근의 일이었다. 이러한 페미니스트 운동은 특히 1970년대 이후부터 성의 불평등 구조를 개선하고 여성의 인권과 지위를 회복하기 위한 광범위한 사회운동으로 확산되었다. 한편 종교권 안에서 여성해방을 촉구하는 여성운동에 주도적 역할을 한 것은 여성신학(*feminist theology*)이었다. 여성신학은 성서에 대한 전통적인 가부장적 해석을 거부하고 성적 불평등 구조의 개선을 우선적으로는 교회 안에서, 나아가서는 사회에까지 확대하려는 이론적 토대를 마련하고 있다. 이렇게 하여 현대사회에서 여성의 지위가 크게 향상되고, 또한 종교 안에서도 여성에 대한 차별이 크게 약화된 것이 사실이다. 종교 안에서는 여성에 대한 노골적인 정죄나 비난, 편견이나 비하는 많이 사라졌다. 종교는 이제 여성에게도 그 문호를 개방했고, 신앙의 문제에서 여성에게도 기본적으로는 남성과 동등한 권리를 부여하고 있다. 그럼에도 불구하고 여전히 성차별은 종교 안에 남아 있다. 특히 보수적 종교집단은 여성의 종교적 지위나 역할에 대하여 여전히 과소평가한다. 그리하여 정통주의 유대교, 정통 이슬람교, 동방 정통교회, 근본주의 개신교는 여전히 여성의 의례적, 상징적 지위와 역할의 변화를 반대하고 있다. 교권의 위계서열의 중요 부분에 여성은 여전히 배제되고, 심지어는 아직까지도 여성에게는 성직자의 길을 원천봉쇄하는 종교, 종파들이 많다.

2) 종교성과 성

남성과 여성 가운데 누가 더욱 종교적일까? 만일 종교성에 차이가 있다면 그것은 어떠한 차이일까? 남녀 간의 종교성의 차이는 어떠한 근원에서 유래하는 것일까? 여기에서는 이러한 물음들에 대한 객관적 근거와 사회학적 설명들을 소개하기로 한다.

(1) 종교성과 성

여자가 남자보다 더 종교적인 것은 거의 보편적 현상이다. 여성의 보다 강한 종교성은 거의 모든 국가와 사회에서, 거의 모든 종교에서, 그리고 거의 모든 종교성 지표에서 나타난다. 모든 경험적 연구는 여성이 종교를 더욱 중요하게 여기며, 개인적 신앙이 더 강하고, 정통 교리에 대한 믿음이 더 확고하며, 종교의례에의 참여에 더 적극적이라는 사실을 입증하고 있다(Roberts and Yamane, 2012).

세계가치조사(World Values Survey) 결과를 토대로 기독교인이 다수인 세계 17개국 대상으로 분석한 연구에서도 여성이 종교를 더 중요하게 여기고, 스스로 종교적이라고 생각할 뿐만 아니라, 교회에 더 자주 출석하고, 기도도 더 자주 하는 것으로 드러났다(이원규, 2012b). 이것은 다른 종교들에서도 마찬가지다. 이슬람교, 힌두교, 불교, 유대교, 신도(神道) 등 특정 종교를 인구 다수가 믿는 나라들에서도 여성이 더 종교적이라는 연구결과가 있다(Stark, 2002).

물론 우리나라의 경우에도 여성이 더 종교적이다. 2015년 통계청의 인구조사 결과에 따르면 한국의 종교인 2천 155만 명 가운데 남자가 44%이고 여자는 56%로 큰 차이가 있다. 남자 가운데는 39%만 종교인이지만 여자 가운데는 48%가 종교인이다. 그러나 여기에는 종교활동을 거의 하지 않거나 종교성의 깊이가 낮은 명목상의 종교인이 모두 포함되기 때문에, 성별 종교성의 차이는 종교의식, 종교적 믿음, 그리고 수행의 정도를 비교해야 분명히 드러난다.

먼저 주관적 종교성에 대하여 비교해 본다. "개인 생활에서 종교가 얼마나 중요하다"고 생각하는지에 대하여 "중요하다"(매우+어느 정도)는 응답 비율은 남자의 경우 45%이지만 여자는 60%로서, 여성이 종교를 더 중요하게 여기고 있다(한국갤럽, 2015: 169). 자신의 종교적 믿음이 어떤지를 묻는 신앙심의 자기 평가에서 그것이 "깊다"(매우+깊은 편)는 응답은 남자가 31%, 여자는 40%로, 자신의 신앙이 "깊다"는 주관적 평가비율도 여성에게서 더 높다(한국갤럽, 2015: 211).

객관적인 종교성 수준은 성별로 어떻게 다른가? 〈표 8-1〉은 종교적 믿음과 성의 관계를 보여주고 있다.

〈표 8-1〉에 따르면 한국인(종교인+비종교인) 가운데서 "신(절대자)의 존재를 믿는다"는 응답자 비율은 남성 가운데는 33%, 여성 가운데는 44%로서, 여자의 종교적 믿음이 더욱 확고하다는 것을 알 수

〈표 8-1〉 종교적 믿음과 성

(단위: %)

종교적 믿음	전체	남	여	차이
신(절대자) 존재	39	33	44	11
극락/천당의 존재	42	36	48	12
사후 영혼의 존재	47	42	52	10
기적의 존재	56	52	60	8
귀신/악마의 존재	41	35	47	12

* 출처: 한국갤럽(2015: 224~227)의 내용을 하나의 표로 재구성했음.
** 백분율은 "믿는다"는 응답비율.

있다. 극락/천당의 존재에 대해서는 남성의 36%, 여성의 48%가 믿으며, 사후 영혼의 존재에 대하여는 남성의 42%, 여성의 52%가 믿는다. 기적의 존재에 대해서는 남성의 52%, 여성의 60%가 믿고, 귀신/악마의 존재에 대해서도 남성의 35%, 여성의 47%가 믿는다. 모든 항목에서 "믿는다"는 응답비율이 여성에게서 10% 포인트 정도 더 높게 나타난다. 이러한 결과들은 정통적인 교리적 믿음이라는 차원의 종교성에서도 여성이 더 종교적이라는 사실을 보여주는 것이라 하겠다.

〈표 8-2〉는 종교를 가진 사람들의 종교의례 참여와 기도(기원) 및 경전을 읽는 빈도, 즉 종교적 경건성에 대한 성별의 차이를 보여주고 있다.

〈표 8-2〉에 따르면 종교적 수행 면에서 '주 1회 이상' 종교의례에 참여하는 종교인 비율이 남자는 40%이지만, 여자는 47%로 더 높다. "종교의례 참여"라는 종교성이 여성의 경우 더 강하다는 것이 드러난다.

개인적인 종교적 수행에서도 '하루 1회 이상' 기도(기원)를 하는 종교인 비율이 남성은 22%에 불과하지만, 여성은 35%로 더 높게

〈표 8-2〉 종교적 수행과 성

(단위: %)

종교적 수행	전체	남	여	차이
종교의례 참여(주 1회 이상)	44	40	47	7
기도(기원) 빈도(하루 1회 이상)	30	22	35	13
경전 읽는 빈도(주 1회 이상)	34	30	37	7

* 출처: 한국갤럽(2015: 200~205)의 내용을 하나의 표로 재구성했음.

나타난다. 경전(성경/불경 등)을 '주 1회 이상' 읽는 종교인 비율도 남성은 30%, 여성은 37%이었다. 이 결과들 역시 '종교적 수행'이라는 종교성에서도 여성이 보다 종교적이라는 사실을 말해주는 것이다.

(2) 여성과 종교성

앞에서 보았듯이 모든 종교성 지표에서 여성이 더욱 종교적이라는 것이 분명해졌다. 그러면 왜 여성이 더 종교적인가? 이에 대해서는 다양한 이론들이 있다(이원규, 2012b).

① 사회심리학 이론

여자가 남자보다 더 종교적인 이유를 설명하는 한 부류의 이론은 '사회심리학적 이론'이다. 여기에는 몇 가지 이론들이 포함된다. 우선 심성이론(*personality theory*)은 여자가 가진 성품 혹은 인성(人性)이 남자와 다른데, 그러한 여자의 심성이 종교를 받아들이기에 더 적합하다고 설명한다(Argyle, 2000). 사회심리학적 연구들은 일반적으로 여자가 남자보다 상대적으로 복종적이고 수동적이며, 걱정과 두려움이 많고, 보다 의존적이라는 사실을 밝혀냈다(Garai and Scheinfeld, 1968; Eagly, 1995). 여자가 남자보다 더 감정적이고 감응성이 높다는 것도 드러났다.

여성에게서 보다 두드러지게 나타나는 이러한 심리적·사회심리적 성향은 종교를 받아들이는 데 적합한 성향이라 할 수 있다. 대체로 종교는 신자들에게 복종, 의존성, 수동성을 요구하는 경향이 있다(Erikson, 1958). 종교는 불안과 두려움, 근심과 걱정이 많은 사람에게 더 적합하다. 종교는 동조적인 사람에게 더 어울리며, 감정적이고 감응성이 강한 사람이 종교를 쉽게 받아들이는 경향이 있다(D'Andrade, 1967). 여성은 그의 심성 자체가 종교에 의존하기에 더 적합한 성향을 가지고 있으며, 결과적으로 여성이 더욱 종교적이게 된다는 본다. 아길은 여성이 죄책감을 더 느끼며 그것이 종교를 가지게 될 가능성을 높이기 때문에, 죄책감을 강조하는 개신교의 경우 가톨릭보다 여신도 비율이 높고, 개신교 가운데서도 죄책감을 가장 강조하는 근본주의 교회에 여성 비율이 더 높다고 주장한다(Argyle, 2000: 40).

그러나 여성의 이러한 심성은 타고나는 것이 아니라, 그렇게 사회화되어 왔기 때문이라는 주장도 있다. 여성이 더 종교적인 것은 그들이 그렇게 되도록 만드는 사회화 과정 때문이라고 설명하는 것이 '사회화 이론'이다. 이 이론에 따르면 사회가 여성에게 복종, 의존성, 수동성, 감응성, 동조성을 여성적 가치로 가르쳤기 때문에 여성의 심성이 후천적으로 형성된다는 것이다. 거의 모든 문화에서 소년은 자립적이고 독립적이며 때로는 공격적이 되도록 훈련받는다. 반면에 소녀는 양육적이고 복종적이며 책임적으로 되도록 훈련받는다. 소녀에 대한 이러한 사회화는 종교적 헌신을 강화시키는 결과를 가져온다고 본다(Barry et al., 1957). 여성의 보다 강한 종교성은 여성으로 태어났기 때문이라기보다는 이른바 '여성적'으로 배우고 훈련된 사회화 과정의 영향 때문이다. 따라서 종교성은 '여성성'(*feminity*)과 관계가 있다(Francis, 1997).

사회화 이론의 한 변형으로 '모험회피 이론'이 있다(Miller and Hoffmann, 1995; Stark, 2002). 이 이론의 논리는 다음과 같다. 종교는 초월적 보상을 약속한다. 그럼에도 종교를 받아들이지 않는 것은 일종의 모험적 행위이다. 따라서 종교성의 결여는 초월적 보상의 상실이라는 모험을 나타내는 것이다. 그런데 일반적으로 보면 남자는 여자보다 더 모험적 행위를 하는 경향이 있다. 물론 남자의 이러한 모험성은 공격적이고 독립적이며 '용감함'을 남성적 성향으로 권장하는 사회화된 결과일 수 있다. 모험회피 이론은 결국 여성이 더 '종교적'이 되는 것은 초자연적 보상을 상실할 수 있는 모험을 여성이 회피하는 경향이 강하기 때문이라고 주장한다.

여성이 더 종교적인 이유를 설명하는 또 다른 사회심리학적 이론으로 '투사 이론'이 있다. 이 이론을 제시한 대표적인 학자는 프로이트이다(Freud, 1960; 1964). 종교에 대한 프로이트의 이론은 신이 실제의 아버지를 대신하는, 투사된 아버지 상(想)이라고 본다. 그의 '오이디푸스 이론'에 따르면 딸은 아버지에 대하여 긍정적 애정을 가지는 반면에, 아들은 아버지에 대하여 보다 애증적인 느낌을 갖는다. 그런데 대부분의 종교에서 신은 남성으로 묘사되고, 아버지에 대한 표상으로 나타나는 경우가 많다. 따라서 여자는 아버지를 상징하는 신에 대하여 보다 호의적이며, 결과적으로 더 종교적이 된다는 것이다.

성별에 따른 종교성 차이를 설명하는 사회심리적 이론들이 어느 정도 타당한 부분이 있는 것은 사실이다. 그러나 종교성은 사회경제적, 사회문화적, 사회구조적, 환경적인 요인들에 의해 크게 영향을 받기 때문에, 남녀 종교성의 차이를 심성이나 사회화의 차이로 설명하는 것은 많은 부분을 놓치고 있다. 이 한계를 넘어서려는 시도가 사회문화적 이론과 박탈-보상 이론이다.

② 사회문화적 이론

종교성의 차이에 대하여 사회적·문화적 요인으로 설명하는 '사회문화적 이론'에도 여러 가지가 있다. 우선 사회구조의 성격과 관련된 것으로 성 규정 이론(*gender regulation theory*)이 있다. 이것은 문화적으로 남성과 여성의 역할이 사회에서 구분되어 규정되는 경향이 있고, 그것이 남녀 종교성의 차이를 가져온다는 설명이다. 그래서 이 이론은 '성 역할 이론'이라고도 한다. 성 역할에 대한 전통적인 이해는 여자는 가정을 지키고 남자는 돈을 벌어 오는 것으로 규정하는 경향이 있다. 결과적으로 정치와 경제는 남성의 영역으로, 종교와 가족은 여성의 영역으로 구분했다(Thompson, 1991). 집 밖에서 일하는 사회활동은 시간과 관심과 노력에 있어 종교활동에 지장을 초래하게 되어 종교성을 약화시킨다. 따라서 이러한 제약이 없는 여성이 더 종교적일 수 있다는 것이다. 만일 이 가정이 옳다면 직업을 가지고 사회활동을 활발히 하는 여성의 종교성은 그렇지 않은 여성보다 덜 종교적일 것이다. 실제로 경험적 연구들은 이것이 사실임을 밝혀냈다(Hertel, 1988; Gee, 1991).

남녀 종교성 차이에 대한 다른 설명으로 '성(*gender*) 이데올로기 이론'이 있다. 이것은 남성 중심적인 가부장적 이념이 여성의 종교성에 영향을 미친다고 주장한다. 대부분의 종교가 가부장적 성 이데올로기를 조장하는데, 여기서 중요한 것은 절대자 신에 대한 이미지이다. 남성으로 믿어지는 하나님에 대한 예배를 중시하는 종교는 여자로 하여금 남자와 남성 권위에 심리적으로 의존하는 상태를 유지하는 '분위기'와 '동기'를 만들어낸다(Christ, 1987). 여기에는 복종과 충성심이 요구된다. 결국 가부장적 성 이데올로기가 규범이 되는 사회(실제로 많은 사회들이 여기에 속한다)에서는 가부장적 종교 이데올로기 역시 규범이 되면서 여성의 종속적 종교성을 강화시킨다는 것이다.

또 하나의 사회문화적 이론은 '성 문화이론'이다. 이 이론은 여성이 더 종교적인 이유를 설명하기보다는 어떤 문화적 상황이 여성을 더욱 종교적으로 만드는가 하는 것을 설명한다. 이것은 문화를 '남성문화'와 '여성문화'로 구분하는 문화분석(Hofstede, 1991)에 근거하여, 여성은 여성문화보다 남성문화의 상황에서 더 종교적이라는 사실을 밝히려고 한다. 여기서는 문화 성향으로서의 '남성성'(*masculinity*)-'여성성'(*femininity*)의 차이를 중시하며, 그 차이가 사회를 남성적인 것과 여성적인 것으로 구분한다. 남성문화가 성 역할을 구분하고 가부장적 성향이 강한 문화라면, 여성문화는 성 역할의 경계선이 사라지고 성 평등이 이루어지는 문화라 할 수 있다.

문화적 특성상 여성의 종교성은 여성적 문화에서보다는 남성적 문화에서 더 강하다. 예를 들어 성 평등이 잘 이루어진 네덜란드, 스웨덴, 노르웨이 같은 여성문화권에서는 여성의 종교성이 미국, 아일랜드, 이탈리아와 같이 성 평등 수준이 상대적으로 낮은 남성문화권에서보다 훨씬 약하다(Verweij et al., 1997). 라틴 아메리카 역시 전형적인 남성문화를 가지고 있다. 여기서는 '사내다움'(*machismo*)을 남자의 미덕으로 여기는데, 이것은 힘과 용맹을 과시하고 여자를 지배하고 다스릴 수 있는 능력을 소유하는 것으로 표현한다(B. Martin, 2004). 이것은 라틴 아메리카 사람들의 종교성이 강하고, 특히 여자들 가운데서 성령운동의 뜨거운 불길이 일어나고 있는 하나의 중요한 요인이 되고 있다(이원규, 2012a: 제8장). 결국 성적으로 불평등한 문화가 오히려 여성의 종교성을 강화시킨다는 것인데, 이러한 가정을 본격적으로 분석하는 것이 사회학적 이론으로서의 박탈-보상 이론이다.

③ 박탈-보상 이론

여성이 보다 종교적이라는 사실을 설명하는 대표적인 사회학적 이론은 '박탈-보상 이론'이다. 이 이론은 제6장에서 논의했듯이 종교는 박탈(감)에 대한 보상기능을 한다는 전제를 가지고 여성이 더 종교적인 이유를 설명한다. 박탈이 사회적, 경제적인 것이든, 정신적, 신체적인 것이든 사람들에게 좌절과 소외의 느낌을 만들어낸다. 이때 종교는 그러한 좌절이나 소외에 대하여 어떤 식으로든(내세적인 것이든 현세적인 것이든, 위로의 형태이든 축복의 형태이든) 보상한다는 것이다. 그렇다면 박탈감을 심하게 느끼는 사람일수록 보상에 대한 기대와 요구가 클 것이고, 이에 따라 그들의 종교성은 더욱 강해질 것이다.

일반적으로 여성은 성차별로 인하여 사회적·경제적·심리적 박탈감을 더 심하게 경험한다. 하나의 집단으로 여성은 덜 교육받고, 훨씬 적은 경제적·정치적 힘을 가지고 있으며, 그리하여 이에 대한 보상이 더 요구된다. 여성에 대한 편견과 차별은 오늘날의 사회에서도 여전하다. 여성은 정치참여의 문제나 법적인 문제는 말할 것도 없고, 교육, 취업, 가정의 영역에서도 커다란 불평등 구조에 따라 심각한 불이익을 당하고 있다(김동일, 1991). 한마디로 여성은 남성보다 여러 면에서도 더 박탈되어 있다. 이에 따라 여성은 종교를 통해 보상을 추구하려는 경향이 남성보다 강하게 된다. 여성의 보다 큰 종교활동은 그들의 보다 큰 좌절의 경험 때문일 수 있다. 여성의 보다 강한 종교성은 그들이 사회에서 직면하게 되는, 보다 큰 수준의 좌절에 대한 반응일 수 있다(Bourque and Back, 1968). 여자가 더 종교적인 것은 박탈로 인하여 종교적 위안을 더 찾기 때문이다(Ferraro and Kelley-Moore, 2000).

여성이 삶에서 박탈감을 느끼게 되는 중요한 사회적 상황은 성 불평등 구조이다. 즉, 구조적으로 성 불평등이 심한 사회 혹은 나라일수록 여성은 더욱 박탈감을 경험할 것이고, 이에 따라 종교를 통한 보상의 요구가 강할 것이며, 결과적으로 더욱 종교적일 것으로 예상된다. 〈표 8-3〉이 이것을 입증하고 있다.

〈표 8-3〉은 몇 가지 중요한 사실을 보여준다. 우선 성 불평등 지수를 보면 유럽국가들은 매우 낮고(성 평등수준이 높다는 의미), 라틴아메리카 국가들은 그 지수가 매우 높다(성 평등수준이 낮다는 의미). 다만 이탈리아와 미국은 성 불평등 지수가 다른 서구 국가들보다 높

〈표 8-3〉 국가별 성 불평등 지수와 종교성

(단위: %)

국가	성 불평등 지수	종교가 매우 중요하다				교회출석(주 1회 이상)			
		계	남	여	차이	계	남	여	차이
스웨덴	0.049	9	7	12	5	3	2	5	3
노르웨이	0.075	11	8	13	5	5	5	4	−1
독일	0.085	11	9	13	4	8	8	8	0
프랑스	0.106	13	11	15	4	7	6	8	2
영국	0.209	21	18	23	5	17	17	18	1
이탈리아	0.224	34	24	45	21	32	22	41	19
미국	0.299	47	38	56	18	36	30	42	12
아르헨티나	0.372	33	25	41	16	21	14	28	14
페루	0.415	50	44	55	11	41	34	47	13
멕시코	0.448	59	49	69	20	46	37	55	18
브라질	0.449	51	41	59	18	48	40	56	16
콜롬비아	0.482	42	36	48	12	46	36	55	19

* 출처: World Values Survey, 2006; Human Development Reports-United Nations Development Programme, 2012 (필자가 하나의 표로 재구성함).

** 성 불평등 지수(GII: Gender Inequality Index)는 산모사망률, 10대 출산율, 임신과 육아와 관련된 여성의 건강, 여성의 의회 의석수, 교육의 성취도, 여성의 노동참여도, 남성대비 여성의 수입 등을 종합적으로 평가하여 국가의 성 불평등 수준을 측정하는 것이다. 0~1 사이에서 0에 가까울수록 성 불평등 수준이 낮은 것을 의미한다.

다. 한편 전체적으로 보면 종교성이 유럽 국가들은 낮고, 라틴 아메리카 국가들은 높다. "종교가 '매우' 중요하다"는 여성의 응답은 이탈리아를 제외한 유럽 국가들은 대개 10~20% 정도이지만, 그 비율이 라틴 아메리카는 40~70% 수준이다. 즉, 성적으로 평등한 나라의 여성의 종교성은 낮은 반면에, 성적으로 불평등한 나라 여성의 종교성은 높다. 이탈리아와 미국의 경우 종교를 중요하게 여기는 비율이 다른 서구국가들보다 높은 것은, 그 두 나라의 성 평등 수준이 상대적으로 낮기 때문인 것으로 풀이된다.

여성이 '주 1회 이상' 교회에 출석하는 비율을 보면 유럽은 이탈리아를 제외하면 최저 4%(노르웨이)에서 최고 18%(영국) 수준으로 낮게 나타나고 있다. 이것은 유럽의 종교적 세속화의 전형적 모습이라 하겠다. 반면에 라틴 아메리카 국가들의 경우 여성의 '주 1회 이상' 교회출석 비율은 최저 28%(아르헨티나)에서 최고 56%(브라질)에 이르기까지 상당히 높다. 여기서도 서구국가들 가운데 성 불평등 수준이 높은 이탈리아와 미국의 경우 여성의 교회 출석률은 높다(이탈리아 41%, 미국 42%). 이와 같이 성 불평등 수준이 높아 여성이 박탈감을 느낄 가능성이 높은 나라일수록 여성의 종교성은 강하다는 것을 알 수 있다.

〈표 8-3〉에서 발견되는 또 하나의 중요한 사실은 남녀 간의 종교성 차이다. 유럽국가들에서는 성 평등수준이 높기 때문에 여성이 그만큼 박탈감을 덜 느낄 것이고, 그것은 종교의 필요성을 감소시킬 것이며, 결과적으로 여성의 종교성은 남성의 종교성과 별 차이가 없을 것이다. 반면에 라틴 아메리카 국가들에서는 성 평등 수준이 낮기 때문에 여성이 박탈감을 많이 느낄 것이며, 그것은 종교적 보상을 더 필요로 할 것이고, 이에 따라 여성의 종교성은 남성의 종교성과 커다란 차이를 보일 것이다. 〈표 8-3〉의 결과는 그것이 사실임

을 보여준다.

“종교가 매우 중요하다”는 것에 있어 남녀의 응답비율 차이는 유럽국가들의 경우 이탈리아를 제외하면 4~5% 포인트 정도이다. 그러나 그 응답 비율의 남녀 차이는 라틴 아메리카 국가들에서는 12~20% 포인트로 높게 나타난다. 남녀 차이는 여전히 이탈리아와 미국의 경우 상당히 높다. 교회 출석률은 어떠한가? ‘주 1회 이상’ 교회에 출석하는 비율의 남녀 차이는 이탈리아를 제외한 유럽국가들은 모두 3% 포인트 이하이며, 노르웨이의 경우는 오히려 남자 출석률이 1% 포인트 높다. 성 평등수준이 매우 높은, 그래서 여성의 박탈감이 상대적으로 약한 유럽에서는 여성의 종교성도 남성의 그것과 별 차이가 없다. 반면에 라틴 아메리카 국가들에서 ‘주 1회 이상’ 교회 출석률에 있어 남녀의 차이는 13~19% 포인트로 높게 나타났다. 남성 우월주의 문화에서 박탈감을 느끼는 여성이 더욱 종교적 신앙을 가지고 있다는 것을 알 수 있다. 여기서도 교회 출석률은 이탈리아와 미국의 경우 남녀 간의 차이가 다른 서구국가들보다 상당히 크다. 이상의 결과는 여성이 상대적으로 더욱 박탈감을 느끼기 때문에 더욱 종교적이라고 하는 사실을 반영하는 것이라 하겠다.

여성이 사회에서 경험하는 보다 큰 박탈감에 대한 보상수단으로 종교에 의존하는 것은, 종교가 성차별을 크게 조장했다는 사실을 감안하면 하나의 아이러니가 아닐 수 없다. 그러나 여성이 종교를 통해 박탈에 대한 보상을 받으려는 경향이 더욱 강한 것은, 종교에 성차별적 요소가 있음에도 불구하고(사실상 이것은 종교의 본질이라기보다는 가부장적 남성문화에 의해 제도화된 종교적 해석의 결과라고 할 수도 있다) 종교가 제공하는 위로와 희망, 그리고 보상의 의미부여의 기능 때문이 아닌가 한다. 이것은 성차별이라는 불합리한 요소가 은폐된 채 여성은 주로 종교를 통해 박탈에 대한 보상을 추구하도록 사회화되어진 결과일 수도 있다. 그것은 또한 여성에게는 정치적·경제적·사회적 보상의 길이 상대적으로 제한되었기 때문에, 즉 박탈에 대하여 종교적 보상 외에 확실한 대안이 마련되지 않기 때문일 수도 있다. 따라서 남성과 비슷한 사회적 위치에 있는 여성의 종교성은 남성의 종교성과 유사할 것이라는 가정이 가능한데, 이것은 사실로 밝혀지고 있다(Luckmann, 1982: 36~37).

2. 종교와 나이

종교와 나이의 관계에서는 두 가지 주제가 관심이 되고 있다. 하나는 태어나서 죽을 때까지의 삶의 과정에서의 적응력에 미치는 종교의 영향이며, 다른 하나는 각기 다른 연령층의 종교성의 차이에 대한 문제이다.

1) 통과의례와 종교

밴 게넵(Van Gennep)에 의해서 명명된 '통과의례'(*rites of passage*)란 한 사람의 지위의 변화를 극적인 것으로 만들고 그 변화를 확증하는 의례를 말한다(1960). 이러한 의례는 종교적인 것이며, 그것은 생의 주기에서의 변화에 대한 적응력을 키워주는 데 중요한 역할을 한다. 밴 게넵은 모든 문화는 한 개인이 하나의 사회적 지위에서 다른 지위로 옮겨가는 전이(轉移)의 과정을 축하하는 일련의 의례를 가지고 있다고 지적한다. 그리고 그는 성년, 약혼과 결혼, 임신과 출생, 장례와 같은 것들이 의례를 수반하는 중요한 경우들이라고 본다.

밴 게넵은 이러한 통과의례는 3단계를 거친다고 설명한다. 첫째는 분리의 단계로서 여기에서 개인은 하나의 장소 혹은 집단 혹은 지위로부터 옮겨진다. 두 번째 단계는 전이로서 여기에서 그는 거룩하게 여겨지며 변형의 과정을 거친다. 마지막은 편입의 단계로서 여기에서 그에게는 공식적으로 새로운 장소 혹은 집단 혹은 지위가 부여된다.

부족사회의 성년식의 경우를 예로 들어보자. 나이가 찬 남자아이는 먼저 어머니의 집에서 나와야 하고(분리), 남성임을 증명하기 위하여 남성 역할을 강조하는 일종의 시험을 거쳐야 하며(전이), 이것을 통과하면 그는 성년으로서의 새로운 사회적 지위를 확증하는 의례가 진행되는 남자들의 집에 들어간다(편입). 우리나라의 경우 아이가 출생할 때면 먼저 임산부가 출산을 위해 격리되며(분리), 출생한 아이는 일정기간 격리, 보호되며(전이), 백 일째 되는 날에는 축하식(백일잔치)을 함으로써 출생을 모두에게 내보이며 하나의 인간으로 확증하게 되는 것이다(편입). 이러한 모든 의례는 종교적 성격을 띠고 있다.

통과의례는 삶의 주기에서 변화에 대한 적응의 수단을 마련한다. 삶은 존재의 한 단계에서 다른 단계로의 여행으로 볼 수 있다. 그러나 새로운 유형의 변화가 사회상황에 생겨날 때에는 개인 당사자나 사회조직에 위협이 느껴질 수 있다. 개인이나 집단이 존속해야 한다면 그들에게는 그 변화에 적응하는 수단이 필요한 것이다. 통과의례는 그러한 의례를 수행하기에 충분할 만큼 중요하다고 느끼는 인간 상황에서의 변화에 적응하도록 발전된 것이다. 통과의례는 이런 저런 유형의 변화가 생겨났다는 사회적 증거를 제공한다. 통과의례는 그 의례를 수행하는 사람, 그것을 목격하는 사람, 그것이 생겨났다는 것을 알게 된 사람들에게 중요한 변화가 생겨났다는 것을, 새로운 의무, 책임, 특권 등이 이제는 그에게 부과되었다는 것을 나타낸다(Vernon, 1962: 121).

생의 주기에서 가장 중요한 통과의례들은 출생, 성년식, 결혼식, 장례식 등이다. 출생과 관계된 종교적 의례는 출생의 생물학적 사실에 대하여 사회적 인가(認可)를 마련해 줄 뿐만 아니라 질병과 같은 출생 이후의 어려움을 감소시킨다고 믿어지고 있다. 성년식은 이제 성인으로서의 책임과 의무를 지니게 되었다고 하는 상징적 의미를 가지고 있다. 그것은 모두에게 이제는 어른이 되었음을 알리는 의식이다. 결혼식은 부모의 보호를 떠나 독립된 가정을 이룸으로써 새로운 삶의 방식으로 옮겨가는 거룩한 절차로 이해된다. 죽음의 문제는 모두에게 가장 심각한 상황변화라고 할 수 있다. 한 사람의 죽음은 주변의 사람들에게 슬픔과 외로움을 심어줄 뿐만 아니라 두려움과 경외심을 만들어내기도 한다. 그 죽음은 의미가 있으며 엄숙해야 한다. 그 죽음은 남아 있는 자들에게 교훈이 되어야 한다. 이러한 것들을 가능하게 하는 것은 엄숙한, 때로는 축제와 같은 장례의식이다. 한국의 전통적 관혼상제(冠婚喪祭)의 의례들은 전형적인 통과의례라 할 것이다.

통과의례의 우선적 기능은 사람들 각각을 새로운 관계성에 인도하고 그들에게 새로운 역할을 감당하도록 준비시키는 것이다(Wallace, 1966: 199~202). 다시 말하면 통과의례는 출생으로부터 죽음에 이르는 삶의 여정에서의 결정적 변화의 순간순간에 잘 적응하여 닥칠지 모르는 위기를 잘 넘길 수 있도록 도와주는 기능을 하는 사회화의 한 중요한 수단이 된다. 대부분의 통과의례는 종교적 성격을 띠고, 또 종교에 의해 흔히 수행되었다. 그렇다면 종교는 통과의례라는 수단을 통해 개인이 태어나서 죽을 때까지 급격한 변화의 위기에 직면할 때마다 사회적 삶에 잘 적응할 수 있도록 돕는 작용을 한다고 하겠다.

2) 종교성과 나이

종교적 성향은 연령층에 따라 차이가 있는 것으로 알려져 왔다. 이것은 세대에 따라 각기 세계관이나 가치관(종교관을 포함한)이 다를 뿐만 아니라 사회생활의 범위나 내용, 활동영역의 특성이 다르기 때문이다.

(1) 종교인구 비율과 나이

종교성과 나이의 관계는 우선 연령층에 따라 종교인구의 비율이 다르다는 사실에서 드러난다. 〈표 8-4〉에서처럼 한국인의 44%가 종교인이지만, 연령별로 보면 커다란 차이가 있다. 즉, 나이가 많아질수록 종교인구 비율이 높아진다(20대 35%, 30대 38%, 40대 43%, 50대 51%, 60세 이상 58%). 이것은 젊은 층보다는 나이가 많아질수록 더 종교적이라는 일반적 설명을 뒷받침하는 결과이다(Argyle and Beit-Hallhami, 1975; McGuire, 2008).

종교별로 비교해보면 눈에 띄는 차이가 드러난다. 10대의 경우 불교인은 8%에 불과하지만 개신교인은 22%로 개신교인 비율이 훨씬 높다. 20대에서도 불교인은 10%이고 개신교인은 18%, 30대 역시 불교인이 12%이며 개신교인은 19%로 개신교인 비율이 높다. 그 차이는 40대에서 줄어들다가(불교 16%, 개신교 20%) 50대부터는 역전된다. 50대에서는 불교인이 22%이고 개신교인은 19%, 60대에서는 불교인이 26%이며 개신교인은 20%, 70세 이상에서는 불교인이 26%이고 개신교인은 21%이다. 불교인은 어리거나 젊은 층에서는 많지 않고 노년층에 많다. 그러나 개신교인은 각 연령층에서 적게는 20대의 18%, 많게는 10대의 22%에 이르기까지 비슷한 분포를 보인다. 가톨릭도 연령별 신도 비율이 7~10%로 비교적 고른 분포를

〈표 8-4〉 종교인구 비율과 나이

(단위: %)

나이	종교인구 비율	종교별 종교인구 구성비					계
		불교	개신교	가톨릭	기독교(계)	종교없음	
10~19	38	8	22	7	(29)	62	100
20~29	35	10	18	7	(25)	65	100
30~39	38	12	19	8	(27)	62	100
40~49	43	16	20	7	(27)	57	100
50~59	51	22	19	9	(28)	49	100
60~69	58	26	20	10	(30)	42	100
70 이상	58	26	21	10	(31)	42	100
전체	44	16	20	8	(28)	56	100

* 출처: 통계청, 《인구주택총조사》(2015)

보이고 있다. 개신교와 가톨릭을 합치면 모든 연령층(노년층까지도)에서 기독교인 비율이 불교보다 높다. 기독교에 젊은 층이 상대적으로 더 많은 것은 어리거나 젊은 층에 대한 기독교(특히 개신교)의 신앙 교육과 훈련이 잘 이루어지고, 그들 대상의 프로그램이 활성화되었기 때문인 것으로 보인다.

(2) 나이와 종교적 특성

개인의 종교성은 정적인 실체가 아니다. 그것은 삶의 과정을 거쳐 발전하며 변한다. 따라서 각 연령층은 나름대로의 독특한 종교적 성격을 가지고 있다. 이것은 삶의 주기를 통한 가치관 및 종교적 활동과 믿음의 변화를 반영하는 것이라 할 수 있다.

① 유년기

유년기란 대체로 초등학교까지의 연령층(12세까지)을 말한다. 취학 전의 아이들은 아직 언어를 자유롭게 구사하지 못하기 때문에 종교문제에 관한 한 우화적 상상력의 범위 내에서 종교를 이해한다. 종교적 이야기들은 신화적, 전설적, 영웅적인 이야기로 이해하기 쉽다. 그럼에도 불구하고 이 시기는 개인의 종교발전에서 하나의 결정적 시기이다. 아이들은 주로 부모로부터 종교적 영향을 받는다. 아이들은 부모를 통해 종교문제를 정체성의 문제로 보기 시작한다. 즉, 우리 가족, 우리 학교, 우리 사회를 생각하듯이 우리 종교가 무엇이며, 나는 어떤 종교에 속해 있다는 것을 배우게 된다.

취학 이후에도 부모의 종교적 영향은 지속되나 이제는 나름대로의 어떤 종교적 믿음과 확신이 생겨난다. 종교적 의례에 참여하면서 그 의미에 대한 가르침을 받고, 그것을 거룩한 것으로 마음 속에 새기게 된다. 즉, 종교적 가치와 규범을 내면화하기 시작한다. 어떤 의미에서는 가장 순진하고 순수한 종교적 신앙을 가진 때가 유년기라고 할 수 있다. 그들은 착한 일을 하면 복을 받고 나쁜 일을 하면 벌을 받을 것이라고 하는, 천국(극락)과 지옥은 반드시 있으며 세상에서 한 일에 따라 천국이든 지옥이든 가게 될 것이라는 믿음을 가장 굳게 믿는 경향이 있다.

② 청소년기

청소년기는 13세에서 18세까지의 연령층으로, 이 시기에 종교성은 친구들 혹은 또래집단의 영향을 많이 받는다. 많은 청소년들이 그들의 가정의 종교(성)과는 다른, 그리고 가정 밖의 또래집단 멤버들과 공유되는 종교적 믿음이나 수행을 채택하는 경향이 있다. 청소년기는 우선 종교적 각성이나 회심이 많이 생겨나는 연령층이다. 처음으로 종교신앙을 갖게 되거나 가지고 있던 신앙이 새롭게 변화되는 경험을 하는 경우가 흔하다. 이 때의 회심이나 각성은 성인의 점차적인 것과는 다르게 급작스러운 경험일 가능성이 높다(Argyle and

Beit-Hallahmi, 1975: 60). 왜냐하면 이 연령층은 감수성이 특히 예민하며 매우 감성적이며 즉흥적인 성향이 강하기 때문이다. 이 종교적 경험은 죄와 죄책감에 대한 병적이고 비현실적인 느낌으로 나타날 수도 있고 평화와 기쁨의 환희적 느낌으로 경험될 수도 있다. 기독교의 경우 이러한 회심은 전형적으로 부흥회에서 생겨난다.

청소년기 종교성의 또 다른 특징은 회의와 저항이다. 청소년기는 흔히 모호성이 문화적으로 해소되지 않기 때문에 정체성의 위기를 맞는 시기이며, 이에 따라 반동적 태도와 행위를 보이기 쉬운 시기이기도 하다. 청소년에게는 학교에서 배우는 지식(특히 과학) 때문에 종교 문제에 대하여 회의나 갈등이 생겨날 수 있다. 지금까지 당연하게 여겼던 종교적 믿음이나 지식이 학교에서 배운 과학적인 지식이나 경험에 의해 그 근거가 흔들리게 되는 경우가 흔히 있다. 기독교의 예를 들면 교회에서 배운 창조론(하나님이 우주만물을 창조했다는 신앙)과 학교에서 배운 진화론(인간은 생물학적 진화과정을 거쳐 발달하게 되었다는 이론)의 서로 조화될 수 없는 믿음체계 사이에서 갈등이 생겨날 수 있다. 과학적 지식은 지금까지 신비스러운 것으로, 거룩한 것으로 여겼던 종교의 세계, 종교적 지식으로부터 그 거룩성과 신비성을 빼앗아가 버리기 쉬운데, 이것은 특히 청소년기 연령층에게서 흔히 생겨날 수 있다. 뿐만 아니라 죄, 천국과 지옥의 존재와 같은 신앙적 주제에 대해서도 의문이 많이 생겨나는 것이 바로 이 시기이다.

청소년들은 흔히 종교적 지식과 믿음에 대하여 회의를 가질 뿐만 아니라 기성종교 혹은 기성종교인의 모습에 대하여 실망하기도 한다. 이들은 감수성이 예민할 뿐만 아니라 다소 순수한 신앙을 가졌기 때문에, 배우고 알고 있는 종교와 실제로 보고 경험하는 종교 사이의 부조화에 대하여는 가장 민감하게 반응한다. 이 때 그들은 쉽게 종교를 포기할 수 있다. 과거에 종교를 가져본 경험이 있으나 지금은 종교를 가지지 않은 사람 가운데는 청소년기에 종교를 포기한 경우가 많으며, 그 이유는 대체로 종교에 실망했기 때문이라는 것을 알 수 있다. 기성종교에 대하여 실망할 때에 그들은 또한 쉽게 다른 종교나 종파에도 옮겨가기도 한다. 그리하여 그들은 신흥종교에도 쉽게 빠져 들어갈 수 있다.

③ 청년기

청년기는 대체로 18세에서 20대까지의 연령층을 말한다. 앞의 〈표 8-4〉에서도 보았듯이 이 연령층은 가장 덜 종교적인 연령층이다. 이들은 종교를 가진 비율도 가장 낮을 뿐 아니라, 종교적 참여나 활동, 그리고 수행에서도 가장 소극적이다(Argyle and Beit-Hallahmi, 1975: 66). 왜 그럴까? 여기에는 몇 가지 이유가 있다. 우선 이 연령층은 가장 자유분방한 세대이다. 취미, 오락, 교양, 지성을 위한 활동이 가장 활발한 연령층이다. 특히 사회적으로 성인으로 인정받게 되면서 그동안 제한 받았던 많은 것들을 자유롭게 즐기려는 것이 청년기의 특징이다. 세상적인 일에의 몰입과 즐김은 종교적인 관심을 약화시킬 수 있는 하나의 조건이 될 수 있다.

또한 청년기에는 인생에서 가장 중요한 두 가지 일이 시작되는 시기이다. 이 일을 위한 준비로 바쁘기도 하고 이 일을 시작하면서 그것에 깊이 빠져들게 되기도 한다. 그 일들은 취업과 결혼이다. 취업 준비를 위하여 학업에 많은 시간과 노력, 관심과 정력을 쏟아야 할 뿐만 아니라 취업하게 되면 처음 몇 년 간 특히 정열을 쏟아 붓는 경향이 있다. 한편 연애하고 결혼에 이르기까지는 역시 많은 시간과 노력, 관심과 열정을 상대방 이성에게 바쳐야 한다. 또한 결혼 초 몇 년은 가정생활에 가장 깊이 빠져드는 시기이기도 하다. 취업과 결혼은 종교에 깊이 개입하는 데 크게 영향을 미치는 장애요소가 된다.

나아가서 청년들은 교육수준이 가장 높은 연령층일 뿐만 아니라 대학 등에서 새로운 지식과 학문을 많이 배우는 세대이다. 높은 교육수준은 이들로 하여금 인본주의적이며 문화비평적이며 저항적인 의식성향을 조장한다. 이러한 성향은 분명히 반종교적 성격을 띠며, 이것은 젊은이들이 종교를 비판적으로 보거나 혹은 종교로부터 떠나가게 되는 중요한 이유가 된다. 이와 같은 여러 가지 이유들로 청년기는 종교로부터 가장 멀리 떨어져 있는, 즉 종교성이 가장 약한 연령층이라고 할 것이다.

④ 중년기

30대에서 50대에 이르는 연령층은 폭넓게 장년기 혹은 중년기라고 볼 수 있다. 〈표 8-4〉에서도 보여지듯이 30대에 접어들면서 종교인구는 늘기 시작하여 이것은 40대로 지속되어 50대에 절정을 이룬다. 중년기에 와서는 종교적 참여와 활동이 증가되고, 기도와 같은 개인적인 종교적 수행도 증가된다는 것이 경험적 연구결과로 밝혀졌다(Argyle and Beit-Hallahmi, 1975; Atchley, 1980). 그들에게는 종교에 대한 관심과 종교의 중요성에 대한 자각도 증가된다. 물론 연령이 많아지면서 종교조직 내에서 보다 중요한 지위를 갖게 되고 중요한 역할을 감당하게 된다. 청년기 연령층의 종교성이 가장 약한 원인을 고려한다면 중년기 연령층(특히 4, 50대)의 종교성이 강한 원인은 쉽게 이해될 수 있다. 그들은 더 이상 자유분방하지 않으며, 인본주의적이거나 진보적이 아니다. 그들은 반문화적이거나 기존 질서와 전통에 대하여 저항적이 아니다.

그러나 중년기는 흔히 남녀 모두에게 또 다른 '정체성의 위기'의 시기이다. 많은 여자들이 가족을 위해 봉사하는 데 전적인 목적과 의미를 투자했으나 '어머니'로서의 그들의 지위는 중년기에 별 의미가 없다는 것을 발견하게 되고, 남자들은 많은 정력과 시간을 그의 경력에 투자했지만 중년기에는 그의 경력목표가 성취될 것 같지 않다는 것을 깨닫게 된다(McGuire, 1981: 55). 중년기에 이르러 많은 사람이 그들의 남은 햇수와 경쟁자들을 보면서 자신이 앞서 나갈 수 있는 가능성이 심하게 제한받고 있다는 것을 느낀다. 그들은 점차 사회경제적 이동의 절정에 이르지만, 그것은 또한 노년의 하향적 이동의 시작을 의미하는 것이기도 하다. 이들은 또한 성장한 자녀들을 하나 둘 가정으로부터 떠나보내면서 새삼스럽게 외로움을 느끼게 된다. 이와 같은 변화는 50대에서 절정에 이르게 된다. 이러한 모든 삶의 변화는 그들에게 종교적이 되는 데 걸림돌이 되었던 장애요소들을 제거하게 되며 점차 종교적 관심을 증대시킨다. 특히 이들에게 종교 공동체에의 참여와 활동은 정체성의 위기를 극복하는 데 매우 효과적이며 중요한 의미를 가지고 있다. 따라서 청소년기와는 달리 중년기의 종교적 회심은 갑작스러운 것이 아니라 서서히 오랜 세월의 과정을 거치면서 자연스럽게 이루어지는 것이라 할 수 있다.

⑤ 노년기

60대 이후의 노년기에서는 여전히 중년 말기(50대)의 종교성을 유지하지만 그 연령의 특성상 두 가지 상반된 종교적 성향이 나타난다. 하나는 신체적 제약 때문에, 그리고 공직에서 물러났기 때문에 참여나 활동의 종교성은 점차 약화되기 시작한다는 점이고, 다른 하나는 노년기의 박탈감 때문에 오히려 종교적 믿음이 강화된다는 사실이다. 신체적 제한이 노인들을 종교적 활동에 참여하는 것을 어렵게 하는 반면에, 그들은 보다 자주 기도하고 종교적 경험과 사건을 보다 중요시하며, 일상활동을 종교적 가치에 두는 경향이 강해지면서 그들이 종교로부터 얻게 되는 만족도는 증가된다(Gray and Moberg,

1977). 은퇴에 뒤따르는 공허감, 쓸모없는 존재가 되었다는 허탈감, 역할과 지위를 잃었다는 상실감은 그들을 더욱 종교적이 되게 만든다. 이것은 특히 남자보다 10년 가까이 더 오래 사는 여자 노인들의 경우 더욱 그러하다. 노인들은 배우자나 친구의 죽음에 직면하게 되고 또한 자신의 죽음의 문제를 생각하게 되면서 종교문제 특히 내세나 열반 혹은 천국이나 극락과 같은 종교적 믿음에 더욱 의존하게 된다(Argyle and Beit-Hallahmi, 1975: 68~9).

지금까지 우리는 생의 주기에서 연령에 따라 종교성이 서로 다르다는 것을 살펴보았다. 물론 각 연령층에 따른 독특한 종교성이 모든 사람에게 똑같이 적용되는 것은 아니다. 같은 연령층에서도 교육, 직업, 거주지역, 가족배경, 인성과 같은 변수에 따라 상이한 종교성이 보여질 수 있다. 그리고 이러한 변수에 따라 젊은층에게서 장년층의 특징적 종교성향이 나타날 수도 있고, 장년층에게서 청년층의 특징적 종교성향이 보여질 수도 있다. 그러나 앞에서 설명한 연령에 따른 종교성의 차이는 일반적인 전형적 경향성을 나타내는 것으로 이해해야 할 것이다.

3. 종교와 지역

사람들의 일반적인 종교적 성향은 도시 혹은 농촌지역에 따라 다를 수 있다. 이 절에서는 지역에 따라 종교성은 어떻게 다르고 그 원인은 무엇이며, 어떠한 변화가 지역에서 일어나고 있는가 하는 문제에 대하여 살펴보기로 한다.

1) 지역과 종교적 특성

도시지역과 농촌지역의 종교적 특성의 차이는 두 지역의 사회적, 경제적, 문화적 특성의 차이를 반영한다. 전통적 농촌사회는 사회적 통합성, 문화적 동질성의 특징을 갖는다. 여기에서는 구성원들 사이에 소속감과 연대감이 강하며, 그들에게는 의무와 역할이 강조된다. 비공식적 원초관계가 강하며, 공동체성이 매우 강하다. 지방주의, 보수주의, 전통주의 성향을 띠며 공통된 가치나 규범이 모두에게 요구된다. 이러한 농촌 상황에서 종교는 매우 중요한 기능을 수행했다. 종교는 농촌 공동체에 공통된 가치나 규범을 제공하면서 도덕성의 근거를 마련해 줄 뿐만 아니라 개인들에게 정체성의 확립이나 소속감의 확인과 같은 기능도 중요하게 수행할 수 있다.

흔히 농촌사회에서 종교는 인간관계와 사회관계의 규범적 원리와 규칙을 제시하며, 전통과 질서를 옹호하면서 집단 연대감을 강화시켰다. 농촌에서 종교조직은 종교적 중심지일 뿐만 아니라 사회적 중심지이기도 하며, 함께 모여 논의하고 돕고 즐기는 봉사와 친교의 장(場)이 되기도 한다(Hoult, 1958: 142~3). 종교는 농촌사회에서 강한 사회통제력을 가지고 있으나 개인에게는 감정적 해소나 박탈에의 보상의 기능을 효과적으로 수행할 수 있다. 농촌사회의 특성상 농촌

지역 사람들의 종교성은 전통적이며 보수적이고 배타적인 성향이 상대적으로 강하다. 또한 그들의 종교성은 감정적이고 '저 세상'적 지향성이 보다 두드러지게 나타난다(Shippey, 1967: 157).

농촌사회와는 달리 도시사회는 인구의 이질성, 기능과 행동의 전문화, 익명성과 비인격성, 행동의 표준화, 규모의 거대화와 관료주의 등의 특성을 갖는다(E. Johnson, 1973). 도시사회에서는 이차집단 관계 중심적이 되며 생산성과 능률이 중요시되고 사회이동이 활발하게 이루어진다. 문화적 이질성과 다원적 사고와 행위는 연대감이나 소속감을 약화시킨다. 개인주의적 생활방식은 사회통제력을 약화시키고, 이에 따라 도덕성의 기초가 흔들린다. 이러한 도시사회에서는 종교가 지금까지 수행했던 기능들 가운데 많은 것이 약화되는 경향이 있다. 즉, 사람들의 다수가 종교로 자신을 동일화하려 하지 않으며, 종교는 사회적 연대감 혹은 공동체적 기능을 제대로 수행하지 못하고, 많은 이들이 종교적 가치보다는 정치적, 경제적, 오락적 가치를 중요시한다(Fichter, 1967: 195~6).

도시지역 사람들의 종교성은 상대적으로 자유주의적이며 포용적인 경향이 있다. 감정적 요소보다는 지성적 요소가 중요하며 다분히 의례적이고, 이차관계적 성격이 두드러지고 '이 세상'적 지향성이 강하다(Shippey, 1967: 157). 도시지역의 종교조직은 거대화 혹은 대형화를 추구하면서 관료화되며, 신앙이 도구화되는 경향이 있다(이원규, 1989a: 318~20). 종교 내의 관계 역시 다소 공식적이며 전문화되고 있다. 종교인은 의례의 참여자라기보다는 구경꾼이 되는 수가 많다. 종교의 목적이 '커지는 것'과 힘의 경쟁에서 '이기는 것'이 되어 버리는 기업적 성격을 띠는 경향이 있다(Hoult, 1958: 154). 그러나 도시인은 종교에서 익명성을 보장받고 다원적 상황에서 종교적 선택의 폭이 넓어짐에 따라 종교적 자율성을 누릴 수 있다. 종교를 통하여 도시인은 도시의 비인간화된 상황에서 정체성이나 소속감을 회복할 수도 있다.

그러나 분명한 것은 생활에의 종교의 중요성이 도시지역 사람의 경우에는 농촌지역 사람의 경우보다 약하다는 사실이다. 그리하여 많은 학자들이 농촌지역 사람들의 종교성이 도시지역 사람들의 종교성보다 강하다고 주장했다(Luckmann, 1982: 35~7). 농촌 사람들은 도시 사람들보다 종교에 더 참여하고 보수적 신앙을 가지며(Roof, 1978), 정통주의적 믿음을 확고히 유지한다(Glock and Stark, 1966). 그러나 급격한 사회변동, 특히 도시화 현상은 지역 간의 종교적 차이를 점차 약화시킨다. 우선 농촌지역에서 도시지역으로 이주해 간 사람들 가운데는 전통적인 농촌적 종교성을 어느 정도 유지하는 경우가 적지 않다. 반면에 활발한 사회이동과 대중매체의 발달 등으로 도시와 농촌 간의 문화적 격차가 줄어들면서 농촌지역의 종교성향도 도시지역의 성향을 닮아간다. 공동체성의 붕괴와 도덕성의 약화 현상이 농촌사회에도 생겨나면서 농촌의 종교적 위상이나 역할도 점차 주변적인 것이 되는 추세이다. 뿐만 아니라 급격한 이농현상, 특히 젊은 층의 도시로의 이주는 농촌의 종교조직을 급격히 황폐화시키고 있다. 그럼에도 불구하고 농촌의 종교는 상대적으로 전통지향적인 구세대적 종교성의 양상을 유지하는 경우가 보다 흔하게 나타난다. 농촌의 종교는 변화와 수구 사이에서 긴장을 경험하고 있다고 하겠다.

2) 종교성과 지역

종교성과 지역의 관계에 대한 사회학적 설명은 앞에서 소개한 바 있으나 그 이론과 경험적 연구가 한국 상황에서는 어떻게 적용될 수 있는지 살펴볼 필요가 있다. 〈표 8-5〉는 종교인구 비율과 지역의 관

〈표 8-5〉 종교인구 비율과 지역

(단위: %)

지역	종교인구 비율	종교별 종교인구 구성비					계
		불교	개신교	가톨릭	기독교(계)	종교없음	
도시(동 부)	44	15	20	8	(28)	56	100
농촌(읍/면 부)	44	19	18	6	(24)	56	100

* 출처: 통계청, 《인구주택총조사》(2015)

계를 보여주고 있다.

〈표 8-5〉에 따르면 2015년 현재 종교인 비율은 도시와 농촌 지역이 44%로 똑같다. 그러나 도시에서는 기독교인이 28%로 불교인의 15%의 거의 두 배에 이른다. 개신교(20%)만 하더라도 불교 인구비율보다 높다. 그러나 농촌 지역에서는 불교인 비율(19%)이 개신교인 비율(18%)보다 높다. 다만 기독교 전체를 보면 기독교인 비율(24%)이 불교인 비율보다 높다. 또한 불교의 경우 종교인구 비율이 도시보다 농촌이 높은데(도시 15%, 농촌 19%) 비하여, 기독교의 경우에는 종교인구 비율이 도시가 농촌보다 높다(도시 28%, 농촌 24%). 이것은 개신교와 가톨릭을 구분해도 마찬가지다(개신교: 도시 20%, 농촌 18%; 가톨릭: 도시 8%, 농촌 6%). 한마디로 기독교인은 상대적으로 도시에 많고, 불교인은 상대적으로 농촌에 많다. 이에 대해서는 여러 가지 이유가 있을 것이다.

우선 불교의 사찰은 대부분 농촌 지역에 있으나 기독교의 교회나 성당은 도시 지역에 많다. 따라서 처음 종교를 갖고자 하는 사람에게 도시는 기독교에 더 유리하게 작용할 수 있을 것이다. 사회경제적 배경을 보면 기독교인이 상대적으로 계층과 교육수준이 높은데(제 12 장 참조), 이러한 사람들은 도시에 많이 살고 있다. 〈표 8-4〉에서 보았듯이 연령에서 기독교인은 상대적으로 청년층과 장년층이 많은데, 그들 역시 도시에 많이 산다. 문화적으로 보면 농촌 지역은 전통적이고 보수적인 가치관과 규범을 고수하는 경향이 있다. 그래서 종교에 대해서도 전통적인 불교, 유교, 무교를 그대로 믿는 경우가 많다. 이러한 사회경제적, 인구적, 문화적 요인이 지역에 따른 종교인 분포에 영향을 미치고 있다고 하겠다.

〈표 8-6〉은 종교를 가진 사람들의 종교성과 지역의 관계를 보여준다. 우선 "종교의례에 주 1회 이상 참석한다"는 응답자의 비율이 도시 46%, 농촌 34%로 커다란 차이가 있다. 참여적·의례적 종교성은 도시 종교인이 더 강하다. 이것은 일요일에도 일을 할 수밖에 없는 경우가 많은 농촌사회의 경제적 특성을 반영하는 결과일 수 있다. 또한 도시에서는 적지 않은 사람들에게 종교적 의례 참여가 하나의 사회활동이 되고 있음을 말하는 것일 수도 있다(Ammerman, 2011). 그러나 기도(기원)의 경우에는 차이가 없다.

"하루 1회 이상 기도(기원)한다"는 응답 비율은 똑같이 30%인데, 아마도 기도를 하는 것은 누구나 언제 어디서든 원하면 할 수 있기 때문에 직업이나 사회적 배경의 제약을 받지 않기 때문일 것이다. 경전을 읽는 것은 도시 종교인의 경우 그 비율이 약간 높다. "주 1회 이상" 경전을 읽는 비율은 도시인 35%, 농촌인 31%이다. 자신의 "믿음이 깊다"고 생각하는지를 묻는 신앙의 자기 확인에서는 "깊다"(매우+깊은 편)고 응답한 비율이 농촌보다 도시 종교인의 경우 다소 높다(도시 37%, 농촌 32%).

이와 같이 도시지역 사람들보다 농촌지역 사람들의 개인적 종교성이 대체로 더 강하다는 서구사회의 연구결과와는 달리 한국에서는 도시 사람들의 종교성(특히 의례적·참여적 종교성)이 더 강하다는 것이 드러나고 있다. 이것은 한국에서는 지역 사람들의 교육, 직업, 나이, 환경뿐만 아니라 다종교상황이라는 문화적 특성이 중요한 요

〈표 8-6〉 종교성과 지역

(단위: %)

종교성	전체	도시	농촌(읍/면)
종교의례(주 1회 이상)	44	46	34
기도(기원) 빈도(하루 1회 이상)	30	30	30
경전 읽는 빈도(주 1회 이상)	34	35	31
믿음의 깊이(자기 확인)	36	37	32

* 출처: 한국갤럽(2015: 200~204, 211)의 내용을 하나의 표로 재구성했음.

인으로 작용하기 때문이라고 하겠다. 예를 들어 도시인의 종교성이 강한 하나의 이유는 도시에 많이 살고 있는 기독교의 강한 종교성 때문일 수 있다(이원규, 2018: 제 2장).

3) 종교와 권역

한국사회는 종교적으로 다원화된 사회다. 한국에는 다양한 종교, 종파, 분파들이 있다. 그러나 모든 종교가 모든 지역에서 골고루 그 교세를 가지고 있는 것은 아니다. 각 종교들은 어떤 지역에서는 특히 교세가 강하지만, 다른 지역에서는 약하다. 여기서는 한국 종교인의 대부분을 차지하는 기독교와 불교를 권역별로 비교해 보려고 한다.

2015년 통계청의 인구조사 결과 한국의 종교인은 전체 인구의 44%이다. 이 가운데 불교인은 16%, 기독교인은 28%(개신교 20%, 가톨릭 8%)이다. 〈표 8-7〉의 결과는 몇 가지 흥미로운 사실을 보여준다. 우선 전체 종교인의 비율은 권역별로 다소 차이가 있다. 그 비율이 상대적으로 높은 권역은 서울(46%), 영남권(부산, 대구, 울산, 경북, 경남)(45%)이며, 그 비율이 상대적으로 낮은 권역은 강원도(41%), 충청권(대전, 세종, 충북, 충남)(42%), 호남권(광주, 전북, 전남)(42%) 수도권(인천, 경기)(43%)이다. 종교인 비율에 있어 서울이 가장 종교적이라는 점이 특이하다.

종교별로 보면 개신교의 경우 신도 비율이 전체 인구의 20%이지만, 영남권에서는 개신교 인구가 12%에 불과해 교세가 매우 약하다. 반면에 서울(24%), 수도권(23%), 호남권(24%)에서는 강세를 보인다. 가톨릭을 포함한 기독교인 전체를 봐도 마찬가지다. 전체 인구 가운데 기독교인은 모두 28%이다. 그런데 영남권 기독교인은 17%에 불과한 반면에, 서울은 35%, 수도권이 32%, 호남권은 31%로 높게 나타나고 있다. 불교의 경우 신도 비율이 전체 인구의 16%라는 점을 감안할 때, 교세에서 강세를 보이는 지역은 영남권(27%)이며, 약세를 보이는 지역은 서울(11%), 수도권(10%), 호남권(10%)이다. 이렇게 영남권에서는 불교 인구가 개신교 인구의 2배 이상(가톨릭을 포함해도 기독교인 전체가 불교인보다 적다)이지만, 서울, 수도권, 호남권에서는 개신교인 비율만 해도 불교인의 2배 이상이

〈표 8-7〉 권역별 종교인 분포

(단위: %)

권역 \ 종교	종교 있음						종교없음
	계	불교	개신교	가톨릭	기독교(계)	기타	
서울	46	11	24	11	(35)	1	54
수도권	43	10	23	9	(32)	1	57
강원도	41	16	18	7	(25)	1	59
충청권	42	15	20	7	(27)	1	58
호남권	42	10	24	7	(31)	1	58
영남권	45	27	12	5	(17)	1	55
계	44	16	20	8	(28)	1	56

* 출처: 통계청, 《인구주택총조사》(2015)

다(기독교 전체로 보면 3배에 달한다). 특히 서울과 수도권에서는 인구의 1/3이 기독교인인 것으로 드러났다.

서울과 수도권에서 기독교 교세가 강한 데에는 이 지역이 선교 초기부터 집중적인 선교 대상 지역이었다는 점과 6·25 전쟁 전후 북한을 탈출한 많은 기독교인이 서울과 수도권에 정착했다는 점이 중요한 요인으로 작용했다. 뿐만 아니라 이 지역에는 도시 거주자가 많고, 상대적으로 기독교를 더 선호하는 중산층, 고학력자, 청년과 장년층 인구가 많다는 사실이 반영되었다(이원규, 2018: 212). 그러나 호남권에서 기독교(특히 개신교)가 강세를 보이는 요인은 분명치 않다. 그러나 우리나라에서 여러 가지 이유로 가장 소외를 겪고 있는 호남 지역 주민들에게 박탈감에 대한 보상의 역할을 개신교(특히 진보 성향의)가 효과적으로 해 왔기 때문이 아닌지 가정해볼 수 있을 것이다.

영남권에서 불교의 교세가 강한 것은 그 지역이 역사적으로 신라 시대부터 불교의 중심지였다는 점, 그리고 우리나라에서 가장 전통적이고 보수적인 지역이라는 점이 중요하게 작용했기 때문일 것이다. 영남권이 보수적이라는 것은 종교에도 적용될 수 있다. 그래서 그 지역에서는 보수적인 불교, 유교 등이 강세를 보이고 있을 뿐만 아니라, 개신교 안에서도 보수적인 교파가 교세를 지배하고 있다. 결과적으로 영남권에서는 개신교의 예장(합동)이나 예장(고신)과 같은 매우 보수적인 교파들이 감리교나 기장과 같은 덜 보수적이거나 진보적인 교파들을 압도하고 있다.

이와 같이 한국의 상황에서 종교의 교세는 지역 혹은 권역에 따라 상당한 차이가 있다.

제 9 장

종교문화의 다양성

사회학적으로 볼 때 종교는 문화의 일부로서 문화적 성격을 띤다. 종교가 문화적 성격을 가진다는 것은 다음과 같은 종교의 특성 때문이다(Vernon, 1962: 22~6). ① 종교는 집단의 공통된 자산으로서 집단문화의 한 중요한 양상이다. 개인은 오고가도 종교는 개인과 관계없이 계속 존재한다. ② 모든 사회는 종교적 행위 가운데서 그 멤버들이 따르도록 기대하는 청사진을 발전시켜 왔다. ③ 종교적 행위는 사람이 그의 사회로부터 배우고 얻는다. 의식적이든 무의식적이든 개인은 특별한 종교적 행위형태(예를 들면 종교활동에 참여하는 방법, 신과 소통하는 방법, 의례를 진행하는 방법 등)를 배우고 종교적 믿음을 배우며 금지된 행위나 말에 대해서 배운다. ④ 종교는 생물학적이 아니라 사회적으로 전달된다. ⑤ 종교는 끊임없이 변화된다. 비록 종교적 형태가 확립되고 나면 특히 갑작스런 변화에는 저항하는 경향이 있기는 하지만, 어쨌든 종교는 변한다. ⑥ 종교는 축적적이다. 종교는 항상 과거세대가 마련했던 개념, 이념, 언어, 문화적 대상을 이용하고 또한 새로운 것이 첨가되면서 지속된다. ⑦ 종교는 인간이 만든 것이다. 이것은 특별한 종교적 행위 형태들은 초자연적 힘이

지시하거나 열망하는 것에 대한 인간의 믿음과의 조화 가운데서 인간에 의해 발전되었다는 의미에서 그러하다. ⑧ 인간은 성격상 종교적인 문화적 대상물을 만들어 왔다.

종교가 문화적 성격을 띠고, 따라서 종교도 하나의 문화적 현상이라는 것은 모든 종교에서 공통된 특징이다. 그러나 사회마다 각기 다른 문화를 가졌듯이 각각의 사회들은 각기 다른 종교, 종교적 성향, 종교적 믿음, 종교적 의례를 가지고, 각기 다른 종교와 사회의 관계성을 가지고 있다. 즉, 종교문화란 다양하다는 말이다. 다시 말하면 서로 다른 종교문화에 따라 사람들은 각각 다른 방식으로 종교를 받아들이고 교리를 믿으며, 각각 다른 방식으로 종교적 의례와 훈련을 수행하며 각각 다른 목적으로 종교를 추구하며, 이를 위해 서로 다른 수단을 이용한다. 이 장에서는 종교문화가 어떻게 다양한가 하는 문제를 다루어 보려고 한다.

1. 종교문화의 유형

종교문화는 여러 가지 기준에 따라 다양한 방식으로 유형화 될 수 있다. 그러나 이러한 유형들은 일종의 이념형(*ideal type*)이라고 할 것이다.

1) 문화적 성향에 따른 유형

니체(Nietzsche)가 구분했고(1924), 인류학자 베네딕트(Benedict)가 문화적 성향을 설명하는 데 이용했던(1934) 문화의 두 유형으로 희랍 신화에서 그 이름을 따온 아폴로(Apollo)형과 디오니소스(Dionysos)

혹은 디오니수스(Dionysus)형이 있다. 아폴로형 문화가 이성과 질서, 자제와 균형을 강조하는 문화라면, 디오니소스형 문화는 박력과 정열, 생산과 황홀로 특징되는 문화이다. 전자가 자신의 한계성을 알고 과부족(過不足)을 삼가며 중도를 택하는 선량한 시민의 윤리와 관계가 있다면, 후자는 술과 춤으로써 유발된 황홀경(엑스터시) 속에서 자아를 벗어나 인간과 자연과 신령 사이의 담이 무너지고 '하나의 세계'로 융합되는 신비적인 삶의 정신과 관계가 있다(유동식, 1978: 96). 따라서 아폴로형 문화에서는 이성과 지성이 강조된다면 디오니소스형 문화에서는 감성과 열정이 강조된다.

아폴로형 문화와 디오니소스형 문화의 구분은 종교문화의 경우에도 적용될 수 있다(Greeley, 1972a: 21~4; Roberts, 1984: 251~52). 아폴로형 종교문화에서는 논리와 이성이 중요하게 취급된다. 따라서 인간은 합리적 존재로 이해되고 종교에 대한 논리적 이해가 강조되며, 종교의례도 지성적이고 엄숙하게 진행된다. 반면에 디오니소스형 종교문화에서는 감정과 열정이 중요하게 생각된다. 인간에게는 합리성 이상의 것이 강조되며, 이에 따라 비합리적이고 황홀한 경험이 종교의 본질로 이해된다. 의례에도 보다 즉흥적인 신앙의 표현이 중요한데, 경우에 따라서는 소리지르고 춤추고 방언을 하며 접신하고 그밖에 여러 감정적 표현이 수반되기도 한다.

이러한 종교문화는 종교자체의 신학적, 교리적, 의례적 특성에 따라 결정되지만, 한편 그 문화권에 살고 있는 민족이나 집단의 기질이나 성격에 의해 크게 영향받을 수 있다. 물론 여기에는 민족성 이외에도 그 사회의 역사적, 정치적, 사회경제적 배경이 중요하게 작용될 수 있다.

한국의 경우는 어떠한가? 한국의 종교문화는 한마디로 디오니소스형 종교문화라 하겠다(이원규, 1993: 170~2). 물론 한국의 종교성에 아폴로적인 유교 영향이 없었던 것은 아니나 보다 일반적인 대중성향은 디오니소스적인 무교의 영향을 더 받았다고 할 수 있다. 삶을 위한 종교가 아니라 삶 자체가 곧 종교적 성격을 띤 것이 전통적인 한국인의 종교적 정서였다. 그리하여 한국에서의 종교적 행위는 '신들리는' 혹은 '신나는' 일이 되었다. 한국에서는 오랫동안 종교적 행사는 축제(*festival*)의 성격을 띠었던 것이 사실이다. 무교에서의 굿, 전통 불교에서의 팔관회(八關會)나 연등회(燃燈會)가 모두 흥겨운 잔치요 축제의 성격을 나타냈던 것이 좋은 예이다(유동식, 1978: 116~7). 한편 한국 기독교(특히 개신교)의 열광주의, 부흥운동, 성령강림운동이 크게 호응을 받는 것도 한국인의 감정적 종교성과 무관하지 않을 것이다. 한국교회에서 통성기도를 하고 박수치며 열광적으로 찬송 부르는 분위기도 한국인의 종교적 정서를 반영하는 것이라 하겠다. 따라서 한국종교에서는 교리적, 신학적 탐구와 토론보다는 의례적 수행과 참여가 더욱 강조된다.

일반적으로 보면 아폴로형 종교문화의 전형적 양상은 유럽의 기독교에서 보여지고, 디오니소스형 종교문화는 아프리카, 라틴 아메리카, 한국 등의 지역에서 두드러지게 나타난다. 한 가지 흥미로운 것은 디오니소스형 종교문화가 지배적인 지역일수록 종교가 성장하는 경향이 있다는 사실이다. 이것은 디오니소스형 종교문화에서 생겨나기 쉬운 종교적 열성과 적극성이 포교 혹은 선교에 효과적이기 때문일 것이다.

2) 분화와 조직화에 따른 유형: 글락과 스타크

글락(Glock)과 스타크(Stark)는 종교문화의 유형을 제도적 분화(分化)와 조직화의 정도 그리고 가치지향성에 따라 8가지로 구분한다

(1965: 10~7). 종교문화는 '공식적으로 조직화되어 있거나' '그렇지 않을' 수 있으며, 다른 사회제도들로부터 '분화되어 있거나' '그렇지 않을' 수 있다. 가치지향성은 '종교적' 관점일 수도 있고 '인간주의' 관점일 수도 있다. 이때 종교적 관점이란 모든 가치지향성이 초자연적 존재, 세계, 혹은 힘의 존재를 확증하는 진술을 포함하고, 이 가정에서 그들의 궁극적 해결책을 예측하는 것이며, 인간주의 관점이란 가치지향성이 초자연적인 것을 가정하지 않으나 물질세계에 궁극적 의미를 부여하는 것을 의미한다(Glock and Stark, 1965: 10~1). 이 3가지 변수들을 조합하면 〈표 9-1〉에서 보여지는 것처럼 8가지 종교문화의 유형이 생겨난다.

〈표 9-1〉에 따르면 종교문화의 첫 번째 유형은 공식적으로 조직화되고 모든 다른 제도들로부터 분화되었으며 종교적 관점을 가진 것(유형 ①)으로, 대표적인 예는 기독교와 같은 종교이다. 이 유형은 종교가 정치, 경제, 가족 제도들 따위와 기능적으로 분화되고(상호 의존적 관계를 가지기는 하지만), 확립된 조직을 가지고, 엄격하게 신성한 종교적 권위를 내세우고 있다.

둘째는 공식적으로 조직화되었으나 분화는 되지 않은 종교적 관점의 유형이다(유형 ②). 이것은 정치적 기능과 종교적 기능들이 하나의 제도 안에서 합치되는 신정정치(*theocracy*)의 형태로 나타나기도 한다. 중동지역의 이슬람교, 티베트의 라마교 등이 대표적인 예이다.

종교문화의 셋째 유형은 공식적으로 조직화되지는 않으나 분화되었으며 종교적 관점을 가진 형태이다(유형 ③). 이것은 흔하지는 않으나 비교(秘敎) 제의와 같은 활동에서 찾아볼 수 있는 유형으로서, 다른 제도적 영역과는 구분되나 공식적 조직은 가지지 않은(비록 집단적 모임을 갖기는 하지만) 형태이다.

넷째 유형은 공식적으로 조직화되지도 않고 분화되지도 않으면서

〈표 9-1〉 분화, 조직화에 따른 종교문화 유형

조직화 / 분화 / 가치지향성	공식적으로 조직화됨		공식적으로 조직화되지 않음	
	분화됨	분화되지 않음	분화됨	분화되지 않음
종교적 관점	1	2	3	4
인간주의 관점	5	6	7	8

종교적 관점을 가진 종교문화 형태이다(유형 ④). 이것은 공식조직은 없으나 다른 제도들(특히 가족제도)과 분화되지 않으면서 종교적 관점을 가진 유형으로서 힌두교나 도교가 좋은 예이며, 그 외에도 여러 민속종교, 부족종교들이 여기에 속한다.

다섯째는, 공식적으로 조직화되고 분화되었으나 그 관점이 인간주의적인 유형이다(유형 ⑤). 이 형태는 정치나 경제와 같은 다른 사회제도들과 혼합되기 이전의 사회운동들에서 볼 수 있는 것으로 초기의 공산주의나 나치즘이 여기에 속할 것이다.

여섯째 유형은 공식적으로 조직화되었으나 다른 사회제도들과는 분화되지 않은, 그러나 인간주의적 관점을 가진 형태이다(유형 ⑥). 정치구조나 경제구조와 밀착된 사상체계(예를 들면 국가이념으로 확립된 공산주의나 사회주의), 그리고 전통적 유교 등이 이 형태에 속한다.

일곱째는, 공식적으로 조직화되지 않으나 분화된, 그리고 인간주의적 관점을 가진 형태이다(유형 ⑦). 여러 형태의 인간주의자들(*humanists*)과 현실주의자들이 여기에 속한다고 할 수 있다. 이 형태가 조직화되면 유형 ⑤의 양상으로 발전한다.

종교문화의 여덟 번째 유형은 인간주의적 관점을 가지면서 조직화되지도 않고 분화되지도 않은 형태(유형 ⑧)로서, 예를 들면 지성인의 과학적 인본주의처럼 그 가치지향성이 사회제도 각 영역에 근거하는 보편적 인본주의가 여기에 속한다고 하겠다.

글락과 스타크는 종교를 포괄적으로 정의 내리기 때문에 그들이 분류한 종교문화의 범위도 넓다. 그러나 분명한 것은 어느 사회든 그들이 제시하는 하나 혹은 그 이상의 종교문화를 가지고 있다는 사실이다. 한국의 경우 가장 일반적인 종교문화 현상은 유형 ①에 가깝다고 하겠다.

글락과 스타크가 종교문화를 유형별로 구분하기는 했으나 그 문화들의 생성과 발전의 문제들에 대해서는 구체적인 설명을 하지 않고 있다. 따라서 다음과 같은 물음에 대한 사회학적 연구가 과제로 남아 있다(Glock and Stark, 1965: 16~7). 어떤 조건 혹은 상황에서 그 다양한 종교문화가 생겨나는가? 어떻게 그것들이 다른 유형으로 변형되는가? 유형의 변형을 가능하게 하는 발전적 과정은 어떤 것이며 보편적 과정은 무엇인가? 다양한 유형들 사이의 접촉의 결과는 무엇인가? 무엇이 공존할 수 있으며, 무엇이 갈등을 일으킬 수 있는가? 접촉의 결과로서 어떤 종류의 변화가 그 각각의 경우에 생겨나며 그것은 어느 정도인가?

3) 제의의 수준에 따른 유형: 월레스

인류학자 월레스(Anthony F. C. Wallace)는 제의(*cult*) 혹은 의례(*ritual*)의 수준 혹은 정도를 근거로 하여 종교문화를 간단한 형태로부터 복잡한 형태에 이르는 4가지 유형으로 구분했다(1966: 84~101).

(1) 무교적 종교문화

종교문화의 첫 번째 유형은 무교적(*shamanic*) 종교문화이다. 무교 종교는 출생 때부터 특권이 부여되고, 특수한 능력으로 훈련하며 영감적 경험을 하는 비전임 종교수행자(무당)와 관계된다. 그는 대가를 지불받고 인간 고객을 위하여 초자연적 존재나 힘에 중재를 한다. 그러나 보다 일반적으로 우리는 무교적 범주 안에 점쟁이, 치료자, 무당, 영매자(靈媒者) 등과 관련된 주술적 종교뿐만 아니라, 또한 죽음의 의식과 주술과 금기의 관습과 같은 개인적 제의도 포함시킬 수 있다. 종교적 분업이 가장 단순한 수준에서 발견될 수 있는 것은 무교적 제의에서이며, 그 종교적 역할에서 무당은 전문가이고, 그의 고객은 그와의 관계에서 평신도가 된다(1966: 86).

무교적 종교에는 특수하고 지속적인, 그리고 일상적 중요성을 갖는 신성(神性)이 없으며, 신화론은 생략되어 있다. 의례는 주기적이라기보다는 비주기적이며 위급한 때에 행해진다. 무교문화는 크게 두 가지 형태로 나누어지는데 하나는 극(極)지방 무교와 다른 하나는 니그리토(Negrito: 오세아니아주 및 동남아시아의 왜소한 준(準) 흑색인종) 무교이다(1966: 97). 전자의 형태는 에스키모들, 북극지방 부족들, 옛 시베리아인들, 중앙아시아 초원과 삼림지대의 부족들에게서 나타나며, 후자의 형태는 안다만(Andaman)섬 주민들, 말라야의 시망족(Semang), 아프리카의 피그미(Pygmies) 등에게서 나타난다.

무당은 초자연적 세계를 다루는 공동체의 대리자로 믿어지나 무교문화에서 공동체적 의례는 거의 없다. 무당에 의해 수행되는 처방은 영혼을 회복하기 위해 주술적인 여정을 떠나거나 질병을 유발시키는 물체를 제거하기 위해 주무르거나, 혹은 사로잡고 있는 영을 몰아내려는 희망에서 피해자의 고백을 듣고 의례적인 달램을 수행한다(1966: 90). 이처럼 무교문화에서 행해지는 의례는 개인주의적이고 무당적인 의례가 중심이 되고 있다.

(2) 공동체적 종교문화

월레스가 지적하는 두 번째 유형의 종교문화는 공동체적 종교문화이다. 개인주의적이고 무교적인 제의에 더하여 여기에는 현재에서든 과거에서든 자연의 영역을 통제하는 주요한 신들의 범신론과 관계된 공동체적 제의가 있다(1966: 97). 많은 평신도들이 활발하게 참여하는 의례가 수행되며, 의례의 일정은 계절적이며, 삶의 위기와 다른 주기적 사건들과 관계되어 있다. 신화가 풍부하며 다양하다. 신성들이 무교적인 경우에서보다는 훨씬 더 일상생활 가운데서 중요성을 나타내나, 그런 신성들과 영들이 개입하는 범위는 다소 좁다. 무교적 유형과 비교하면 공동체적 유형에는 훨씬 더 큰 전문화가 있다.

공동체적 종교문화에서는 평신도 집단이 의례의 계절적인 혹은 경우에 따라 이루어지는 수행에 책임이 있다. 이 의례에 참여하는 사회집단의 범위는 특별한 범주(나이, 성, 친족 등과 같은)의 멤버들로부터 전체 공동체에 이르기까지 다양하다. 여기에서 의례는 무당, 전문적 대변인, 혹은 고도의 기술을 가진 무희와 같은 전문가에 의해 진행될 수 있으나 특별한 역할 수행이 기대되는 평신도 집단에도 그 책임이 있다. 그러한 공동체적으로 후원받는 의례들은 범신론적 존재와 힘들과 관계되는데, 그 신들의 다양한 관심은 특별한 관심과 문제를 지닌 다양한 사회집단 가운데 퍼져 있다(1966: 87). 평신도 조직은 기술적이고 감시적인 책임성의 과제와 더불어 다소 관료적 사회구조를 가지고 있으나, 전임 사제나 광대한 종교적 위계서열은 없다.

공동체적 종교문화를 가진 대표적 사회로는 다음의 예를 들 수 있다(1966: 97~9). 아메리카 인디안 사회들은 농사, 사냥, 어업 활동과 관계 있는 계절적 의례에서 공동체적 종교 제의를 수행한다. 중앙 왕국 지역들과 북쪽 이슬람 지역 외의 아프리카 사회들도 성인식, 비밀결사, 주기적 생존 제의와 같은 공동체적 의례를 수행한다. 오세아니아(멜라네시아, 폴리네시아를 포함하는) 부족사회들에서도 비슷한 공동체적 의례가 수행된다.

(3) 올림포스적 종교문화

올림포스적(*Olympian*) 종교문화는 여러 높은 신들에 대한 화해에 중심을 두는 제의가 이루어지는 종교문화를 의미한다. 이 높은 신들은 정치구조를 직접 재가하고 자연의 다양한 영역을 직접 통제하며, 그 신들은 인간의 일과 신들 자신의(인간과 비슷한) 일을 하느라고 바쁜 것으로 이해된다(1966: 99). 신들은 힘이 있고, 멋대로이며 성격상 분화되어 있다. 이 높은 신들에 대한 예배는 영구적 성전, 전임제 사제직, 사제적 관료의 정치적 영향(때로 신적인 왕권으로 표현되는)을 요구한다.

올림포스적 종교문화는 몇 가지 수준의 제의가 있다(1966: 93~4). 가장 단순한 수준의 제의는 주술 제의(*magical cult*)이다. 보통 사람들은 잡다한 사소한 신들을 믿는다. 그 가운데 일부는 그 신과 인격적 관계를 맺기도 한다. 점복 제의(*divination cult*)는 무교적 색채가 있으나 형태는 변형된 것으로 재난적 질병을 취급하는 데 중요하다. 전문적인 마을 점술가는 추수 의례를 위한 적합한 희생방법을 발견하고, 죄인을 결백한 자와 구분하는 신탁을 수행하며, 제안된 경제적 모험의 운명을 예측하고, 노한 신을 밝혀내고 그의 악한 의지를 달래기 위해 필요한 희생의 방법을 알아냄으로써 재난의 원인을 진단한다. 점술가는 또한 다양한 개인적 일들의 초자연적 양상들을 다루는 방법에 필요한 충고를 개인 고객들에게 돈을 받고 제공하기도 한다. 조상 제의(*ancestral cult*)는 지역적 친족집단에 의해 수행된다. 이것은 인간 존재와 땅에 근거를 둔 신 사이의 결합을 믿는 이들을 중심으로 이루어진다. 조상제의의 신들은 의례적으로 인가된 조상들의 집단이다. 이 의례는 조상들의 진노의 위험에 대해서 수행된다.

위대한 신들의 제의(*great gods cult*)는 확립된 조직의 양상을 갖는다. 이 제의는 공식적으로 봉건 군주국가에 의해 뒷받침받고 대신에 그것을 합리화한다. 이 제의의 사회는 사제직과 거대한 신전을 가지고 있다. 이 위대한 신들은 각각 자연의 영역을 달리 관장하며 각각이 분리된 종교 질서 — 각각이 자신의 사제, 신전, 의례, 신화를 가지고 있다 — 와 관계가 있다(1966: 94). 그 신들은 인간처럼 강한 성품을 지니고 있고 성(*sex*), 전쟁, 경제적 일에 관심을 갖는 인간생활과 비슷한 활발한 사회생활을 하는 것으로 믿어지고 있다. 그 신들은 지상에서 일어나는 일에 대한 지속적인, 그리고 다소 변덕스럽지만 근본적으로는 도덕적 관심을 가지고 있다.

올림포스적인 종교문화를 가지고 있는 예는 특히 전통사회(그리고 어느 정도는 오늘날의 사회)에서 찾아볼 수 있다. 옛 잉카(Inca), 마야(Maya), 아즈텍(Aztec)의 아메리카 인디언 문화, 중앙아프리카의 흑인 부족국가들이 대표적 예이다. 그러나 중국과 인도의 변방에 있는 동아시아 사회들(버마, 인도네시아, 한국, 일본과 같은)에서도 올림포스 종교문화의 잔재를 발견할 수 있다.

(4) 유일신론적 종교문화

유일신론적 종교문화는 이른바 '세계 종교들', 즉 힌두교와 불교, 유대교와 기독교, 이슬람교, 그리고 중국종교(유교, 불교, 도교)를 포함한다. 올림포스적 종교들과 마찬가지로 유일신론적 종교들도 정치적으로 확립되는 경향이 있다. 그러나 유일신론적 종교문화에서는 올림포스적 종교의 '다원주의'가 하나의 단일한 최상의 실체 혹은 존재에 대한 신앙으로 대체되는데, 그 실체 혹은 존재는 다른 초자연적 존재들을 지배하거나 혹은 자신을 그러한 초자연적 존재로 표현하고 있다(1966: 100).

유일신론적 종교문화는 유일신 사상을 가진 유대교와 기독교, 이슬람교의 경우 분명하다. 그러나 여러 신들을 가진 힌두교나 절대자에 대한 신앙이 없는 불교의 경우를 유일신론적 종교문화의 범주에 포함시키는 이유는 무엇인가? 월레스는 힌두교에서 영적인 진보의 길은 다양하지만—의례준수, 감정적 헌신, 지성적 조종—결국 모든 것이 원칙적으로 열반(*Nirvana*)에 이르게 하며, 따라서 이것에 대한 진리는 궁극적인 거룩한 실재와의 결합 가운데서 하나 됨(*oneness*)을 나타낸다는 의미에서 힌두교를 유일신론적 종교문화로 본다(1966: 94). 이것은 불교의 경우에도 마찬가지일 것이다. 비슷하게 유교나 도교와 같은 중국 종교에서도 그 가르침의 핵심은 신적인 지혜에 이르게 하는 것인 바, 그 지혜(道)는 유일하고 절대적이라는 의미에서 유일신론적이라고 월레스는 이해한다(1966: 101).

유일신론적 종교문화에서는 종교가 제도화되었고, 군사적, 정치적, 경제적 제도와 같은 원리에 따라 전문적 성직자들이 관료조직을 형성한다. 성직자는 사적인 청부인(무당)이 아니고 관리인(공동체적 종교기능인)도 아니며, 그의 전 경력을 사제직에 헌신하도록 선출되거나 임명된 사람이다. 성직자는 개인, 집단, 공동체 전체를 위하여 어떤 의례를 독점적으로 수행할 책임이 있다(1966: 87). 어떤 행위 영역에서 그들은 평신도들에 대한 권위를 주장한다. 평신도는 적극적인 의례 조종자가 아니라 수동적인 응답자로 혹은 청중으로서 의례에 참여한다.

월레스는 4가지 유형의 종교문화를 발전적인 것으로 보는 것 같다. 즉, 공동체적 종교문화에는 공동체적인 것뿐만 아니라 무교적 요소도 있고, 올림포스적 종교문화는 공동체적이고 무교적 양상을 모두 내포하며, 유일신론적 종교문화는 얼마의 무교적, 공동체적, 그리고 올림포스적 양상들을 모두 함축하고 있다는 것이다. 이렇게 본다면 각 사회들은 각기 다른 수준의 종교문화를 가지고 있다고 하겠다.

4) 사회적 위치에 따른 유형: 로버트슨

흔히 종교가 사회에서 차지하는 위치가 독점적인 것인가 아니면 경쟁적인 것인가 하는 차이에 따라 사회는 종교문화적으로 일원적 사회와 다원적 사회로 구분된다. 전자에서 단일한 종교적 경향이 나타나며, 후자에서는 종교집단의 다양성이 보여진다. 그러나 로버트슨(Roland Robertson)은 종교문화에서 일원적 사회나 다원적 사회로 단순히 구분하기에는 일원사회와 다원사회 자체도 다양할 수 있음에 주목한다. 따라서 그는 종교문화의 구조적 특성을 이해하는데 두 가지 변수가 중요한데, 이에 따라 종교문화는 4가지 유형으로 구분될 수 있다고 지적한다(1984: 102~3). 하나의 변수는 종교상황이 엄격하고 굳어져 있는 정도인데, 이 엄격성(혹은 반대로 말하면 융통성)의 정도는 종교적 특수주의(*particularism*)라는 말로 표현되는 신앙의 강도(强度)와 관계를 가지고 있다. 또 하나의 변수는 사회 안에서의 종교의 위치의 범위로서, 이것은 독점적 경향과 경쟁적 경향으로 구분될 수 있다.

로버트슨은 이 두 변수들이 가진 각각 두 가지의 속성을 교차하여 4가지 유형의 종교문화를 구분하면서 이것을 대표하는 사회의 예를 들고 있다. 첫째로, '독점적이고 융통성이 있는' 유형은 프랑스에서 찾아볼 수 있는데, 여기서는 로마 가톨릭이 지배적 종교이다. 한편 친교구적 혹은 반교구적 위치를 갖는 다른 종교 전통도 있으나, 종교적 소수집단에 대하여는 어떠한 법적인 혹은 일반적인 어려움도 주지 않고 있다.

둘째는 '경쟁적이고 융통성이 있는' 유형의 대표적 예는 미국으로서, 여기에는 세 가지 중요한 종교적 정향들, 즉 개신교, 가톨릭, 유대교가 있으며, 개신교 범주 안에도 수많은 다양한 교파들이 있고, 유대교 안에도 얼마의, 가톨릭 안에도 약간의 변형들이 있다. 미국의 종교문화는 다양한 하위 종교문화들이 서로 경쟁하면서도 융통성 있는 관계를 유지한다.

셋째 유형은 '경쟁적이며 엄격한' 경우인데, 네덜란드와 레바논과 같은 사회들에서 찾아볼 수 있다. 여기에서는 종교적 혹은 반종교적 신앙이 개인적 수준에서 신념의 다양한 유형을 결정하는 경향이 있을 뿐 아니라, 그러한 종교적 집합체들이 정치적 기초 위에서 구획화되었다.

마지막으로 '독점적이고 엄격한' 종교문화 상황은 스페인의 경우에서 보여지는데, 여기서는 로마 가톨릭 교회가 사회활동의 대부분의 영역들에서 하나의 지배적인 힘으로 작용하며, 비가톨릭 교도들은 분명히 불리한 위치에 놓여 있다. 이것은 다수의 라틴 아메리카 사회들에서도 마찬가지이다.

로버트슨은 이러한 4가지 종교문화 유형의 예를 주로 기독교권에서 들고 있으나 이슬람 사회의 종교문화는 네 번째 독점적이며 엄격한 유형에 속한다고 할 것이다. 한편 한국의 경우에는 경쟁적이며 융통성이 있는 종교문화 유형에 속하는 것으로 볼 수 있다.

5) 세속화 모형에 따른 유형: 마틴

마틴(David Martin)은 현대사회에서 종교가 세속화되고 있음에 주목하면서 이러한 상황에서 보여지는 종교문화 유형을 8가지로 구분하여 설명한다(1978). 〈표 9-2〉는 그 내용을 요약하여 보여준다.

몇 가지 예를 들어 설명하면 우선 미국형 종교문화의 특징은 높은

〈표 9-2〉 세속화 모형에 따른 종교문화 유형

	미국형	영국형	스칸디나비아형	혼합형	라틴형	국가주의형 (우익)	국가주의형 (좌익)	민족주의형
종교적 다원주의	높음	중간	낮음	높음	매우 낮음	매우 낮음	매우 낮음	매우 낮음
반성직자주의	낮음	다소 낮음	다소 낮거나 중간	다소 낮음	매우 높음	매우 높음	매우 높음	매우 낮음
성직자 지위	낮거나 다양	중간	다소 높음	다소 높음	높거나 낮음	높거나 낮음	낮음	높음
예배 참여	높음	다소 낮음	매우 낮음	높거나 낮음	높거나 낮음	높거나 낮음	낮음	높음
내면적인 종교적 보수주의	다양함	다소 높음	다소 높음	높거나 낮음	높거나 낮음	높음	높음	높음
종교에서의 지성주의	낮거나 다양	중간	높음	엘리트 가운데 높음	높음	낮음	낮음	높고 낮음
민주주의 안정	높음	높음	높음	높음	낮음	낮음	적용안됨	다양함
공산주의 영향	낮음	낮음	낮거나 중간	낮음	높음	높음	높음	낮음
보편적 정치성향	중도-좌익	중도-좌익	적용안됨	중도-좌익	우익 다음 중도	우익 다음 중도	적대적	대체로 우익
시민종교	종교적 성향	종교적 성향	대체로 세속적	종교적 성향	종교와 긴장	종교와 병합	반종교적	친종교적
교회-국가관계	깨어짐	유지됨	유지됨	유지됨	불완전하거나 깨어짐	유지됨	깨어짐	친밀함
학교체계	세속적	종교적 다음 반세속적	종교적 요소 갖춘 세속적	혼합	점차 세속적	종교적	세속적	강한 종교적 영향
지식계급	지위에 비해 덜 종교적	지위에 비해 다소 종교적	지위에 비해 덜 세속적	다소 종교적이나 지위에 비해 덜 종교적	지위보다는 덜 종교적	지위보다는 덜 종교적	세속적	강한 종교적 영향
종교정당	없음	없음	매우 군소함	영향력 있음	광범위함	적용안됨	적용안됨	영향력 있음

* 출처: Martin(1978: 59).

종교적 다원주의 상황 가운데서 낮은 반성직자주의(*anti-clericalism*) 성향을 보인다. 성직자의 지위는 낮거나 다양하고 예배에의 참여율은 높으며 종교 신앙적 성향은 보수에서 진보에 이르는 다양성을 가지고 있다. 종교적 지성주의(*intellectualism*) 성향은 낮거나 다양한 것으로 이해된다. 미국형 종교문화는 매우 민주적이고 공산주의 영향은 별로 받지 않으며 정치성향은 중도-좌익의 성향이 강하다. 시민종교는 종교적 성향을 띠나 교회와 국가의 관계는 철저한 분화가 이루어지고 있다. 학교체계는 세속적이며 지식계급은 덜 종교적인 경향이 있으며, 종교정당은 따로 없다.

영국형 종교문화는 미국형과 다소 다르다. 즉, 종교적 다원주의의 수준은 중간이며 반성직자주의는 다소 낮으나 성직자 지위는 중간 수준이다. 예배에의 참석률은 낮은 편이나 종교적 보수성향이 강한 편이고 종교적 지성주의 수준은 중간 정도이다. 종교문화가 민주적이지만 공산주의 영향을 적게 받고 정치성향이 중도-좌익적이며 시민종교가 종교적 성향을 띠는 것은 미국형과 비슷하다. 그러나 교회와 국가 관계는 유지되고 학교체계는 종교적이거나 반세속적이며 지식계급은 다소 종교적인 성향이 있다. 여기서도 종교정당은 없다.

한편 라틴형 종교문화의 경우에는 미국형이나 영국형과는 크게 다르다. 종교적 다원주의 수준은 매우 낮고 반성직자주의는 매우 높으며 성직자의 지위는 높거나 낮다. 예배참여 정도와 신앙적 보수성은 높거나 낮은 양극화 현상이 나타나며 종교적 지성주의 성향은 강하다. 낮은 민주주의 수준을 보이는 반면에 공산주의 영향은 높다. 그러나 종교의 정치성향은 우익과 중도의 성향이 있고, 시민종교는 기성종교와 긴장관계에 있다. 교회와 국가의 관계는 불완전하거나 깨어진 상태이고 학교체계는 점차 세속적으로 되어 간다. 지식계급은 덜 종교적이며 광범위한 종교정당을 가지고 있다.

국가주의형(좌익) 종교문화는 다른 유형들과 비교하면 상황이 매우 좋지 않다. 우선 종교적 다원주의 수준은 매우 낮지만 반성직자주의 성향은 매우 강하다. 성직자의 지위도 낮고 예배에의 참여율도 낮으나 종교 내적인 신앙은 보수적이다. 종교적 지성주의 수준도 낮다. 민주주의와는 거리가 멀며 공산주의 영향은 높다. 종교문화의 정치성향은 정치에 대해 적대적이지만, 시민종교 형태는 반종교적이다. 교회와 국가의 관계는 깨어진 상태이고 학교체계는 물론 지식계급도 세속적이다. 종교정당은 있을 수 없다. 이러한 유형은 옛 사회주의 국가의 종교문화의 전형적 양상이라 할 것이다.

민족주의형 종교문화의 경우는 또 다르다. 여기서는 종교적 다원주의의 수준이 매우 낮을 뿐만 아니라 반성직자주의도 매우 낮다. 성직자 지위는 높고 예배에의 참여율도 높다. 종교적 보수주의 성향도 높고 지성주의 성향은 높거나 낮은 이중성을 띠고 있다. 공산주의 영향은 낮으나 민주주의 수준은 다양하다. 정치성향은 우익적이며 시민종교는 친종교적 성향을 띠고 있다. 교회와 국가의 관계는 친밀하고 학교체계는 강한 종교적 영향을 받고 있다. 지식계급도 역시 강한 종교적 영향을 받고 있으며, 종교정당은 영향력이 있다. 전형적인 민족주의형 종교문화는 중동의 이슬람 국가들이나 유대교 이스라엘 사회의 경우에서 발견될 수 있다.

한국의 종교문화는 어떻게 평가될 수 있을까? 종교적 다원주의 수준은 매우 높고 반성직자주의는 다소 낮다고 할 수 있다. 성직자의 지위는 다소 높고 예배참여 수준은 높다. 종교적 보수성은 강하거나 약한 양극성의 성향이 있으며 종교적 지성주의는 엘리트 가운데 높다. 종교적 민주주의 성향은 높지 않으나 공산주의 영향은 낮으며 정치성향은 우익의 성향이 보다 강하다고 할 수 있다. 시민종교는 종교적 성향이 있고 종교와 국가의 관계는 유지되고, 학교체계는 세속적인 것과 종교적인 것의 혼합형태이며, 지식계급은 다소 종교적이지만 지위에 비해서는 덜 종교적인 것 같다. 종교정당은 없으나 종교가 정당에 미치는 영향은 크다고 하겠다. 이렇게 본다면 한국의 종교문화는 반드시 일치하는 것은 아니나 혼합형에 가장 가까운 유형이라고 할 수 있겠다.

2. 이데올로기와 종교문화

앞에서 우리는 종교문화의 다양성을 유형별로 비교해 보았다. 그러나 종교문화는 각 종교가 가진 교리적, 신학적 이념 및 사회적 가치이념 등에 따라서도 다양하게 구분될 수 있다. 따라서 각 종교의 서로 다른 종교적 이데올로기가 어떻게 종교문화의 다양성을 나타내는가 하는 문제를 살펴보려고 한다.

1) 악과 구원의 문제

(1) 악의 문제

모든 종교는 공통적으로 세상에는 악의 세력이 있다는 것을 인정하고 있다. 죽음, 고통, 부정의와 같은 악적 요소가 세상에 만연하고, 이에 따라 악으로 상징되는 운명이나 힘으로부터의 구원이 필요하다는 것이다. 이런 의미에서 모든 종교는 사람들에게 구원을 약속하고 있다는 공통점이 있다. 그러나 악에 대한 해석이나 그것으로부터의 구원의 성격과 방법에 대한 이해에는 종교간에 차이가 있다.

잉거(Yinger)는 악을 보는 3가지 유형의 관점을 소개하고 있다(1970: 137). 첫 번째 유형은 세계를 근본적으로는 선한 것으로 보되, 악과 고통의 문제는 세계의 궁극적 본질이 아니라 단순히 부분적인 특수한 문제일 뿐이라고 보는 관점이다. 이것은 세계에 대한 다소 낙관적 견해라 할 수 있다. 즉, 세상의 악적인 요소는 인간의 노력에 의해 극복되고 개선될 수 있다는 것이다. 희랍종교, 고전적 유교, 현대 인간주의 관점이 이에 속할 것이다. 세계를 보는 두 번째 유형은 그것을 전적으로 비관적으로 보는 관점이다. 즉, 악과 고통의 문제는 지상 위의 인간에게는 불가피한 것으로, 이 문제에 대한 해결책은 세계를 거부하고 삶으로부터 탈출하는, 도피하는 방법뿐이라고 본다. 이러한 입장은 힌두교와 초기 불교에서 보여진다. 세계와 악의 문제를 보는 세 번째 유형은 조건적 관점이다. 이것은 세계가 악으로 차 있기는 하지만 성화(聖化)될 수 있다고 본다. 즉, 현재 세계에 대해서는 비관적이지만 그 비관주의는 조건적이라고 본다. 그러나 세계의 성화는 인간의 능력에 의해서가 아니라 신적인 개입에 의해 가능하다고 주장한다. 이러한 관점의 예는 고전적 이슬람교와 기독교에서 찾아볼 수 있다.

그러나 악과 고통의 문제에 대한 관점은 대체로 종교문화에 따라 차이가 있는 것이 사실이지만, 그리고 종교에 따라 특징적인 일반적 성향이 서로 다른 것이 사실이지만, 같은 종교문화 안에서도 몇 가지 변수에 따라 세상과 악의 문제를 보는 관점이 달라질 수 있다. 즉, 같은 종교문화권 안에서도 사회적 환경에 따라 세계를 보는 시각이 비관적일 수도 낙관적일 수도 있다. 예를 들어 사회가 혼란과 고통이 심각한 수준에 있는 상황이라면 종교문화는 비관적 성향을 나타낼 가능성이 많다. 이런 상황에서는 천년왕국운동이나 종말지향적인 '저 세상'적 믿음이 강화되기 쉽다. 반대로 사회가 정치, 경제적으로 안정을 누리면 세계를 보는 시각은 낙관적으로 바뀌면서 종교문화는 현존하는 질서를 정당화하는 경향이 생겨난다(Yinger, 1970: 137).

또한 같은 종교문화권 안에서도 사회 안에 있는 각기 다른 계층에 따라 서로 다른 세계관이 형성될 수 있다. 예를 들면 하층계급은 보다 비관적 세계관을 갖는 반면에 상층계급은 상대적으로 낙관적 세계관을 갖는 경향이 있다. 젊은층보다는 노년층의 세계관이 보다 비관적일 가능성이 있다. 이와 같이 같은 종교문화 안에서도 상황의 변화에 따라, 하위 종교문화의 차이에 따라 서로 다른 세계관이 생겨날 수 있다.

(2) 구원의 문제

앞에서 밝혔듯이 모든 종교는 사람들에게 죽음과 고통을 가져오는 세력으로부터의 구원을 약속하고 있다. 그러나 구원의 상태나 그것을 이루기 위한 수단에 대한 이해는 종교문화에 따라 상이할 수 있다. 우선 구원의 상태는 불교에서는 깨달음(悟)을 통해 무아(無我)의 경지에 이르러 열반에 도달하는 것이 구원의 완성이다. 힌두교의 경우에는 특히 요가(*yoga*)의 방법을 통해 자아부재(*self-absence*)의 경지에 이르는 것이 구원의 상태이다. 도교에서는 무위자연(無爲自然)의 태도로 자연과의 합일에 이르는 길(道)을 깨우치는 것이 구원의 경지로 이해된다. 유교에서는 덕(德)을 행함으로써 올바른 길(道)을 갈 수 있는 것이 인간주의의 완성(구원)이라고 본다. 이슬람교에서는 자기부정과 금욕적 훈련을 통해 성자의 경지에 이르게 되는 것이 구원의 상태이다. 기독교에서는 절대자에 대한 신앙을 통해 신과의 신비적 합일(*unio mystica*)의 경지에 이르는 것이 구원으로 이해되고 있다.

인간이 구원을 추구하는 수단에 대해 잉거는 지식, 헌신, 행위의 3가지 방식을 소개하고(1970: 142), 베버는 구원에 이르는 길로 의례, 선행, 환각의 경험, 성화(聖化)를 구분한다(Weber, 1963: 151~65).

그러나 구원을 이루기 위한 인간적 수단은 다음의 4가지로 구분될 수 있다. 첫째는 지식과 명상이다. 이때 지식은 참된 지혜의 근원을 의미하며, 명상은 자기 성찰과 무아의 경험을 나타낸다. 이러한 방법이 특히 중요시하는 종교는 힌두교와 불교이다. 둘째로는 선행(善行)이 있다. 대표적 덕목은 사랑, 자비, 인(仁)이라 할 수 있다. 이러한 수단을 가장 중요시하는 종교는 유교로 인 이외에도 효(孝), 충(忠), 신(信), 의(義), 예(禮), 지(知), 성(誠)과 같은 덕목을 선행의 조건으로 본다. 셋째로는 금욕적 훈련으로서, 이것을 가장 강조하는 종교는 이슬람교 그리고 종파형 기독교이다. 특히 이슬람교에서는 신앙고백, 기도, 구제, 금식, 성지순례를 구원을 이루기 위한 다섯 기둥(*five pillars*)으로 이해한다. 넷째로는 경건과 헌신을 구원의 수단으로 강조하는 기독교가 있다. 여기서는 그리스도에 대한 헌신과 하나님께 대한 경건이 강조된다.

인간이 구원을 추구할 수 있는 수단이 이와 같이 4가지 유형이 있고, 각 유형이 특정 종교문화에서 특별히 강조되는 경향이 있는 것은 사실이지만, 실제로는 모든 종교들이 이 4가지 요소를 모두 포함한다. 예를 들어 불교에서 지식과 명상이 가장 중요하기는 하지만, 이 종교에서는 선행(자비)과 금욕적 훈련, 그리고 부처에 대한 신뢰심이 모두 요구된다. 기독교의 경우에도 경건과 헌신이 중심적인 것이기는 하지만, 또한 참된 지혜와 명상, 선행(사랑), 그리고 금욕적 생활이 요구된다.

이와 같이 각 종교문화는 이념적 차원에서 각기 다른(그러나 연관된) 세계관(특히 악의 문제와 관계된)과 구원에 대한 이해를 가지고 있다. 종교문화들의 이념적 수준에서의 이러한 차이는 상이한 종교적 수행과 실천을 초래한다는 점에서 중요한 문제라고 하겠다. 그러나 여기서 한 가지 짚고 넘어가야 할 일은, 세상적인 고통과 악과 같은 문제들로부터의 구원을 이루기 위하여 사람들은 앞에서 제시한 기성 종교들의 전통적 방식만을 추구하는 것은 아니라는 사실이다. 사실상 적지 않은 사람들이 대체종교 혹은 종교적 대용물을 통해서도 나름대로의 구원의 길을 모색한다. 이 문제에 대해서는 종교의 기능에 대한 주제를 다루었던 제6장에서 이미 논의했지만, 어떤 사람들은 현대적 방식으로 삶과 죽음의 문제로부터 해방되기 원한다.

현대 세계에서 구원을 추구하는 '세속적 종교'의 예로 잉거는 실증주의, 맑시즘, 프로이트주의 등을 꼽고 있다(Yinger, 1970 : 193~202). 잉거에 따르면 실증주의는 과학을 구원에의 길로 보는 반면에, 맑시즘은 새로운 경제적, 정치적 구조의 창조를 구원의 방식으로 본다. 한편 프로이트주의는 정신분석을 통해 개인의 문제를 해결하려고 시도한다. 물론 이러한 세속종교 혹은 유사종교들이 과연 진정한 구원을 가져다 줄 수 있겠는가는 의문의 여지가 있으나 이 의문은 주로 전통적 기성종교를 통해 구원을 기대하는 사람들에게나 해당되는 것일지 모른다. 왜냐하면 세속적 대체종교에 의존하는 사람들은 오히려 기성종교가 약속하는 구원은 허구이며, 그들이 믿는 종교들만이 참된 구원을 가져올 것이라고 믿기 때문이다.

2) 신정론의 문제: 버거

신정론(神正論: *theodicy*)이란 악, 고통, 부정의를 신적인 전체적 도식에 놓음으로써 그것들에 대한 이유를 설명하려고 시도하는 믿음 체계를 뜻한다. 다시 말하면 신정론은 의미를 위협하는 경험에 대하여 의미를 마련하는 종교적 설명으로서 대부분의 종교는 고통과 죽음의 의미에 대한 신정론을 제공한다. 그리하여 세계를, 그리고 인간 경험을 의미 있게 만들려는 노력에서 종교적 이데올로기들은 흔히 사회체계 가운데 존재하는 불평등에 대한 설명들을 마련해 준다. 때때로 종교적 믿음은 지금의 사회체계를 신의 뜻 아래서 확립된 것으로 승인한다. 베버는 신정론을 사회계급적 불평등을 인가하는 이념체계로 보며 그것이 지배계급과 피지배계급에서 각기 다른 양태로 나타나게 된다고 지적한다(Weber, 1963: VII). 그러나 사회계급과 관계된 신정론의 문제는 제 12장에서 다루기로 하고, 여기에서는 상이한 종교문화에서 나타나는 서로 다른 신정론의 유형을 알아보려고 한다.

일찍이 베버는 카르마의 인도교리, 조로아스터교의 이원론, 메시아적 종말론, 칼뱅주의적 예정론을 대표적 신정론 유형으로 소개했다(Weber, 1963: 138~50). 신정론에 관한 베버의 사상을 보다 폭넓게 발전시킨 학자는 버거(Peter L. Berger)로서 여기에서는 신정론의 유형에 관한 그의 설명을 제시한다(1982). 우선 버거는 신정론을 "고통, 악, 그리고 죽음과 같은 아노미적 현상을 종교적 정당화의 견지에서 설명하는 것"이라고 정의 내린다(1982: 67). 그는 신정론은 본래 자학성(*masochism*)의 성격을 지닌다고 본다. 즉, 모든 사회는 개개인의 자아와 욕구, 불안 그리고 문제점에 대해서 어느 정도의 부정(否定)을 요하는데, 신정론은 이러한 부정을 쉽게 한다는 것이다. 자학적 태도는 철저하게 자아를 부정함으로써 고통과 죽음까지도 철저하게 초월할 수 있는 수단을 제공한다고 지적한다(1982: 70).

버거는 신정론의 유형을 비합리성-합리성의 연속성에 따라 극단적 두 유형과 둘 사이에 있는 여러 가지 중간적 유형들로 구분한다. 비합리적 유형의 신정론으로는 신비주의를 들 수 있다. 인간이 신성한 힘이나 신성한 존재와의 합일을 추구하는 종교적 태도로서 신비주의는 이러한 합일이 실제로 경험적으로 이루어졌다는, 즉 모든 개인성은 모든 것이 스며드는 신성성(神聖性)의 대양 안에 흡수되었다는 주장이다(1982: 77). 그리하여 인간의 고통과 죽음은 무의미하고 하찮은 사건이 되며, 합일의 신비적 경험의 압도적 실재와 비교할 때 근본적으로 비실재적인 것이 된다. 완전한 합일이 달성되는 곳에서는 자아가 절멸되고 자아가 신성한 참된 실재에 흡수됨으로써 상상할 수 있는 가장 높은 희열에 다다르며 이루 말할 수 없는 탈존(脫存)상태에서 신비적 추구의 절정에 이르게 된다.

신정론의 합리적 극단의 유형으로 버거는 인도의 종교에서 발달된 카르마-삼사라(*karma-samsara*) 사상을 지목한다. 인도의 종교에서는 카르마(우주에 인간적 혹은 비인간적 모든 행위를 지배하는 원인과 결과의 냉혹한 법칙: 업(業)사상)와 삼사라(재생의 수레바퀴: 윤회사상) 개념의 교묘한 결합에 의해서, 생각할 수 있는 어떤 아노미도 철저하게 합리적이고, 모든 것을 포괄하는 우주의 해석 도식 안에 통합된다(1982: 78). 모든 인간행위는 필연적 결과를 가지며 어떠한 인간의 상황도 과거의 인간행위의 필연적인 결과에 불과하다. 따라서 개개인의 삶은 과거에서 미래에로 무한히 뻗쳐 있는 인과(因果)고리에 끼어 있는 단지 하나의 덧없는 고리에 불과하다. 그러므로 자기 자신을 제외하고는 자기의 불행에 대한 책임을 지울 사람은 아무도 없으며, 역으로 자신의 행운도 그 원인을 다만 자기 자신의 행적에 귀속시킬 수밖에 없다는 귀결이 따른다(1982: 79). 카르마-삼사라 교리는 모든 사회계층의 조건들에 정당성을 부여하며 다르마(*dharma*: 사회적 의무, 특히 카스트 의무) 개념과 결합하여 역사상 가장 철저하게 보수적인 종교체계를 이룬다.

합리적-비합리적 연속선의 양극 사이에 있는 하나의 신정론 유형은 내세적 신앙이다(1982: 81). 이 신정론은 아노미적 현상들에 대한 보상을 미래에 투사한다. 이 유형의 신정론은 가장 단순한 형태에서는 현재의 고통과 악이 죽음 후의 삶에서 전도(轉倒)된다고 주장한다. 결국 내세에 가서는 현세에서 고통을 받았던 사람은 위로받을 것이고 선한 사람은 보답받을 것이고 사악한 사람은 처벌받을 것이다. 즉, 내세가 보상받고 질서가 제대로 잡힐 장(場)이 될 것으로 믿는다.

내세의 신정론과 다소 비슷하지만 구분되어야 할 또 하나의 신정론으로는 메시아주의나 천년왕국설과 같은 종말신앙이 있다. 이 신정론은 적당한 때가 오면(전형적으로 어떤 신적 존재의 개입결과로서) 고통받는 사람은 위로받을 것이고 불의를 저지른 사람은 처벌받을 것이라고 본다(1982: 81). 현재의 고통과 불의가 미래에 적절한 보상을 받을 것이라는 점에서는 종말의 신정론도 내세의 신정론과 비슷하지만, 종말의 신정론은 그 미래를 내세로 보는 것이 아니라 앞으로 닥쳐올 현세로 본다는 점에서 내세의 신정론과는 구분된다. 즉, 메시아주의-천년왕국설 신정론은 현재의 고통과 불의를 그것이 영광스런 장래에 극복된다는 견지에서 상대화시킨다(1982: 82). 즉, 예측되는 미래의 질서화에 근거하여 현재의 아노미적 현상이 정당화되며, 이 현상을 유의미한 전체적인 질서 안에서 재통합시킨다. 이러한 이론체계는 신적 존재의 행위가 사건의 진행 속에 개입하기 위해서 인간의 협력, 즉 적극적 참여를 요구한다. 따라서 내세적 유형의 신정론이 그 결과에서는 보수적 경향이 있다면, 메시아주의-천년왕국설의 종말론적 신정론은 혁명적 성격을 띠고 있다(1982: 83).

세 번째의 중간적 유형의 신정론은 이원론(*dualism*)의 신정론으로 이것은 특히 고대 이란의 종교적 구조의 특징을 이룬다(1982: 84). 대표적인 것이 조로아스터교로서, 이 종교는 우주를 두 개의 강력한 힘, 즉 선한 힘과 악한 힘 간의 투쟁의 무대로 본다. 여기서는 아노미적 모든 현상은 악의 세력 혹은 부정적 세력에 귀속되고 반면 아노미와 반대되는 노모스(*nomos*)적 현상은 악의 세력의 상대자인 선의 세력 혹은 긍정적 세력의 점진적 승리로 이해된다. 따라서 악과 고통의 문제는 악한 힘 혹은 세력의 작용이다. 이러한 이원론은 서구종교에 와서는 물질과 정신, 육체와 영혼의 이분법적 사고로 발전하면서 물질과 육체는 악한 것으로, 정신과 영혼은 선한 것으로 보게 만들었다. 이러한 유형의 이원론이 발전하여 이 세계와 연관된 모든 것, 특히 인간의 물리적, 역사적 존재가 철저하게 평가절하된다(1982: 85). 그리하여 이원론적 신정론은 무우주적(*acosmic*), 금욕적(*ascetic*), 무역사적(*ahistorical*) 경향이 있다.

신정론의 또 다른 유형은 윤리적인 유일신교, 즉 유대교와 기독교에서 나타난다. 특히 자학성이 강한 이 신정론은 "하나님의 영광을 더하기 위하여"라는 자기 비하의 고백에 토대를 둔다. 신은 철저하게 초월화되고 인간에게 대하여 전적인 타자가 된다. 대표적인 예가 칼뱅주의의 예정론 교리이다. 만세전부터 소수의 인간을 구원하기로 선택했고 그밖의 대부분의 사람들은 지옥에의 운명에 맡겨 버렸다는 하나님의 냉혹한 계획을 찬미하는 칼뱅주의는 아마도 종교의 역사에 나타난 자학적 태도의 절정일 것이라고 버거는 지적한다(1982: 88). 인간의 모든 악과 고통은 이미 하나님이 정해 놓은 인간의 운명일 뿐이다. 파멸의 운명 속에 던져졌다 하더라도 그것을 알 수 없고 이 결정에서 벗어날 수 없는 인간이 할 수 있는 것은 어떠한 시련과 역경에도 하나님을 찬양하는 일 뿐이다. 하나님의 주권에 대한 철저한 주장과 인간에 대한 철저한 부정이 인간의 운명을 이해하는 예정론적 신정론이다.

마지막으로 버거가 소개하는 신정론은 속죄의 신정론이다. 이것은 특히 기독교의 기독론적(*christological*) 해결책이라 할 수 있다(1982: 89). 즉, 성육신(成肉身)하신 하나님, 그리고 그리스도의 십자가를 통하여 고난받으시는 하나님에 대한 믿음이 또 하나의 신정론을 제공한다. 그리스도의 고난은 하나님 자신의 고난과 동일시할 수 있으며 동시에 참 인간의 고통이라고 본다. 그리스도는 인간의 죄를 위해 고난을 받았고 그의 희생이 지닌 구속적 능력은 인간의 운명을 죽음과 고통으로부터 생명과 평안으로 바꾸어 놓았다고 본다. 이에 대한 인간의 책임은 죄의 고백과 구세주에 대한 믿음이다. 그리스도의 고난은 하나님을 정당화하는 것이 아니라 인간을 정당화하는 것이라는 의미에서 속죄의 신정론은 예정의 신정론과는 다르다(1982: 90).

이와 같이 신정론의 유형은 매우 다양하다. 그러나 그것들은 각기 나름대로 아노미적 경험이 아무리 고통스럽다 할지라도 그것이 사회적으로나 주관적으로 납득할 만하다는 의미를 제공한다. 그러나 신정론이 일차적으로 제공하는 것은 행복이 아니라 의미라고 버거는 지적한다(1982: 72). 예를 들어 괴로운 질병이나 다른 사람들에 의한 억압과 착취 등에 의해서 고통을 받는 사람은 이러한 불행으로부터 구제받기를 원한다. 그러나 그는 이러한 재난이 "왜" 자기에게 닥쳐왔는지 그 "이유"를 똑같이 알기 원한다. 만일 신정론이 어떠한 방식으로든지 이러한 의미의 문제에 답변을 줄 수 있다면, 비록 그의 고통과 재난의 결과가 현세나 내세에서의 행복이라는 약속이 그 신정론 안에 내포되지 않다 할지라도 고통받는 그 사람에게는 대단히 커다란 위안을 줄 것이다(1982: 72). 분명히 신정론은 종교문화를 특징짓는 중요한 종교적 이데올로기이다.

3) 믿음체계의 다양성: 슈나이더

종교문화의 다양성은 각 종교들이 가진 이념적 및 실천적 믿음체계의 차이에서도 드러난다. 각 종교들의 믿음체계의 공통점과 차이

점이 슈나이더(Louis Schneider)에 의해 제시된다(1970).

〈표 9-3〉에 따르면 영원한 인격적 신에 대한 믿음을 가진 종교는 힌두교, 가톨릭, 개신교, 이슬람교 등이며, 그러한 믿음이 없는 종교는 불교, 유교, 도교라는 것을 알 수 있다. 한편 유일한 절대자가 아니면서 초자연적 존재로 생각되는 조력자들을 믿지 않는 종교는 개신교뿐이다. 가톨릭에서는 성모 마리아를 초자연적 조력자로 보며, 불교에서는 여러 보살 등이 이에 해당될 것이다. 신들 혹은 성자들의 성상(*images*)을 가지고 있고, 이에 대한 특별한 제의를 수행하지 않는 종교는 개신교와 이슬람교이다. 창조와 심판에 대한 믿음을 가진 종교는 가톨릭, 개신교, 이슬람교이며, 천국과 지옥에 대한 믿음은 유교에만 없다. 윤회에 대한 믿음은 힌두교와 불교에 있으며 도교에서는 그 종파에 따라 그것이 있는 경우도 있고 없는 경우도 있다.

한편 음식과 관계된 규칙이나 법(주로 금지되는 음식)을 가진 종교는 힌두교(소고기 금지), 불교(승려에게는 육식 금지), 이슬람교(돼지고기 금지)이며, 유교, 도교, 개신교, 가톨릭의 경우에는 그러한 규제가 없다.

술을 금하는 종교는 힌두교, 불교, 이슬람교이며, 다른 종교들(유교, 도교, 가톨릭)에서는 그것이 허용된다. 슈나이더는 개신교에서도 술을 금지하지는 않지만 한국 개신교의 경우에는 그것을 금하는 경향이 있다. 종교적 배타성에서는 유일신 사상을 가진 가톨릭, 개신교, 이슬람교의 경우 그것이 강하며, 반대로 유일신 사상이 없는 힌두교, 불교, 유교, 도교의 경우에는 배타성이 약하다.

이와 같이 각 종교들은 서로 다른 신학적, 교리적, 윤리적 믿음체계를 가지고 있으며, 이러한 차이는 각 종교의 서로 다른 종교문화를 만들고 있다. 나아가서 이념적 종교문화의 차이는 식사의 관행과

〈표 9-3〉 믿음체계의 다양성

	힌두교	불교	유교	도교	가톨릭	개신교	이슬람교
영원한 인격적 신에 대한 믿음	+	−	−	−	+	+	+
많은 초자연적 조력자들	+	+	+	+	+	−	+
성상(聖像)의 제의	+	+	+	+	+	−	−
창조와 심판에 대한 믿음	−	−	−	−	+	+	+
천국과 지옥에 대한 믿음	+	+	−	+	+	+	+
윤회에 대한 믿음	+	+	−	±	−	−	−
음식에 관계된 규칙	+	+	−	−	−	−	+
술의 금지	+	+	−	−	−	−	+
배타적 정당성 주장	−	−	−	−	+	+	+

* 출처: Schneider(1970: 125).

** 주: + 있음, - 없음, ± 있는 경우도 있고 없는 경우도 있음.

같은 실천적 생활의 차이까지 만들고 있다.

3. 종교생활과 종교문화

종교문화의 다양성은 종교생활의 차이를 가져올 수도 있다. 즉, 종교생활의 목표나 그것을 성취하기 위한 수단, 그리고 종교생활의 세속세계와의 관계에서도 종교문화에 따라 서로 다른 양상을 보여줄 수 있다.

1) 종교생활의 목표와 수단: 베버

베버(Weber)는 종교문화의 유형을 이념형적으로 구분할 수 있는 또 하나의 근거로 종교생활의 두 핵심적 차원을 제시한다(1963). 하나는 종교생활의 목표에 관한 것이고, 다른 하나는 이 목표에 대한 수단과 관계된다. 물론 베버는 종교생활의 궁극적 목표는 구원이라고 본다. 그리하여 베버는 구원을 성취하고자 하는 종교의 목표가 '이 세상적'(*inner-worldly*) 이거나 '저 세상적'(*other-worldly*) 일 수 있다고 주장한다. 즉, 궁극적 보상과 처벌은 이 세상에서든지 아니면 앞으로 올 세상—천국, 지옥, 열반 등—에 근거될 수 있다. '저 세상'적인 것은 세계로부터의 퇴거와 관계가 있다. 구원이라는 종교적 목표를 달성하기 위한 수단으로 베버는 '금욕주의'와 '신비주의'를 구분한다. 금욕주의는 '느낌'보다는 '행동'을 강조하고 세상적 일들 가운데서 종교적으로 동기 지워진 행위를 강조하는 데 비하여, 신비주의는 개인이 초월적 주제나 진리를 고려하기 위하여 세상적 행동으로부터 퇴거하도록 고무하는 경향이 있다. 신비주의는 세상 존재의 갈등으로부터 도피함으로써 긴장을 해소하려고 하지만, 금욕주의는 세계의 상태를 급진적 종교윤리의 규범적 요구와 조화를 이루도록 시도한다. 즉, 구원이라는 종교적 목표를 이루려는 수단에서 금욕주의는 지배(*mastery*)의 길을, 신비주의는 퇴거 혹은 조정의 길을 택한다(Parsons, 1963a: li).

베버는 종교생활의 목표와 수단에 관계된 두 변수들이 갖는 각각의 두 속성을 결합시켜 4가지 종교문화의 유형을 비교한다(1963, 166~83).

첫째는 '이 세상적 금욕주의'로서, 이것은 개인이 세상적 구성요소를 극복하고 전체적 인간조건의 모든 양상을 지배하려고 추구하는 태도이다. 그의 목표는 인간조건을 전체적으로 극복하는 것이다. 이 세상적 금욕주의의 종교생활을 강조하는 대표적인 예는 초월적 유일신 전통이 있는 유대교, 개신교, 이슬람교와 같은 종교들이다. 이 종교들에서는 사색보다는 행동이 강조된다. 궁극적 보상은 진노하시는 하나님의 응징을 통해서든, 메시아의 재림과 천년왕국의 완성을 통해서든 현재의 삶에서 생겨날 수 있다. 청교도주의에서 그 절정에 이르는 서구 종교적 활동주의가 여기에서 시작되었다.

둘째 유형은 '이 세상적 신비주의'이다. 여기에는 세상적인 일에 대한 개입을 피하려는 시도는 없으나, 그래서 세상 안에 살고 있고 세상에 참여하나, 다른 사람들의 복지에 대한 관심을 포함한 세상적 관심을 갖지 않으며, 세상에 대한 어떠한 적극적 의미나 중요성도 부여하지 않는다. 즉, 이 세상적 신비주의는 이 세상 안에 있으나 그것 편에 있지 않으며, 세상을 용납하기는 하지만 그것의 운명에 대해서는 무관심하다. 이 관점에서는 세계를 지배하려는 도전은 불합리하다. 이러한 태도를 가진 이들은 완전한 무관심의 성취가 내적 복지라는 의미에서만 자신과 타인들의 복지에 의미를 부여한다. 여기에 속하는 종교의 예는 유교로서, 이 종교는 환경을 변경시킴 없이 그것과 평화적 관계를 갖으려는 내면적 노력이 있으며, 그 목적은 종교의 이름으로 활발한 변화를 추구하기보다는 조화하려고 한다.

셋째 유형은 '저 세상적 금욕주의'이다. 이 유형은 육체적인 것이나 세상적 동기를 통제하기 위한 지배 혹은 극복을 추구하지만, 그것은 세상적인 목적 때문이 아니라 종교적 헌신의 목표를 이루려는 관심 때문이다. 이 세상적 신비주의가 세상적인 것들에 대한 욕망을 제거하는데 집착한다면 저 세상적 금욕주의는 육에 대한 승리를 위한 통제를 추구한다. 이러한 종교적 목표와 수단을 가진 종교의 예는 가톨릭에서 찾아볼 수 있다. 여기서는 개인이 세상일에 참여하는 것은 신의 도구로서 도덕적 의무를 수행하기 위한 것으로 이해된다.

넷째로, '저 세상적 신비주의'가 있다. 이것은 구원을 추구하는 데 방해가 된다는 이유로 주관적 욕망을 피하려고 한다. 따라서 세상으로부터의 격리 혹은 세상일에 대한 관심의 단절과 같은 방법을 종교생활의 목표를 달성하기 위한 수단으로 본다. 이러한 태도를 요구하는 대표적 종교는 힌두교이다. 힌두교에서는 개인의 궁극적 목적은 순환적 윤회 자체로부터의 탈출이고, 신비적 명상과 지속적 인내가 저 세상적 목적을 성취할 수단이 된다. 현재의 삶은 이것 너머에 있는 삶의 보다 큰 의미에 대하여는 부수현상일 뿐이다.

이와 같이 각기 다른 종교문화는 종교생활의 목표와 수단의 차이를 만들며, 나아가 사람들의 세상적 삶의 태도의 차이를 만든다.

2) 종교문화와 세계와의 관계

종교문화는 개인이나 집단으로 하여금 현재의 세속세계와 어떤 관계를 유지하는 것이 바람직한 것인가를 규정하기도 한다. 다시 말하면 종교는 지배적 문화에 대한 태도 및 세속사회와의 관계가 어떠해야 하는가 하는 것을 지시하며, 이에 따라 세계에 대한 종교적 태도는 다양하게 나타날 수 있다. 여기에는 크게 3가지 유형이 있을 수 있다.

하나의 유형은 수납(*acceptance*)이다. 가장 흔한 종교문화의 양태로서, 이것은 세속사회 혹은 지배적 문화를 쉽게 받아들이고 이에 동조하는 종교문화이다. 대체로 크게 제도화된 종교기구들은 지배적 문화의 기본적 가치구조를 확증하는 경향이 있다. 그러나 세속문화를 수납하려는 종교적 입장은 역설적으로 보이는 두 가지 상반된 경우로 나타날 수 있다. 하나는 지배적 전통문화를 고수하려는 입장의 경우이고, 다른 하나는 변화되는 사회(문화)적 양상을 쉽게 인정하려는 경우이다. 따라서 세계를 수납하려는 종교적 태도는 보수적일 수도 있고(전통에 얽매여 있는 경우), 때로는 진보적일 수도(변화를 거부하지 않고 받아들이는) 있다.

세계와의 관계에서의 종교문화의 두 번째 태도 유형은 거부(*rejec-*

tion)이다. 어떤 종교문화는 세속적 사회구조 혹은 전체문화에 대하여 거부하는 태도를 보일 수 있다. 세속사회의 규범이나 가치를 인정하지 않으며 자신의 종교적 세계관을 고수하려고 한다. 이것의 극단적인 경우는 퇴거(*withdrawal*)일 것이다. 퇴거란 지배적 전체문화의 세속성에 오염되지 않기 위하여 현실로부터 도피하는 것을 말한다. 여기에는 기존의 가치나 규범에 대한 완전한 거부를 나타내기 위하여 세속사회를 떠나서 고립된 곳에서 자신들만의 신앙 공동체를 형성하는 극단적 퇴거와 세속사회에 머물러 있되 가능한 한 세상일과 거리를 두고자 하는 현실적 퇴거가 있을 수 있다. 퇴거의 입장을 가진 종교문화는 대체로 인간사회에의 신적인 역사 개입을 통해서만 새로운 세계와 새로운 시대가 도래할 것이라고 믿는다.

세속세계를 보는 종교문화의 세 번째 태도 유형은 변형(*transformation*)이다. 이러한 입장을 가진 종교집단도 세계로부터의 퇴거를 선호하는 집단과 마찬가지로 세속문화를 거부하지만, 그들은 자신의 공동체로부터 퇴거하기보다는 오히려 세속사회에 참여하여 그것을 변화시키려고 추구한다. 즉, 현재의 세계가 비록 악하고 타락하였다 하더라도 이것을 정의로운, 신적인 사회로 변형시킬 책임이 종교에 있다고 믿는다. 이러한 변형지향적 종교문화에는 3가지가 있을 수 있다. 하나는 혁명적 방법을 통해서라도 현재의 세계질서를 변형시켜야 한다고 보는 급진적인 호전적 종교문화이다. 다른 하나는 기존의 문화적 가치와 규범을 반대하지만 급진적 방법보다는 점진적이고 수정적인 방법을 통해 그 질서를 변화시켜 보려는 개량주의적 종교문화이다. 또 다른 하나는 앞의 두 진보적인 경우와는 달리 오히려 보수적 형태로서 사회변화에 따른 부작용을 억제하기 위하여 복고적 변형을 촉구하는 종교문화이다. 이것은 일종의 보수회귀로의 변형이며, 다분히 반동적인 성격을 띠고 있다.

그러나 종교문화와 세계와의 관계는 사실상 보다 복잡할 수 있다. 예를 들어 각 종교집단은 지배사회의 어떤 가치와 규범에는 반대하면서, 다른 가치와 규범에는 동조할 수 있다. 하나의 종교집단이 전체문화의 어떤 양상에서는 세계에 대한 수납의 태도를 보이면서도 다른 양상에서는 변형의 입장을 나타낼 수도 있다. 또한 하나의 종교집단이 세계를 수납하려고 하는 것이 다른 종교집단으로 하여금 변형을 촉진하게 할 수 있고, 반대로 어떤 종교집단이 사회변형을 추구하는 것에 대한 반동으로 다른 종교집단은 현재의 세계질서를 고수하는 입장을 강화할 수도 있다. 따라서 종교문화와 세계와의 관계는 그 종교문화를 받아들이는 집단의 성격과 사회의 구조적 및 변동적 상황, 그리고 종교 이념의 성향 등에 따라 가변적일 수 있다고 하겠다. 종교문화와 세계와의 관계에 대한 보다 심층적인 분석은 종교조직의 유형과 발전을 논의하는 다음 장에서 다루게 될 것이다.

제 10 장

종교조직의 발전

종교적 이념과 수행이 개인에게서 생겨나고 이루어진다 하더라도 종교는 근본적으로 집단적 현상이요 사회적 현상이다. 따라서 종교도 하나의 사회조직 형태라고 할 것이다. 사회조직(*social organization*)이란 특정 목표의 실현을 지향하는 집단적인 사회단위를 말한다(Etzioni, 1961: 79). 좀더 구체적으로 말하면 사회조직은 복수인이 집합을 이루어 하나의 인구라는 사회적 범주를 형성하여 공통된 특성과 목표를 가지고 유형지어진 사회적 상호작용을 반복, 지속하는 사람들의 묶음이라 할 수 있다(김경동, 1990: 217~8).

종교조직은 다수의 사람들이 신앙적인 목표를 가지고 함께 모여 상호작용하는 하나의 사회적 단위라는 점에서 일종의 사회조직이라 하겠다. 종교조직에 대한 연구는 종교의 집단적(사회적) 성격을 이해하고 종교적 믿음이나 의례가 구성원의 태도와 행위에 미치는 영향을 파악하는 데 도움이 된다. 뿐만 아니라 종교조직에 대한 연구는 참여자의 신앙적 특성과 사회경제적 배경에 대한 이해에도 도움이 되며, 나아가서 종교와 사회의 역동적인 상호관계성에 대한 분석의 틀을 마련해 주기 때문에 중요한 것이다. 따라서 이 장에서는 조직으로서의 종교의 발전과 종교조직의 유형 및 그 변화의 문제들에 대하여 살펴보겠다.

물론 조직화되지 않은 종교의 형태도 있을 수 있다. 예를 들면 양(Yang, 1961: chap. 12)이나 잉거(Yinger, 1970: 258~60)가 말하는 이른바 확산된 종교(*diffused religion*)의 경우가 그것이다. 확산된 종교는 부족사회의 종교처럼 종교적 믿음과 수행이 공동체 생활과 밀접하게 관계되었으나 조직적 구조는 없는 종교를 말한다. 즉, 사회 멤버들이 거룩한 믿음과 수행의 공유된 체계에 의해 결속되기는 하지만 종교는 다른 제도들로부터 분화되지 않은, 즉 조직화되지 않은 형태의 종교가 있을 수 있다. 유교나 무교도 이런 종교 유형에 속할 것이다. 반대로 분화되고 구조적으로 조직화된 종교는 제도화된 종교(*institutionalized religion*)라고 불린다. 기독교나 이슬람교, 불교 등이 이에 속할 것이다. 제도화된 종교의 경우에만 조직에 대한 탐구가 가능하며, 따라서 여기서는 제도화된 종교조직을 분석의 대상으로 삼는다. 아울러 종교조직에 대한 이론과 경험적 연구들이 거의 서구 기독교적 맥락에서 이루어졌기 때문에 종교조직에 대한 설명을 동양종교, 특히 한국종교의 경우에 그대로 적용하는 데는 한계가 있음을 먼저 밝혀둔다.

1. 종교조직의 성격

1) 종교조직의 형성

대체로 종교의 처음 시작은 하나의 운동적인 성격을 띠고 있다. 즉, 종교가 처음부터 조직형태를 갖춘 것은 아니라는 말이다. 새로운 종교나 혹은 이미 존재하는 종교에 대한 변혁을 시도하는 사람(창시자)은 대개 카리스마를 가진 민중 지도자인 경우가 많다. 물론 그는 처음부터 종교조직을 형성하려는 의도는 별로 없어 보인다. 그가 시도한 것은 하나의 새로운 종교운동, 신앙운동, 계몽운동, 사회운동이다. 그는 그가 깨우친 혹은 계시를 받은 진리를 가르치고 메시지를 전하면서 사람들이 바로 알고 바로 믿고 바로 살도록 촉구하는 일에 전념했고, 이것은 점차 추종자들이 생기면서 하나의 운동으로 발전한다. 초기의 형성기 동안 대부분의 종교운동은 유동적이고 비공식적인 원초집단적 성격을 가진다. 카리스마적 지도자와의 대면적 접촉은 추종자들에게 응집력과 충성심을 만들어낸다. 이 초기의 작은 집단에게 중요한 것은 조직자체가 아니라 새로운 종교적 가르침에 대한 몰두와 수납이다(Nottingham, 1971: 225). 그러나 종교운동의 창시자들은 흔히 현존하는 종교조직에 대하여 비판적이지만 그들 자신의 종교적, 윤리적 메시지는 불가피하게 창시자 자신이 교육받은 종교전통에 크게 힘입고 있다. 예를 들어 예수의 가르침은 유대교의 전통에 뿌리를 둔 것이고, 부다의 가르침은 힌두교 전통을 벗어나지 않은 것이었다.

종교운동 창시자를 따르던 무리는 처음에는 소수이다. 그들 사이에는 강한 연대감이 있고 이러한 결속은 그들을 다른 사회조직 형태와 구분한다. 이러한 친교는 일종의 '동아리'(*circle*)라고 불릴 수 있다(Wach, 1958: 135). 그들은 새로운 집단으로서의 공동체 생활을 공유하는 경향이 있다. 그 집단에의 참여는 일상적 생활 추구와의 완전한 단절이나 사회적, 종교적 관계성에서의 급진적 변화를 요구할 수 있다. 가족, 친족의 연계와 다양한 종류의 충성은 잠정적으로 이완되거나 단절된다. 재난, 고통, 박해, 순교까지도 그들의 높은 희망과 확고한 기대와 상쇄된다. 모든 것을 남겨 놓고 부르심을 따를 결단을 촉구하는 위대한, 새로운 경험은 세계와 사람들뿐만 아니라 궁극적 진리의 성격을 향한 수정된 태도를 요구한다(Wach, 1958: 136). 그러나 이러한 동아리는 아직 엄격하게 조직화되지는 않고 있다. 새 집단생활은 처음에는 단순한 의식과 종교적 수행(명상, 기도, 노래, 권고)에 의해 통합되어 있을 뿐이다.

그러나 종교운동 창시자가 죽은 후에 그를 계승하여 그 운동을 지속하게 된 후계자들에 의해서는 새로운 문제가 생겨난다. 즉, 창시자의 정신을 이어받되 그것을 하나의 믿음체계와 의례체계로 발전시켜야 할 과제가 주어진 것이다. 더욱이 이 운동에 참여하는 추종자들의 숫자가 늘어남에 따라 이들을 가르치고 관리할 필요성이 생겨난다. 뿐만 아니라 창시자에 대한 믿음과 그의 가르침은 공식적 신학과 신조를 만들어내며, 그러한 신조에서 구현된 믿음에 대한 공식적 수납과 관계된 종교의례는 흔히 그의 가르침에 대한 자발적이고 개인적 추종을 대신한다(Nottingham, 1971: 226). 그리하여 종교적 수행은 공식적으로 처방된 의례로 발전한다.

이제 종교운동은 지속적 확장뿐만 아니라 정착을 필요로 하게 된다. 정착을 위해서는 이 운동을 안정된 하나의 집단적 수행으로 확립시켜야 하며, 확장을 위해서는 신도들에 대한 훈련뿐만 아니라 사람들을 보다 폭넓게 개종시키는 일이 필요하게 된다. 그리고 이 종교집단을 이끌어 나갈 다양한 지도자들을 필요로 한다. 소수집단은 만일 하나의 기구로 행동할 만큼 충분히 연합되고 조직화된다면 생존하기 위하여 그 존재를 정당화하고 그것의 의지와 능력을 나타내야 한다. 그리하여 지속되는 사고와 토론, 체계화, 교리의 정교화, 신앙이나 신조의 규칙의 조심스러운 그리고 깊이 있는 구성, 집단예배 형태의 표준화, 새로 안정된 조직을 유지할 구성체의 점차적인 확립이 뒤따른다(Wach, 1958: 142~3). 이러한 과정들은 불가피하게 종교운동을 하나의 조직형태로 정착시키게 한다. 이처럼 종교조직은 종교운동에서 생겨나는 종교의례와 종교적 믿음에 이어 마지막으로 이루어지는 과정이라고 할 수 있다. 이러한 변화과정을 우리는 종교의 조직화 혹은 제도화라고 부른다. 종교의 제도화는 종교조직에 여러 가지 문제들을 야기시키는데 이 문제는 제5절에서 상세히 다루게 될 것이다.

2) 종교조직의 특성

사회조직 안에서 상호작용하는 사람들은 몇 가지 특성을 가지고 있다. 그들은 공통된 문제와 그것을 해결하려는 욕구에서 생겨나는 공통된 목표와 목적을 공유한다. 그들은 그들의 공통된 목표를 성취하도록 동기를 부여하는 일련의 규범들에 동의한다. 그들은 또한 어떤 규범들을 집단의 이익을 충족시키도록 기대하는 역할과 결합시킨다. 그들은 서로를 평가하는 어떤 지위의 구분을 인정한다. 그들은 자신을 집단과 동일시하고 그 집단에 헌신하는 경향이 있다. 이렇게 본다면 종교조직도 이러한 기준들에 부합하고 있음을 알 수 있다. 종교집단은 그들의 열망, 희망, 그리고 목표를 표현하는 데 관심을 가지고 있다. 이때 그들이 추구하거나 기대하는 열망이나 표현은 여러 가지로 나타날 수 있다. 그들은 왜 어떤 일들(사건, 죽음, 천둥 혹은 무엇이든)이 일어나는지를 알기를 원하거나 신성과 그들의 의존적 관계성(적절한 예배와 의례적 활동)을 표현하기를 원하며 혹은 신으로부터 보상 얻는 방법(기도나 주술의 기술)을 고안하기를 원하거나 현재 생활 이후의 적절한 존재(구원)를 성취하기를 원할 수 있다(Johnstone, 1975: 100). 종교조직에 참여하는 이들은 상호작용하는 가운데 이러한 목표의 달성을 추구한다.

종교조직의 목표가 구체적으로 어떠한 것이든, 그것을 달성하기 위해서는 구성원들 사이에 규범에 대한 동의가 있어야 한다. 초자연적 존재에 대한 어떤 믿음이나 주장도, 그 존재가 무엇을 하는지에 대한 어떤 설명도, 그 존재를 향한 어떤 확립된 수행이나 의례도 하나의 규범이다. 종교조직 안에는 권력과 지위에 따른 분화가 있게 마련이다. 관료적 힘이 종교적으로 정당화된 힘으로서 인가된 권위의 형태를 띤다. 그리고 여기에 속한 사람은 그 조직에 대한 일체감을 가지며 그것에 대한 연대감과 충성심을 나타내게 된다.

종교조직은 여러 가지 기능을 개인들에게 수행할 수 있다. 우선 개인이 종교조직에 참여함으로써 그는 그 조직으로부터 그리고 그 조직을 통해 정체성을 확립하고 연대감을 느끼며 규범과 가치의 의미를 새롭게 규정짓거나 재확증할 수 있다. 개인은 또한 종교조직에 참여함으로써 생활에 대한 생각이나 태도, 그리고 행동이 확립되거나 혹은 변화될 수 있다. 종교조직에의 참여는 개인에게 자신이 사는 세계에 대한 새로운 관점을 갖게 하며 자신의 종교집단과 바깥 사회와의 관계를 정립하게 할 수 있다.

종교가 하나의 조직으로 작용하기 위해서는 몇 가지 조건들이 충족되어야 한다(Johnstone, 1975: 101~6). 첫째로, 신참확보(*recruitment*) 혹은 재생산이 필요하다. 조직의 유지를 위해서는 이 집단에의 자발적 가입을 통한 새로운 멤버의 자연적 재생산과 신참확보가 있어야 한다. 마찬가지로 종교집단은 집단 밖으로부터 — 개종이나 전도에 의하여 — 멤버들의 신참훈련을 통하여 조직원의 수를 유지하거나 증가시키려고 한다. 둘째로, 새로운 멤버들을 훈련시키고 교육시키는 사회화 과정이 필요하다. 종교조직의 규범, 교리, 수행은 새로운 멤버들에게 가르쳐져야 한다. 조직의 일원이 되기 위해서는 일단의 믿음과 의례체계를 알고 믿어야 하며 이것은 다음 세대에게 전달되어야 한다. 셋째로, 종교조직에는 멤버들의 최소한의 요구나 필요를 만족시킬 수준의 재화와 용역의 생산과 분배가 있어야 한다. 종교조직에 가입하는 사람들은 어떠한 이익을 예상한다. 그들은 영원한 구원, 혹은 위로와 재확인, 혹은 동료애, 혹은 도움이 필요한 사람을 도울 수 있는 통로를 추구할 수 있다. 종교조직이 참여자에게 기대하는 것을 제공하지 못할 경우 그들은 조직을 떠날 것이다. 넷째로, 질서를 유지하는 것이 필요하다. 이것은 집단 규범을 적용하고 지키면서 집단 목표를 추구하도록 멤버들에 동기를 부여하는 것이다. 종교조직은 적절하게 통제와 제재를 가하면서 멤버들이 서로 협동하고 보완하도록 장려하는 경향이 있다. 마지막으로, 종교조직은 목적의 느낌(*sense of purpose*)을 유지해야 한다. 조직은 멤버들 가운데서 조직에 대한 헌신과 동일화의 느낌을 발전시키고 유지해야 한다. 이것에 실패하는 종교조직은 내면적 반대나 외부 위협에 직면하여 전복이나 붕괴의 위험을 겪어야 한다. 따라서 종교조직은 멤버들로부터의 충분한 충성과 헌신을 요구한다.

그러나 종교조직은 다양성을 가지고 있다. 간단히 말하면 조직화나 제도화의 수준에 따라서 종교조직의 유형은 다양할 수 있다는 말이다. 조직의 규모, 신앙적 및 교리적 특성, 의례적 성격, 지도자의 특징 등에서 종교조직은 다양할 뿐만 아니라, 조직원의 자격, 사회와의 관계, 가치관과 세계관, 참여자의 사회경제적 배경에서도 종교조직은 다양할 수 있다. 예를 들어 바하(Wach)는 종교조직의 양 극단적 유형을 '최대한 유형'과 '최소한 유형'으로 구분하여 종교조직이 이 양 극단 사이에 다양하게 존재한다는 점을 밝히고 있다(1958: 145~55). '최대한 유형'의 종교조직의 특징은 전통을 무조건적으로 수용하며 발전을 적극 권장하고 종교적 경험에 대한 표현들이 표준화되고 명문화되어 있다. 교리와 헌신 형태는 정교화 되고 위계서열 구조가 발달되었으며, 성직자와 평신도가 철저히 구분되어 있다. '최소한 유형'의 종교조직은 조직, 법, 훈련에 대한 부분적인 혹은 전적인 거부와 함께 매우 영적인 친교 개념을 가지고 있다. 평등의 원리를 주장하며 이상으로 되돌아가려고 시도한다.

한편 종교조직의 체계를 중요시하는 입장에서는 종교조직이 사회적 환경, 조직적 자원(이념, 사람, 물질)의 성격, 발전의 과정(신참 확보, 사회화, 통제과정), 내적 구조(전문화, 공식화, 중앙집권화, 권위분배)의 성격에 따라 다양할 수 있다는 점을 강조한다(Beckford, 1973: 34~92). 그리하여 사회학자들은 다양한 기준을 근거로 하여 종교집단의 유형에 대해 연구했는데 이 문제에 대하여는 다음 절에서 상세히 논의한다.

종교조직의 또 다른 특성은 그것이 지니고 있는 가변성이다. 즉, 인간 조직으로서의 종교는 미완성, 변화, 유동성의 특징이 있다. 종교조직은 사회 안에 존재하기 때문에 사회변화, 그리고 이 변화에 따른 구성원 자신들의 변화에 따라 종교조직 자체도 변화될 수 있다. 그 변화는 종교조직의 신앙적, 교리적, 의례적 전통일 수도 있고, 구성원과 구성원 사이의, 구성원과 비구성원 사이의 관계성일 수도 있고, 조직과 전체사회 혹은 외부사회와의 관계일 수도 있다. 종교조직이란 그 자체가 종교의 고상한 윤리적 이상과 인간 집단에서의 그것의 구현 사이의 조화에 완전하거나 영원한 것은 아니다. 우리는 종교조직의 이러한 변화과정과 그 문제점에 대하여 제 4절과 제 5절에서 자세히 다룰 것이다.

마지막으로 한 가지만 더 지적해 보자. 종교조직은 사회에서 작용하는 유일한 힘이 아니다. 뿐만 아니라 종교조직은 다른 사회제도의 구조적 힘과 밀접하게 관계가 있다. 따라서 종교조직에 대한 연구는 정치, 경제, 가족, 교육과 같은 사회제도들과의 관계성의 맥락에서 탐구되어야 할 것이다.

2. 종교조직의 유형

1) 교회-종파의 이분법: 베버와 트뢸치

종교조직은 매우 다양하며 발전과정에서 중요한 변화를 겪는다. 그러나 일반화를 위하여 사회과학자들은 유형별로 종교집단 혹은 종교조직들을 범주화한다. 종교조직의 유형을 처음으로 종파(*sect*)와 교회(*church*)로 구분한 것은 베버이다(1963). 베버에게 종파는 배타적 집단으로 덜 조직화되어 있으며, 주변 환경에 적대적인 경향이 있고 멤버십은 자발적이나 어떤 조건들(특별한 교리에 대한 믿음이나 특별한 수행에 대한 동조)을 따를 것이 요구된다. 반면에 교회는 제도화되고 주변 문화에 동조하는 경향이 있고, 사회의 모든 멤버들이 참여하도록 장려하고 특수한 헌신이나 동조를 덜 요구하는 포괄적 집단조직이다(Weber, 1963: 65).

> 교회와 종파 사이에 대한 베버의 구분은 신학자요 교회사가인 그의 동시대 인물 트뢸치(Ernst Troeltsch)에 의해 발전되었다(1960). 트뢸치는 유럽에서의 기독교회의 어떤 이념이나 가르침의 사회적 영향을 추적하는 데 관심을 가졌다. 그는 교회, 종파, 신비주의 등 3가지 유형의 종교조직이 기독교 가르침에 함축되고, 종교집단은 그것의 사회환경과의 관계성에 따라 발전되었다고 생각했다. 그러나 신비주의는 종교조직의 형태라기보다는 특수한 종교집단의 한 종교적 표현으로 이해되었기 때문에 종교조직 이론에서는 흔히 배제되었다. 그러나 오늘날에는 신비주의조차도 제의(*cult*)라는 종교조직 유형의

한 형태라고 이해되고 있다(McGuire, 1981). 트뢸치는 그의 일반화가 기독교 유럽문화에 한정되었다는 것을 잘 알고 있었다. 다만 그가 하려고 했던 것은 어떤 형태의 조직, 특별한 신학적 정향, 그리고 사회와 특수한 이념 사이의 상관관계를 진술하는 것이었다.

트뢸치의 설명에 따르면 종파는 다음과 같은 특징을 가진 종교조직이다(1960: 331~43). 종파는 회원자격의 의지적 양상을 강조한다. 이에 따라 멤버십은 배타적이고 수납을 위해 확립된 어떤 수준을 가지고 있다. 타락된 상태로부터의 변화의 증거로서 회심 경험이 대개 필요하다. 종파의 멤버들은 자신을 선민으로 생각하는 경향이 있기 때문에 외부인들에 대하여 배타적이다. 구원은 개인적 완전이나 자신의 도덕적 가치성으로 성취되며, 이를 위해서는 이 세상에 대한 금욕, 엄격성, 자기부정이 요구된다. 공식적이고 전문적인 성직자가 드물며 모든 신자들의 사제직이 강조되는 경향이 있다. 종파는 세속사회, 문화, 국가에 대하여 적대적이거나 무관심한 태도를 보인다. 때로는 개인적인 카리스마를 가진 지도자를 중심으로 조직이 이끌려 간다. 신학적으로는 충분히 체계화되지는 않으나 근본주의적 성향이 강하다.

반면에 교회는 보다 개방적이며, 출생에 기초하여 회원자격은 쉽게 결정된다. 믿음은 급격한 변화보다는 자연적 과정으로 이해되며, 이에 따라 회심의 경험보다는 종교교육이 중요하다. 경쟁적 종교집단을 원하지는 않으나 많은 이를 수용하기 위하여 타협을 허용하고 변화를 용납한다. 구원은 개인적 노력보다는 은총에 의해서 이루어지며, 이것을 확인하는 중요한 절차는 의례와 성례전이다. 따라서 공식적 의식이 중요하고, 이에 전문적으로 훈련받은 전임 성직자가 필요하다. 그들은 사제직 위계질서를 확립하게 된다. 신학적으로는 정통주의를 고수하면서도 때로는 변화에 대하여도 수용적이다. 사회, 세계, 문화에 대하여 적응하고 타협하거나 이를 뒷받침하는 경향이 있다.

교회-종파 유형론은 많은 한계가 있다. 물론 트뢸치 자신도 그의 유형론을 교차-문화적으로 혹은 역사의 모든 시대에 적용할 수 있을 것으로 보지는 않았지만, 그의 이론은 교회형 조직으로 중세 후기 가톨릭을, 그리고 종파형 조직으로 주류 가톨릭으로부터 벗어난 여러 종교운동 조직을 참조하기 때문에 그 적용의 범위가 크게 제한받고 있다. 그리하여 니버(Niebuhr)는 교회-종파의 이분법을 확립된 교회가 없고 하나의 단일한 정통적 종교조직 구조가 없는 미국의 상황에는 적용할 수 없음을 지적하면서 교회개념 대신에 교파(*denomination*)라는 개념을 도입하여 종파조직과 비교하고 있다(1957). 또한 트뢸치의 이분법은 정적이고, 극단적 모델을 제시하는 문제점도 지적된다. 특히 트뢸치의 유형론은 종교조직의 변화과정을 설명하는 발전적 모델이 되지 못한다는 한계가 제시된다. 그리고 그의 연구는 어떤 사회적 조건이 어떤 종류의 집단을 만들어내는 경향이 있는지에 대한 실마리를 제공하지 못한다는 문제점이 지적되기도 한다(Roberts, 1984: 227).

그러나 베버와 트뢸치의 교회-종파 이분법의 모형 설계가 불완전하기는 해도 그것은 보다 비교적이고 경험적인 연구들을 위한 풍부한 통찰력과 가설을 제공한다. 그리하여 보다 정교한 하위유형들과 범주들이 후대 학자들에 의해 탐구되어 베버와 트뢸치의 종교조직 유형론의 문제점들을 보완하고 있다(Becker, 1932; Yinger, 1970; Robertson, 1984; Wilson, 1970; Glock and Stark, 1965). 한편 그들의 종교조직 유형론이 정적인 모델이라는 비판에 대하여 반론을 제기하는 학자도 있다. 힐(Hill)은 베버와 트뢸치의 저작에서 이미 종교집단의 조직 안에서의 변화의 초기 근원형태를 발견할 수 있다고 지적한다(1980: 57). 즉, 베버는 조직의 원래적인 카리스마적 양상이 일상화되면서 종파형 조직이 교회형 조직으로 발전되는 가능성을 제시했고, 트뢸치도 신비주의로 불리는 세 번째 유형의 기독교 조직에 대한 설명을 통하여 교회와 종파 사이의 변증법적 대립을 논의했다. 종파조직의 변화와 발전과정에 대한 연구는 후대 학자들에 의해 보다 심도 있게 이루어졌다(Niebuhr, 1957; McGuire, 1981; J. Wilson, 1978; Robertson, 1984).

베버와 트뢸치의 교회-종파 유형론적 설명과 후대 학자들의 보완적 진술을 종합하여 교회조직과 종파조직의 특징을 정리하여 비교하면 〈표 10-1〉과 같다.

다소 지나치게 일반화된 경향이 있고 설명이 중복되는 감이 있지만 교회와 종파는 종교조직 유형의 가장 기본적인 두 양태이기 때문에, 두 유형을 다시 한 번 포괄적으로 〈표 10-1〉에 따라 비교해 본다. 우선 종파조직은 그 규모가 작다. 멤버십의 자격이 까다로워 회심과 헌신이 강조될 뿐만 아니라 타집단(특히 타종교집단)에 대하여 매우 배타적인 반면에 선민의식은 매우 강하다. 따라서 진리를 독점한다는 특수주의 의식이 강해 외부 집단과의 경계선이 뚜렷하지만, 멤버들 사이에는 원초 집단적인 공동체성이 두드러지게 보인다. 개인적인 윤리적, 도덕적 완전을 추구한다. 성직자는 비전임, 비전문가인 경우가 많으나 종교의례는 매우 감정적이어서 가슴의 종교성(*religion of heart*)의 전형적 모습을 보여준다. 멤버들 사이의 관계는 비공식적이고 만인사제직에 기초한 평등구조가 특징이 되고 있다. 신학적, 교리적 성향은 근본주의적이면서 '저 세상'적 구원을 추구하는 경향이 있다. 세계 혹은 문화, 사회에 대해서는 적대감, 거부감, 무관심의 태도를 보이는 경향이 강하다. 멤버들은 주로 사회의 하류계급 혹은 상대적으로 박탈당하는 계급으로 구성된다. 현 사회체제

〈표 10-1〉 종파와 교회의 특징

특 징	종 파	교 회
규모	작다	크다
멤버십 자격	의지적 (성인회심, 헌신 강조)	출생에 기초 (종교교육 강조)
멤버십 범위	배타적(조건이 까다로움)	포괄적(열려 있음)
타집단과의 관계	거부적(선민의식)	수용적(조화적)
진리에 대한 태도	특수주의(독점의식)	보편주의(다양성 수납)
집단 성격	원초집단적	이차집단적
구원관	윤리적 엄격성, 도덕성 강조	은총과 의례 강조
종교적 의례	감정적, 비공식적	지성적, 공식적
성직자	비전문가, 비전임	전문가, 전임
조직구조	평등조직	관료조직
신학	근본주의	정통주의 혹은 현대주의
구원지향성	저 세상적	이 세상적
세상과의 관계	적대감 혹은 무관심	동조적, 타협적
멤버의 계급	주로 하류계급 혹은 박탈계급	주로 중, 상층계급
윤리의 성격	급진적 사회윤리(변화촉구)	보수적 사회윤리(현상옹호)
자원(물적, 시설)	제한적	풍부함

에 대하여 비판하고 거부하는 급진적 사회윤리관이 강하다. 그러나 조직이 가진 물적, 인적, 시설 자원은 제한되어 있다.

한편 교회조직은 그 규모 면에서 크다. 멤버십의 자격은 열려져 있고, 타집단에 대하여도 신앙에 대해 결정적으로 위협이 되지 않는 한 조화적이고 수용적인 태도를 보여준다. 진리에 대한 관점도 상대적으로 보편주의적 성향을 띤다. 멤버들 사이의 관계는 이차집단적 성격이 강하고 조직구조는 매우 관료주의적이다. 구원에서는 은총과 의례수행이 강조된다. 종교의례는 공식적이며 지성적인 경향이 강하여 머리의 종교성(*religion of head*)의 모습이 두드러지게 나타난다. 성직자는 전임 전문가로 하나의 계급을 형성한다. 신학적, 교리적으로는 정통주의가 지배적이나 때로는 현대주의 입장도 수용된다. 이 세상적 구원관을 가지며 세상과는 동조적이고 타협적인 관계를 유지하려고 한다. 교회조직에 참여하는 사람들은 대체로 중, 상층 계급으로서 이들은 현상(現狀)을 옹호하고 유지하려는 보수적 사회윤리관을 가지고 있다. 이 조직은 풍부한 인적, 물적, 시설 자원을 확보하고 있다.

교회-종파의 이분법적 조직유형론은 여러 학자들에 의해 여러 가지 형태로 보완, 수정되는데, 그 가운데 먼저 주목할 것은 종교조직 유형의 범위를 확대하려는 노력이다.

2) 종교조직 유형의 다양성

종교조직의 유형을 보다 다양하게 구분하여 비교 분석하려고 시도한 대표적 학자는 베커(Howard Becker, 1932)와 잉거(Yinger, 1970)이다. 베커는 종교조직의 유형을 교회(그는 사실상 이 유형을 희랍어로 교회라는 뜻을 가진 에클레시아(*ecclesia*)라는 용어로 표현한다), 교파, 종파, 제의(*cult*)의 4가지로 나누었다. 한편 잉거는 베커의 4가지 유형에서 교회를 다시 두 가지 하위유형, 즉 세계교회(*universal church*)와 에클레시아로 구분하고, 종파도 기성종파(*established sect*)와 종파로 다시 나눔으로써 모두 6가지의 종교조직 유형을 제시한다. 이들에 의해 구분된 종교조직 유형들의 특성을 비교해 보기로 한다.

(1) 교회: 세계교회와 에클레시아

교회는 특정사회의 경계선 안에서 모두를 멤버로 주장하도록 그 영역을 확장하려고 시도하는 종교조직이다. 이것은 보수적 조직으로서 사회생활의 세속적 양상과 공개적 갈등관계에 있지 않고 목표에서 보편성을 강조한다(Becker, 1932: 624). 그리하여 그것의 목적은 사회전체를 지배하는 것이다. 발달된 교회는 국가와 지배계급과 병합하려고 시도하고 인구 모두에 통제력을 수행하려고 시도한다. 멤버는 출생과 함께 그 조직에 속하며 따라서 거기에 가담하려고 할 필요가 없다. 조직 내에서의 권위의 유형은 전형적으로 공식적이고 전통적이며, 이 권위는 중앙집권화, 위계서열화 되어 있다. 기성 사회질서 혹은 세속제도들과 밀접한 상응관계를 가지고 있다. 사회 안에서 종교적 영역에 대한 독점적 권리를 가지고 있다. 교회는 어느 다른 종교집단의 주장의 합법성을 인정하지 않는다. 그 중심적 메시지는 "교회 밖에는 구원이 없다"(*Extra ecclesiam nulla salus*)는 것이다. 이 유형의 종교조직은 정치적 권력과 경제적 체제를 정당화했고, 사회의 목표와 가치를 받아들였으며 그 대신에 사회의 인정을 받고 보호받았다(McGuire, 1981: 112). 리더십은 공식적으로 임명된 전임 성직자에게 있는데 그들은 전적으로 종교적 권한을 갖는다. 이와 같이 베커나 잉거가 말하는 교회 혹은 에클레시아는 베버나 트뢸치의 '교회'형 조직과 비슷한 의미를 가지고 있다.

교회조직에는 두 가지 유형이 있을 수 있다. 하나는 국제적인 것이고, 다른 하나는 국가적인 것이다. 잉거는 전자를 '세계교회'로, 후자를 '에클레시아'로 부른다. 세계교회라고 부르는 것은 넓은 범위의 사회집단을 병합한다는 의미와 다양한 종교적 경향을 동화한다는 의미에서이다. 세계교회는 조직적 경계영역을 세계적으로 확대시켜 놓은 것으로서 가톨릭이 그 예가 될 것이다. 가톨릭은 전 세계에 그 영향이 확산되어 있으나 교황청 중심의 단일한 조직구조를 가지고 있다.

한편 잉거가 말하는 에클레시아는 조직의 경계영역이 하나의 사회 혹은 국가에 머무는 형태로서, 대표적인 예는 영국의 성공회, 독일의 루터교 등을 들 수 있다. 법적인 것은 아니라도 국교의 성격을 어느 정도 띠는 종교조직이 이에 속한다. 만일 이 개념을 다른 종교에 적용할 수 있다면 이란의 이슬람교나 이스라엘의 유대교, 태국의 불교와 같은 종교들이 에클레시아 유형에 가깝지 않을까 생각된다. 그러나 요즈음의 사회학자들은 세계교회와 에클레시아를 합쳐 '교회'로 규정하는 경향이 많다.

(2) 교파

교파(*denomination*)는 전체사회에 일반적 호소력을 가지지 못한 종교조직 유형이지만 몇 가지 점에서는 '교회'형과 유사하다(Yinger, 1970: 264~6). 우선 세속세계나 국가권위와 타협하고 동조하는 경향이 있으며 멤버십의 증가를 출생과 사회화에 크게 의존한다. 각 교파조직에 의해 인정된, 공식적으로 훈련된 성직자가 리더십을 발휘한다. 구성원은 지배적으로 사회의 중산층, 상류층 출신이다. 그러나 교파는 다른 몇 가지 점에서 세계교회나 에클레시아와 같은 교회형 조직과 구분된다. 교파는 사회에서 다원화된 형태로 존재하며, 따라서 그 어느 교파도 사회에 지배적 영향력을 행사하지 못한다. 교파는 다양성에 익숙하기 때문에 비슷한 종교조직에 대하여 관용적이고 서로 우호적 관계(때로는 협동과 협조)를 유지한다. 종교적으로나 사회적으로 독점적, 배타적 태도가 상대적으로 약하다. 교파는 다원주의적 힘에 기초하기 때문에 사회를 '교회'만큼 통제하지 못한다. 같은 이름의 교파가 세계 여러 곳에 있을 수 있으나 그것은 각 지역에서 독립적 기구를 가지고 있다. 그리고 각 교파는 다양한 수준의 의례형식과 교리(신학)체계를 가지고 있다. 개신교의 여러 교파들(예를 들면 장로교, 감리교, 침례교 등)이 이에 속할 것이지만, 만일 다른 종교에도 적용될 수 있다면 한국 불교의 조계종, 태고종, 천태종 등이 교파(불교적 용어로 '종단') 유형에 가까운 종교조직이라 할 수 있겠다.

(3) 종파와 기성종파

종파(*sect*)는 앞에서 상세히 설명한 바와 같이, 그 조직은 자발적 멤버십과 배타적 성격을 가진 작은 분리주의 집단이라 할 수 있다. 종파는 자체를 특별하게 정당하다고 생각하며, 대체로 지배사회와 부정적 관계성 가운데 있다. 종파는 교회나 교파, 그리고 경쟁적 종파들의 합법성 주장을 인정하려고 하지 않는다. 교회처럼 그것은 자체를 유일한 길로 선언한다. 권위는 위계서열 통제보다는 개인적 카리스마에 기초하는 경향이 있다. 종교적 훈련은 엄격하고, 종교적, 윤리적 열정이 강하다. 그러나 다른 종교조직 유형과는 달리 종파는 가변적인 조직유형이다. 이 문제는 다음 절에서 집중적으로 다시 다루겠지만, 어쨌든 종파는 오래 지속되지 못하고 소멸되거나 아니면 세월이 흐르면서 변화되는 경향이 강하다. 내면적 경쟁, 개인적 충돌, 리더십 계승의 문제, 멤버들의 계층적, 지리적 이동 등이 종파의 성격을 변화시킨다. 그리하여 생존한 종파는 흔히 교파의 형태로 변형되는 경향이 있다. 그러나 다른 유형의 조직형태로 변형되지 않고 종파적 성격을 그대로 유지하는 경우가 있다. 이러한 종파는 특히 '기성종파'로 불린다(Yinger, 1970: 266~73). 기성종파의 예로는 여호와의 증인(*Jehovah's Witness*), 모르몬교(*the Mormon*), 통일교, 퀘이커(*Quakers*) 등을 들 수 있다.

기성종파는 숫자에서 상대적으로 적고 사회 자체에 대한 저항의 성격을 가지고 있으며 멤버들의 민주적 참여와 탈관료주의 성격을 가진다는 점에서는 순수한 종파와 비슷하나, 전자는 다소 더욱 관료주의적으로 조직화되고 있다는 점에서 후자와 다르다. 그리고 기성종파의 멤버들은 사회경제적 지위가 보통의 종파 멤버들보다 높다.

예배에도 기성종파의 종교적 표현은 덜 감정적인 반면에 멤버에 대한 교육문제에 더 많은 관심을 가지고 있다. 결국 기성종파는 교회-종파의 연속선상에서 교파와 종파 사이에 있다고 할 것이다. 특히 잉거는 종파가 두서너 세대 후에는 어떤 식으로든 변화하게 되는 가변적 성격을 가지고 있다. 그러나 많은 학자들이 기성종파와 종파의 차이가 모호할 수 있다는 점에서 양자 사이를 구분하지 않으려는 경향이 있다.

(4) 제의

잉거는 제의(*cult*)를 “매우 헌신적인 멤버들을 가지고 있는, 관료적 구조가 결여되고 카리스마적 지도자에 의하여 인도되는 비교적(秘教的) 혹은 신비적 이념들을 주장하는 작은 종교집단”으로 정의내린다(1970: 279). 제의는 종파보다도 작고 느슨한 구조이며, 단명하고, 흔히 지역적(주로 도시에서 발전)이다. 평신도 참여에 의한 확산이라는 보다 전형적인 종파적 양상과는 대조적으로 단일한 지배적 지도자 주위에서 형성된다. 카리스마적 지도자에 의존하기 때문에 제의는 지도자가 죽거나 사라지거나 인정받지 못할 때 붕괴되는 경향이 있다. 그러나 때때로 제의가 지속되고 리더십 계승의 구조와 수단을 발전시키며 규모가 증가하면서 제의는 종파 혹은 교파 형태로 변화될 수도 있다. 제의의 믿음과 수행은 사회의 전형적인 것들과는 매우 크게 벗어나는 경향이 있다. 제의는 흔히 새로운 용어와 상징을 사용하며, 그 주제가 신비적이고 비교적인 경향이 있다. 제의는 개인주의적 성향이 강하고, 따라서 개인적 적응과 마음의 평화를 강조하며 개인과 초자연과의 조화를 추구하는 반면에, 사회변동에 대하여는 별로 관심을 가지지 않는다.

제의는 교파처럼 절대 진리가 있다고 주장하지 않고, 다른 집단의 주장에 관용적이다. 제의가 비록 종파처럼 사회적 부동의(不同意)의 한 형태이기는 하지만, 그 부동의는 제의의 다원적 입장 때문에 덜 극단적인 경향이다(McGuire, 1981: 113). 제의에 참여하는 이들은 흔히 순수하게 개인적인 환각적 경험, 구원, 위로 그리고 정신적 혹은 육체적 치유를 추구한다(Becker, 1932: 627). 제의는 기성종교 전통으로부터의 단절을 원하지만 그 자체는 혼합주의적인 성격을 띠고 있다. 특히 오늘날 주로 미국에서 많이 발견되는 제의들은 기독교적 요소와 힌두교, 불교의 요소들과 혼합된 믿음체계, 수행체계를 갖는 경우가 흔하다(Glock and Bellah, 1976; Needleman and Baker, 1981; 이원규, 1989b).

현대사회에서 제의에 대하여 예를 들면 3HO(*Healthy - Happy - Holy - Organization*), 헤어 크리슈나(*Hare Krishna*), 크리스천 사이언스(*Christian Science*), 하나님의 자녀(*Children of God*) 등이 있다. 그러나 제의를 다른 종류의 종교집단이 아니라, 단순히 새로운 종교운동이 생겨나는 한 형태일 뿐이라고 보는 학자도 있다(J. Wilson, 1978: 139). 어쨌든 종파와 비슷하게 제의도 매우 가변적이어서 오래 지속되지 못하거나 아니면 지속된다 해도 다른 조직유형으로 변화될 가능성이 많은 것은 사실이다.

(5) 종교조직 유형론의 한국적 적용

지금까지 소개한 종교조직 유형론을 한국 종교의 상황에 적용할 수 있는가는 논란의 대상이 된다. 오경환은 '교회'의 예로 신라와 고려의 불교를, '종파'의 예로는 유교계의 신흥종교 일심교(一心敎)를, '교파'(그는 이것을 '교단'이라 부른다)의 예로는 조계종과 같은 불교 종단들과 원불교를, '제의'의 예로 천도교, 증산교 등을 들고 있다(1990: 366~8). 그러나 한국의 개신교를 전통종교에서 파생되지 않은 외래종교이기 때문에 교파(교단)라고 보기 어렵다는 그의 입장은 받아들이기 어렵다. 왜냐하면 비록 한국 개신교의 여러 교단들이 다양성을 가지고 있고, 비교파적 성향이 있는 것도 사실이지만 일반적 경향은 여러 종교조직 유형 가운데 '교파'형에 가장 가깝기 때문이다. 또한 그가 제의로 구분한 천도교와 증산교는 '기성종파'의 범주에 포함시키는 것이 타당하지 않을까 한다. 어쨌든 한국의 모든 종교들(외래종교든 토착종교든)의 조직적 특성에 대한 보다 심층적인 연구가 필요하다고 본다.

3) 유형론적 재구성

일단의 사회학자들은 종교조직을 유형별로 구분해서 비교하는 방법의 유용성을 인정하면서도 그 조직의 성격을 설명하는 내용이 너무 복잡하고 다양하면 혼동을 초래할 가능성이 있다고 보아 오히려 유형론을 단순화하려는 시도를 하고 있다. 즉, 최소변수에 근거하여 조직유형을 구분하려는 것이다.

(1) 존슨

존슨(Benton Johnson)은 단 하나의 변수, 즉 사회환경을 받아들이는가 혹은 거절하는가는 기준에 따라 전자의 경우를 교회형 조직, 후자의 경우를 종파형 조직으로 설명한다(1963). 다시 말하면 지배사회와 가치갈등을 일으키는 것이 종파유형이라면 지배사회와 가치조화를 이루는 것은 교회유형이라는 것이다. 그리하여 그는 종교집단을 구분할 수 있는 가장 확실한 근거는 그것의 내면적 특질들이라기보다는 그것이 존재하는 전체 문화와의 관계성이라고 보면서, 이 관계성의 성격으로 다른 종교조직의 특성이 설명될 수 있다고 지적한다. 존슨의 주장이 종교유형에 대한 복잡한 설명을 쉽게 이해하도록 했다는 점에서는 공헌했지만, 지배문화에 대한 가치관(조화적이거나 갈등적인)에 따라 조직유형을 구분하는 것은 문제가 있다고 비판받는다. 즉, 종교조직과 지배사회와의 관계에서 갈등과 조화가 항상 상호배타적인 것은 아닌 것이다.

(2) 맥과이어

맥과이어(Meredith B. McGuire)는 두 가지 변수를 종교조직 유형을 구분하는 데 사용하고 있다(1981: 110~3). 한 변수는 존슨이 사용했던 종교집단과 지배사회와의 관계성이다(1963). 즉, 그 관계성은 긍정적일 수도 있고 부정적일 수도 있다. 두 번째 변수는 로버트슨(Robertson)이 사용하는 종교집단의 정당성의 문제이다(1984). 종교집단은 자체의 정당성이 유일하다고 볼 수도 있고 다원적이라고 볼 수도 있다. 집합체의 성격을 나타내는 이 두 변수를 교차하여 맥과이어는 종교조직 유형을 4가지로 구분한다(〈표 10-2〉).

〈표 10-2〉가 요약하는 대로, 교회는 자체를 독특하게 혹은 유일하게 정당성을 가진 것으로 보며 사회와는 다소 긍정적 관계성 가운데 있는 종교조직이다. 종파는 자체를 유일하게 정당하다고 생각하지만 지배 사회와는 다소 부정적 관계성을 갖는다고 할 수 있다. 한편 교파는 사회와 긍정적 관계를 가지면서 다른 종교적 집합체들의 정당성을 인정하는 조직이다. 제의는 다른 종교집단의 정당성 주장을 받아들이지만 사회와는 부정적 관계를 가진 종교조직이다. 맥과이어의 이러한 유형론적 재구성은 종교조직 유형들의 복잡한 특징들을 알기 쉽게, 그러나 많은 것을 설명해주는 시도라고 하겠다.

맥과이어는 종교적 정향(*orientation*)의 방식에 근거하여 종교조직을 유형화할 수 있다는 것도 함께 제시한다(1981: 115~9). 여기에서

〈표 10-2〉 집합체의 성격과 종교조직 유형

정당성에 대한 주장	집단/사회와의 관계	
	긍정적	부정적
일원적	교 회	종 파
다원적	교 파	제 의

* 출처: McGuire(1981: 111).

그녀는 개인 멤버들의 전형적인 종교적 정향을 규정하는 두 가지 특징으로 ① 종교적 사람으로서의 그 멤버의 역할이 하나의 독립된 역할로 단편화되거나 혹은 그 사람의 생활의 모든 양상을 통하여 확산되도록 기대하는 정도, ② 개인이 '대중' 혹은 '대가'(大家) 종교성의 표준에 따라 자신과 다른 이들을 평가하는 정도를 들고 있다. 여기에서 종교적 역할이 확산적이라고 하는 것은 종교적 역할이 다른 사회적 역할들(예를 들면 일 혹은 가족)로부터 훨씬 덜 분화되었다는 것을 의미하고, 단편적이라고 하는 것은 종교적 역할이 삶의 다른 부분들로부터 상대적으로 분리되었다는 것을 말한다. 한편 대가적 종교성은 종교적 대가의 종교적 완전(도덕적, 금욕적, 신비적 용어로 규정될 수 있는)을 지향하는 것이고, 대중적 종교성은 대중화된 일반적 종교성을 유지하는 것을 나타낸다. 이 두 변수를 근거로 종교조직 유형을 구성하면 〈표 10-3〉과 같다.

〈표 10-3〉에 따르면 교회적 종교조직의 개인적 정향의 주요 특징은 종교성의 대중적 표준을 받아들이고 일상생활 전체에 확산된 종교적 역할을 수행하도록 하는 것이다. 교파적 조직의 성향은 대중적 수준의 종교성을 받아들이고, 생활의 다른 영역들로부터 구획화된 종교적 역할을 감당하는 것이다. 한편 종파적 조직의 개인적 정향은 규범적 대가의 종교성을 지향하며 종교적 역할의 확산에 치중하는 경향이 있다. 제의적 종교조직의 특성은 다른 생활영역들로부터 종

〈표 10-3〉 개인적 종교정향과 종교조직 유형

종교적 강조	종교적 역할	
	확산적	단편적
대중 종교성	교회적	교파적
대가 종교성	종파적	제의적

* 출처: McGuire(1981: 116).

교적 역할을 분리하려고 하지만 대가의 신앙적 완전을 바라보며 높은 수준의 영성을 추구한다. 맥과이어의 이 유형론도 종교조직의 특성을 일반화된 개념으로 쉽게 이해하는 데 도움이 되고 있다.

(3) 로버트슨

로버트슨(Roland Robertson)은 정당성의 근거와 구성원의 원리라는 두 가지 변수를 토대로 하여 종교조직의 유형을 재구성한다(1984: 120~7). 정당성의 경우 종교조직이 다원적으로 정당성을 주장하는가 아니면 유일한 정당성을 주장하는가 하는 것이고, 구성원의 원리는 배타적인가 아니면 포용적인가 하는 것이다. 이 두 가지 변수에 따라 종교조직을 유형화한 것이 〈표 10-4〉에 제시되고 있다.

〈표 10-4〉처럼 로버트슨은 제의를 빼고 종파를 제도화된 종파(기성종파)와 종파로 구분한다. 교회는 진리에 대한 독점을 주장하지만 광범위한 포용적 멤버 정의를 가진 종교조직이다. 교파는 다른 종교집단의 진리 요구를 관용하고 자유로운 멤버십 요구를 가진 종교조직이라 할 수 있다. 한편 종파는 자신을 유일하게 참된 종교로 생각하는 집단이지만 영적 순수성을 유지하기 위해 구성원 자격을 엄격하게 통제하는 경향이 있고, 제도화된 종파는 다른 종파집단의 진리 주장에 관용적이지만 멤버십에서는 배타적 성향을 보이는 종교조직 형태라고 할 수 있다. 로버트슨은 이 범주들이 사회적 맥락에서 이

〈표 10-4〉 종교적 정당성과 종교조직 유형

구성원 원리	정당성의 기초	
	다원적 정당성	일원적 정당성
배타적	제도화된 종파	종 파
포용적	교 파	교 회

* 출처: Robertson(1984: 123).

용돼야 하며, 그것들은 종교조직과 이를 둘러싸고 있는 사회 사이의 관계를 의미하는 것이라는 점을 강조한다.

(4) 잉거

종교조직 유형을 재구성한 또 다른 학자는 잉거(J. Milton Yinger)이다. 잉거는 종교조직의 유형을 결정짓는 데 중심적인 3가지 변수를 제안하고 있다(1970: 256~61). ① 집단의 멤버십 정책이 배타적이고 선택적이거나 혹은 개방적이고 포용적인 정도이다. ② 집단이 사회의 세속적 가치와 구조를 받아들이거나 거부하는 정도이다. ③ 하나의 조직으로서 그 집단이 다수의 지방적 단위들을 하나의 국가적 구조로 통합하고, 전문적 임원들을 발전시키며 관료주의를 창조하는 정도이다. 이 변수들에 근거하여서 종교조직을 유형화하면 〈표 10-5〉와 같이 나타낼 수 있다.

〈표 10-5〉에 나타난 대로 에클레시아(교회)는 종교 멤버들에 대한 수용성이 높으나, 세속세계의 가치를 받아들이는 경향이 강하기 때문에 그것으로부터의 소외정도는 낮으며(동화적), 종교구조에서는 조직화, 분화되어 있고 관료화, 전문화되어 그 복잡성이 높은 종교조직이라 할 수 있다. 반대로 종파는 멤버들에 대한 자격 면에서 포용성이 낮으며(배타적), 세속가치에 대하여 거부하는 경향이 많아 그것으로부터의 소외의 정도가 높고, 조직화, 분화, 관료화, 전문화

〈표 10-5〉 종교조직의 유형

	Ⅰ. 종교의 수용성				
	높음				낮음
	Ⅱ. 사회적 가치로부터의 소외의 정도				
	낮음				높음
Ⅲ. 종교구조의 조직화, 복잡성, 독특성의 정도	높음	에클레시아			
			교 파		
				기성종파	
	낮음				종 파

* 출처: Yinger(1970: 260)의 표를 필자가 단순화시켰음.

의 수준은 가장 낮은 종교조직으로 나타나고 있다. 이 교회-종파의 연속성 사이의 정도에 따라 교파와 기성종파가 놓이게 된다.

유형론적 재구성을 시도했던 여러 학자들의 입장도 완전한 것은 아니나 그것들은 나름대로 종교조직의 유형에 대한 이해에 많은 도움이 된다. 중요한 것은 여전히 종교조직의 모든 유형은 단순히 이념형적이라는 사실이며, 따라서 어느 단일 종교조직도 어떤 유형에 완벽하게 적용될 수는 없다는 점이다. 종교조직 유형론은 종교조직의 성격을 이해하기 위해 필요한 하나의 수단일 뿐이다.

3. 종교조직의 하위유형

종교조직의 유형에 대하여 연구하는 학자들 가운데는 종파나 교파와 같은 유형은 단일한 형태가 아니라 그 자체가 다양한 형태로 존재한다는 점을 밝히려고 시도했다. 이러한 시도는 종파나 교파와 같은 종교조직은 그 성격을 단순화하기에는 매우 커다란 차이들이 자체 안에서 발견되고 있다는 점에 주목하고 있다.

1) 종파의 유형

종파조직의 하위유형에 대하여 분석한 대표적 학자는 잉거(Yinger)와 윌슨(Wilson)이다.

(1) 잉거의 종파유형론

잉거는 종파를 3가지 유형으로 구분하여 이를 비교한다(1970: 273~9). 첫째는 수용종파(*acceptance sect*)이다. 여기에 참여하는 멤버들은 경제적 박탈로 심각한 고통을 받지 않는 중산층 혹은 상향이동하는 하류계급이다. 그들의 저항은 세계의 상태에 대한 것이라기보다는 소외, 무의미감, 고통의 문제를 해결할 능력이 없음에 대한 것이다. 즉, 세계의 문제는 "악한 사회가 아니라 신앙의 결여, 이기심, 무지, 고립감"인 것이다(1970: 275). 따라서 멤버들은 개인의 고통, 소외, '중요하지 않음'의 느낌을 극복할 방식에 초점을 맞춤으로써 문제를 다루려고 노력한다. 크리스천 사이언스(*Christian Science*)가 그 예로 지목되고 있다.

두 번째 유형의 종파는 공격종파(*aggressive sect*)이다. 이것은 세계를 변화시킬 힘의 사용(개인의 변화를 통해서든, 세계의 결정적 변경에 의해서든)을 지향한다. 여호와의 증인이나 초기의 구세군이 여기에 속할 것이다. 이 집단은 경제적 박탈에 대한 반응이며, 종교적 대답이 무력한 자들에게 주어지는 것이다. 그러나 그러한 공격적 방법은 그들의 삶의 조건을 개선할 희망이 다소라도 있다고 느끼는 개인들에 의해서 취해질 가능성이 높다(Yinger, 1970: 276). 따라서 공격종파는 사회변동을 위한 주요 혁명적 압력이 있는 사회에서 발견될 가능성이 높다.

세 번째 유형으로 도피종파(*avoidance sect*)가 있다. 여기에는 현존

〈표 10-6〉 종파유형들의 특성 비교

유형	박탈감의 형태	리더십과 경험의 유형	사회에 대한 전략	우선적 목적	극단적 혹은 '순수한' 표현	사 례
수용종파	개인적 도덕성	신비적	무시 혹은 수용	개인적 안정과 참여	정상적 경험의 격하	초기 크리스천 사이언스
공격종파	구조적 힘	예언적	공격	힘	종교적인 호전적 운동	고스트 댄스 (Ghost Dance)
도피종파	문화적 가치	금욕적	퇴거	가치의 성취	공산주의적 공동체	후터라이트 (Hutterites)

* 출처: Yinger(1970: 279).

하는 사회질서에 대한 평가절하와 내세의 새 삶에 대한 강조가 있다. 이것은 삶이 나아질 희망이 거의 없는 집단에게서 나타날 가능성이 많다. 이 집단에의 도피는 비록 그들이 세속세계의 실재를 부인한다 하더라도 사회적, 경제적 위상에 대한 대체적인 종교적 지위를 마련해 준다.

잉거는 이 3가지 유형의 종파들의 특성을 요약하여 하나의 표로 제시하고 있다(〈표 10-6〉).

(2) 윌슨의 종파유형론

종파유형을 보다 다양하게 구분하여 설명한 학자는 윌슨(Bryan Wilson)이다. 기독교 종파에 대한 심층적이고 광범위한 연구서 《종교 종파》(*Religious Sects*, 1970)에서 그는 종파의 유형을 7가지로 나누어서 비교한다. 윌슨은 종파의 기본적 믿음은 세상은 악하다는 것이며, 이에 대하여 구원받기 위해 무엇을 해야 하는가 하는 물음에 대한 대답에 따라 종파의 유형이 달라질 수 있다고 본다. 여기에는 교리, 사회윤리, 다른 집단과의 관계성, 외부 세계에 대한 입장, 함께 만나 무엇을 어떻게 해야 하는가에 대한 개념이 중요하다고 지적한다(1970: 36~7).

윌슨이 구분한 첫 번째 유형의 종파는 회심종파(*conversionist sect*)이다(1970: 66~92). 여기서는 세상과 제도를 악한 것으로 보면서 구원은 '거듭남'(*born again*)으로 자신의 커다란 변화를 통해 성취될 것으로 본다. 이 종파의 목적은 죄의식을 불러 일으켜 회심을 초래하여 구원을 찾는다. 따라서 여기서는 회심과 개종이 강조되며 멤버에게는 감정적 요소가 중요하다. 일종의 '가슴의 종교'라고 할 수 있다. 성령강림운동의 성격이 강하여 예배 가운데서 뜨거운 감정적 결속과 분위기가 중요시된다. 결단, 증언, 찬양 등이 중심적 요소가 되며 감정유발과 마음의 변화가 촉구된다. 사회제도에는 무관심한 반면에 은총의 상태가 강조된다. 초기의 감리교, 침례교가 이에 속하고 오늘날의 모든 오순절파 계통의 집단(하나님의 성회, 하나님의 교회 등)이 여기에 속한다고 할 것이다.

둘째로 혁명종파(*revolutionist sect*)가 있다(1970: 93~117). 이 종파는 세계를 악하다고 보면서 구원의 유일한 방식은 초자연적 행동에 의해 세계질서가 뒤바뀌는 것이라고 본다. 이렇게 현재 세계가 뒤집히고 새로운 세계가 도래할 때 충분한 신앙을 가진 사람은 구원받을 것이다. 신자의 책임은 구원의 길을 준비하고 마지막 도래를 준비하는 것이다. 여기에는 하나님에 대한 절대적 복종이 중요하다. 곧 재난이 임할 것이며 역사의 순서는 대격변을 겪으면서 선택받은 이는 '불림'을 받을 것이다. 하나님의 계획이 성공적으로 세계에 확산될 것을 믿기 때문에 공격적으로 개종을 권고한다. 이 종파의 예로는 그리스도의 재림을 예비하며 참을성 있게 기다림을 중요시하는 안식교(*Seventh-Day Adventists*)와 도래할 왕국 건설에 도움이 되도록 적극적으로 역할수행을 할 것을 강조하는 모르몬교(*the Mormon*)나 여호와의 증인(*Jehovah's Witness*) 등을 들 수 있다. 혁명종파는 강림종파(*adventist sect*)라고도 불린다.

종파의 셋째 유형으로 내향종파(*introversionist sect*)가 있다(1970: 118~40). 이 종파는 인간 환경이 악한 것을 알고 그것으로부터 퇴거함으로, 그리고 자신을 세상의 오염으로부터 단절시킴으로써 구원을 추구한다. 이 종파는 세상이 거룩성의 결여 때문에 악하다고 믿고, 따라서 그 세상으로부터 퇴거하여 자신들의 공동체 안에서 서로 힘을 모음으로써 개인적 성결이 지속될 수 있다고 본다. 이 종파의 우선적 목적은 개인적 성결을 배양하기 위하여 도피처를 만드는 것이다. 이 공동체의 우선적 목적은 경건이고, 지역적 고립은 수단이 된다. 그러나 이 공동체가 공산주의 형태를 띠는 것은 아니다. 매우 강한 배타성, 선택성, 다른 이들과의 분리되어 있기 때문에, 자체의 교육, 족내혼(族內婚), 외부세계와의 접촉제한(심지어 전화, 라디오, 텔레비전의 금지)이 강조된다. 집단규범에 대한 동조가 요구되며 신앙의 기초 위에서 고백과 헌신, 계명에 대한 엄격한 복종이 필수적이다. 이 종파의 예로는 아미쉬(*Armish*), 아마나(*Amana*), 후터라이트(*Hutterites*), 덕하버(*Doukhobors*), 메노나이트(*Mennonites*) 등을 들 수 있다.

넷째 유형의 종파는 조종종파(*manipulationist sect*)이다(1970: 141~66). 이 종파는 악한 세상에서 특별한 지식과 기술에 의해 불러올 수 있는 초자연적 수단의 적용으로 구원이 가능하다고 본다. 중요한 것은 개인의 이익을 위하여 세계를 조종하는 데 사용될 수 있는, 특별하고 비밀스러운 지식과 기술의 획득에 있다. 신성은 구속자라기보다는 위대한 힘의 추상적 관념으로 본다. 세계를 거부하기보다는 오히려 세계로부터 보다 많은 이익을 거두기 위하여 그들의 힘을 세계를 조종하는 데 이용하려고 시도한다. 이 종파에서는 공동체성이 약하여 집단규범이나 소속의식은 중요하지 않다. 다만 세계에 적응하는 데 도움이 되는 가르침을 배우려는 사람들의 결사체 모임의 성격이다. 그러나 그 가르침은 혼합주의적이어서 여러 종교적 전통뿐만 아니라 철학, 동양사상, 운동전통, 현대과학으로부터의 이념들을 결합하고 있다. 크리스천 사이언스(*Christian Science*), 사이언톨러지(*Scientology*), 테오소피(*Theosophy*) 등이 이 종파의 예가 될 것이다.

윌슨이 말하는 다섯째 유형의 종파는 마술종파(*thaumaturgical sect*)이다(1970: 167~76). 여기에서 개인의 관심은 신체적인 것이든 정신적인 것이든 현재의 질병으로부터 구제받는 것이다. 따라서 세상의 악은 정상적인 인과법칙으로부터 초자연적 대리자에 의한 주술적 시혜에 의해 치유될 수 있다고 본다. 이 종파에서 죄와 구속의 의미는 거의 없으며, 가장 중요한 양상은 고객/중재자/영의 관계성이다. 가장 중요한 목적은 영적 인도를 확보하는 것이다. 공동체성이나 교리에 대한 관심은 별로 없다. 이 유형의 종파는 불교와 힌두교 전통에서도 흔히 발견된다고 윌슨은 지적한다(1970: 167). 이 종파의 예로는 카데시즘(*Kardecism*), 움반다(*Umbanda*) 등을 들 수 있다.

여섯째로 개혁종파(*reformist sect*)가 있다(1970: 177~81). 개혁종파는 세상을 악한 것으로 보지만, 이것은 양심의 수행(신의 이해에서 도출되는 통찰력)과 조화를 이루어 행동한다면 개선될 수 있다고 믿는다. 개혁종파는 적절한 영적 인도의 명시로서 올바른 삶을 강조한다. 근본 의도는 종교적 후원 아래서 사회적 조건을 개선하려는 것이다. 즉, 사회적 양심의 역할을 택하면서 선행에 의하여 세상 안에서 자신을 세계에 관계시키려고 한다. 여기에서 의례는 별로 중요하지 않다. 이 종파의 대표적인 예로 퀘이커(*Quakers*)를 들 수 있다.

윌슨은 마지막으로 유토피아 종파(*utopian sect*)를 종파의 또 다른 하위유형으로 분류한다(1970: 181~87). 이 종파는 세상이 악의 원리로 차 있고, 따라서 구원은 성서에 계시된 기본적인 조직적 원리로 돌아옴으로만 성취될 수 있다고 본다. 완전을 실현시키기 위하여 그들은 원시교회(조화와 친교가 성취될 수 있는 사회)의 근본적이고 공산적인 원리들 위에 기초된 순화된 영적 사회를 창조하도록 추구한다. 그들은 보다 나은 세계에 대한 비전을 가지고 있으나 하나님의 왕국은 신적인 보호와 감시 아래서 인간행동에 의해 지상에 세워질 것으로 믿는다. 즉, 그들의 목적은 사회의 새질서를 확립하는 것이며, 이를 위해 그들은 강한 공동체 의식을 가지고 재산을 공유하며 족내혼을 하고 공동생활과 합의된 분업생활을 한다. 이 종파의 예로는 오네이다(*Oneida*) 공동체나 래파이트(*Rappites*) 등을 들 수 있다.

종파의 다양한 하위유형에 대한 잉거나 윌슨의 연구는 하나의 종교조직으로서의 종파의 성격을 지나치게 일반화하거나 단순화하는 것은 종파에 대한 오해를 불러일으킬 수 있다는 사실을 일깨워 주고 있다는 점에서 의미가 있다고 할 것이다.

2) 교파의 유형

종교조직의 하위유형에 대한 연구는 교파의 경우에도 이루어지고 있다.

(1) 미국 교파의 다양성

미국에서의 개신교 교파의 다양성에 대하여 가장 폭넓게 분석한 학자는 글락(Glock)과 스타크(Stark)이다(1965; 1968). 이들은 다양한 교파들의 종교적 관점에서의 차이가 광범위하고 깊다는 점에 관심을 가져 왔다. 미국에서의 종교적 신앙은 교파에 따라 커다란 차이가 있다는 것이다. 즉, 정통주의 신앙에 대한 입장이 교파에 따라 서로 다른 방향으로 나아가고 있음을 밝혀냈다. 한 부류의 교파들은 신학적 관점에서 초월적이고 초자연적이고 신비적인 요소들을 점차 배제하는 방향으로 나아가는 반면에, 다른 부류의 교파들은 옛 신학적 전통을 굳게 고수하면서 변화를 거부하고 있다는 것이다.

글락과 스타크는 신학적 노선에 따라 미국의 개신교 교파를 크게 4가지 부류로 나누었다(1965: 120~1). ① 자유주의 교파(*liberals*): 회중교(*Congregationalist*), 감리교(*Methodist*), 성공회(*Episcopalian*), ② 중도주의 교파(*moderates*): 장로교(*Presbyterian*), 그리스도의 제자(*Disciples of Christ*), ③ 보수주의 교파(*conservatives*): 루터교(*Lutheran*), 미국 침례교(*American Baptist*), ④ 근본주의 교파(*fundamentalists*): 남침례교(*Southern Baptist*)와 종파적 성격을 지닌 작은 성령강림적인 군소 교파들이 속해 있다. 이러한 교파적 구분은 각 교파에 속한 신자들의 신학적, 교리적 신앙의 정도를 보면 그 차이가 두드러지게 나타난다.

〈표 10-7〉은 미국 개신교의 대표적 교파 교인들의 교리적 신앙실태를 보여준다. 자유주의 교파인 성공회와 감리교, 중도주의 교파인 장로교, 보수주의 교파인 루터교와 침례교, 성령운동 교파인 '하나님의 성회'(*Assemblies of God*), 그리고 가톨릭을 비교해 본다.

우선 "성서는 전적으로 정확하다"에 대하여 "확실하게 믿는다"는 응답자의 비율은 성공회의 경우는 22%, 감리교 38%, 장로교 40%, 루터교 44%, 침례교 66%, 하나님의 성회 77%로 교파 간에 상당한 차이가 있다. "사탄은 실제로 존재한다"에 대하여 "확실하게 믿는다"는 응답자는 성공회가 20%, 감리교 18%, 장로교 22%, 루터교 31%, 침례교 34%, 하나님의 성회 56%였다. "하나님은 전지전능한 창조주이다"에 대하여 "확실히 믿는" 응답자는 성공회 59%, 감리교 73%, 장로교 76%, 루터교 82%, 침례교 85%, 그리고 하나님의 성회는 96%로 여전히 교파 간에 차이가 있다. "그리스도는 죄가 없다"에 대하여 "확실히 믿는다"는 응답비율은 성공회 28%, 감

〈표 10-7〉 교파와 교리적 신앙 (미국)

(단위: %)

교파 \ 교리적 신앙	성서는 전적으로 정확하다	사탄은 실제로 존재한다	하나님은 전지전능한 창조주이다	그리스도는 죄가 없다
성공회	22	20	59	28
감리교	38	18	73	33
장로교	40	22	76	45
루터교	44	31	82	43
침례교	66	34	85	55
하나님의 성회	77	56	96	70
가톨릭	26	27	70	33
전체	41	27	69	40

* 출처: Barna Poll on U.S. Religious Belief, 2001.

** 주: 백분율은 "확실하게 믿는다"(strongly agree)는 응답자 비율.

리교 33%, 장로교 45%, 루터교 43%, 침례교 55%, 하나님의 성회 70%로 여기서도 차이는 현저하다.

이 결과는 교파에 따라, 믿고 있는 교리적 신앙에 수준이 서로 매우 다르다는 것을 보여준다. 즉, 자유주의 교파일수록 정통적인 교리적 신앙을 확고히 지키는 경향이 상대적으로 약한 반면에, 보수적인 교파일수록 옛 신앙전통을 굳게 지킨다. 교리적 믿음이라는 종교성은 성공회, 감리교, 장로교, 루터교, 침례교 순으로 강하다. 그러한 종교성은 성령운동파로 분류되는 '하나님의 성회'의 경우 일반 교파보다 훨씬 더 강하다. 가톨릭의 경우는 교리적 항목에 따라 중도적이거나 약간 자유주의적인 교리적 신앙 성향을 보인다.

교파 간의 차이는 사회적 태도에서도 나타난다. 예를 들어 특수주의(*particularism*)의 성향, 그리고 이에 따라 생겨나는 타집단에 대한 편견과 차별은 보수교파일수록 강한 것이 역시 글락과 스타크에 의해 반(反) 유대주의(*anti-Semitism*)에 관한 경험적 연구에서 밝혀졌다(1966).

글락과 스타크의 이러한 연구들은 하나의 종교조직 유형으로서의 교파도 신학적, 교리적, 사회적 성향이 각 교파들에 따라서 너무 다양하기 때문에 단일한 조직형태로 교파의 성격을 일반화시키는 것은 위험한 일이라는 것을 보여준다. 그들은 현대사회에서의 이러한 다양한 교파적 성격을 일컬어 '새로운 교파주의'의 출현이라고 불렀다(1965: chap. 5).

(2) 한국 교파의 다양성

교리, 신학, 세계관, 종교적 수행 등에서의 교파들의 다양성은 한국 개신교의 경우에도 그대로 나타난다. 흔히 한국에서는 개신교 교파 가운데서 기독교장로회(기장)를 자유주의 교파로 분류하고, 기독교대한감리회(기감)와 대한예수교장로회(통합)를 중도적 교파로, 그리고 기독교대한성결교(기성), 대한예수교장로회(합동), 기독교한국침례회(기침) 등을 보수교파로, 그리고 하나님의 성회나 예수교대한성결교(예성) 등을 근본주의에 가까운 교파로 분류한다(〈그림 10-1〉 참조).

교파별 교리적 신앙의 차이를 신학대학원생 대상의 의식조사(신규석, 2003) 결과를 토대로 요약한 것이 〈표 10-8〉이다.

〈표 10-8〉은 한국에서도 개신교는 교파별로 교리적 신앙에 커다란 차이가 있음을 보여준다. 〈표 10-8〉에 따르면 "성경에 기록된 문자 하나 하나가 틀림없는 하나님의 말씀이다"라는 축자영감설에 대하여 동의("반드시 그렇다"+"그렇다")하는 응답자의 비율이 기장 28%, 감리교 38%이지만, 그 비율은 예장(통합) 59%, 성결교(기성) 72%, 침례교(기침) 83%로 높아지고 예장(합동)은 98%에 이른다. "성경에

〈그림 10-1〉 개신교 교파의 신앙적 다양성

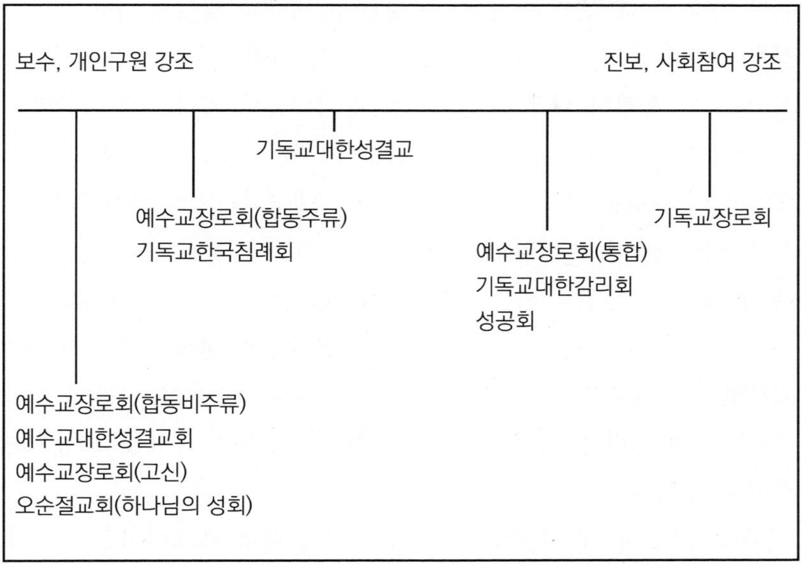

* 출처: 노치준(1990: 95).

〈표 10-8〉 교파와 교리적 신앙 (한국)

(단위: %)

교리적 신앙 / 교 파	성서의 축자영감설	기적 이야기	예수의 동정녀 탄생	예수의 재림
기 장	28	29	26	67
감리교(기감)	38	48	76	82
예장(통합)	59	68	76	94
성결교(기성)	72	71	87	98
침례교(기침)	83	94	97	97
예장(합동)	98	100	100	100

* 출처: 신규석(2003: 25~37), 필자가 재구성함.

** 주: 백분율은 "반드시 그렇다"와 "그렇다"를 합친 비율.

기록된 기적 이야기는 모두 실제로 일어난 일들이다"에 동의하는 비율이 기장 29%, 감리교 48%, 예장(통합) 68%, 성결교(기성) 71%, 침례교(기침) 94%, 예장(합동) 100%로 그 차이가 현저하다. 비슷하게 '예수의 동정녀 탄생'에 동의하는 응답비율도 기장 26%, 감리교와 예장(통합)이 각각 76%, 성결교(기성) 87%, 침례교(기침) 97%, 그리고 예장(합동)이 100%로 나타난다. "예수님은 심판하러 다시 오신다"에도 동의하는 응답자 비율이 기장 67%, 감리교 82%, 예장(통합) 94%, 성결교(기성) 98%, 침례교(기침) 97%, 예장(합동) 100%로 그 차이가 여전하다. 이러한 결과들은 한국에서도 보수적 교파일수록 전통적인 정통주의 신앙을 확고히 고수하고, 자유주의적 교파일수록 그러한 신앙에서 멀리 떨어져 있다는 사실을 보여주는 것이라 하겠다.

교파 간의 차이는 단순히 교리적 신앙에 대한 태도에서만 나타나는 것이 아니라, 종교적 수행(기도, 성경통독 등)에서도 나타난다. "매일 규칙적으로 1회 이상 성경을 읽는다"는 응답자 비율이 기장 23%, 감리교 24%, 예장(통합) 42%, 성결교(기성) 35%, 침례교(기침) 53%, 예장(합동) 57%로 그 차이가 드러난다(신규석, 2003: 46). 즉, 보수적 교파일수록 적극적인 신앙적 수행을 한다. 그리고 이러한 차이는 정치의식, 경제의식, 사회의식 전반에 걸쳐 그대로 드러난다. 즉, 자유주의 혹은 진보주의 교파일수록 모든 종류의 의식구조에서 비판적이고 부정적인데 반해 보수교파일수록 그 의식이 체제수호적이고 긍정적이다(이원규, 1994: 제3부). 특히 종교적 배타주의 성향은 교파 간의 차이가 더욱 두드러져서 보수교파일수록 매우 강한 배타성을 보인다. 예를 들어 신학대학원생 대상의 조사 결과 "기독교만이 참 진리다"에 동의하는 응답자 비율이 기장 27%, 감리교 43%, 예장(통합) 48%, 성결교(기성) 47%인데 비하여 침례교(기침) 94%, 예장(합동)은 98%로 그 차이가 현저하다(신규석, 2003: 140). 이러한 결과는 일반신도들 대상의 조사에서도 비슷하게 나타난다(이원규, 1994b).

이렇게 본다면 한국의 상황에서도 여전히 개신교의 교파조직은 동질성보다는 이질성이 강한 다양한 종교집단들이라는 것을 알 수 있다. 즉, 보수교파들은 신앙적으로 보수적(개인구원지향적)일 뿐만 아니라 사회적으로도 보수적(체제유지적)인 데 반하여, 진보교파들은 신앙적으로도 진보적(사회구원지향적)일 뿐만 아니라 사회적으로도 진보적(체제비판적)인 것이다. 이러한 차이는 신앙적, 사회적 보수-진보의 양극화 방향으로 나아가는 경향이 있고, 따라서 같은 개신교 안에서도 신앙과 실천의 차이로 인한 심한 갈등이 양 진영 사이에서 심화되고 있다(이원규, 1992: 179~95). 이와 같이 우리는 교파라고 하는 종교조직도 동질성을 가진 단일한 조직유형으로 단순화시킬 수 없다는 점에 유의해야 할 것이다.

4. 종교조직의 변화

다른 조직과 마찬가지로 종교조직도 정체된 것이 아니라 시간이 흐르면서 변화된다. 종교조직의 변화는 주변 사회의 변화상황과 종교내적인 변화상황에 기인한다. 따라서 종교조직에 대한 연구는 단순히 조직의 유형에 대한 연구수준으로 끝나는 것이 아니라 그러한 변화의 원인과 과정 및 결과에 대한 연구로 확장되고 있다.

1) 니버의 발전적 이론

종교조직론 연구에서 니버(H. Richard Niebuhr)의 공헌은 베버나 트뢸치의 종파-교회 이분법에서의 '교회'개념의 적용한계를 지적하여 그 대신 '교파'라는 보다 보편적인 조직개념을 발전시켰다는 점과, 종교조직을 단순히 유형화한 것으로 그치지 않고 그 조직들의 변화와 발전과정을 추적했다는 점이다. 비록 그의 연구는 그가 신학자요 사회윤리학자였기 때문에 가치판단적 평가를 전제로 하며 기독교집단의 사회윤리가 무엇이 되어야 하는가에 관심을 가졌으나, 그는 또한 집단의 각 유형을 형성하는 원인이 되는 사회적 조건들을 밝히려고 노력했다. 그의 저작은 종파와 교파 혹은 교회(그는 이 두 용어를 섞어 쓴다)를 종교집단의 발전에서의 단계 혹은 지점으로 설명하는 점에서, 그리고 한 집단의 내면적 구조가 그 집단을 한 유형에서 다른 유형으로 변형하도록 만드는 방식을 지적하는 점에서 트뢸치를 넘어서고 있다.

니버는 그의 유명한 책 《교파분열의 사회적 근원》(*The Social Sources of Denominationalism*, 1957)에서 종교조직 유형으로서의 종파의 성격을 신학적으로, 사회학적으로 규명하고, 그것이 왜 그리고 어떻게 교회(교파)형 조직으로 변화되는가 하는 문제를 밝혀주고 있다. 니버에 따르면 원래 종파집단은 본질적으로 안정된 집단이 아니라 종교적 요구가 기성교회에 의해 충족되지 않는 사람들에 의해 세워지는 종교조직이다. 그들은 그들의 종교적 관심에 대한 표현을 재활하기 위하여 새로운 신앙을 시작한다. 종파집단은 사회적으로 불이익을 당하고 박탈당한 사람들에게 매력이 있으며, 주로 회심을 경험한 사람들의 조직으로 시작된다. 그들은 경제질서에서의 특권의 불평등은 형제애의 기독교 원리를 근본적으로 부정하는 것으로 보고, 그것은 신법에 반대되기 때문에 건전하지 못한 사회적 상태의 징후라고 본다(1957: 8~9). 따라서 그들은 사회적 편견과 사회적 불평등이 있는 사회를 거부하는 태도를 보인다. 어떤 의미에서 종파의 출현은 사회정의와 평등에 대한 기독교적 관심을 재확립하고 재주장하려는 시도일 수 있다.

이러한 종파는 세월이 흐르면서 니버가 종교의 타락이라고 보는 이 세상과의 동화의 과정을 겪게 된다고 그는 지적한다. 동화의 요인은 무엇보다 종파의 멤버들이 세계에서의 증가된 '이익'을 획득하게 된다. 특히 동화는 종파 멤버가 세대에서 세대로 계승됨으로써 강화된다(1957: 54). 첫 세대 동안 종파는 세계를 거부하는 데 공감하고 같은 생각을 가진 다른 이들과 연대하기 원하는 사람들에게 매력을 준다. 종파의 자발성, 참여자의 열성이 그들에게 사회적 격리감을 강화시켜 준다. 그러나 종파집단의 다음 세대는 반드시 첫 세대의 사회적 배경이나 경험을 공유할 필요는 없다. 그들은 첫 세대의 급진적 열정을 공유하지 않는다. 이에 따라 개인적 회심과 극적 삶의 변화가 후대 세대에서는 강조되지 않는다.

종파집단의 후대 세대에서의 또 다른 변화는 점차 신앙의 가치와 타협하면서 세속세계의 가치와 불평등을 인정하는 것이다. 이것은 그들이 점차 상향 사회이동을 성취하면서 더 이상 박탈을 경험하지 않게 되는 데서 기인한다. 이에 따라 종파는 점차 제도화되며, 훈련된 전문 성직자를 열망하게 되고, 교회 멤버십의 기초로서 개인적인 회심 경험을 덜 강조하고, 사회의 계층체계에 동화되기 시작한다. 사회에 대한 적대감 혹은 배타성은 종파의 멤버들이 점차 보다 많은 소유를 획득하고, 보다 명예로운 직업을 확보하고, 정착된 공동체를 확립하면서, 혹은 보다 정치적인 힘을 획득하면서 약화되는 경향이 있다. 니버에게는 경제적 성공, 즉 중산층화가 종파조직의 변화를 초래한 결정적 요인이 된다(1957: 54). 종교내적으로는 회심보다는 종교교육이, 즉흥적이고 감정적인 경험보다는 교육 프로그램의 수행이 중요하게 되었다. 동시에 보다 합리적이고 질서 있는 예배의식이 강조된다(1957: 63). 이러한 모든 변화는 한마디로 세계와의 동화이며, 이렇게 하여 변화된 종교조직의 형태는 이제 종파가 아니라 교회(교파)가 된다.

그러나 이렇게 형성된 교회형 조직(교파)도 불변의 것은 아니다. 세계와 동화되고, 세속화된 교회에 대하여 부정적 시각을 갖고, 계층적으로 여전히 박탈감을 가진 사람들은 옛 형태의 종교(종파)로 되돌아가려고 시도한다. 이것은 새로운 종파의 출현이라 할 수 있다. 그러나 종파는 반기성종교적, 반사회적 성향을 띠기 때문에 사회나 교회로부터 일탈조직으로 낙인찍혀 박해당하고 배척당하는 경우가 많다. 이에 따라 어떤 종파는 이단으로 정죄되고 분쇄당하기도 하고, 어떤 종파는 소멸되기도 한다. 그러나 생존한 종파는 세월이 흐르면서 다시금 교회 혹은 교파형 조직이 될 수 있다. 이러한 변형의 과정을 그림으로 요약하면 〈그림 10-2〉와 같다.

니버는 나아가서 서로 다른 교파들의 존재가 흔히 믿어지듯이 단순한 이데올로기 차이들에 기인하는 것만은 아니라고 지적한다. 오히려 서로 다른 기독교 집단의 다원성은 인종, 국적, 사회계급, 지역의 차이들을 나타낸다. 즉, 인종주의, 민족주의, 지방주의 그리고 계급이 교파주의의 실제적 기초라는 것이다. 따라서 니버에게 균열의 근원은 사회적인 것이다. 특히 사회의 계층이 기독교의 사회조직과 그것의 신학에 모두 침투되어 있다. 이러한 관점은 종교조직을 계층구조와 연관시켜 연구하려는 사회학적 노력을 활성화시켰다.

니버가 주로 관심을 가졌던 것은 20세기 초의 미국의 교파조직들이었으나 그의 분석의 틀을 유럽의 경우에 적용하려는 시도들도 있다. 예를 들면 스타크(Werner Stark)는 종교개혁 이래로 영국에서 매

〈그림 10-2〉 종파에서 교회(교파)로의 변형

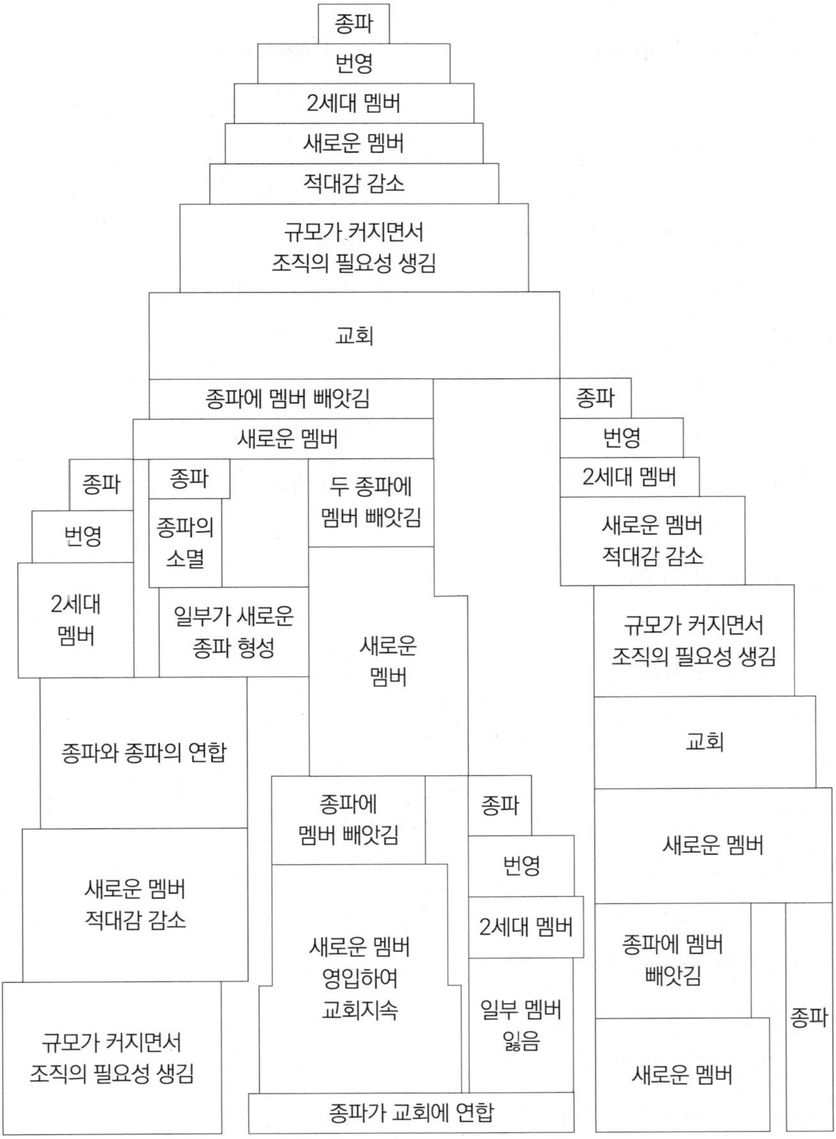

* 출처: CRM(1973: 337).

세기 생겨난 새로운 종파의 발흥을 추적했다(1967: 6~36). 즉, 16세기에는 가내공업에서 경제적으로 박탈당하고 사회적으로 고립된 직조공들 가운데서 침례교가 생겨났고, 17세기에는 낮은 계급으로부터, 그러나 커다란 동기로서는 정치적 박탈감으로부터 퀘이커가 생겨났으며, 18세기에는 기술은 있으나 미숙련 노동자들의 낮은 지위와 다를 바 없는 수공업자, 숙련 노동자들에게서 감리교가 생겨났다는 것이다. 그리고 19세기에는 미숙련 노동자와 하류계급에서 구세군에 생겨났고, 20세기에는 다른 집단들로부터 버림받은 계층에서 '여호와의 증인'이 생겨났다고 분석한다. 이 종파들은 모두 니버가 지적한 종파집단의 성격(낮은 계층, 가슴의 종교, 회심의 경험강조, 사회적 배타성 등)을 공통적으로 가지고 있으나, 이 가운데서 침례교와 감리교의 경우에는 점차 중산층화되면서 교파로 변형되었다.

2) 종파의 변형

종파형 조직에서 교파형 조직으로의 변형에 대한 니버의 연구에 고무되어 사회학자들은 종교조직의 발전 주제에 대한 폭넓은 탐구를 하게 되었다. 그러나 이들이 대부분 동의하듯이 종교조직 유형 가운데 가장 가변적인 것은 종파이기 때문에 종파의 성격을 다시 규명하고 이 조직의 변화과정에 대하여 추적하려는 노력들이 있었다. 특히 이러한 연구들은 신학적 변수가 중요하지 않은 것은 아니지만, 종파의 형성과 변화의 결정적 변수는 사회적, 경제적 요인이라는 점에 초점을 맞추고 있다.

그러면 종파조직의 사회적, 경제적 형성요인은 무엇인가? 가장 중요한 것은 계층요소이다. 많은 학자들은 종파가 열등한 사회적 지위로 요약되는 결함에 대한 보상의 형태로 생겨난다고 본다. 포프(Pope)는 종파를 “사회적 지위를 종교적 지위로 대체하는 것”으로 본다(1942: 137). 즉, 가난한 이들은 계층체계에서 가진 자들로부터 사회적으로 분리되었기 때문에 오히려 그들은 세계로부터의 분리를 하나의 덕으로 강조한다는 것이다. 비록 그들이 보다 높은 교육과 사회적, 경제적 위치를 가지고 있는 이들과의 친교로부터 배제되었다고 느낀다 하더라도 그들은 대신에 춤추고 카드놀이하고 담배 피우고 술 마시고 경주에 내기하는 사람들을 그들의 친교에서 배제한다. 귀금속을 얻을 수 없어 그들은 그러한 장식을 걸치는 것을 죄라고 본다. 종파에서 가난한 이들은 가난을 은총의 징후로 보며, 이에 따라 잠정적일 뿐 영원한 것은 되지 못하는 세상적 성공과 여기 그리고 지금에서의 좋은 생활보다 최상의, 궁극적 보상인 천국에 이르는 것이 훨씬 중요하게 된다(Pope, 1942: 138).

분명히 경제적 박탈은 종파형성의 한 근원이 된다. 종파 멤버는 주로 하류계급으로부터 온다는 것은 널리 알려진 사실이다. 종파는 교회뿐만 아니라 사회로부터의 이탈의 수단이며, 그리하여 사회에서 편안하고 안정되며 기득권을 누리는 사람에게는 외면당하는 경향이 있다. 그러나 경제적 박탈만으로는 종파 참여의 원인을 충분히 설명할 수는 없다. 왜냐하면 하류계급 가운데서도 종파에 참여하지 않는 사람들이 많을 뿐만 아니라, 반대로 중산층에서도 종파에 참여하는 사람들이 있기 때문이다.

따라서 종파형성 및 참여에 영향을 미치는 것은 박탈 자체라기보다는 상대적 박탈감(*relative deprivation*)이라는 주장이 설득력이 있다(Glock, 1964). 상대적 박탈감이란 한 개인이나 집단이 다른 개인이나 집단과 혹은 일단의 내면화된 표준과 비교해 볼 때 실제로 불리하거나 혹은 불리하게 느끼는 것을 의미한다. 여기서는 객관적 환경 자체보다는 환경에 대한 사람들의 주관적 평가가 중요하다. 따라서 가난하다 해도 박탈감을 느끼지 않거나, 혹은 박탈감에 대한 보상을 세속적 방법으로 얻으려고 하는 사람은 종파조직에 참여하지 않을 것이다. 한편 중산층이면서도 상대적 박탈감을 느끼는 사람이라면, 그리고 종교적 보상을 원한다면 그는 종파조직에 참여할 가능성이 많을 것이다. 결국 사람들은 박탈감의 성격이 부정확하게 깨달아지거나 부적절하게 이해될 때에, 혹은 박탈감의 성격을 정확하게 파악한다고 해도 그 원인을 제거하기에는 무력하다고 느낄 때에 종파에 빠져들기 쉬운 것이다(Glock, 1964: 29).

어느 경우든 사람들은 감정적으로 편하게 하는, 합리화하는, 저세상적인 종파집단에의 참여와 활동을 경제적 혹은 사회적 박탈감이라는 거친 실재로부터의 탈출을 위한 의식적 혹은 무의식적 수단으로 삼는다. 반면에 만일 사람들이 그 문제를 정확하게 파악하고 사회변화를 통하여 그것을 공격하고 해결할 수 있다고 느낀다면, 그들은 세속적 조직을 형성하거나 얼마의 다른 세속적 해결책을 시도할 가능성이 많다. 다시 말하면 종파의 형성과 같은 종교적 해결책은 근본적으로 박탈의 느낌을 경감시키는 보상기제인 반면에, 세속적 해결책은 박탈감의 원인을 직접 타개하려고 한다.

종파의 형성과 이에 대한 참여의 또 다른 요인으로 사회적 위치이동에 따른 이른바 '문화적 충격'(*cultural shock*)이 지적될 수 있다(Holt, 1940). 홀트의 가설은 도시로의 이주자들은 농촌의 종교적 생활양식과 가치를 유지하는 수단으로, 그리고 도시와 도시 교파교회의 익명성에 대한 한 방어로서 종파를 형성하거나 추구한다는 것이다(1940: 740~7). 결국 낯선 환경에 이주함으로써 생겨난 충격에 저항하려는 이들은 종파집단에서 새로운 공동체성을 발견하게 된다. 종파는 결국 이들에게 사회 안에서 경험되는 비인격성, 고립, 혼동에 직면하여 하나의 대용 공동체(*surrogate community*) 혹은 가족을 제공한다고 할 수 있다(McGuire, 1981: 123). 이 이론은 예를 들어 왜 미국의 도시들에서 통일교가 미국의 지배문화에 적응하지 못하는 이들에게 매력을 주는가 하는 데 대한 하나의 설명이 될 것이다.

종파형성의 또 다른 사회적 배경은 사회경제적 변화이다. 특히 사회적, 경제적 격변은 종파의 출현에 중요하게 작용한다는 것이다. 그리하여 천년왕국운동과 같은 종파운동들이 생겨나는 것은 자연적, 사회적 재난의 때인 경우가 많다는 것이 밝혀졌다(Barkun, 1974). 다른 연구는 종파운동의 발전은 극적인 경제적 격변과 관계된다고 제안한다(Cross, 1965). 이러한 설명들은 종파적 종교운동은 사회경제적 사회질서의 급격한 변화의 한 결과일 수 있음을 보여준다. 그러나 여기에서도 중요한 것은 그 운동에 참여하는 이들은 결국 그러한 급변하는 질서에 대한 적응능력이 제한된 사람들인 경우가 많다는 사실이다.

이렇게 본다면 종파의 형성과 이에 대한 참여의 주요 근원은 사회적인 것이라 할 수 있다. 물론 종파형성의 표면적 이유는 교리적이거나 신학적인 것일 수 있다. 사실상 종파 멤버들은 기성교회가 참된 신앙을 상실했고, 너무 세상적이고 타협적이라고 말하는 경향이 있다. 즉, 그들은 참된 종교의 기초와 근본을 유지하고 회복하기 위하여, 그리고 더 이상의 신학적 감염과 곡해로부터 자신을 지키기 위하여 자신의 작은 집단을 선택하고 형성하게 된다. 그러나 이러한 경향마저도 그들의 사회경제적 배경의 파생물일 가능성이 있다. 왜냐하면 그들의 사회경제적 지위가 상향이동되면서 그들의 신학적, 실천적 입장도 변하기 때문이다.

이와 같이 종파조직의 근본 주제는 저항 혹은 도피라 할 수 있다. 그것은 기성종교조직의 세속화에 대한 저항이요 기존의 사회구조에 대한 저항의 표현이라고 할 수 있다. 아니면 그것은 기성종교조직의 타락에서 오염되지 않기 위한 도피요 그들을 받아들이지 않는 사회체제로부터의 도피이다. 그렇다면 종파로부터 변화된 교회 혹은 교파조직의 특성은 한마디로 동화(同化)라고 할 것이다. 그것은 세계와의 동화요 세상적 가치에 대한 동화이다. 물론 사회로부터 퇴거함으로써 그들의 부동의를 표현하는 종파는 사회를 개종시키려는 종파보다 세계에 대한 동화압력에 대하여 덜 취약하다(Wilson, 1967: 26~7). 어쨌든 동화과정은 3가지 형태로 나타난다. ① 멤버십의 자격이 개방되고 그 표준이 느슨해지는 것이고, ② 집단에 대한 헌신의 수준이 약화되면서 종교적 역할이 도구적 성격을 갖게 되며, ③ 세속세계에 대한 적대감과 회피적 태도가 약화되며 세속제도에의 참여가 증가되는 것이다(J. Wilson, 1978: 144~6).

종파는 만일 생존하게 된다면 세월이 흐르면서 변화되어 원래의 순수한 상태로부터 멀어져 간다. 점차 교회적 혹은 교파적 지위를 향해 움직이고, 그것이 원래 거부했던, 그리고 그것이 일찍이 멀리했던 조직의 특징을 나타내기 시작한다. 종파가 교파 혹은 교회로 변형되는 데 가장 중요한 요소는 매우 비종교적이고 사회적인 것이다. 우선 종파집단의 규모가 증가되는 변화가 있다. 종파에서 멤버의 증가는 어떤 불가피한 발전을 초래한다. 멤버가 증가되면서 그들의 배경도 다양해진다. 이에 따라 새로운 멤버들은 원래적인 핵심적 집단의 경험을 나누지 못하고, 얼마는 처음 집단과 매우 다른 목적과 목표를 갖게 될 것이다. 자연히 동질성이 약화되고 다양성이 증가되면서 초기의 엄격한 규범적 행위에 대한 통제와 강화는 점점 어렵게 된다.

한편 조직규모가 커지면 역할분화가 불가피해지고, 이에 따라 자연히 관료적 계급구조가 생겨나게 된다. 그리고 전문적 리더십의 필요성이 생겨날 뿐만 아니라, 개인적 회심 경험의 촉구가 아닌 멤버들에 대한 훈련과 교육의 과정이 필요하게 된다. 조직 안에서 새로운 지도자 계급이 생겨나는데, 이들은 체제에 순응하고 현실에 안주하려는 보수성을 띠게 된다. 이것은 나아가서 주변문화에 대한, 사회체제에 대한 수용과 동화의 과정을 촉진시킨다.

종파조직이 교회 혹은 교파의 형태로 변화되는 또 하나의 중요한 요소는 그 멤버들 가운데서의 상향적 사회이동(社會移動)이다. 종파 구성이 우선적으로 낮은 지위 현상이지만, 그 멤버들 가운데서 사회적, 경제적 상황이 개선되는 경우가 점차 늘어날 수 있다. 이것은 종파집단이 멤버들에게 요구하는 강력한 금욕주의적 윤리관에 크게 힘입고 있다. 즉, 베버의 "개신교 윤리" 주제에서 논의했던 것처럼 종파조직은 그 멤버들에게 사치와 낭비를 배격하고 검소, 절제의 생활을 하도록, 그리고 삶의 영역에서 청지기직을 수행할 것을 권장하는 경향이 있다. 그 결과는 부의 증대요, 사회적 지위의 상승이다. 종파조직 멤버들의 사회경제적 지위의 향상은 그들로 하여금 이 세상적인 것에 동화되게 만들며, 자신의 조직에 대한 독점적 정당성에 대한 주장을 포기하게 만든다. 점차 적당한 쾌락과 즐겁고 행복한 생활을 즐기게 되며, 세속적 가치들을 추구하게 된다.

종파의 순수성을 유지하려는 입장에서 볼 때 종파의 사회경제적 지위의 변화는 불가피한 것일 수 있으나, 그것은 또한 종교의 타락을 나타내는 것이기도 하다. 그리하여 감리교(*Methodism*)의 창시자 웨슬리는 이렇게 말한다(1958, Vol. 7: 317).

> 부가 증가하는 곳에는 종교의 본질이 같은 비율로 약화된다. 그러므로 나는 일의 성격상 참된 종교의 부흥이 오래 지속되는 것이 어떻게 가능한지를 보지 못한다. 왜냐하면 종교는 반드시 근면과 절약을 낳게 하며, 이것은 부를 만들어낼 수밖에 없는데, 부가 증가함에 따

라 교만, 분노, 세상에 대한 사랑도 증가될 것이기 때문이다. … 모든 장소에서 감리교인은 부지런하고 검소해진다; 결과적으로 그들은 재화가 늘어난다. 따라서 그들은 교만에서, 분노에서, 육의 욕망에서, 삶의 자만에서도 비례적으로 증가한다. 따라서 종교의 형식은 남아 있어도 그 정신은 손쉽게 사라져 버린다.

이와 같이 종파는 그것의 순수한 상태로부터 그것이 초기에 대항하여 싸웠던 다른 종교조직 형태로 변질되는 본질적 문제를 가지고 있다.

이렇게 종파로부터 교파로의 변형이 이루어진다. 이것은 정확하게 웨슬리 이후의 감리교에서 생겨났던 일이다(Brewer, 1952). 즉, 18세기 영국사회의 천민계층 중심으로 시작된 감리교 운동은 정확하게 종파의 성격이 있었으나 점차 멤버들이 중산층화되면서 19세기에는 그 종파는 시간, 돈, 재산, 그리고 전문기술을 가진 교파의 형태로 바뀌었다. 사실상 이것은 오늘날 대부분의 개신교 교파들에서도 생겨났던 과정이다. 침례교, 루터교, 장로교 등이 모두 한때 종파로 시작되었으나 오늘날에는 완전한 교파지위로 발전되었다(Johnstone, 1975: 124). 물론 이렇게 형성된 안정적이고 동화적인 교파에 대하여 이것을 받아들이지 못하는 소수의 집단은 다시 떨어져 나가 새로운 종파를 형성한다. 그러나 그 종파도 다시금 교파로의 변화의 과정을 겪는 수가 많다. 예를 들면 감리교가 교파의 성격을 띠게 되자 19세기에 감리교 지도자였던 부스(Booth)는 그 조직으로부터 나와 빈민층 대상의 종파조직을 만들었으나(구세군: *Salvation Army*), 이 조직도 한 세기 이내에 교파형 조직으로 변했다(이원규, 1988: 81~3).

그러나 앞에서도 밝혔듯이 모든 종파가 교파로 변형되는 것은 아니다. 우선 외부 교회나 사회의 박해, 혹은 내적인 리더십 상실이나 분열로 그 자체가 붕괴될 수도 있다. 종파조직 내에서 점차 세계와 동화하려는 동기가 강해질 수 있으나, 이에 반작용하여 자체의 독특성을 유지하려는 동기도 강해질 수 있다. 만일 종파가 충성스러운 추종자들에게 매력을 주는 데 성공한다면 그것은 교파가 될 필요가 없으며, 원래의 종파적 성격을 유지하는 기성종파로 머물 수 있다. 그러나 잉거는 개인적 불안, 죄, 구원의 문제들을 강조하는 종파는 교파로 발전되는 경향이 있는 반면에, 그 관심이 사회적 악과 부정의에 초점이 맞춰진 종파는 기성종파가 될 가능성이 많다고 지적한다(1970: 266~8). 한편 경우에 따라서는 종파가 성격을 달리하는 다른 종파로 바뀔 수도 있다(J. Wilson, 1978: 148). 예를 들면 퀘이커는 내향종파에서 개혁종파로 바뀐 경우라 할 수 있다. 이와 같이 종파조직은 내적, 외적 변화에 따라 생겨나는 딜레마에 대하여 다양하게 반응할 수 있다.

종파에서 교파 혹은 교회로의 전이의 다양한 성격은 어떤 것인가 하는 문제를 마지막으로 정리해 보기로 한다. 포프는 종파에서 교회로의 전이의 구성요소를 다음과 같이 포괄적으로 제안한다(Pope, 1942).

ⓐ 재산 없는 이들의 멤버십에서 재산 소유자의 멤버십으로
ⓑ 경제적 가난에서 경제적 부로
ⓒ 문화적 주변성에서 공동체의 문화적 중심으로
ⓓ 지배적 문화와 사회에 대한 부정이나 무관심에서 그것의 확증에로
ⓔ 개인적 종교에서 제도적 종교로
ⓕ 기성종교제도와의 비협조나 조소로부터 그것들과의 협조에로

ⓖ 경쟁종파에 대한 의심에서 모든 종파에 대한 혐오, 수치심으로
ⓗ 가치 없는 멤버들을 배제하는 도덕 공동체로부터 그 안에 사회적으로 공존할 수 있는 모든 이를 포용하는 사회제도로
ⓘ 비전문화된 시간제 목회로부터 전문적인 전임 목회로
ⓙ 박해의 심리학에서 성공과 지배의 심리학으로
ⓚ 자발적이고 고백적인 멤버십에서 교파 자체에 의한 사회화와 같은 의례화된 멤버십으로
ⓛ 성인 멤버들에 대한 지배적인 관심으로부터 아이들에 대해서도 똑같은 관심에로
ⓜ 복음주의와 회심에 대한 강조로부터 종교교육에의 강조로
ⓝ 죽음과 내세에서의 미래에 대한 강조로부터 삶과 현세에서의 미래에 대한 강조로
ⓞ 헌금과 무저항과 같은 엄격한 성서적 기준의 고수로부터 종교적 의무의 일반적인 문화적 표준의 수용에로
ⓟ 예배에 높은 정도의 회중 참여로부터 작은 소수인에 의한 책임성의 대표성에로
ⓠ 예배에서의 열정과 활동으로부터 억제와 수동성에로
ⓡ 비교적 많은 수의 예배로부터 간격을 둔 정규 예배의 프로그램에로
ⓢ 예배와 행정에서의 즉흥성에의 의존으로부터 예배와 행정과정의 고정된 순서로
ⓣ 대중음악으로부터 따오는 찬송가의 사용으로부터 오래된 예배학적 전통에서 따오는 보다 진술적인 찬송으로
ⓤ 가정에서의 종교에 대한 강조로부터 교회 임원과 조직에 의한 대표적 책임성의 강조로

물론 제의에서 종파로의 발전도 가능하다. 사실상 대부분의 종파는 제의 형태에서 출발했다고 할 수 있다. 종교조직으로서의 제의의 취약성은 그것의 불분명하고 다원적인 교리, 권위가 지속되기 어려운 문제, 추종자들의 개인주의적이고 단편적인 방식의 헌신에 있다. 이러한 성격 때문에 제의는 흔히 오래 지속되지 못하는 경향이 있다(Wallis, 1977: 13~8). 그리하여 집단을 인도할 리더십의 필요가 있을 때, 그 집단을 규정할 교리적, 행위적 경계선이 필요할 때, 참여자들로부터의 보다 강한 헌신이 필요할 때, 참여자들에 의한 질서와 윤리가 필요할 때, 반문화적 요소를 포기하도록 하는 사회적 압력이 있을 때, 종파가 되는 것을 쉽게 만드는 사회적 분위기가 있을 때 제의는 종파의 형태로 바뀔 수 있다(Hargrove, 1979: 280~1). 한편 드물게 경우에 따라서는 종파집단이 교파주의를 향하여 움직이고, 다음에는 내적 개혁과정을 거치면서 다시 종파주의로 되돌아 갈 수도 있다(McGuire, 1981: 129). 그러나 종교조직의 발전에서 가장 두드러진, 그리고 중요한 현상은 종파로부터 교파 혹은 교회 유형의 조직으로의 변화라고 하겠다.

5. 종교조직의 제도화 문제

제 1절에서 이미 언급했듯이 종교는 처음에 종교운동의 성격을 띠고 있으나 점차 필요에 따라 조직화된다. 그 조직도 단순하고 미분화되고 비전문화된 비공식적 형태에서 점차 복잡하고 분화되고 전문화된 공식적 형태로 변화되는 과정을 겪는다. 이러한 변화과정을 '제도화'라고 한다. 종교조직이 제의형태에서 종파형태로, 종파형태에서 다시 기성종파 혹은 교파 혹은 교회형태로 변하는 과정도 제도

화 과정이라고 할 수 있다. 이러한 제도화는 동일한 종교조직 유형 안에서도 생겨날 수 있다. 예를 들면 초기의 종파집단에서 성숙된 종파집단으로, 초기의 교파집단에서 정착된 교파집단으로 발전하는 과정도 제도화라고 할 수 있다. 또한 개별 종교집단(어떤 조직유형이든)의 경우에도 이러한 제도화 과정을 경험할 수 있다. 대부분의 종교집단이나 종교조직은 시간이 흐르면서 제도화되는 경향이 있다. 분화되고 전문화되며 복잡해지고 공식화되는 종교조직의 제도화 과정과 그 결과에 대하여 알아보기로 한다.

1) 종교조직의 제도화 과정

종교조직의 제도화를 촉발하는 근원적 요인은 집단규모가 커지는 것이라 할 수 있다. 모트(Mott)는 집단의 규모가 커지면서 생겨나는 여러 가지 변화를 제시하는데(1965: 48~69), 이것은 종교조직의 경우에도 그대로 적용될 수 있다. ① 집단의 규모가 커지게 되면, 멤버들 가운데서는 목표와 규범에 관한 합의(合意)의 정도가 감소된다. 멤버들끼리의 상호작용이 점점 어려워질 뿐만 아니라, 다양성이 증가되면서 정책 결정의 공통된 이해에 도달하기가 어려워진다. ② 집단의 규모가 커지면서 다양성이 증가되고 합의가 어려워지는데, 이것은 집단규범으로부터의 일탈을 용이하게 만든다. 그리하여 집단에 대한 통제가 그만큼 어려워진다. ③ 집단의 규모가 커짐에 따라 역할들이 보다 전문화되고 분화된다. ④ 집단의 규모가 커지면서 분화된 역할들 사이에서의 협동이 더욱 요구된다.

종교조직의 규모가 커지면서 생겨난 두드러진 하나의 제도적 변화는 '관료주의화'이다. 관료주의화는 몇 가지 특징이 있다. 우선 조직 안에서 기능적 전문화가 생겨나고 인간관계가 비인격적으로 규정되며 보편적 규칙에 의해 이루어진다(J. Wilson, 1978: 153). 종교적 관리는 점차 행정가로 변신하며, 기능적으로 분리되고 전문화된 행정 부서가 나타난다. 관료주의화는 또한 '합리적 경제화'의 체계와 관계가 있다. 합리적 행정은 예측할 수 있는 재원확보와 적절한 지출 체계에 달려 있다. 점차 거대해지는 종교조직의 운영에는 재화가 더욱 필요해진다.

관료주의화는 조직의 목표를 결정하고 조직의 수행을 평가하는 근거의 변화를 가져온다. 여기에는 보다 큰 통제, 더 많은 계획, 정교한 조직 프로그램이 요구된다. 종교의 원래적 가치에 대한 충성보다는 교회유지나 멤버십 확장에 대한 공헌에 의해 조직의 성공 여부가 평가되는 경향이 있다. 종교조직의 관료주의화는 직책에서 지배-종속이라는 확고하게 배열된 체계를 만들어낸다. 권력의 중앙집권화가 이루어지며, 결정은 곧 소수의 손에 집중된다. 그러나 중앙집권화 뒤에 있는 동기는 예산을 통제하려는 욕망, 교리에 대한 동의에 도달하고 그것을 강화시키려는 의지, 직원의 임명, 배치, 훈련을 결정하려는 욕망, 다른 종교조직과 세속기관과의 관계를 확립하려는 바람이라 할 수 있다(J. Wilson, 1978: 158).

종교조직의 제도화는 조직 구성원들의 가치관, 인간관계, 사회관계의 변화과정과 관련이 있다. 종교조직 멤버들이 세계를 받아들이고 이에 동화될수록 제도화는 쉽게 이루어진다. 즉, 종교조직 자체가 세상적 가치에 따라 세속조직의 성격을 닮아가는 것이다. 예를 들면 제도화 과정은 종교조직으로 하여금 원래의 순수하고 영적인 것이 아니라 생활의 표면적이고 물질적인 양상에 관심을 갖는 세상적 현상의 성격을 점차 갖게 만든다. 조직의 확장을 위해서는 타협이 이루어져야 한다. 종교조직의 제도화는 다양한 멤버들 사이에서의 갈등을 극소화해야 하는 과제를 안고 있다. 이 문제는 대개 권위를 공식화함으로써 성취된다. 그리고 이 권위에 직접 도전하지 않는 한 어느 정도 벗어난 사상과 행위는 용납될 수 있다. 구성원 자격의 변화는 종교적 제도화의 원인이며 동시에 결과일 수 있다. 처음의 종교집단은 상대적으로 엄격한 자격을 요구하나 그 규모가 커지고, 더욱 많은 신도를 확보하기를 원하면서 멤버십의 자격을 완화시키고 그 문호를 크게 개방한다. 이렇게 되면 한때 그 집단을 다른 집단과 구분했던 배타적 원리들이 더 이상 그렇게 중요하지 않게 되는 지점에 도달하게 된다. 그리하여 초기의 특별한 강조가 약해지거나 버려짐으로써 집단 멤버들은 흔히 다른 이들로부터 분리되는 것은 비능률적이고 무의미한 것이라고 결론짓는다. 그리하여 종교집단들 간의 협조나 연합이 권장되기도 한다.

종교조직이 제도화되면서 생겨나는 또 다른 결과는 이른바 목적전치(目的轉置: *goal displacement*)라는 것이다(Demerath and Hammond, 1969: 173~80). 목적전치란 어떤 목표에 도달하려는 방식으로 의도된 원래의 프로그램이나 과정 자체가 목적이 되는 것을 말한다. 조직의 규모가 커지고 관료주의화되며 또한 세상과의 동화 및 동조의 과정을 겪으면서 그 조직이 원래 가졌던 목표나 목적이 변하는 것이다. 종교조직이 성장과정을 거치면서 '숫자' 자체가 그 조직의 실제적 목표가 되는 경우가 그 예가 될 것이다. 뿐만 아니라 전통적인 종교적 가치(궁극적인, 저 세상적 구원과 같은)는 변화되는 현대적 가치의 빛에서는 적합지 않거나 중요하지 않아 보이게 된다. 그리하여 종교조직은 새로운 목표, 예를 들면 이 세상에서의 성공과 출세, 복락과 건강과 같은 세속적 가치를 그 조직의 우선적 목표로 삼게 되는 경우가 생겨난다. 경우에 따라 어떤 종교조직은 그 우선적인 목표를 인권운동, 사회운동으로 돌려버리는 경우도 생겨난다.

일단 시작되면 제도화는 집단과 그들의 가치관의 성격을 변화시킨다. 그 변화는 다시 제도화를 더욱 촉구하고 촉진시킨다. 이러한 종교조직의 제도화가 기능과 효율성의 측면에서 볼 때에는 조직의 발전에서 긍정적 요소들이 있는 것이 사실이지만, 종교조직의 처음 목적이나 목표의 측면에서 볼 때에는 많은 문제들을 가지고 있다.

2) 종교 제도화의 딜레마: 오데아

종교조직의 제도화가 불가피한 현상이고 때로는 필요하기도 하지만 그것은 그 운동의 성격을 변화시키고 어떤 딜레마를 만들어내는 경향이 있다. 종교조직의 제도화에 따르는 딜레마를 잘 제시하는 이는 오데아(Thomas F. O'Dea)이다. 그는 5가지로 나누어 그 딜레마를 설명한다(1961: 30~9; 1966: 90~7).

첫째는, '혼합된 동기의 딜레마'이다. 한 운동의 가장 초기단계는 추종자들이 단일한 마음을 갖으며, 카리스마적 지도자가 그들의 동기를 결합한다. 그러나 그 운동이 안정되면 다른 동기들이 나타난다. 예를 들면 명성에의 욕망, 리더십과 가르치는 능력의 표현, 권력에의 충동, 안정에의 추구, 존경받기 원함, 경제적 이득 등이 그것이다. 혼합된 동기는 특히 멤버들의 이차적 관심 혹은 동기가 그 집단의 원초적 목표와 가르침을 흐리게 할 때에 생겨난다(1961: 33). 이러한 새로운 동기들은 종교운동의 처음 동기와 갈등을 일으키게 된다. 그러나 순수하고 욕심이 없는 동기를 가진 멤버들에 전적으로 의존하는 운동은 생존의 가능성이 별로 없다. 반면에 혼합된 동기들은 흔히 그 운동의 이상을 타협과 부패로 인도하기 쉽다.

둘째로, '상징적 딜레마'가 있다. 이것은 '객관화 대 소외'의 문제이다. 한 공동체가 함께 예배하기 위해서 일단의 공통된 상징(언어, 의례, 상징물 등)이 만들어진다. 공유된 상징의 객체화는 멤버들을 결속시키고 신참자에게 전달하는 메시지의 일부가 된다. 그러나 객관적 가공물이나 행위에 대해 투사하는 주관적 느낌의 이 과정은 그 상징이 더 이상 멤버에 대하여 힘을 가지지 않는 데까지 나아갈 수 있다. 그리하여 상징적 그리고 의례적 요소들은 참여자들의 주관적 경험으로부터 분리될 수 있다. 이때 그것들은 개인의 종교성으로부터 소외된다(1961: 34). 상징에 대한 다양한 해석은 분리된 행동을 가져올 수 있고, 때로는 종교 멤버들에게 상징이 철저히 무의미해질 수도 있다. 사실상 깊은 주관적 경험을 객관적이고 관찰할 수 있는 상징으로 발전시키는 과정은 제도화 과정의 일부이다. 그러나 만일 상징이 멤버들에게 힘과 의미를 상실한다면 그 집단은 새로운 상징을 창조하거나 아니면 의미와 소속감의 문제에 직면할 것이다.

셋째로, '행정적 질서의 딜레마'가 있다. 이것은 정책의 '복잡화 대 소외'의 문제이다. 종교집단이 제도화되면서 그것은 관료적이고 복잡한 구조를 가지게 된다. 그리하여 법적-합리적 구조들로의 전환은 과정의 정교함과 표준화, 전문화된 지위와 역할의 출현, 멤버들 가운데서 의사소통의 공식화를 수반한다. 관료주의적 비인격주의와 복잡성은 종교운동의 원래적 목표를 방해할 수 있고, 멤버들은 그 운동에 대하여 주변적으로 느끼게 된다. 한편 종교조직의 구조를 수정하거나 개혁하려는 시도는 위계서열 가운데서 지위와 안전이 위협받을 수 있는 사람들에 의하여 심한 저항을 받게 된다.

네 번째 딜레마는 '한계결정의 딜레마'이다. 이것은 '확고한 규정' 대 '문자가 정신을 대체함'의 문제이다. 일상화의 과정 안에서 종교적 메시지는 일상생활을 위한 행위의 구체적 지침들로 번역된다. 우주에 대한, 절대자에 대한 일반적 가르침이 윤리적 행위의 구체적 규칙으로 번역되어야 한다. 그러나 신앙의 관점을 구체적 법칙으로 번역하는 과정에서 어떤 것이 상실될 수 있다. 점차 멤버들이 그 규칙에 너무 집착하는 나머지 그들은 신앙의 원래적 정신이나 관점을 잃어버린다. 이때 종교는 구원을 위한 율법주의적 형식으로 전락할 수 있고, 창시자의 원초적 의도와는 일치하지 않는 방식으로 도덕주의적이고 심판적이 될 수도 있다(1961: 36). 바리새적 유대교의 율법주의와 의식주의가 그 예가 될 것이다. 여기서는 종교적인 윤리적 조항의 문자가 그 조항의 정신보다 중요하게 된다. 여기에 딜레마가 생겨난다. 종교의 추상적 동기와 개념들은 일상적인 신도들이 일상생활에서 그 의미를 이해할 수 있도록 번역되어야 하지만, 신앙의 정신을 구체적인 도덕적 규칙과 의식적 요구로 번역함으로써 후대 세대들이 그 규칙에 대하여 문자적이고 율법주의적이 되면서 종교의 중심적 메시지를 상실할 가능성이 생겨난다.

오데아가 지적하는 제도화의 마지막 문제는 '권력의 딜레마'이다. 이것은 '회심 대 강제'의 문제이다. 만일 종교집단이 하나되어 공통된 신앙을 유지해야 한다면 그 집단의 가치와 규범에의 동조가 보장돼야 한다. 종교집단은 초기에는 개인적으로 집단에 귀의한 멤버들로 구성된다. 그들은 카리스마적 지도자에 대하여 개인적 충성을 느끼거나 비합리적 회심 경험을 했으며 신앙을 내면화했다. 그러나 후대 세대들은 삶 속에서 신앙의 절대권위, 종교적 위계서열의 권위를 받아들이도록 강요받지 않는다. 즉, 권위구조의 내면화가 어려워진다(1961: 37). 조직의 총체성을 유지하고 세계관의 합의를 보장하기 위하여 종교조직은 파문과 같은 사회통제의 강제적 방법에 의존한다. 회심보다는 강제를 통한 동조의 유지가 중요해진다. 모든 멤버에 의한 규범의 자발적 내면화가 어렵기 때문에 제도화된 종교조직은 동조와 합의를 유지하기 위한 마지막 수단으로 강제적 방법에 의존한다.

종교조직은 제도화 과정을 통해 지속되는 경향이 있다. 제도화는 흔히 조직이 긍정적 목표를 성취하도록 돕는다. 따라서 종교집단은 생존의 목적으로만 제도화를 이루는 것이 아니라, 보다 큰일을 이루기 위하여 그것에로 유도되기도 한다. 그러나 제도화의 필요성에도 불구하고 그 집단의 성격에서의 어떤 변화들이 그 과정 안에서 생겨난다. 멤버들의 동기의 변화, 상징체계로부터의 소외, 조직 안에서의 매우 관료적인 구조의 발전, 원초적 가르침의 정신이 도덕주의적인 법적 규칙으로 대체됨, 집단의 동조와 합의를 보장하기 위한 강제의 수행 등이 종교의 제도화의 결과로 생겨나는 문제들이다. 그러나 제도화를 피함으로써 이 문제들을 피하려는 시도는 별로 성공적이지 않다. 오히려 제도화의 틀 안에서의 갱신운동, 부흥운동, 재생의 과정이 제도화의 역기능을 극복하기 위하여 종교집단이 추구하는 수단이 된다. 한편 이러한 제도화에 대한 반동은 새로운 종파의 출현의 근거가 될 수도 있다. 그러나 무엇보다 제도화의 가장 두드러진 결과는 종교구조와 종교의식의 세속화라고 할 수 있다. 이 주제는 제 15장에서 다시 상세히 논의할 것이다.

제 11 장

종교적 리더십

앞 장에서 보았듯이 종교조직은 대체로 하나의 종교운동의 결과로 생겨난다. 그리고 이러한 종교운동은 어떤 탁월한 지도자에 의해 주도되는 경향이 많다. 그러나 종교적 리더십은 종교운동의 초기에만 그 역할이 중요한 것은 아니다. 제도화된 조직종교에서도 리더십은 필요하다. 이 장에서는 종교운동의 생성과 발전, 그리고 종교조직의 형성과 유지에 결정적 역할을 하는 종교지도자 및 리더십의 문제를 살펴본다.

1. 종교조직과 리더십

1) 종교적 리더십의 성격

리더십(*leadership*)이란 공유된 목표와 목적을 성취하기 위하여 조직화된 집합적이고 자발적인 노력을 유발시키는 역할을 수행할 수 있는 지위와 능력을 말한다(Gould and Kolb, 1964: 380). 리더십은 집단의 생산적 활동을 지시하고, 외부 위협에 대해 그 집단을 보호하며, 집단 응집력을 유지하는 일단의 사회적 과정들과 관계가 있다(Borgatta and Borgatta, 1992: 1086). 리더십의 기본요소는 특별한 방식으로 집단을 인도하려는 지도자 개인의 욕망, 그리고 그가 요구하는 행동을 집단에서 유발할 수 있는 그 개인의 능력이다. 그러나 리더십에는 사회적 요소들도 마찬가지로 중요하다. 즉, 특정 지도자 유형이 생겨나게 되는 사회화 과정, 지도자가 집단을 움직일 수 있게 만드는 조직의 형태, 그리고 그 사회의 문화적 배경 등이 리더십 형성에 커다란 영향을 미칠 수 있다.

마찬가지로 종교적 리더십은 지도자가 종교집단의 신앙생활과 실천의 방향을 지시하고, 종교적 정체성에 위협이 되는 외부세력으로부터 신앙 공동체를 지키며 이것을 통해 강한 연대감과 소속의식, 때로는 선민의식을 그 집단이 갖도록 만드는 지도자의 능력이라고 할 수 있다. 종교적 리더십의 방향은 우선적으로는 지도자 자신이 가진 욕구 혹은 동기와 추종자 혹은 신도들을 움직일 수 있는 힘(흔히 권위라고 불리는)에 크게 달려 있다. 그러나 종교적 리더십에도 그것의 유형 혹은 지도자의 유형은 지도자 개인의 사회적·경제적 배경, 지도자와 추종자들과의 상호작용의 내용, 지도자가 속한 종교조직의 성격에 따라 다르게 나타날 수 있다.

리더십을 가진 사람들은 흔히 어떤 성향(예를 들면 지성, 지배력, 외향성, 설득력 등)을 가지고 있다고 믿었다. 그러나 오늘날에는 개인의 특정 인성(人性) 성향은 별로 중요하지 않다는 것이 일반적인 사회심리학적 견해이다(Wrightsman, 1977). 그러나 인성의 성향이 중요하지 않다는 말은 집단의 성격과 규모에 따라 리더십의 인성 성향은 다양할 수 있기 때문에, 어떠한 성향이 지도자에 적합하다는 결론을 내릴 수 없다는 말이다. 이 견해는 리더십이 상황적 요인들에 의해 크게 좌우된다고 본다. 그래서 리더십 역할은 과제의 유형, 상호관계의 형태, 집단의 규모 등에 의해 영향을 받는다. 한마디로 지도자는 태어나는 것이 아니라 만들어지는 것이라 할 수 있다.

종교적 리더십에서도 마찬가지일 것이다. 일부 종교의 창시자들과 같은 특별한 경우를 제외하고는 일반적으로 종교적 리더십은 타고나기보다는 시대가 만드는 경우가 많다. 나아가서 다양한 종교지도자 유형은 그들의 다양한 기질과 성향을 반영할 뿐만 아니라, 그들의 다양한 사회적, 경제적, 문화적 배경을 반영한다. 그리고 종교적 리더십의 형태도 결국은 종교집단의 규모, 종교집단에 주어진 과제와 역할, 종교지도자와 추종자 혹은 신도와의 관계에 따라 다양할 수 있다.

그러나 종교적 리더십은 비종교적 리더십과 다른 점들이 있다. 종교적 리더십은 흔히 비일상적인 내적 경험 혹은 비범한 정신상태와 관계가 있다(Wach, 1958: 335). 그것은 영적, 정신적, 도덕적, 혹은 신비적 능력에서 유래하는 경우가 많다. 물론 심신의 비일상적, 비정상적 상태가 다 거룩한 것으로 간주되는 것은 아니다. 그리고 때로는 종교지도자의 이러한 성격이나 능력이 좋게 평가받지 못하고, 이에 따라 그들은 경멸당하고 박해받기도 한다. 한편 신적인 것, 신비적이고 초자연적인 것, 거룩하고 비범한 것을 내세우는 그들의 권위는 때로 존경과 경외심을 불러 일으켜, 사람들에게 복종과 추종을 유발시킬 수 있다. 물론 그들은 독특한 성격과 능력 때문에 인정받기도 하지만, 다르게 보이고 다르게 행동함으로써 존경의 대상이 되기도 한다. 종교지도자에게는 영적인 능력 이외에도 그들의 경험, 기략, 지식, 지혜와 같은 것들 역시 그들의 명성을 높이는 요소가 될 수 있다. 그러나 종교적 리더십의 가장 강력한 근거는 그들이 보이는 세계와 보이지 않는 세계 사이의 매개자, 중재자라고 주장하며, 비범한 영향을 행사하는 마지막 권위가 될 수 있다는 데 있다(Wach, 1958: 335). 이렇게 본다면 일반적 리더십과는 달리 종교적 리더십에서는 개인적 특질이나 성향(특히 신앙적 능력과 관계되는)도 매우 중요하다는 것을 알 수 있다.

2) 종교조직 유형과 리더십

앞 장에서 우리는 종교조직 유형의 다양성에 대하여 상세히 논의했다. 그러나 리더십의 근원과의 관계성이란 측면에서 보면 종교조직 유형은 다음의 3가지 형태로 새롭게 구분될 수 있다(Moberg, 1962; Mehl, 1970). 그것들은 감독제 유형, 장로제 유형, 회중제 유형들로서 기독교적 맥락에서 비교되고 있다.

첫째로, 감독제 유형(*episcopal type*)이 있다. 이것은 종교적 리더십이 철저하게 신적인 권위를 부여받은 통로를 통하여 조직의 중심으로부터 흘러나온다고 가정되는 중앙집권적 조직형태이다. 궁극적 권위는 감독(*bishop*)의 위계질서에 있다. 비록 개체교회에 대한 책임은 담임자 자신에게 있으나, 감독은 목회자들을 개체교회에 파송할 권한을 가진다. 따라서 감독의 선택, 인가, 임명에 의해 개체교회의 담임자가 결정된다. 이 전통에서는 사제역할과 사도적 전승의 관념이 강조된다. 개체교회의 자율성은 제한되고, 평신도는 이론상 교회 지도자를 선택할 권한이 없다. 개체교회 담임자는 중앙집권화된 감독제 위계서열의 한 관리일 뿐이다. 이와 같이 감독제 유형의 조직에서는 종교적 리더십이 철저하게 최고의 위치에 있는 지도자에 집중된다. 이러한 유형의 종교조직의 예로는 가톨릭, 성공회, 개신교에서는 미국연합감리교(UMC) 등을 들 수 있다.

둘째로, 장로제 유형(*presbyterian type*)이 있다. 이 유형의 조직에서 리더십의 근원은 장로들 혹은 선택된 평신도 지도자들로 구성된 대표회의에 있다. 권위와 통제적 힘이 개체교회를 대표하는 이들 집단에 있다. 그들은 교회 담임자의 임면을 요구할 수 있고, 일단의 후보자들 가운데서 담임자를 선택할 수 있다. 이 유형의 조직에서는 담임자가 그의 능력 여하에 따라 교회를 떠나거나 오래 머물 수 있기 때문에, 그는 자신의 능력을 입증하기 위한 노력(예를 들면, 교회성장)을 특별히 많이 한다. 이 유형의 종교조직의 대표적 예는 개신교의 장로교라 하겠다. 그러나 실제로는 한국 개신교의 거의 모든 교파들이 이러한 장로제 유형의 조직구조와 리더십 형태를 가지고 있다.

셋째로, 회중제 유형(*congregational type*)이 있다. 이것은 조직의 리더십이 철저하게 일반 회중 전체에 분산된 형태이다. 회중이 지도자에 대하여 상당한 영향을 행사할 수 있어서 그들은 지도자를 고용할 뿐만 아니라 원하면 해고시킬 수도 있다. 그러한 회중은 민주적으로 조직될 수 있고, 따라서 개인 멤버, 위원회, 그리고 다른 하위집단에 교회문제를 투표하고 그들이 바람직하다고 느끼는 행동을 주도할 권리를 준다. 성직자의 힘은 제한되고, 그는 아래 있는 이들에 대해 책임적이지만, 그의 위에는 어떤 종교적 위계서열도 없다. 물론 개체교회가 마지막 권위를 행사하며, 그것은 철저하게 교회 멤버들의 자율적 조직이 된다. 목회자의 선택과 통제에서, 그리고 모든 조직적 일들의 수행에서, 법적인 중앙조직적 힘의 부재에서, 재정 등에서 목회자는 회중 멤버들에 최대한 의존한다. 어떻게 보면 담임자는 회중의 민주적 지도자가 된다. 이 유형 조직의 대표적 예로는 개신교의 회중교와 침례교를 들 수 있다.

리더십의 근거를 토대로 하여 종교조직이 이상과 같이 3가지 유형으로 구분되기는 하지만, 이것 역시 하나의 이념형일 뿐이다. 따라서 실제로는 이 유형들의 혼합형 혹은 절충형의 조직형태도 가능할 것이다. 그리고 리더십에 따른 이러한 종교조직 유형론이 기독교 이외의 종교적 상황에 어느 정도 적용될 수 있을지는 앞으로의 연구과제라 하겠다.

2. 종교적 권위와 카리스마

1) 종교적 권위와 리더십

권위(*authority*)라는 개념은 권력과의 관계에서 잘 이해될 수 있다. 베버는 권력을 다른 사람들의 동의가 없을 때조차 그들을 통제할 수 있는 능력으로 규정한다(1947: 152). 즉, 권력이란 한 사회적 상황에서 한 행위자가 다른 이들에 대하여 그의 의지를 수행할 수 있는 힘을 말한다. 이때에 정당한 성격을 가진 권력을 권위라고 한다. 따라서 권위는 설득력 있는 힘 가운데서 자발적 복종을 유발할 수 있으며 사람들에 의해 당연하게 받아들여지는 영향력이다. 이때 중요한 것은 권력의 정당성이며, 권위의 기초가 되는 그 정당성은 합리성, 전통, 카리스마(*charisma*) 등 3가지에 근거한다.

베버는 그러한 3가지 유형의 정당성을 토대로 권위의 유형을 3가지 형태로 이념형적으로 구분하였다(1946: 324~62).

첫째는 전통적 권위이다. 이것은 오랫동안의 수행, 관행에 기초한 권위이다. 이것은 전통적인 규범이나 관례에 따라 주어지는 권위 유형이다. 오랫동안의 수행이 의심 없이 따르게 되는 규칙과 명령을 확립했다. 지도자는 전통에 의하여 그에게 주어진 권한을 부여받고 이것을 행한다.

둘째로, 카리스마적 권위가 있다. 이것은 일상적 과정, 관습 및 법의 제한에 역행하는 권위의 형태이다. 이러한 권위는 그 자체가 가지고 있다고 믿어지는 비범성, 초자연적 특질에 대한 존경심과 경외심에서 유래한다. 사람들은 카리스마적 권위를 가진 지도자에게서 보여지는 탁월성, 압도하는 능력 때문에 그에게 복종한다. 그에게는 특별한 은사가 부여된 것으로 믿어진다. 그러나 카리스마적 권위는 특정 개인의 특질에 근거하기 때문에 그 권위가 후계자들에게 자연적으로 이어질 수는 없다. 어떤 의미에서 카리스마적 권위는 비합리적 성격을 띤다고 할 수 있다.

셋째로는 합리적-법적 권위가 있다. 이것은 법적으로 규정된 규칙과 절차에 따라 부여되는 권위이다. 물론 이 규칙들은 추상적일 수 있고, 법적 규범이 비자발적인 것일 수도 있으나, 그것들은 지켜져야 하며 그렇게 부여된 권위에는 복종해야 한다. 이 권위는 개인적 특질보다는 합리적으로 그리고 법적으로 규정된 직책의 수행자에게서 보여지는 권위이다. 이러한 권위는 근대사회에서 흔히 나타나는 권위유형으로서 관료주의와 밀접한 관계가 있다. 개인은 그가 그 공동체의 한 사람인 한 그 권위에 복종해야 한다. 그러나 그는 지도자 개인에 대해서가 아니라 권위를 가진 직책에 대하여 복종하는 것이라고 할 수 있다. 합리적-법적 권위를 가진 지도자는 조직을 원만하게 기능하도록 하는 책임이 있으며 그 직책을 수행하기 위해 훈련을 받아야 하는 경우가 많다. 모든 규칙, 결정, 그리고 결과적인 행동은 문서로 기록된다.

권위에 대한 베버의 이념형적 분석은 종교적 권위의 경우에도 그대로 적용된다. 즉, 종교적 권위의 유형도 전통적인 것, 카리스마적인 것, 합리적-법적인 것으로 구분될 수 있다. 전통적인 종교적 권위는 지도자가 오랫동안 종교적 전통으로 전해 내려온 규범과 관행에 따라 그 권위를 인정받는 유형이다. 이들에게 부여된 권위는 오래된 전통의 신성한 권위라고 할 수 있다. 흔히 세습되기도 하는 이 권위는 부족종교나 민속종교 등에서 주로 보여진다.

카리스마적인 종교적 권위는 지도자 개인이 가진 특별한 은사 혹은 특질에 근거하여 나타나는 권위 유형이다. 이러한 권위를 가진 사람은 전통적 권위를 넘어서는 영향력을 보여주는 경우가 많다. 새로운 종교운동을 시작하는 선구자들은 사람들을 압도하는 여러 가지 영적, 도덕적, 지적 능력에 의해 옛 종교전통을 극복할 수 있는 대안을 제시하는 경향이 있다. 카리스마는 신이 직접 부여한 비범한 능력이기 때문에 이 권위는 위로부터, 하늘로부터, 신으로부터 유래하는 것으로 믿어진다. 따라서 이 권위는 사람들을 도덕적으로, 감정적으로 움직이게 하는 강력한 힘을 가지고 있다. 그러나 카리스마적 종교권위는 기존의 전통적 권위를 부정하거나 이것을 다른 것으로 대체하려는 성향이 강하기 때문에 때로는 기존의 확립된 정치적, 종교적 세력과 마찰이 생겨날 가능성이 많고, 경우에 따라서는 일탈적 입장으로 정죄나 비난을 받기도 한다. 카리스마적 권위는 종교를 시작한, 혹은 기성종교를 근본적으로 개혁하려는 종교지도자 가운데서 흔히 나타난다.

잠시 후 다시 논의하겠지만 카리스마적인 종교적 권위는 개인적 능력과 특질에 기초하기 때문에 대체로 한두 세대 이상 지속되기 어렵다. 사람들에게 영향을 미칠 수 있는 카리스마는 점차 일상적, 보편적 성향을 띠게 되며, 이에 따라 합리적-법적인 종교적 권위가 생겨날 수 있다. 합리적-법적 종교권위는 명문화된 법적 조항과 규칙, 그리고 합리적 절차와 과정에 그 권위의 근거를 둔다. 여기에서 종교지도자는 법에 따라 주어진 직책에 있기 때문에 그 권위가 인정을 받는다. 그리고 법은 종교지도자가 될 수 있는 여러 가지 조건과 자격을 명문화하고 있다. 따라서 합리적-법적 권위는 지도자 개인에게서 생겨나는 것이라기보다는 법적 규정과 조항에 기초한 직책으로부터 생겨나는 것이라 할 수 있다.

그러나 어떤 유형이든 종교적 권위는 비종교적 권위와 다른 요소들을 가지고 있다. 우선 종교적 권위는 신성과 밀접한 관계가 있다고 믿어진다. 그리고 종교적 권위를 위해서 지도자에게는 영적인 훈련과 명상이 요구된다. 종교적 권위는 또한 지도자가 신성과 사람들 사이에서 얼마나 중재자(*mediator*)의 역할을 잘 할 수 있는가에 크게 달려 있다(Wach, 1958: 339~40). 종교지도자에게는 특히 많은 역할이 기대되며 이것들을 얼마나 잘 수행할 수 있는가가 종교적 권위를 인정받는 데 중요하다. 종교적 권위는 지도자의 지적, 물리적 능력보다는 영적, 도덕적 능력이 보다 중요하게 생각된다. 그 어느 종류의 권위보다도 종교적 권위에서는 카리스마가 중요하다. 따라서 카리스마와 종교적 리더십의 관계에 대한 보다 자세한 설명이 필요하다.

2) 카리스마와 리더십

카리스마적 리더십의 중요성에 대해 광범위하게 논의한 첫 사회학자는 베버이다. 그는 새로운 종교들이 그 추진력을 카리스마적 지도자로부터 얻는다고 본다. 은사 혹은 '영의 선물'이라는 뜻을 가진 성서적 용어였던 카리스마(*charisma*)라는 개념을 베버는 다른 사람들 위에서 권위를 나타내고 영향력을 행사할 수 있는 특별한 능력을 지시하는 사회학적 개념으로 활용했다. 베버는 그 용어로 어떤 유형의 지도자 성품이나 특질을 서술한다.

그는 일상적인 사람들과 구분되며, 초자연적, 초인간적, 혹은 적어

> 도 특별히 예외적 능력이나 특질을 부여받은 것으로 취급된다. 이 능력이나 특질은 보통 사람은 도달할 수 없는 것으로, 신적인 기원이나 표본으로 간주되며, 그것들을 가진 개인은 지도자로 취급된다(Weber, 1947: 358~9).

일상적인 것과는 다른 비범한 능력을 보이면서 카리스마적 지도자는 기성의 규범적 질서에 대한 단절을 선포하고, 이 단절이 도덕적으로 정당하다는 것을 선언하며, 그리하여 그는 자신이 기성질서에 대한 명백한 반대의 위치에 있음을 보여주게 된다(Parsons, 1963a: xxxiii~xxxiv).

베버는 카리스마적 리더십이 종교집단에 한정된다고 믿지는 않았다. 예를 들면 많은 정치운동들이 카리스마적 인물들에 의해 시작되고 인도되고 있다. 그러나 카리스마가 결정적으로 중요하게 작용하는 영역은 종교라고 베버는 보고 있다. 카리스마적 지도자의 출현은 재난의 상황과 관계가 있다. 그리하여 정신적, 물리적, 경제적, 윤리적, 종교적, 정치적 재난의 때에 카리스마적 지도자들은 몸과 영의 특수한 은사를 지닌 자들이었고, 이 은사는 누구에게나 도달될 수 없는 초자연적인 것으로 믿어졌다(Weber, 1946: 245). 따라서 카리스마적 지도자에 대한 추종자들의 헌신은 재난과 열정에서 생겨나는 헌신이다.

카리스마적 지도자는 추종자들을 동원하고 그들 가운데서 사명감을 만들어내는 데 카리스마의 능력을 이용할 수 있다. 그의 그러한 특질은 추종자들에 의하여 예외적인 것으로, 그리고 심지어는 신적인 것으로 간주될 수도 있다. 따라서 카리스마적 지도자의 권위는 비경험적이고, 전체적이며, 의문의 여지가 없는 것이다. 카리스마적 지도자는 흔히 신의 직접적 대리자, 혹은 심지어 신의 화신(化

身)으로 믿어지기도 한다. 추종자들은 그러한 지도자의 현존 앞에서 신비와 경외감을 느낄 수 있다. 베버는 '카리스마'란 용어를 뒤르켐이 그러한 힘의 맥락에서 '성'(*the sacred*)의 일반적인 범주를 적용하는 것과 비슷한 힘에 적용하고 있다(1963: 2).

종교지도자가 카리스마적 지도자로 받아들여지려면 그는 그가 말하는 공동체에서 사상과 열망을 표현해야 한다. 그는 다른 사람들이 느끼고 상상할 수는 있으나 말로 할 수 없거나 행동으로 명백히 옮겨놓을 수 없는 것을 정교하게 표현한다. 그러나 카리스마의 신빙성은 항상 권위에 대해 복종하는 이들이 그것을 인정하느냐에 달려 있고, 카리스마적 권위에 종속하는 공동집단은 공동적 관계성의 감정적 형태에 기초하고 있다(Weber, 1947: 360). 카리스마적 지도자의 특질은 공로나 노력에 의해 얻어지는 것이 아니라, 힘과 지식의 초월적 근원에서 유래한다.

> 중요한 것은 카리스마적 지도자의 메시지가 흔한 감각 경험 너머의 근원으로부터 오는 것 같아 보여야 한다. 그것은 계시이어야 한다. 대개 그 메시지는 꿈 혹은 비전 혹은 얼마의 다른 신비적 경험에서 계시되었다고 주장되거나 가정되고 있다. 그 메시지는 인간의 지혜를 넘어서는 것으로 이해되고 있다. 그것은 신적인 계시이며, 홀로 활동하는 인간의 능력을 초월한다(Burridge, 1969: 155).

그리하여 카리스마적 지도자들이 초인간적 능력뿐만 아니라 신성을 가지고 있다고 인정되는 것은 매우 흔한 일이다.

흔히 카리스마는 사회변동의 특수한 이론이란 용어로 이해된다(Parsons, 1949: 663). 카리스마적 리더십은 새로운 의무와 관계되어 있고, 이에 따라 추종자들의 급격한 전향(轉向)을 요구한다. 카리스마의 힘은 그러한 변화의 필요성을 호소하는 데 열정뿐만 아니라 적합성을 가지고 있다. 따라서 카리스마적인 권위는 합리적이거나 전통적인 권위와는 근본적으로 다르다.

> 카리스마적 권위는 특히 매일의 일상적 영역 그리고 세속적 영역밖에 있다. 이 관점에서 그것은 합리적, 특히 관료적 권위와 전통적 권위에 날카롭게 반대된다. … 합리적 그리고 전통적 권위는 행동의 일상적 통제형태이다. 반면에 카리스마적 유형은 이것들에 대해 직접적으로 반명제적이다. 관료적 권위는 지성적으로 분석할 수 있는 규칙에 매여 있다는 의미에서 특별히 합리적인 반면에, 카리스마적 권위는 모든 규칙과 다르다는 의미에서 특별히 비합리적이다. 전통적 권위는 과거로부터 전해 내려오는 관례에 매여 있고, 이 점에서 또한 규칙을 지향한다. 카리스마적 권위는 과거를 거부하고, 이런 의미에서 특별히 혁명적인 힘이다(Weber, 1947: 361~2).

베버에게 카리스마는 기성질서를 돌파하는 혁명적인 힘이 될 수 있는 것이다. 실제로 카리스마는 모든 종류의 기성질서와 긴장관계를 갖는 경우가 많다. 왜냐하면 일상적 삶의 방식에 적합하지 않은 것으로서 카리스마는 기성질서에 대한 지속적인 도전이기 때문이다. 카리스마는 모든 가치를 변형시키며, 모든 전통적이며 합리적인 규범을 깨뜨린다. 카리스마적 지도자는 옛 지식에 의존하지 않고 그것에 대해 도전한다. 본질적인 관점에서 본다면 모든 카리스마적 권위는 "… 이렇게 쓰여 있으나 나는 이렇게 너희에게 말한다"는 명제를 제시한다(Weber, 1947: 361). 이것은 변형의 중요한 근원이며, 옛 것에 대한 불만족의 표현이 된다. 그러나 비록 카리스마적 지도자가 혁명적이라 해도, 그도 역시 전통에 호소해야 한다. 왜냐하면 그렇게 함으로써 그는 추종자 집단과 의사소통을 할 수 있기 때문이다. 그리하여 그는 전통적 개념, 상징, 의미들을 재해석하면서 새로운 것을 수용하도록 촉진한다.

카리스마적 리더십을 가진 대표적 종교지도자는 종교운동이나 종교조직의 창시자라고 하겠으나, 예언자도 카리스마가 강한 지도자 유형이라 할 수 있다. 사실상 베버는 예언자를 개인적 카리스마를 지닌 전형적 지도자로 본다(1963: 46). 카리스마가 변화지향적인 종교지도자에게서 현저하게 나타나는 것이 사실이지만, 한편 그것이 기성 제도권 안에 있는 종교지도자에게서도 나타날 수 있다.

베버는 카리스마를 개인적 카리스마와 직책(*office*)의 카리스마로 구분한다(1946: 245~8; 1963: chap. IV). 개인적 카리스마는 개인이 갖는 특질에서 기인한다. 이에 대해서는 개인적 복종과 완전한 충성이 요구되며, 대표적인 예로는 예언자나 종교적 스승(*master*)을 들 수 있다. 한편 직책의 카리스마는 어떤 직책에 있기 때문에 생겨나는 것으로 전자에 비해 보다 합리적이고 '절제된' 복종만을 요구한다. 이러한 카리스마의 종교지도자로는 사제나 교사 등을 들 수 있다.

베버는 거의 모든 종교적 조직이나 운동은 그 시작에서는 카리스마적 지도자를 중심으로 형성된다고 보았다. 많은 학자들이 이에 동조하지만, 종교조직이나 운동에서 카리스마적 지도자가 반드시 필요한 것은 아니라고 보는 학자들도 있다(Bainbridge and Stark, 1979). 즉, 종교적 조직이나 운동은 하위문화적 진화의 한 과정으로 점차 생겨날 수 있다는 것이다. 그러나 비록 전통종교를 개혁하거나 갱신하려는 종교운동이나 조직에서는 카리스마적 지도자가 선행조건이 아니라고 할지라도, 새로운 종교를 확립하려고 추구하는 대부분의 종교집단은 카리스마적 지도자에 의해 확립되는 경향이 있다는 것이 일반적 견해이다(Roberts, 1984: 193).

3) 카리스마의 일상화

만일 종교운동이 지속되어야 한다면 일단의 안정된 역할과 지위가 확립되어야 하고, 규범들의 지속적 형태가 유지되어야 한다. 그리하여 카리스마적 권위의 성격이 변화된다. 베버는 이것을 카리스마의 일상화(*routinization*)라고 부르고 있다. 베버는 순수한 카리스마적 권위가 매일의 일상 구조들과는 매우 낯선 성격을 가지고 있기 때문에 종교운동이 영구적인 성격을 갖게 되려면 카리스마적 권위의 성격이 급진적으로 변화되는 것이 중요하다고 본다(1947: 363~4). 원래 카리스마적 지도자는 그의 카리스마적 힘으로 역사적 영향을 미칠 수 있으나 그에 대한 추종이 상당한 수준에 이르면 리더십에 대한 원래적 관념은 변형의 과정을 겪게 된다. 즉, 역동적인 지도자 주변에 모여드는 공동체는 규범, 역할, 지위가 안정된 공동체로 바뀌어야 한다. 이러한 변화과정을 앞에서 제도화라는 용어로 설명했듯이, 바로 이러한 조직구조의 제도화 과정은 카리스마를 일상화시키는 결과를 가져온다.

카리스마의 일상화를 초래하는 결정적 근거는 카리스마적 지도자의 죽음이다. 이것은 카리스마적 권위의 계승의 문제라고 할 수 있다. 카리스마적 지도자를 중심으로 종교집단이 형성되었기 때문에 그가 죽으면 그 집단은 급히 와해될 수 있다. 그러나 많은 사람들이 그 집단에 시간과 돈과 정력과 관심을 쏟아 부었기 때문에 그것의 생존능력을 확보하려고 할 것이다. 그리하여 그 집단을 이끌어 갈 계승자의 리더십이 문제로 나타나게 된다. 물론 처음의 카리스마적 지도자가 죽은 다음에만 그 리더십이 계승되는 것은 아니다. 그가 살아 있는 동안에도(특히 그의 생애 말년에) 공식적으로든 비공식적으로든 후계자(들)에게 지도자의 자격을 넘겨줄 수도 있다. 어쨌든 전에 하나의 인격과 동일시되었던 카리스마는 이제 종교적 이데올로기와 종교적 조직과 관계되어야 한다. 이제는 그 집단의 구조, 믿음의 체계, 성문서(聖文書) 등이 존경의 근원이 되는데, 이러한 안정된 권위의 근원 자체가 그 집단의 성격을 변화시킬 것이다(Roberts, 1984: 190).

처음 카리스마적 지도자의 계승자가 결정될 수 있는 방법에 대하여 베버는 6가지를 열거한다(1947: 364~6). ① 권위의 위치에 어울릴 특질의 기준에 기초하여 새로운 카리스마적 지도자를 찾는 방법이다. ② 신탁, 제비뽑기 등에서 나타나는 계시나 신적 판단에 의존하는 방법이 있다. ③ 카리스마적 지도자 자신에 의한 계승자의 선택과 그에 대한 신자 공동체의 인정의 방식이 있다. ④ 카리스마적 지도자의 참모들에 의하여 계승자가 선택되고 그에 대하여 공동체가 인정하는 방법이다. ⑤ 카리스마가 혈통에 의해 유전된다는 개념에 근거하여 가족이나 친족에게 계승되는 방식이 있다. ⑥ 주술적인 것으로 카리스마가 의례적 수단에 의해 한 사람에게서 다른 사람에게로 전달될 수 있다는 관념이 새로운 사람을 택하는 데 이용될 수 있다. 어떤 경우든 추종자들은 리더십에 대한 합법적 계승자(들)로서 새로운 지도자(들)를 인정해야 한다. 그렇지 않으면 그 집단은 와해되거나 자체에 균열이 생겨 분열이 일어날 것이다.

그러나 새로운 지도자는 처음 지도자와 같은 종류의, 그리고 같은 정도의 카리스마를 가지는 것 같지는 않다. 비록 처음 지도자에 대하여 생겨났던 경외와 존경의 일부가 후계자들에게도 전수될 수는 있겠지만, 이제 헌신은 조직 자체에 대한, 그리고 그 운동의 이데올로기에 대한 것이 되며, 새로운 지도자의 권위는 조직이나 이데올로기의 힘에 의하여 제한받게 된다(Roberts, 1984: 191). 이제는 그 집단의 규칙과 가치가 초월적 중요성을 갖게 되는 것이다. 이에 따라 종교지도자의 카리스마는 개인적 특질보다는 직책에 따라 부여되는 카리스마의 성격으로 바뀐다. 그러나 비록 일상화의 과정이 보다 공식화된 역할과 이데올로기적 규정의 발전에 관계되어 있고, 전통적이거나 합리적-법적 유형의 합법성을 향한 운동을 전제로 한다고 해도, 여전히 카리스마적 경력을 주장하는 어느 제도도 그 역할 구조에서 잠재적 형태의 카리스마를 보유할 가능성은 열려 있다고 하겠다(Hill, 1980: 172).

사실상 베버는 카리스마를 '일상'(*routine*)의 반명제로 간주하며, 일상화된 카리스마는 그 용어와 모순된 것으로 본다(1947: 361). 제도화의 과정에서 급진적 교의는 정통주의가 되며, 혁명적 운동은 확립된 안정구조가 된다. 카리스마가 일상화되고 구원의 길이 체계적으로 명문화됨에 따라 새로운 종교전통이 창조된다. 그리하여 어제의 새롭고, 비범하고 즉흥적이며 재치 있는 계시는 오늘의 신선하지 않은, 일상적인, 엄격하고 영구적인 교의가 되어 버린다. 이런 맥락에서 카리스마는 기존 질서를 유지하는 목적을 위하여 합리적으로 취급될 수 있으며, 비범한 것은 이익을 위하여 일상적인 것에 대하여 굴종하게 만든다. 그러나 비록 카리스마는 일상화되면서 그것의 중심을 상실하는 것처럼 보이지만, 여전히 그것은 사회적 가치에 대한 재규정이나 삶의 방식에서의 참된 변화가 필요한 곳에서는 그것의 적절한 기능, 즉 기성질서와의 단절의 길을 여는 기능을 수행할 수 있다(Steeman, 1964: 54).

카리스마의 일상화는 어떤 의미에서는 종교적 리더십에 있어 기능수행자(*functionary*)가 몽상가(*visionary*)를 넘어서는 과정이라고도 할 수 있다(Hoult, 1958: 134~5). 가장 순수한 형태에서 카리스마적 리더십은 엄격하게 개인적이며 잠정적이지만, 그러한 리더십이 영구적 영향을 가지려면 그 개인적 성격이 변경되어야 한다. 즉, 그것은 조직적 구조인 제도로 통합되어야 한다. 따라서 카리스마의 일상화의 실제적 결과는 종교를 세우고 새롭게 하는 몽상가 유형의 리더십을 확립된 사제직의 리더십으로 대체하는 일이다. 물론 이것은 관계된 종교 성격의 변화를 가져온다. 왜냐하면 몽상가와 기능수행자의 관점은 다르기 때문이다. 몽상가는 사회제도에 신적인 것의 실현은 궁극적으로 변덕스럽다는 것을 예리하게 감지하지만, 기능수행자는 종교, 인간, 성문서, 국가 혹은 어떤 다른 구체적 형태를 신적인 것과 동일시하려는 충동을 받는다. 따라서 원래의 통찰력의 사람인 몽상가와 원초적 영적 경험을 주어진 것으로 보고 신조와 제도를 세우는 것에 집착하는 사제, 신학자 사이에는 반대가 생겨날 수 있다(Saloman, 1949: 595).

사제적 기능수행자가 통제력을 확립하는 기술은 예언자적 몽상가의 그것과는 다르다. 전자의 경우에 생겨나는 것이 바로 카리스마의 일상화이다. 그러나 카리스마의 일상화는 원래 개인적 카리스마적 특징들의 증발이 아니라 제도적 배경에서 새로운 의무가 표현될 수 있는 잠재적 형태의 카리스마적 구현을 나타내는 것이다(Hill, 1980: 168).

3. 종교지도자 유형

종교지도자들은 그것이 전통적이든, 합리적-법적이든, 카리스마이든 종교적 권위를 가지고 있다. 그리고 그들은 개인적인 것이든 직책에 따른 것이든 다양한 수준의 카리스마를 가지고 있다. 또한 그들이 종교 안에서, 그리고 사회와의 관계에서 수행하는 역할, 그리고 추종자 혹은 신도들과의 관계의 성격도 다양하다. 따라서 이 절에서는 종교지도자의 유형에 대하여 살펴보려고 한다.

1) 전통적 종교지도자

오늘날에도 발견될 수는 있으나 대체로 전통적 종교운동이나 종교조직에서 생겨날 수 있는 종교지도자의 유형에 대하여 먼저 알아보기로 한다.

(1) 창시자

종교적 창시자(*founder*)는 하나의 새로운 종교집단의 시작과 관계되는 종교지도자 유형이다. 그러나 또한 기성종교집단으로부터 파생된 새로운 종파나 제의 집단을 시작한 인물도 창시자의 범주에 포함시킬 수 있다.

어떤 사회에서든 많은 사람들이 공허한 생각, 불안감, 공포를 느낄 때에 그들은 흔히 새로운 형태의 사회조직에 대한 필요성을 느낀다. 동시에 이 두려움을 인식하고 그것을 해결하려는 사람들이 현존하면 새로운 사회운동에 대한 필요성이 생겨난다. 이 경우 구체적으로 그러한 두려움이 궁극적 가치와 관계되어 있으면 새로운 종교집단이 생겨날 수 있다. 이때 그 집단의 리더십을 확신하고, 그 가치를 상징화하는 사람이 종교적 창시자라고 할 수 있다. 그러나 종교의 위대한 창시자들은 대체로 처음부터 '종교를 세우려고' 의도하지는 않았다. 그들은 각자 자기의 방식으로 그들의 삶에서 결정적인 것이 되었던 신, 세계, 인간을 향한 그들의 태도를 만들어낸 경험을 성취하는 데 커다란 관심을 가지고 있었을 뿐이다(Wach, 1958: 341). 그들은 그들의 인격과 활동이 영향을 미친 추종자들에 의해 종교조직의 창시자가 된다. 물론 모르몬교를 시작한 스미스(J. Smith)의 경우처럼 매우 의도적이고 의식적으로 종교를 시작하는 수도 있지만 이것은 특별한 경우라 할 수 있다. 창시자에게는 종교적 이상과 가치를 확립하는 데 메시지가 근본이 된다. 그것은 그의 개인적 카리스마적 영향과 함께 영향력의 중심적 근원이 된다.

흔히 예수, 부다 등이 전형적인 종교의 창시자로 이해될 수 있다. 한편 마호메트, 조로아스터는 흔히 예언자로, 공자와 노자는 선생, 철학자, 현자로 불리지만 그들도 또한 종교의 창시자이기도 하다. 창시자의 핵심적인 활동은 설교와 가르침이다. 다른 이들에게 구원과 완전의 메시지를 전하는 것, 그의 경험에서 그에게 계시된 진리를 그들로 하여금 받아들이게 하는 것이 창시자의 우선적 관심이다(Wach, 1958: 343). 이 활동은 때로 그가 이적을 행함으로써 강화될 수 있다. 이적의 행위는 그의 위대함을 나타내는 개인적 카리스마로 이해될 수 있다. 창시자의 대부분은 종교적 메시지의 선포에 삶을 집중하나 마호메트는 자신의 영토 안에서 구체적인 정치적, 사회적 질서를 확립하려고 했다.

(2) 예언자

예언자(*prophet*)는 개인적 카리스마를 가진 전형적인 종교지도자이다. 그는 전형적으로 신과 의사를 소통하고 있다고 믿으며, 어떤 과제 혹은 사명을 수행하기 위하여 신의 명령을 받는다. 그리하여 자신을 신의 뜻의 도구로 규정하며, 환상, 꿈, 황홀경, 직접적인 말의 소통 등을 통하여 신의 뜻을 터득한다. 예언자는 말, 표시, 몸짓, 일상적 혹은 비일상적 성격의 다양한 행동으로 말한다. 그의 교훈적 진술은 때로 수수께끼 같기도 하고 은유도 많지만, 또한 정교하고 체계적인 설교나 연설의 형식을 취하기도 한다. 예언자적 계시는 즉흥적이며, 수동적으로 받아들여진다. 이것이 예언이 의식적으로 추구되는 점(占)과 다른 점이다. 예언자는 자신이 신적 권위를 가지고 말하고 있다고 믿기 때문에, 초자연적 명령의 주제에 대한 그의 입장은 확고하며 타협하지 않는 것이다.

예언자는 대부분 귀족계급, 식자층, 품위 있는 계층 출신이 아니다(Wach, 1958: 348). 그들은 흔히 단순한 민중계층에게서 나타난다. 검소와 단순성이 그들 삶의 특징이며 주로 금욕주의적 생활을 한다. 예언자는 영감을 통해, 계시를 통해 숨겨진 진리의 의미를 파악하기 때문에, 근본적인 진리에 대한 지식과 정보를 가진 존재로 이해된다. 이 점에서는 예언자가 교사와 비슷한 점이 있다. 그러나 교사에게는 예언에서 보여지는 활발한 감정적 설교가 결여되어 있다(Weber, 1963: 53). 교사는 기성질서를 유지할 수 있지만 예언자는 항상 그것에 도전하고 그것과의 단절을 추구한다. 예언자는 보수를 지불받지 않는다.

예언자는 흔히 과거의 사건을 해석하면서 또한 미래를 예견하고 예언을 한다. 위기의 순간(*kairos*)이 이러한 이중의 빛에서 해석된다. 예언자는 대개 확립된 가치체계가 도전을 받는 불안정의 시기에 나타난다. 그의 메시지는 흔히 사회의 세속적인, 그리고 거룩한 양상들을 향한 저항의 메시지이다. 예언자는 자신을 명백하게 그리고 의식적으로 기성질서에 대항하는 것으로 보는, 그리고 그의 위치에 대하여 도덕적 권위를 주장하는 지도자이다(Parsons, 1949: 663). 예언자는 전통을 돌파하는 자로서 그는 카리스마적 권위를 가지고 이 일을 한다. 이 점에서 예언자는 사제와 구분된다. 즉, 사제는 거룩한 전통 안에서의 그의 역할 수행에 의해 권위를 주장하는 한편, 예언자의 주장은 개인적 계시와 카리스마에 기초한다(Weber, 1963: 46). 이런 의미에서 사제계급으로부터 예언자가 거의 나오지 않았던 것은 우연이 아니다. 왜냐하면 사제는 그의 직책에 의하여 구원을 시행하는 반면에, 예언자는 그의 개인적 은사에 힘입어 그의 능력을 행사하기 때문이다.

예언자는 비범한 영적 능력을 가지고 있다. 예언자의 비범한 영적 능력은 예언자 자신의 에너지가 아니라, 신성 혹은 영과의 친밀한 교제를 통해 그에게 부여되는 신적인 능력이다(Wach, 1958: 350). 예언자의 권위는 특별한 훈련, 공식적 준비, 혹은 전문적 자질에서 오는 것이 아니라 신적인 인정과 신적인 명령에 대한 그의 주장이 집단에 의해 받아들여지는 사실에서 유래한다. 예언자에게는 특별히 경험되는 개인적 소명(*calling*)이 결정적으로 중요하다.

예언자의 핵심적인 기능은 집단, 부족, 민족, 국가의 양심으로서의 기능이라 할 수 있다. 삶의 가장 깊은 근원과의 접촉에 힘입어 예언자는 신의 뜻을 반영하는 시민적, 도덕적 질서의 모든 혼란이나 곡해에 대하여 적극적으로 반응한다(Wach, 1958: 348). 예언자는 직관에 따라서 어떤 일이 도래할지 예견하고 사람들에게 충고한다. 이러한 충고는 신적으로 지시된 일의 상태를 사람들에게 확립하도록 촉구하는 것이며, 이에 따라 그들에게 처벌과 보상에 대하여 경고한다. 예언자의 거친 표현은 그의 종교적 경험에 근거한 강한 감정과 깊은 직관의 결과라 할 수 있다. 그의 깊은 자각과 미래에 대한 확실한 예상에 힘입어 예언자는 세상의 일들을 마지막 운명의 빛에서 본다(Wach, 1958: 349). 따라서 종말론이 대개 순수한 예언에서 중요한 역할을 한다. 그러나 예언은 세계에 대한 인간의 외면적 관계는 물론 인간의 내적 생활에서의 심한 긴장을 만들어내는 경향이 있다. 왜냐하면 예언자에 의해 제시된 의미의 세계는 대체로 현재의 세계 실재와는 다르기 때문이다.

베버는 이념형적으로 예언자를 두 유형으로 구분했다(1963: 55~8). 하나는 윤리적 예언자이고, 다른 하나는 표본적 예언자이다. 윤리적 예언자는 그것이 구체적 명령이든 추상적 규범이든 신의 선언과 의지를 선언하는 도구로 자신을 생각한다. 그는 신으로부터 사명을 받은 자로 설교하는데, 그의 윤리적 의무는 신에 대한 복종이다. 이 유형의 예언자는 성격상 보다 서구적이고 구약시대 유대교 예언자들과 마호메트에 의해 가장 잘 대표되고 있다. 이 예언자는 충동에 의한 활동가이며, 사회변동에 대한 그의 경향은 조직의 필요성을 지시하게 된다. 한편 표본적 예언자는 보다 동양적이며 부처나 공자가 이에 가깝다고 할 수 있다. 이 유형의 예언자는 그의 개인적 표본에 의하여 다른 이들에게 구원에 이르는 길을 진술한다. 그의 가르침은 신의 사명이나 복종의 윤리적 의무에 대하여 말하지 않고, 오히려 자신이 걸어왔던 것과 똑같은 길을 추구하면서 구원을 열망하는 이들에게 방향을 자기자신에게 돌리도록 권유한다. 표본적 예언자는 내면적 평화와 성공적인 이완(*release*)의 느낌을 전해준다. 윤리적 예언자는 보다 정치적 성향이 있고, 축복보다는 불안정, 즉 도피하거나 적응하려는 필요성보다는 변동에의 충동을 전한다(Demearth and Hammond, 1969: 52). 그러나 분명한 것은 어떤 유형의 예언자이든 사제와 비교해 보면 성격상 그 예언의 근본적 기준은 기성질서를 유지하고 강화시키려는 것이 아니라 그것과의 단절에 대한 요구라 할 수 있다.

(3) 사제

사제(*priest*)의 권위는 직책의 카리스마에 달려 있다. 사제의 중심적 역할은 신과 인간 사이의 중재이다. 이 점에서는 사제도 주술가와 유사한 점이 있다. 그러나 주술가와는 달리 사제는 공동체를 위해 일하며 공동선을 추구하고 보편적인 종교적 윤리를 제시한다(Weber, 1963: chap. II). 주술가는 신성 혹은 영이 그에게 복종하도록 강요하지만 사제는 그의 뜻을 신에게 복종하도록 한다. 사제는 신의 뜻을 해석할 뿐만 아니라 신과 동료 인간들 사이의 관계를 규제하고 강화한다. 사제에 의해 종교적 표현이 공식화되고 예배형식이 규제되며 종교이론이 정리되고 조직이 형성된다(Wach, 1958: 361).

사제직을 위해서는 준비와 교육의 과정이 필요하다. 훈련을 통하여 의례수행을 위하여 요구되는 특질과 능력이 발전된다. 가르침과 연구, 명상과 기도, 금욕적 수행 등이 모두 요구된다. 이를 위해 전문적인 교육 혹은 훈련기관이 세워질 수 있다. 사제가 교사나 학자의 역할도 할 수 있으나 가장 중요한 기능은 의례의 수행이다. 사제는 종교에 관한 정보와 지식, 그리고 기술을 독점하는 경향이 있다. 훈련받은 전문가에 의해 수행되는 화해의 규칙적 행위는 악을 물리치고, 건강, 힘, 부, 다산(多産), 성공을 얻게 한다고 믿어진다. 그러나 비록 사제의 대중적 권위가 신의 축복을 사람들에게 나누어주는 능력에서 기인한다고 해도, 그 능력은 신으로부터 부여받은 것으로 받아들여진다.

종교조직이 제도화되면서 사제의 역할도 다양화, 전문화, 분화되는 경향이 생겨난다. 이러한 변화는 전문 사제직의 출현을 조장했고, 이것은 점차 위계서열을 갖춘 하나의 특권계급으로 발전하게 된다. 그리하여 사제는 전통의 수호자, 거룩한 지식과 명상, 기도, 기술의 소유자, 우주적인 도덕적, 의례적 질서에 상응하는 법의 수호자로 생각된다(Wach, 1958: 365). 법의 해석자로 사제는 재판관, 행정가, 교사, 학자로서의 기능을 수행하며, 행위의 표준과 규칙을 구성하고 그것을 준수하게 한다. 신학자로서 사제는 종교적 경험의 이론적 표현으로서의 신학을 구성한다. 신화와 교리를 체계화하고 신조를 구성하며, 성문서를 수집하고 편집하고 명문화하는 것도 그의 일이다. 사제는 또한 종교의례와 관계된 모든 것(장소, 건물, 도구, 재산, 재정 등)을 유지하고 감독한다.

종교적 제도나 전통사회로부터 떨어져서 말하는 예언자와는 달리 사제는 사제계층의 일원으로 행동하고 공동체 안에서 능력을 발휘하여 결국은 현존하는 사회질서의 수호자로서 주로 말한다(Weber, 1963: 58~9). 사제의 역할은 대체로 전통과 기성질서를 유지하려는 보수적 성향이 있기 때문에 사회변동이나 종교갱신을 촉구하는 예언자와 마찰을 일으키는 경우가 흔히 있다. 또한 사제의 영향력은 원래 종교적인 것이지만 때로는 도덕적, 사회적, 문화적, 정치적 영역으로 확대되기도 한다. 그리하여 사제의 힘이 커지게 되면 세속적인 힘과 긴장과 갈등의 상황이 초래될 수 있다.

(4) 기타 종교지도자들

창시자, 예언자, 사제 이외에도 몇 가지 유형의 종교지도자들이 있다. 그 가운데 하나는 성자(*saint*)이다. 다른 유형의 종교적 권위와는 달리 성자의 명성은 성취보다는 그의 인격적 성격에 달려 있다(Wach, 1958: 358). 전문적 집단체제에 매여 있지 않고, 지성적이거나 실천적인 재능이 반드시 탁월할 필요는 없다. 예언자가 그의 강력한 설교적 충동에 의해 사람들을 자극하는 반면에, 성자는 그의 영향을 조용하게 그러나 지속적이고 집중적으로 행사한다. 성자도 예언자처럼 개인적 카리스마를 가지고 있으나, 그것은 그 개인의 도덕적 성품에 기인하는 경우가 많다. 그는 교훈보다는 모범의 간접적 효과에 의해 다른 이들에게 영향을 끼친다. 그는 결정적 회심을 경험하는 경우가 많다. 성자는 금욕주의적 생활을 즐기며, 신비적 체험을 할 수도 있다. 성자의 권위는 그의 개인적 카리스마에 의해 함께 결속된 동아리나 집단으로 표현될 수도 있고, 순수한 개인적 관계에서 표현될 수도 있다. 그의 죽음 후에는 그를 기억하고 숭배하려는 종교적 제의가 생겨나는 경우도 종종 있다.

다른 종교지도자 유형으로 개혁자(*reformer*)가 있다. 개혁자는 종교의 부패나 해체의 시기에 주로 나타난다. 그는 제도권 안에서의 종교적 갱신을 촉구하는 하나의 신앙운동가이다. 개혁자도 카리스마를 가지고 있으나 그 힘은 지성적 혹은 도덕적 능력이나 설득력, 또는 조직력과 관계가 있다. 그는 심오한 종교적 경험을 소유하는 경우가 많고, 이것이 그의 생활과 활동의 중요한 근거가 된다. 개혁자는 크게 신학적 개혁자와 혁명적 개혁자로 구분될 수 있다(Wach, 1958: 345~6). 신학적 개혁자는 사상적, 교리적 비판의 작업을 주도하는 사람이고, 혁명적 개혁자는 행동적 운동을 주도하는 사람이다. 전자의 예로는 루터(M. Luther)를, 후자의 예로는 뮌처(T. Münzer)를 들 수 있다. 루터는 중세기 로마 가톨릭교회의 교회중심적, 성례전 중심적 신학과 교리를 만인사제직(萬人司祭職: 모든 평신도가 사제의 직분을 수행할 수 있다는 주장), 이신득의(以信得義: 믿음으로 의롭다고 인정받음) 신학으로 대체함으로써 개신교 출현의 밑거름이 되었다. 한편 뮌처는 현존하는 종교, 정치 질서를 뒤집어 놓으려 했던 급진주의자로서 16세기 독일에서 농민전쟁을 주도하기까지 했던 인물이다.

(5) 종교적 기능인

종교적으로 비범한 능력이 있으면서도 주로 사적인 역할 수행을 하기 때문에 종교적 지도자라기보다는 종교적 '기능인'이라고 보는 것이 타당한 몇 유형이 있다. 그 하나로 주술가(*magician*)가 있다. 주술가는 종교의례와는 관계가 없으며, 그는 신적인 능력을 불러옴으로써 사람들에게 악한 영향으로부터 보호하고 각종 복을 얻도록 도와주는 역할을 한다. 주술가도 개인적 카리스마로 존경받을 수 있으나, 그의 활동은 흔히 공식적인 허가, 교육, 보상, 보수를 가진 하나의 직업으로 제도화, 조직화되어 있다(Wach, 1958: 354). 주술가는 보이지 않는 존재, 영들과의 교제로 인한 능력을 행사할 수 있으나 그것은 단순히 고객의 기대를 만족시키기 위하여 이용될 뿐이다. 비록 주술가도 역시 그의 개인적 은사를 통하여 능력을 행사할 수 있다는 점에서는 예언자를 닮았으나 독특한 계시, 교리, 계명 혹은 사명을 주장하지는 않는다(Weber, 1963: 47). 즉, 주술가는 공동체 전체를 위해 의미를 가지는 메시지를 설교하지 않는 것이다. 주술가는 개인적 이익이나 청원자의 이득을 위해 봉사하기 위한 능력을 추구할 뿐, 공동선이나 초월적 존재에 대한 복종을 촉진하지도 않는다(Durkheim, 1965: 60~1).

또 하나의 종교적 기능인으로 선견자(先見者) 혹은 선각자(先覺者: *seer*)가 있다. 선견자는 앞일을 내다본다는 점에서는 예언자와 공통점이 있다. 그러나 예언자의 적극적 활동에 비해 보면 선견자는 수동적 유형의 비범한 종교적 기능인이다. 예언자처럼 종교경험을 통해 신과 교제하며 그의 의지를 깨달아 신의 계시를 해석할 수 있으나, 선견자는 대개 노인으로 오랜 삶의 경험을 한 전통의 유지자요 수호자로 생각된다(Wach, 1958: 351~2). 개인적 카리스마를 가질 수 있고, 제자도 생겨날 수 있으나, 소극적으로 그것도 주로 혼자 활동하면서 대개 개인의 상황을 다룬다는 점에서 예언자와 구분된다. 선견자는 또한 지혜를 가지고 있다는 의미에서 현자(賢者)라고도 불린다. 현자는 사람들을 찾아 나서기보다는 반대로 사람들이 지혜를 얻기 위하여, 시대의 징조를 알아보기 위하여 현자를 찾아가는 경향이 있다.

또 다른 유형의 종교적 기능인으로 점술가(*diviner*)가 있다. 점술가는 수동적 성격에서는 선견자와 비슷하지만, 신의 뜻에 대한 해석을 위하여 매개물로 사용하는 물질들에 의존해야 한다는 점에서 선견자와 다르다(Wach, 1958: 356). 한편 점술가는 그의 해석이 우주의 일반적 도식 혹은 이론에 근거한다는 점에서 기술의 이론적 양상에는 관심이 없고 실제적 기능만을 중요시하는 주술가와 다르다. 그러나 점술가의 도식은 예언자의 경우처럼 개인적 종교 경험의 즉흥적인 창조적 표현이 아니라 규범적 훈련의 전통에 근거하고 있다. 점술가는 사제와는 달리 신과 인간의 관계를 중재하는 일도 없고 예언자와 달리 윤리적 규범의 발전에도 무관심하다. 그는 다만 그가 터득한 기술에 의해 점을 칠 뿐이다. 역시 사람들은 그에게 하나의 고객일 뿐이다.

2) 종교지도자 역할의 다양화

종교집단이 변하면서 리더십 유형도 변한다. 그 집단의 규모가 커지면 지도자들 가운데 전문화 혹은 분업화가 생기며 점차 그들의 위계서열이 확립된다. 집단 멤버들의 행위를 규제하도록 고안된 확대된 규범이 확립되며, 이 규범을 시행하도록 새로운 리더십 역할이 마련된다. 뿐만 아니라 확립된 종교집단에서는 지도자에게 다양한 역할을 요구하게 된다.

(1) 지도자 역할의 다양성

개신교의 예를 들면 확립된 종교조직 내에서 지도자는 크게 4가지 역할을 하도록 요구된다(Vernon, 1962: 187~90). 여기에는 전통적 지도자 역할도 있고 새로운 지도자 역할도 있으나, 이것들은 주로 사제의 역할이라 하겠다. 첫째로, 초자연적인 힘을 활용하고 요청하는 역할이 있다. 여기에는 3가지 하위역할 유형이 있다. ①의례수행자(*ritualist*)의 역할이다. 지도자는 집단의 공식적 의례를 집례하고 수행한다. 이것을 통해 멤버들이 초자연적 근원으로부터 힘과 능력을 부여받을 수 있게 한다. ②지도자는 또한 목회자 혹은 상담자의 역할을 수행한다. 이것은 어려움 가운데 있는 개인들에게 지도와 도움을 주는 것이다. 여기에는 병자를 방문하고 유가족을 위로하며, 문제 있는 사람과 상담하는 일 등이 포함된다. ③ 치유자(*healer*)로서의 역할도 있다. 이것은 초자연적 도움을 확보하여 사람들의 심신의 병을 고치거나 그것에 적응할 수 있게 하는 역할이다.

종교지도자의 두 번째 역할은 가르치는 일이다. 여기에도 3가지 하위유형이 있다. ① 교사로서의 역할을 수행해야 한다. 그는 멤버들에게 그 집단에 의해 받아들여진 종교적 규정을 가르치는 데 관심을 가져야 한다. ② 설교자로서의 역할이 주어진다. 그는 교사로서 지식을 주입할 뿐 아니라 집단의 헌신을 유발하기 위하여 계획된 설교를 해야 한다. ③ 학자로서의 역할도 기대되고 있다. 이것은 종교의 지적 양상과 관계가 있는 것으로, 그는 서로 다른 유형의 지식을 조화시키거나 교리적 갈등을 해소시키는 노력을 해야 한다.

종교지도자의 세 번째 역할은 집단을 유지하도록 기획된 활동에 종사하는 일이다. 그는 행정가로서 종교조직을 이끌어 가기 위한 계획과 그것의 집행을 책임진다. 그는 또한 교구책임자(*rector*)로서의 역할도 수행해야 한다. 그는 그의 종교조직을 대표하는 최고의 책임자이다.

종교지도자의 네 번째 역할은 다른 집단과의 접촉 혹은 그 집단을 위한 봉사를 수행하는 역할이다. 이것을 성직자(*cleric*)의 역할이라고 부른다. 종교와 국가의 분리가 있는 집단에서는 국가가 흔히 법적 중요성을 갖는 어떤 의식을 수행하도록 인정된 종교적 수행자에게 권한을 부여한다. 이 경우 성직자는 결혼식을 주례하고, 국가적 기능의 의례를 집전한다.

(2) 종교지도자의 역할갈등

역할갈등이란 주어진 역할을 수행하는 데 생겨날 수 있는 긴장과 불안, 그리고 어려움을 의미한다. 이러한 역할갈등은 여러 가지 이유에서 생겨나는데, 그것은 종교지도자의 경우에도 마찬가지이다. 종교지도자는 무엇보다 다양한 역할을 모두 유능하게 수행할 것이 요구되기 때문에 갈등이 생겨날 수 있다(Blizzard, 1956). 앞에서 살폈듯이 오늘날의 종교지도자는 동시에 여러 가지 역할을 수행할 수 있어야 한다. 그는 특별한 분야에서는 전문가이지만, 또한 폭넓게 모든 것을 알고 지시할 수 있는 만능선수가 될 것이 기대된다. 그리하여 그는 의례수행자, 설교자일 뿐만 아니라 상담자, 치유자가 되어야 하고, 또한 행정가도 되어야 한다. 종교조직 멤버들이 지도자에게 요구하고 기대하는 역할의 종류가 다양하기 때문에 이 모든 역할을 수행해야 한다는 중압감과 불안감이 그에게서 생겨날 수 있다. 뿐만 아니라 수많은 역할을 감당하기에는 부족한 시간과 정력 때문에 어려움을 겪기도 한다. 물론 대형 종교집단에서는 지도자의 역할이 분화되어 각기 다른 전문영역에서 여러 전문가들이 일을 수행할 수 있다. 그러나 대개는 단일한 지도자에게 동시에 많은 역할이 요구되는데 이 때에 그는 갈등을 겪을 수 있다.

종교지도자의 역할갈등은 특히 조직 멤버들이 그들의 지도자에게서 혹은 그들이 속한 집단에서 기대하는 요구가 서로 상반될 때, 그리고 그들의 종교참여 동기가 상이할 때도 생겨날 수 있다(Whitley, 1964). 예를 들어 일부 멤버들은 지도자가 예언자적 역할을 기대하는 데 반하여 다른 멤버들은 그가 사제적 역할을 기대한다면, 그는 이 집단을 이끌어 나가는 데 혼란을 느끼게 된다. 비슷하게 일부는 종교의 사회참여를 지지하고, 다른 일부는 이것을 반대한다면 지도자에게는 그의 역할수행에 갈등이 생겨날 수 있다. 어떤 이들은 지도자에게서 강력한 리더십을 기대하는가 하면 다른 이들은 그에게서 민주적 리더십을 요청하기도 한다. 조직 멤버들 사이에서의 이러한 상반된 요구나 기대는 지도자의 역할갈등을 조장할 수 있다.

종교지도자는 또한 자신의 생각과 멤버들의 생각이 근본적으로 다르다는 것을 발견하면서 갈등을 경험할 수 있다. 예를 들면 종교지도자는 종교의 목적은 진리를 깨닫고 도를 깨우치는 것이라고 생각하여 이것을 가르치려고 하는데, 멤버들은 종교를 통하여 사적인 이익(예를 들면 재물복이나 성공, 출세)을 얻기 원하고 그가 이것을 가능하게 도울 것이라고 기대한다면 그 지도자는 당혹감에 빠질 수밖에 없다. 문제를 더욱 어렵게 만드는 것은 종교지도자가 자신들의 기대와 다르다고 느끼는 신도들은 그 종교조직을 떠나가는 경향이 있다는 점이다. 신도확보를 위해서는 그들의 잘못된(지도자가 보기에) 기대나 욕구라도 충족시켜 주어야 할 것인가 하는 것은 종교지도자가 당면할 수 있는 또 하나의 딜레마이다.

이와 같이 오늘날의 종교조직에서 지도자들은 여러 가지 형태의 역할갈등을 경험할 수 있다. 이러한 갈등은 아마도 종교의 제도화 과정의 한 필연적 결과라 하겠다. 분명한 것은 카리스마가 일상화되고, 종교지도자의 역할이 다양화, 분화, 전문화 되어감에 따라 지도자로서의 역할수행이 더욱 어려워지고 있다는 사실이다.

제 12 장

종교와 사회계층

사회계층(*social stratification*)이란 사회적 불평등이 제도화된 사회구조를 의미한다. 어느 사회에서든 재화, 권력, 지위와 같은 희소가치는 개인이나 집단 사이에 불평등하게 배분되어 있고, 이러한 불평등에 근거하여 사회 구성원들 사이에는 여러 계층(*strata*)이 형성된다. 사회적 불평등의 중요한 결과는 계층에 따라 각기 다른 생활방식이 생겨나는 것이다. 사회계층은 사람들의 물질세계뿐만 아니라 의식세계에도 영향을 미치며, 이에 따라 사람들의 사회적 태도와 행위, 목표와 사고방식, 세계관과 에토스(*ethos*), 그리고 습관과 관심에도 영향을 미친다. 그리하여 각기 다른 계층의 사람들은 서로 다른 삶을 살고, 각기 다른 의식성향을 지니며, 각기 다른 가치와 규범을 행사하게 된다.

계층에 따른 생활방식의 차이는 종교의 경우에는 그대로 적용된다. 다시 말하면 각 계층에 따라 종교를 갖는 동기, 종교에서 추구하고자 하는 목적, 종교에 대한 태도, 종교에 참여하고 개입하는 정도, 종교에 대한 신뢰도 등에 각기 다른 입장과 경향이 나타난다. 이 경우 종교는 하나의 종속변수로 이해되고 있다.

그러나 종교는 하나의 독립변수로서 사회계층에 관계될 수도 있다. 베버의 "개신교 윤리" 주제는 계층상승에 미칠 수 있는 종교적 영향을 밝혀낸 하나의 사례라 할 것이다. 종교는 또한 사회의 지배적 계층구조에 대하여 정당화하는 하나의 강력한 힘이 될 수도 있다. 때로는 종교가 불평등한 계층구조에 저항하는 하나의 수단이 될 수도 있다.

1. 역사종교와 사회계층

1) 역사종교의 중심계층

역사적인 세계 종교들이 지닌 사회계층적 성격을 처음으로 연구한 학자는 베버(1946)였다. 그는 종교의 심리적, 실용적 맥락에서 발견되는 행동에 대한 실제적 충동은 '경제윤리'라고 보면서 유교, 힌두교, 불교, 기독교, 이슬람교, 유대교 등에서 대표적인 계층적 성향을 비교 분석했다(1946: 267~70). 물론 베버도 단일한 계층의 영향이 특정 종교에서 독점적인 것은 아니라고 보았지만, 대체로 그 생활방식이 결정적이었던 계층이 각 종교에 있다고 보았다.

우선 유교의 경우는 성직자의, 세속적 합리주의의 특징을 갖는 교육받은 식자층 사람의 지위윤리가 중요했다. 이 계층의 종교적 지위윤리는 계층을 넘어 중국적 생활방식을 결정했다는 것이다. 초기 힌두교는 어떤 공직으로부터도 먼 존재로 개인과 공동체를 위한 일종의 의례주의자와 영적 충고자로 기능했던 문화적 지식계급의 세습적 대물림의 카스트에 의해 생겨났다고 베버는 지적하고 있다. 그들은 지위계층의 정향을 위한 안정적 집단을 형성했고, 사회질서에 그들의 각인(刻印)을 찍었다는 것이다. 한편 불교는 세상을 거부하고 집도 없이 옮겨 다니는, 엄격하게 명상적인 탁발승에 의해 전파되었다. 이들만이 종교 공동체의 완전한 멤버였고, 모든 다른 이들은 열등한 가치의 종교적 평신도, 즉 종교성의 주체가 아니라 객체로 머물러 있었다는 것이다.

베버에 따르면 이슬람교는 첫 시기동안 세계를 정복하는 무사의 종교, 훈련된 무사질서의 종교였다. 그러나 중세기 동안 명상적이고 신비주의적인 수피즘(*Sufism*)은 하층계급 기술자들에게도 동등한 지위를 마련해 주었다. 유대교는 시민적 '천민'의 종교였다고 한다. 그러나 이 종교는 중세기 문학과 의례의 훈련을 받은 지성인 계층의 리더십에 의해 발전했는데, 이 계층은 증가되는 유사-프롤레타리아와 합리적인 소시민 지성인을 대표한다고 본다. 한편 기독교는 장인(匠人)의 교리로서 그 과정이 시작되었다. 강력한 외적, 내적 발전의 기간 내내 그 종교는 매우 도시적이었고, 특히 시민적 종교였다. 이것은 고전시대, 중세기, 그리고 청교도운동 때도 마찬가지였다. 특히 서양의 도시는 기독교를 위한 중요한 극장 무대였다. 이것은 고대 종교공동체의 영적 경건, 중세기의 탁발승 질서, 그리고 경건주의와 감리교에 이르는 종교개혁의 개신교 종파를 유지하는 원동력이 되었다. 특정 종교의 발전에 결정적 역할을 했던 특정 계층의 성격을 밝히면서도 베버는 조심스럽게 이 문제에 접근한다.

2) 계층집단의 종교성향

베버는 역사종교의 형성과정에서의 계층적 특성을 연구했지만, 또한 점차 다양한 종교적 요구가 다양한 계층 사이에서 다르게 생겨날 수 있다는 점에 대하여도 주목했다(1963). 그는 농민, 무사, 상인, 장인, 지성인 등의 종교적 성향이 다르다는 것을 밝혔다. 우선 농부는 자연에 크게 매여 있고, 유기적 과정과 자연적 사건에 매우 의존하며 경제적으로 합리적 정향이 없기 때문에, 그들은 일반적으로 국내적 힘이나 외부적인 정치적 힘에 의해 노예가 되든지 무산계급이 될 위협이 있을 때만 종교의 수행자가 된다(1963: 80). 그들은 주술적 신앙을 갖고 있기 때문에 합리적 윤리종교와는 거리가 멀었다. 이것은 특히 기독교의 경우에 그러했고, 따라서 기독교는 처음부터 농촌이 아니라 도시를 중심으로 발전했다. 베버에게 농부의 종교적 관심과 그의 경건한 믿음은 근대에 발전된 현상이었다.

무사계급도 대체로 합리적 종교윤리의 수행자가 되지 못했다. 죄, 구원, 종교적 겸손과 같은 개념들이 그들에게는 불명예스러운 것으로 여겨졌기 때문이다(1963: 85). 반대로 관료계급은 대개 비합리적 종교를 경멸했으나 이 유형의 종교가 사람들을 다스리는 하나의 장치로 유용하다는 것을 또한 인정했다. 종교적 문제에 대한 관료주의의 독특한 태도는 전형적으로 유교에서 나타난다(1963: 90). 여기에는 구원의 필요성이나 윤리에 대한 초월적 관심이 없다. 다만 관료주의 계급에 적합한 기회주의적이고 공리적인 관습의 교리가 있을 뿐이다. 영에 대한 전통적 믿음, 그리고 조상제의와 효의 유지를 넘어서는 어떠한 개인적 종교의 감정적이고 비합리적인 요소도 배제된다. 그러나 여기에서도 식자층이 받아들일 수 없는 주술적 요소는 멀리한다.

도시의 상업적 유산계급(대지주 출신이든 무역상이든)은 윤리종교의 경향성이 강하다(1963: 91). 그들은 '저 세상'적 종교와는 거리가 멀다. 그러나 합리주의 성향이 강하고, 그들은 종교를 통해 자신의 우월성을 정당화하기 원한다. 중하류층 사람들, 특히 숙련공이나 작은 무역상의 생활을 농민의 생활과 비교하면 전자는 후자보다 자연과의 연관성을 훨씬 적게 가지고 있다. 따라서 자연의 비합리적 힘에 영향을 미치는 주술에의 의존이 농부에게서처럼 도시 거주자들에게도 똑같은 역할을 할 수는 없다(1963: 97). 베버에 따르면 그러한 일의 상태는 중요한 결과를 가지고 있다.

> 도시인의 생활과 경제적 기초는 더 합리적인 근본적 성격(측정가능성과 의도적인 조종에 대한 능력)을 가지고 있다. 나아가서 숙련공 그리고 어떤 환경에서는 상인들조차도 그들에게 정직이 최고의 정책이라는 그리고 성실한 일과 의무의 수행은 보상을 발견할 것이며, 그들이 정당한 보상을 받을 것이라는 견해를 갖도록 영향을 미치는 경제적 존재가 되게 한다(1963: 97).

이런 이유에서 숙련공과 소무역상은 보상의 윤리를 가지고 있는 합리적 세계관을 받아들이는 경향이 있다. 이것은 주술적인 경향의 농민 이외의 모든 비특권 계급 가운데서의 정상적 사고 경향이라고 베버는 지적한다(1963: 97). 그리하여 숙련공와 장인, 소무역상의 종교는 주술적인 것이 아니라 합리주의적이고 윤리적인 성격을 띠게 된다. 이들은 대중적 종교운동의 중심세력이다.

그러나 베버는 무산계급의 가장 낮고 가장 경제적으로 불안정한 계층은 대체로 종교운동의 수행자는 아니라고 본다. 왜냐하면 그들은 급진적 종류의 윤리적, 합리적 종교를 받아들일 사회적 조건이 없기 때문이다. 베버는 노예나 일거리 없는 노동자와 같은 가장 심한 경제적 무능력자 계급은 독특한 종교 유형의 담지자가 결코 되지 못했다고 말한다(1963: 99).

베버는 지성인 계급의 종교에 대하여도 설명한다. 그는 무엇보다 지성인은 종교의 중심에 있는 의미에 대한 탐구에 (특히 구원의 문제와 관계되어 있는) 분명히 중요한 역할을 가지고 있다고 지적한다.

> 지성인에 의해 추구되는 구원은 항상 내면적 요구에 기초되어 있고, 따라서 그것은 삶으로부터 멀리 떨어져 있으며, 보다 이론적이며 체계적이다. …중요한 의미를 삶에 부여하고, 그리하여 자신과의, 동료 인간들과의, 우주와의 일치를 발견하려고 추구하면서, 지성인은 세계의 개념을 의미의 문제로 변형시키며, 그리하여 합리화의 과정을 조장한다(1963: 124~5).

지성인의 지성주의는 주술에 대한 믿음을 억압하기 때문에, 세계의 과정은 비(非)마술화되고 주술적 중요성을 상실하게 된다. 특히 '무산계급적 지성주의'는 사회적 관례에 얽매여 있지 않기 때문에 무산계급 지성인은 물질적 요인에 방해받지 않으면서 강한 윤리적, 종교적 감정을 취할 수 있다(1963: 126).

베버는 역사종교들에서 나타난 중요한 주제, 즉 구원종교와 윤리종교의 문제 및 합리성의 문제 등에 초점을 맞춰서 다양한 계급 집단들의 종교적 성향을 폭넓게 분석함으로써 종교와 사회계층의 관계에 대한 다양한 논의와 연구의 길을 열어놓았다.

2. 계층구조와 종교

1) 계층형성의 종교적 배경

흔히 하나의 집단 혹은 사회가 문화 가운데서 확립되는 어떤 계층형태를 발전시키고자 할 때에는 그 체계가 좋은 것이며 정당하다는 설명이 필요하게 된다. 사회 안에서 희소가치가 사람들 사이에 다르게 분포된 현상은 정당하다고 하는 도덕적 규정이 필요하게 된다. 그리하여 어느 사회에서든 보다 큰 보상을 받는 집단은 그러한 분배를 도덕적으로 정당한 것으로 만드는 가치체계를 만들어내는 경향이 있다. 한편 부를 소유하지 못한 사람들은 제한된 부, 혹은 심지어 가난까지도 도덕적으로 정당하다고 주장하는 가치체계에 매력을 느낀다.

만일 한 사회에서 사회적 불평등에 대한 도덕적 정당화가 발전되지 않거나 그것에 대한 모순적 규정이 생겨난다면 사회는 긴장과 혼란에 빠지기 쉽다. 그러나 반대로 사회적 불평등의 양상에 대하여 도덕적 규정이 실제 상황과 일관성이 있다면, 불평등의 계층구조는 안정되고 공고해진다. 흔히 불평등한 보상이나 분배체계에 대하여 그 정당성을 뒷받침하는 하나의 강력한 힘은 종교였다. 종교는 대체로 사회계층의 형성과 구조에 도덕적 의미를 마련해 주었다. 그리하여 종교는 부를 가진 사람들에게는 부의 소유에 대하여, 부를 소유하지 못한 사람에게는 그것을 소유하지 못하는 것에 대한 도덕적 설명을 가지고 있다.

사회적 불평등에 대한 종교적 정당화의 가장 전형적인 예는 베버의 연구(1952)에서 밝혀졌듯이 인도의 힌두교에서 나타난다. 힌두교는 일생동안 변경될 수 없는 가장 엄하고 공식화된 계층체계인 카스트(*caste*) 제도에 대한 종교적, 도덕적 정당성을 제공한다. 힌두교는 4개의 커다란 카스트, 즉 브라만(*Brahmin*: 사제), 크샤트리아(*Kshatriya*: 무사와 지주), 바이샤(*Vaishya*: 농민과 상인), 그리고 수드라(*Sudra*: 농노) 계급이 신적으로 기원하고 있다고 설명한다. 그리고 삶에서 모든 개인의 지위는 전생(*karma*)에서의 그의 행동에 의해 결정되며, 그 구원은 카스트 의무(*dharma*)를 성취하는 데 달려 있다고 본다.

사회에서 카스트제가 제도화되면서 종교적 규정은 이 카스트를 유지하기 위한 도덕적 승인을 마련했던 것이다. 인도는 엄격한 카스트 구조에 대한 종교적 성화의 고전적 예라 할 수 있다. 그러나 종교가 확립된 계층질서의 형성을 돕든지 이것을 인정하는 것은 힌두교뿐 아니라 모든 종교들의 공통된 현상이다.

2) 계층구조와 종교적 정당화: 신정론

종교와 사회계층의 관계에 대한 탐구의 오래된 전통은 종교가 특히 약자나 소외계층을 위한 하나의 피난처라는 입장이었다. 종교는 박탈당하고 억압당하는 사람들을 위해 마련되었고, 그러한 사람들에게 특히 중요하게 작용했다는 것이다. 예를 들어 초대교회를 연구했던 역사가들은 그 교회가 로마 세계에서 박탈된 계급—노예, 가난한 자, 종속된 민족—에게 매력을 주었고, 그들에 의해 형성되었다는 점에 동의한다(Troeltsch, 1960). 사회적 위계서열의 밑바닥에 있는 이들의 고통을 달래주는 기능을 하는 것으로서의 종교에 대한 이 개념은 종교의 역할에 대하여 연구하고 종교적 참여의 다양성에 대한 이유를 밝히려고 했던 사회이론가들에게 하나의 실마리를 제공했다.

가난한 자들을 위한 종교의 개념을 사회학적으로 처음 제시한 이는 맑스였다. 제3장에서 이미 보았듯이 그는 부르주아 계급이 프롤레타리아 계급을 착취함으로써 생겨나는 프롤레타리아 계급의 소외감을 보상하는 하나의 기제로 인위적으로 조작된 일종의 허위의식을 종교라고 보았다. 즉, 맑스는 종교가 프롤레타리아 계급에게 삶의 상황의 곤경에 대한 민감성과 이해를 둔화시키는 하나의 진정제이며 마취제이고 실제의 가혹함으로부터의 도피라고 했다. 그에게 종교는 불평등한 계급구조를 지속시키는 이데올로기적 힘이었다.

종교와 불평등한 계급구조의 관계에 대한 맑스의 주장을 보다 객관적 용어로 발전시킨 학자는 베버였다. 베버는 종교가 특권계급과 비특권계급에 대하여 각기 다른 기능을 수행한다고 보면서, 종교의 이러한 역할은 종교적 교리와 신학에 근거하고 있다고 지적한다. 세계와 인간 경험을 의미있게 만들려는 노력에서 종교적 이데올로기는 흔히 사회체계 가운데 존재하는 불평등에 대해 설명하는데, 이것을 그는 신정론(神正論)이라고 부른다(1963: chap. IX). 종교적 믿음은 지금의 계층체계를 신의 뜻에 의해 확립된 것으로 인가한다는 것이다. 베버는 신정론이 서로 다른 계층집단에서 서로 다른 형태로 발전한다고 설명한다(1963: 112~5; 1946: 271~5).

(1) 행운의 신정론

베버가 지적하는 첫 번째 유형의 신정론은 현재의 재화, 권력, 지위에서의 불평등 구조를 신의 계획으로 보면서 이러한 희소가치의 소유는 신이 부여한 것으로 설명하는 신정론으로 이것은 주로 특권계급에서 생겨난다. 베버는 이 유형의 신정론을 '행운의 신정론'이라고 부른다. 특권계급은 그들의 경제적 번영을 신의 축복으로 혹은 신적 특권의 표시로 규정하는 경향이 있다. 그리하여 특권계급은 그들의 행운을 정당화하는 신정론을 발전시킨다.

특권계급은 그들의 행운이 '정당한' 행운이 되기를 원하는 것이다. 성공적인 사람들은 흔히 행운을 덜 가진 사람들의 대가로 세상적인 성취를 누리기 때문에, 그들은 흔히 그들 자신의 행운을 위한 적극적 의미를 마련할 뿐만 아니라 다른 이들의 덜 행복한 상황에 대한 죄책감을 감소시키도록 도울 하나의 도덕적 신조를 발견할 필요가 있게 된다(Nottingham, 1971: 126). 종교는 희소가치를 소유한 사람들의 좋은 조건이나 상황을 정당화한다. 특권계급의 자기평가의 감정은 그들은 기본적이며 궁극적인, 그리고 질적으로 독특한 존재라는 의식에 근거하고 있다는 것을 주목하면서 베버는 특권계급이 종교에서 요구하는 것은 '정당성의 심리적 재확인'이라는 의견을 제시한다(1963: 107).

(2) 보상의 신정론

또 하나의 신정론은 이 세계의 구조를 악한 힘의 영역으로 보게 한다. 이것은 주로 비특권 계급에서 생겨난다. 그들은 현존하는 불평등 구조에서 좌절을 더 느끼고 그것을 부정의하다고 느끼기 때문에, 불평등한 세계구조를 부정적으로 보는 신정론이 받아들여진다. 베버는 이러한 신정론을 '절망의 신정론' 혹은 '도피의 신정론'이라고 부른다. 사회적으로 억압받는, 그리고 많은 고통을 경험하는 사람들은 희소가치를 소유하는 일보다 더 중요하고 깊은 의미에 대한 설명을 필요로 한다. 그들에게 재정적 풍요함은 탐욕의 뿌리로, 그리고 악의 표시로 규정된다. 그들은 '이 세상'적 가치보다는 영적인 가치를 더 중요시하고, 따라서 '이 세상'적 성공을 과소평가하게 된다.

비특권 계급에게서 생겨나는, 혹은 그들이 받아들이는 신정론에 기초하여 그들은 경제적 박탈을 참을 수 있게 된다. 왜냐하면 가난은 하나의 고상한 선택이며 덕으로 신봉되기 때문이다. 가난한 이들에게 종교신앙은 박탈에 대한 보상의 기제로서 작용하기 때문에, 이들의 신정론은 흔히 '보상의 신정론'이라고도 불린다.

> 인간의 실망이 이생에서 크면 클수록 다음 생에 대한 그의 믿음도 크다. 그리하여 이 세계 너머에 있는 목표의 존재는 사회적으로 획득되고, 사회적으로 가치 있는 목적에 도달하기 위하여 노력하는 데 그들이 불가피하게 경험하는 좌절에 대하여 사람들에게 보상하도록

작용한다(Davis, 1948: 532).

이러한 보상의 신정론에 근거할 때 커다란 부를 도덕적 의미에서 하나의 장애요소로, 심지어는 종교적 구원에 대한 커다란 방해물로 규정하는 종교적 해석이 왜 사회에서 희소가치를 소유하지 못한 이들에게 강한 호소력이 있는가를 이해하는 것은 쉬운 일이다. 그러한 규정은 세상적 실패를 영적 성공으로 바꾸고, 그리하여 부한 자와 가난한 자의 상대적 위치를 역전시킨다. 나중 된 자가 먼저 되고 먼저 된 자가 나중 될 것이라는 메시지는 심지어 고통에 대한 의도적 추구를 고무하기까지 할 수 있다. 또한 구원을 위한 모든 요구가 사회적 긴장의 표현이기 때문에, 다른 조건이 같다면 높은 사회적, 경제적 특권을 가진 계급이 구원의 관념을 별로 사용하지 않는 것은 놀랄 일이 아니다(Weber, 1963: 107). 비특권 계급의 특별한 요구는 결국 '고통으로부터의 해방'(구원)을 위한 것이며, 종교는 그 구원을 약속하는 대표적 수단이 된다.

베버는 세상에서 비특권 계급이 취할 수 있는 3가지 다른 형태의 해결책을 제시한다(1946: 275). ① 나중에서의 보다 나은 생활(낙원 혹은 천당)에 대한 기대가 있다. ② 충성스러운 자들을 위하여 신에 의해 창조되는, 메시아 시대 혹은 천년왕국이라 불리는 새로운 세계에 자신이, 혹은 적어도 자신의 자손이 속할 수 있다는 희망이다. ③ 힌두교에서 보여지는 것처럼 현재의 것보다 더 좋거나 높음, 이 세계에서의 다른 생 혹은 재생에 대한 희망이다.

이와 같이 종교는 현재의 불평등한 계층구조에 대하여 그 질서를 정당화시켜 주는 다양한 이데올로기를 발전시켜 사람들로 하여금 그러한 구조를 받아들이게 하고 그 구조가 지속되는 데 중요한 작용을 한다고 하겠다. 그러나 한편 불평등한 계층구조가 각기 다른 종교적 신정론을 만들어낸다고도 말할 수 있을 것이다.

3. 박탈과 종교적 보상

1) 박탈-보상 이론

종교성과 사회계층의 관계에 대한 가장 오래된 설명은 맑스와 베버에게서 유래된 박탈-보상 이론이다. 물론 종교가 모든 계층에 대하여 나름대로 어떤 기능을 수행하는 것이 사실이지만, 종교는 무엇보다도 그리고 우선적으로 가난과 고통, 좌절과 절망 가운데 있는 사람들을 위하여 중요하게 작용했다. 앞에서 우리는 박탈당하는 비특권 계급을 위하여 마련된 도피나 절망, 혹은 보상의 신정론에 의해 그들은 종교적으로 이해된 현실을 받아들이는 경향이 있다는 것을 밝혔다. 박탈에 대하여 종교가 보상하는 기제가 된다는 것은 심리학적으로는 개인적 좌절에 대한 반작용으로서, 사회학적으로는 불이익을 당하는 집단의 불만에 대한 반응으로서 종교신앙이 그 문제에 대한 해결책이라는 것을 의미한다.

박탈에 대한 종교적 보상의 가장 두드러진 방식은 '위안'이다. 물론 종교가 박탈에 대하여 그 현실을 극복하기 위한 도전적 힘이 될 수도 있으나, 보다 지배적인 현상은 종교가 주로 위로하는 식으로 박탈에 대한 보상을 한다는 것이다(Glock et al., 1967). 종교는 일상생활의 시련과 고난에 대하여 위로하고 격려하고 희망을 줌으로써 그것을 극복할 수 있는 믿음을 심어준다. 종교의 이러한 위안기능에 대해서는 비판이 제기되었다. 억압받는 자들을 위로하는 것은 그들로 하여금 지금 생활에서 자신들로부터도 보다 나은 어떤 것을 추구하거나 요구하지 못하게 할 수 있다. 저 너머의 보다 큰 보상을 약속함으로써 현세의 삶을 참을 수 있도록 도움으로써 종교가 사회구조의 바닥으로부터의 사회변동에 대한 저항을 효과적으로 잠재울 수 있다. 그리하여 종교는 사회적으로 평가받는, 그래서 영향력 있는 멤버들의 죄책감을 지우고 양심을 달랠 수 있으며, 그들로 하여금 사회정의를 위하여 투쟁하려는 어떤 자연적 경향으로의 행동을 예방하거나 금할 수 있다(Glock et al., 1967: 205). 이러한 역기능에도 불구하고 종교는 어쨌든 박탈당한 사람들에게 우선적으로는 위로의 방법으로 보상하는 기능을 수행한다.

종교가 박탈당하는 사람들에게 보상, 특히 위로해주는 중요한 방식은 '초가치화'(*transvaluation*)라는 이념을 통해 이루어지는 수가 많다(Glock and Stark, 1965: 191). 초가치화란 보다 큰 수준에서 지상적 가치를 쓸모없는 것으로 재규정하는 것이다. 그것은 주로 하늘의 보상의 기초에서 정당화되며, 이것은 물질적 복지가 상대적으로 중요하지 않다는 것을 보여줌으로써 이 세계의 무상한 쾌락과 대조된다. 종교는 가난한 이들에게 앞으로 올 영원한 세계에서는 그들이 부를 쌓을 수 있다는 식으로 그들의 박탈감에 스스로 견디도록 도와준다. 이 점에서 박탈에 대한 종교적 해결은 여기 그리고 지금 일들의 변화를 촉구하고 제공하는 급진적 정치운동의 해결책과는 다르다. 물론 종교가 박탈에 대하여 도전적이고 변형지향적인 방법으로 그 문제를 해결할 수 있는 길을 제시하는 경우도 있다. 그러나 일반적 경향은 종교가 박탈에 대하여는 위안이나 격려, 혹은 미래적 희망을 통하여 보상하는 경우가 많다. 그러나 박탈당한 계급에 대한 종교적 보상의 가능성은 박탈당한 이들 모두에게 적용되는 것은 아니다. 특별히 중요한 경제적 박탈의 경우를 들어 스타크는 이 문제를 다음과 같이 설명하고 있다(1972: 500).

경제적 박탈이 어떤 종류의 종교적 헌신을 초래하기 위해서는 종교적 관점이 문제의 박탈된 사람들을 위한 하나의 설득력 있는 선택일 필요가 있다. 만일 그들이 종교적 관점과 최소한의 어떤 연관성이라도 유지하고 있다면, 가난과 실패는 사람들에게 신앙의 위로를 추구하게 하는 것 같다. 그러나 경제적으로 박탈당한 사람들은 그들을 위한 종교적 선택이 가장 적합하지 못한 사람들이다. 일반적으로 사회에서는 경제적 박탈이 사람들을 보상의 수단으로서 믿음으로 인도하기보다는 그들을 주로 종교로부터 차단하도록 작용한다. 그리하여 경제적 박탈은 종교적 헌신을 만들어내고 동시에 만들어내지 않기도 하는데, 그것은 환경에 달려 있으며, 따라서 종교는 소유하지 못한 자들을 위한 피난처로 봉사하기도 하고 하지 않기도 한다.

박탈에 대한 종교집단적 반응 가운데서 두드러진 하나의 현상은 종파적인, 특히 탈사회적 종파신앙이다. 이것은 초가치화 이념에 근거하고 있다. 이것은 일찍이 트뢸치나 니버의 연구에서 밝혀진 바 있다. 그들의 연구에 기초하여 클락(Clark)은 미국의 종파 200개를 비교 연구하면서 종파의 믿음은 박탈당한 이들에 대한 보상의 성격을 띠고 있다는 것을 보여준다(1965). 클락의 연구에 따르면 종파는 이 세상의 조속한 종말과 부자가 버려지고 겸손하고 온유한 사람이 들리어질 내세의 도래에 대한 믿음, 검소, 겸손, 근면이 덕이 되는 반면에 사치와 세상적 유흥은 악이라는 청교도적 도덕성, 단순한 종교의례의 강조, 그리고 사회개혁에 대한 무관심의 태도를 조장한다는 것이다. 결국 이러한 믿음들은 박탈에 따른 좌절감을 완화시키는 하나의 보상기제가 되고 있다고 하겠다.

2) 박탈감과 종교적 대응: 글락

종교가 박탈당한 사람들에게 보상하는 역할을 한다는 설명에 대한 심층적 분석은 글락(Charles Y. Glock)의 연구이다(1964: 24~36). 글락은 개인이나 집단에게서 상대적으로 생겨날 수 있는 5가지 유형의 박탈감을 구분하면서 종교는 각기 다른 방식으로 그 박탈감들을 보상하는 경향이 있다고 주장한다. 물론 박탈에 대한 보상은 종교적인 것만 있는 것은 아니다. 따라서 글락은 다양한 박탈에 대한 세속적 대응방법 혹은 보상에 대하여도 제시한다.

첫째로, 경제적 박탈감이다. 이것은 사회 안에서 수입이 다르고, 생활필수품이나 사치품이 어떤 이들에게 제한된 현실에 그 근원이 있다. 여기서는 박탈에 대한 객관적 기준보다는 주관적 기준이 더욱 중요하다(상대적 박탈감). 경제적 박탈감은 일단 그것이 심화되면 그 안에 혁명의 씨를 가지고 있다. 그러나 혁명이 성공하려면 박탈당한 집단을 결집시킬 힘이 필요한데 이것이 그렇게 쉽지는 않다. 따라서 경제적 박탈감이 심화된다 하여도 그것이 거의 혁명으로 인도되지는 않는다. 한편 경제적 박탈감에 대한 종교적 해결책은 문자적으로는 아니더라도 상징적으로는 혁명적인 것이다. 왜냐하면 사회에 대한 잠재적 반감은 사회를 거부하고 급진적으로 그것을 평가절하하는 이데올로기 가운데 표현되는 경향이 있기 때문이다. 글락은 이러한 특징을 가진 것, 즉 경제적 박탈에 대한 보상수단을 마련하는 종교조직의 형태가 바로 종파(*sect*)라고 지적한다.

둘째는, 사회적 박탈감이다. 이것은 명성, 권력, 지위, 기회와 같은 사회적 보상이 불평등한 현실에서 생겨난다. 사회적 박탈감은 개인이 추구하는 바람직한 요구를 적게 할수록 그의 상대적 지위는 낮아진다는 사실에 근거한다. 사회적 박탈감이 경제적 박탈감과 다른 것은 전자가 지위와 명성과 관계가 있다면 후자는 경제적 기준에 따라 생겨난다. 사회적 박탈감의 구제를 위하여 사회의 완전한 변형이 요구되는 것은 아니다. 그 박탈감에 대한 보상은 종교적 지위를 통해 흔히 이루어지는 경향이 있다. 사회적 박탈감에서 생겨나는 종교의 조직적 형태는 종파형이라기보다는 교회형이라고 글락은 지적한다. 이것은 사회적으로 박탈당한 이들의 기본적 관심은 사회로부터 도피하기보다는 사회에 자신을 동화시키거나 혹은 대체하는 것으로 박탈감을 변형시키기 때문이다.

셋째는, 유기체적 박탈감이다. 이것은 육체적 혹은 정신적 결함, 나쁜 건강이나 어떤 불능의 성향 때문에 생겨나는 형태의 박탈감이다. 유기체적 박탈에 대하여는 재활활동, 정신분석, 집단역학과 같은 것들이 세속적 반응형태의 예라고 할 수 있다. 유기체적 박탈에 대한 종교적 해결책은 조직화된 치유운동이다.

넷째로, 윤리적 박탈감은 사회의 이상과 개인이나 집단의 이상 사이의 가치갈등을 의미한다. 그것은 어떤 사람이 그 사회의 가치들 가운데서 서로 양립할 수 없는 요소를 발견하거나, 규칙과 표준의 부정적인 잠재적 기능들을 발견하기 때문에, 혹은 이상과 실재 사이의 부조화에 의해 충격받기 때문에 생겨날 수 있다. 흔히 이러한 가치갈등은 사회조직의 모순 때문에 생겨난다. 윤리적 박탈감에 대한 반응은 혁명적이라기보다는 전형적으로 개혁적이며, 그것이 생겨나는 때의 지배적 에토스에 따라 종교적이거나 세속적 경향이 있다. 흔히 윤리적 박탈감은 소홀해진 가치를 강화시키고, 현존하는 사회조직의 지침을 유지하면서 지배적 가치체계의 필요한 부분을 변화시킬 목적을 가진 개혁운동으로 인도한다. 우익이든 좌익이든 정치적 개혁집단은 흔히 일종의 윤리적 박탈감에 의해 그 동기가 마련된다. 윤리적 박탈감에서 생겨나는 종교운동은 흔히 개혁운동 — 예를 들면 인권운동—으로 발전할 수 있다. 윤리적 박탈감은 전형적으로 사회의 엘리트 멤버들에, 혹은 적어도 중, 상류 계급에 제한될 수 있다.

다섯 번째는, 정신적 박탈감이다. 이것은 사람들이 그들의 생활을 해석하고 조직하는 데 의미 있는 가치체계가 없는 자신을 발견할 때에 생겨난다. 정신적 박탈감에 대한 그럴듯한 반응은 새로운 가치, 새로운 신앙, 의미와 목적에 대한 새로운 탐구이다. 세속적이든 종교적이든 정신적 박탈감에 대한 반응은 일반적으로 극단적이다. 왜냐하면 그것은 그 사회의 지배적 가치정향의 거절을 나타내기 때문이다. 정신적 박탈감에 대하여 사람들은 혁명적인 정치적 프로그램을 구현하는 새로운 이데올로기를 채택할 수 있다. 그러나 이들이 종교적 해결을 취할 때 그것은 전형적으로 제의운동(*cult movement*)일 것이라고 글락은 지적하고 있다.

박탈에 대한 보상 혹은 해결의 방법은 종교적인 것일 수도 있고 세속적인 것일 수도 있다. 특히 경제적, 사회적, 유기체적 박탈감의 경우 종교적 해결책은 박탈감의 성격이 부정확하게 이해되든지 그 박탈감을 경험하는 이들이 그 원인을 제거하는 데 직접 작용하는 위치에 있지 않은 곳에서 더 생겨나는 경향이 있다. 그러나 그 해결은 박탈감의 성격이 그것을 경험하는 이들에 의해 정확하게 평가되고, 그들이 그것을 직접 취급할 힘을 가지고 있거나 가지고 있다고 느끼거나 혹은 그들이 그 힘을 얻을 수 있다고 느끼는 곳에서는 세속적 경향이 있다. 따라서 글락은 종교적 해결책이 박탈감의 원인을 제거하기보다는 박탈감의 느낌에 보상하는 경향이 있는 반면에 세속적 해결책은 박탈감의 원인을, 따라서 그 느낌을 제거하는 경향이 많다고 주장한다(1964: 29).

글락이 주장하는 대로 박탈의 종류가 다양하고 이에 따라 박탈에 대한 종교적 보상방법이 다양한 것은 분명한 사실이지만 박탈-보상

이론에서 중심적 관심을 보이는 것은 경제적 박탈이다. 그래서 사회계층과 종교적 보상의 관계가 가장 중요하게 취급되었다. 이것은 맑스와 베버는 물론 트뢸치나 니버에게 그러했고 글락(Glock et al., 1967)과 스타크(Stark)의 경우(1964)도 마찬가지이다. 앞에서 제시된 설명들은 종교에 대한 필요성이 특히 박탈당한 자, 약한 자, 가난한 자들에게서 두드러지게 나타날 것이라는 가정에 기초한다. 특히 경제적으로 박탈당한 자일수록 종교성이 강해질 것이라는 가정이 그것이다.

3) 박탈-보상 이론의 비판

박탈-보상 이론은 이론적으로나 방법론적으로 비판을 받았다. 우선 인간이 종교를 갖게 되는 동기를 박탈감이라는 부정적 측면에서만 찾는 것은 종교에 대한 충분한 설명이 되지 못한다는 것이다. 때로는 보다 적극적이고 긍정적인 삶의 의미를 추구하려는 목적이나 혹은 자신의 정치적, 경제적, 사회적 목적을 달성하기 위한 이유에서 박탈감을 심하게 경험하지 않은 이들도 종교를 추구할 수 있는 것이다(이원규, 1991: 114). 또한 종교는 가난한 이들에 대한 하나의 보상으로서 단순히 실재로부터의 도피처 이상의 것일 수 있다는 지적도 있다. 즉, 종교가 박탈당한 이들에 대하여 사회의 일상 질서로부터의 이탈을 만드는 경향이 있는 반면에 그것은 또한 사회에 대한 그들의 재참여를 고무하는 경향도 있다(Lefever, 1977: 225~36). 그리하여 같은 종교가 문화에 매어있는 개인을 자유롭게 하는 반문화화(反文化化)의 과정과 재사회화(再社會化)의 과정을 모두 뒷받침할 수도 있다는 것이다.

보다 심각한 문제는 경험적 연구들의 결과에서 나타난다. 박탈-

보상 이론은 전통적으로 박탈을 더 경험하는 하류계층이 더 큰 보상을 희망하기 때문에 더 종교적일 것이라고 가정했다. 그러나 종교적 참여와 사회계층의 관계를 조사한 대부분의 경험적 연구는 예상과 다른 결과를 밝혀냈다. 즉, 하류층보다는 오히려 중산층이 종교에 많이 참여하거나 개입하고 있다는 사실이 경험적 연구결과로 드러났다(Lenski, 1961; E. Goode, 1980; Demerath, 1965; Stark, 1972). 이에 따라 하류계층 사람들이 종교에 덜 참여하는 이유에 대한 여러 가지 대안적 설명이 제안되고 있다.

4. 종교적 참여와 사회계층

1) 자발적 결사체 이론

하류계층 사람들이 종교에 대하여 소극적이라는 결과에 대한 하나의 설명은 하류계층의 낮은 종교적 참여는 단순히 모든 종류의 조직에 대한 참여가 그들에게서 낮다는 일반적 경향을 반영하는 것이라고 제안한다(Lazerwitz, 1962; Lenski, 1962; E. Goode, 1980). 즉, 하류층 사람들은 종교뿐만 아니라 다른 조직에 대한 참여와 활동에서도 소극적이라는 말이다. 하류계층 사람들은 경제적 이유(사회활동에는 돈이 들어간다)나 시간적 이유(먹고살기 바빠서 그러한 활동을 할 여유가 많지 않다) 혹은 지적인 이유(제한된 지식이나 정보만을 가지고 있다) 등으로 모든 종류의 조직에의 참여에 소극적이다. 교육수준이 대체로 낮은 하류계층 사람들은 사회적 활동의 조직과 모임은 시간낭비라고 느끼고 너무 많은 시간이 논쟁과 쓸데없는 일에 낭비되고 있다고 느끼는 경향이 있다.

하류계층 사람들은 정치, 경제, 사회적 영역뿐만 아니라 종교적 영역에서도 냉담 혹은 무관심한 태도를 흔히 보여준다(E. Goode, 1980: 170~5). 그들은 흥미, 영향력, 행위에서 무관심과 무감각의 태도를 갖는 수가 많다. 이것은 하류계층 사람들은 '희망 없음'과 낙담의 느낌을 가지기 때문이다(Meier and Bell, 1959: 189~202). 하류계층 사람들은 새로운 사람들과 새로운 상황을 만나는 것을, 새로운 사회관계를 형성하는 것을 주저하는 경향이 있다(Cohen and Hodges, 1963: 316). 그리하여 그들은 모든 종류의 자발적 결사체들 — 문화적, 정치적, 교육적, 사교적 — 에서 보다 덜 활동적이다. 따라서 하류계층의 소극적 종교참여는 그들의 일반적인 소극적 사회참여의 성향을 반영할 뿐이라는 것이다.

렌스키는 하류계층 사람들이 모든 유형의 자발적 결사체들에 중산층, 상류층보다 덜 참여하는 경향이 있는 대신에 비공식적이고 원초적인 집단관계들, 특히 가족이나 친족집단에 기초한 관계들에 그들의 사회적 영역을 제한시키고 있다고 주장한다.

> 노동계급의 멤버들은 어떤 종류의 공식조직에서도 훨씬 덜 활동적이다. … 문제는 왜 노동자들이 그렇게 뜸하게 교회에 출석하느냐가 아니라, 왜 그들은 일반적으로 공식적인 조직적 활동들(교회까지 포함하여)을 회피하느냐이다. … 노동계급 개인들은 중류계급 사람들보다 친족집단에 훨씬 더 집착한다. 친족집단이 노동자들에게는 공식 결사체에 대한 대체물이든지 혹은 비공식 결사체가 중류계급 사람들에게 친족집단에 대한 대체물이든지이다(Lenski, 1962: 313~4).

하류계층 사람들에게 안전은 그가 신뢰할 수 있는 가까운 사람들 가운데 있다. 따라서 그들의 이해관계는 특수주의적 충성과 상호성의 도덕성에 있다(Cohen and Hodges, 1963: 324). 그들은 다소 갇혀 있고 제한된 물리적, 사회적 환경 안에서 살고 있다. 그리고 그들의 제한된 세계 밖에서 그들은 약하고 불확실하고 업신여김을 당하고 불신당하고 있다고 느낀다. 하류계층의 이러한 성향은 그들로 하여금 종교를 포함한 모든 사회적인 활동이나 참여에 소극적이게 만든다.

반대로 중산층에게 종교를 포함한 사회활동은 그들의 한 문화형태라고도 할 수 있다(Parsons, 1963b). 흔히 종교는 사회의 기본적 규범 및 제도들을 뒷받침한다. 그래서 종교 때문에 사회멤버들의 통합이 촉진된다. 따라서 종교에의 참여 및 종교적 활동은 사회에 대한 개인의 통합성의 한 지표로 보여질 수 있다. 사람이 종교에 참여하는 만큼 그는 그의 사회, 그의 문화에로 통합되고 위탁된다. 그리하여 사람이 종교적으로 활동적일수록 사회에 대한 그의 결속은 강화되는데, 이것은 하층계급보다는 중산층의 문화적 성향이라 할 수 있다.

또한 종교활동을 포함한 사회활동과 참여는 성공의 한 결과로 보여질 수도 있다(E. Goode, 1980: 7~11). 성공한 사람일수록 사회에서 중심적이 되며 모든 양상들에 통합되는 경향이 있다. 사회적 성취는 사회관계에의 깊은 참여를 조장한다. 이들에게는 많은 역할이 요구되고 있다. 이 역할은 종교영역에로 확장될 수 있다. 그리하여 그들은 종교적 조직뿐만 아니라 정치적, 교육적, 문화적, 전문적 결사체들에 보다 적극적으로 참여하며 활동을 하게 된다.

이와 같이 여러 학자들이 중산층이 보다 적극적으로 종교에 참여하는 것은 보다 큰 종교적 헌신이나 관심을 나타내는 것이라기보다는 일반적으로 자발적 결사체에 대한 보다 큰 참여를 반영하는 것이라고 주장한다. 그리고 이것은 설득력 있는 하나의 설명이라 할 수 있다.

2) 대체종교 이론

하류계층 사람들이 종교에 소극적으로 참여하는 또 다른 이유는 그들이 박탈에 대하여 종교 아닌 것으로부터 보상을 추구하는 경향이 있다는 것이다. 이것을 흔히 종교에 대한 '기능적 대행물' 혹은 '대체종교'라고 부른다. 이러한 대체종교 이론은 전통적으로 종교가 하류계층에 대하여 특별히 중요하게 수행했던 위로나 도움, 보상의 기능을 그들이 이제는 더 이상 종교로부터 기대하지 않고 다른 보상 수단이나 기제에 의존한다고 설명한다. 특히 현대사회에서는 박탈감을 해소시킬 기능적 대행물들이 광범위하게 등장했는데, 여기에는 정치-사회적 급진 이데올로기, 급진적 정치참여, 노동조합과 같은 집단참여, 정신의학과 상담학, 여가산업과 유흥산업 등이 포함될 것이다(이원규, 1991: 110~12). 물론 이 가운데 정신의학이나 여가산업과 같은 대체수단은 성격상 주로 중산층의 상대적 박탈감 해소에 이용될 수 있는 반면에, 급진적 정치활동이나 조합활동 등은 하류층에 더 적합한 보상수단이 될 수 있다.

하류계층 사람들에게 박탈에 대한 보상이 가장 두드러진 기능적 대안은 급진적 정치일 수 있다. 즉, 종교와 급진주의는 상호 양립할 수 없는 신념과 헌신이 되며, 이것은 하류계층의 종교적 무관심, 심지어는 적대감에 대한 부분적 설명이 된다. 일찍이 맑스와 엥겔스는 노동계급은 종교가 그들의 박탈감을 구제하도록 돕지 않는다는 것을 깨달을 때까지는 보다 종교적일 수 있지만, 결국 그들은 보다 급진적 해결책을 위하여 종교를 포기할 것이라고 지적했다(1964: 312~4). 그들의 주장과 비슷하게 스타크는 교회와 계층의 관계에 대하여 이렇게 쓰고 있다(1964: 702).

교회가 지상적 박탈을 경감시키도록 '저 세상'적 약속을 분명히 제공할 수는 있으나 그것은 대개 이 세계에서의 물질적 보상에서 변화를 제공할 수는 없다. 반면에 급진적 정치운동들은 여기 그리고 지금의 일들을 변화시킬 수 있다. … 현대 급진주의와 종교는 상호 침식하는 종류의 헌신이며, 하류계급을 돕는 경쟁자로 이해될 수 있다. 그러나 계급이 낮아질수록 급진주의는 확산되고 교회출석은 감소된다.

대체종교 이론은 급진주의자와 종교인 사이의 갈등이 크면 클수록 급진주의자에게는 종교적 적합성이 부인될 것이고, 결과적으로 그는 적합성을 가지는 대체적 가치체계나 대안적 활동에 참여하게 될 것이라고 본다. 실제로 스타크는 영국인 대상의 경험적 연구(1964; 1972)에서 하류계층 사람들은 상류계층 사람들보다 정치가 종교보다 훨씬 더 중요하다고 말하는 경향이 있고, 노동당원은 보수당원(토리당)보다 정치를 택하되 정치를 택한 사람들은 종교를 택한 사람보다 교회에 훨씬 덜 나가고 있음을 발견했다. 분명히 급진주의자는 보수주의자보다 정치를 그들의 사회-경제적 어려움에 대한 보다 적절한 대답으로 보는 경향이 있다. 그리하여 급진정치와 관계된 '이 세상'적 해결책을 하류계층 사람들이 선호하는 것은 그들이 종교에 덜 참여하는 이유를 설명한다고 하겠다. 정치적 변화에 크게 의존하는 이들은 지속적으로 교회 출석이 저조하다는 사실을 밝히면서 스타크는 이렇게 결론을 내린다(1964: 704~5).

급진정치는 하류계급의 낮은 교회 출석률을 이해하는 하나의 열쇠이다. 교회는 다음 세계에서의 일들을 보다 낫게 만드는 것을 제공하지만, 좌익정당은 이 세계에서의 변화를 제공한다. 느껴진 박탈감이 클수록, 이 세계에서의 불만은 보다 크며, 따라서 급진정당이 기다림에 대한 대안을 마련해 줄 때에는 '저 세상'적 해결로 충분할 가능

> 성은 더 적다. 그리하여 변화의 정치에 대한 하류계급의 성향과 그들의 낮은 종교참여는 그들이 정치적 행동을 종교보다 그들의 문제에 대하여 더 적합하다고 생각한다는 것을 반영하는 것이다.

이러한 문제는 단순히 하류계층 사람들의 경우에만 적용되는 것이 아니라 박탈당하는 인종의 경우에도 마찬가지로 적용될 수 있다. 예를 들어 미국 흑인들에게 호전성과 종교성의 관계를 정치의식과 관련시켜 연구한 맑스(G. Marx)의 경험적 조사는 급진적 정치의식 혹은 호전적 태도는 종교성과 부정적 상관관계가 있음을 밝혀준다(1967: 63~72). 즉, 박탈당하는 흑인들이 정치적 대안을 택하는 경우는 종교적 대안을 택하는 경우보다 사회적 태도에서 보다 호전적이고, 따라서 두 대안은 상반된 입장을 뒷받침한다는 것이다.

이와 같이 하류계층 사람들이 소극적으로 종교에 참여하는 또 하나의 이유는 그들이 보다 확실하고 현세적인 보상적 대안이 될 수 있는 대체물(특히 급진적 정치운동)을 더 신뢰하고 이에 의존하는 경향 때문이라 할 수 있다. 그러나 종교가 호전적 정치성향과 상호 배타적인 것만은 아니다. 때로는 종교가 박탈당한 자의 권리를 위해 저항이나 도전을 촉진하는 경우도 있을 수 있다(Glock et al., 1967; G. Marx, 1967). 소수인의 종교가 할 수 있는 하나의 기능은 열등한 위치와 그것의 차별적 결과에 대한 화해의 기능이지만 반대로 종교제도는 열등한 지위에 대한 반항의 동기와 뒷받침이 되는 식으로 발전할 수도 있다(Young, 1937: 204). 분명히 종교는 불평등한 계층구조와 이에 따라 생겨나는 부작용에 대하여 저항했던 하나의 비판세력이기도 했다. 이 문제는 제 14장에서 상세히 논의할 것이다.

5. 종교성과 사회계층

앞에서 소개한 자발적 결사체 이론이나 대체종교 이론은 왜 하류계층 사람들이 종교적 활동이나 종교조직에의 참여에 소극적인가 하는 물음에 대한 대답으로는 적합할 수 있을지 몰라도 그 이론들은 사회계층과 종교성의 관계를 전체적으로 설명하지는 못하는 한계가 있다. 따라서 하류계층의 소극적 종교참여의 문제뿐만 아니라 중·상류 계층의 종교적 성향에 대하여도 다루는 포괄적 이론이 요구된다. 이러한 요구에 대한 적절한 대답이 이른바 '다차원적 종교성 이론'이다. 이 이론은 종교적 성향에서 종교조직에의 참여는 단지 하나의 차원일 뿐이며, 따라서 사회계층은 여러 차원의 종교성과의 관계성에서 다루어져야 한다고 주장한다. 이 절에서는 사회계층과 다양한 종교성과의 관계를 살펴보기로 한다.

1) 다차원적 종교성과 사회계층

(1) 다차원적 종교성 이론

다차원적 종교성 이론은 계층에 따른 종교성의 차이는 정도의 차이가 아니라 종류의 차이라는 점에 초점을 맞춘다. 즉, 어떤 계층이 다른 계층보다 더 종교적이거나 덜 종교적이라고 하기보다는 각기 다른 방식으로 종교적이라는 것이다. 그리하여 이 이론은 중·상류 계층은 그들의 종교를 '행하는' 경향이 있는 반면에, 하류계층은 그들의 종교를 '느끼거나' '믿는' 경향이 있다고 제안한다. 다소 일반화시켜 표현하면 중·상류 계층의 종교가 '머리의 종교'라면 하류계층의 종교는 '가슴의 종교'라고 할 수 있다. 이 이론은 비록 종교에 대한 외형적 참여(공적 종교성)는 중산층에게서 보다 현저한 현상이지만, 드러나지 않는 사적인 종교성은 오히려 하류층에게서 더 두드러지게 나타난다고 설명한다.

이와 같은 설명을 경험적 연구를 통해 최초로 제안한 학자는 후쿠야마(Fukuyama)이다. 그는 종교성을 제의적(*cultic*: 예배출석, 조직참여), 인지적(*cognitive*: 교리와 조직에 대한 지식), 신조적(*creedal*: 전통교리에 대한 개인적 충성), 경건적(*devotional*: 개인적 기도, 종교에의 의존성) 차원으로 구분한 후 앞의 두 가지 종교성은 중산층에게서, 뒤의 두 가지 종교성은 하류층에게서 더 두드러진 현상이라는 점을 밝혀냈다(1961: 154~61).

(2) 데메라드

계층에 따른 종교성의 차이에 대한 보다 심층적인 분석은 데메라드(N. J. Demerath)에 의해 수행되었다(1965). 그는 우선 종교성을 베버의 개념인 교회형과 종파형으로 구분했다. 교회형 종교성은 주일예배 참석, 교회활동에의 참여, 세속적 시민조직에의 참여라는 용어로 조작화되었고, 종파형 종교성은 교회 안에서의 가까운 친구들의 수(공동체적 참여), 종교가 매일의 생활을 위하여 도움과 방향을 마련하는 정도 등을 나타내는 것으로 보았다. 그리하여 데메라드는 사회경제적 지위가 높을수록 사람들은 교회형 방식에 더 참여하는 경향이 있고, 사회경제적 지위가 낮을수록 종파형 종교성에 관계되어 있음을 발견했다.

데메라드의 자료는 지위가 낮은 사람들이 예배에 정규적이고 자주 출석하는 것을 덜 중요시한다는 사실이 반드시 그들은 중산층보다 덜 종교적이라는 것을 의미하는 것은 아니라는 점을 분명히 하고 있다. 그의 연구는 종교의 의미와 종교활동에 대한 참여가 사회계층들 가운데서 다양하다는 사실을 보여주었다는 데 그 의미가 있다. 즉,

하류층의 종파적 종교성은 보상하는 기능으로서의 정통주의 교리의 초가치적 기제, 종교적 경험에 의해 마련되는 절망에 대한 감정적 발산, 그리고 개인적 경건성에 있으나, 중산층의 교회적 종교성은 감정적, 경험적인 것과 반대되는 것으로서 공식적 의례참여, 종교적 지성주의에 대한 관심으로 구성되어 있다.

(3) 스타크

데메라드의 연구와 비슷한 결과가 스타크(Rodney Stark)의 경험적 연구에서도 밝혀졌다(1972: 483~501). 즉, 그 역시 종교적 의례에의 적극적 참여, 높은 정도의 종교적 지식, 자발적인 교회 조직과 활동에 대한 높은 참여가 높은 사회경제적 지위와 강한 상관관계가 있음을 발견했다. 나아가서 그는 이 세 종교성의 차원들은 일반적으로 교회형 헌신의 지표라고 보고 있다. 반면에 그는 정통주의(실제적인 성서적 문자주의), 종교적 경험의 정도, 개인적 경건성(기도와 같은), 공동체적 참여(가장 가까운 친구들이 같은 교회의 멤버들임), 윤리주의(종교 원리를 일상생활에 엄격히 적용함), 특수주의(자신의 교파 멤버들만이 구원받을 것이라는 믿음)는 낮은 사회경제적 지위의 사람들에게서 더 두드러지게 나타나는 것을 발견했다. 이러한 결과들에 대하여 스타크는 높은 지위의 교회 멤버들은 그들의 존경받을 만함을 강화시키고 그들의 세상적 성공을 확증하는 그러한 활동에 보다 적극적으로 참여하는 반면, 하류계급 사람들은 위로와 위안을 제공하고 세상적 성공의 결여에 대해 보상해 주는 종교활동에 더 적극적이라고 주장한다. 이 관계를 스타크는 〈그림 12-1〉과 같이 도식화하고 있다.

(4) 하그러브

하그러브(Barbara Hargrove)도 글락(Glock)의 종교성 차원의 개념

〈그림 12-1〉 사회경제적 지위와 종교적 헌신

헌신의 방식	사회경제적 지위와의 관계성의 방향	
1. 공적인 의례적 참여	긍정적	교회적 정향
2. 종교적 지식	긍정적	교회적 정향
3. 교회조직과 활동에의 참여	긍정적	교회적 정향
1. 정통주의(특수주의, 궁극적 의미, 윤리주의 포함)	부정적	종파적 경향
2. 종교적 경험	부정적	종파적 경향
3. 개인적 경건성	부정적	종파적 경향
4. 공동적 참여	부정적	종파적 경향

* 출처: Stark(1972: 494).

들을 이용하여 각 차원이 각기 다른 계층에 의해 더 적극적으로 받아들여지고 수행되는 이유를 밝혔다(1979: 139~42). ① 믿음 차원에서는 낮은 사회경제적 지위에 속한 사람들이 더 높은 정통주의 경향을 보일 것인데, 이것은 하류계급 사람들이 이성과 과학적 방법에 의해 신앙이 깊이 교화되지 않았고, 따라서 종교의 초자연적 양상을 적합한 것으로 받아들이는 반면에, 부유하고 교육을 잘 받은 이들은 종교의 기본적 신화에 대한 문자적이고 초자연적인 해석을 덜 받아들일 것이기 때문이라고 본다. ② 의례수행 차원에서는 앞에서 설명했듯이 교회 멤버십이 자발적 결사체에서 볼 수 있는 멤버십의 지속적 형태이기 때문에 높은 계급 사람들이 더 참여하게 된다고 한다. 다만 개인적 경건생활은 외형적 종교참여에 대한 대응적 행위로 하류계급 사람들에게서 보다 더 현저할 것이라고 본다. ③ 지성적 차원은 교육적 수준은 낮지만 그 열심 때문에 하류계급 사람들이 신앙의 내용에 대하여 더 많은 지식을 소유하고 있다고 그녀는 주장한다. 그러나 이 점에서 스타크는 반대로 지성적 차원의 종교성은 중산층에게서 더 높다고 지적하고 있다(1972: 494). ④ 경험 차원에서는 하류계급 멤버들이 그

가치를 더 인정하고 더욱 그것을 추구하는데, 이것은 현대사회에서 높은 수준의 교육이 신화적 혹은 비경험적인 것에 대한 믿음에 방해가 되고, 또한 삶의 절박한 상황에 대한 극복의 가능성이 커지면서 종교적 경험에 대한 강조는 약화되는 경향이 있기 때문이라고 한다.

이와 같이 다양한 사회경제적 지위의 수준에서 개인들은 상이한 문제와 감정적 요구에 직면한다. 서로 다른 계층의 사람들은 각기 독특한 문화적 요구를 가지고 있다. 따라서 종교는 다양한 계층에 따라 매우 다른 어떤 것을 의미할 수 있다. 그렇다면 사회계층들 사이의 종교성의 차이는 정도의 문제라기보다는 종류 혹은 스타일의 문제라고 결론내릴 수 있겠다. 즉, 어느 계층이 더 종교적인가 하는 문제는 '종교적'이라고 하는 것이 무엇을 의미하는가에 달려 있다.

2) 종교성과 사회계층의 관계: 한국의 경우

종교성과 사회계층의 관계에 대한 일반적 이론들은 〈그림 12-1〉에서 보여지듯이 하류계층은 종교적 믿음, 종교적 경험, 개인적 경건성과 같은 종교성이 강하고, 중산층은 의례적·조직적 참여와 활동, 종교적 지식과 같은 종교성이 강하다는 것을 주장해 왔다. 이러한 설명들이 한국의 경우에는 어떻게 적용될 수 있는지 살펴보기로 한다.

(1) 종교인의 계층 배경

〈표 12-1〉은 한국 종교인들의 계층 배경을 보여주고 있다.

주관적으로 자신의 생활수준을 평가한 결과를 상/중상, 중, 중하, 하로 구분했을 때, 종교인 비율이 상/중상층의 경우 55%, 중층이 49%, 중하층 은 50%, 하층은 51%로 나타나고 있다. 상/중상층의

〈표 12-1〉 종교인의 계층 배경

(단위: %)

생활수준				교육수준		
상/중상	중	중하	하	중졸 이하	고졸	대재 이상
55	49	50	51	63	54	41

* 출처: 한국갤럽(2015: 146)의 내용을 산출한 것임.

종교인 비율이 약간 높지만, 나머지 계층은 그 비율이 비슷하다.

그러나 교육수준을 근거로 하면 차이가 매우 커진다. 즉, '중졸 이하' 학력 소유자 가운데서는 63%가 종교인이지만, 그 비율이 '고졸'의 경우54%, '대재 이상'의 경우 41%로 계속 낮아진다. 즉, 종교인의 계층 배경에 있어 생활수준은 중요한 변수가 아니지만, 교육수준은 종교인 비율에 있어 중요한 변수임을 알 수 있다. 교육수준이 낮을수록 종교를 가진 사람이 많다. 교육수준이 높은 사람들 가운데 종교인 비율이 상대적으로 낮은 것은, 높은 교육수준이 종교를 부정하거나 회피하게 만들든지, 아니면 가지고 있던 종교를 포기하도록 만드는 작용을 하기 때문이 아닌가 한다. 흔히 고등 교육은 종교를 포함한 모든 현실에 대하여 비판적이고 합리적이며 회의적인 사고를 갖게 만드는 경향이 있다.

(2) 의례참여와 사회계층

〈표 12-2〉는 의례참여와 사회계층의 관계를 보여주고 있다.

〈표 12-2〉에 나타난 대로 '주 1회 이상' 종교적 의례에 참여하는 종교인의 비율은 생활수준이 상/중상층의 경우 49%, 중층 44%, 중하층 41%, 하층 48%로 대체로 U곡선 형태를 나타낸다. 즉, 상/중상층과 하층의 종교의례참여 비율이 상대적으로 높은 반면에, 중하층의 참여 비율이 가장 낮다.

〈표 12-2〉 의례참여와 사회계층

(단위: %)

생활수준				교육수준		
상/중상	중	중하	하	중졸 이하	고졸	대재 이상
49	44	41	48	40	44	47

* 출처: 한국갤럽(2015: 200).

** 주: 백분율은 "주 1회 이상" 종교적 의례에 참여하는 응답자 비율.

교육수준에 따라서는 일관된 결과가 드러난다. 즉, '주 1회 이상' 종교적 의례에 참여하는 응답자 비율이 '중졸 이하'의 경우 40%, '고졸' 44%, '대재 이상' 47%로 교육수준이 높아질수록 그 비율이 증가한다. 교육수준이 높을수록 종교인 비율은 낮지만, 그 대신 의례적 차원의 종교성은 더 강하다는 것을 알 수 있다.

(3) 경건성과 사회계층

〈표 12-3〉은 개인적인 종교수행, 즉 경건성과 사회계층의 관계를 보여준다. 먼저 '하루 1회 이상' 기도/기원을 하는 응답자 비율을 살펴본다. 생활수준에서 상/중상층은 33%, 중층은 30%, 중하층은 27%, 하층은 32%로서 여기서도 약간 U곡선 형태가 나타난다. 교육수준을 보면 '하루 1회 이상' 기도/기원을 하는 비율이 '중졸 이하'의 경우 32%로 약간 높으나 차이는 크지 않다('고졸' 29%, '대재 이상' 29%).

'경전 읽기'라는 경건성에서는 계층별 차이가 분명히 드러난다. '주 1회 이상' 경전을 읽는 응답자 비율이 생활수준에 있어 상/중상층의 경우는 46%나 되지만, 중층은 34%, 중하층은 30% , 하층은 29%로 계속 낮아진다. 이것은 아마도 하층으로 내려갈수록 생계의 어려움 때문에 경전을 읽기에는 시간과 마음의 여유가 상대적으로 적기

〈표 12-3〉 경건성과 사회계층

(단위: %)

경건성 \ 사회계층	생활수준				교육수준		
	상/중상	중	중하	하	중졸 이하	고졸	대재 이상
기도/기원	33	30	27	32	32	29	29
경전 읽기	46	34	30	29	31	33	37

* 출처: 한국갤럽(2015: 203~204).

** 주: 기도/기원은 "하루 1회 이상", 경전 읽기는 "주 1회 이상"을 나타냄.

때문이 아닐까 한다.

교육수준에 따라서도 일관된 차이가 드러난다. 즉, '주 1회 이상' 경전을 읽는 비율이 '중졸 이하'는 31%, '고졸' 33%, '대재 이상' 37%로 높아진다. 이것은 경전을 읽으려면 어느 정도의 교육수준이 필요하기 때문일 것이다.

이와 같이 개인적 경건성은 '경전 읽기'와 같은 지표에서는 높은 계층일수록 그 종교성이 강한 것으로 드러난다. '기도/기원'에서는 일관성이 없거나(생활수준의 경우) 별 차이가 없다(교육수준의 경우).

(4) 종교적 믿음과 사회계층

〈표 12-4〉는 종교적 믿음과 사회계층의 관계를 보여준다. 생활수준에 따라서는 차이가 크지 않으나 대체로 하층의 경우 '종교적 믿음'이 약간 강한 것으로 드러난다.

신/절대자의 존재에 대하여 "믿는다"는 응답자 비율은 상/중상층이 40%, 중층 39%, 중하층 38%, 하층 44%이다. 극락/천당의 존재에 대한 믿음은 상/중상층 40%, 중층 41%, 중하층 44%, 하층 44%이다. 사후 영혼의 존재에 대하여 "믿는다"는 비율은 상/중상층

〈표 12-4〉 종교적 믿음과 사회계층

(단위: %)

사회계층 / 종교적 믿음	생활수준				교육수준		
	상/중상	중	중하	하	중졸 이하	고졸	대재 이상
신 존재	40	39	38	44	45	40	35
극락/천당	40	41	44	44	50	45	36
사후 영혼	46	47	47	49	53	48	43
기적	56	55	57	57	60	56	54
귀신/악마	42	41	39	53	50	42	37

* 출처: 한국갤럽(2015: 224~228)의 내용을 하나의 표로 재구성한 것임.

** 주: 백분율은 "믿는다"는 응답자의 비율.

46%, 중층 47%, 중하층 47%, 하층 49%이다. 기적에 대하여 믿는 응답비율은 상/중상층 56%, 중층 55%, 중하층 57%, 하층 57%이다. 이와 같이 4가지 항목의 종교적 믿음에서는 생활수준별로 차이가 별로 없으나, 하층의 경우만 그 비율이 약간 높다. 그러나 귀신/악마의 존재에 대한 믿음은 하층의 경우에 상당히 높은 것으로 드러난다(상/중상층 42%, 중층 41%, 중하층 39%, 하층 53%).

교육수준에 따른 종교적 믿음 수준은 일관성이 있으며, 현저한 차이가 나타난다. 신/절대자의 존재에 대하여 "믿는다"는 응답비율은 '중졸 이하'의 경우 45%, '고졸'이 40%, '대재 이상'이 35%로 교육수준이 높을수록 그 비율이 낮아진다. 극락/천당의 존재에 대한 믿음은 '중졸 이하' 50%, '고졸' 45%, '대재 이상' 36%로 여기서도 교육수준이 높을수록 낮은 비율을 보인다. 사후 영혼의 존재에 대한 믿음에서도 교육수준에 따라 분명한 차이가 나타난다('중졸 이하' 53%, '고졸' 48%, '대재 이상' 43%). 기적에 대하여 믿는 비율도 교육수준이 높을수록 낮아진다('중졸 이하' 60%, '고졸' 56%, '대재 이상' 54%). 귀신/악마에 대하여 "믿는다"는 응답 비율도 '중졸 이하' 50%, '고졸' 42%, '대재 이상' 37%로 그 차이가 크다.

이와 같이 교육수준에 따라서는 학력이 높을수록 종교적 믿음이라는 종교성이 약한 반면에, 학력이 낮을수록 그 종교성이 강하다. 이것은 교육수준이 높아질수록 비판적이고 합리적이며 지성적인 성향이 나타나기 때문에, 전통적 믿음에 대해서는 회의적일 가능성이 상대적으로 많다는 사실을 반영하는 결과일 수 있다.

(5) 종교적 경험과 사회계층

종교성의 또 다른 차원은 종교적 경험 혹은 느낌에 관한 것이다. 이러한 경험을 했는지 안했는지, 했으면 얼마나 자주 하는지와 같은 것이 경험적 종교성이다. 그러면 종교적 경험과 사회계층의 관계는 어떠한 것인가? 〈표 12-5〉가 이것을 보여준다.

우선 생활수준과 종교적 경험의 관계를 살펴본다. "절대자나 신의 계시를 받은 경험"이 "있었다"고 응답한 비율은 생활수준이 낮을수록 낮아진다(상/중상층 22%, 중층 17%, 중하층 13%, 하층 10%). "극락/천국에 갈 것이라는 계시를 받은 경험"에 대하여 "있었다"는 응답자 비율은 상/중상층 29%, 중층 20%, 중하층 15%, 하층 20%로 역시 그 비율은 생활수준이 높은 경우 상대적으로 높게 나타난다. "마귀/악마의 유혹을 받고 있다는 느낌"이 "있었다"는 응답 비율은 생활수준이 낮은 경우 다소 높았다(상/중상층 22%, 중층 19%, 중하층 26%, 하층 28%).

"벌을 받고 있다는 느낌"을 경험해 본 응답자 비율은 생활수준에 따라 U곡선을 그린다(상/중상층 30%, 중층 23%, 중하층 22%, 하층 33%). "종교의 힘으로 병이 나은 경험"이 "있었다"는 응답 비율도 U곡선을 보인다(상/중상층 26%, 중층 16%, 중하층 12%, 하층 21%).

〈표 12-5〉 종교적 경험과 사회계층

(단위: %)

종교적 경험 \ 사회계층	생활수준				교육수준		
	상/중상	중	중하	하	중졸 이하	고졸	대재 이상
절대자/신의 계시	22	17	13	10	13	18	16
극락/천국 계시	29	20	15	20	20	18	20
마귀/악마 유혹	22	19	26	28	24	22	20
벌 받음	30	23	22	33	26	22	25
병 나음	26	16	12	21	22	15	14
다시 태어남	34	20	17	23	20	21	23

* 출처: 한국갤럽(2015: 205~210)의 내용을 하나의 표로 재구성한 것임.

"다시 태어난 것 같은 느낌"을 경험한 비율 역시U 곡선 형태로 나타나고 있으나 특히 상/중상층의 경우 그 비율이 높다(상/중상층 34%, 중층 20%, 중하층 17%, 하층 23%).
교육수준과 여러 종교적 경험 사이에는 일관성 있는 결과가 나타나지 않고 있으며, 그 수준별 차이도 크지 않다.

(6) 요약

이상에서 우리는 몇 가지 사실을 확인하게 된다. 우선 사회계층에 따라 종교성이 다르다는 사실이다. 전통적으로 경건적 종교성, 경험적 종교성, 그리고 믿음의 종교성은 하류계층 사람들에게서 더 강한 반면에, 의례적 종교성과 지성적 종교성은 중·상류 계층 사람들에게서 더 강하다고 주장되어 왔다. 그래서 계층에 따라 서로 다른 종교성은 '정도'의 문제가 아니라 '종류'나 '양태'의 문제라고 밝혀왔다.

한국의 경우 생활수준에 따라서는 4가지 차원의 종교성이 모두 대체로 U곡선 형태를 나타내는 것이 특이하다. 즉, 종교성이 상/중상층과 하층에서 상대적으로 강한 반면에, 중층과 중하층은 종교성이 상대적으로 약한 것으로 드러났다. 다만 경전 읽기의 종교성은 생활수준이 높을수록 강해지는 반면에, 믿음 차원의 종교성은 하층에서 가장 강하게 나타났다. 전체적으로 종교성이 가장 약한 계층은 중하층이다. 이것은 종교단체들에 대한 부정적·비판적 시각이 중하층에게서 가장 강하게 나타나는 현실과 관계가 있지 않을까 한다(한국갤럽, 2015: 188~191). 따라서 종교성과 사회계층의 관계에 대한 기존의 사회학적 설명들은 한국의 상황에서는 부분적으로만 적용될 수 있다고 하겠다.

그러나 교육수준에 따라서는 보다 분명한 종교성의 차이가 나타난다. 즉, 의례적 종교성과 경전 읽기의 종교성은 교육수준이 높을수록 강해지는 반면에, 믿음의 종교성과 기도의 종교성은 교육수준이 낮을수록 강해지는 경향이 있다. 이러한 결과는 종교성과 사회계층의 관계에 대한 기존의 사회학적 이론에 부합하는 것이다. 다만 경험적 차원의 종교성은 교육수준과 중요한 관계가 없는 것으로 드러난다.

3) 종교적 귀속과 사회계층

앞에서 우리는 사회계층에 따라 종교성이 다를 수 있다는 것을 살펴보았다. 그러나 종교적 귀속(*affiliation*)과 계층 사이에도 관계가 있을 수 있다. 즉, 각기 다른 종교를 믿는, 혹은 각기 다른 종교 분파에 속한 사람들 사이에 계층의 차이가 있을 수 있다는 말이다.

(1) 종교적 귀속과 사회경제적 지위: 미국

미국의 경우에는 〈표 12-6〉에 나타난 대로 종교적 귀속과 사회경제적 지위 사이에는 중요한 관계가 있음을 알게 된다.

〈표 12-6〉에 따르면 소속 교인의 교육수준에 있어 대학 졸업자 비

〈표 12-6〉 종교적 귀속과 사회경제적 지위(미국)

(단위: %)

종교적 귀속 \ 사회경제적 지위	교육수준 (대학 졸업자 비율)	수입 (연 10만 달러 이상 비율)
유대교	59	46
성공회	57	35
장로교	47	28
그리스도연합교회	42	18
감리교	35	22
루터교	30	17
미국 평균	27	18
가톨릭	26	19
남침례교	21	15
침례교	14	8
하나님의 성회	12	8
오순절 교회	11	7

* 출처: Pew Research Center. Forum on Religion & Public Life(2008). *U. S. Religious Landscape Survey.*

율이 가장 높은 종교는 유대교(59%)이다. 개신교 가운데는 성공회(혹은 감독교회)가 대졸자 비율이 가장 높고(57%), 다음은 장로교(47%), 그리스도연합교회〔UCC, 옛 회중교(42%)〕, 감리교(35%), 루터교(30%) 순이다. 미국 평균(27%)보다 낮은 개신교 교파는 남침례교(21%), 침례교(14%), 하나님의 성회(12%), 오순절(혹은 성령운동) 교회(11%) 등이다. 가톨릭은 26%로 미국의 평균 수준이다.

연 수입이 10만 달러 이상인 교인 비율도 순위는 대체로 비슷하게 나타난다. 유대교의 경우 그 비율은 46%로 가장 높다. 개신교 가운데는 성공회(35%), 장로교(28%), 감리교(22%), 그리스도연합교회(18%), 루터교(17%), 남침례교(15%), 침례교와 하나님의 성회(각각

8%), 오순절 교회(7%) 순이다. 가톨릭은 19%로 미국 평균(18%)과 비슷하다.

〈표 12-6〉의 결과는 한마디로 미국의 경우 종교, 혹은 교파에 따라 거기에 참여하는 사람들의 사회경제적 지위가 크게 다르다는 것을 보여준다. 다소 지나치게 일반화시킨다면 유대교와 성공회가 상류층의 종교라면, 장로교, 그리스도연합교회, 감리교는 중상층의 종교이고, 루터교, 가톨릭, 남침례교는 중하층의 종교이며, 침례교, 하나님의 성회, 오순절 교회는 하류층의 종교라 할 수 있겠다.

여기서 드러나는 또 하나의 사실은 신학적·신앙적으로 자유주의적 교파일수록 교인들의 계층수준이 높은 반면에, 보수적(특히 근본주의적) 교파 교인들은 상대적으로 낮은 계층이다. 즉, 교육 및 수입 수준은 신앙 성향과 밀접한 관계가 있다. 잘 살고 많이 배운 사람일수록 신학적·신앙적 입장이 자유주의적이다.

물론 종교집단 간의 사회경제적 지위의 차이는, 종교 자체가 아니라 교육적·직업적·지역적 차이로 설명될 수 있다(Gockel, 1969). 예를 들어 성공회에 상류층이 많은 것은 그 교인들 가운데 높은 교육을 받은 사람이 많다는 것을 반영하는 것일 수 있다. 그러나 중요한 것은 왜 어떤 사회경제적 위치가 그 사람으로 하여금 어떤 유형의 종교에 가입하도록 만드는가 이다. 어떤 특정 종교가 사람들의 사회경제적 지위에 직접 영향을 미칠 수는 없지만(예를 들어, 성공회에 가입한다고 그의 사회경제적 지위가 높아지거나 반대로 침례교회에 다닌다고 그의 지위가 낮아지는 것은 아닐 것이다), 그 종교가 어떤 지위의 사람들에 대하여 특별히 매력을 주거나 관심을 끌 수 있을 것이다. 그러한 흡인력은 특정 지위의 사람이 자신의 지성적, 혹은 정서적 취향과 어울리는 분위기를, 특정 종교에서 가장 잘 발견할 때 생겨난다고 할 수 있다. 그리하여 높은 교육수준의 사람들은 지성적이고 합리적이며 의례적인 분위기의 성공회나 장로교에 더 매력을 느낄 것이고, 낮은 교육수준의 사람들은 감정적이고 즉흥적이며 열광적인 분위기의 하나님의 성회나 오순절 교회에 더 친화성을 가질 것이다. 각 계층의 사람들은 지적으로, 정서적으로 자신에게 가장 어울리는 종교에 귀속하는 경향이 있다고 하겠다.

각 종교(교파)가 특정 계층 사람들에 더 적합하다는 것은, 그 종교 조직에 참여하는 것이 하나의 사회적 지위나 신분을 나타내기 때문일 수도 있다. 예를 들어 성공회나 장로교에 소속된 사람은 그러한 귀속이 자신의 사회경제적 신분이 높다는 것을 나타낼 수 있는 하나의 방편이 되기도 한다. 특정 종교(교파)에 소속된다는 것이 자신의 신분을 드러내는 하나의 상징적 표현이 될 수 있다. 그렇다면 어떤 사람이 자신의 사회경제적 신분이 상승된다면, 그 신분에 어울린다고 생각하는 교파로 소속을 옮기게 될까? 이러한 경우가 실제로 적지 않게 일어나고 있다(Roberts and Yamane, 2012: 137~139). 즉, 미국에서는 신분이 상승하면서 사람들이 교파를 바꾸는(*switching*) 일이 일어나기도 한다.

(2) 종교적 귀속과 사회경제적 지위: 한국

한국의 경우에도 종교적 귀속과 사회경제적 지위 사이에 어떤 상관관계가 있을까? 〈표 12-7〉이 그 결과를 보여준다. 우선 종교적 귀속과 생활수준의 관계를 보자. 상/중상층에 속한 비율은 개신교(13%), 가톨릭(10%), 무종교(8%), 불교(7%) 순이다. 상/중상층과 중층의 비율을 합치면 가톨릭(70%), 개신교(69%), 무종교(67%), 불교(65%) 순이다. 큰 차이는 아니지만 기독교인의 생활수준이 무종교인이나 불교인보다 약간 높은 것으로 드러난다.

교육수준에 따른 종교적 귀속에서는 커다란 차이가 나타난다. 교

〈표 12-7〉 종교적 귀속과 사회경제적 지위(한국)

(단위: %)

사회계층 / 종교적 귀속	생활수준				교육수준		
	상/중상	중	중하	하	중졸 이하	고졸	대재 이상
불교	7	58	28	7	27	48	25
개신교	13	56	25	6	18	43	39
가톨릭	10	60	26	5	12	37	51
종교 없음	8	59	26	6	13	38	50
전체	9	58	26	6	17	41	42

* 출처: 한국갤럽(2015: 146).

인들의 교육수준이 '대재 이상'인 비율이 가톨릭(51%)과 무종교인(50%)의 경우 매우 높고, 개신교(39%)는 중간 수준이며, 불교(25%)는 상당히 낮다. 반대로 교육수준이 '중졸 이하'인 비율은 불교(27%)가 높고, 개신교(13%)는 중간 수준이며, 가톨릭(10%)과 무종교인(8%)의 경우 낮다. 교육수준은 가톨릭과 무종교인은 한국인 평균보다 높고, 개신교는 대체로 평균수준이지만, 불교의 경우에는 평균에 크게 못 미친다.

전체적으로 보면 무종교인은 생활수준은 중간 수준이고, 교육수준은 높은 수준을 보이고 있다. 가톨릭은 생활수준과 교육수준에서 가장 높으며, 개신교는 생활수준은 높지만 교육수준은 보통이다. 불교의 경우에는 생활수준과 교육수준이 모두 가장 낮은 것으로 드러난다.

이와 같이 종교적 귀속과 사회경제적 지위의 관계가 한국의 경우에도 그대로 적용된다. 왜 기독교인(특히 가톨릭)의 사회경제적 지위가 불교인의 그것보다 높은가? 하나의 이유는 기독교 신자의 경우 도시(특히 수도권) 거주민이 많고 젊은층이 상대적으로 많은 반면에, 불교 신자의 경우 비수도권(그리고 농촌) 거주민이 많고 노년층이 상대적으로 많기 때문이 아닌가 한다. 그러나 여전히 문제가 남아 있다. 그것은 왜 도시 거주민, 젊은층은 불교보다 기독교를 더 선호하는가이다. 또한 기독교인의 사회경제적 지위가 높다는 것은 이 종교에 전문직 종사자, 고학력자가 많다는 것을 의미하는데, 왜 이들은 기독교를 더 선호하는가 하는 것도 흥미로운 주제가 아닌가 한다. 이러한 물음들에 대해서는 앞으로 연구되어야 하리라고 본다.

제 13 장

종교와 사회제도

사회제도란 사회의 어떤 공통된 가치와 과정을 구현하고 그 사회의 어떤 기본적 요구를 충족시키는 조직화된 사회관계 체계이다 (Horton and Hunt, 1984: 212). 여기에서 '공통된 가치'란 공유되는 관념과 목표를 나타내는 것이고, 이에 뒤따르는 표준화된 행위형태가 '공통된 과정'이다. 그리고 '관계성의 체계'란 사람들이 그 행위를 수행하기 위한 역할과 지위의 그물망을 말한다. 혹은 사회제도는 사람들이 중요하다고 느끼는 목표와 활동을 이루어내기 위한 구조화된 과정이라고도 할 수 있다. 따라서 사회제도는 일종의 강력한 규범체계라 할 것이다.

사회제도는 여러 가지로 분류될 수 있다. 그 가운데 가장 중요한 것은 정치, 경제, 종교, 가족, 교육의 5가지이다. 그 이외에도 오늘날에는 법, 의료, 오락, 그리고 과학과 같은 것들도 각각 하나의 제도로 보고 있다. 각 제도들은 각기 독특한 기능들을 사회 안에서 수행하나 그것들은 각각 사회 안에서 고립되어 존재하는 것이 아니라 서로 밀접하게 상호관계를 유지하며 지속된다. 이 장에서는 종교와 다른 5가지 제도들, 즉 정치, 경제, 가족, 교육, 과학과의 관계에 대하여 살펴보려고 한다.

1. 종교와 정치제도

1) 종교와 정치제도의 관계성

(1) 상호작용의 배경

종교와 정치의 상호작용에서 중요한 한 요소는 힘(*power*)이다. 종교조직이나 정치적 통치가 모두 인간에 대한 영향력을 확립하고 유지하는 데 관심이 있다(Yinger, 1946). 양자가 똑같이 사람들을, 사회를, 세상을 지배하기 원한다. 종교는 그것이 상상하는 우주적 질서라는 용어로, 정부 혹은 국가는 실제적이고 일상적인 요구의 필요라는 용어로 힘을 행사하기 원한다. 지배하려는 힘을 획득하거나 유지하기 위하여 그 두 제도는 서로의 힘에 대하여 흔히 서로 거래하거나 싸우거나 타협해야 한다. 특히 정치적 힘이 보다 막강한 대부분의 사회들에서는 종교가 자체의 생존을 위하여 가장 도움이 될 정치체제에 동조하는 경우가 많다. 이것은 왜 종교집단이 때로는 민주주의를 뒷받침하고 때로는 반대하며, 왜 하루는 파시즘에 동조하고 다른 날에는 그것을 반대하는지의 이유가 될 것이다. 만일 어떤 특별한 형태의 정부가 종교적 이상의 성취를 위협 또는 방해하지 않든지, 그 이상에 도달하도록 종교집단을 돕는 데 협조를 약속한다면 종교가 그 통치를 반대할 이유는 없다. 그리하여 종교는 종교적 활동과 종교목표에 도달하는 기술을 방해하지 않는 모든 정치적 형태 아래서는 '편안하다'(Hoult, 1958: 206). 반면에 정부 혹은 국가는 정치적 목적을 위해 '이용할' 수 있는 종교형태를 일반적으로 선호한다.

그러나 한편 어떤 사회에서도 정치에 관계된 사람들이나 종교에 관계된 사람들은 일반적으로 공통된 문화적 배경을 가지고 있다. 따라서 정치와 종교의 외면적 표현이 일반적인 문화적 성향과 조화를 이루는 것 같아 보이는 한 정치와 종교는 서로 우호적일 수 있고, 비슷한 성격을 공유하게 된다. 예를 들어 권위주의 지향적인 사회에서는 정치체제나 종교조직도 권위주의적 성향을 지니게 된다. 민주주의적 사회에서는 정부구조나 종교체계도 민주적 성격을 띠게 될 가능성이 높다. 그러나 공통된 사회문화적 배경 때문에 종교와 정치의 두 제도들 사이의 관계가 원만할 수 있는 반면에, 힘의 역학관계와 가치의 다원화 경향 때문에 그것들 사이에는 경쟁이나 갈등이 생겨날 수도 있다.

종교와 정치제도의 관계는 매우 복잡하고 다양할 수 있다. 특히 정치제도를 무엇으로 규정하느냐에 따라 그 관계성은 각기 여러 가지 유형으로 구분될 수 있다. 따라서 이제부터는 종교와 정치제도의 관계를 여러 측면에서 다양하게 조명해 보려고 한다.

(2) 종교와 정치의 관계유형: 잉거

잉거(J. Milton Yinger)에 따르면 종교가 정치제도와 유지할 수 있는 관계의 유형은 크게 3가지 형태로 구분될 수 있다(1970: 409~16).

첫 번째 유형은 종교가 정치제도를 강화시키는 경우이다. 이때 종교적 규범은 정치적 규범과 대체로 일치하기 때문에 종교는 정치적 통합에 기여할 수 있다. 그리고 사회의 제한된, 희소한 가치에 대하여 보상을 추구하는 데서 생겨나는 긴장을 감소시키도록 종교가 돕는다. 종교는 보상을 얻는 데서의 불평등한 성공을 정당화하고, 국가나 정부의 강제적 힘에 대한 복종을 촉구할 수 있다. 종교는 그러한 힘과 권위를 절대자가 세상 통치자에게 위임한 것으로 해석함으로써 그것에의 복종을 사람들에게 요구할 수 있다. 이 경우 종교는 정치제도로부터 보호와 혜택을 반대급부로 보장받을 수 있다. 여기에서의 관계성은 한마디로 동반자의 관계로서 상호 강화나 보완의 관계이다. 종교는 흔히 정치체제나 정치제도의 각종 규범들을 뒷받침함으로써 사회의 안정에 기여할 수 있고, 이에 따라 사회통합을 강화시키는 기능을 수행할 수 있다. 이것은 대부분의 민주화된 서구사회에서 나타날 수 있는 관계유형이다.

두 번째 유형은 정치적 힘이 너무 강하여 강제적으로 종교를 통제하는 경우이다. 이때 종교는 정치제도의 실제적 목적을 위하여 그것의 부속물이 되어 통제받게 된다. 이러한 상황 아래서 종교는 그것이 가진 독립된 지위나 목소리를 빼앗기며 정치적 엘리트에 종속된 하나의 도구가 된다. 종교적 믿음과 수행은 단순히 정치적 상황의 한 표현일 뿐이다. 종교가 안정된 사회질서를 강화시키는 상황(첫 번째 유형)과 정치적 힘을 소유한 이들에 의해 종교가 그들의 이익을 위하여 그 질서의 규범을 깨뜨려 가며 종교가 이용되는 상황을 구분하는 것이 쉬운 일은 아니다. 그러나 통치집단의 힘에 도전하는 일이 부인되거나 혹은 강하게 억압되기까지 한다면, 이것은 정치가 종교를 통제적으로 이용한다는 확실한 표시가 된다(1970: 412). 이러한 유형의 관계성은 전체주의 사회에서 흔히 찾아볼 수 있다.

종교와 정치의 관계성의 세 번째 유형은 양자 사이에 날카로운 긴장이 있게 되는 경우이다. 종교의 요구와 규범들이 정치체계의 그것들과 모순될 수 있고, 이에 따라 그것들에 도전할 수 있다. 정치적 경계선을 초월하는 포괄적 종교체계에 대한 우선적인 충성이 법적인 충성에 기초한 정치적 요구를 과소평가할 수 있다. 긴장과 갈등은 흔히 종교지도자들과 정치지도자들 사이에서의 권력에 대한 개인적 투쟁에서 유래한다. 이 투쟁은 세속적 힘의 사용이나 분배에 대한 부동의(不同意)와 관계있는 정치적인 것일 수도 있다. 한편 그러한 투쟁은 세속제도와 조화될 수 없는 종교적 주장이나 가치, 혹은 종교적 관념의 출현에서 비롯될 수도 있다. 이 경우 종교는 흔히 사회를 초월하는 것 같아 보인다. 정치적 현실은 종교의 고상한 이상과 목표와 어긋나 보이기도 하며, 이를 방해하는 것으로 보이기도 한다. 이때에 종교는 정치체제에 대한 비판세력으로 나타난다. 급격한 정치, 경제 변화상황을 겪는, 이에 따라 많은 정치적, 경제적 모순이 드러나는 사회들에서 흔히 보여지는 관계성 유형이다.

(3) 종교와 민족의 관계유형: 스트롭

종교는 그것이 속한 민족에 대하여 어떤 형태로든 관계를 유지한다. 스트롭(Herbert H. Stroup)은 민족과의 관계에 따라 종교를 4가지 유형으로 구분하여 설명한다(1967: 136~52).

첫째 유형은 '한 민족의 종교'(*religions of a people*)로서 여기서는 종교제도와 민족 사이의 구분이 있지만 목표가 거의 완전하게 동일하기 때문에 양자는 완전히 조화되는 것으로 생각된다. 종교의 경계선은 정해진 영토 안에 있는 인구의 사회적, 문화적 경계선과 거의 일치한다. 유대교, 시크교(Sikhism), 그리고 신도(神道)가 그 예이다. 그리하여 유대교는 이스라엘 민족과, 시크교는 펀자브(Punjab)의 시크족과 관계된다.

둘째 유형은 '한 민족을 크게 뒷받침하는 종교'이다. 대표적 예는 유교와 힌두교일 것이다. 힌두교의 종교적 믿음과 인도 사회의 카스트(*caste*)구조 사이의 관계에서 알 수 있듯이 역사적으로 힌두교는 인도의 정치사회적 체제의 일반적 특질과 밀접하게 관계된다.

종교와 민족의 세 번째 관계유형은 '퇴거(*withdrawal*)의 종교'로서 여기에는 자이나교(*Jainism*), 도교, 조로아스터교, 그리고 불교가 포함된다. 이 종교들은 주변의 문화와 사회구조를 거부한다는 점에서 퇴거의 경향을 나타낸다. 중국에 퍼졌던 대승불교보다는 소승불교에서 훨씬 더 그러했다. 퇴거의 종교들은 대개 사회에서 얻어지는 것보다 우월하다고 생각되는 가치와 규범을 유지하며, 따라서 그것들은 수도원적 질서 가운데서의 격리를 지속하고 금욕적인 수행에 몰두하는 경향이 있다.

네 번째 유형은 '보편적 영역의 종교'로서 기독교와 이슬람교가 이에 속한다. 이 종교의 신봉자들은 그들의 믿음을 세계적으로 전파하는 데 매우 적극적이었다. 따라서 그 종교들은 특정 민족의 경계선 안에 머물고 있지 않으며 활발히 퍼져 나간다. 그 보편적 적용의 원리라는 측면에서 보면 불교는 또한 이 유형에도 속한다고 할 수 있다.

(4) 종교와 국가의 관계유형: 존스톤

종교와 국가의 관계는 영향력의 우열, 혹은 힘의 역학관계에 따라서도 몇 가지 형태로 구분될 수 있다. 존스톤(Ronald L. Johnstone)은 이 유형을 6가지로 나누었으나(1975: 176~79), 크게 나누면 3가지로 분류될 수 있겠다.

첫 번째 유형은 종교가 국가보다 우위에 있는 경우이다. 이것은 흔히 신정정치(神政政治: *theocracy*)라는 용어로 설명된다. '신정정치'란 문자적으로는 '신에 의한 통치'를 의미한다. 종교지도자는 국가적인 정치 지도자와 동일한 인물이든지 아니면 후자보다 우위에 있는 존재이다. 그에게 힘이 있는 것은 나라의 통치 원리를 신으로부터 직접 지시받고 있다고 믿어지기 때문이다. 어떤 의미에서 국가는 종교적 이상을 시행하는 기관일 수 있다. 종교적 이념과 가치는 나라를 다스릴 수 있는 근본적 원리로 생각된다. 가장 철저한 신정정치의 예는 고대 이스라엘의 예언자 통치시대를 들 수 있겠으나, 이러한 종교 우위의 형태는 가톨릭의 지배를 받았던 대부분의 중세 유럽 사회들에서 흔히 보여졌다. 오늘날의 이슬람 국가들에서도 어느 정도 이러한 경향을 찾아볼 수 있다.

종교와 국가의 관계의 두 번째 유형은 힘의 소유와 행사에 국가가 종교보다 우위에 있는 경우이다. 특히 전체주의 사회에서 나타나는 형태로서 여기서는 종교에 자율성이나 궁극적 권위나 영향력이 허용되지 않는다. 종교는 단지 국가의 한 도구 혹은 시행 장비로 사용될 뿐이다. 경우에 따라 국가는 통제하기 쉬운 하나의 종교를 택하여 국가종교로 육성하여 국가의 목적을 위하여 이용할 수도 있다. 그러나 만일 종교가 사람들의 충성에서 국가와 경쟁하도록 위협하면 실제로 그것을 억압하고 소멸시킬 수도 있다. 전체주의 국가들(예를 들면 히틀러의 나치즘, 구 소련)에서 흔히 나타나는 종교-국가 관계성 유형이 이것이다.

종교와 국가 사이의 세 번째 관계유형은 '분리'의 형태이다. 여기에서는 종교의 영역과 국가의 영역, 종교제도의 기능과 정치제도의 기능이 각기 다르다는 전제 아래서 각각의 역할 분화가 중요하게 생각된다. 이 입장에서의 가정의 핵심은 종교는 영혼에, 국가는 육체에 봉사하는 것으로, 종교는 전적으로 개인주의화되고 주관적이며 내면화된 현상인 반면에, 정치와 국가는 집단에 봉사하고 생존과 관계된 외면적인 일들을 취급하며 전적으로 세속적 기구라는 것이다. 물론 완전한 분리란 실제로 불가능한 일이다. 양자는 불가피하게 어느 정도 중복이 되었으며 상호 영향을 주고받을 수밖에 없다. 암묵적 상호보완이나 상호긴장의 관계가 생겨날 수 있다. 그러나 이것은 법적, 제도적으로 이른바 정교분리(政教分離)가 이루어진 형태라고 하겠다. 오늘날 종교적으로 다원화된 사회들에서는 흔히 종교와 국가의 분리라는 관계유형이 보여진다.

(5) 종교와 정부의 관계유형: 버논

흔히 국가적 정책에 의하여 정부(*government*) 혹은 통치권은 그 사회의 종교에 대하여 상이한 태도를 취할 수 있다. 이러한 종교-정부 사이의 관계가 발전되면 이것은 나아가서 종교와 국가 사이의 확고한 관계유형으로 고정되기 쉽다. 버논(Glenn M. Vernon)은 종교와 정부 사이의 관계유형을 3가지로 비교한다(1962: 252~62).

첫 번째 유형은 정부가 하나의 종교를 뒷받침하고 모든 다른 종교는 거부하거나 차별하는 경우이다. 이 하나의 종교는 흔히 기성종교 혹은 국교(國教)로 간주된다. 영국의 성공회, 이탈리아 스페인의 가톨릭, 이스라엘의 유대교, 중동지역의 이슬람교 등이 여기에 속한다. 정부가 국교로 인정하는 하나의 종교 이외의 종교들에 대한 태도는 사회에 따라 다소 다를 수 있다. 철저한 법적, 정치적, 도덕적 배격과 차별, 그리고 권리의 제한으로부터 상대적 차별과 제한에 이르기까지 상이할 수 있다. 그러나 일반적으로 그 사회에서는 국교만이 '참된' 종교, 혹은 적어도 '최고의' 종교이며, 따라서 특별한 취급의 가치가 있다고 규정되어 그 종교는 도덕적으로 받아들여질 수 있다(1962: 253). 다른 종교집단은 국가와 국교에 의하여 거짓된 것이거나 열등한 것이거나 그릇된 것으로 규정되어, 권장되지 않을 뿐 아니라 그것을 추구하는 이들에게는 불이익이 가해 질 수도 있다. 이단에 대한 박해는 이러한 식으로 정당화되었다.

국교를 가진 사회에서 종교의 힘은 증진되기 쉽다. 왜냐하면 국가 종교는 정부의 뒷받침을 가지고 그 규범들을 강화할 수 있기 때문이다. 종교를 부도덕하거나 죄가 된다고 규정하는 것은 흔히 사회적으로도 불법적으로 간주하는 경향이다. 그러나 국교 상황에서는 얼마나 많은 힘을 종교와 정부가 각각 행사할 것인가 하는 문제가 생기기 쉽다. 예를 들어 정부가 종교보다 강하다면 종교의 열망은 국가에 의해 박탈될 것이다. 반대로 종교가 더 강하다면 국가의 권리는 종교에 의해 제한될 것이다. 국교는 자체의 영향력이 감소되는 것을 감수하면서도 정부로부터의 간섭을 극소화시키려고 노력할 것인가 아니면, 정부의 보호를 받는 이득을 위하여 정부의 도덕적 대변자로 전락할 것인가 하는 딜레마에 봉착한다. 특히 종교의 가르침과 정부의 정책이 심각하게 갈등을 일으킨다면 종교의 딜레마는 더욱 심각해질 것이다.

종교와 정부 관계의 두 번째 유형은 정부가 종교 일반을 뒷받침하지만 어느 한 종교에 대하여 어떠한 두드러진 우호적 취급을 하지 않는 형태이다. 이것은 종교적으로 다원화된 사회로서 법적인 정교분리가 공식적으로 이루어지는 국가에서 찾아볼 수 있는 유형이다. 여기에서 정부가 종교를 뒷받침한다고 하는 것은 종교의 자율성과 신앙의 자유를 충분히 보장할 뿐만 아니라 어느 정도의 사회적 혜택도 부여하는(예를 들면 성직자의 세금감면이나 종교적 헌납금의 세금혜택 등) 제도적 장치를 말한다. 이러한 관계성의 대표적인 예는 미국에서 찾아볼 수 있겠으나, 한국의 경우도 이에 가깝다고 할 것이다.

종교와 정부의 관계의 세 번째 유형은 정부가 모든 형태의 종교를 거부하고 그것을 사회로부터 제거하려는 경우이다. 이것은 초기의 공산주의 국가들에서 보여졌던 유형이다. 예를 들어 1920년대에 구소련에서는 교회재산이 정부에 몰수되었고, 전통적인 안식일은 7일 작업의 확립으로 포기하게 되었다. 하루의 휴식은 주중에 하게 되었다. 그러나 이 경우에도 종교가 폐위되지는 않았으며, 어떤 의미에서는 '지하'로 들어가게 되었다. 그러나 전적인 통제가 불가능하다는 것을 알게 되면 정부는 점차 제한된 통제만을 가하게 된다. 종교 예배가 부분적으로 허용되지만 종교의 정치활동이나 참여는 여전히 금지된다. 그러나 종교 신앙에 대한 요구의 증대는 점차 정부의 종교적 통제를 약화시키는 경향이 있으며, 이것은 바로 1980년대까지의 동구권에서 보여졌던 현실이다. 그렇다면 종교를 폐기하려는 정부의 목표는 결코 실현될 수 없어 보인다.

2) 종교와 정치적 정당화

종교는 흔히 특별한 정치체제나 정치적 이념 혹은 정치적 행동을 정당화 시키는 경향이 있다. 이것은 그렇게 하는 것이 종교적 신념과 가치와 부합한다고 믿기 때문일 수도 있고, 혹은 그렇게 함으로써 국가 혹은 정부로부터 상당한 이득을 취하거나 특혜를 얻을 수 있기 때문일 수도 있다.

(1) 종교와 정치형태

종교는 일반적으로 권위주의적 정치형태를 선호하는 경향이 있다. 전통적으로 종교집단들은 군주정치를 옹호했다. 그것은 그렇게 함으로써 종교집단이 자신의 특권을 유지하는 데 결정적으로 유리했기 때문이다. 뿐만 아니라 종교 자체가 지닌 권위주의적 구조(성직자의 특권적 지위, 종교조직 내의 위계서열적 관계, 성/속의 이분법적 구조 등에서 유래한)는 종교적 관념이나 수행을 매우 권위주의적인 것으로 만들었고, 이러한 성향은 권위주의적 정치체계를 선호하고, 또 그것을 뒷받침하는 데 효과적으로 작용했다.

흔히 기독교는 자유민주주의라는 정치체제의 확립에 크게 기여했다고 믿어졌다. 그러나 사실은 기독교를 포함한 대부분의 종교가 민주적 생활방식의 발전에 대하여 부정적 생각을 가지고 있었다. 그리하여 훌트(Hoult)는 루터교, 동방 정교회, 가톨릭, 심지어는 전통적 영국교회까지도(비기독교 종교들은 말할 것도 없고) 지배적 관리들은 권위주의 지향적 문화의 산물이며, 그들은 강력한 권위주의적 정부에 대하여 동화되는 경향이 있다고 지적했다(1958: 228). 예를 들어 가톨릭의 경우 일부 비주류들만이 지속적으로 활발하게 민주적 형태의 정부를 후원했을 뿐, 공식적인 바티칸 정책은 전통적으로 민주주의 정치체제를 반대했다는 것이다. 19세기 중엽 유럽에서는 하류계급 사람들이 자신의 권리를 찾기 위해 저항하면서 의회 민주주의를 세우려고 했다. 그러나 그러한 민주주의가 가톨릭의 전통적 위치를 무너뜨릴 것이 두려워 교황들은 민주주의를 반대하는 입장을 분명히 했다.

예를 들어 파이우스 9세(Pius IX)는 질서는 낮은 자의 높은 자에 대한 복종에 달려 있다는 가르침에 기초하여 대표 민주주의와 자유주의적 근대 사상을 이단적인 것으로 정죄했고, 1870년 레오 13세(Leo XIII)는 시민은 복종함으로써 그들이 종속되어 있다는 것을 이해할 수 있다고 했으며, 다음 파이우스 10세(Pius X)는 하나님은 사회를 지금 그대로 세웠기 때문에 개혁의 필요가 없으며, 따라서 가톨릭은 지배계급의 특권을 뒷받침한다고 선언했다(Hoult, 1958: 231~32). 그리하여 파이우스 10세는 프랑스 혁명의 민주적 전통과 복음 사이의 접촉점을 발견하려고 시도하는 것은 불경인데, 그것은 인간 삶의 이상은 보다 높은 권위에 복종하는 데서 발견될 수 있기 때문이라고 보았던 것이다. 종교의 권위주의적 성격은 유럽과 라틴 아메리카에서의 파시즘이나 나치즘에 대한 동조에서도 나타난다. 물론 이들 국가 특히 유럽에서 파시즘이나 나치즘을 종교(교회)가 받아들인 이유는 공산주의에 대한 두려움과 교회-국가 분리에 대한 민주주의적 관념에 대한 불신에 기초했다(Hoult, 1958: 222).

한편 전체주의 정치 지도자들은 그들의 위치가 불안하고 아직 충분히 확립되지 않기 때문에 힘 있는 종교조직에 대하여 특권을 기꺼이 부여하며, 이에 따라 종교는 권위적 정치체제에 대한 정당성의 기초를 마련해 준다. 심지어 과거 얼마의 종교집단은 공산주의 정부에 동화되기까지 했다. 종교와 공산주의 사회에서의 동화과정은 구소련에서 분명히 보여진다. 2차대전 당시 러시아 정교회는 공산주의 정권을 열렬히 후원했으며, 1950년대 이후 동구권의 나라들은 대체로 종교(주로 가톨릭 아니면 정교회)에 의해 그 권위주의적 정치성격이 정당화되었다(Hoult, 1958: 225~6).

종교가 권위주의적 정치체제에 대하여 우호적이라는 사례는 한국에서 권위적이며 독재적인 제 1 공화국(이승만 정권), 제 3 공화국(박정희 정권), 제 5 공화국(전두환 정권) 시절에 대부분의 종교가 일반적으로 그러한 체제를 옹호하고 그 정당성을 뒷받침했다는 사실에서도 쉽게 찾아볼 수 있다(이원규, 1992: 108~11). 어떤 의미에서는 종교 자체의 권력구조에서의 위계서열 자체가 반민주적 성향을 띠고 있기 때문에 종교는 일반적으로 민주적이지 못하고, 권위주의적인 정치체제에 대하여 더욱 동질감을 느끼는 것이라고도 할 수 있다.

물론 종교가 권위주의적인, 독재적인 정치체제에 대하여 무조건적으로, 그리고 항상 동조하는 것은 아니다. 정치체제 혹은 정부가 종교의 자율성이나 신앙의 자유를 억압할 때에 종교는 정치체제에 반발하고 도전한다. 그리고 종교가 권위주의적 정부에 의해 억압을 당하고 있지 않다 하더라도 종교의 일부 예언자적 전통은 반민주적 정치체제에 대하여 비판세력으로 도전할 수 있다. 그러나 이것이 종교의 지배적 현상이나 주류의 경향은 아니다. 종교의 비판세력은 항상 소수인의 위치에 머물고 있을 뿐이다. 종교의 일반적 성향 혹은 주류는 지배적 정치체제, 특히 권위적 정치구조에 대하여 동조적 입장을 보인다고 하겠다.

(2) 종교와 정치적 보수주의

일반적으로 종교는 정치적으로 보수적 성향을 띤다. 특히 기성종교는 대체로 진보적 정치성향에 대하여 반대하는 입장을 취해 왔다. 그리하여 많은 경험적 연구들은 종교적 믿음과 정치사회적 보수주의 사이에는 중요한 긍정적 상관관계가 있음을 입증한다(Hoult, 1958: 216). 그러나 소수 종교집단은 그 정치성향에서 급진적 성격을 띠는 수가 많다. 그들에게 변화를 촉구하는 것은 득이 된다. 왜냐하면 현존하는 정치상황에서는 이득을 얻을 수 없기 때문이다.

그러나 확고한 기반을 가진 다수의 기성종교인에게 자신이 그 안에서 힘을 유지하는 정치, 사회 질서에 도전하는 것은 비현실적이다. 이런 이유에서 기성종교는 흔히 현재의 정치권력 구조의 후광을 업기 쉽다. 기성종교가 현존하는 정치질서를 뒷받침하는 보수적 입장을 취하면 정치권력으로부터 종교제도를 유지하는 데 공식적, 비공식적으로 도움을 받는다. 예를 들면 공산치하의 구 소련에서도 러시아 정교회가 체제를 인정하고 이를 옹호하면서 그 대가로 점차 공공연한 종교적 수행을 허락받을 수 있었다.

종교적 가치체계들은 특징적으로 지배적 제도를 인가하고, 그렇게 함으로써 사회적 안정과 통합에 기여하는 경향이 있다. 따라서 전통신앙은 사회제도의 현상에 대하여 수납적이고 타협적이다. 그리고 가급적 대립을 피한다. 따라서 종교적 보수성은 사회적 태도에서도 보수성을 띠게 된다. 그러나 현존하는 사회질서에 대한 불만은 지배적 종교제도에 의해 뒷받침되는 가치들과 갈등을 일으키게 된다. 이 종교적 가치를 받아들이는 사람들은 사회적 현상에 대한 정당성을 인정하도록 강요되며, 그리하여 급진주의자는 '비종교적'일 가능성이 높고, 종교는 정치적으로 보수적이게 된다(Glock and Stark, 1965: 194~96).

종교가 갖는 정치적 보수 성향은 거의 모든 종교에서 나타난다. 예를 들어 개신교의 루터교 신학에 따르면 세속적 권위의 성격이 어떠한 것이든 국가에 복종하는 것은 선한 기독교인의 의무라고 가르쳤다(Hunt, 1949: 182). 이것은 가톨릭의 경우에도 마찬가지이다. 대부분의 유럽, 그리고 라틴 아메리카의 가톨릭은 국가 안에서 교회의 특권을 누리면서 정치적으로는 극단적 보수주의 성향을 보였다(Nichols, 1951). 한편 코디(Cody)는 버마(미얀마)에서 불교 승려들은 어떤 정치적 변화(특히 민주적 이상을 향한)를 방해한 보수세력이었음을 밝혀냈고(1953), 더글러스(Douglas)는 티베트에서 종교는 현상에서의 이익을 추구하면서 국가의 정치적 통제를 지속시키는 도구가 되었다고 주장한다(1952).

지배적 종교집단 편에서의 정치적 보수주의는 정치적 현상(現狀)을 유지하도록 도울 뿐만 아니라 생활의 다른 영역에서의 변화의 결여에도 공헌한다. 종교의 정치적 보수성은 종교적으로 다원화된 사회보다는 하나의 종교가 국교로 존재하든지 아니면 지배적 종교로서 확립된 사회에서 더욱 두드러지게 나타나는 경향이 있다(Parsons, 1952). 이와 같이 다수인의 종교는 대개 확립된 명성과 힘을 가지고 있고, 따라서 정치적으로 보수적이다.

(3) 종교와 탈정치화(脫政治化)

종교는 또한 탈정치화의 수단이 될 수도 있다. 이것은 종교를 '민중의 아편'으로 보는 맑스적 갈등이론에서 논의되는 주제이다. 종교는 종교의 모든 이념이나 가치를 영화(靈化)시킴으로써 정치적 갈등이 생겨날 수 있는 경제적 가치들을 무가치한 것으로 만들어 버리는 경우가 있다. 탈정치화에 대한 종교적 정당화는 두 가지 근거에서 마련될 수 있다.

첫째는, 초가치화(超價値化)의 과정이다. 초가치화는 영적 가치로 물질적 가치를 대체하고, 내적이고 영적인 평등이 경제적, 정치적 평등보다 중요하다고 강조하게 되는 것을 말한다(J. Wilson, 1978: 356). 초가치화는 물질, 지위, 권력에 기초한 위계서열을 영적인 보상과 지위에 기초한 위계서열로 대체함으로써 비특권계급을 위로하고 보상한다. 종교의 초가치화는 몇 가지 결과를 초래한다. 우선 대개 정치적 투쟁의 초점이 되는 희소자원들이 가치 없는 것이 되며, 따라서 정치세계는 부적절한 것으로 이해된다. 종교적 에너지는 사회 안에서의 권력추구보다는 종교 공동체 안에서의 힘의 성취에 투입된다. 영적 평등을 강조함으로써 불평등한 정치권력이나 경제소유의 구조에 대하여 그 불만을 잠재우게 된다. 지상의 억압구조에 대하여 임박한 마지막(특히 영적 기준에 따라 보상받을)을 강조함으로써 정치적 추구의 무익성을 일깨워 준다(Schwartz, 1970). 이러한 초가치화의 경향은 종파적 종교일수록 더욱 강하게 나타난다.

종교의 탈정치화를 조장하는 또 하나의 정당화는 '개별화'이다. 개별화란 종교적 믿음에서 개인적 신앙을 중요시하고, 사회구조적 용어보다 개인적 용어로 변화를 규정하며, 행위의 주요 결정자로서 사회환경의 영향보다는 개인의 의지를 강조하는 경향을 말한다(J. Wilson, 1978: 358). 종교는 흔히 신앙의 문제를 개인의 문제라고 보기 때문에 사회구조나 정치구조에 대한 무관심을 조장하는 경향이 있다. 그리하여 종교는 사회구조에 집착하려는 이들의 의식을 탈정치화시키며 정치적 갈등이나 사회개혁의 문제에 개입하는 것을 방해할 수 있다. 종교는 사람들 개인의 양심과 신앙을 추구하면 되는 것이지 정치적 참여나 관심은 부질없는 것으로 바람직하지 않다고 가르치는 경우가 많다. 결국 종교는 구원의 문제를 개인의 문제로 한정시킴으로써 정치로부터 이탈하게 만드는 데 공헌할 수 있다.

초가치화나 개별화가 모두 일종의 분리주의 입장이라 할 수 있다. 초가치화가 성(聖)과 속(俗)의 분리를 나타내는 것이라면, 개별화는 개인과 사회의 분리를 의미하는 것이라고 하겠다. 어떤 형태의 분리이든 이것에 대한 종교적 정당화는 종교의 탈정치적 성향을 조장하는 것이다.

(4) 종교의 정치화

종교의 정치적 보수화나 탈정치화의 경우보다 드물게 나타나는 현상이기는 하지만, 때로는 반대로 종교가 정치화되는 경우도 있다. 물론 종교의 정치화에 참여하거나 이것에 관계하는 종교집단은 대체로 소수집단이다. 그러나 이러한 종교의 정치화는 3가지 형태로 생겨날 수 있다.

첫째는, 종교집단이 어떠한 정치적 이익(그리고 이것을 통해 종교적 이익)을 얻기 위하여 조직적으로 정치에 참여하는 경우이다. 이때 종교집단은 흔히 정치적 정당을 만들기도 하며, 이것을 통해 종교적 이념을 정치 영역에서 실현시키거나 어떤 반사이익을 획득하려고 한다. 이것은 유럽이나 제3세계에서 흔히 나타나는 정치참여 유형이다. 스미스(D. Smith)는 제3세계에서 출현하는 종교적인 정치정당의 3가지 형태를 소개한다(1971: 140~69). ① 인도에서의 힌두교 마하사바(*Mahasabha*)와 같은 '공동체적 정당'으로 이것은 종교적 다원주의의 국가적 맥락에서 형성되는데, 그 목적은 "그들이 존경하는 공동체 집단의 세속적인 경제적 그리고 정치적 이익을 보호하고 증진하는 것"(1971: 140)이다. ② 북부 수단(Sudan)의 움마(Ummah)와 같은 '종파적 정당'으로서 이것은 정치적 행동을 통하여 소수 종교적 지위를 확보하려고 시도하는 것이다. 다른 하나는 이데올로기적 종교정당으로 칠레의 기독교 민주당과 같은 것이 그 예이다. 이것은 그 사회의 지배적인 이데올로기적 가정을 받아들여 그 사회를 결속시키는 식으로 인정받고자 한다. 이러한 종교적 정당들이 사회에서 지배적인 혹은 결정적인 영향을 미칠 수는 없으나 그것들은 어떤 식으로든 사회변동에 영향을 미칠 수 있다.

종교의 정치화가 이루어지는 두 번째 형태는 종교가 자체의 이익을 추구하기보다는 정치질서를 변화시키기 위한 목적에서 의도적으로 정치에 참여하는 혹은 관계하는 경우이다. 이러한 입장은 흔히 '변형주의'라고 불린다(Hargrove, 1979: 212). 이 경우 종교는 사회의 개혁이나 개선을 위하여 의도적으로 정치에 참여한다. 특히 잘못되는 정치, 사회 질서를 변화시키기 위한 하나의 압력수단으로 작용하고자 하는 목적을 가지고 종교가 사회활동 혹은 사회운동을 전개하기도 한다. 때로 이러한 종교의 비판적 정치참여는 예언자적 역할을 감당하는 것으로 받아들여질 수도 있다. 이러한 운동의 예는 종교가 인권운동에 앞장서거나, 반전(反戰) 운동을 벌이는 데서 찾아볼 수 있다. 독재정권 아래서의 반독재 민주화 운동을 주도하는 소수의 종교단체의 활동도 여기에 속할 것이다. 흔히 진보주의라는 이름이 뒤따르는 이러한 종교의 비판적 정치참여는 사회적 개혁이나 변형에 커다란 공헌을 했다.

종교의 정치화가 이루어지는 세 번째 형태는 의도되지 않은 경우라고 할 수 있다. 예를 들어 '천년왕국설'과 같은 종교적 신앙에서 출발한 하나의 운동이 점차 정치적 성격으로 변질되면서 미래적, 종말적 기대가 '여기 그리고 지금'의 변화를 기대하는 식으로 달라지게 된다. 즉, 당시까지 목표가 이루어지지 않았거나, 혹은 '저 세상'적 목적에 집중했던 기다림이 갑자기 일상적 양상을 띠게 된다. 16세기 유럽에서 농민운동으로 발전된 뮌처(Münzer)의 재침례교 운동이 그 예이다. 순수한 종교적 운동이 점차 정치적 성격을 띠는 것을 만하임(Mannheim)은 '정치의 영화'(*spiritualization of politics*)라고 부르고 (1936: 190~91), 로버트슨(Robertson)은 보다 정확하게 '종교의 정치화'라고 부른다(1984: 163). 물론 종말론적 종교신앙이 모두 정치적 성격을 띤 운동으로 발전하는 것은 아니다. 그러한 신앙은 현실도피적인 비정치화의 길을 가는 수가 많다. 다만 종말신앙의 일부가 정치적 성격을 띤 사회운동으로 발전된다.

(5) 종교와 전쟁

종교의 정치적 정당화는 때로 전쟁에 대하여도 이루어질 수 있다. 원래 종교의 기능 중 하나는 개인이나 사회의 위기상황에 적응할 수 있는 능력을 부여하여 그 집단의 해체를 막도록 돕는 것이다. 이러한 기능은 전쟁이라는 위기상황에 직면해서도 그대로 작용한다. 평화시에는 혐오감을 줄 만한 도덕적 입장이 전쟁상황 아래서는 종교에 의하여 인가될 수 있다. 종교는 전쟁에서의 성공을 전망함으로써 국가가 최대의 전쟁효과를 누릴 수 있도록 고무하는 경향이 있다. 이제 전쟁은 종교에 의해 도덕적인 것으로 규정된 목표를 가지고 있고, 그 국민은 신이 그들 편에 있다고 느끼기 때문에, 승리는 물론 패배에의 적응까지도 종교의 도덕적 의미부여에 의해 쉽게 기대되거나 이루어질 수 있다(Vernon, 1962: 264). 그리하여 종교적으로 초자연적 재가가 있기 때문에 전쟁은 쉽게 성전(聖戰: *holy war*)으로 이해된다.

종교는 전쟁의 승자뿐만 아니라 패자에 대해서도 그것의 도덕적 정당화를 마련해 주는 중요한 역할을 수행한다. 이때 도덕적 규정은 전쟁의 결과에 대해서뿐만 아니라 전쟁 자체에 대해서도 적용될 수 있다. 전쟁에 참여하는 나라의 주요 종교들은 전에는 받아들이기 어려웠던 규범과 가치를 이제는 전쟁과정에서 생겨날 수 있는 불가피한 혹은 당연한 것으로 도덕성을 부여해 준다(Vernon, 1962: 142). 따라서 (적을) 죽이는 것이 이제는 도덕적으로 받아들여지게 된다. (적과의 행동에서) 책략은 받아들일 수 있게 되고, 이제는 현명함이라 불린다. (적의) 재산의 파괴는 매우 바람직한 것이 된다. 전에는 금지되고 혐오스러운 것으로 규정되었던 행동들이 이제는 도덕적으로 받아들일 수 있게 될 뿐만 아니라 영광과 명성을 획득하는 정당한 수단으로 보여진다.

전쟁에서 적(敵)은 대체로 '비인간적', '야만적', '동물적' 등의 용어로 규정되는 경향이 있다. 이러한 규정은 적을 철저히 궤멸시키는 데 효과적이다. 종교가 이러한 규정을 도덕적으로 정당화시켜 준다면 전투력은 향상될 수 있다. 예를 들어 전쟁을 '악마의 세력과 싸우는 것'으로 종교가 규정해 준다면 이 싸움은 의로운 것이라는 확신을 갖게 될 것이다. 종교가 그 전쟁을 신의 뜻이라고 규정해 준다면, 군인들(그리고 시민들)은 신을 위하여도 싸우고 있다고 느껴 더 잘 싸울 것이다. 사실상 대부분의 종교는 전쟁에 국가와 운명을 같이 한다는 각오를 가지고 적극적 후원자가 되었다. 1, 2차 세계대전 당시 독일은 독일대로, 연합국은 연합국대로 각각 자국의 종교들로부터 도덕적, 정신적, 물질적인 지원을 받았다. 이것은 중동 지역에서의 유대교 이스라엘과 이슬람 국가들 사이의 전쟁의 경우에도 마찬가지이다. 일단 전쟁이 종교에 의해 도덕적으로 정당성을 확보하면 종교집단은 그 전쟁을 더욱 효과적이 되게 하려는 활동들에 참여할 수 있다. 예를 들면 승전을 위해 기도모임을 갖는다든지, 모금운동을 하고 위문품을 모으거나, 때로는 자발적으로 참전하는 일 등을 주도하기도 한다.

그러나 국가의 지배적 종교집단들이 전쟁을 수행하는 국가적 노력에 대하여 종교적 강화를 마련해 주는 반면에, 일부 소수 종교집단은 전쟁에 대하여 반대입장을 취할 수도 있다. 이 집단은 이 세상에서의 분쟁 자체를 부정적으로 보든지, 혹은 살상을 금하는 신앙적 교리를 확고히 믿기 때문에 전쟁을 반대할 수 있다. 그러나 이러한 종교적 태도는 전체사회의 맥락에서는 소수인의 것일 뿐만 아니라 오히려 사회적으로 비판의 대상이 되기도 한다. 지배적 경향은 일반적으로 종교가 국가의 전쟁행위를 도덕적으로 정당화하는 것이며, 이런 의미에서 전쟁은 국가와 종교가 일체감을 갖게 되는 강력한 계기가 될 수 있다.

종교가 국가의 전쟁행위에 대해 도덕적 정당화를 주는 것과 같은 논리로 종교는 또한 강대국들의 역사적 '제국주의'와 '식민지주의'를 도덕적으로 정당화해 주었다(Vernon, 1962: 146). 예를 들면 대영제국의 절정기에 영국인은 그의 나라가 '백인의 짐'을 짊어지고, 영국 문명의 '이기들'(*benefits*)을 세계의 '열등한' 백성들에게 전하도록 신에 의해 선택받았다고 느꼈고, 이것은 종교적으로 크게 뒷받침되었다. 따라서 식민화하기 위하여 군대가 파견되는 곳에는 예외 없이 선교사가 따라갔다. 이것은 영국뿐만 아니라 스페인, 포르투갈, 프랑스, 독일, 미국 등 모든 서양 제국주의 국가들이 해 왔던 일이다. 유럽 국가들의 제국주의 혹은 식민지주의 때문에 어려움을 당했던 것은 라틴 아메리카의 경우 특히 심했다. 그리하여 20세기 중엽 독립을 이룰 때까지 그 지역 국가들은 땅을 유럽 국가들에게 내어준 대신에 서양종교를 받아들였을 뿐이다. 이처럼 식민통치는 도덕적 정당화를 통해 강력한 종교적 뒷받침을 얻을 수 있었다.

3) 종교성과 정치적 태도

종교와 정치제도의 관계를 이해할 수 있는 또 하나의 방식은 종교성과 정치적 태도의 관계를 분석하는 일이다. 즉, 종교성이 정치적 태도에 미치는 영향은 무엇이며 양자 사이에는 어떠한 상관관계가 있는가 하는 것을 탐구하는 것도 중요한 연구과제이다.

(1) 종교와 정치적 태도

종교와 정치적 태도의 관계에 대한 기존의 연구는 주로 정당에 대한 선호도와 투표성향에 대한 것이었다. 미국의 경우 보수적인 공화당을 선호하는 종교는 개신교이고, 개인적으로 보수적이거나 근본주의적 신앙을 가진 사람인 경우가 많은 반면에 진보적 민주당을 선호하는 종교는 가톨릭이며, 개인적으로는 진보적이거나 자유주의적인 신앙을 가진 사람인 경우가 많다는 것이 밝혀졌다(J. Wilson, 1978: 340~52).

한국의 경우 종교와 정치적 태도의 관계는 어떠한 것인가? 한국과 같이 종교적으로 다원화된 사회에서는 정치적 태도에 종교간에 어떠한 차이가 있는가 하는 것을 알아보는 것은 매우 유용한 일이라고 할 수 있다. 여기에서의 가정은 종교적 이념이나 신학이 정치적 태도에 영향을 미칠 수 있을 것이라는 것이다. 일찍이 베버는 특히 윤리적 문제에 초점을 맞추어 금욕주의와 신비주의 형태의 종교를 구분하고, '이 세상적 금욕주의'(현실도피적 금욕주의와는 대조되는)는 세계의 문제들에 대한 적극적 개입과 참여, 그리고 이것을 통한 세계의 지배라는 전형적 윤리관을 창출하는 데 비하여, 신비주의는 대체로 명상을 통하여 구원을 추구하되 현실과는 대개 유리된 윤리관을 만들어낸다고 보았다(1963: chs. XI, XIII, XIV; 1946: ch. XI). 전자의 경우는 개신교에서, 후자의 경우는 불교와 힌두교에서 그 전형적 모습을 찾아볼 수 있다고 베버는 지적하고 있다.

사실상 국가권력과의 관계에서 불교가 택하는 태도는 대체로 회피거나 순응이다. 회피의 원래적 의도는 불교가 그 자유를 자기의 신변상의 진퇴라든지 자연에 대한 관조, 국가권력이나 사회윤리와 유대하지 않고 극한상태로 멀리하여 경애(敬愛)의 자유를 구하려는 태도, 곧 달관(達觀)이다. 이 달관은 역사적 현실과의 거리에 따른 상호 간의 긴장관계가 지속되는 한 어떤 종류의 비판적 기능을 갖지만, 동시에 그것은 초월적 비판의 형태로 세속의 정치적 무관심, 정치적 포기와 호응하여 기존의 체제질서를 사실상 지지하는 기능을 갖게 된다(市川白弦, 1981: 196). 순응의 태도는 불교자체의 논리와 윤리를 국가권력에 순응하도록 수정하고 동시에 후자를 불교윤리로서 미화시킴으로써 불교로 하여금 호국종교의 모습을 띠게 만든다.

한편 기독교는 세속적 정치영역을 신의 통치영역 안에 포함시키며, 이에 따라 정치영역은 신의 뜻에 부합되도록 유지될 것이 요구된다. 그러므로 정치영역은 언제나 종교적 비판과 수정의 대상이 되고 있다. 비록 기독교의 보다 보편적인 성향은 정치적 보수주의이지만, 이 종교는 또한 정치적 진보주의 성향도 내포한다. 이 진보적 태도는 신수권(神授權) 이론으로 대표된다. 이 이론은 하나님이 통치권력을 제일차적으로 국민에게 수여했으나 국민은 가치의 실효를 거두기 위하여 어떤 특정 인물을 택해서 통치권력을 어떤 조건 아래 위임한다는 것이다(이장식, 1984: 265). 따라서 만일 군왕이 위임받은 조건을 이행하지 않으면 국민이 주권을 회수할 수 있다는 진보적 입장이 발전되었고, 이것은 적극적인 정치참여의 토대가 되었다.

그렇다면 과연 한국의 상황에서 불교인은 상대적으로 더 보수적이고, 기독교인은 상대적으로 보다 진보적인가? 〈표 13-1〉은 종교인의 이념적 성향에 대하여 보여주고 있다.

〈표 13-1〉에서 우리는 몇 가지 중요한 사실을 발견한다. 우선 전체적으로 보면 한국인은 이념적으로 보수 쪽으로 기울어져 있다. 물

〈표 13-1〉 종교인의 이념적 성향

(단위: %)

종교 \ 이념 성향	보수	중도	진보
불교	44	42	14
개신교	32	52	17
가톨릭	31	47	23
종교인 전체	37	47	16
무종교인	27	48	26
전체	32	47	21

* 출처: 한국갤럽(2015: 146).

론 중도(47%)에 있는 사람이 가장 많지만, 진보(21%)보다는 보수(32%)에 속한 사람이 더 많다. 따라서 한국인은 이념적으로 보수적 성향이 다소 강하다고 할 수 있다.

종교인 전체와 무종교인들을 비교하면 종교인이 이념적으로 더 보수적이다. 즉, 보수에 속하는 비율이 무종교인은 27%이지만 종교인은 37%로 보수적 종교인 비율이 높은 반면에, 진보에 속하는 비율은 종교인이 16%인 데 비하여 무종교인은 26%로 진보적인 무종교인 비율이 높다. 이것은 앞에서 보았듯이 종교는 대체로 보수적인 성격을 가지고 있다는 사실을 뒷받침하는 결과라 할 수 있다.

이념적 성향에서는 종교 간에도 뚜렷한 차이가 드러난다. 자신의 이념 성향이 보수적이라고 보는 응답자 비율이 불교인의 경우 매우 높지만(44%), 개신교(32%)와 가톨릭(31%)의 경우에는 전체 평균치 정도로써 불교보다 낮다. 반대로 진보적 성향은 불교인에게서 가장 낮다(14%). 그 비율은 가톨릭의 경우 23%로 가장 높고, 개신교는 17%이다.

이상의 결과는 다음과 같이 요약될 수 있을 것이다. 한국인의 이념적 성향은 다소 보수적이다. 종교인은 무종교인보다 이념적으로 보수적인 경향이 있다. 종교인 가운데 불교인은 보수적 성향이 가장 강하고, 가톨릭 신도는 상대적으로 진보적 성향이 강하다.

그러나 이념적 성향은 포괄적 의미를 가지기 때문에, 종교와 정치적 태도의 관계에 대하여 알아보려면 종교인의 정치적 성향을 살펴보아야 한다. 정치에 대한 태도가 보수적인가 진보적인가 하는 것은 각 정권의 성격에 크게 좌우된다. 예를 들면 우파정권에서는 진보집단이 비판적이겠지만, 좌파정권에서는 보수집단이 비판적일 수 있다. 뿐만 아니라 커다란 정치적 사건이 생기면 정치적 태도는 쉽게 바뀔 수도 있다. 따라서 정치적 성향에 대하여 알 수 있는 가장 좋은 방법은 정당 선호도를 알아보는 것이다.

민주사회에서 정치정당들은 각기 자체의 이념적 색깔을 가지고 있다. 이것은 특정 정당의 역사와 전통, 그리고 정체성과 관계된 것이기에 쉽게 바뀌지 않는다. 그래서 정당은 이념적 보수성과 진보성을 반영하며, 따라서 사람들이 어떤 정당을 선호하는가에 따라 그들의 정치적 성향을 가늠할 수 있다. 예를 들어 미국의 경우 보수적 공화당을 선호하는 것은 침례교나 남침례교와 같은 보수적 교파 사람들이며, 반대로 진보적 민주당을 더 지지하는 것은 성공회나 그리스도연합교회와 같은 진보적 교파이다.

〈표 13-2〉는 한국 종교인과 지지 정당의 관계를 보여주고 있다.

2012년 당시 각각 보수와 진보를 나타내는 두 정당인 새누리당과 민주통합당 지지율을 나타내는 〈표 13-2〉의 결과는 몇 가지 중요한 사실을 말해준다. 전체적으로 보면 보수적인 새누리당 지지율은 37%, 진보적인 민주통합당 지지율은 28%로 한국인의 정치적 성향은 다소 보수 쪽으로 기울고 있다. 그러나 "지지정당이 없다"는 비율도 꽤 높아(29%) 한국인의 정치적 냉소주의 경향이 반영되고 있다.

〈표 13-2〉 종교와 지지 정당

(단위: %)

종교 \ 정당	새누리당	민주통합당	지지정당 없음
불교	47	24	24
개신교	40	30	24
가톨릭	37	27	30
종교 전체	43	27	25
무종교	29	29	34
전체	37	28	29

* 출처: 서베이리서치센터, 《한국종합사회조사 2012》(2013) 원자료를 분석한 것임.

종교인과 무종교인 사이에는 커다란 차이가 있다. 즉, 새누리당 지지율이 종교인 가운데서는 43%로 높은 반면에, 그 비율이 무종교인 가운데서는 29%로 낮았다. 그러나 민주통합당 지지율은 무종교인의 경우 근소하게 높다(종교인 27%, 무종교인 29%). 정치적 냉소주의 입장은 무종교인의 경우 더 강하다('지지정당 없음' - 종교인 25%, 무종교인 34%). 이 결과는 종교인이 무종교인보다 정치적으로 보수성이 더 강하다는 사실을 다시 확인하게 한다.

종교 간의 차이도 드러난다. 새누리당 지지율은 불교의 경우 가장 높고(47%), 다음은 개신교(40%), 가톨릭(37%) 순이다. 민주통합당 지지율은 불교의 경우 가장 낮으며(24%), 다음은 가톨릭(27%), 개신교(30%) 순이다. 여기서도 분명히 드러나는 것은 불교인의 정치적 성향이 기독교인보다 보수적이라는 사실이다. 물론 불교인의 정치성향이 더 보수적인 것은 그들의 연령이 상대적으로 높고, 교육수준은 상대적으로 낮으며, 농촌 혹은 비수도권(특히 보수적 영남지역) 출신이 많다는 점이 반영되었겠지만, 종교 자체가 가진 이념적 성향도 하나의 중요한 변수로 작용했을 것이다.

(2) 종교성과 정치적 태도

정치적 태도는 종교에 따라 다를 뿐만 아니라 같은 종교인들 가운데서도 종교성에 따라 다를 수 있다. 먼저 스스로 평가하는 신앙심의 정도와 정치적 이념성향의 관계에 대하여 살펴본다.

〈표 13-3〉에 따르면 신앙심이 강한 종교인 가운데 정치적 이념성향이 '진보적'이라는 응답 비율은 30%인데 비하여, 그것이 '보수적'이라는 비율은 43%로 커다란 차이가 나타난다. 자신의 신앙심이 "별로 강하지 않다"는 종교인 가운데 진보성향을 보인 사람은 36%, 보수성향을 나타낸 사람은 33%였다. 이 결과는 신앙심(종교성)이 강한 사람일수록 정치적으로 보수적이라는 사실을 뒷받침한다. 종교성과 정치적 태도의 관계는 지지정당에 대한 입장에서도 드러난다(〈표 13-4〉).

〈표 13-3〉 신앙심과 정치이념 성향

(단위: %)

정치이념 / 신앙심	진보	중도	보수	계
강함	30	27	43	100.0(N=164)
다소 강함	35	31	34	100.0(N=234)
별로 강하지 않음	36	31	33	100.0(N=383)

* 출처: 서베이리서치센터, 《한국종합사회조사 2012》(2013) 원자료를 분석한 것임.

〈표 13-4〉 신앙심과 지지정당

(단위: %)

지지정당 / 신앙심	새누리당	민주통합당	지지정당 없음	계
강함	56	21	18	N=169
다소 강함	46	25	25	N=238
별로 강하지 않음	36	30	28	N=394

* 출처: 서베이리서치센터, 《한국종합사회조사 2012》(2013) 원자료를 분석한 것임.

〈표 13-4〉에 나타난 대로 신앙심의 정도에 따른 정당 지지율은 현저하게 차이가 있다. 새누리당 지지율이 신앙심이 '강한' 종교인 가운데는 56%나 되지만, 그 비율은 신앙심이 '다소 강한' 종교인의 경우에는 46%, '별로 강하지 않은' 종교인에게서는 36%로 계속 낮아진다. 반대로 민주통합당 지지율은 신앙심이 '별로 강하지 않은' 종교인이 30%로 가장 높고, '다소 강함' 25%, '강함' 21%로 계속 떨어지고 있다. 이것은 종교성이 강할수록 정치적으로 보수적인 반면에, 종교성이 약할수록 정치적으로는 진보적이라는 사실을 말하는 것이라 하겠다. "지지정당이 없다"는 냉소적 태도는 종교성이 약할수록 더 강하다는 것도 드러난다.

그러면 종교성에 따라 사람들은 정치에 대하여 어떤 다른 평가를 하는 것일까? 〈표 13-5〉가 이것을 보여준다.

〈표 13-5〉의 결과 역시 종교성(신앙심)에 따라 정치에 대한 평가가 크게 엇갈리고 있다. 우선 국정운영에 대한 평가에 있어 "잘못(매우+다소)하고 있다"는 입장에 동조하는 비율이 신앙심이 '강한' 종교인은 44%. '다소 강한' 종교인은 50%, '별로 강하지 않은' 종교인은 57%로 그 차이가 분명하게 드러나고 있다. 종교성이 강할수록 정치현실에 대하여 덜 비판적인 반면에, 종교성이 약할수록 그것에 대하

〈표 13-5〉 신앙심과 정치 평가

(단위: %)

신앙심 \ 정치 평가	국정운영평가 ("잘못하고 있다")	정치적 만족도 ("불만이다")	정치전망 ("좋아질 것이다")
강함	44	49	55
다소 강함	50	54	52
별로 강하지 않음	57	65	45

* 출처: 서베이리서치센터, 《한국종합사회조사 2012》(2013) 원자료를 분석한 것임.

여 더 비판적이다.

정치적 만족도에서도 종교성에 따라 그 입장이 크게 다르다. 우리나라 정치에 대하여 "불만"(매우+다소)이라는 응답비율은 신앙심이 '강한' 종교인의 49%, '다소 강한' 종교인의 54%, '별로 강하지 않은' 종교인의 65%로 나타났다. 종교성이 강할수록 정치적으로 덜 불만스러워하는 반면에, 종교성이 약할수록 정치에 더 불만을 가지고 있다는 것을 알 수 있다.

정치전망에서도 종교성에 따라 그 태도가 다르게 나타난다. 즉, 앞으로의 정치전망에 있어 그것이 "좋아질(훨씬+다소) 것"이라는 응답비율은 신앙심이 '강한' 종교인의 경우 55%로 가장 높고, 다음으로는 '다소 강한' 종교인(52%), '별로 강하지 않은' 종교인(45%) 순이다. 종교성이 강한 종교인일수록 미래 정치에 대하여 상대적으로 낙관적 태도를 가지는 반면, 종교성이 약한 종교인은 비관적 미래정치 전망하고 있다.

지금까지의 모든 결과들은 종교성과 정치적 태도 사이에는 강한 상관관계가 있어서 종교성이 강하거나 종교적으로 보수적일수록 정치적 태도도 보수적이며, 반대로 종교성이 약하거나 종교적으로 자유적 혹은 진보적일수록 정치적 태도도 자유적 혹은 진보적이라는 사실을 뒷받침한다. 그러면 왜 종교성(종교의식)과 정치적 태도(정치의식) 사이에는 긍정적 상관관계가 있는 것인가? 이것은 사회심리학적으로 보면 '인지적 일관성 이론'으로 설명될 수 있다. 이 이론은 행동의 설명에 대한 기본적 요인들로서의 태도, 기대, 지식, 그리고 믿음과 같은 중심적 요소들은 일반적으로 인지적 일관성 정향으로 나타난다고 본다(Shaw and Costanzo, 1970: chap. 8). 이런 의미에서 종교적 가치와 태도는 여러 가지 사회-문화적 의식구조, 가치관, 태도와 일관성을 가질 가능성이 높은 것이다. 따라서 종교의식이 보수적이면 일관성 있게 정치의식도 보수적이고, 종교의식이 진보적이면 정치의식도 진보적인 경향이 있는 것이라고 하겠다.

2. 종교와 경제제도

종교와 경제제도와는 서로 밀접한 관계를 가지고 있다. 종교가 경제제도에 영향을 미치는가 하면 경제제도가 종교에 영향을 미칠 수도 있다. 종교는 확립된 경제질서를 뒷받침할 수도 있고 비판적 입장을 취할 수도 있다. 종교는 또한 경제제도의 여러 가지 특성이나 현상에 대해 이념적 정당화의 기능을 수행하는 힘이 되고 있다. 나아가서 각 종교는 어떤 특별한 경제체제 혹은 구조를 특별히 선호하는 경향을 보일 수도 있다.

1) 종교의 경제적 성격

종교는 경제영역과 철저하게 구분되어 있을 뿐만 아니라 그것에 대한 무관심의 태도가 바람직한 것으로 생각되었던 적이 있다. 이러한 관념은 물리적 세계와 초자연적 세계, 물질적 세계와 영적 세계의 구분에 기초하고 있다. 사실상 종교는 때로 사람들에게 초자연적, 초월적 존재와의 관계성을 강조하거나 영적인, 정신적인 가치를 중요시함으로써 다른 영역에 대한 관심을 제거하거나 약화시킬 수 있다. 이때 경제활동은 세속적인 것으로 규정되면서 그것은 종교적 목표와 이상을 추구하는 데 하나의 걸림돌로 인식되게 된다. 예를 들어 힌두교는 경제활동을 종교로부터 벗어난 영역으로 규정하는 경향이 있다. 경제적 세계와 그것에 대한 인간의 통제는 세속적인 것이며, 따라서 종교적 관심 밖의 일로 여겨졌다. 초기 불교의 경우도 역시 종교적 영역을 '이 세상'적인 물질적 영역과 구분했고, 이에 따라 양자는 상호배타적 관계를 가진 것으로 이해되었다. 한편 물질세계로부터 벗어나서 정신적, 영적, 도덕적 완성을 추구했던 가톨릭의 초기 수도원 운동도 이에 속할 것이다.

이러한 입장들은 때로 물질적 추구, 경제적 관심이 순수한 종교성을 파괴하거나 약화시킬 수 있는 것으로 보면서 그러한 추구나 관심을 의도적으로 배격하거나 포기할 것을 권장하기까지 했다. 그러나 경제영역에 대한 종교적 무관심은 경제적 현상(現狀)에 대한 암묵적 동조라는 결과를 초래하게 된다. 한편 종교가 제도화되면서 불가피하게 생겨나는 현상은 종교도 점차 경제적 성격을 띠게 되었다는 점이다. 그리하여 오늘날에는 모든 종교가 표면적으로는 영적, 정신적, 도덕적 가치를 절대적인 것으로 내세우면서도 실제적으로는 경제적 가치를 포기할 수 없게 되었다.

그리하여 오늘날 경제활동은 종교활동의 일부가 되고 있다. 즉, 경제적 활동은 이제 종교에서 불가피한 하나의 행위인 것이다. 종교는 여러 경제적 요소들—재산, 투자, 건물, 부동산—과 관계가 있다. 종교에 필요한 여러 요소들—출판, 음악, 건축, 차량, 시설, 조명, 가구, 의복 등—은 모두 경제적 산물들이다. 종교는 많은 재산을 소유할 뿐만 아니라 매해 엄청난 액수의 돈을 거두고 저축하고 분배하고 지출하는 경제활동을 하고 있다. 종교조직의 종사자들—성직자, 사무원, 임직원 그리고 기타 고용된 전문가들—에 대하여는 적지 않은 경제적 대가가 지불되고 있다.

종교적 활동에는 재정적 뒷받침이 필수적이다. 교화나 선교 활동, 종교적 교육 활동에도 많은 돈이 필요하다. 시설의 유지나 종교행사 및 프로그램 진행에도 많은 돈이 들어간다. 누가 이러한 재정적 부담을 하는가? 국교를 가진 나라에서는 국민이 국가에 대하여 낸 세금을 통하여 종교활동을 뒷받침하지만, 그렇지 않은 사회에서 종교는 신도들의 경제적 헌신에 전적으로 의존한다. 이에 따라 각종 헌금이나 헌납 혹은 기부금이 요구되고 있다. 재정적 확보를 위해 때로 종교집단은 여유 있는 재정으로 증권에 투자하거나 은행 이자수입을 확보하거나 부동산에 투자하는 등의 세속적 수익방법을 이용하기도 한다. 때로는 출판, 바자회, 각종 행사 등을 통하여 수입을 증진시키기도 한다.

이와 같이 오늘날 종교에서 경제적 요소는 빼놓을 수 없는 중요한 부분이다. 그러나 종교적으로 강해지는 것은 대개 경제적으로 강해지는 것을 의미한다(Vernon, 1962: 319). 성장하고 사회 안에서 영향력을 행사하는 종교집단의 한 특징은 경제적으로 힘이 있다는 점이다. 실제적인 종교의 사회적 영향력은 종교가 지니고 있는 영력(靈力)이라기보다는 경제력이라는 사실은 오늘날의 사회에서 시사하는 바가 크다.

2) 경제영역에서의 종교의 기능

(1) 도덕적 규정

사회 혹은 집단이 유지되기 위하여 특별히 필요한 경제구조나 활동이 있다. 이때 종교는 그러한 구조나 활동에 대해 도덕적으로 규정(*moral definition*)함으로써 그것의 정당성을 뒷받침해 줄 수 있다. 즉, 어떠한 경제적 구조나 활동이 도덕적으로 적합하다든지 적합하지 않다든지 하는 규정을 내림으로써 종교는 경제영역에서 어떤 결과를 가져올 수 있다.

첫째로 종교는 경제적 생산성에 영향을 미칠 수 있다. 생산성은 인간이 어떻게 다른 이의 용역을 적절하게 활용할 것인가에 대한 도덕적 규정에 의해 제한받는다. 따라서 미성년자 노동, 노예노동, 집 밖에서의 여성노동을 인정하는 종교적 규정은 이러한 노동 형태들을 부도덕하거나 악한 것으로 규정짓는 경우와 생산성의 수준이 다르게 나타날 것이다. 한 사회에서 인간착취로 규정되는 것이 다른 사회에서는 신적 인가를 받은 것으로 규정될 수 있다. 한편 육체노동을 귀하게 볼 것인가 천하게 볼 것인가 하는 규정이나, 자연을 착취대상으로 보는가 신비와 존경의 대상으로 보는가 하는 규정도 생산성에 영향을 미칠 수 있다. 이러한 규정들을 마련해 주는 도덕적 근거가 종교로부터 올 수 있다.

예를 들어 자연을 인간이 지배하고 다스릴 수 있는 대상으로 규정했던 기독교의 전통은 자원의 개발과 활용을 통해서 생산성을 극대화시키는 데 도움을 주었고(그래서 자원남용과 자연훼손에 기여했고) 반대로 자연을 조화와 공존의 대상으로 보았던 동양종교(도교, 유교, 불교)의 전통은 자연의 개발을 억제하도록 작용하여 낮은 수준의 경제적 생산성을 조장했다(그리하여 자원보존과 자연보호에 기여했다). 자연을 숭배의 대상으로 보았던 무교 전통에서는 더욱 낮은 생산성을 초래했다고 할 수 있다.

둘째로, 종교는 부(富)의 축적의 문제에 대하여 도덕적으로 규정해 줄 수 있다. 부의 축적은 종교적으로 정당화될 수도 있고 거부될 수도 있다. 예를 들어 중세기 유럽에서는 부를 축적하거나 많은 양을 모으는 것, 그리고 사치와 '정당치 못한' 이윤 등은 모두 종교에 의해 거부되었다. 따라서 그 시대의 주요 문제는 부도덕한 것으로, 그리고 영적 성취의 방해가 되는 것으로 규정된 부의 축적에서의 지나친 성공을 피하는 한편 인정된 범위 내에서의 경제활동에 어떻게 종사하느냐 하는 것이었다(Nottingham, 1954: 49). 부의 축적에 대하여 부정적 입장을 보인 것은 초기 불교나 힌두교의 경우에도 두드러졌다. 여기에서는 의도적인 가난과 청빈이 존중되고 권장되기까지 했다. 물론 이것은 가톨릭의 초기 수도원 운동의 경우에도 마찬가지이다. 그리하여 이들 종교인들은 그러한 목적을 달성하기 위하여 은둔 혹은 도피의 생활을 하기도 했다. 그러나 베버가 밝힌 대로 부의 축적을 의로운 수고에 대한 하나님의 보상으로 보았던 개신교 윤리는 경제적 성공을 종교적 성공으로 정당화시켰다(1958). 부의 축적에 관심이 있는 종교는 그것을 도덕적으로 정당화시키는 규정을 만들 것이고, 부의 축적에 관심이 없거나 종교적 이유로 그것을 혐오하는 종교는 그것을 "악의 뿌리"라는 식으로 거부하는 도덕적 규정을 만들 것이다. 그러나 분명한 것은 부의 축적을 부도덕하다고 규정하는 종교적 분위기에서는 사람들이 부유해질 수 있는 동기는 약할 수밖에 없다는 사실이다.

셋째로, 종교는 경제적 희소성(*scarcity*)과 관계될 수 있다. 우선 종교는 경제적 희소성을 조장하는 수가 있다. 예를 들어 인도에서는 식량의 희소성으로 많은 사람들이 기아로 죽어간다. 넘쳐나는 소들을 잡아먹을 수 있다면 수많은 생명을 구할 것이나, 종교적 이유로 소를 먹지 않음으로써 경제적 희소성은 더욱 심각해졌다. 결국 소에 적용된 거룩한 규정은 결과적으로 그 동물을 식량의 근원으로 보지 못하게 한 것이다. 한편 충분한 식량공급이 어려운 사회에서는 식량을 확보하려는(예를 들면 성공적인 추수, 성공적인 사냥, 혹은 가축의 보존이나 증가) 노력에 초자연적 힘의 도움을 받으려는 종교적 기술이 마련되고 있다. 여러 가지 형태의 종교의례(예를 들어 한국의 경우 고사나 굿)가 경제적 희소성의 문제 해결을 위해 수행된다. 이것은 산업화된 오늘날의 사회에서도 여전히 남아 있는 종교적 관행이다. 새롭게 경제활동을 시작할 때 기도(회)를 하는 것이 한 예가 될 것이고, 추수 혹은 출어(出漁)를 앞두고 고사를 드리는 것이 다른 예가 될 것이다.

넷째로, 이미 앞 장에서 상세히 논의했던 것처럼 종교는 현존하는 경제적 불평등 구조를 정당화시키거나 이에 도전하게 하는 도덕적 규정을 마련해 줄 수 있다. 그리하여 종교는 인도의 힌두교 경우처럼 빈부격차의 계급적 현실에 대하여 순응하게 만들 수도 있고, 때로는 19세기말 미국의 기독교 사회복음운동의 경우처럼 경제적 불평등과 계급착취에 대하여 도전하게 만들 수도 있다.

이와 같이 인간의 경제생활의 많은 부분이 종교적 차원과 관계를 가지고 있다. 그가 참여하는 경제활동의 유형, 그의 생산성 수준, 그의 부의 축적의 정도는 모두 종교적 요인과 관계되어 있다. 종교는 인간의 경제적 활동에 대한 정당성 여부를 해석하는 도덕적 규정을 마련해 줌으로써 그것을 활성화시키는 데 도움을 줄 수도 있고 지장을 줄 수도 있다. 그리고 종교는 경제적 성공과 실패에 대한 도덕적 설명을 해 줌으로써 경제적 현실에 적응하도록 도울 수 있다.

그러나 한편 종교적 행위는 성격상 경제영역에서 잠재적인 혹은 의도되지 않은 영향을 미칠 수 있다(Vernon, 1962: 313). 예를 들어 원시 농경사회에서 신에게 바칠 가치가 있는 농작물이나 가축을 생산하려는 노력은 또한 사람들의 소비를 위하여 보다 나은 농작물이나 동물을 생산할 수 있는 요인을 촉발할 수 있다. 종교가 열심히 일하는 것과 연기된 보상, 그리고 절제와 같은 특질에 신적인 인가를 제공할 때에, 그리고 이것들을 인간이 획득하기에 바람직한 특질로 규정할 때에, 그것들은 이 가르침을 받아들이고 실천하는 개인이나 집단에서 경제적 성공의 가능성을 증가시킨다. 이것이 바로 베버의 "개신교 윤리" 주제의 한 핵심적 내용이었다. 분명히 종교는 긍정적으로든 부정적으로든 경제적 활동에 대한 의도되지 않은 혹은 잠재적 결과를 가져올 수도 있다.

(2) 경제적 좌절과 위기상황

사람들의 삶의 위기상황이 경제영역에서 생겨나는 경우는 흔하다. 사업에 실패하거나, 불의의 경제적 재난을 입게 되는 위기상황의 경험을 통하여 좌절을 겪는 수가 있다. 생활방식을 위협하는 이러한 경제형편의 급격한 변화는 하나의 위기로 받아들여질 수 있다. 또한 경제적 형편이 어려워서 생계에 위협받는 경제적 위기도 있을 수 있다. 이때 종교는 이러한 좌절과 위기에 대처할 수 있도록 돕는다.

경제적 좌절과 위기상황을 극복하게 하는 종교적 방식은 대체로 3가지 형태로 나타날 수 있다. 하나는 인류애적 구호나 봉사활동이다. 종교는 경제적 위기에 직면한 사람을 돕기 위하여 여러 유형의 기금확보나 모금활동, 자선활동을 전개한다. 이러한 자선과 봉사를 통한 노력은 경제적 도움을 필요로 사람에게 실제적 도움을 줄 뿐만 아니라 도움을 베푸는 종교 멤버들에게는 자신들의 이타적 행위를 보여줄 기회를 제공한다. 두 번째 수단은 영적 보상을 약속하는 것이다. 즉, 경제적 재난은 영적인 것에 비하면 상대적으로 별 것 아니라고 도덕적 규정을 함으로써 경제적 위기의 절박성에서 벗어날 수 있도록 종교는 도울 수 있다. 이것은 경제적 곤경에서 겪게 될 심리적 좌절감을 경감시킬 수 있는 하나의 방법이 된다. 세 번째 방식은 종교가 이른바 적극적 사고방식을 고양시키는 것이다. 이것은 경제적 좌절이나 위기의 원인을 수정하게 만드는 의도된 적응기술이라 할 것이다. 적극적 사고방식을 종교가 주입함으로써 종교는 경제적 위기상황에 의미를 부여하고 이를 의도적으로 극복할 수 있는 자신감과 희망을 심어줄 수 있다. 분명히 이것은 위기극복의 또 다른 대안이 될 것이다.

3) 종교와 경제질서

(1) 종교와 확립된 경제질서

종교는 일반적으로 사회의 확립된 경제체제(그것이 자본주의 형태이든 사회주의 형태이든)를 강하게 뒷받침하는 경향이 있다. 그러나 이것이 종교지도자나 신봉자들이 반드시 기회주의적이라는 것을 의미하는 것은 아니다. 종교 신자들은 단순히 그러한 경제체제가 확립되어 있기 때문에 그것에 익숙해 있으며, 그들이 그 체제에 도전하는 것은 불리할 것이기 때문에 그것을 쉽게 받아들인다. 이것은 그 체제가 사회에서 강력하게 뒷받침되는 경우에는 더욱 그러하다. 번영하기 위하여, 영향력을 얻기 위하여, 개종자를 만들기 위하여 종교는 사회의 지배적 경제체제의 수호자가 될 필요가 있다. 이것은 반공(反共)사상이 강한 사회에서는 종교집단이 가장 반공적 집단이 되는 사례에서도 드러난다. 특히 보수적 종교집단일수록 확립된 경제체제나 경제질서를 보다 강력하게 옹호하는 경향이 있다. 그리하여 종교는 불평등한 경제구조에 대해서도 정당화시키는 도덕적 힘이 되는 것이다.

종교가 확립된 경제체제 혹은 경제질서를 뒷받침하면서 생겨나는 결과가 있다. 그 가운데 하나는 현재의 경제체제나 질서가 바람직하지 않은 문제가 있다고 해도 종교집단은 그 체제에 익숙해져서 그 문제들에 대하여 비판하거나 도전하기 어렵다. 문제는 종교가 사회적, 경제적 세계의 확립된 질서에 너무 깊이 관계되기 때문에 그 체제의 악에 대항하여 효과적으로 싸우는 것이 점차 어렵다는 것을 발견하게 된다. 종교는 현재의 체제 안에서 부를 누리고 또한 도움을 받는 기성질서에 너무 의존하기 때문에, 종교는 그것이 대항하여 싸워야 하는, 문제적인 경제질서의 일부가 되어 버리는 수가 많다. 기본적 철학은 “너를 먹이고 있는 손을 깨물지 말아라!” 하는 것이다.

그리하여 종교집단은 하나의 딜레마에 직면하게 된다. 힘을 얻기 위하여 종교집단은 사회의 경제적 자원을 이용해야 한다. 그러나 이용은 의존으로 인도하고, 의존에는 수용이 뒤따른다. 일단 수용되면 그 체제 혹은 질서는 옳아 보이며, 어디가 잘못되었는지를 보는 것이 어려워진다. 만일 경제제도에 관한 종교적 관점이 종교에 성공적 결과(양적 성장이든 부의 축적이든)를 가져온다면, 그리고 그 종교에 사회의 영향력 있는 계층이 참여한다면, 종교는 현재의 경제체제나 경제질서에 훨씬 더 동화적이 된다. 그리하여 사회의 현재상황에서 가장 이득을 보는 이들은 그들의 종교가 사회의 정의에 대하여 지나치게 관심을 갖는 것을 싫어한다(Yinger, 1946: 160).

그러나 경제체제 현실에 대한 종교의 맹목적 동조에 대하여 불만을 가진 사람들이 있다. 그들은 현재의 경제제도 아래서 불이익을 당하는 사람들로서, 그들은 반종교적 성향을 가지고 있다. 왜냐하면 종교는 불공정한 경제제도에 대하여 정당화하는 강력한 힘으로 보이기 때문이다. 한편 일부 불이익 집단은 그들의 이익이 기성종교에 의하여 충족되지 않고 있다는 것을 알게 되면, 기성종교와 현재의 경제질서에 대하여 도전하는 새로운 종교집단으로 퇴거하기도 한다.

흔한 일은 아니지만 일부 종교집단은 확립된 경제질서에 대하여 도전하기도 한다. 경제적 현상(現狀)에 대한 종교적 도전은 그 체제로부터 이득을 얻지 못하는 작은 종교집단 가운데서, 멤버들이 힘의 균형 아래서 변화를 가져오는 가치변동을 수행하거나 기존의 체제가 일반적 에토스와 양립할 수 없을 때는 기성종교집단 가운데서, 그리고 문화의 변용에 충분히 적용하지 못하는 종교집단 가운데서 생겨날 수 있다(Hoult, 1958: 269). 현재의 경제체제에서 이득을 얻지 못하기 때문에 그 체제에 도전하는 종교집단은 일상적인 경제적 수고의 세상성(*worldliness*)을 부정하는 제의집단(*cult*)의 경향이 있다. 예를 들면 기독교 초대교회, 에세네(*Essene*) 유대인, 그리고 모르몬교, 여호와의 증인, 초기 퀘이커와 같은 기독교 집단이 여기에 속할 것이다. 그들은 대체로 현존하는 경제질서를 거부한다. 그들은 그것에서 이익을 취하지 못할 뿐만 아니라 그것은 그들의 영적 관심(구원이 성취될 수 있는 유일한 것으로서)에 대하여 근본적인 장해물이 되고 있다고 느낀다.

커다란 규모의 기성종교 안에서도 기존의 경제체제에 대한 비판과 도전에 참여하는 움직임이 있을 수 있다. 이것은 종교 밖에 있는 많은 사회 멤버들이 그 경제체제가 변화되는 상황과 새로운 가치와 양립될 수 없다고 느낄 때 생겨난다. 가장 좋은 예는 자본주의의 모순, 혹은 자본주의 경제체제에서 파생된 많은 문제들(소득불균형, 노동의 착취, 도시빈민 등)에 대하여 강력히 도전했던 19세기 말과 20세기 초의 기독교 '사회복음운동'에서 찾을 수 있다. 잉거는 이 운동이 기본적으로는 비종교적 요구에 대한 반응이었다고 설명한다(Yinger, 1946: 138).

> 사회복음운동(*social gospel movement*)은 사회에 정의를 촉구하는 진보적 기독교 교리의 승리가 아니라, 교회가 영향력을 상실하지 않기 위해 적응해야 하는 새로운 힘의 출현을 나타낸다. 사회적 기독교에게는 '권력투쟁'이 하나의 종교적 책략이었다. … 노동자들은 점차 정치적, 경제적 힘을 얻고 있었다. 이 상황 아래서 교인들은 적절한 범위 내에서 파업은 정당하다는 것을, 노동시간은 줄어들어야 하고 미성년 노동은 인격에 대한 위협이라는 것을 점점 더 '발견했다'. '사회적 기독교'의 발전단계는 많은 기독교인과 교회에 대한 하나의 전향(*about-face*)이었다.

1930년대 영국 교회가 멜버른(Malvern) 회의에서 합의하여 채택한 진술도 거친 경쟁과 부의 분배에서 극단적 불평등을 보이는 경제체제에 대한 비판적 입장을 나타냈다(Yinger, 1946: 164).

> 만일 우리가 개인을 변화시키면 필연적으로 우리가 사회질서도 변화시키게 될 것이라고 말하는 것은 충분치 않다. 그것은 절반만 진리이다. 왜냐하면 사회질서는 지금 살고 있는 개인들로만 만들어진 것은 아니기 때문이다. 그것은 세대에서 세대로 이어져 온 유산적 태도로 만들어져 있다. 그리고 그것은 지금 살고 있는 개인들과는 독립적으로 존재한다. 개인을 변화시켜도 만일 변화된 개인들을 조직화하여 구조적 악을 향한 광범위한 전면적 공격으로 집단행동을 하지 않으면 사회질서를 필연적으로 변화시키지는 못할 것이다.

기존의 경제질서의 모순이나 부작용에 대한 비판적 관점과 행동은 한국의 경우 주로 기독교 진보집단에 의해 보여졌다. 특히 해방신학과 민중신학에 이론적 토대를 두고 노동운동, 도시빈민운동, 농민운동을 전개했던 1970년대 이후의 이른바 민중운동은 근본적으로는 현재의 경제질서에 대한 도전이라고 할 수 있다(이원규, 1989a: 179~225).

그러나 종교가 이러한 진보적인 경제적 이론과 실천을 이루어내는 것은 일반적이거나 보편적인 현상은 아니다. 경제제도에 대한 보다 지배적인 종교적 태도는 조화, 동화, 타협, 동조이기 때문이다.

(2) 종교와 경제체제

종교는 어떠한 경제체제를 선호하는가? 이것은 흥미로운 주제이지만, 이 문제에 대한 자료는 제한되어 있어 주로 기독교적 맥락에서 이것을 살펴보려고 한다. 결론부터 말하자면 오늘날 가톨릭과 자유주의 개신교 지도자들은 기본적 경제변화를 추구하며 이에 따라 사회주의에 우호적인 반면에 근본주의 지도자들은 활발하게 자본주의를 옹호하는 경향이 있다. 가톨릭의 경우에는 1960년대 제 2 바티칸 공의회 이후 교회의 사회적 가르침에 점차 비중을 두기 시작했다. 이에 대하여 폴리코우스키(Pawlikowski)는 다음과 같이 요약한다(1986: 15~6).

> 지난 100년 동안 경제적 문제들에 대한 교황의 글들은 사회주의보다는 자본주의를 선호하면서도 점차 자본주의에 대하여 비판적이게 되었다. 대개 자유방임 자본주의와 사회주의가 정죄되었다. 사유재산의 방어는 기본적인 가톨릭 교리였다. 그러나 제 2 바티칸 공의회 이래로 사유재산에 대한 권리까지도 다르게 보여지고 있다. 이 공의회의 문서들에서는 재산에 관한 가장 기본적인 원리는 모든 재화는 무엇보다 모두의 필요에 봉사하기 위해 존재한다는 것이 되었다. 그렇다면 오늘날 가톨릭교회는 사유재산에 대한 권리에 앞서 가난을 제거하는 것을 내세우는 것 같아 보인다. 또한 교회는 관심을 유럽의 노동계급의 곤경으로부터 제 3 세계에서의 가난과 고통의 문제로 전환시켜 왔다.

경제문제에 관계된 미국 가톨릭 지도자들의 입장을 소개하기 위해 탬니(Tamney) 등은 '경제에 관한 주교들의 목회서신'의 여러 가지 사례들을 제시하고 있다(Tamney et al., 1988: 79~80).

> 인간 존엄성과 가난한 자들에 대한 우선적인 선택의 주제가 우리의 접근태도의 중심이다(National Conference of Catholic Bishops, 1986: 93).

> 정의에 대한 성서적 제시의 중심은 공동체의 정의가 사회에서 무력

한 자들에 대한 처우에 의해 측정된다(p. 21).

모든 경제적 결단, 정책, 그리고 제도들을 위한 근본적인 도덕적 기준은 이것이다: 그것들은 모든 사람들, 특히 가난한 사람들에 대한 봉사에 있어야 한다(p. 12).

세계에 있는 수백만의 박탈당하고 가난한 사람들의 기본적 요구를 만족시키는 것은 국제정책의 첫 번째 목적이 되어야 한다(p. 125).

그러나 자선만으로는 모든 경제적인 사회적 병들을 고칠 수 없다(p. 178). 우리는 오늘날 경제적 참여를 확장하고, 경제적 힘의 나눔을 넓히며, 경제적 결단을 공동선에 대하여 부합하게 할 것이 요구된다고 믿는다(p. 146).

주교들의 입장은 인권보다는 경제적 권리에, 정치적 민주주의보다는 경제적 민주주의에 초점을 맞추고 있다. 이때 경제적 권리에는 고용, 휴식, 의료혜택, 의, 식, 주에의 권리가 포함된다. 그들은 종교지도자들이 경제적 문제에 개입해야 할 필요성을 확증하고 있다고 할 것이다.

앞에서 잠깐 언급했지만 자유주의 개신교 지도자들이 자본주의 경제체제에 대해 비판적 입장을 보인 대표적 사례는 20세기 초의 사회복음운동이라고 할 수 있다. 이 자유주의 기독교 개혁자 가운데 가장 잘 알려진 사람은 사회복음운동을 주도한 라우션부시(Rauschenbusch)였다. 그는 개인 구원에 집착하는 신학적 입장을 비판하면서 가난과 부패와 같은 그 시대의 사회적 악을 정죄했다. 그의 이념은 사유재산과 이윤추구(자기이익 위에서 이루어지는)와 같은 자본주의 제도들은 하나님의 왕국의 역사적 실현에 대한 종교적 요구에 대해 유해하다는 생각이었다(Krueger, 1986: 26). 후에 신학자 틸리히(Tillich)는 민주사회주의를 옹호했는데, 그는 그것이 최고의 경제성장, 사회적 권력과 경제적 이윤의 균등한 분배, 각 개인의 최대한의 성취를 만들어낸다고 믿었다(Krueger, 1986: 27~8). 한편 1960년대 이후에는 진보 신학자들에 의해 해방신학, 흑인신학, 여성신학, 제3세계 신학, 아시아 신학, 아프리카 신학 등이 발전하였는데 그 중심적 사상 가운데 하나는 자본주의 경제체제에서 파생되는 경제적 불평등과 착취와 같은 문제들에 대한 비판적 입장이며, 이것은 하나의 실천적 종교운동의 이념적 토대가 되었다.

개신교 전통 안에서 근본주의자, 보수주의자들은 대체로 자본주의적 경제체제를 옹호하는 경향이다. 대부분의 근본주의자들은 사회주의와 사회복음을 철저하게 거부하면서 자유기업 경제체제를 뒷받침했다. 근본주의자들의 입장은 다음과 같이 요약될 수 있다(Van Dahm, 1984: 29).

> 국가의 적절한 경제적 기능은 자유시장 경제를 만드는 조건들을 유지하고, 사유재산, 기업의 자유, 계약의 자유, 이윤동기를 뒷받침하는 규칙들을 제정하고 강화하는 것이다. … 성서는 분명히 그리고 공공연하게 자유시장 경제가 하나님의 뜻과 전적으로 공존할 수 있을 뿐만 아니라 그것은 하나님께 받아질 유일한 경제체제라고 가르친다.

그리하여 근본주의 혹은 보수주의 신앙을 가진 사람들은 성취지향적인 자본주의 체제에서 일과 성공에 필요한 근면, 끝없는 노동, 반복된 노력에 대한 합리적 근거를 종교적 관념에서 끌어오고 있다. 이러한 신앙을 갖는 사람들은 경제적 실패는 영적 무가치성의 표시라고 믿으며, 가난을 게으름과 사치 — 모두가 회심으로 극복될 수 있는—탓으로 돌리는 경향이 있다(McLoughlin, 1959). 가난하면서도 구원받는 이는 단순히 시험받는 것으로 믿어진다. 보다 칼뱅주의적 근본주의자들은 심지어 자선을 시간과 돈의 낭비라고 배격했는데, 이것은 버려진 자들의 자기 개선에 자선이 아무런 공헌을 할 수 없다고 보기 때문이다. 보다 일반적인 근본주의적 종교 대변인들의 입장은 기독교인의 옳음의 보상은 기업세계에서 나타난다고, 그리하여 적절한 기도, 적극적 사고방식('신앙'), 지속적 노력(기독교 가르침에 근거한)이 세상적 성공을 약속한다는 것이다(J. Wilson, 1978: 214). 이와 같이 자본주의적 기업신조(경쟁의 가치, 일의 존엄성, 시장에서의 개인의 권리, 물질 소유의 바람직함, 삶에의 실천적 접근의 필요성, 기꺼이 모험을 함, 복지정책이나 정부규제 혹은 노동조합에 대한 정죄)는 주류 개신교 근본주의자 혹은 보수주의자에게 강하게 뒷받침되는 경제체제라고 할 수 있다.

3. 종교와 가족제도

종교와 가족은 서로에게 많은 도움을 주면서 아주 근접해 있는 사회제도들이다. 가족은 종교적 사회화가 이루어지는 가장 강력한 매체가 될 뿐만 아니라 그 자체가 하나의 원초적 종교집단, 즉 종교제도의 한 근본적 단위가 된다. 한편 종교는 역사적으로 가족제도를 정당화하는 경향이 있으며, 가족을 보호하기 위하여 사회규범을 마련하고 사회통제를 가하는 역할을 해 왔다. 따라서 종교와 가족제도의 관계는 밀접하면서도 지속적인 것이다. 이 절에서는 종교와 결혼문제, 종교와 가족관계, 종교와 성적 행위 규정의 문제를 살펴보기로 한다.

1) 종교와 결혼문제

결혼이란 이런 저런 식으로 성적 활동, 자녀출산, 자녀양육, 배우자 관계 등과 연관된 행위 유형의 총체를 말한다. 여기에는 역동적인 사회적 상호작용 형태는 물론 문화적 형태가 포함된다. 결혼은 행위형태로 구성된다. 매 문화가 결혼과 관계된 규범, 역할, 가치를 규정하며, 각 사회 멤버들은 이 문화를 반영하고 동시에 역동적인 지속적 관계인 가족행위에 관계되어 있다. 종교는 결혼문제에 대하여 규정하고 통제하는 하나의 중요한 문화적 근거가 되고 있다.

(1) 결혼에 대한 규정

종교의 기능 가운데 하나는 사회문화적 영역의 어떤 양상에 대하여 초자연적인 인정 혹은 인가를 가진 것으로 그것을 규정하는 것이다. 그리하여 종교는 인간생활과 인간사회의 제 양상에 대하여 옳고 그른 도덕적 규정을 마련한다. 도덕적 규정은 사회에 따라 다를 수 있으며, 이것은 결혼형태에도 적용된다.

일반적으로 종교는 결혼을 좋은 것으로 인정하고 있다. 물론 예외도 있다. 셰이커(*Shakers*)와 같은 어떤 기독교 종파들은 마지막 날이 임박했다는 믿음에서 결혼을 반대했고, 초기 기독교인들도 결혼을 마지못해서만 받아들였다(Vernon, 1962: 325). 이 규정들은 성적 행위를 부도덕하고 죄 되고 악한 것으로 보는 입장에 근거하며, 결혼이 허용되더라도 그것보다는 순결과 독신을 권장했다. 그러나 일반적인 경향은 종교가 결혼을 하나의 신성한 의례로 인정했다. 특히 가톨릭에서는 결혼을 하나의 성례전으로 보며, 이 거룩한 행동을 통해 세워진 가정과 가족은 인류를 위한 신적 질서의 한 부분으로 이해되었다. 그리하여 결혼예식의 수행은 성직자의 중요한 기능 가운데 하나가 되었고, 결혼 자체는 초자연적으로 인가되었다. 결혼에 종교적 의미를 부여하는 것은 다른 종교들의 경우도 비슷하다. 우리나라에서도 전통적으로 혼례는 중요한 의례의 하나로 엄숙하고도 성대하게 치러졌다.

결혼은 지위의 통과, 출산, 새 가족의 시작을 의미한다. 이른바 통과의례(*rites of passage*)의 하나로서 결혼은 완전한 성인화의 입문이라 할 수 있다. 따라서 흔히 많은 의식과 상징주의가 이 지위통과를 수반하고 규정한다. 이때 종교는 결혼의식의 준비와 진행, 그리고 결혼 후에 요구되는 규범을 확립하고, 이와 관계된 적절한 행위를 확립함으로써 결혼의 이상을 촉진하는 기능을 수행한다(McGuire, 1981: 52). 오늘날 결혼의식을 생략하거나 간소화하고, 결혼을 하지 않고 동거하거나, 결혼을 쉽게 파기하는 등의 일들이 많아지면서 결혼의 의미가 많이 퇴색된 것은 사실이지만, 종교만큼은 아직도 결혼을 신성한 의례로 간주하면서 그 일에 초자연적 의미를 부여하는 경향이 있다.

(2) 배우자 선택

종교는 결혼에서 배우자 선택의 문제에 영향을 미칠 수 있다. 이때 흔히 고려되는 기준의 하나는 결혼 상대자가 같은 종교집단 멤버인가 하는 것이다. 종교는 일반적으로 종교적 족내혼(族內婚: *endogamy*)을 강요하거나 권장한다. 이것은 다른 집단을 배제하고 자신의 종교집단 안에서의 잦은 사회 접촉을 촉진하고 배우자가 거기에서 선택될 가능성을 증가시킨다. 종교적 족내혼은 정통 유대교, 이슬람교, 가톨릭, 작은 종파집단 등에서 특별히 강조된다. 이 종교들은 같은 종교집단 내에서의 결혼만을 재가하는 경향이 있다. 그러나 모든 종교 안에서 보수적 신앙을 가진 사람일수록 (본인이든 부모이든) 종교적 족내혼을 고집하는 경향이 강하다. 보수적 종교인에게는 생활에서 신앙이 차지하는 비중이 크기 때문에 그 신앙의 순수성을 지키기 위해서는 종교적 족내혼이 기본적 규범이다.

작은 집단에서 족내혼을 강조하는 중요한 이유는 그들이 가변적 사회구조 속에서 그들의 힘을 결속하고 한 집단으로서 자기보존을 해야 할 필요성 때문이다(Hoult, 1958: 176). 큰 집단에서 족내혼이 강조되는 이유는 그것이 하나의 제도화된 관행이기 때문이기도 하고, 종교적 영향력을 강화시키기 위해서이기도 하다. 족내혼을 강조하는 종교문화적 전통에서는 다른 신앙인과의 결혼은 분명히 규범으로부터의 일탈을 의미한다. 왜냐하면 '혼합결혼'은 종교집단의 신앙적 순수성을 파괴할 위험성이 있기 때문이다. 사실상 혼합결혼은 신앙을 후대에 전달해야 할 가족의 능력을 약화시킨다. 따라서 종교성이 강하거나 종교적 사회화가 잘 된 사람들의 경우에는 종교적 족내혼의 가능성이 높아진다.

그러나 오늘날과 같이 다원화되고 복잡한 사회구조 안에서는 종교적 혼합결혼이 전보다 보편적 현상이 되고 있다. 여전히 보수적 종교집단은 족내혼을 고수하지만, 보다 자유적인 종교집단은 보다 자유로운 사회 분위기 속에서 족외혼(族外婚: *exogamy*)을 허용한다. 그러나 그러한 혼합결혼이 종교간에 이루어지는 것은 여전히 쉬운 일이 아니다. 예를 들어 기독교인과 불교인이 결혼하기에는 많은 제약과 어려움이 있다. 한편 종교 내 혼합결혼은 훨씬 쉬울 것이다. 예를 들어 개신교의 장로교인과 감리교인 사이의 결혼에는 별 어려움이 없을 것이다.

혼합결혼은 어떤 경우에 흔히 이루어지는가? 혼합결혼은 부분적으로는 종교문제에 관한 가족의 사회통제 붕괴의 결과로 나타날 수 있으며, 그 붕괴는 다음의 경우에 흔히 일어난다(Besanceney, 1970:

135~48). 그것은 부모 자신이 종교적이 아닐 때, 부모가 별거하거나 자주 다툴 때, 부모가 혼합신앙을 갖고 있을 때, 부모가 지리적으로, 사회적으로 유동적일 때, 부모와 자녀의 관계성이 멀고 만족스럽지 않을 때, 확대 친족의 관계가 약할 때 등이다. 또한 종교적 혼합결혼의 가능성은 급변하는 사회상황 가운데서, 문화적 이식과 교류가 빈번한 곳에서, 그리고 농촌보다는 도시사회에서 더 높은 것으로 나타난다(J. Wilson, 1978: 247~48).

종교적으로 혼합된 결혼에서는 기본적 가치, 성적 행위의 표준, 사돈 관계, 배우자 관계 등에 대한 서로의 차이 때문에 결혼생활에서 어려움이 생겨날 가능성이 많다. 따라서 이혼율은 같은 신앙을 가진 사람들 사이의 결혼보다는 종교적으로 혼합된 사람들의 결혼 경우에 더 높다(Vernon, 1962: 334).

종교는 또한 배우자의 수에 대해서도 인가해 왔다. 기독교를 포함한 대부분의 종교는 '일부일처제'를 고수한다. 그러나 이슬람교는 '일부다처제'를 인정한다. 코란은 한 남자가 네 아내까지 거느릴 수 있다고 명시하고 있으며, 마호메트 역시 네 아내를 두었다. 고대 유대교에서도 한때는 일부다처를 인정했다. 반대로 인도의 토다(Todas)족이나 티베트의 종교에서는 '일처다부제'를 인정한다.

(3) 결혼에의 적응

흔히 종교는 결혼생활에 적응력을 높여 준다고 이해되었다(Landis and Landis, 1958). 부부가 정규적으로 종교적 수행을 하며 종교에 참여하는 사람은 더 행복한 결혼생활을 한다는 것이다. 종교인의 경우 결혼생활에 더 잘 적응할 수 있는 것은 종교가 결혼 자체를 신성한 것으로 규정하기 때문이기도 하지만, 종교의 윤리적 규범이 그로 하여금 결혼 상대자에게 대하여 관용적일 수 있게 만드는 작용을 하기 때문일 수도 있다. 종교는 사랑과 가정생활의 이상이 중요하다는 맥락에서 그들을 결속시키는 경향이 있다.

그러나 모든 종교인이 다 행복한 결혼생활을 하는 것은 아니다. 배우자 사이에 종교성의 차이가 있으면(서로 다른 종교를 가지거나, 종교 성향이 너무 다르거나) 그들이 행복한 결혼생활 가능성은 낮아진다. 같은 종교라 하더라도 한 사람은 신앙적으로 보수적이고, 다른 한 사람은 신앙적으로 자유적이라면 그들의 결혼생활 적응력은 떨어질 것이다. 신앙노선의 차이는 심각한 갈등을 만들어낼 수 있기 때문이다. 행복한 결혼의 주요 요소는 배우자 사이에 종교가 일치할 뿐만 아니라 종교적 가치가 유사해야 한다는 것이다(Argyle and Beit-Hallahmi, 1975: 158).

한편 종교신앙에서 자유주의적 종교배경을 가진 이들 가운데는 결혼의 적응률이 높지만, 엄격한 종교적 배경을 가진 이들 가운데는 결혼의 적응률이 낮다는 사실도 밝혀졌다(Peterson, 1956: 328). 지나치게 엄격한 종교적 훈련을 받은 사람은 종교적 훈련을 전혀 받지 못한 사람과 마찬가지로 결혼생활에서의 적응력이 떨어진다. 그것은 엄격한 종교훈련이 결혼에서의 성적인 문제의 주요 원인의 하나이기 때문이다(Masters and Johnson, 1970).

결혼생활의 적응에 실패하는 극단적인 예는 이혼이라 할 수 있다. 종교는 결혼 자체를 의미 있게 규정하는 경향이기 때문에 이혼을 억제하는 하나의 힘이 된다. 종교는 교리적으로나 윤리적으로 이혼 자체를 잘못된 것으로 규정함으로써 이혼을 억제할 수 있다. 종교는 또한 인내와 용서, 이해와 사랑의 가르침을 통하여 배우자와의 불화를 극복할 수 있도록 도움으로써 이혼을 예방할 수도 있다. 따라서 종교인의 이혼율은 무종교인의 이혼율보다 훨씬 낮다. 미국의 경우 무종교인의 이혼율은 종교인의 3배에 달하는 것으로 조사되었다

(Argyle and Beit-Hallahmi, 1975: 158). 그러나 이혼은 종교집단에 따라서도 다양하다. 예를 들어 이혼을 특별히 엄격하게 금하는 가톨릭의 경우에는 다른 종교들의 경우보다 그 신도의 이혼율이 낮다. 같은 종교 안에서도 보수적 종교성을 가진 사람들은 이혼에 대해 부정적인 종교적 교리나 윤리에 충성하는 경향이기 때문에 그들의 이혼율은 자유적 종교성을 가진 사람들의 경우보다 낮다. 앞에서 밝혔듯이 이혼율은 또한 혼합결혼의 경우에 더 높다.

2) 종교와 가족관계

(1) 종교와 가족구조

대부분의 종교는 가족 내의 권위구조에서 가부장제(家父長制: *patriarchy*)를 강력하게 뒷받침했다. 종교들은 가족구조 안에서 최고의 권위를 남편에게 부여하고 그에게 가족문제에서 최후의 결정권을 갖게 하는 도덕적 규정을 마련했다. 이러한 가부장적 전통은 유교의 경우 가장 두드러진다. 유교에서는 친족, 혈족 관계를 중요하게 여기며 가족의 응집력을 강조하는 경향이 강하다. 특히 확대가족의 전형적 구조 안에서 효(孝)의 규범이 최고의 가치가 되었고, 가족 멤버들 사이에서는 남자 어른의 권위가 절대시됨에 따라 가부장제가 전형적인 가족구조 형태가 되었다. 이러한 가부장적 가족구조는 유대교, 이슬람교, 기독교에서도 강력하게 뒷받침되었다. 물론 이런 종교들에서도 남편에게 아내를 사랑하라고 가르치고 있기는 하지만, 그것은 대등한 입장에서 사랑을 주고받는다는 의미가 아니라 아내에 대한 남편의 일방적인 시혜의 의미를 가질 뿐이며, 아내는 남편의 권위에 복종하고 그 의견을 따라야 한다. 흔히 종교는 성의 역할 규정에 중요하게 작용하는데, 그 중심적 내용은 여성의 열등성에 대한 정당화였다고 할 수 있다. 이러한 가부장적 가족구조에 대한 종교적 정당화는 남성 우월주의와 여성에 대한 편견과 차별의 한 근거가 되었다. 물론 자녀들도 아버지의 권위에 복종할 것이 요구되고 있다.

비록 현대사회에 와서 가부장적 가족구조에 대한 비판과 도전이 생겨나지만, 여전히 종교는 일반적으로 명시적으로든 암묵적으로든 가부장제를 옹호하는 보수적인 힘으로 남아 있다. 이것은 유교, 유대교, 이슬람교가 지배적인 사회에서는 말할 것도 없고, 남녀평등을 겉으로 표방하는 기독교권에서도 마찬가지이다. 그리하여 종교의 조직이나 행정, 종교적 지위나 역할 등에 여전히 가부장적 권위구조와 불평등 구조가 모든 종교에 남아 있다. 어떤 의미에서 종교제도는 모든 사회제도 가운데 가부장적 성향이 가장 강한 영역이라고 할 수 있다. 종교제도 자체가 가부장적이라는 점에서 보면 종교가 가부장적 가족구조를 옹호하는 것은 놀랄 일이 아닐 것이다.

종교는 가족의 규모에도 어떤 영향을 미칠 수 있다. 종교적 가르침과 종교적 사고는 직접, 간접적으로 자녀 출산의 문제에 관계될 수 있다. 예를 들어 많은 자녀를 두고 커다란 가족을 이루는 것을 종교적으로 축복이라고 규정하는 경우, 그리고 인위적으로 자녀 출산을 억제하는 것(피임)을 종교가 옳지 못하다고 규정하는 경우, 혹은 이 두 가지를 모두 갖추고 있는 경우 그 종교를 받아들이는 신도들에게 자녀수는 상대적으로 많아질 것이고, 따라서 가족의 규모는 커질 것이다. 이러한 경향은 대부분의 종교에서 보여지나, 가톨릭의 경우 특히 두드러진 것으로 나타난다. 즉, 가톨릭에서는 하나님의 뜻에 대한 동조로서의 부모됨의 미덕을 강조함으로써, 그리고 임신이나 출생을 방해하는 인위적 수단을 죄 된 것이라고 선언함으로써 대가족을 권장한다. 그러나 드문 경우이긴 하지만 어떤 기독교 종파들은(예를 들면 셰이커) 심판의 날이 임박했다고 믿기 때문에 출산을 신의 뜻에 반대되는 것으로 본다.

그러나 오늘날에는 자녀가 많은 것을 반드시 긍정적으로만 보지는 않으며, 필요에 따라서는 얼마든지 인위적 피임을 할 수 있는 것으로 보는 분위기가 확산되면서 종교가 이 문제에 관여하는 경향은 크게 약화되었다. 그럼에도 불구하고 여전히 가톨릭의 경우는 전통적 가족관이 남아 있어 그 종교인의 자녀수는 상대적으로 다른 종교인의 자녀수 보다 많은 것으로 나타난다. 또한 종교적으로 보수적인 성향을 가진 사람은 그렇지 않은 사람보다 높은 출산율을 보인다는 사실도 밝혀졌다(J. Wilson, 1978: 250). 이것은 보수적 종교신앙을 가진 사람들은 많은 자녀를 두는 것을 축복으로 알고, 자녀 출산은 신의 뜻이므로 인위적으로 제한해서는 안 된다는 전통적 신념을 가지고 있기 때문이 아닌가 한다.

(2) 종교와 자녀양육

종교는 자녀의 가치에 대한 규정을 마련할 수 있고, 아이들의 책임과 그 아이들에 대한 부모의 책임에 대해서도 규정하는 경향이 있다. 특히 자녀들에 대한 부모의 종교적 사회화가 중요하다는 것을 종교는 일깨워 준다. 부모가 새로운 세대에 종교문화를 전하는 것은 부모 세대의 종교적 책임의 하나인 것이다. 가족은 어린아이가 그의 문화를 배우는 주요 집단이기 때문에 가족은 종교적 가르침이 공식적으로나 비공식적으로 이루어지는 중심적 통로가 된다. 아이들은 흔히 가족 안에서 종교적 가치에 처음 접촉하게 된다. 아이들의 종교적 사회화가 처음 이루어지는 곳은 가족이다. 그리하여 특정 종교집단의 성공이나 실패는 일반적으로 아이들에게 가정 안에서 종교적 개념을 가르치는 데서의 가족 멤버의 효과에 크게 달려 있다. 이런 이유에서 모든 종교는 일찍부터 가족 안에서의 종교적 사회화 과정의 중요성을 인식하고 이 점을 강조했다.

부모의 태도는 자녀의 종교적 태도 형성에서 가장 중요한 요인들 가운데 하나이다. 그러나 부모와 자녀 사이에서 영향을 주고받는 정도는 관계성 유형에 따라 다를 수 있다(Argyle and Beit-Hallahmi, 1975: 30). 자녀에 대한 종교적 영향은 아버지보다 어머니 쪽이 더 크다. 부모로부터 종교적 영향을 받는 것은 아들보다 딸 쪽이 더 크다. 따라서 부모와 자녀관계에서 종교적 영향력이 큰 것은 모-녀, 모-자, 부-녀, 부-자의 순서이다. 이 순서는 남자보다 여자의 종교성이 더 강하다는 것을 반영하는 결과라고 할 것이다. 물론 아버지가 성직자이거나 종교성이 특별히 강한 경우에는 종교적 영향이 아들에게 미치는 경향이 강할 수 있겠으나 이것은 특수한 사례이다.

그밖에도 자녀에 대한 부모의 종교적 영향은 다음의 몇 가지 특징을 보이고 있다(Argyle and Beit-Hallahmi, 1975: 31~5). ① 부모와 자녀 사이의 관계가 친밀할 때에 자녀는 부모의 종교적 태도를 닮을 가능성이 많다. 아이들이 부모와 동일화되기를 원하는 만큼 그들은 부모의 종교성을 닮는다. ② 자녀가 여럿 있을 때는 첫째 자녀가 부모와 가장 밀접한 관계를 유지하는 경향이기 때문에 그가 보다 종교적일 가능성이 높다. ③ 자녀들이 부모와 함께 집에 거주할 때 그들은 부모의 종교성을 더 닮는다. 즉, 집을 떠나 있는 젊은이들은 종교성을 상실할 가능성이 많다. ④ 부모가 같은 종교를 가지고 있고, 종교적 성향도 비슷하면 자녀에 대한 부모의 종교적 영향은 더 크다. 그러나 부모가 종교문제에 서로 동의하지 않으면 자녀는 이 영역에서 반항하는 경향이 있고, 아버지보다는 어머니의 종교성을 따르는 경향이 있다. 이와 같이 자녀에 미치는 부모의 종교적 영향은 매우 크며, 종교에서는 가족 안에서의 종교적 사회화가 매우 중요하다.

또한 종교는 자녀양육의 방식에 영향을 미칠 수 있다. 권위주의적 종교는 자녀양육에 이른바 참여적 사회화보다는 억압적 사회화의 방법을 조장하는 경향이 있다. 전자가 민주적이고 대화적이며 상호적 가정교육의 방식이라면, 후자는 권위적이며 명령적이고 일방적 가정교육의 방식이다. 렌스키(Lenski)는 개신교보다는 가톨릭의 자녀양육 방식이 보다 권위적이며, 이에 따라 부모는 자녀에게 복종을 강요하는 경향이 있다는 것을 밝혀냈다(1961). 이것은 가톨릭 종교의 권위주의적 성격을 반영하는 결과라고 할 것이다. 한편 유대교나 이슬람교와 같은 권위주의적 종교에서도 자녀양육은 상대적으로 엄격하고 억압적인 방식으로 이루어진다. 같은 종교를 믿는 사람들 가운데서도 보수적 신앙을 가진 사람은 권위주의적 성향이 강하고 이에 따라 자녀양육에 억압적 사회화방식을 택하는 경향이 보다 강한 것으로 드러난다.

3) 종교와 성적 행위

(1) 종교와 성행위 규정

인간의 성행위는 종교가 초자연적 인가 혹은 거부를 마련해 주는 결혼의 주요 양상 가운데 하나이다. 성행위는 인간생활에서 매우 중요하기 때문에 그것에 대하여 종교는 엄격한 도덕적 규정을 마련하는 경향이 있다. 물론 종교의 이러한 도덕적 규정은 사회에 따라, 시대에 따라, 상황에 따라 변할 수 있다.

성행위에 대한 도덕적 규정을 기독교의 경우를 예로 들어 살펴보자. 초기 기독교인들은 성행위를 매우 부정적 용어로 규정했다. 이 규정은 부분적으로는 아담이 넘어갔던 유혹이 성격상 성적인 것이었다는 믿음에서 유래한다. 그래서 성은 악한 것이고, 성행위는 가능한 한 피해야 하지만, 그것이 집단 생존에 필요한 것이라고 생각되었기 때문에 기껏해야 필요악일 뿐이었다. 이 교리는 인간이 영과 육으로 구성되어 있는데 육은 악한 것이라는 교리와 어우러져 성행위를 부정적으로 보는 시각을 뒷받침했다. 성행위에 대한 부정적 생각은 결혼 자체에 대해서도 부정적 견해를 만들어내기도 했다. 그래서 오리겐(Origen)은 "결혼은 거룩치 못하고 깨끗하지 못한 것이다"라고 했고, 1558년 트렌트(Trent) 주교회의는 "결혼상태가 동정 혹은 독신 상태보다 우위에 있고, 동정 혹은 독신으로 남아 있는 것이 결혼으로 결합된 것보다 낫지도 않고 더 축복된 것도 아니라고 말하는 자가 있다면 그를 파문하라"고 결의했다(Vernon, 1962: 352).

성행위를 부정적으로 규정하는 종교들이 흔히 성직자에게 독신의 규범을 확립했던 것은 놀랄 일이 아니다. 이 요소는 평신도와 성직자 사이의 주요한 구분이 되며, 성직자가 보다 더 거룩하고 순결한 것으로 믿게 하는 근거가 된다. 종교의 관점에서 보면 성직자에 대한 독신의 요구는 다른 이점이 있다. 독신생활은 종교지도자로 하여금 그렇지 않으면 그의 가족에게 헌신할 시간을 그의 종교적 의무에 헌신하도록 하며, 가족을 부양하기 위한 물질적 욕심을 갖지 않도록 돕는다. 그리하여 가톨릭의 경우 4세기 이후 사제들에 대한 결혼이 금지되었다.

물론 성에 대한 이러한 금욕주의가 모든 신도들에게도 똑같이 요구되었던 것은 아니다. 그리고 성행위에 대한 규정도 점차 긍정적인 것으로 바뀌었다. 단지 성행위에 대한 정죄는 바람직하지 않은 경우로 제한되었다. 오늘날 대부분의 종교집단은 결혼 안에서의 성생활을 인정한다. 뿐만 아니라 많은 종교지도자들은 오늘날 결혼 안에서의 성적 즐거움은 거룩한 것이고 신적인 선물이라고 주장하기까지 한다. 그러나 종교가 관심을 갖는 성행위의 차원은 주로 성생활의 합법적 목표는 재생산이며 성활동은 배우자 사이에서의 사랑의 표현이어야 한다는 데 있다. 매우 드문 경우이기는 하지만 때로는 종교가 배우자 이외의 사람들과의 성행위를 인정하는 사례도 있다. 예를 들어 고대 바벨론 등에서는 종교적 매춘이 성행하기도 했다. 그러나 오늘날에는 대부분의 종교가 결혼이라는 제도적 틀 안에서의 성행위만을 정당하다고 규정하고 있다.

(2) 종교성과 성적 행위

종교적 신앙은 성적 행위에 대한 규정에 다양하게 영향을 미칠 수 있다. 많은 연구들은 보수적 신앙을 가지고, 높은 종교성을 가진 사람들은 그렇지 않은 사람들보다 성적 행위나 활동에 소극적이라고 밝혔다(Kinsey, 1948; 1952; Argyle and Beit-Hallahmi, 1975: 153~7). 이것은 종교에 의해 인가된 성에 대한 전통적인 부정적 규정이 종교적으로 경건한 사람들의 낮은 성적 활동에 반영된다는 것을 의미한다. 실제로 종교인은 비종교인보다, 같은 종교인 가운데서는 종파적이거나 보수적인 종교성을 가진 사람들은 자유적 종교성을 가진 사람들보다 성에 대하여 죄의식을 갖는 경향이 있다고 밝혀졌다(Argyle and Beit-Hallahmi, 1975: 155~7).

한편 종교활동은 낮은 성적 활동(그것이 부분적으로 성에 대한 종교적 규정의 결과이든 아니든)에 대한 보상으로 이용될 수도 있다(Vernon, 1962: 364). 즉, 어떤 이유에서든 소극적 성생활이 종교활동을 더 촉진하고 성에 대한 종교의 부정적 규정에 더욱 동조하게 만들 수도 있다. 이것은 성이 중요한 역할을 하고 개인들이 성적 자극이나 활동에 흔히 개방된 사회보다는 그렇지 않은 사회에서 더욱 그러하다. 이렇게 본다면 종교의 성적 규정과 성적 활동 사이에는 4가지 형태의 결합이 가능할 것이다. ① 성이 부정적으로 규정되고 성적 활동이 소극적일 때에는 양자 사이에 조화의 상태가 존재한다. ② 성의 규정이 긍정적이며 성적 활동도 적극적일 때에도 결혼관계는 조화를 이룰 수 있다. ③ 종교적으로는 성이 긍정적으로 규정되지만 성적 활동은 소극적이라면 다른 보상의 활동에 참여하거나 잠재적인 갈등의 상태에서 살 가능성이 있다. ④ 성의 규정은 부정적이지만 성적 활동은 높을 때 이 갈등에 관계된 이들 가운데서는 죄책감이 생겨날 수 있을 것이다.

종교는 보편적으로 인가된 합법적 성행위 이외의 것에 대하여는 정죄(定罪)하는 경향이 있다. 따라서 대부분의 종교는 혼전 성관계, 혼외정사, 동성연애, 매춘과 같은 성적 일탈행위에 대하여 부정적 견해이다. 이것은 가톨릭의 경우 특히 그러하다. 한편 이러한 성적 일탈행위에 대하여는 보수적 신앙을 가진 사람일수록 부정적 입장을 취하는 데 비하여, 자유적 신앙을 가진 사람들은 상대적으로 보다 허용적이다(Reiss, 1967). 그리하여 종교인, 특히 보수적 종교인은 성적으로 덜 활동적일 뿐만 아니라, 이혼이나 인공유산, 혼전 그리고 혼외 정사, 동성연애, 매춘, 자위행위에 대해서도 강력하게 반대하는 경향이다. 그러나 과거에 문제시되었던 성적 일탈행위가 점차 보편화되는 시대적, 사회적 변화 현실에 직면하여 이러한 성적 활동에 대한 종교의 부정적 규정이 얼마나 설득력을 가질 수 있겠는가는 문제로 남아 있다.

4. 종교와 교육제도

종교는 교육제도와도 밀접한 관계를 가지고 있다. 종교는 일찍이 교육제도의 발달에 기여했고, 한편 교육은 종교의 유지와 확산에 매우 중요한 수단이 되고 있다. 뿐만 아니라 종교성은 교육적 수준이나 성취와도 서로 관계되어 있다.

1) 종교교육의 문제

종교적 행위는 배워진다. 개인은 종교적 지식, 믿음, 의례, 습관과 함께 태어나는 것이 아니라 사회적 상호작용의 과정 안에서 다른 이들로부터 종교적인 모든 것을 얻는다. 그는 사회화 과정을 통해 종교적 믿음, 의식, 감정을 배우게 된다. 한편 종교는 자체의 종교적 유산의 전달에 의해 존속될 수 있기 때문에 종교적 믿음과 행위를 정당화시키기 위한 훈련과 교육이 필요하게 된다. 그러나 이러한 배움의 과정은 공식적으로 이루어질 수도 있고 비공식적으로 이루어질 수도 있다.

많은 사람들에게 종교는 실재의 일부로서 주어지는 경우가 많다. 그들은 어렸을 때부터 무의식적으로 종교적 영향을 경험하는데, 이때 비공식적 교화의 힘이 크다. 이 비공식적 과정은 공식적인 종교적 훈련에 의해 복잡한 문화 가운데서 보완된다. 예를 들어 인격적 신을 필요로 하는 문화에서는 공식교육이나 비공식적 교화를 통하여 인격적 신을 믿도록 가르쳐지며, 비슷하게 일본인은 천황을 거룩한 존재로, 인도인은 소를 신성한 존재로 믿도록 가르쳐지는 것이다.

역사를 통해 볼 때 종교는 공식적 교육체계의 근원적 확립에 크게 기여했다. 원시사회에서 젊은이들은 연장자, 의료인, 선견자, 점술가 등을 통하여 그 사회의 규범을 배우는데 그들 지도자들은 종교적 성격을 아울러 갖고 있다(Vernon, 1962: 279). 예를 들어 고대 히브리인 가운데서 교육은 종교적 문화 — 종교적 수행, 준수, 계명 — 를 전수하는 최선의 수단이었다. 6, 7세기 동안 기독교회의 수도원들은 종교적 저작뿐만 아니라 예술, 법, 의학, 철학 분야에서 세속문화의 기록들을 유지함으로써 교육에 크게 공헌했다. 유럽에서의 초기 대학들은 종교적 지식의 탐구와 전달이 중심적 목적이 되었다. 이것은 미국의 경우에도 마찬가지로서 하버드(Harvard)나 예일(Yale)과 같은 최초의 대학들은 종교적 이유로 설립되었고 그 교과과정도 성격상 신학적인 것이 많았다. 그 밖의 대부분 초기 미국 대학들도 교회집단에 의해 크게 영향을 받았다. 그러나 세월이 흐르면서 이러한 학교들에서의 종교적 영향력은 점차 약화되거나 사라졌다. 우리나라에서도 최초의 학교로 알려지는 고구려 시대의 태학(太學)이나 경당(扃堂)이 모두 유교적 배경에서 세워진 것이며, 최초의 근대화된 사립학교들은 대부분 기독교에 의해 설립되었다. 오늘날에도 종교집단에 의해 유지되는 종교적 학교들(*mission school*)이 많기는 하지만, 종교적 영향력은 약화되는 추세에 있다. 종교 학교들이 종교적 특성을 강조할수록 그 학교는 세속화된 사회 속에서 폐쇄적 집단으로 변할 가능성이 크기 때문에, 그것의 종교적 영향력의 범위는 그만큼 좁아지게 된다.

효과적 종교교육을 위하여 종교기구들은 전통적 가치와 믿음을 재확인하기 위한 수단으로 종교조직에서의 집단적 의례참여와 훈련을 강조한다. 여기서는 정기적 의례참여뿐만 아니라 주간의 모임을 요구하기도 한다. 종교는 개체 종교기구 안에 설치된 교육과정을 통해 특히 젊은이들에게 종교적 가르침을 시도한다. 이 과정은 교회학교처럼 매 주일 정기적으로 수행되기도 하고 여름 성경학교 혹은 불경학교처럼 특정 절기에 수행되기도 한다. 이것 역시 일종의 공식적 종교교육 프로그램이다.

비공식적 종교교육은 흔히 가정에서의 종교적 훈련을 통해 이루어진다. 가정은 자녀들에게 종교의 기초요소들이 가르쳐질 수 있는 원초적 영역이 다. 가정에서의 종교교육은 직접 혹은 간접적으로 이루어질 수 있다. 부모가 자녀에게 종교적 지식이나 수행을 가르치거나 훈련시키는 직접적인 교육방법이 있는가 하면, 종교적 분위기를 조성하거나 부모가 종교적 모범을 보임으로써 간접적으로 종교적 영향을 미치는 경우도 있다. 그러나 오늘날에는 제도화된 종교, 상업화된 오락, 물질주의 가치, 가정 규모의 축소, 이차집단 관계의 확산 등으로 가족의 종교교육 기능은 약화되는 경향이다. 한편 다른 비공식적 종교교육의 방법으로 소책자, 라디오와 텔레비전 프로그램, 신문과 잡지 등이 이용될 수 있다.

2) 교육과 종교성

(1) 교육수준과 종교성

종교성은 교육수준에 따라 다르게 나타날 수 있다. 일반적 경향은 교육수준이 높을수록 의례에의 참여나 조직적 활동, 종교적 지식이라는 종교성은 강하나 반대로 전통적인 교리적 믿음, 개인적 경건생활, 종교적 경험과 같은 종교성은 상대적으로 낮다. 이러한 결과는 제 12장에서 이미 논의된 바 있다. 한편 한국 개신교인 대상의 한 경험적 연구도 교육수준이 높을수록 낮은 정통주의 성향을 보이고 경건생활을 소극적으로 하며 종교적 경험을 적게 한다고 밝혀주었다 (이원규, 1991: 281~95).

왜 교육수준이 낮은 사람들에게 참여적 종교성이 낮은가 하는 것도 앞에서 논의된 바 있다. 한편으로는 종교의 일반적인 중산층화 경향이 그들을 종교로부터 멀어지게 만들고, 다른 한편으로는 그들의 비사교적이고 비활동적인 삶의 방식, 그리고 대체종교의 발견 등이 그들로 하여금 비종교적 생활을 하도록 조장한다고 할 수 있다.

(2) 종교성과 교육적 성취

종교성은 교육적 성취와 부정적 상관관계가 있다는 사실이 밝혀졌다(Aygyle & Beit-Hallahmi, 1975: 86~92). 학생, 과학자, 교수, 지성인들 대상의 조사에서 교육열망, 학자적 성향, 교육적 성취도는 무종교인의 경우 종교인보다 높고, 종교인 가운데는 자유적 성향을 지닌 사람들이 보수적 성향을 지닌 사람들보다 높다. 다르게 표현하면 약한 종교성을 가진 사람의 교육적 성취도가 강한 종교성을 가진 사람의 그것보다 상대적으로 높은 것으로 나타난다. 이것은 특히 과학적인 성취도 면에서 그러하다.

그러면 왜 종교인, 그 가운데서도 종교성이 강한, 혹은 보수적 종교인의 교육적 성취도가 상대적으로 뒤떨어지는가? 몇 가지 이유가 있을 수 있다. 첫째로, 무종교인은 종교인, 특히 종교성이 강한 종교인보다 더 많은 시간, 정력, 관심을 교육적 성취를 위하여 사용하고 투자한다. 반대로, 종교인, 더욱이 종교성이 강한 종교인일수록 많은 시간과 정력과 관심을 종교적인 것에 쏟기 때문에 성취를 위한 경쟁에서는 불리할 수밖에 없다. 둘째로, 종교인 특히 보수적 종교인은 권위와 전통의 관념에 사로잡히는 경향인데, 이것은 과학적이고 학문적인 탐구에서 진취적이고 발전적인 성취에 커다란 장애물이 될 수 있다. 셋째로, 종교인 특히 보수적 종교인은 신앙 우위의 생각을 하고 살기 때문에 지적이고 학구적인 성취를 과소평가하는 경향이 있다. 또한 그들은 신앙적 이유 때문에 자유로운 탐구를 하는데 제약을 받을 수 있다. 예를 들어 창조론을 절대적으로 받아들이면 진화론적 탐구는 전혀 고려대상이 되지 못할 것이다.

(3) 교육수준과 전통적 신앙

교육수준과 전통적인 신앙 사이에도 부정적 상관관계가 있다는 것이 밝혀지고 있다(Argyle & Beit-Hallahmi, 1975: 34~7; Feldman, 1969). 즉, 교육수준이 높을수록 교리적으로 정통적 신앙을 고수할 가능성은 낮아진다. 교육수준이 높아질수록 종교적 믿음이 보다 자유적인 반면에 덜 보수적이고 덜 근본주의적이 된다. 그리고 교육수준이 높아지면 종교에 대하여 보다 비판적 태도를 갖게 되지만, 종교적 배타성은 낮아진다(이원규, 1991: 290~3).

왜 이러한 결과들이 생기는 것인가? 그것은 교육이 갖는 몇 가지 속성 때문이라 할 수 있다. 교육은 논리적 일관성을 권장한다. 사실상 종교적 진리는 논리적으로 모순이 되거나 역설적인 경우가 많다. 그러나 교육은 논리적 사고능력을 고양시키기 때문에 종교적 교리나 믿음에 대해서도 자유적 입장을 취하도록 조장한다. 또한 교육은 권위로부터 독립성을 촉진한다. 종교적 권위를 절대적인 것으로 받아들이게 하는 권위주의에 대하여 도전하는 힘을 교육이 배양할 수 있다. 교육은 또한 사물을 회의적이고 비판적으로 보게 만든다. 이러한 태도는 종교적 믿음에 대한 맹목적 수용을 거부하게 한다. 교육은 또한 인간주의적 관점을 가지도록 촉구하는 경향이 있고, 이것은 어떤 절대적이고 초자연적인 진리에 대하여 부정적 입장을 갖도록 조장할 수 있다. 이렇게 본다면 교육이 가장 중요하게 작용하는 대학생들의 경우 종교성이 가장 낮거나 혹은 종교적 의식이 가장 비판적으로 나타나는 것은 당연한 결과라고 할 수 있다. 결국 오늘날의 교육은 대체로 사람들의 사고와 행동을 종교로부터 자유롭게 만드는 효과가 있다고 하겠다.

5. 종교와 과학

1) 종교와 과학의 관계성

종교와 과학은 각기 진리를 추구한다는 공통점을 가지고 있다. 그러나 그 진리의 내용이나 그것을 추구하는 방식에서는 차이가 있다. 종교가 추구하는 진리가 대체로 초경험적이고 초자연적이며 비일상적인 현상이나 믿음에 관한 것이라면, 과학이 추구하는 진리는 경험적이고 자연적이며 일상적인 현상에 대한 지식에 기초한다. 또한 종교가 진리를 추구하는 방식은 주관적이고 가치평가적이며 고백적인 것인 데 반하여, 과학은 객관적이고 가치중립적이며 검증적인 방법으로 진리를 탐구하는 경향이 있다. 이와 같은 차이에도 불구하고 종교와 과학 사이에는 깊은 관계가 있다. 이 문제에 대하여는 자료의 제한 때문에 주로 기독교적 맥락에서 논의하게 될 것이다.

종교와 과학의 관계는 몇 가지 형태로 나타날 수 있다. 첫째로 종교가 과학보다 우위에 있을 뿐만 아니라 과학을 지배하거나 통제하는 경우가 있다. 대표적 예로는 중세기 유럽에서 로마 가톨릭교회가 모든 지식과 학문을 통제했던 것을 들 수 있다. 신학은 '모든 학문의 여왕'이라고 불렸고, 과학적 지식은 종교적 신앙의 틀을 벗어나서는 안 되는 것으로 규정되었다. 특히 과학적 발견이나 설명이 종교적 교리나 믿음을 부정하거나 약화시킬 때에는 이에 대한 엄격한 제재가 따랐다. 교회의 공식적 우주관으로 믿던 천동설(天動說)을 부정하고 지동설(地動說)을 주장한 과학자들은 갈릴레오(Galilei Galileo, 1564~1642)처럼 교회로부터 파문을 당하고 정죄를 당했다. 같은 맥락에서 신이 세상과 모든 생물을 창조하였다는 창조설을 위협하는 진화론도 거부했던 것이 최근까지의 가톨릭의 공식적 입장이었다.

그러나 오늘날에는 과학이 종교의 통제로부터 벗어났을 뿐만 아니라 종교가 부인했던 많은 과학적 사실들이 진실임이 밝혀짐에 따라 종교가 과학 위에 군림하면서 과학을 지배하는 일은 거의 찾아볼 수 없게 되었다. 한편 비록 종교가 과학을 전적으로 통제하지는 못한다 해도 보수적 종교집단에서는 여전히 과학적 진리를 열등한 것으로, 혹은 문제적인 것으로 규정하는 경향은 남아 있다. 예를 들어 기독교권 일각에서는 여전히 창조론과 진화론 사이에 갈등이 있으며, 이에 대한 대안은 진화론을 일축해 버리는 것이라고 주장하고 있다.

종교와 과학의 관계의 두 번째 형태는 종교와 과학을 조화적인 것으로, 나아가서는 거의 일치된 것으로 보는 경우이다. 이것은 과학 자체가 하나의 대체종교가 되는 것을 말하는 것으로 18세기 계몽주의 시대 이후 서구사회에서 보여졌던 독특한 형태이다. 계몽주의의 합리적 종교, 예를 들면 콩트의 실증주의 혹은 인간주의가 현대적 의미에서의 새로운 종교로 이해되는 것이다. 과학이 이 시대 사람들에게는 삶의 방식이요 목표가 되었다. 그들에게는 종교가 좋은 과학이 아니라 과학이 좋은 종교였다(Yinger, 1970: 57).

두 번째 유형과 비슷하면서도 구분될 수 있는 종교와 과학의 관계의 세 번째 형태는 과학을 종교에 대하여 절대적 우위에 놓는 경우이다. 이런 입장 역시 계몽주의 사조가 확산되던 18세기 이후에 보여지는데, 특히 사회진화론적 관점을 가진 사회과학자들에 의해 강력하게 뒷받침되었다. 여기에서는 종교가 시대착오적인 하나의 미신적 신앙에 불과한 것으로 받아들여진다. 기존의 종교적 진리나 믿음은 과학적 진리나 지식에 의해 대체되거나 흡수되어 버린다. 혹은 전자가 후자에 의해 거부되고 무시된다. 과학만이 진리에 이르는 유일한 길이라고 보면서 이제 과학의 시대에는 더 이상 종교가 설 땅은 없다고 주장한다. 물론 이러한 입장은 나중에 종교가들뿐만 아니라 다른 사회과학자들에 의해서도 통렬히 비판받았다. 그러나 과학만이 믿을 수 있는 진리라는 생각은 오늘날에도 일부 반종교적 무신론자들에 의해 지속된다. 이들은 과학주의자 혹은 과학 예찬론자라고 불릴 수 있을 것이다.

넷째로, 종교와 과학의 관계에는 양자가 서로의 독특성을 인정하면서 갈등 없이 공존하는 경우가 있을 수 있다. 서로에 대하여 지배하거나 통제하려는 것이 아니라 각각의 영역은 독립적이며 각기 다른 근거를 가지고 있다고 본다. 근본적 차이는 과학이 이성에 토대를 두는 반면에 종교는 신앙에 기초한다는 것이다. 물론 이것이 종교에는 이성적 요소가 없다든지 과학에는 믿음이라는 것이 전혀 없다는 것을 의미하는 것은 아니다. 다만 종교적 지식의 입증은 과학적 지식의 확증과는 그 방법이나 목표가 다르다는 것이다. 종교적 입증은 고백적 신앙에 근거한 주관적인 내적 경험에 의해서 이루어지는 반면에, 과학적 입증은 합리적이고 객관적 검증자료에 의해서 가능하다고 본다. 따라서 양자 사이에는 긴장이나 충돌이 생길 필요가 없다. 왜냐하면 양자는 각기 다른 진리를 추구하기 때문이다. 종교와 과학의 관계에 대한 이러한 이해는 오늘날 상당히 보편화된 입장이라고 할 수 있다.

2) 과학에 대한 종교의 영향

종교와 과학은 여러 가지 형태로 그 관계성이 설정될 수 있으나 한편 양자는 서로 영향을 주고받을 수 있다는 점에서도 밀접한 관계가 있다. 우선 과학에 대한 종교의 영향에 관하여 알아보기로 한다. 종교는 과학발전에 직접적으로 공헌할 수 있다. 예를 들어 개신교는 공리주의, 세상적 관심, 경험주의, 권리와 자유의 정신, 권위주의에 대한 도전과 같은 가치를 적극적으로 평가하고 그 실천을 조장함으로써 과학의 발전을 촉진했다(Merton, 1957: 346). 나아가서 모든 지식을 독점했을 뿐만 아니라 종교적 지식으로 과학적 지식을 통제하려던 전통적 종교 분위기를 깨뜨려 버림으로써 개신교는 대중교육을 장려하고 학문적인, 특히 과학적 탐구의 열정을 자극했다(Yinger, 1970: 64).

종교는 또한 과학적 발견과 발명에도 기여한 바 있다. 예를 들어 고대 종교에서는 종교적 기록을 위해 종이를 발명하였고(파피루스), 근세 유럽의 출판기술은 성서 보급을 위한 노력의 일환으로 발달하였다. 우리나라에서도 목판 인쇄술의 발달은 팔만대장경의 경우처럼 불경을 기록하려는 목적에서 이루어졌다.

반면에 유교와 같은 종교에서는 사람들의 내면적 도덕성을 강조하고, 세상과 그 질서의 관례에 대한 적응을 권장했기 때문에 과학이 발달할 수 있는 지적 분위기 조성에는 공헌하지 못했다(Hoult, 1958: 374~5). 즉, 유교는 경험적 정신이나 이론에 무관심했고, 과학적 실험에 대해서는 동조적이 아니었던 반면에, 단지 교화되는 인간상만을 강조했기 때문에 과학적 성취에 도움을 주지 못했다.

이렇게 본다면 종교에는 과학의 발전을 조장하거나 촉진하는 요소뿐 아니라 반대로 그것을 억제하거나 저해하는 요소도 있다. 물론 같은 종교 안에서도 이와 같은 양면성이 존재할 수 있다. 예를 들어 개신교라 할지라도 신앙적 교리에 어긋난다고 보는 과학적 탐구나 그 실천에 대하여는 부정적 입장을 보이는데, 이것은 보수적 신앙집단의 경우 특히 그러하다. 그리하여 그들은 진화론적 탐구나 생명공학적 성취에 대하여는 강력하게 반대함으로써 과학발전에서 하나의 장애요소로 남아 있다. 한편 유교에서도 실용성을 강조하는 분파에서처럼 학문탐구와 그 실천적 효용성을 조장함으로써 과학적 사고와 실천에 도움을 주었던 경우도 있다. 결국 종교는 과학적 정신에 대하여, 그리고 과학적 성과에 대하여 서로 다른 평가를 내릴 수 있으며, 이것을 통해 과학의 발전을 돕든지 저해할 수 있다.

3) 종교에 대한 과학의 영향

전통사회에서는 과학에 대한 종교의 영향이 컸다면, 현대사회에서는 종교에 대한 과학의 영향이 더 크다고 할 수 있다. 종교에 대한 과학의 영향은 무엇보다도 종교의 전통적 신념이나 믿음을 상대화시키는 형태로 나타난다. 이 문제에 대하여도 주로 기독교적 맥락에서 살펴보기로 한다.

과학은 무엇보다 종교적 우주론을 상대화시켰다. 최근까지 기독교 사상의 핵심을 형성했던, 우주에 대한 전통적인 견해는 세상이 창조주에 의해 만들어졌다는 관념에 기초했다. 그러나 코페르니쿠스(Copernicus)로부터 시작된 과학적 탐구는 기독교 우주론에 대해서 회의하게 만드는 혁명적 발견을 했다. 이것은 특히 원자 융합과 분열에 대한 발견으로 절정에 이르렀다. 그리하여 아인슈타인(Einstein)은 모든 현상—원자 반응, 운동, 생명의 창조, 죽은 물질의 폐기—을 전자 및 원자 지식에 근거한 하나의 통합된 가설로 설명하는 장(場) 이론(*field theory*)을 주창했다. 불가피하게 이 발견들은 우주가 인간을 위해, 그의 궁극적 가치실현을 위해 창조된 목적적 장소라는 견해에 도전하게 되었다. 사람들은 우주가 자체의 법칙에 따라 작용하는 자연적 힘의 우연적 산물에 불과하다는 관념을 받아들이게 되었다.

> 우리를 둘러싼 세계는 거대한 영적 공허에 불과하다. 그것은 죽은 우주이다. 우리는 우리의 가치 편에 있는 우주에 살고 있지 않다.

> 그것은 가치에 전적으로 무관심하다. … 모든 것의 궁극적 비합리성에 대한 믿음은 현대정신이라 불리는 것의 본질이다. … 신앙소멸의 근원은 어떤 특별한 발견이 아니라 과학의 일반적 정신이며, 현대과학이 진행해 온 어떤 기본적 가정이다(Sinnott, 1950: 9).

옳든 그르든 이러한 견해가 현대의 세속교육의 중심에 자리하고 있다. 따라서 지식층은 우주에 대한 전통적 믿음에서 멀리 떠나가는 경향이 있다. 과학의 발전은 신 관념에도 변화를 가져왔다. 천문학자들의 발견이 옛 우주론을 파괴하게 되면서 인격화된 신 관념은 순진하다는 생각이 대두되었다. 그리하여 일찍이 노벨상 수상자인 밀리칸(Millikan)은 이렇게 말했다(1931: 44~5).

> 고대 세계의 신인동형론적(神人同形論的) 신은 갔다. 그와 함께 그를 달랜 옛 의무도 갔다. 이 중세기적, 근본적으로 유아기적이며 근본적으로 이기적 관념의 지배를 감소시키는 데 작용했던 진보에 의심할 자 있는가? … 새로운 신은 법과 질서의 신이다; 새로운 의무는 그 질서를 아는 것, 그것과 조화를 이루는 것, 세계를 어떻게 인류를 위해 보다 나은 곳으로 만들지를 배우는 것, 당신 자신의 영혼을 구원하는 방법을 배우는 것이다.

과학적 관점에서 보면 모든 사건들은 분명히 당연한 것이다. 즉, 그것들은 초자연적 힘으로 진행되는 것이 아니며, 따라서 그것들은 적절한 기술과 측정도구만 개발되면 연구될 수 있고 통제될 수 있다. 그리하여 삶은 목적을 갖고 있는 신에 의해 통제된다는 관념은 많은 이들의 마음 가운데 신은 기껏해야 자연적 사건들의 질서 있는 진행에 대한 하나의 상징적 용어, 시적 참조일 뿐이라는 관념으로 대체된다(Hoult, 1958: 354).

과학의 발전은 인간개념에도 영향을 미쳤다. 과학은 인간이 다른 모든 형태의 생물과 마찬가지로 진화의 산물이라는 견해를 발전시켰다. 진화 자체도 의도적 목적의 증거가 보이지 않는 우연적 사건의 결과로 이해되었다. 인간은 타고난 죄성이나 선함을 가진 것이 아니라 그 존재는 상호작용의 사회적 과정으로부터 배워질 뿐이라는 것이다. 그리하여 사회과학 및 자연과학에서 생겨난 인간의 진화적 개념은 인간이 신에 의해 창조되었다는 전통적 견해에 대하여 직접 도전하게 되었다.

종교에 대한 과학적 방법의 영향은 서구 기독교 신학에 커다란 영향을 미쳤다. 특히 성문서(聖文書)가 신적인 계시와 영감의 산물로서 전혀 과오가 없다는 생각은 과학적 방법으로 그것을 연구한 학자들에 의해 여지없이 무너졌다. 즉, 성서는 다양한 배경과 사상을 가진 다양한 인물들에 의해 기록되었고, 여기에는 많은 인간적 오류가 발견될 수 있다는 것이다. 특히 성서에 기록된 신화적 이야기들은 신화시대의 산물이기 때문에 오늘날의 과학시대에서는 그러한 신화적 요소들은 배제되어야 한다는 주장이 제기되었다. 신학자 불트만(Bultmann)의 비신화화론(非神話化論)이 대표적 예이다. 그리하여 과학의 발전은 이른바 자유주의 신학(*liberalism*)을 태동시켰다고 할 수 있다.

과학이 종교에 미친 영향은 단순히 신학적이고 이념적인 차원에만 머무는 것은 아니다. 과학적 발견과 발명은 종교의 제도, 기구, 행정, 운영에의 합리화와 자동화, 정보화라는 커다란 변화를 주었다. 종교적 시설이나 비품 모두가 과학적 산물들이다. 이것은 과학적 연구결과가 종교에 파괴적인 작용을 하고 있다고 보면서 과학을 거부하는 극단적으로 보수적 종교조직이나 집단에서도 마찬가지다.

4) 종교와 과학의 양립가능성의 문제

과학의 발전이 종교적 신앙과 이념체계에 부정적 영향을 미친다면, 양자 사이의 관계는 '양립 불가능성'의 문제인가? 종교와 과학은 양립할 수 없는 관점이라는 전통적 주장은 인간 이성의 권위에 대한 모순적 평가에 기초한다(Glock and Stark, 1965: 263~4). 비경험적 체계에 대한 궁극적 헌신 때문에 종교는 인간의 이성이 진리에 대한 수단으로 신앙에 종속되어 있다는 입장을 취한다. 이 견해에서 보면 이성은 기껏해야 믿을 만하지 못한 것이며, 최악의 경우에는 죄로 가득한 교만일 뿐이다. 반면에 과학은 진리를 논리적이거나 경험적으로 진술될 수 있는 것으로 규정하며, 그리하여 이성의 우위성을 주장한다.

종교와 과학 사이의 갈등을 해소하려는 중간 노선의 시도는 종교적 진리와 과학적 진리는 종류에서 다르며, 따라서 다른 방식의 지식을 주장하며 다른 기준을 따른다고 설명한다. 종교적 진리가 도달되는 방법은 과학적 진리를 결정하는 데 이용되는 것과 다르다. 즉, 종교는 신앙에 의존하지만 과학은 경험적 증거에 의존한다. 문제는 인간이 과학적이거나 종교적인 경향이 있는 것이지 두 가지 영향을 똑같이 갖기가 어렵다는 데 있다. 흔히 높은 교육은 전형적으로 과학적 접근방법과 과학적 발견을 강조하기 때문에 교육을 많이 받은 사람은 신앙을 지식의 방법으로 받아들이지 않고, 결과적으로 그에게는 종교행위가 감소된다(Vernon, 1962: 301). 마찬가지로 종교가 절대적 진리의 용어로 말하는 반면에 과학은 잠정적 진리를 강조하기 때문에 한 입장에 대하여 절대적으로 믿는 종교적 믿음이 강할수록 상대적인 과학적 진리를 받아들이기가 더욱 어렵게 된다. 여기에서 우리는 종교와 과학의 양립이 어려운 점을 발견하게 된다.

경험적 연구들은 과학자들은 전통적 종교 믿음을 받아들이지 않는 경향이 있으며, 그들이 탁월할수록 종교에 덜 관계하고 있음을 밝혀내고 있다(Argyle & Beit-Hallamni, 1975: 90~1). 결국 과학자의 다수가 종교적 관심이 없거나 종교활동에 참여하지 않는다는 것이다. 벤더(Bender)는 비종교인이 과학적 활동에 종교인보다 더 창조적이라는 사실을 밝혀냈다(1968). 이것을 다른 방향에서 보면 강한 종교적 신앙을 가진 사람들은 별로 과학적이 아니며 지속적인 과학적 탐구에 중요한 공헌자가 되지 못했다(Glock and Stark, 1965: 266). 이것은 보다 전통적이고 초자연적 신앙을 가진 보수적 종교인일수록 더욱 그러한 것으로 나타난다. 왜냐하면 종교적으로 더욱 동조하는 이들은 과학적 그리고 지성적 성취에 대하여 가치를 덜 부여하기 때문이다.

그렇다면 종교와 과학은 양립이 불가능한 것인가? 반드시 그런 것은 아닐 것이다. 과학이 종교적 믿음체계를 부정하고, 이에 따라 종교의 영향력을 약화시키더라도 종교는 여전히 인간사회에 가장 중요하고 활발한 부분의 하나이다. 따라서 과학이 특수한 종교적 믿음들을 부정할 수는 있어도 종교 자체를 부정할 수는 없다(Yinger, 1970: 62). 현대의 사회과학은 어떤 종교적 요소는 사회에 기능적으로 중요하다는 것을 인정한다. 그리고 종교의 커다란 부분이 과학적 입증이나 반증의 주제가 아닌 비경험적 명제들과 관계되어 있음을 인정한다. 과학은 그것들을 입증하거나 반박할 수는 없다. 예를 들어 구원이 있느냐 없느냐 하는 문제는 과학으로 입증하거나 반증할 수 있는 주제가 아니다. 그것은 종교의 주제이다. 그러나 세계에 대한 특수한 종교적 신앙은 과학에 의해 반박될 수 있다. 예를 들어 세계를 하늘, 땅, 지하의 삼층구조로 보는 신앙은 천문학, 지질학, 물리학과 같은 과학에 의해 거부된다. 이렇게 본다면 종교와 과학은 양립이 가능한 부분이 있고 그것이 불가능한 부분도 있다고 하겠다.

제 14 장

종교와 사회변동 I

독립변수로서의 종교

종교와 사회의 관계는 변동이라는 측면에서도 탐구될 수 있다. 즉, 종교와 사회는 각각이 변화될 수 있는 것이기 때문에 그러한 변동이 서로에게 다양한 형태의 영향을 미칠 수 있다. 그리하여 종교가 사회변동에 영향을 미칠 수 있는가 하면 사회변동이 종교에 영향을 미칠 수도 있다. 전자는 종교를 독립변수로 보는 입장이고, 후자는 종교를 종속변수로 보는 입장이다. 물론 종교 혹은 종교적 변동과 사회변동의 관계는 상호적인 것으로서 양자는 항상 영향을 서로 주고받는다고 보는 것이 정확할 것이다.

우리는 종교와 사회변동 어느 한 쪽의 일방적 영향을 논하는 결정론적 입장을 거부한다. 또한 상호관계적 영향이라는 것도 의도된 경우만 있는 것이 아니라 의도되지 않은 경우도 있다는 것을 염두에 둘 필요가 있다. 오히려 후자의 경우가 더 많을 수 있다. 그러나 편의상 이 장에서는 특히 종교가 사회변동에 중요한 영향을 미치는 경우를 살펴보고, 다음 장에서는 반대로 종교가 사회변동의 영향을 받아서 생겨나는 종교적 변동의 경우를 알아보기로 한다.

여기에서 사회변동이라 함은 사회구조나 제도의 변화뿐만 아니라 사회조직이나 집단의 변화, 혹은 문화의 변화 등 다양한 의미를 가진 것으로 보기로 한다. 물론 변화 자체가 필연적으로 좋거나 나쁜 것은 아니다. 그러한 변화가 사회적인 기능이나 역기능을 초래할 수 있는 것이 사실이지만, 그 변화 자체에 대하여 여기서는 중립적인 입장에서 접근하기로 한다.

1. 사회변동의 종교적 조건

종교가 사회변동에 영향을 미칠 수 있다면 그것은 크게 두 가지 형태로 작용할 수 있다. 하나는 종교가 사회변동을 억제하거나 방해하는 장애요소로 작용하는 경우이고, 다른 하나는 반대로 종교가 사회변동을 조장하거나 촉진함으로써 그것의 수행자 역할을 하는 경우이다. 그러나 종교가 어떠한 식으로 사회변동에 영향을 미칠 수 있는가 하는 것은 종교의 여러 가지 속성 혹은 특징에 크게 달려 있다고 할 수 있다.

1) 종교적 믿음과 수행체계

종교가 가진 믿음과 수행체계의 성격에 따라 종교는 사회변동을 억제하거나 촉진할 수 있다. 이 문제를 심도 있게 분석한 이는 역시 베버였다. 우리는 이미 제5장과 그 밖의 여러 곳에서 종교와 사회변동의 관계에 대한 베버의 비교종교학적 연구결과를 소개했다. 종교의 믿음과 수행체계가 사회변동에 영향을 미치는 조건이 될 수 있다는 것을 베버의 사상을 중심으로 살펴보기로 한다.

(1) 구원의 문제

사회변동에 영향을 미칠 수 있는 믿음체계의 한 요소는 구원의 문제이다. 일찍이 베버는 종교가 궁극적으로 추구하는 목표인 구원의 문제가 종교에 따라 다르게 믿어질 수 있고 그것을 성취하기 위하여 다른 방식들이 추구될 수 있다고 설명했다(Weber, 1963). 구원에 대한 필요성은 개인에게 세계에 대한 퇴거의 태도나 혹은 세계를 지배하려는 태도를 야기시킨다고 보면서 베버는 전자의 종교정향을 '신비주의' 후자의 종교정향을 '금욕주의'라고 부른다. 신비주의는 세계에 대하여 도피하거나 적응하게 만드는 경향이므로 사회변동에는 하나의 걸림돌이 될 수 있다. 그러나 반대로 금욕주의는 세계에 의해 부과된 조건들을 통제하거나 변경시키려는 태도와 관계있기 때문에 사회변동을 조장하는 요소가 될 수 있다.

특히 금욕주의적 윤리가 '저 세상적'인 구원관보다 '이 세상적' 구원관과 결합될 때는 비록 의도되지 않았다 하더라도 종교가 사회변동의 커다란 요인이 될 수 있다. 베버는 이 경우의 대표적 예로 개신교를 들었고(1958), 종교의 신비주의적 성격 때문에 사회변동을 억제하는 힘이 되었던 사례로는 힌두교의 경우를 예로 들었다(1952). '이 세상적' 구원관과는 달리 '저 세상적' 구원관을 가진 종교의 경우에는 사회참여보다는 '기다림'과 관조의 현실도피적 삶의 태도를 조장하기 때문에 그 종교는 사회변동에 하나의 걸림돌이 될 것이다.

(2) 신정론의 문제

신정론은 악의 문제를 신의 정의(正義) 혹은 절대적 진리와 관계시켜 이해하려는 하나의 신학적 교리이다. 신의 정의를 무엇으로 보느냐는 것은 어떠한 방식으로 현실을 바라보며 어떻게 현재를 살아

갈 것인가 하는 데 커다란 영향을 미칠 수 있다. 우리는 앞(제 9장과 제 12장)에서 신정론의 유형에 대하여 살펴본 바 있다. 그러나 여러 신정론의 유형들은 크게 두 부류로 나누어질 수 있다. 하나는 의도했든 의도하지 않았든 사회변동을 억제하는 결과를 가져오는 신정론 유형이고, 다른 하나는 사회변동을 조장하거나 촉진하는 결과를 초래하는 유형이다.

베버(1963)와 버거(1982)는 다양한 신정론 유형을 소개한다. 그 가운데서 신과의 신비적 합일만이 문제의 해결이라고 보는 신비주의 신정론, 인간의 삶은 과거에서 미래로 이어지는 인과(因果)의 결과라고 보는 힌두교의 윤회의 신정론, 현세의 고통이 내세에서는 축복으로 보상받는다고 보는 내세적 신정론, 세상은 선과 악의 투쟁 무대라고 보는 이원론적 신정론과 같은 신정론들은 현재의 세상 질서를 있는 그대로 인정하도록 돕든지 아니면 현실로부터 퇴거하기를 권장하기 때문에 사회변동에는 하나의 장애요소로 작용할 수 있다.

반면에 천년왕국적 신정론의 경우에는 미래의 역사적 완성을 위한 현재적 참여와 변화를 촉구한다는 점에서 사회변동을 촉진하는 결과를 가져올 수 있다. 한편 칼뱅주의에서 나타나는 예정론적 신정론은 그 자체로는 신의 절대성에 대한 인간의 철저한 복종을 강조함으로써 숙명론의 극치를 나타내고, 따라서 그러한 종교적 믿음이 사회변동의 원동력이 될 수 없을 것으로 보이지만, 아이러니컬하게도 결과는 반대로 나타났음을 베버는 밝혀냈다. 즉, 예정론의 교리는 오히려 칼뱅주의자들의 직업적 소명의식을 일깨워 보다 적극적인 활동과 참여를 통해 사회변동에 기여했다는 것이다. 이와 같이 종교가 지닌 신정론적 믿음체계와 그 수행이 사회변동에 영향을 미칠 수 있는 것이다.

(3) 믿음의 사회적 규정

종교의 믿음체계는 사회상황을 규정지을 수 있다. 현재의 사회상황이 정상적인 것인지 비정상적인 것인지, 그것이 정당한 것인지 부당한 것인지에 대하여 종교는 규정지을 수 있으며, 이때 그 규정의 합리적 근거는 종교적 믿음체계이다. 즉, 사회상황에 대한 개인들의 자각은 그들의 믿음체계가 그 실재를 어떻게 규정하는가에 의하여 크게 형성된다. 그러나 종교에 따라서, 때로는 같은 종교라도 상황과 시대에 따라서 사회상황은 다르게 규정될 수 있고 이에 따라 종교들은 서로 다른 식으로 사회현실을 대할 것이다. 만일 한 종교가 신자들에게 그들의 불행은 그들의 신앙을 시험하려는 신의 계획의 일부라고 알려준다면 그들은 그 불행에 도전하지 않을 것이다. 그 믿음체계가 인간은 상황을 변화시키기에 무력한 것으로 규정한다면 신자들은 그 상황을 변화시키려는 노력을 하지 않을 것이다(McGuire, 1981: 197). 이와 같이 숙명론적 상황정의를 하는 종교의 경우는 그렇지 않은 경우보다 사회변동을 위한 노력을 억제할 것이다.

한편 믿음을 개인적 용어로 설명하는 경향이 있는 종교는 사회변동의 문제에는 소극적이다. 즉, 종교가 추구하는 목표가 개인 영혼을 구원하는 것일 경우 그 종교는 사회의 구조나 제도에 관심을 갖는 것이 아니라 단순히 개인에 대한 전도나 포교에 전념할 것이기 때문이다. 그러나 믿음을 사회적 용어로 이해하는 경우 그 종교의 궁극적 목표는 사회구원이기 때문에 적극적인 사회참여를 권장하며, 이에 따라 그 종교는 사회변동에 기여하는 하나의 힘으로 작용할 수 있다.

(4) 종교적 기능의 문제

종교적 믿음체계는 그것의 기능과도 관계가 있다. 즉, 종교적 믿음이 질서를 중요시하게 되면 종교는 사회안정과 현상(現狀)을 정당화하게 되며, 이에 따라 그것은 사회변동을 억제하는 힘이 될 수 있다. 반대로 종교적 믿음이 정의를 강조하면 그 종교는 사회의 부정과 불의에 대하여 비판적 시각을 가지고 행동을 하도록 조장한다. 베버는 전자 유형의 종교를 사제적(*priestly*) 종교로, 후자 유형의 종교를 예언자적(*prophetic*) 종교로 부른다(1963).

예언자적 전통을 가진 종교들은 비판적 표준을 가지고 현존하는 사회질서에 대한 비판과 도전의 가능성을 항상 열어놓고 있다. 이러한 예언자적 종교의 기능은 사회변동을 촉진하는 하나의 근거가 될 수 있다. 예언자적 종교의 구체적 사례로 베버는 구약시대의 유대교를 들고 있다. 그러나 사제적 전통이 강조되는 종교는 대체로 호국종교의 성격이며, 이에 따라 현존하는 질서에 대한 정당성의 근거를 마련해 주는 경향이 있다. 그 결과는 사회변동에 대한 거부요 저지이다. 사제적 종교의 대표적 예로는 고려시대의 불교를 들 수 있을 것이다.

그러나 베버가 지적했듯이 같은 종교 안에서도 예언자적 전통과 사제적 전통이 양립할 수 있으며(그래서 갈등이 생겨날 수 있으며), 시대에 따라 그 핵심적 성향이 달라질 수 있다. 그래서 한때 사회변동에 커다란 장애물이 되었던 종교가 다른 때에는 오히려 사회변동의 수행자가 될 수도 있다. 이러한 종교적 기능의 변화에는 사회적 상황, 종교적 리더십, 종교운동 등이 중요한 변수로 작용할 것이다.

(5) 종교적 이념과 신학

종교가 사회변동에 영향을 미칠 수 있는 또 다른 근거는 종교적 이념과 신학이다. 우리는 앞 장에서 종교적 이념이 탈정치화를 유도할 수도 있고 정치참여를 촉진할 수도 있다는 것을 밝혔다. 대체로 자유주의적이고 진보적인 종교 이념이나 신학은 정치참여를 위한 토대를 마련해 주는 경향이 있는 반면에, 보수적 종교이념이나 신학은 사회변동을 억제하는 힘으로 작용하는 경향이 강하다.

자유주의적이고 진보적인 종교이념이나 신학은 현실에 대하여 비판적이고 회의적 의식과 수행을 조장하는 경향이 있다. 그리고 불만스러운 현실에 대한 대안으로는 미래지향적 사회변형을 제시한다. 반면에 보수적 종교이념이나 신학은 신앙의 문제를 영화(靈化)하면서 현실에 대하여는 초가치화, 개별화의 관점으로 접근하게 만든다. 그 결과 현실에 대한 순응 혹은 적응의 태도를 정당화하게 만든다. 만일 현실에 대한 불만이 있다면 이에 대한 대안은 미래지향적 변동이 아니라 과거지향적 보수회귀일 것이다.

종교이념이나 신학이 사회변동에 커다란 영향을 미칠 수 있는 것은 그러한 이념이나 신학이 신념에 찬 행동을 뒷받침해 주기 때문이다. 예를 들어 진보적 종교운동가는 만일 현실이 문제적이라면 이에 대해 누구보다도 비판적일 수 있으며, 이에 따라 사회변혁을 신의 뜻으로 보며 적극적 행동에 참여하게 된다. 그러나 반대로 보수적 신앙가는 현재 질서의 변화는 신의 질서를 파괴하는 것이라고 보면서 그 질서의 수호에 앞장서게 된다. 그들에게 사회변동을 촉구하는 이들은 사회의 선동가요 질서의 파괴자로 보일 뿐이다. 이와 같이 똑같은 현실에 대하여도 그것을 보는 시각은 종교적 이념과 신학에 따라 각기 다른 평가를 하게 만들며, 이것은 사회변동을 촉진할 수도 있고 반대로 그것을 억제할 수도 있게 만든다.

2) 제도적 구조와 성격

종교가 사회변동에 영향을 미칠 수 있는 또 하나의 조건은 종교

자체의 제도적 구조와 성격이다.

(1) 종교의 제도화

종교의 제도화의 정도가 사회변동에 영향을 미칠 수 있는 하나의 변수가 될 수 있다. 우리는 종교조직의 문제를 다루었던 제 10장에서 종교조직이 제도화되면서 그것은 보수화되는 경향이 있다는 것을 지적했다. 종교조직은 제도화되면서 세상적 가치를 수용하고 이에 동화되는 경향이 있다. 안정과 질서라는 것이 종교내적 가치로 존중될 뿐만 아니라 사회적 가치로 인정되기 쉽다. 반대로 제도화되지 않은 종교조직은 기성종교로부터 혹은 사회로부터 배척당하는 경우가 많기 때문에 이러한 조직은 기성종교나 사회에 대하여 불만이 많게 되며, 이에 따라 현실에 대한 변혁의지가 생겨날 가능성이 상대적으로 많다. 물론 제도화된 종교라고 반드시 사회변동에 소극적 역할만을 하는 것은 아니지만 일반적 경향은 제도화될수록 종교는 현상에 동화되는 경우가 흔하고, 이에 따라 현 질서에 대하여 변혁보다는 수구적 태도가 상대적으로 강하게 나타나게 된다.

종교의 제도화의 정도는 종교조직의 중요한 특성의 하나이다. 이런 의미에서 이른바 교회형 종교조직은 종파형 종교조직보다 제도화된 종교형태라고 할 수 있다. 이미 앞에서 살펴보았듯이 교회형 종교조직의 윤리적 성격은 현상을 옹호하는 보수적 성향이 강하지만 종파적 종교조직의 윤리적 성격은 변화를 촉구하는 급진적 성향이 강하다. 다소 일반화시키면 교회형 종교조직은 사회변동에 대하여 보수적인, 그래서 변화를 좋아하지 않는 경향이 상대적으로 강하다면 종파형 종교조직은 사회변동에 영향을 미치는 하나의 종교운동의 성격이 상대적으로 강하다고 하겠다.

(2) 종교의 조직적 특성

종교조직은 권력의 구조와 권위의 행사에서 다른 성격을 보여줄 수 있다. 우리는 종교의 내적 권력구조가 집중된 형태를 '중앙집권화'라고 부르고, 그것이 분산된 형태를 '분권화'라고 부른다. 흔히 중앙집권화된 종교조직은 전형적으로 사회적 현상(現狀)을 뒷받침한다. 왜냐하면 그것은 또한 그 사회의 경제적 그리고 정치적 배치에 기득권이 있기 때문이다. 반면에 권력이 분산된 종교조직에서는 그 권력에 도달하기 위한 내적, 외적 갈등이 있게 되고, 이것은 때로 종교운동 혹은 사회운동을 촉발하기도 한다.

그러나 사회변동에 영향을 미칠 수 있는 종교조직의 다른 요소는 그 집단이 주어진 상황 밖에서 보다 큰 조직적 뒷받침을 가질 수 있느냐 하는 것이다. 예를 들어 라틴 아메리카에서는 가톨릭 성직자들이 그들 국가의 정치적, 경제적 힘에 더욱 도전할 수 있다. 왜냐하면 그들의 종교적 배경에는 초국가적 기초를 가진 조직이 있기 때문이다(Westhues, 1973). 그러나 동시에 보다 커다란 조직은 변화를 위한 하위조직의 행동을 묵살하거나 억압할 수도 있다. 바로 1970, 80년대 급진적인 라틴 아메리카 주교들과 교황청 사이의 긴장이 그 예가 될 것이다. 한편 단일국가나 사회에서 중앙집권화된 종교는 국가(사회)와 밀월관계에 있는 경우가 많기 때문에 현상의 변화에 대하여 소극적 경향이 있다.

3) 주도권의 문제

종교가 사회변동을 억제하든지 촉진하든지 하는 것을 결정지을 수 있는 또 하나의 변수는 종교조직 혹은 종교운동을 누가 주도하느냐는 문제이다. 이때 중요한 것은 종교인의 계급적 성격과 종교조직의 리더십이다.

(1) 종교인의 계급적 성격

종교는 그 조직이나 운동에서 어느 계급이 주도권을 잡느냐에 따라 사회변동에 서로 다른 결과를 가져올 수 있다. 이 문제를 심도 있게 다룬 학자는 마두로(Maduro)이다(1988: part 4). 제6장에서도 제시한 마두로는 종교가 사회갈등의 상황과 밀접한 관계를 가지고 있다고 주장하면서 이 주제를 사회계급이라는 변수로 설명한다. 그리고 그는 사회갈등이 사회변동의 한 근거가 될 수 있음을 강조한다. 마두로에 따르면 종교가 지배계급의 주도하에 있으면 종교는 피지배 계급의 자율성을 억제하면서 계급사회의 사회갈등을 은폐하고 계급모순의 현실을 모호하게 만드는 데 이용된다. 결과적으로 종교는 사회변동에 하나의 장애물이 될 수 있다.

반면에 종속계급이 종교의 주도권을 잡게 되면 종교는 혁명적 기능을 수행할 수 있는 하나의 전략으로 이용될 수 있다. 물론 이때 종교는 사회갈등을 유발할 수 있으나 그것은 나아가 사회변동을 촉진하는 힘으로 작용할 수 있다. 여기에서 중요한 것은 종속계급이 나름대로의 세계관을 확립할 수 있어야 하며 아울러 계급의식이나 계급조직, 그리고 계급동원이 가능해야 한다. 이렇게 하여 그들이 종교 내에서 어느 정도의 주도권을 확립하면 그들의 불만이 저항을 불러일으키게 되고, 이에 따라 종교는 잠재적인 혁명적 기능을 수행할 수 있다. 마두로의 이러한 설명들에 대해서는 다음 절들에서 다시 상세히 논의할 것이다.

(2) 리더십의 문제

종교가 어떤 형태로든 사회변동에 영향을 미치는 데는 종교의 조직이나 운동을 주도하는 지도자의 성격이나 능력이 중요하다. 종교지도자의 리더십은 종교변화와 사회변동에 영향을 미칠 수 있는 대중적 자원을 동원하는데 커다란 역할을 수행하기 때문이다. 물론 어떤 종교지도자이든 어느 정도의 종교적 권위를 가지고 있어서 추종자들을 움직일 능력이 있겠지만 여기에서 특히 중요한 것은 지도자의 카리스마이다.

우리가 제 11장에서 종교적 리더십과 카리스마에 대하여 자세히 살펴보았듯이 베버는 일찍이 종교적 권위의 유형을 전통적 권위, 카리스마적 권위, 합리적-법적 권위로 구분했다(Weber, 1946; 1947). 사회변동의 주제와 연관시켜 볼 때 종교지도자의 권위가 전통적인 것이면 그의 리더십은 전통적 규범이나 관례에 기초하기 때문에 변화에 대한 억제력으로 나타나기 쉽다. 그의 권위가 합리적-법적인 것에 기초한다고 해도 그것은 급진적 변화보다는 체제 속의 안정을 지향하는 경향이 있다고 할 것이다. 그러나 종교지도자의 권위가 카리스마적인 것일 때 그러한 리더십은 급진적 성격을 띠는 경우가 많다.

베버는 종교지도자의 카리스마가 기성질서를 비판하고 그것을 돌파하는 혁명적인 힘이 될 수 있다는 점을 강조한다(1947: 362). 왜냐하면 카리스마는 전통적이며 합리적인 가치나 규범을 깨뜨리는 경향이 있기 때문이다. 따라서 카리스마적 지도자는 옛날의 전통이나 일상적 삶의 방식에 대해 도전하고 현상에 대해 비판적 태도를 추종자들에게 만들어내기 쉽다.

따라서 종교가 사회변동에 영향을 미칠 수 있는 또 하나의 변수는 종교적 리더십, 특히 카리스마의 존재 여부라고 할 수 있다. 즉, 종교적 지도자의 권위가 전통적이거나 합리적-법적인 것일 때는 그러한 종교 혹은 종교조직은 사회변동에 대하여 하나의 장애요소로 작용할 수 있으나, 종교적 리더십이 카리스마적인 것일 때는 그 종교 혹은 종교조직은 사회변동을 촉진하는 방향으로 나아가기 쉬운 것이다. 사실상 종교의 창시자나 예언자와 같은 카리스마적 지도자들은 종교의 갱신뿐만 아니라 사회변혁에도 커다란 영향을 미쳤던 것을 알 수 있다. 물론 사회변동에 걸림돌이 되는 종교의 보수화를 주도하는 카리스마적 종교지도자가 없는 것은 아니다. 그러나 일반적으로 종교지도자의 카리스마적 리더십은 종교적, 사회적 전통이나 현실에 대하여 비판적인 경향이 있고, 이에 따라 변화를 촉구하는 강력한 힘으로 작용할 수 있다.

2. 사회변동의 장애물로서의 종교

종교가 사회변동에 미치는 영향의 한 형태는 종교가 사회변동을 억제하는 힘으로 작용하는 경우이다. 이러한 상황이 전개될 수 있는 방식은 어떠한 것이며, 종교가 사회변동에 장애요소가 되었던 사례에는 어떠한 것들이 있는가 하는 것을 이 절에서 살펴보기로 한다.

1) 사회변동 억제의 방식

종교에는 본질적으로 보수적 양상이 있다. 종교는 일반적으로 전통을 중요시하기 때문에 보수성이 강하다. 종교적 상징은 신자의 현재 경험을 그 집단의 전통에서 유래된 의미와 연결시키며, 이에 따라 당연한 것으로 여겨지는 진리로서 종교적 믿음은 새로운 방식의 사고에 반대하는 경향이 강하다. 과거에 신에 의해 인가된 방식으로서의 전통에 근거된 종교적 믿음과 수행은 변화에 대해 매우 저항적이다. 따라서 종교는 전통을 고수하는 방식으로 사회변동에 대해서는 하나의 장애물이 될 수 있다. 전통에 대한 집착은 흔히 현상(現狀)을 옹호하는 태도로 나타난다.

종교가 현상을 옹호하는 방식은 그것에 대하여 종교적으로 정당성을 부여하는 것이다. 물론 현상에 대한 정당화는 흔히 지배계급과 지배적인 종교조직 사이의 직접적 공모의 결과이다. 종교조직에서 중심적 위치에 있는 사람들은 대개 기득권이 있으며, 이들은 정치적, 경제적 영역에서의 지배계급과 상호 밀접한 관계를 맺고 있다. 전자는 후자를 정당화해 주며 후자는 전자를 보호해 준다. 종교는 그 자체의 이익을 지키기 위하여 기존 사회체제를 옹호하면서 변동에 반대하는 입장을 취하는 경우가 많다. 예를 들어 미국에서 한때 종교는 노예제도와 인종분리, 산업화와 반노동조합주의, 전쟁과 국제정치 — 그 모든 것이 일반적으로 지배적 사회정치집단의 이익에 봉사했다 — 를 정당화하는 데 이용됐다(McGuire, 1981: 187). 비슷하게 종교는 지배적 집단에 우호적 변화를 정당화하는 데도 이용되었다. 종교는 현존하는 사회질서를 정당화할 뿐만 아니라 현 체제를 이끌어 가는 왕이나 군주, 혹은 대통령의 권위를 절대적인 것으로 정당화함으로써 기성질서를 옹호하는 입장을 취하는 경향이 많았다.

종교가 사회변동을 억제하는 방식의 하나는 사회통제라는 수단이다. 전통적으로 종교는 사회통제를 위한 하나의 강력한 힘이었다. 사회통제란 지배적인 사회적 가치나 규범에서 벗어나려는 혹은 벗어나 있는 사회적 행위를 방지하거나 억제하는 것을 의미한다. 종교가 사회통제의 기능을 수행하면서 사회의 일탈적 무질서와 무규범의 상황을 예방하거나 혹은 교정할 수 있는 것이 사실이지만, 그렇게 함으로써 종교는 사회변동 자체를 억제하는 작용을 할 수 있다. 종교는 흔히 현상을 뒷받침하는 경향이 있기 때문에 여기에서 벗어나려는 일체의 시도를 일종의 일탈(逸脫)로 규정하면서 그것을 통제하는 힘이 되고 있다. 특히 급진적 사회변동은 현재의 사회질서에 대하여 파괴적이며 위협적인 것으로 보는 경향이 강하다.

따라서 종교는 사회변동을 유발하는 온갖 종류의 사회운동에 대해서는 대체로 부정적이며 비판적이다. 이것은 대개의 경우 종교가 노동운동, 농민운동, 학생운동, 여성해방운동, 인종차별 철폐운동과 같은 진보적 사회운동들에 대하여 소극적이거나 비판적 입장을 취하는 이유가 된다. 물론 종교가 사회운동을 주도하는 경우도 있기는 하지만 그것은 종교의 보다 지배적이고 일상적인 경향은 아닌 것이다. 만일 보수적 종교집단이 사회운동에 참여하게 된다면 그것은 변화를 반대하면서 전통을 회복하고 현재 질서를 존중하자는 반동적이거나 보수적인 운동일 것이다.

이러한 사회변동 억제방식들은 앞에서 제시되었듯 종교가 사회변동에 중요하게 작용하는 조건들 가운데서 신비적이고 '저 세상적'인 믿음체계, 현실을 정당화하는 신정론 혹은 이데올로기, 개인 영혼 중심의 구원관, 종교의 강한 사제적 전통, 보수적 신학 성향, 충분히 제도화된 조직체계, 지배계급의 주도권 장악, 전통적이거나 합리적-법적 권위의 리더십 등과 밀접하게 관계된 것이라 할 수 있다.

여기에서 특히 중요한 것은 종교의 조직적 특성이다. 중앙집권적인 사제적 위계서열을 가지고, 하나의 강하고 매우 자율적인 조직을 발전시킨 종교는 흔히 사회변동에 하나의 장애물로 작용하는 경향이 있다(Nottingham, 1971: 162). 만일 이 사제적 위계서열이 많은 대중에 대하여 그 입장을 강화할 수 있다면 종교가 사회변동에 영향을 미칠 가능성은 더욱 약화된다. 왜냐하면 사제직의 대부분 멤버들은 그들의 힘을 위협하는 어느 변화에 대해서도 묵인하지 않을 것이기 때문이다. 만일 사제적 확립이 많은 부와 부동산의 소유를 가져온다면, 그러한 확립은 현상의 어떤 변화에도 반대함으로써 그 기득권을 방어하게 된다. 변화가 방해받을 종교적 가능성은 확립된 종교와 확립된 정부 사이에 강한 동맹이 있을 경우에 증진된다. 이제부터는 종교가 사회변동의 장애물로 작용한다는 구체적 이론과 실례를 들어 보기로 한다.

2) 인도의 힌두교: 베버

제 5장에서 이미 살펴보았듯이 베버에게 종교에 대한 탐구는 사회변동에서의 종교의 역할에 집중되었다. 그에게 "고대 유대교, 힌두교, 유교, 그리고 근대 개신교에 대한 폭넓은 탐구는 그 자체가 목적이 아니라 하나의 목적을 위한 수단, 즉 사회변동에 대한 이해"였다(Luckmann, 1977: 11). 사회변동에 대한 하나의 독립변수로서 종교를 다루는 베버이지만 그는 종교가 사회변동에 영향을 미칠 수 있는 방식은 두 가지임을 분명히 한다. 그 가운데 하나는 종교가 사회변동을 억제하는 장애요소로 작용하는 경우인데, 그는 그 좋은 예로 인도의 힌두교를 들고 있다.

인도의 종교 힌두교가 사회변동에 대하여 결정적 장애물이 되는 근거는 크게 두 가지 형태이다(Weber, 1952).

첫째로, 힌두교의 신정론, 혹은 구원의 교리는 신도들의 사회변혁 의지를 사전에 제거해 버린다. 힌두교의 두 핵심적 교리인 윤회설과 인과론은 철저하게 이 세계에 대한 수동적 수납의 태도를 가르친다. 윤회설은 영혼의 윤회와 재생에 관한 교리이며, 인과론은 보상 혹은 응보에 관한 교리이다. 인과론에 따르면 인간의 현재적 삶은 전생(前生)의 활동의 결과이며, 그의 미래적 삶은 현재의 활동의 결과로 나타날 것이다. 이 세계에서 어떤 모습으로 태어나게 되는가 하는 것은 전적으로 그의 행위의 총체인 업(業)에 달려 있고 이것은 돌이킬 수 없다. 힌두교에 의해 요구되어진 일상생활 가운데서의 세계에 대한 무관심은 사회적 환경을 변화시키려는 노력과는 근본적으로 어울리지 않는 것이지만, 윤회설과 인과론의 논리와는 철저하게 일관적인 것이다.

두 번째 근거는 그 종교가 카스트(*caste*)제를 정당화한다는 것이다. 힌두교의 인과론, 즉 보상의 관념은 사회조직 안에서 개인의 사회적 운명에, 그리하여 카스트 질서에 연관되어 있다(1952: 119). 이러한 신정론은 일들이 지금 그대로 있는 것에 대한 정당화와 그것들이 변하지 않고 지속되기 원하는 개인들에 대한 좋은 이유를 마련해 준다. 일들의 현재 상태는 과거에 있던 일들의 불가피한 결과이다. 카스트제 안에서의 한 개인의 위치는 전의 생에서의 그의 활동의 직접적 결과이다.

이와 같이 인도사회의 체계는 사회구조를 힌두교 신정론에 연관시키는 카르마 교리와 카스트 정당화의 벗어날 수 없는 결합의 산물이다. 이러한 사고의 산물과 재생의 약속을 통한 경험적 사회질서의 결합이 멤버들의 사고와 희망에 현존하는 질서에 대한 저항할 수 없는 힘을 주었고, 다양한 전문집단과 천민들의 종교적, 사회적 통합을 위한 확고한 도식을 조장했다(1952: 131). 카스트제와 카르마 교리의 이 동맹은 사람들로 하여금 그렇지 않으면 지배적 체제를 전복하도록 인도할 수 있는 그들을 지성적으로, 감정적으로 만족시키는 세계관을 제공한다. 이러한 맥락에서는 사회변동을 위한 어떠한 갈망이나 의지도 나타날 수 없다.

비록 베버의 주된 관심은 사회의 강화와 안정으로서의 종교가 아니라 사회변동의 역동성의 한 근원으로서의 종교이지만, 그는 또한 사회안정의 유지에 공헌하고 사회변동의 억제에 관계되는 종교적 방식을 탐구했으며, 그 구체적 사례가 인도의 종교, 곧 힌두교였다. 결국 힌두교에 대한 베버의 논의는 종교가 사회 멤버들의 인지적이고 정감적인 요구를 만족시킴으로써 현상을 유지하도록 돕는다고 제안했다. 그리하여 종교는 세계에는 의미가 부여되어 있으며, 고통과 악은 자연적이고 불가피하고 정당한 것으로서 참아져야 한다는 것을 확인시켜 주는 것으로 이해된다. 베버의 분석은 현존하는 정치적 질서와 사회계층 체계에 대한 종교적 성화나 정당화의 중요성을 지적한다. 그렇다면 인도의 힌두교는 종교가 사회변동을 억제하는 대표적인 하나의 사례가 된다고 할 것이다.

3) 미국 개신교의 부흥운동: 윌슨

종교가 사회변동에 대한 장애물로 작용했던 또 하나의 좋은 사례는 미국 개신교의 부흥운동(*revival movement*)이다. 미국에서는 20세기 초까지 크게 3번의 커다란 부흥운동들(18세기 초, 19세기 초, 19세기 말에서 20세기 초)이 있었다. 이 운동들은 구원을 통한 죄로부터의 정화를 강조했다. 대체로 이 운동들은 아르미니안(*Arminian*)적인 뜨거운 종교운동이었다. 그러나 이것은 산업화에 따른 악적 세력들에 대하여 개혁하기보다는 도피하는 방법을 택했고, 따라서 현대주의나 사회복음이 전혀 없는 개인구원의 복음을 설교했다. 이 문제에 대한 윌슨(John Wilson)의 설명을 알아본다.

윌슨에 따르면 19세기 전후의 미국 개신교의 부흥운동들은 몇 가지 특징을 가지고 있다(1978: 67~8). ① 개인주의이다. 부흥운동의 종교는 개인적 저주와 개인적 구원을 말한다. 여기서는 개인의 영혼이 강조되고 영성의 문제가 중요하게 여겨진다. 그리고 개인적 결단이 필요하다. ② 감정주의이다. 부흥운동은 머리의 종교가 아니라 가슴의 종교이다. 회심과 감정적 경험이 중요하다. ③ 도덕주의이다. 부흥운동은 신앙인의 개인적인 도덕적 삶을 중요시한다. 구원을 추구하는 사람은 자신의 죄성을 깨닫고 옳은 길을 따라야 한다. 사람은 그의 도덕성에 의해 판단된다. ④보수주의이다. 부흥운동은 근본주의로의 회귀를 추구한다. 변화를 거부하며 새로운 방식들을 회피하는 경향이 있다. ⑤비(非)교파주의이다. 부흥운동은 교파적 연계를 무시한다. 특정 교파나 교회에 소속되어 있다는 것이 구원의 성취에 중요한 것은 아니다. ⑥복음주의이다. 여기에서는 성결과 성령운동이 강조된다.

물론 이러한 부흥운동들은 사회운동의 성격을 띨 수 있다. 그러나 부흥운동에는 사회의식이 결여되었으며 따라서 사회구원적 의미는 극소화되고 개인구원적 의식과 태도를 만들어낸다. 이러한 운동에서는 정치적 갈등과 사회적 효과를 거부하고, 종교적 믿음을 개인적 의미의 변화를 나타내는 것으로 보고, 개인의 의지를 신앙의 척도로 본다. 따라서 의식이 비사회화, 비정치화되는 신앙의 개별화, 그리고 내면적, 영적 평등이 경제적, 정치적 불평등 위에서 강조되는 초가치화라는 과정이 생겨난다(1978: 356~9).

개별화나 초가치화는 교회로 하여금 정치적 투쟁의 초점인 희소자원이 가치가 없는 것으로 보게 함으로써 다음과 같은 도시생활의 경제적 문제들을 무가치한 것으로 보게 만든다. 그 문제들은 하류층의 주거, 주(州)정부의 세금정책과 복지, 도시에서의 노사 집단협약, 노동조합 활동의 확장, 공동체에서의 정치참여의 확장, 도시의 정치적 구조의 개혁과 변화, 인플레이션이나 디플레이션 같은 경제적 불안정 등이다(1978: 356~7). 다른 결과로 자기해방을 추구하는 가난한 자들의 에너지는 사회 안에서의 계급차이는 문제가 아니며 그들의 작은 종교 공동체 안에서는 그 멤버들이 '실제로' 영적 용어로 평등하다는 관념으로 날조된다(1978: 357). 그리하여 종교는 현상(現

狀)을 정당화하게 된다. 미국의 개신교 부흥운동은 바로 이러한 종교의 전형적 사례가 되었다. 즉, 그러한 종교운동은 사회변동을 오히려 억제하는 보수적인 힘이 되었다.

물론 19세기 전후 미국에서의 부흥운동들이 절제와 금주운동과 같은 도덕운동을 사회적으로 전개함으로써 사회운동을 일으켰고, 이것은 미국사회의 변화에 기여했다고 보는 시각이 있다(McGuire, 1981: 190). 그러나 보수 종교집단의 종교운동은 일종의 반동적 사회운동의 성격이 강하기 때문에 변형지향적인 개혁적 사회운동과는 거리가 멀다고 하겠다. 결과적으로 부흥운동은 사회변동보다는 사회안정과 질서유지에 공헌했다고 해야 할 것이다.

4) 라틴 아메리카의 가톨릭: 마두로

우리는 제 3장에서 맑스의 사상을 정리하면서, 그리고 제 6장에서 갈등이론에 대하여 논의하면서 종교가 어떻게 사회갈등에 기여했는지, 그리고 그것이 어떻게 지배계급에 이용되는지에 대한 이론과 학설을 살펴보았다. 잘 알다시피 맑스는 종교가 불평등한 계급구조를 정당화하는 하나의 이데올로기이며 허위의식이라는 점을 분명히 한다. 종교적 이념이란 지배계급의 이익을 반영하는 지배이념으로서, 그들의 지배를 보장하는 이데올로기이다. 그리하여 종교는 피지배계급의 저항의식을 약화시키고, 이에 따라 그들의 혁명적 의지를 제거하는 통제력을 발휘한다. 그렇다면 맑스에게 종교는 불만스러운 계급구조의 현실에 도전하고 이를 바로잡으려는 사회변혁운동에 커다란 걸림돌이 되는 셈이며, 따라서 종교는 사회변동의 심각한 장애요소이다. 이러한 맑스의 사상을 보다 폭넓게 발전시킨 학자는 마두로(Maduro)이다.

마두로는 종교가 사회변동에 방해되는 경우를 라틴 아메리카의 가톨릭 사례에서 보다 구체적으로 제시한다. 그는 지배계급이 종교의 주도권을 잡으면 종교는 사회변동을 억제하는 힘으로 작용하게 된다고 하면서 이와 같은 일이 생겨나게 되는 몇 가지 전략을 먼저 밝혀냈다(1988: 207~11). ①지배계급은 헤게모니 전략을 세우게 되는데 여기에서 그들은 그들의 지배적 지위를 위협하는 모든 개인, 집단 및 운동들의 자격을 박탈하고, 불법화하며, 탈성화(脫聖化)하고, 이것들이 초자연적, 초사회적 힘의 뜻이 아님을 명백히 제시하는 실천 및 담화의 생산을 종교부문으로부터 얻어낸다(헤게모니 전략). ②지배계급은 성직자들에게 특권과 부를 제공하며 그들을 지배계급에 의해 촉진된 사회의 경제조직 형태 안으로 편입시킨다(경제 전략). ③지배계급은 성직자 계급과 우호적인 가족적 관계를 유지한다(가족 전략). ④지배계급은 그들의 헤게모니 전략에 우호적인 종교적 경향의 발전을 촉진할 법적 메커니즘을 창출한다(법적-정치적 전략). ⑤지배계급은 자신의 이익에 부합되는 관점의 전파에 우호적인 문화과정 및 교육제도를 창출하고, 성직자를 여기에 편입시킨다(교육 문화 전략). ⑥지배계급은 기존질서의 유지에 우호적인 종교를 받아들이도록 외적인 강제력을 행사하는 반면에, 기존질서에 대립되는 종교적 활동을 억압한다(억압 전략). 만일 지배계급이 이러한 전략에 성공한다면, 그 결과는 종교가 사회변동을 억제하는 데 매우 효과적인 힘이 될 수 있다는 것이다.

마두로는 지배계급의 자기확대와 유지의 전략에 크게 기여하는 것은 그 계급의 헤게모니 전략 안에 편입된 성직자 계층이라고 지적한다(1988: 212~15). 즉, 성직자 계층은 자연발생적으로 혹은 무의식적으로 지배계급의 이익과 조화를 이루는 종교적 교의와 실천을 생산, 보존, 재생산, 전파, 주입하는 경향을 보이는 반면에, 그들은 종교적이든 그렇지 않든 지배계급의 이익에 대립하는 것처럼 보이는 모든 교의와 실천을 배제, 자격박탈, 탈성화하려는 경향을 보일 것이라는 것이다.

마두로는 라틴 아메리카의 가톨릭이라는 특정한 맥락에서 부르주아 계급의 헤게모니 전략에 협조하는 듯이 보이는 종교적 생산의 유형들을 예로 제시하는데, 그 가운데 몇 가지를 소개하면 다음과 같다. 성직자 계층은 현존하는 사회, 경제, 사법, 문화 질서를 수용하고 수호할 것을 명백히 권유하는, 그리고 기존질서를 하나님이 내린 징벌의 결과 혹은 하나님의 섭리가 작용한 결과로 묘사하는 종교적 담화를 만들어낸다. 그들은 또한 권력자들은 성스럽고도 영원한 권위를 받은 자이기 때문에 그들에게는 복종해야 하는 반면에 피지배자들은 그들의 종속적 상황을 받아들여야 한다고 하는 종교적 담화를 만들어낸다. 그들은 지배자들에 대한 피지배자들의 투쟁을 명시적으로 비난하는 종교적 담화를 만들어내는 반면에, 지배와 그것이 피지배자들에게 초래하는 결과에 대하여는 비난하지 않는다. 나아가서 그들은 기존질서의 확대 혹은 찬양을 목표로 한 활동, 과정, 제도에 대하여 승인을 표시하는 경향이 있다. 이와 같이 종교는 지배계급의 권력을 정당화하고 기존질서를 옹호하는 식으로 사회변동을 억제하는 힘이 될 수 있다. 마두로의 이러한 주장은 다분히 맑스적인 것이다.

마두로는 라틴 아메리카에서 교회가 어떻게 현존하는 사회질서를 정당화하는 기능을 수행하는가 하는 문제를 두 수준에서 제시한다(1988: 222~3). 첫째로, 교회는 기존의 사회질서와 양립하지 못하는 자율적 종교운동의 발생 혹은 그 발전을 막으려는 지배계급의 사회-정치적 이익을 지지한다. 둘째로, 교회는 교회의 위계, 권위, 중앙집권화된 권력에 대한 존경의 태도를 내면화시킴으로써 정치, 경제,

군사 등 여타의 사회적 위계질서에 대한 신자들의 복종심을 조장한다. 그리하여 기존의 사회적 지배구조에 대한 복종심을 조장한다. 이렇게 본다면 마두로에 의해 분석된 라틴 아메리카의 종교상황은 종교가 사회변동을 억제하는 하나의 장애물이 되고 있음을 보여주는 것이다.

3. 사회변동의 수행자로서의 종교

앞에서 우리는 종교가 사회변동을 억제하는 장애물이 될 수 있는 가능성과 조건, 그리고 그 사례들을 살펴보았다. 그러나 종교가 사회변동에 영향을 미칠 수 있는 보다 적극적인 가능성은 종교가 사회변동을 조장하거나 촉진함으로써 그것의 수행자가 되는 경우이다. 이 절에서는 종교가 사회변동을 조장하거나 촉진할 수 있는 조건과 방식, 그리고 그 사례들에 대하여 알아보기로 한다.

1) 사회변동 촉진의 조건

(1) 사회적 조건

종교가 사회변동을 조장하거나 촉진할 수 있기 위해서는 우선 사회적 여건이 충족되어야 한다. 작고 고립된 폐쇄적 사회에서는 변화가 거의 일어나지 않는다. 만일 종교가 전통과 주술에 깊이 관계되어 있고, 사회의 여러 제도적 양상들과 분화되지 않다면, 종교는 사회변동을 위한 역동적 영향을 수행하기 힘들다. 반면에 종교가 전형적으로 다른 제도들로부터 분화되어 있고 자체의 체계적이고 합리적인 윤리를 가지고 있다면 그 윤리는 사회 구성원들의 관습적 행위와 긴장을 가지게 되며 그러한 긴장은 사회변동에 영향을 미칠 수 있다(Nottingham, 1971: 146).

종교가 사회변동을 촉진할 수 있는 다른 요소는 환경적 요소이다. 많은 수의 소외되거나 불만족스러운 사람들을 가지고 있는 사회환경에서는 그러한 근거가 세계를 변형시키려는 운동의 생성과 발전에 크게 도움이 된다(Roberts, 1984: 208). 반대로 불만족스러운 사람들을 별로 가지고 있지 않은 사회적 맥락에서는 변형을 촉구하는 운동이 환영받지 못할 것이다. 따라서 세계를 변형시키려는 운동은 불만족의 상황을 충분히 활용하게 된다. 마찬가지로 종교가 사회변동을 촉구하는 것은 주로 불만족스러운 사회현실에 직면해서인 경우가 많다.

종교가 사회변동을 촉진할 수 있는 또 다른 상황은 사회의 아노미(*anomie*) 상황이다. 원래 뒤르켐에게 아노미는 사회집단의 도덕적 질서의 위기를 의미한다(Durkheim, 1951: 246~57). 아노미는 무엇보다 사회가 개인 멤버들에게 질서와 규범적 규제를 마련할 수 없는 사회상황이다. 그러나 사회생활이 지속되려면 새로운 질서가 요구된다. 따라서 만일 한 집단 혹은 사회가 아노미적 상황을 경험한다면 종교는 도덕적 의미의 위기에 대해 의미와 질서를 마련해 주는 식으로 힘 있게 반응할 수 있다. 이와 같이 종교가 사회변동을 조장할 수 있는 사회적 조건의 하나는 사회의 아노미적 상황인 것이다.

(2) 종교적 조건

종교가 사회변동을 촉진하는 종교적 조건은 다양하다. '이 세상적'이며 금욕적인 믿음체계, 미래지향적이며 따라서 현실을 극복하려는 신정론 혹은 이데올로기, 사회구원을 강조하는 구원관, 종교의 예언자적 전통, 진보적 신학 성향, 제도적 과도기에 있는 조직체계, 피지배계급 혹은 종속계급의 주도권 장악, 카리스마적 권위의 리더십과 같은 것들이 종교로 하여금 사회변동을 촉진하는 요소로 작용한다고 할 수 있다.

이 가운데 몇 가지 조건들이 특히 중요하다. 첫째는 종교가 갖는 변형의 이데올로기이다. 세계를 변형시키려는 운동의 이데올로기는 흔히 사회구조 안에서의 전체적이고 즉각적이며 재난적인 변화의 예고로 특징된다(Roberts, 1984: 207). 이 변형을 준비하고 돕는 사람들은 새로운 시대에서 대접받을 것이며, 그 메시지를 받아들이지 않는 사람들은 어떤 무서운 운명의 지배를 받을 것이다. 그 새로운 시대는 현재의 사회질서의 부패된 가치와 매우 대조되는 밝은 가치로 보인다. 그러한 이데올로기는 놀랄 만한 보상 그리고/혹은 처벌의 약속을 통하여 멤버들을 움직일 수 있다. 이러한 변형의 이데올로기를 제시하는 종교는 사회변동을 유발하는 힘을 가진다. 그러나 이러한 변형을 추구하는 종교집단은 기득권을 가진 제도와 사람들로부터 저항을 경험하기가 쉽다. 따라서 종교의 사회변동 촉진의 기능은 체제유지적 기성세력 때문에 어려움을 겪는 경우가 많다.

둘째로, 종교가 사회변동을 촉진할 수 있는 또 다른 중요한 요소는 종교적 리더십이다. 사회변동은 흔히 바람직한 변화를 표현하고 추종자들에게 행동하도록 동기를 부여하며, 그들의 행동을 변화지향적 운동의 방향으로 이끌 수 있는 효과적 지도자를 요구한다(McGuire, 1981: 194). 종교는 역사적으로 그러한 지도자들을 많이 배출했다. 특히 그들의 종교적 주장이 권위를 가지게 되면 그 힘은 더욱 커진다. 여기에서는 종교지도자의 예언자적 성격과 능력이 중요하다. 예언자는 베버가 강조하듯이 기성 질서와 체제에 대하여 종교적 권위를 가지고 대항했던 대표적 종교지도자 유형이다(Weber, 1963: chap. IV). 그는 흔히 카리스마를 가지고 있다. 그의 메시지는 정죄, 비판,

경고의 성격이 강하다. 그 메시지는 사람들로 하여금 옛 생활방식으로 되돌아오게 하든 그들을 어떤 새로운 길로 인도하든 변동을 요구한다. 예언자는 새로운 권위가 있기 때문에 그의 메시지는 힘이 있다. 그리하여 그의 역할은 근본적으로 사회를 변화시키는 일이다. 종교가 사람들을 움직여 사회를 변화시키려면 종교지도자의 리더십이 중요한데, 그 중심적 요소는 카리스마이다. 카리스마적 지도자는 현존하는 규범적 형태에 도전하면서 새로운 규범적 질서를 제공하는 데 커다란 영향력을 행사할 수 있다. 그렇다면 종교가 사회변동을 성공적으로 이루어낼 수 있는 하나의 근거는 종교지도자의 리더십이라 할 수 있다.

셋째로, 종교가 사회변동을 제대로 수행하려면 자원이 동원될 수 있어야 한다. 종교집단이 성공적으로 사회운동을 전개하여 변화를 이루어 내려면 그 집단이 자체를 위하여 자원들을 동원하거나 활용할 수 있어야 한다. 이러한 자원에는 재정적 뒷받침, 정치적 영향력, 공식적인 합법성, 그리고 멤버들의 시간과 에너지가 포함된다(Roberts, 1984: 204). 사회변동을 추구하는 자원들을 확보하기 위해서는 종교가 대중성을 확보할 수 있어야 한다. 사회변동의 결과를 가져올 수 있는 사회운동의 성공 여부는 종교가 얼마나 필요한 자원을 동원해서 지속적으로 변화를 이루어낼 수 있느냐에 크게 달려 있다고 하겠다. 이때 자원의 동원에 결정적으로 중요한 것은 종교지도자의 리더십과 설득력 있는 종교 이데올로기라고 할 수 있다.

이러한 모든 사회적 및 종교적 조건들이 종교로 하여금 사회변동의 수행자가 되도록 작용하고 있다. 이제부터는 종교의 어떤 요소가 어떤 식으로 사회변동을 초래할 수 있는지에 대한 구체적 사례들을 알아본다.

2) 개신교 윤리와 사회변동: 베버

우리는 개신교 윤리와 근대 서구 자본주의 형성의 관계에 대한 베버의 연구에 대하여 제5장에서 이미 상세히 논의했다. 그러나 여기에서는 종교가 사회변동을 촉진할 수 있는 하나의 사례로서 그 문제를 다시 한 번 요약 정리해 본다. 《개신교 윤리와 자본주의 정신》(1958)에서의 베버의 주된 주제는 경제정신의 발전에 대한 혹은 경제적 체계의 에토스에 대한 어떤 종교적 관념의 영향에 관한 것이다. 이 주제는 맑스의 단순한 경제결정론을 수정한 것이다.

맑스는 경제적 조건이 인간의 모든 행위에 결정적 요인이 된다고 보았다. 그는 인간행위를 가치, 이상, 믿음의 표현으로 이해하는 것은 잘못이라고 하면서 반대로 믿음과 가치는 경제적 힘의 결과라고 주장했다. 관념이나 믿음은 경제적 현실을 정당화하도록 작용하거나 아니면 경제적 불행에 대한 보상의 역할을 할 뿐이라고 생각한다. 따라서 종교는 현재의 사회적 배열을 정당화하고 성화시키며 현상(現狀)을 강화하도록 돕는 대신에 변화를 지체시키는 요인이 된다고 본다. 맑스에게 종교는 종속변수일 뿐이다.

물론 베버도 경제적 이익이 사람들의 믿음과 가치에 커다란 영향을 미친다는 맑스의 주장을 부정하지는 않는다. 다만 그는 경제가 종교에 영향을 미칠 수 있는 반면에 종교도 또한 경제에 영향을 미칠 수 있다고 주장함으로써 맑스의 입장을 수정 혹은 보완했다. 즉, 베버에게 종교는 단순히 경제적 요소, 넓게는 사회변동에 대해 종속변수일 수만은 없으며 그것은 자주 경제적 요소 혹은 사회변동에 대해 독립변수일 수도 있다. 종교가 사회변동을 촉진할 수 있는 대표적 예가 바로 "개신교 윤리" 주제이다.

"개신교 윤리"에서 베버는 어떻게 종교적 믿음과 그 실천이 경제체제의 발흥에 영향을 미쳤는가를 밝히려고 시도했다. 그리하여 근대 서구사회에서 봉건주의로부터 자본주의 경제체제로의 변동은 개신교의 독특한 믿음과 윤리에 크게 힘입은 것을 밝혀냈다. 베버에 의해 이해된 자본주의의 본질은 그 목표가 최대의 이윤을 만드는 것이며, 그 수단은 일과 생산의 합리적 조직인 기업 안에서 구현되고 있다. 베버에 따르면 자본주의 형성에 대한 가장 중요한 적대세력은 합리적 방식으로 이윤을 추구하는 태도를 거부하는 전통적 믿음과 행위형태였다. 그러나 개신교 윤리는 새로운 관념과 행위형태를 만들어냈다는 것이다.

개신교 윤리의 한 특성은 직업에의 강한 소명의식이다. 세상의 모든 일은 하나님께 대한 봉사로 간주되었기 때문에 일의 어떤 형태도 신앙을 표현하는 수단이 될 수 있었다. 따라서 열심히 일하는 것은 개신교인의 근본적인 의무였다. 아울러 절제와 검소의 생활이 요구된다. 이러한 윤리는 바로 '이 세상적' 금욕주의이다. 그러나 근면으로부터 생겨나는 부는 사치나 감각적 쾌락에 쓰여서는 안 되며, 그것은 다시금 사회로 환원되고 투자되어야 했다. 이렇게 증대된 자본이 경제발전을 고양시키는 데 도움이 되었다.

개신교 윤리의 특징은 특히 칼뱅주의의 예정론에서 드러난다. 하나님은 이미 구원받은 자와 저주받은 자를 예정하셨다는 이 교리는 절망과 불안을 초래할 수 있었다. 그러나 칼뱅주의자들은 마치 그들이 구원받은 것으로 행동함으로써 구원받았는지에 대한 불안에 적응하게 되었다.

> 칼뱅은 참된 신앙의 기초 위에서만 위안을 발견해야 한다고 가르쳤다. 각 사람은 자신을 선택받았다고 생각하고 마귀의 유혹과 같은 모든 의심을 버리는 것이 의무였다. 왜냐하면 자기확신의 결여는 불

> 충분한 신앙으로 해석되었기 때문이다. 그 자기확신을 얻기 위하여 소명 가운데서의 끊임없는 일이 권장되었다. 하나님에 대한 봉사에서 활동을 증대시킴으로써 신자는 신의 뜻의 활발한 도구로서의 자기확신을 강화시켰다(Bendix, 1962: 81).

이렇게 개신교 윤리는 그 자체가 목적이 되는 일의 중요성을 강조했다. 뿐만 아니라 세상적 성공을 하나님의 은총과 영원한 운명의 지표라고 간주하기 시작했다. 그리하여 이것은 열심히 일하고 세상적으로 성공하는 것을 구원의 표시일 뿐 아니라 구원을 이루는 수단으로 보도록 인도했다고 베버는 설명한다. 개신교의 윤리는 결과적으로 경제의 추구와 개인적 절제를 모두 독려하게 되었다. 이렇게 개신교 윤리는 자본주의 정신(경제적 합리주의, 이 세상적 금욕주의, 소명의식)을 강력히 뒷받침하는 이념적, 실천적 토대가 되었다. 따라서 개신교 윤리가 자본주의의 발달을 가져오는 데 충분조건은 아니라 해도 필요조건이 될 수 있었다. 분명히 베버는 개신교 윤리가 자본주의 정신의 합리화를 조장함으로써 자본주의 경제체제의 형성에 공헌했다고 믿고 있다. 그렇다면 개신교 윤리는 서구사회에서 근대 자본주의가 형성되는 데 영향을 미치는 식으로 사회변동을 촉진했던 좋은 사례가 된다고 할 것이다.

3) 천년왕국운동

종교가 사회변동을 촉진할 수 있는 또 하나의 사례는 천년왕국운동(*millenarism* 혹은 *millennial movement*)이다. 천년왕국이란 물론 상징적이긴 하지만 미래에 도래해서 천년동안 지속될 새로운 시대의 나라를 의미한다. 이러한 신앙은 여러 사회의 민속종교를 포함한 여러 종교에서 찾아볼 수 있으나 대부분은 기독교 전통에서 나타난다. 천년왕국운동은 전체사회 질서의 임박한 해체와 새롭고 완전한 질서로의 대치(代置)를 기대하는 종말론적인 신앙을 토대로 한 일종의 종교운동이다.

완전한 새 질서가 임박했다는 천년왕국 신앙은 아노미적 사회상황에 대한 반응일 수 있다(Barkun, 1974). 즉, 옛 질서가 거의 붕괴되는 것으로 보일 때, 혹은 붕괴되어야 한다고 생각할 때 새로운 질서가 임박했다는 신앙이 생겨나기 쉽다. 만일 사람들이 아노미를 경험했다면 그 해결책은 현재를 위한 새 질서를 확증할 뿐만 아니라 현재 상황의 모든 문제적 양상들을 전체적이고 의미 있는 완전한 질서에로 재통합시키도록 재질서화하는 미래에 대한 믿음일 수 있다(McGuire, 1981: 39).

또한 천년왕국 신앙은 스스로 억압당하고 있다고 느끼고, 해방 혹은 구원을 열망하는 사람들 가운데서 주로 생겨난다(Worsley, 1968: 225). 즉, 사회 가운데서 상대적 박탈감을 심하게 경험하는 사람들 사이에서 그러한 신앙이 생겨날 가능성이 많다. 천년왕국운동은 대개 박탈당한 집단들—억압받은 농민, 도시의 빈민층, 식민지 나라 사람들—의 종교였다. 천년왕국운동은 심한 재난과 고통에 대한 반작용으로 발전하는 수가 많다. 그리하여 탈몬(Talmon)은 "천년왕국운동의 많은 것이 재난—역병, 황폐케 하는 화재, 농부들의 비참한 운명이 되는 연속적인 오랜 한재(旱災), 광범위한 실업과 가난을 야기시키는 불경기, 재난적인 전쟁—의 배경에서 생겨났다"고 지적한다(1965: 530).

이렇게 본다면 천년왕국운동은 사회변동에 대하여 하나의 독립변수라기보다는 오히려 하나의 종속변수라고도 볼 수 있다. 이 문제는 다음 장에서 논의하기로 하고 여기에서는 그 운동이 사회변동을 촉진하는 경우를 살펴보려고 한다.

기독교전통 가운데서 특별히 활발했던 중세기의 천년왕국운동들에 대하여 연구하면서 콘(Cohn)은 그 운동에서 나타나난 천년왕국의 특성을 다음과 같이 규정한다(1964; 1970). ① 천년왕국은 한 집단으로서의 충성스러운 자들에 의해 누려질 것이라는 의미에서 집합적이다. 천년왕국 신앙은 개인적 구원에 집착하는 신앙이 아니다. ② 그것은 어떤 타계적 하늘에서가 아니라 이 세계에서 실현될 것이라는 의미에서 지상적이다. 그러나 지상적이라고 해도 새로운 시대에서의 지상의 삶은 지상에서의 현재의 삶과 매우 다를 것이다. ③ 그 왕국은 곧 그리고 갑자기 올 것이라는 의미에서 임박해 있다. 그러나 임박한 세계의 변형은 초자연적 힘에 의해 주로 시작될 것이다. ④ 그것은 지상에서의 삶을 철저히 변형시키고, 그리하여 새로운 통치가 단순히 현세에 대한 개선이 아니라 완성 자체일 것이라는 의미에서 전적(*total*)이다. ⑤, 그 왕국은 초자연적인 것으로 간주되는 작인(作因)들에 의해 성취될 것이다. 그러나 비록 변형이 초자연적 힘에 의해 궁극적으로 성취될 것이지만, 인간은 그 길을 준비하는 데 하나의 적극적이고 중요한 역할을 가지고 있다. 따라서 천년왕국 신앙은 하나의 운동으로 발전하게 되는 것이다.

이 세상에서의 삶은 고통받고 시험받는 시간으로 보여지지만, 새로운 시대는 정의가 지배하는 새로운 사회질서의 강림을 의미한다. 따라서 불이익을 당하는 집단에게 천년왕국 신앙은 미래에 대한 커다란 희망을 제공한다. 흔히 이러한 신앙을 가진 집단은 그들의 종교적 표현에서 매우 감정적이고, 새로운 시대를 시작하기 위한 그들의 노력은 광적이 되기 쉽다(Roberts, 1984: 304). 따라서 천년왕국운동에 참여하는 집단이 기성권위에 대항하여 적극적 반항을 촉진하는 것은 흔한 일이다. 그것은 그 왕국이 임박했다고 믿을수록 그러하다.

한 운동이 보다 극단적으로 천년왕국적일수록 그것은 더욱 활동주의적(*activist*)이다. … 각 운동의 시간개념과 소극성-적극성 연속성에서의 그것의 위치 사이에는 상관관계가 있는 것 같아 보인다. 천년왕국을 임박한 것으로 보고, 구속에 대한 전적이고 생생한 개념을 가지고 있는 운동들은 대체로 다소 먼 훗날에 발생할 것으로 기대하는 운동들보다 훨씬 더 활동주의적이다. … 참으로 커다란 기대와 즉각성의 의미는 활동적 반동에의 정향을 촉진시키는 반면에, 결정적 시기의 연기와 보다 적은 기대는 소극성과 정적주의(*quietism*)를 낳게 하는 것 같다(Talmon, 1965: 527).

물론 천년왕국운동이 만들어내는 사회적 행위의 종류에 대한 단순한 일반화에 대하여는 조심해야 한다. 어떤 현대 천년왕국운동은 그것의 변화전략에 비효과적이다. 왜냐하면 그것은 변화를 가져오기 위하여 신비적 방법을 사용하기 때문이다. 어떤 천년왕국운동은 다른 운동들과 거리가 멀어서 멤버들에게 호전성을 불러일으키지 못한다. 그러나 전체적 경향은 천년왕국운동가들이 활동주의자들이라는 것이다. 때때로 그 활동주의는 사회적 체계를 향해 있고, 변화를 가져오는 경험적 가능성을 가지고 있다. 만일 사람들이 부정의하거나 심지어는 본질적으로 악한 것으로 보는 현재의 사회질서를 뒤집도록 돕는 데 그들이 하나님께 책임이 있다고 믿는다면 종교적 의무에 대한 그들의 신념은 사실상 사회변동을 자극하는 것이다(Roberts, 1984: 307).

천년왕국운동이 때로는 정치적 성격을 띠기도 한다. 이 운동에 참여하는 집단은 흔히 공통의 적으로 나타날 수 있는 외부적 위협에 직면하여 자원을 동원하여 이에 대항하는 수가 있다. 이렇게 되면 천년왕국운동은 유토피아적 목표로부터 보다 제한된 세속적인 정치적 목적을 가지고 있는 보다 진보된 운동으로 바뀔 수 있다. 조직화된 정치적 저항의 형태로 나타나는 천년왕국운동은 서구국가의 식민지배 아래 있는 부족사회에서도 흔히 보이고 있다. 멜라네시아(Melanesia)의 화물제의(*Cargo Cult*), 인디안 부족의 망령의 춤(*Ghost Dance*) 등이 그 예이다(Worsley, 1968; Talmon, 1965). 이러한 천년왕국운동은 부족의 생존에 위협이 되는 압제자에 대한 반항이 종교적 형태로 발전한 것이라 할 수 있다.

워슬리(Worsley)는 또한 하류 사회계층과 밀접하게 관계되었던 천년왕국운동의 열망을 그들이 지배계급의 지배적 가치와 이데올로기를 거절한다는 점에서 잠재적으로 혁명적인 것으로 본다(1968). 만하임(Mannheim)도 지상에서의 천년왕국의 도래에 대한 관념은 항상 혁명적 경향을 포함하고 있다고 보면서 그것은 정치적 급진주의에 훨씬 더 가깝다고 지적한다(1936: 211). 한편 콘(Cohn)도 어떤 천년왕국운동은 정치적 급진주의 혹은 혁명적인 성격을 가지고 있다고 지적하면서 천년왕국운동으로 이어진 16세기 독일의 농민폭동을 그 예로 들고 있다(1964). 즉, 풍요하고 떠오르는 계급인 독일 농민들은 그들 공동체의 자율성을 증대시키고 새로운 지역국가에 의한 침식에 대하여 전통적 권리를 방어하는 데 관심이 있었다. 북서부 독일 교회국가들의 수도들에서 반란을 일으켜 뮌스터(Münster)에 새 예루살렘을 세웠던 급진적인 재침례교(*Anabaptist*) 운동도 혁명적 성격을 띤 천년왕국운동의 또 다른 사례가 될 것이다. 그러나 비록 콘이 11~16세기 사이 서구 유럽의 뿌리 없는 가난한 이들 가운데 성행했던 천년왕국운동은 농민폭동과 도시반란이 매우 흔했고 자주 성공적이었던 세계에서 생겨났다는 것을 밝혀냈지만, 그는 그 운동을 계급투쟁으로는 보지 않는다(1970: 281).

이러한 급진적 종교운동에서 핵심적 영향은 카리스마적인 지도자 혹은 예언자이다. 사회적 긴장이 고조되고 반동이 국가적 수준에 이를 때 사회 주변에서는 그러한 동요를 묵시적 투쟁이나 세계의 마지막 정화로 바꾸려는 의도를 가진 예언자들이 추종자들을 이끌고 나타날 수 있다(Cohn, 1970: 284). 그러나 천년왕국운동은 대중 소요(騷擾)와는 다르다. 그것은 정치운동의 '현실적' 목적과 종교적 혁명의 '비현실적' 환상 사이의 대조라고 할 수 있다(Hill, 1980: 208).

천년왕국에 대한 믿음은 전통적 기성종교뿐만 아니라 새로운 종교운동 가운데서도 나타난다. 한편 그러한 믿음은 세속적 운동에서도 비슷한 양태를 보일 수 있다. 즉, 19, 20세기의 여러 '주의'(*isms*)가 세속적 천년왕국운동을 투사하고 있다(McGuire, 1981: 39). 사실상 많은 형태의 민족주의가 옛 사회질서의 파괴 가운데서 그들의 운명을 실현시키려는 사람들의 비전에 기초하고 있다. 이러한 관점은 러시아 혁명, 나치즘, 구 소련이나 중국의 공산주의가 모두 천년왕국운동적 성격을 띠고 있다고 본다. 즉, 초자연적 영역에의 참조 없이도 이 믿음체계는 질서와 의미의 문제들에 대한 천년왕국적인 반응이라는 것이다.

이와 같이 천년왕국운동이 나타내는 하나의 두드러진 특징은 그것이 사회변동을 촉진하는 힘으로 작용할 수 있다는 점이다.

4) 사회복음운동

종교가 사회변동을 촉진했던 또 다른 사례로는 19세기 말에서 20세기 초에 미국 개신교의 진보집단 가운데 활발히 전개되었던 사회복음운동(*social gospel movement*)을 들 수 있다. 라우션부시(Walter Rauschenbusch)와 글래든(Washington Gladden)과 같은 지도자들에 의해 주도되었고 미국 개신교의 회중교, 성공회, 감리교, 그리고 유니테어리언을 중심으로 발전된 사회복음운동도 사실은 급격한 도시화와 산업화에 따른 하나의 대응으로 생겨났다. 따라서 엄밀한 의미에서 사회복음운동은 사회변동의 결과라고 할 수 있다. 그러나 그 운동이 일단 확산되면서 그것은 다시금 사회변동을 촉진하는 중요한 결과를 만들어냈다.

미국의 사회복음운동은 또한 앞에서 논의했던 부흥운동에 대한 반작용이기도 하다. 즉, 사회복음운동은 개인의 구원, 경건한 사적 신앙, 천상에서의 미래적 보상 등을 강조하는 보수적 개신교인들의 사회적 무관심에 대하여 비판적 입장을 취하면서 사회참여와 개혁의 실천에 나섰다(Rauschenbusch, 1918).

사실상 19세기 말의 사회적, 경제적 정황은 심각했다. 산업화와 도시화의 과정 가운데서 미국 사회에는 노동자의 착취, 낮은 임금, 열악한 노동환경과 조건, 부녀자와 미성년자의 불리한 노동조건과 같은 것들은 매우 심각한 수준이었다. 또한 거대한 재정구조, 대량으로 상품을 생산하는 대형 공장들, 그리고 국가와 세계의 소비자들에 대한 분배의 복잡한 체계와 함께 이 새로운 산업사회는 공황과 이에 뒤따르는 실업으로 경제활동이 위축되었다. 이러한 상황 가운데서 사회복음운동은 인간의 근본적 존엄성, 모든 인간의 평등, 소외될 수 없는 인간의 자유, 그리고 정의, 기회, 자기발전의 권리를 강조했다.

사회복음운동은 주로 경제적 문제를 다루어 노동자의 조직권을 주장하고 산업체 내의 민주주의를 강조하였으며 경쟁사회를 협동사회로 변화시킬 것 등을 주장했고, 산업분규에서는 화해정신과 중재 원칙을 주장했으며, 아동노동의 철폐, 노동시간의 단축, 최저임금제도, 생산물의 균등한 분배, 가난의 축출 등을 주장하였다. 사회복음운동가들은 낙관주의자들로 교육과 결사, 상호개혁과 기독교의 고조된 의무감으로 사탄의 세력, 즉 정치적 폭군, 경제적 이기주의와 불평등, 그리고 가난을 극복할 수 있어야 한다고 주장했으며, 하나님의 계획이 이 땅에 이루어지려면 평등, 형제애, 기독교인의 권리와 책임, 정치적 민주주의, 그리고 무엇보다도 자유 결사가 이루어져야 한다고 주장했다. 그들은 한편으로는 사회성이 결여된 기독교와 싸우고 또 한편으로는 비기독교적 사회주의와 싸우면서 자본주의 산업사회를 개혁하려고 했다(Hopkins, 1940).

한편 1908년 감리교에 의해 채택된 사회신경(*the Social Creed*)은 미국의 교회연합협의회(NCC의 전신)에서 그대로 수용되었다. 사회신경은 다음의 문제들을 해결하기 위하여 노력한다는 고백이며 실천의지의 표명이다. 그것들은 모든 사람의 동등한 권리와 완전한 정의, 산업 분쟁에서의 화해와 중재, 위험한 기계, 직업병, 산업재해, 생명 위협으로부터의 노동자의 보호, 미성년 노동의 폐지, 여성의 노동조건 개선, 노동착취의 폐지, 일주일 하루 휴무, 가능한 최고의 급여, 모든 사회적 질병의 치료와 같은 것들이다(Muelder, 1961: 48~9). 물론 초기 사회신경의 특징은 단지 한 문제, 즉 경제문제만을 취급했다. 그러나 나중에는 인권과 자유, 결혼과 가족, 인종, 절제, 산업질서와 노동문제, 농촌과 도시문제, 국가, 공산주의, 세계질서 등의 보다 폭넓은 주제들이 사회신경에 포함되었다(Ward, 1961: 42~156).

이와 같이 사회복음운동은 사회가 그 가운데 있는 구속(救贖)된 개인들 없이 구속될 수 없듯이 개인은 구속되지 않은 사회에서는 완전히 구속될 수 없음을 인식하고, 조직화된 기독교는 개인들에게뿐만 아니라, 전체로서의 사회에, 그 제도에, 그 법에, 그것의 공적 도덕에 의무가 있음을 강조했다(Muelder, 1961: 26~35). 그리하여 개인뿐 아니라 사회 전체의 변형을 위하여 여러 사회운동을 일으켰고 프로그램들을 발전시켰다. 예를 들면 그 운동은 실업보험, 최저임금, 노동시간, 부녀자 노동문제, 진보적 세금정책, 집단협약의 권리, 실업구제를 위한 공적 사업 프로그램들을 위한 입법화 추진에 공헌했다(J. Wilson, 1978: 218). 이렇게 그 운동은 이른바 '복지 자본주의'의 발달을 조장했고, 이에 따라 기업 공동체는 경제활동에서의 사회적 책임을 인정하고 실천하기 시작했다.

물론 사회복음운동은 부흥운동을 주도했던 보수 교회집단으로부터 심한 도전을 받았다. 즉, 사회복음은 복음에 대한 비성서적 곡해요 종교를 가장한 극단적으로 자유주의적인 정치철학이라고 공격을 받았다(Chalfant et al., 1981: 234). 심지어는 사회복음이 용공으로 매도되기까지 했다. 그러나 비록 사회복음운동이 자본주의의 모순에 대하여 비판적이기는 하지만 그것은 또한 유물론적 사회질서에 대해서도 거부했다. 사실상 라우션부시 자신도 개인과 사회의 총체적 구원을 주장했던 온건 개량주의자였다.

> 대부분의 사람들은 개인의 갱신만을 기대한다. 대부분의 개혁자들은 사회의 갱신만을 기대한다. 우리는 그 두 요소가 인간의 내적, 외적 본성을 구성하고 있다고 믿으며, 이에 따라 우리는 개인과 사회의 갱신과 기독교화를 위하여 일한다. 대부분의 기독교인들은 하나님을 위한 사적 생활을 요구하고 기업은 악마에게 남겨 놓는다. 대부분의 사회개혁자들은 기업생활에서의 정의를 요구하고 사적 생활을 쾌락에 맡겨 버린다. 우리는 기업생활에서 정의를 성취하기 위하여 사적 생활에서의 자기희생을 간청한다. 대부분의 기독교인은 말한다. "모든 사람들이 개종할 때까지 기다리리라. 그러면 완전한 사회질서가 가능할 것이다." 대부분의 사회개혁자들은 말한다. "우리가 완전한 사회질서를 가질 때까지 기다리리라. 그러면 모든 사람들이 선해질 것이다." 우리는 말한다. 두 가지를 동시에 함께 추구하라. 어느 것도 다른 것 없이는 불가능하다.

> 그들은 모두 말한다: "기다리라!" 우리는 말한다: "회개하라. 하나님의 나라가 가까웠다"(Sharpe, 1942: 82~3에서 재인용).

사회복음운동이 총체적 구원을 주장하는 것이 사실이지만 분명히 그것은 사회개혁, 노동개혁, 정치개혁을 주장하고 선동했던 것 역시 사실이다. 비록 그 운동이 20세기 중반 무렵 개신교의 주류를 이루었던 보수적 교회세력에 의해 크게 약화되었지만 20세기의 전환기에 사회변동에 중요한 영향을 미쳤으며, 오늘날에도 개신교의 진보적 신학이나 실천에 하나의 중요한 근거가 되고 있다.

5) 가톨릭과 사회변동: 마두로

맑스에게 사회행동의 근본적 기초는 물질적 이익인데 반하여 종교적 이념은 단순히 하나의 부수현상일 뿐이었다. 그러나 맑스 사상을 계승한 최근의 갈등이론적 시각에서는 종교가 수동적이고 보수적인 요소를 가지고 있을 뿐만 아니라 동시에 능동적이고 혁명적인 요소도 가지고 있다고 본다. 이러한 관점을 발전시킨 대표적인 학자가 마두로이다. 우리는 앞 절에서 라틴 아메리카의 가톨릭은 종교가 사회변동을 억제하는 중요한 힘으로 작용하고 있다는 그의 입장을 살펴보았다. 그러나 마두로는 또한 같은 종교 안에서 잠재적인 혁명적 기능이 수행될 수 있는 힘을 발견하고 있다(1988: 33~35장). 물론 이때 종교는 주로 하위계급 혹은 피지배계급의 자율성 신장에 기여하는 식으로 사회변동을 촉진할 수 있다는 것이다.

마두로에 따르면 압도적으로 종교적인 세계관을 지닌 종속적 사회집단에서 그들의 종속적인 사회적 조건을 변혁시킬 능력은 그 사회의 지배적 세계관과는 독립적이며, 그것과 상이하고 대립적인 종교적 세계관을 구성해 낼 수 있는가에 달려 있다(1988: 226). 즉, 특정 사회에서 종속계급이 자율적이며 지배계급과 상이하고 대립하는 방식으로 이 계급을 사회 및 자연환경 속에 위치짓고 방향지을 수 있는 종교적 세계관을 생산한다면 종교적 생산은 혁명적 기능을 수행할 수 있을 것이라는 것이다.

종교가 혁명적 기능을 수행하기 위해서는 몇 가지 요소가 필요하다(1988: 227~29). 무엇보다 필요한 것은 높은 수준의 계급의식으로서, 그것은 지배계급과의 집단적 대립, 지배의 거부, 종속적 지위를 집단적으로 극복하려는 열망, 가능성, 결단에 대한 명백한 의식이다. 여기에는 또한 종속계급의 계급조직이 요구된다. 그 조직은 피지배라는 사회적 지위에 처한 사람들만이 배타적으로 공유하는 공간 및 시간의 지속적 존재 및 주기적으로 반복되는 집단을 의미한다. 이때 종교는 종속계급의 자율적 조직화를 위한 통로로 기능할 수 있다. 종교의 혁명적 기능 수행이 가능하기 위해서는 계급동원도 필요하다. 이것은 지배계급의 권력과 명백히 대립하는 집단행위를 뜻한다. 그것은 지배에 대한 가속화되고 체계적이며 연속적인 공격행위로 발전해야 하며, 이 행위들은 결국 종속계급의 변혁 역량을 확대하고 심화함으로써 정치적인 영향력까지 갖게 된다.

그러나 종속계급의 종교적 자율성은 종교적 혁신 없이는, 즉 종교부문에서의 변화가 없이는 불가능하다. 왜냐하면 지배계급의 주도권 아래서 전통적인 종교적 세계관을 유지하는 것은 그 세계관을 공유한 사람들로 하여금 전통적인 것의 보존, 즉 기존 사회질서의 보존을 지향하게 할 수 있을 뿐이기 때문이다(1988: 231). 이때 종교적 혁신이 종속계급의 종교적 자율성에 기여하는 것이 되기 위해서는 지배계급의 종교전통과의 단절이 요구된다.

마두로는 오늘날 라틴 아메리카에서 볼 수 있듯이 경제적, 정치적, 문화적 지배형태에 대항할 사회적으로 가능한 모든 저항형태가 중앙권력에 의해 봉쇄되어 있을 때 종속계급의 불만세력이 교회에 침투하여 그 안에서 종교적 표현을 발견하게 될 가능성이 커진다고 지적한다(1988: 235~6). 이 상황에서 대중 불만세력이 교회 내에서 공명(共鳴)을 얻게 된다면, 저항이 교회를 통해 조직되고 발전되어 지배에 대항하는 집단적이고 장기적인 투쟁운동으로 점차 부상하는 데 성공할 수도 있다는 것이다.

흔히 종속계급과 관계하는 성직자들의 잠재적인 혁명적 기능은 비록 소수세력이긴 하지만 사회적 위기의 시기에 나타난다. 그 성직집단의 잠재적인 혁명적 기능은 그들과 연계된 종속계급이 현저하게 자율적이고 반헤게모니적 내용을 지닌 종교적 수요를 창출할 때, 그리고 교회 자체가 종속계급의 자율성에 우호적인 새로운 신학이 발전되는 장소가 될 때 한층 현실적인 것이 된다(1988: 236). 여기에서 중요한 역할을 하는 것은 체제에 도전하는 의식화된 일단의 종속계급의 존재와 그들의 활동을 정당화시키는 이른바 '해방신학'의 이념적 뒷받침이다. 이러한 사제집단은 오히려 예언자적 기능을 수행하고 있다고 할 수 있다.

이와 같이 라틴 아메리카의 가톨릭은 앞 절에서 살펴본 것 같이 현존하는 질서를 정당화하고 지배계급의 주도권 전략에 동조함으로써 사회변동을 억제하는 작용을 하기도 했지만, 때로는 그 종교가 종속계급의 사회적 조건을 변화시키도록 영향을 행사하는 혁명적 역할을 감당함으로써 사회변동을 촉진하는 힘이 되기도 했다.

제 15 장

종교와 사회변동 II

종속변수로서의 종교

종교와 사회의 관계는 상호적인 것이지만 앞 장에서는 종교가 사회변동에 영향을 미칠 수 있는 가능성에 대하여 살펴보았다. 이 장에서는 사회의 변동상황이 종교에 미치는 영향에 대하여 알아보려고 한다. 사회변동의 결과로 종교에 생겨날 수 있는 변화의 양상은 종교의 믿음과 수행체계, 종교의 조직, 종교의 지위와 공신력, 종교의 역할과 기능, 그리고 종교의 교세와 영향력 등이다. 한편 종교에 영향을 미칠 수 있는 사회변동의 지표로는 산업화, 도시화, 사회분화, 전문화, 합리화, 다원화와 같은 사회 현상이나 과정 등을 들 수 있다. 사회변동이 종교에 어떤 영향을 미쳐서 종교가 어떻게 변화되는가 하는 문제를 종교의 진화, 종교의 성쇠(盛衰), 종교의 세속화, 그리고 종교의 미래라는 주제로 나누어 논의하려고 한다.

1. 사회변동과 종교의 진화

1) 사회진화론적 관점

(1) 고전적 종교진화론

우리는 앞(제3장)에서 초기 사회과학자들의 사회진화론적 종교관에 대하여 살펴본 바 있다. 사회진화론자들에게 종교에 변화를 가져다 준 사회변동의 핵심적 특성은 사람들의 합리적이고 지성적인 지식 혹은 지적 능력의 향상이었다. 물론 여기에는 과학과 테크놀로지의 발달이 중요하게 작용하였다. 그들은 인간의 지적 능력이 발달하면서 종교도 하등형태에서 고등형태로 진화되었고, 종교 진화의 마지막 단계는 그것의 소멸이라고 믿었다. 예를 들어 프레이저는 인간의 삶을 통제하는 중심적 힘이 원시사회의 주술(*magic*)에서 중간사회의 종교로, 다시금 근대사회의 과학으로 바뀌었다고 주장했다(Frazer, 1951). 그는 가장 단순하고 기본적인, 그러나 무지에서 유래한 주술은 절대적이고 초월적인 존재를 믿는 종교보다 먼저 생겨난 신앙형태라고 본다. 그러나 인간의 합리적이고 지적인 능력의 발달은 종교를 폐위시키고 그 자리에 과학을 놓게 된다는 것이다.

콩트도 비슷하게 진화론적 시각에서 종교의 변화에 대하여 말하고 있다(Comte, 1896). 그에게 종교의 진화는 인간의 지식 혹은 지성의 발달의 결과인데, 그의 이러한 견해는 실증주의와 인간주의적 관점에 근거하고 있다. 인간의 지식 발달의 처음 단계인 신학적 단계는 그 자체가 인간의 지적 수준에 따라 주물신앙에서 다신론으로, 다시 다신론에서 유일신론으로 종교신앙의 형태가 진화된다. 그러나 콩트는 전통적 의미에서의 종교의 자리는 결국 인간의 지적 능력이 크게 발달함에 따라 실증주의와 과학에 의해 대체된다고 보았다. 혹은 그에게 실증주의, 인간주의, 그리고 과학 자체가 오늘날의 새로운 종교라고 말할 수도 있을 것이다.

(2) 베버의 종교진화론

사회진화론자들의 종교관이 많은 비판을 받았다는 것은 이미 지적했다. 특히 문제가 되는 것은 그들이 대체로 종교가 사회의 진화과정 가운데 사라질 것이라고 보았다는 점과 종교 자체(그리고 사회)의 진화과정을 '진보'의 개념으로 이해하고 있다는 점이다. 한편 사회진화론자라고 볼 수는 없으나 종교의 변화를 진화론적 관점에서 분석한 이는 베버이다. 베버도 역시 주술로부터 종교가 발전한다고 본다. 주술로부터 종교로의 과정은 인간의 사회생활에서의 '이성'의 작용 때문이라고 지적하면서 그는 이러한 추세(베버는 이것을 '합리화'라고 부른다)가 사회진화의 원리라고 주장한다(Weber, 1963, Introduction by Parsons: xxxii~xxxiii). 종교에 대한 베버의 이론은 원시적 종교상태로부터의 '돌파'(*breakthrough*)가 생겨날 수 있는 방향과 발전적 진로에 대하여 체계적으로 설명한다.

베버는 주술 자체에도 진화적 변화의 단계가 있다고 본다. 가장 초기의 종교적 현상은 자연주의적 성향, 즉 '주술적 자연주의'로부터 생겨난다. 이 신앙은 종교적 행위의 가장 원시적 형태로서 이것은 '뒤에' 숨겨져 있고 카리스마가 부여된 자연적 물건, 기물, 동물, 혹은 사람의 활동에 책임이 있는 어떤 존재들이 있다는 관념이다(1963: 3).

실제적 물건이나 사건 뒤에는 분명하고 영적인 어떤 것이 있다고, 즉 실제적 사건은 단순히 징후나 상징이라고 믿어지기 때문에 구체적 사물보다는 그 사물을 통해 자신을 표현하는 영적인 힘에 영향을 미치도록 노력해야 한다. 이것은 상징에 의해 이루어진다. 이렇게 진화된 주술형태를 베버는 '주술적 상징주의'라고 부르는데, 이 현상은 상징주의에 대한 전문가의 성공에, 강신술자(降神術者)가 창조해내는 조직의 힘에 달려 있다(1963: 7).

주술로부터 사제종교로 전환되는 또 하나의 '돌파'가 있다. 합리화의 과정은 보편적 신들의 우위성을 낳게 했고, 범신론의 구현은 어느 정도 조직적이고 합리적인 원칙을 따르게 되었다. 신들에 대한 사고가 심화됨에 따라 신성의 존재와 성격이 명백하게 확립되어야 하고 그 신은 이러한 의미에서 '보편적'이어야 한다고 점차 느끼게 되었는데, 베버는 이러한 종교현상을 '사제종교'(*priestly religion*)라고 부른다(1963: 20~31). 기도, 희생, 예배 등의 형태를 취하는 이 종교에서는 비주술적 동기가 점차 강화된다.

베버에게 주술과 종교는 그 기능에서도 구분이 이루어진다(1963: chap. II). 주술적 의식은 신을 능가하는 힘을 추구하여 그 의식으로 하여금 그것을 행하는 사람의 문제를 해결하도록 하며, 따라서 주술은 특수한, 지엽적인 문제에 관심을 갖는다. 반대로 종교는 명령되어진 예배와 신에 대한 굴복을 나타내며 이것은 곧 신앙의 공동체를 만들어내는 원리가 된다. 이처럼 주술적 경향을 극복하는 종교적 '돌파'는 개인적 소망이나 가족적 관심을 넘어서서 보다 넓은 의미의 공동적 선을 추구하는, 보다 복잡하고 질서가 잡힌 분화된 사회가 생겨나는 운동의 일부이다. 베버는 사제종교의 이러한 출현을 형이상학적 합리화와 종교적 윤리의 완전한 발전의 결과로 보고 있다.

베버에 의하면 그 이후로 또 하나의 '돌파'가 사제종교에서 '예언종교'로 변하는 과정 가운데 발생한다(1963: 46~59). 주술가처럼 그 자신 안에 있는 능력으로 행동한다는 점에서 예언자는 주술가와 닮았지만 그는 그의 예언자적 과제가 공동체 전체를 위해 의미를 가지는 메시지를 설교하는 점에서 주술가와 다르다. 따라서 주술가와는 달리 예언자는 분명한 계시를 선포하며, 그의 사명의 핵심은 주술이 아니라 교리나 계명이다. 그 예언자적 메시지를 통하여 그 공동체는 보다 큰 자기지식에 이르며 자체의 이상에 대한 보다 분명한 이해를 얻게 된다. 이러한 예언종교로의 돌파의 원리도 역시 합리화의 적용이라고 할 수 있다.

2) 사회구조와 종교의 진화: 노팅검

오늘날의 종교사회학자들은 종교의 변화과정을 사회구조의 변화와 연관시켜 설명하는 경향이 있다. 예를 들어 데메라드(Demerath)와 하몬드(Hammond)는 종교의 진화에 영향을 미치는 사회구조의 변수를 사회의 분화와 제도화의 정도로 보는데, 여기에는 그 사회의 규모가 작은지 큰지, 동질적인지 이질적인지 등이 중요하다(1969: 198~202). 한편 노팅검(Elizabeth K. Nottingham)은 종교의 진화에 영향을 미치는 사회구조의 변수를 지성적 체계, 행위체계, 공동적(조직적) 체계로 보면서 그러한 사회구조적 특성은 종교의 지적 혹은 믿음의 체계, 행위 혹은 의례체계, 조직체계 그리고 기능에서의 변화를 초래한다고 지적한다(1971: 30~54). 물론 이들도 종교의 변화를 설명하기 위하여 진화라는 용어를 사용하나 그들은 이 개념을 사회진화론자의 진보 개념으로 이해하기보다는 단순히 변화의 개념으로 보려고 한다. 여기서는 노팅검의 종교진화론에 대하여 소개하기로 한다.

(1) 문자 이전 사회와 종교

'문자 이전의 사회'는 시대적 변화과정에서 가장 초기 형태의 사회이다. 이 사회는 작고 고립된, 그리고 문자가 생겨나기 이전의 사회로서, 여기에는 낮은 수준의 테크놀로지와 낮은 분업체계로 특징된다(Nottingham, 1971: 33). 사회변동의 속도는 늦고, 정치, 경제, 가족 제도들의 전문화는 초보적이다.

이러한 사회에서의 종교적 믿음과 지적 체계의 특징은 개인과 사회가 함께 자연적-신적 우주 안에서 수렴된다. 즉, 그들의 가장 힘 있는 종교적 상징은 흔히 부족 조상이나 문화적 영웅과 같은 신화적 인물들로 상징화된다. 종교적 행동체계에서는 예배하는 집단과 그들이 예배하는 것 사이의 동일화가 이루어진다. 종교조직은 그 집단의 전체 활동의 한 양상으로 나타난다. 따라서 종교는 경제, 정치, 가족, 오락과 같은 다른 제도들과 분화되어 있지 않다. 이 사회에서 종교의 주요 기능은 무엇보다 사회의 통합과 응집을 가능하게 하는 것이다(1971: 34). 개인에게 종교는 전적인 사회화 과정을 담당한다. 그리하여 사회화는 삶의 주기에서 통과의례에 의해 이루어지게 된다.

(2) 산업화 이전 사회와 종교

문자 이전의 사회는 '산업화 이전의 사회'로 진화되어 많은 변화가 사회에 있게 된다. 이 사회는 덜 고립되고 지역이 확장되며 인구가 보다 증가되어 있다. 높은 정도의 테크놀로지가 발달하고 상당한 수준의 분업이 이루어진다. 문자가 생겨나서 활용되고, 농업, 가내공업, 어느 정도의 무역이 발달하게 된다. 사회제도들이 다소 전문화되기 시작한다. 이 시기에 이른바 역사적 종교들—불교, 유대교, 기독교, 이슬람교, 힌두교 등—이 생겨난다.

산업화 이전 사회의 종교들이 가진 공통적인 지적, 상징체계는 초월주의를 강조한다(1971: 35). 이 상징체계는 현세와 종교적 내세 사이를 강조하는 이원론적 우주관으로 대표된다. 그리고 구원의 영역으로 들어가는 것—천국, 각성, 해탈—이 중심적인 종교적 탐구의 목적이 된다. 종교적 행동체계에서는 구원을 획득하기 위해 필요한 행동에 관심을 갖게 된다. 구원의 성취를 위해 훈련과 자기부정을 요구하는, 어렵고 책임적인 과제가 뒤따른다. 흔히 역사종교들은 실제적 경험세계의 가치를 평가절하하고 금욕주의나 세상으로부터의 퇴거를 권장하는 경향이 있다(1971: 36).

종교조직은 종교 엘리트의 매우 규제된 수도원적 조직과 세상일에 참여하는 대다수를 위한 보다 느슨한 종류의 조직으로 나누어진다. 종교는 대개 자체의 전문적이고 위계적인 조직을 갖게 된다. 종교의 기능에서는 종교가 여전히 사회의 응집력에 중요하게 작용하기는 하지만, 종교영역과 세속영역이 분리되기 시작하면서 사회의 통합과 안정을 가져오는 사회적 기능은 다소 약해진다(1971: 37). 종교와 사회의 관계는 보다 복잡해져서 종교와 정치제도 사이에 갈등이 생기기도 하지만, 또한 어떤 종교윤리는 사회에 대하여 혁신적인 역할을 할 수도 있다.

(3) 산업화된 세속사회와 종교

'산업화된 세속사회'는 매우 역동적이다. 특히 과학과 테크놀로지의 발달은 모든 생활양상에 커다란 영향을 미친다. 사회적 분화와 다원화, 그리고 전문화와 제도화가 크게 이루어진다. 이러한 사회변동 상황은 종교에 결정적 영향을 미치게 되었다.

우선 종교적 상징체계는 종교조직의 다원주의 성격 때문에 크게 어려움을 겪게 된다. 이제는 어떠한 단일한, 그리고 보편적으로 받아들여진 종교적 상징체계가 존재하지 않는다. 초월적 종교영역과 세상적 영역 사이의 이분법 개념은 점차 배격된다(1971: 42). 종교적 행동체계에서도 세속사회의 종교는 현세에서의 행동을 강조하는 경향이 있다. 이제 종교는 사회행동, 사회정의, 조직화된 인류애적 활동, 기업, 전문적, 정치적, 가족적 활동에서의 윤리문제에 관심을 갖게 된다(1971: 43).

세속사회에서의 종교의 조직은 분화되어 있고 다원적이다. 멤버가 되는 것은 자발적 기초 위에서 이루어진다. 그러나 종교의 기능에 가장 두드러진 변화가 생겨난다. 세속주의의 성장과 제도적 분화는 종교의 통합기능을 크게 약화시킨다(1971: 45). 세속적 가치체계와 제도들의 발달은 종교가 전통적 기능을 수행하는 데 커다란 경쟁자가 되고 있다.

산업 세속사회에서의 종교의 변화과정 혹은 현상을 우리는 세속화(世俗化)라고 부른다. 우리는 이 주제에 대하여 나중에 자세히 다시 논의할 것이다.

3) 사회분화와 종교의 진화: 벨라

종교의 진화과정에 대해 보다 심도있게 분석한 학자는 벨라(Bellah, 1964: 358~74)이다. 그는 사회의 분화와 조직적 복잡성이 종교의 진화를 초래한다고 본다. 그러나 그의 입장은 사회진화론자들과는 달리 종교는 진화과정에서 사라질 운명에 있는 것이 아니라 사회진화의 각 단계에서 종교가 새로운 형태로 변형될 뿐이라는 것이다. 사회가 덜 분화되고 덜 복잡한 형태에서 더 분화되고 복잡한 형태로 진화됨에 따라 종교의 형태와 속성도 덜 복잡한 형태에서 더 복잡한 형태로 진화된다고 본다.

종교의 진화에 대한 벨라의 분석의 기초는 ① 종교적 상징화는 시대에 따라 변화하고, ② 종교적 행위, 조직의 개념, 사회에서의 종교의 위치도 비슷하게 변화하며, ③ 종교적 진화는 반드시 사회-문화적 진화와 관계되어 있다는 것이다(1964: 359~60). 따라서 그는 종교의 진화의 성격을 종교적 상징체계, 종교적 행위, 종교조직, 사회적 의미라는 분석의 틀에서 규명한다. 이러한 전제를 가지고 벨라는 종교발전의 5가지 이념형적 종교진화 단계들을 가정하고 있다.

(1) 원시 종교

벨라에 따르면 종교이전의 사람은 존재의 조건에 의해 부과되는 고통이나 제한을 수동적으로 감수할 뿐이지만, 종교적 인간은 상징화의 능력을 통해 그러한 문제들을 어느 정도 초월하고 지배할 수 있으며, 그리하여 전에는 가능하지 않았던 환경으로부터 어느 정도의 자유를 얻을 수 있다. 그는 원시인들의 종교에 대하여 다음과 같이 설명한다(1964: 361~3). 종교적 상징체계는 신화적 존재에서 보여진다. 신화적 존재는 일상인의 능력을 넘어서 있으나 신은 아니다. 왜냐하면 그 존재는 세계를 통제하지도 못하고 예배되지도 않기 때문이다. 모든 친족과 지역 집단이 조상의 뿌리 혹은, 신화적 사건이라는 용어로 규정되지만, 점차 산, 바위, 나무도 신화적 존재로 이해된다.

종교적 행위는 예배나 희생에 의해서가 아니라 동일화, 참여, 행위로 특징된다. 의례 가운데서 참여자는 그들이 나타내는 신화적 존재와 동일화된다. 여기에는 사제도 없고 회중도 없으며, 중재하는 대표적 역할과 구경꾼도 없다. 모두가 의례행위 자체에 관계되어 있고, 신화와 하나가 된다. 종교생활은 일상생활의 일상적 일처럼 주어진 것이고 고정된 것이다.

분리된 사회구조로서의 종교조직은 존재하지 않는다. 종교와 사회는 하나이다. 종교적 역할은 다른 역할들과 혼합되는 경향이 있으며, 나이, 성, 친족 집단의 계열에 따른 분화가 중요하다. 원시사회에서는 나이가 의례생활의 리더십에 중요한 기준이다. 어떤 부족에서는 전문화된 무당이 발견되기도 한다. 종교적 의례생활은 사회의 연대감을 강화시키고 젊은이들을 부족의 행위 규범으로 인도한다. 종교생활은 사회의 가장 강한 강화수단이 된다. 여기에는 세계를 변화시킬 지렛대가 거의 없다.

(2) 고대 종교

고대종교(*archaic religion*)는 고대 중동, 인도, 중국 등지에서 생겨났으며 원시종교와 다른 특성을 지닌다(1964: 364~5). 종교적 상징체계에서 신화적 존재들은 활발히 자연과 인간세계를 통제하는 존재로, 그리고 인간이 목적을 가지고 대하는 존재로 이해된다. 한마디로 그것들은 신들이 된다. 신들 사이에는 통제의 위계가 확립되어 있다. 이 종교에서는 신적이고 자연적인 모든 것이 하나의 장소를 갖는 광대한 우주론이 생긴다.

종교적 행위는 주체로서의 인간과 객체로서의 신 사이의 구분이 원시종교보다 훨씬 더 명확한 제의의 형태를 취한다. 그 구분이 철저하기 때문에, 신과 인간이 상호작용할 수 있는 의사소통 체계의 필요성이 훨씬 더 분명해진다. 예배와 희생은 그러한 의사소통 체계의 중심이 된다. 특히 희생의 과정은 신적 응답의 불확실성을 나타낸다.

종교조직은 여전히 다른 사회구조들과 얽혀 있다. 그러나 기능적으로 그리고 위계서열적으로 분화된 집단들이 생기면서 다양한 제의들이 생성된다. 고대사회에서는 두 계급 체계가 출현한다. 하나는 정치적 힘을 독점한 높은 지위집단으로 그들은 대개 우월한 종교지위를 갖는다. 제의를 수행하는 전문적 사제직이 있으나 그들은 정치엘리트에 종속되어 있다. 아직 분화된 종교 집합체는 생겨나지 않고 있다. 또 하나의 계급집단은 다수를 차지하는 평민이다.

고대종교의 사회적 의미는 여러 가지이다. 우선 개인과 사회는 자연적-신적 우주에서 합쳐지는 것으로 보여진다. 종교적 요구와 사회적 동조 사이에 긴장이 거의 없다. 사회적 동조는 항상 종교적 인가로 강화된다. 적대 집단들 사이의 투쟁은 적대적 신들 사이의 투쟁으로 이해될 수 있다. 정치적 변화에 대하여 종교적으로 합리화함으로써 새로운 방식의 종교적 사고가 열릴 수 있게 된다.

(3) 역사 종교

여기에 포함되는 것은 유대교, 기독교, 이슬람교, 불교, 힌두교 등이다. 이 종교들은 모두 문자가 있는 사회, 역사를 가지고 있는 사회에서 생겨났으며, 모두 어떤 의미에서는 초월적이라는 의미에서 고대종교와 다르다(1964: 365~8). 앞 단계에서의 우주론적 일원론이 완전히 극복되고, 전적으로 다른 보편적 실재의 영역이 선언된다. 종교적 실재라는 전적으로 다른 영역의 발견은 현재의 경험적 세계의 가치를 격하시켰는데, 세계에 대한 이러한 거절은 역사종교(*historic religion*)들의 일반적 성격이라 할 수 있다.

역사종교의 상징체계의 특징은 무엇보다 이 종교들이 초월주의의 요소를 공유하고 있다는 점이다. 이런 의미에서 그 종교들은 이원론적 고대종교의 위계서열적 순서의 요소를 가지고 있다. 즉, 가치와 통제라는 용어로 이 세계 '위에' 있는 초자연적 영역을 인정할 뿐만 아니라, 초자연적 세계와 지상적 세계 자체가 종교적으로 정당화된 위계의 용어로 조직되어 있다고 본다. 이러한 새로운 이원론은 이 세계와 내세 사이의 차이 가운데서도 표현되고 있다. 원시종교와 고대종교에서 현재의 삶에 초점이 맞춰졌던 종교적 관심은 이제 다른 영역(천국처럼 무한하게 우월하든지 아니면 지옥처럼 무한하게 악한)에서의 삶에 초점이 맞춰지게 된다. 처음으로 구원(각성, 해탈)이라는 종교적 목표가 중심적인 종교적 초점이 된다. 어떤 의미에서 역사종교는 고대종교에 비해 커다란 '비(非)신화화'를 나타낸다. 전적으로 우주의 창조자이고 통치자인 한 하나님 개념, 스스로 실재하는 존재 혹은 생과 재생의 순환으로부터 해탈과 같은 개념은 모두 고대종교 우주론의 거대한 단순화라고 할 수 있다. 그러나 모든 역사종교는 그 기원을 역사적 환경에 근거하고 있다. 이 종교적 견해에서는 인간은 그가 유래한 부족이나 친족이란 용어나 그가 봉사하는 특별한 신의 용어로 규정되지 않고, 다만 구원을 이룰 수 있는 존재로 규정된다. 처음으로 인간이 인간으로 이해되는 것이다.

역사종교에서 종교적 행위는 구원을 위해 필요한 행위이다. 의례와 희생의 요소들이 남아 있으나 그것들은 새로운 중요성과 의미를 갖는다. 고대 의례에서는 개인은 자연적인 신적 질서와 조화를 이루었고, 그의 과실은 종교적 상징화(예를 들면 희생이나 특별한 행동)를 통하여 만회되거나 속죄될 수 있다. 그러나 역사종교는 인간의 근본적 오점이나 죄를 철저하게 확인시킨다. 처음으로 자아에 대한 구조화된 개념이 생긴다. 경험적 세계와 경험적 자아의 가치에 대한 평가절하는 책임적 자아, 핵심적 자아, 참된 자아의 개념으로 인도한다. 역사종교는 인간에게 처음으로 실재의 근본적 구조를 이해할 수 있고, 구원을 통하여 그것에 활발히 참여할 수 있을 것이라고 약속한다. 그리하여 기회는 전보다 훨씬 크나, 실패의 위험도 크다. 따라서 역사종교에서의 종교생활의 이상은 세계로부터의 분리의 생활이 되는 경향이 있다.

역사종교의 조직의 특성은 분화된 종교집합체가 출현하게 되었다는 점이다. 정치적 위계와 종교적 위계가 여기서는 분리된다. 자연적 세계 너머의 초월적 영역의 개념이 생기면서 일상을 초월하는 세계와의 직접적 관계를 주장하는 새로운 종교적 엘리트가 출현한다. 신적 왕이 종교적 리더십을 독점하는 것이 더 이상 가능하지 않다.

이에 따라 정당화는 정치적 리더십과 종교적 리더십 사이의 힘의 균형의 문제가 된다. 한편 역사종교의 출현은 그 이전의 두 계급 체제로부터 네 계급 체제로의 전환의 일부이다. 그것들은 ① 정치-군사적 엘리트, ② 문화-종교적 엘리트, ③ 농촌 하류지위 집단(농민), ④ 도시 하류지위 집단(상인과 장인)이다. 그러나 종교의 핵심계층은 문화-종교 엘리트와 도시의 하류층 집단이다.

역사종교의 사회적 의미는 종교조직의 특징에 함축되어 있다. 종교적 엘리트의 분화는 새로운 수준의 긴장과 갈등, 그리고 변화의 새로운 가능성을 가져 왔다. 예를 들어 이스라엘 예언자와 왕, 이슬람 신학자(*ulama*)와 군주(*sultan*), 기독교 교황과 황제, 유교 학자와 통치자 사이의 대결은 정치적 행동이 종교적 표준에 따라 판단될 수 있음을 의미한다. 그리하여 역사종교는 역사적 문명에 많은 반동과 개혁운동에 이데올로기와 사회 응집력을 제공함으로써 사회변동에 기여하기도 했다. 그러나 오랜 기간의 대부분의 역사적 문명 가운데서 종교는 지배적으로 현존하는 사회질서를 정당화하고 강화하는 것이었다.

(4) 초기 근대종교

벨라는 초기 근대종교(*early modern religion*)의 대표적 사례로 종교개혁 시기의 개신교를 들고 있다(1964: 368~70). 이 종교의 특징은 역사종교가 가졌던 '이 세계'와 '저 세계'의 위계구조가 붕괴되었다는 점이다. 물론 역사종교의 이원론이 남아 있기는 하지만 두 세계는 대결의 구도가 아니다. 즉, 새로운 환경 아래서 구원은 세계로부터의 퇴거에서 발견되는 것이 아니라 세상 활동의 한 가운데서 발견된다. 대체로 역사종교들은 중재된 구원을 제공한다. 그리하여 종교법에의 동조, 성례전에의 참여, 신비적 활동의 수행이 구원에 필수적이었다. 종교적 엘리트에 의해 구원은 평신도들에게 중재되었다. 그러나 개신교 종교개혁이 했던 것은 구원의 중재체제를 돌파하고, 구원이 잠재적으로 어느 사람에게도 가능하다고 선언하는 것이었다. 물론 직접적 구원은 모든 역사종교의 현상이기는 하지만 개신교 개혁은 그것이 성공적으로 제도화된 유일한 경우이다.

초기 근대종교의 종교적 상징은 개인과 초월적 실재 사이의 직접적 관계에 집중되었다. 범례적(凡例的) 희생의 수행으로서의 성례전에 대한 의례적 해석은 유일회적인 역사적 사건의 기념으로서의 성례전이라는 반의례적 해석으로 대체된다. 어떤 의미에서는 세계가 중세 기독교보다 초기 개신교에서 더 가치절하된다 하더라도(개혁자들이 신과 인간 사이의 철저한 분리를 강조했기 때문에), 세계를 신의 영광의 무대로, 그 안에서 그의 명령이 성취되는 곳으로 선포함으로써 개신교 개혁은 상대적으로 수동적인 수납 대신에 세계에서의 적극적인 자율적 행위를 강화시켰다.

종교적 행위는 삶 전체와 동일한 것으로 이해되었다. 특별한 금욕적, 경건적 수행이 버려지고 특별한 행동보다는 신앙이 강조된다. 있는 그대로가 아니라 그 안에서 신의 명령을 수행하는 확고한 영역으로 세계를 받아들임으로, 그리고 죄에도 불구하고 신앙을 얻을 수 있는 것으로서의 자아를 받아들임으로써 개신교는 역사종교에서는 가능하지 않았던 식으로 세계를 부정하는 태도로부터 돌아서는 것을 가능하게 만들었다.

종교조직에서도 종교상징 체계의 경우처럼 위계가 포기된다. 그리하여 교황의 권위를 거절할 뿐만 아니라 종교적 완성에 따른 두 수준의 종교적 계급 구분을 거부한다. 이것은 새로운 종류의 종교적 두 계급 체제, 선택받은 자와 저주받은 자로 대체된다. 그러나 이 계급형태는 옛 형태와 다르다. 즉, 선택받은 자는 질적인 종교적 엘리트라기보다는 신의 계획의 성취 안에 있는 전위집단이다. 개신교의 정치적 의미는 세속영역에서의 위계의 옛 개념을 바꾸어 놓았다. 개신교는 농촌사회의 네 계급 체제가 유럽에서 붕괴되기 시작했던 사회변동의 일반적 과정이었다. 교회와 국가는 상대방이나 사회전체를 지배할 권리를 가지지 못하며 역할이 분화된다.

초기 근대종교의 사회적 의미는 무엇보다 경제, 과학, 교육, 법의 발전에서 개신교(특히 칼뱅주의)의 중요성이 강조되었다는 점이다. 역사문명의 대부분에서 종교가 유일하게 정치적 엘리트 지배에 대한 도전자였던 반면에 초기 근대사회의 출현에서는 종교적 동기가 다양한 제도적 구조에 영향을 미쳤다. 사회에 대한 종교의 영향은 종교적 가치가 표현되었던 다양한 사회제도에 의해 중재된다. 종교적 가치의 실현은 사회변동을 초래하기도 한다.

(5) 현대 종교

현대 상황에서는 여러 가지로 역사종교와 크게 다른 종교발전이 있게 된다(1964: 371~3). 현대종교(*modern religion*)의 상징체계는 무엇보다 모든 역사종교에서 결정적이었던 이원론의 붕괴이다. 이것은 단일한 세계가 이중의 세계를 대체했다는 것이 아니라 매우 복잡한 하나의 세계가 단순한 이중구조를 대체했다는 것이다. 그것은 삶이 다시금 하나의 가능성이 되었다는 것이 아니라, 하나의 무한한 가능성이 되었다는 것이다. 궁극적 조건에 대한 인간관계의 상징화는 더 이상 종교적이라고 이름 붙은 집단의 독점물이 아니다. 역사종교가 자아를 발견했고, 초기 근대종교가 모든 경험적 모호성 가운데서 자아를 받아들이는 교리적 기초를 발견했다면, 현대종교는 자아 자신의 존재의 법칙을 발견하고 인간으로 하여금 자신의 운명에 책임지도록 돕기 시작했다.

종교적 행위에서는 인간의 의미추구가 종교에 덜 국한되어 종교적으로 엄격히 규정된 교리적 정통주의와 도덕적 표준의 객관적 체계가 붕괴된다. 그러나 행위의 적절한 표준에의 탐구(그것은 동시에 개인적 성숙성과 사회적 적합성에의 탐구이기도 하다)가 구원에 대한 현대적 탐구의 핵심이 된다. 특별히 종교적 체계가 현대 조건에 대한 예배와 헌신의 수행에 적합한가 하는 것이 종교권의 증가된 관심이다.

현대종교의 종교조직의 경향은 멤버십에서 보다 개방적이고 유동적이다. 교리적 정통주의 표준과 도덕적 순수성을 강화하려는 시도는 크게 버려졌다. 특별한 목적을 가진 하위집단들의 유동적인 조직이 끊임없이 형성되기도 하고 해체되기도 한다.

현대종교의 사회적 의미는 독특한 것이다. 초기 근대사회는 상당한 정도의 종교적 압력 아래서 민주사회 형태에서의 자기수정의 사회체제 개념을 발전시켰다. 그러나 현대사회에서는 문화와 인성 자체가 끊임없이 수정되고 있다. 이것은 의미의 붕괴, 도덕적 표준의 실패로 특징된다. 그러나 이러한 상황은 또한 인간행위의 모든 영역에서의 창조적 혁신을 위한 전례 없는 기회를 제공하는 것으로 보여질 수 있다. 바로 여기에 현대종교의 의미가 있다.

이상에서 우리는 벨라가 정교하게 설명하는 종교의 진화과정에 대하여 자세하게 알아보았다. 물론 벨라에게 종교는 단순히 종속변수인 것은 아니다. 때로는 종교가 사회의 변동에 어떤 식으로든(억제하든지 촉진하든지) 영향을 미칠 수 있다는 사실을 그도 인정하고 있다. 그러나 종교의 진화에 대한 그의 이해에서 중요한 것은 사회분화와 조직적 복잡성이라는 사회변동의 요인들이 종교의 변화에 커다란 영향을 미쳐왔다는 사실이다. 물론 이러한 변화가 종교의 쇠퇴나 침체 혹은 소멸을 향해 나아가는 조짐은 아니다. 그것은 단순히 사회가 변하면 종교도 변한다는 객관적 상황에 대한 인식이다.

〈표 15-1〉 종교의 진화

	사회구조	종교의 상징	종교적 행위	종교조직	사회적 의미
원시종교	부족사회 계급 없음	신화적 토템신앙	참여적 동일화 집단의례	사회 전체	집단응집 사회통제
고대종교	도시, 왕국 계급구조: 엘리트, 평민	신화적 객관화 다신론 일체화된 우주	제의 예배와 희생	사제 제의 중심	집단응집 사회통제 다소 변화
역사종교	봉건주의 계급구조: 정치엘리트, 종교(문화)엘리트, 상인, 장인, 농민	유일신론 이원론 내세적 초월주의 비신화화	구원적 윤리적 성례적 자아개념 확립	위계질서가 확립된 종교집단 종교와 정치 분화 예언자	긴장과 갈등이 생김
초 기 근대종교	자본주의 중산계급 민주주의 개인적 협약체	개신교 개인과 초월적 실재의 관계 이 세상적 금욕주의	소명의 윤리 종교생활과 삶의 동일화	개혁된 교회 위계질서 약화 선택된 자와 선택되지 못한 자의 이중구조	복잡성
현대종교	국가자본주의	종교적 인간주의 복잡한 일원론 다양성	상징적 의미 추구 사회적 적합성 추구	유동적 교파주의 선민의식 약화	창조적 혁신의 기회

벨라에 의하여 제시된 종교의 진화과정과 그 내용을 요약하면 〈표 15-1〉과 같다.

2. 사회변동과 종교의 성쇠

사회변동의 상황은 종교의 생성과 발전뿐만 아니라 그 쇠퇴에도 중요한 영향을 미친다. 이 절에서는 사회변동에 따라 종교가 생겨나고 성장하거나 혹은 쇠퇴하는 구체적 사례들에 대하여 살펴보기로 한다.

1) 사회변동과 종파운동

우리는 앞(제 10장)에서 종파의 생성과 변형과정, 그리고 종파의 성격에 대하여 논의했다. 여기에서는 사회변동의 상황이 어떻게 종파운동의 발전에 영향을 미치는가 하는 문제를 중심으로 다시 한 번 종파에 대하여 생각해 본다.

(1) 사회해체와 종파운동

일반화시켜 말하자면 사회해체(*social disorganization*)라는 사회변동 상황이 종파의 출현을 촉진한다. 물론 사회적 요인 이외에도 종교적 요인(예를 들면 기성종교의 제도화나 세속화)이 종파의 생성에 중요하게 작용할 수 있지만 이 단원에서는 사회적 변수만을 다루기로 한다.

흔히 종파의 생성은 사회해체와 혼란에서 야기되는 것이라고 주장되었다. 그리하여 종파는 사회변동의 복잡성과 급진성에 따른 사회의 위기의 시기에 생겨난다(Boisen, 1955; Photiadis and Schweiker,

1970). 또한 종파의 형성은 사회적, 문화적 변동에서 야기되는 불안에 대한 박탈집단의 반응이기도 하다(Poblete and O'Dea, 1960). 향상된 기대와 반복된 실망이 있는 경제적 동요 지역에서 종파가 생겨날 가능성이 많다는 주장도 제시된다(J. Wilson, 1978: 96). 즉, 경제의 급격한 변화, 그리고 이에 따른 다양하고 예측불가능한 불확실성이 종파형태의 종교를 추구하게 만든다는 것이다. 따라서 새로운 종파를 조직하는 예언자적 종교지도자들도 사회해체 혹은 급격한 사회변동의 시기에 나타나는 경향이 있다.

이렇게 본다면 앞 장에서 논의된 천년왕국운동도 결국은 사회변동 상황의 결과일 수 있다. 실제로 천년왕국운동에 대하여 연구했던 학자들은 그 운동이 사회에 미친 영향을 밝혀냈을 뿐만 아니라 그 운동이 사회변동에서 야기되는 사회해체의 상황 아래서 시작되었다는 사실도 발견했다(Cohn, 1970; Talmon, 1965).

(2) 대용 공동체로서의 종파

사회변동이 종파의 출현에 중요하게 작용하는 것은 종파가 수행하는 대용 공동체(*surrogate community*)로서의 기능 때문이다. 예를 들어 산업화와 도시화의 과정은 가족과 마을 생활의 전통적 결속을 파괴한다. 이때에 종파는 형제애의 새로운 윤리를 마련해 주면서 생겨난다. 특히 근대사회에서의 종파의 출현은 사회해체와 문화갈등의 산물이다. 따라서 종파운동은 도시화와 산업화의 속도가 가장 빠른 곳에서 가장 급격히 확산되는 경향이 있다(J. Wilson, 1978: 97). 왜냐하면 근대화의 '문화충격'이 가장 심한 곳은 이곳이기 때문이다. 여기에는 엄격한 사회통제로부터의 규범의 이완, 집단으로부터의 개인의 자유, 증가되는 비인격주의, 옛 안정과 고립과 대조되는 것으로서의 증가되는 이동성, 개인적이고 직업적인 습관과 지위의 지속적 붕괴가 있다. 이러한 상황에서 종파집단은 새롭게 모색되고 추구될 수 있는 공동체의 성격을 띠며 그러한 기능을 수행하게 된다.

대용 공동체로서의 종파는 사회변동 상황에 적응하지 못하고 공동체성을 상실한 사람들에게는 중요한 기능을 수행한다. 첫째는 이른바 가교(架橋) 기능이다. 종파는 옛 공동체적 결속을 돕고 동시에 이주자로 하여금 새로운 생활에 적응하도록 돕는다(Poblete and O'Dea, 1960). 둘째로, 종파는 가족적 연대를 확립하도록 돕는다. 즉, 그것은 가족의 지속적 유용성과 가치를 확증하거나 상실된 가족을 대체하면서 다소 확대가족 같은 기능을 수행하기도 한다(Moore, 1974). 그리하여 어떤 종파는 가족의, 혹은 원초집단의 대용물과 같은 구실을 하기도 한다. 실제로 많은 종파의 공동체적 혹은 가족적 매력은 종파 멤버들에 의해 표현되고 부여되는 성실하고, 따뜻하고, 사랑하는 관계성 가운데, 또한 그들을 구분하는 공유의식과 배타성 가운데 '형제', '자매'라는 용어를 사용하는 데서도 분명해진다(J. Wilson, 1978: 99).

(3) 상대적 박탈감과 종파운동

종파는 흔히 인구의 보다 박탈당한 집단으로부터 주로 생겨난다고 가정되었다. 왜냐하면 종파는 전형적으로 사회의 지배적 가치를 거부하기 때문에, 그리고 보다 박탈당한 사람들은 새로운 이념과 수행의 실험에 의하여 잃을 것이 거의 없기 때문이다. 그러나 인구 가운데서 가장 궁핍하거나 힘이 없는 자가 새로운 종파운동을 형성하는 것은 아니라는 주장이 제기되었다. 그들은 가장 숙명론적이고, 따라서 문제 해결에 가장 무관심하다는 것이다.

새로운 종파운동에 참여하는 것에 중요한 것은 객관적 환경이 아니라 이 환경에 대해 취하는 마음의 태도라는 주장이 제기되었다(Glock and Stark, 1965: 246). 환경에 불만족스럽게 느끼는 조건을 설명하는 데 이용되는 개념은 '상대적 박탈감'이다. 이것은 정당한 기대와 현존하는 혹은 예상되는 현실 사이의 부정적 부조화에 대한 의식적 경험을 의미한다. 이때 중요한 것은 정의롭지 못하고 참을 수 없는 조건들에 대한 자각이다. 그리하여 상대적 박탈감은 사람들로 하여금 종파운동에의 참여를 촉발한다(Schwartz, 1970). 즉, 종파에 참여하는 것은 현실적인 것이든 예상된 것이든 지위 상실에서 생겨나는 지위 불안에 의해, 그리고 존경받는 집단에서 배제됨에 따른 불만에 의해 우선적으로 야기된다. 종파운동과 관계된 이러한 상대적 박탈감 개념은 상당히 설득력 있는 설명으로 받아들여지고 있다.

2) 사회변동과 미국의 제의운동

역시 제 10장에서 논의되었듯이 제의(*cult*)는 종파(*sect*)와 구별되는 종교집단이다. 따라서 둘 사이에 적지 않은 유사성이나 공통점이 있기는 하지만 여기서도 제의운동을 종파운동과 구분하여 다루기로 한다. 오늘날 제의운동이 가장 활발하게 이루어지는 사회는 미국사회이다. 따라서 미국의 사회변동 상황이 어떻게 제의운동에 영향을 미쳐왔는가 하는 것을 살펴보려고 한다.

(1) 제의운동의 성격

많은 학자들이 제의운동을 급변하는 사회적 상황에 대한 반응으로 보고 있다(Glock and Bellah, 1976; Needleman and Baker, 1981; Zaretsky and Leone, 1974; Robbins and Anthony, 1981; 이원규, 1989b). 1960년대 이후 미국사회에서 크게 확산되는 제의들은 500개 이상이나 된다. 특히 두드러진 현상은 그것들 가운데 약 40% 가량이 동양 신비

종교(힌두교, 선불교 등)의 영향을 받아 신비주의 색채가 강하다는 점이다. 동양적 기원을 가진 제의로 Est, 3HO(*Healthy - Happy - Holy - Organization*), T. M(*Transcendental Meditation*), Hare Krishna, Divine Light Mission, Meher Baba, American Zen 등을 들 수 있고, 기독교적 기원을 가진 제의들의 예로는 Christian Science, Children of God, Christian World Liberation Front 등을 들 수 있다.

제의는 여러 면에서 공식종교와 다르다. 제의에는 흔히 전통적 종교신앙에 의해 억압되었던 비교적(秘敎的) 지식과 수행이 중요하며, 이국적(*exotic*), 주관적, 지하적(*subterranean*) 성격이 강하다(Wilson, 1979: 101). 수행되는 의식은 개인으로 하여금 전에 제한되었고 억압되었던 충동을 발산하도록 허용하고 때로는 촉구한다. 경우에 따라서는 환각 또는 변화되는 감격의 순간을 경험한다. 이러한 경험들은 불안정한 사회환경 가운데서 의미, 목적, 근거에 대한 개인적 탐구로부터 생겨난다. 그리하여 제의는 내면적 평화, 궁극적 성취, 영적 확장, 인간 존재에 대한 '진리'에의 통찰력을 제공한다(Roberts, 1984: 399). 제의는 강한 개인주의적 성격을 띠고 있으며 개인을 초자연과 조화를 이루도록 하는 반면에, 사회변동에는 별로 관심을 보이지 않는다. 새로운 제의는 지속된 문화가 정착하는 윤리적 처방을 무시하며 합리화보다는 신비화를 추구한다. 그리하여 제의는 현대사회의 도구적 합리성과 커다란 규모의 비인격적 사회질서를 거부한다. 그것은 현대사회 체계가 의존하는 과학적이고 일상적이며 관료적인 과정에 대한 불신을 선언하며, 전에 금지되었던 탐색의 수단에 의한 자아의 재발견을 요구한다(Wilson, 1979: 98).

특히 동양의 신비종교의 영향을 많이 받은 제의들의 공통된 교리적 특징은 존재의 조화에 대한 믿음이다. 그것은 일원론적 우주관으로서 신적인 것을 포함하여 모든 것은 조화되어 있다는 이해이다(Bellah,

1976: 346~7). 모든 진리는 결국 하나라고 보기 때문에 다른 믿음과 상징도 적합한 것이라고 인정한다. 따라서 제의에는 배타성이나 교조주의(*dogmatism*)는 약한 반면에 문화적 다원주의 성격은 강하다고 하겠다.

(2) 제의운동의 발생요인

제의운동은 종교적으로는 세속화, 사회적으로는 현대성에 대한 하나의 반작용으로, 기성 문화(종교문화를 포함한)에 대한 하나의 역(逆)문화 현상으로 보여질 수 있다. 현대사회의 급격한 산업화, 도시화 현상은 공동체의 상실을 초래했다. 현대사회에서 사회통제는 지역적이고 인간적이기를 그치고, 점차 기술적 장치, 관습적이기보다는 법적 장치, 그리고 관료주의적 과정에 의존하게 된다. 그것은 점차 기계화되고 기술화되며 전자화된다.

특히 20세기 중반을 지나면서 미국 사회에서는 공리주의와 개인주의가 확산되었다. 부와 권력의 불평등한 분배에 대한 문제와 삶의 질이 단순히 부와 권력의 기능인가 혹은 그것의 끝없는 축적이 생태적으로, 사회적으로 삶의 질과 의미를 파괴하지 않았는가 하는 물음들이 특히 젊은 지식층에 의해 제기되었다(Bellah, 1976: 338). 실제로 그들은 수단의 합리화, 그리고 이것이 인도하는 부의 팽창이 반드시 행복의 증대를 가져오는 것은 아니라고 느끼게 되었다. 도구주의적 관심과 관계된 과학과 테크놀로지는 개인의 자율성과 자유의 의미를 심각하게 위협한다. 정의와 자유의 수사적 표현에도 불구하고 사회적 불평등이 풍요와 부유, 생산적 능력 가운데 존재한다. 자원의 비통제적이고 확장된 사용은 그것의 결핍뿐 아니라 오염되고 잠재적으로 생명력을 잃은 환경을 만들고 있다. 대학 교육과 전문화된 학문적 훈련의 확산은 경력과 관계없이 노동력의 과잉을 초래했다. 정치체계와 국가적 리더십에 대한 맹목적 신봉은 정치적 스캔들을 만들어내고 있다. 이러한 문제들은 한마디로 현대성의 위기라고 할 수 있다.

만일 이러한 양상들이 미국사회의 현대적 불만족의 경우라면 그것들에 의해 가장 영향받았던 사람들은 젊은층일 것이라는 것이 분명하나, 그들은 또한 현재의 사회체제에 대하여 대체물이 있어야 한다고 가정하는 정력, 열정, 그리고 이상을 가진 인구의 부분이기도 하다(Wilson, 1979: 108). 그리하여 자연환경의 훼손, 모든 방법의 착취와 노예화, 그리고 차별에 대한 사람들의 자유의 침해, 타인의 위선과 이기심, 문제들을 해결하는 데 대한 과학의 실패의 상황에 대한 반작용으로 1960년대에 들어 젊은이들에게 두드러지게 나타났던 거센 역문화는 히피족으로 대표되는 '환각제 문화'와 사회주의적 성격이 강한 '정치적 활동주의'였다(Glock and Bellah, 1976; Robbins and Anthony, 1981). 그러나 이것들이 문제의 궁극적 해결방법이 되지 못함이 인식되면서 점차 그러한 운동들이 약화되고 1960년대 후반부터 눈에 띄게 확산되기 시작한 것이 제의운동이었다.

물론 제의도 역시 하나의 대용 가족의 역할을 할 수도 있다(Doress and Porter, 1981). 즉, 가족이 해체되고 붕괴되고 갈등이 심화되는 미국의 상황에서 제의는 '완전한 세계' 안에서의 '완전한 가족'을 지향한다. 그래서 많은 제의들이 가족 같은 분위기를 강조하고, 또 그들이 속한 집단을 '가족'이라고 부르기도 한다. 그러나 모든 제의에서의 공통점은 급격한 사회변동에 따른 사회문제들에 대한 영적인 대답을 추구하며, 정체성과 소속감을 확립하려고 시도한다는 것이다.

이렇게 본다면 제의운동은 현대성이라는 사회변동의 상황에서 파생된 종교운동이라 할 수 있다. 물론 여기에는 전통적 기성종교의 대답과 해결이 만족스럽지 못하다는 느낌이 전제되고 있다고 하겠다.

3) 사회변동과 한국의 신흥종교

앞에서 소개한 종파나 제의라는 사회학적 개념들이 한국에서는 오히려 신흥종교(*new religion*)라는 이름으로 더 쉽게 이해되고 있다. 이 단원에서는 한국적 상황에서 사회변동이 신흥종교의 발흥에 미치는 영향에 대하여 살펴보려고 한다.

(1) 신흥종교의 성격

신흥종교 혹은 신종교는 여러 가지 면에서 기성종교와 대조되는 종교현상을 나타낸다. 우선 신흥종교는 기성종교와 비교해 볼 때 역사와 전통이 짧다. 그리고 제도화의 수준이 낮을 뿐만 아니라 종교적 믿음체계와 의례체계가 상대적으로 단순하다. 우리나라에서 신흥종교가 특히 많이 생겨난 것은 19세기 중엽 이후로 알려져 있다.

오늘날 400개가 넘는 것으로 추산되는 신흥종교는 매우 다양한 계통을 가지고 있다. 그 유형을 구분해 보면 다음과 같다(노길명, 1991: 70~132). ① 기성종교에서 파생된 신흥종교들이 있다. 이것들은 다시 불교 계통, 유교 계통, 기독교 계통 등으로 구분될 수 있다. ② 민간신앙을 체계화시키려는 신흥종교들이 있다. 여기에는 동학계(東學系), 남학계(南學系), 증산계(甑山系), 단군계(檀君系), 각세도계(覺世道系), 물법계, 무속계(巫俗系), 영통계(靈通系), 그리고 계통 불명의 신흥종교들이 포함되고 있다. ③ 외국에서 유입된 외래 신흥종교들이 있는데, 여기에는 일본계, 중국계, 그리고 기타 외래 신흥종교들이 포함되고 있다.

한국의 신흥종교들은 몇 가지 공통된 특성을 가지고 있다(조흥윤,

1987: 164~6). ① 종교합일사상이다. 한국의 신흥종교들은 유(儒), 불(佛), 선(仙) 3교 및 한국의 민간신앙이 혼합된 형태가 많다. ② 말세론이 강조된다. 이때 정치, 경제, 사회의 혼란, 전쟁, 질병, 천재지변 등은 말세가 임박했다는 증거로 제시된다. ③그 종교들은 후천개벽설(後天開闢說)을 믿는 경향이 있다. 역사는 선천(先天)에 속하는 낡은 시대가 가고 앞으로 후천(後天) 개벽시대의 새 세계가 온다는 것이다. ④지상천국건설에 대한 희망이다. 신흥종교들은 내세가 아니라 현세에, 이상이 아니라 현실에서 천국이 이루어질 것으로 믿는다. ⑤ 구세주 신앙(*messianism*)이다. 흔히 신흥종교의 교조들은 후천개벽이 시작되는 시점에서 도탄에 빠질 민중을 건져내고 새로운 세계를 세울 구세주로 믿어지고 있다. ⑥ 신흥종교는 선민의식이 강하다. 한국의 신흥종교들은 자민족중심주의(*ethnocentrism*) 성향이 강하며 후천개벽 세계의 중심지는 한국이라고 주장한다.

이렇게 본다면 한국의 신흥종교들은 서구적 풍취가 강한 종파나 제의와 비슷한 성격이 있으면서도 여전히 그것들과는 구분되는 독특한 성향도 지니고 있음을 알 수 있다. 그리고 한국의 신흥종교들은 특히 기독교의 천년왕국운동과 많은 공통점을 가지고 있다고 하겠다.

(2) 신흥종교의 발생원인

신흥종교의 발생원인은 크게 사회적 요인과 종교적 요인으로 구분될 수 있다. 종교적 요인이란 기성종교가 사회의 문제를 해결하지 못하고, 사람들의 사회심리적 요구를 충족시키지 못하는 종교상황을 의미하는 것이다. 그러나 우리의 관심은 사회변동이 신흥종교의 발생에 미치는 영향에 맞춰져 있기 때문에 여기서는 신흥종교 발생의 사회적 요인에 대하여 주로 논의하려고 한다.

노길명(1991)은 신흥종교 발생의 사회적 원인을 다음의 4가지로 정리하고 있다. 첫째로 지적되는 것은 급격한 사회변동과 사회구조의 불안정이다(1991: 26~7). 흔히 사회 내부에 긴장이나 모순, 또는 외부의 충격으로 인해 기존 사회질서가 깨지게 되면, 가치관이나 세계관에 커다란 혼란이 생긴다. 여기에서는 특히 정치적 격변과 사회적 혼란의 상황이 중요한 문제가 된다. 그리하여 신흥종교는 수난과 고통으로 이어지는 사회적 상황 속에서 주어진 현실에 적응하는 데 어려움을 겪는 자들이 자신의 정체와 삶의 방향을 되찾기 위한 노력의 하나로 등장하게 된다.

둘째는 사회병리현상의 증대이다(1991: 27~9). 흔히 신흥종교는 '병든 사회'의 산물이라고 주장되었다. 한국사회는 구한말부터 수많은 정치적, 경제적, 사회적, 문화적 문제들이 생겨났다. 특히 지난 몇십 년 간 한국사회에는 비인간화, 부정부패, 범죄의 문제가 심각했고, 물질주의, 배금주의, 한탕주의, 업적주의, 개인주의, 관료적 권위주의가 만연하게 되었다. 이러한 사회병리 현상의 증대가 신흥종교의 출현을 조장했다고 할 수 있다. 대부분의 신흥종교는 '병든 사회'에 적응할 수 없는 민중의 종교운동으로 등장하여 그들에게 정체성과 삶의 의미를 제공했다.

셋째로, 신흥종교의 발생을 촉진하는 것은 상대적 박탈감의 증대이다(1991: 29~30). 상대적 박탈감은 자신에게 내면화된 기준에 비추어 현실의 조건이 크게 뒤떨어져 있다고 느끼는 감정, 혹은 자신의 바람(願望)과 실제 현실 간의 괴리를 느끼는 심리적 상태를 말한다. 한국사회는 경제성장의 부작용으로 부익부 빈익빈의 상황이 심화되었고, 이것은 상대적 박탈감을 만들어내었다. 신흥종교는 특히 상대적 박탈감을 해소시킬 현실적 대안이 없을 때 생겨나게 된다.

넷째로, 신흥종교가 생겨날 수 있는 또 다른 조건은 기존 공동체와 권위의 붕괴이다(1991: 30~2). 급속한 산업화와 도시화는 친족이나 부락, 기존의 권위를 약화시켰다. 고도의 사회분화와 이질성의 증대는 근린집단의 형성마저 어렵게 만든다. 이러한 급격한 변화는 결국 공동체의 파괴라는 결과를 초래했다. 신흥종교는 이러한 사람들이 소속감과 공동체의식을 찾을 수 있도록 하는 하나의 수단이 된다.

신흥종교의 발생에 대한 노길명의 설명에서 그 종교의 추종자는 대개 소외계층, 억눌린 계층이라는 주장에는 반론의 여지가 있다. 요즈음에는 중산층 가운데서도 적지 않은 사람들이 신흥종교에 참여하기 때문이다. 그러나 분명한 것은 한국의 신흥종교들은 대개 급격한 사회변동 상황의 결과로 생겨난 현상이라는 사실이다. 물론 신흥종교가 단순히 종속변수만은 아니다. 경우에 따라 그것은 오히려 사회변동을 촉진하는 독립변수가 될 수도 있다(노길명, 1996: 제 III장). 그러나 보다 두드러진 현상은 신흥종교가 사회변동에 영향을 미치기보다는 그것으로부터 영향을 받는 경우가 많다는 사실이다.

신흥종교가 생겨나는 배경을 고려한다면 한국사회에서 나타난 이른바 '시한부 종말론' 신앙의 출현배경도 신흥종교의 경우와 마찬가지로 급변하는 사회변동의 상황과 문제적인 사회현실에서 찾아볼 수 있다. 1992년에 한국사회에서 사회적 물의를 일으켰던 시한부 종말론이란 특정시점에서 종말이 임한다고 예고하는 종말론이다. 이러한 종말신앙이 유행할 수 있었던 것도 급변하는 사회변동 과정 가운데서의 병든 사회와 병든 종교의 결과라고 하는 것이 지적되었다(김성건, 1991: 744~65; 이원규, 1994a: 133~47; 노길명, 1996: 249~81).

4) 사회변동과 한국종교의 성쇠

한국의 종교들은 지난 1960년대부터 양적으로 급성장해 왔다. 그러나 1990년대 이후 성장이 둔화되기 시작했고, 2000년대 와서는 쇠퇴의 길로 접어들었다. 한국종교의 성장과 쇠퇴의 요인은 여러 가지다. 종교단체의 적극적인 전도 혹은 포교정책, 신도들에 대한 교육과 훈련, 그리고 다양한 신앙 프로그램의 활성화와 같은 종교적 요소가 하나의 요인이 될 수 있다(이원규, 2018: 141~3). 그러나 한국종교의 성쇠에 보다 결정적으로 작용한 것은 사회상황적 요인이다. 즉, 사회변동이라는 상황적 변수가 한국에서 종교의 성장, 성장 둔화, 그리고 쇠퇴에 커다란 영향을 미쳤다는 것이다. 이제부터 이 문제를 살펴보려고 한다. 여기에서의 '성장'이나 '쇠퇴'는 양적인 교세(종교인 혹은 신도 수)의 증가와 감소를 의미한다.

(1) 한국종교의 성쇠 실태

한국 종교의 교세에 대한 통계자료는 크게 두 가지다. 하나는 각 종교단체들이 자체 조사를 통해 교세를 정부(과거에는 문교부, 지금은 문화체육관광부 종무실)에 보고하면 이것이 그대로 발표되는 것이다. 그러나 각 종교단체들은 지나치게 교세를 과장하여 보고하기 때문에 이 통계는 믿을 만한 것이 못된다. 예를 들어 각 종교들이 보고한 신도 수를 모두 합치면 1980년에는 3천만 명으로 전체 인구의 80%에 이르고 있고, 1989년에는 4천 9백만 명으로 전체 인구보다 오히려 6백만 명이나 많다. 2002년에는 전체 종교 인구가 8천 2백만 명으로 보고되었는데, 이는 전체 인구의 1.7배나 되는 것이다. 따라서 종교단체 자체의 신도 수 통계는 전혀 신뢰할 수 없다.

한국종교 교세에 대한 다른 통계자료는 통계청의 인구주택센서스 자료이다. 통계청은 1985년부터 10년마다의 인구조사 때 종교실태를 함께 조사해 발표해 왔는데, 이것이 현재로서는 유일하게 믿을 만한 통계자료이다. 〈표 15-2〉는 한국 종교인 비율의 변화를 보여준다.

〈표 15-2〉 한국 종교인의 비율 변화

연도	1985	1995	2005	2015
종교인 비율(%)	42	51	53	44
증감(% point)		+ 9	+ 2	- 9

* 출처: 통계청, 《인구주택총조사》(1985; 1995; 2005; 2015).

1985년 한국의 종교인 비율은 42%였으나 1995년에는 51%로 크게 늘어나 10년 사이 9%포인트나 증가했다. 2005년에는 그 비율이 53%로 10년 전보다 2%포인트 증가했으나 그 증가 폭은 많이 줄었다. 그런데 2015년에는 종교를 갖고 있는 한국인 비율이 44%로 크게 하락하여 10년 사이 9%포인트나 감소했다. 1985년 이전의 통계는 대체로 믿을 만한 것이 아니지만, 1964년 문교부 조사에 따르면 당시 전체 종교인은 360만 명으로 인구의 13% 정도였다. 따라서 우리는 1960~80년대에는 한국의 종교가 급성장했고, 1990년대 와서는 그 성장이 둔화되기 시작했으며, 2000년부터는 한국종교가 쇠퇴하고 있다는 사실을 발견할 수 있다. 왜 전에는 한국종교가 양적으로 성장했지만, 지금은 쇠퇴하고 있는가? 계속해서 이 문제들에 대하여 알아보도록 한다.

(2) 사회상황과 한국종교의 성장(2000년대 이전)

한국의 종교들은 1960년대 이후 몇십 년간 양적으로 급성장했는데, 여기에는 급격한 사회변동과 관련된 몇 가지 상황적 요인이 중요하게 작용했다(이원규 1992; 1994a; 2018; 노길명 1989; 한완상 1982; 김병서 1995).

첫째는 정치적 요인이다. 소위 근대화가 이루어지기 시작한 1960년대 이후 약 30년간 한국의 정치 상황은 공포와 불안, 긴장과 갈등의 연속이었다. 군부에 의해 장기화, 집중화, 절대화된 독재정치 권력은 정치억압, 인권탄압, 관료적 권위주의를 낳았고, 이것은 정치 부재의 상황을 초래했다. 이에 따라 정당성이 결여된 독재정권에 대한 불만과 불신이 팽배했다. 그리고 정권에 의해 강하게 확립된 반공, 안보 이데올로기는 정권 유지의 도구로 사용되며 정치적 긴장과 불안을 가중시켰다. 그러나 이렇듯 불안한 정치상황이 오히려 종교 성장에는 도움이 되었다.

현대사회에서 국민에게 안정과 복지감을 마련해 줄 수 있는 힘은 국가라는 정치제도이다. 그러나 비민주적이고 불안정한 정치체제에서는 흔히 종교가 사람들에게 마음의 평안을 제공하곤 한다. 따라서 정치 상황이 불안할수록 사람들은 종교에 의존하는 경향이 있다. 이것은 정치적으로 불안정한 나라일수록 사람들이 더 종교적이라는 연구결과가 뒷받침해 주고 있다(이원규, 2006: 제 12장). 한국의 경우에도 마찬가지로 정치상황이 불안정했던 1960~80년대 마음의 평화와 안정을 약속하거나 제공하면서 기독교와 불교, 심지어는 신흥종교들도 성장할 수 있었다. 문제적인 한국의 정치 상황이 오히려 한국종교 성장의 한 요인으로 작용했던 것이다.

한국종교 성장에 영향을 미친 두 번째 상황적 요인은 경제적인 것이다. 1950년대 초 전쟁의 참화를 겪은 후 몇십 년간 한국은 경제적으로 매우 가난한 나라였다. 1인당 국민소득이 1960년에는 80달러, 1970년에는 250달러에 불과했고, 1980년에도 겨우 1,700달러 정도였다. 경제적 빈곤은 박탈감을 만들어낸다. 제 6장에서 보았듯이 전통적으로 물질적으로든 정신적으로든 박탈에 대한 보상을 약속하는 강력한 기제는 종교이다. 위로하고 희망을 주며 용기를 북돋아 주는 종교의 메시지와 분위기는 박탈을 경험하는 이들, 물질적 보상을 기대하는 이들에게 위안과 힘이 될 수 있다.

"하면 된다"는 '적극적 사고방식'(*positive thinking*)을 심어주든, 물질적인 풍요와 축복을 약속함으로 희망을 주든, 영적 위안으로 만족을 주든, 한국의 종교들은 가난했던 한국인의 박탈 혹은 박탈감에 대하여 보상기제로 작용하면서 성장할 수 있었다(이원규, 1994a: 184). 더욱이 기복적인 종교성이 강한 한국인에게 물질적 보상이나 축복에 대한 약속은 매우 매력적이었고, 이것은 1960~70년대 기복적인 한국종교의 성장에 기여했다. 이처럼 경제적으로 가난했던 시기에 한국인이 겪었던 박탈감과 좌절감은 한국종교 성장의 또 다른 요인이었다.

한국종교 성장과 관계가 있는 세 번째 상황은 도시화라는 사회적 상황의 변화이다. '도시화'(*urbanization*)란 인구가 농촌에서 도시로 옮겨가는 현상을 말한다. 한국사회는 1960년대 이후 산업화가 이루어지면서 급격한 도시화가 뒤따르게 되었다. 농업 중심사회에서 공업과 제조업 중심의 2차 산업사회로 바뀌면서 수많은 농촌인구가 도시로 이동했다. 급격한 도시화는 공동체성의 붕괴와 정체성의 상실을 초래했다. 서로 상이한 문화적, 지역적 배경을 가진 사람들로 구성된 낯설고 각박한 도시생활, 경제수준의 향상, 생활환경의 변화, 자녀교육, 직장이동 등의 이유로 끊임없이 이루어지는 거주지 이동은 도시인을 소위 '고독한 군중'으로 만들어버렸다. 이질적인 사람들 사이에서 연대감이나 소속의식은 사라지고 사회관계, 인간관계는 점차 타산적이고 공리적인 것으로 바뀌었다.

종교는 전통적으로 공동체성과 정체성을 제공하는 가장 효과적인 기능을 수행하는 것으로 이해되었다(Greeley, 1972b). 종교는 사람들에게 소속의식을 제공하고 삶의 의미를 부여함으로써 그들을 결속시키고 정체성을 확립할 수 있도록 돕는다. 한국사회의 급격한 도시화 과정 가운데서 각박하고 메마른 인정과 심각한 이질감, 개인주의 가치관 때문에 소외감을 느끼는 사람들에게 한국 종교들은 공동체성과 정체성을 마련해 주면서 성장할 수 있었다(김병서, 1995: 21~39).

이렇게 본다면 1960년대 이후 한국종교들이 양적으로 급성장했던 것은 급격한 사회변동, 그리고 문제적인 사회상황이라는 요인에 크게 힘입었다고 할 수 있다. 그러나 1980년대까지 놀랍게 성장했던 한국 종교들은 1990년대에 와서는 그 성장이 둔화되다가 2000년대에는 쇠퇴하기 시작했다. 이제 우리는 한국종교 쇠퇴의 요인에 대하여 살펴보기로 한다.

(3) 사회변동과 한국종교의 쇠퇴(2000년대 이후)

과거에 한국종교의 성장에 영향을 미친 것이 한국의 사회상황, 특히 변동 상황이었다면, 이제 종교의 쇠퇴를 촉발하는 데 중요하게 작용한 것도 역시 새롭게 변화된 사회상황이다.

종교의 성쇠와 관련하여 '박탈-보상 이론'은 정치적, 경제적, 사회적으로 박탈을 경험하는 사람에게는, 그리고 박탈의 수준이 높은 나라에서는 그것에 대한 보상을 찾으려 하기 때문에 종교성이 강하고 종교도 성장하기 쉽다고 설명한다. 실제로 세계적으로 볼 때 정치적으로 안정되어 있고(민주화 수준), 경제적으로 풍요로우며(소득 수준), 사회적으로 생활이 보장되어 있고(복지 수준), 여성의 지위가 높은(성평등 수준) 나라에서는 대개 종교가 쇠퇴하고 있다(이원규, 2006). 반면에 정치적으로 불안하고, 경제적으로 빈곤하며, 사회복지 수준이 낮고, 여성 차별적인 나라에서는 종교가 성장하는 경향을 보인다.

1960년대부터 꾸준히 경제가 성장해 온 한국은 1990년대 이후 경제수준이 상당히 높아졌고, 이제는 경제적으로 매우 잘 사는 나라 가운데 하나가 되었다. 흔히 1인당 국민소득이 5천 달러를 넘게 되면 종교적 관심이 약해지기 시작한다고 한다. 한국은 1989년에 1인당 국민소득이 5천 달러를 넘었다. 1990년 무렵부터 서서히 종교적 관심이 줄게 된 것은 우연이 아닐 것이다. 한국인의 1인당 국민소득은 2000년 1만 달러를 넘어섰고, 2010년에는 2만 달러를 돌파했으며, 이제는 3만 달러에 이르렀다. 경제적으로 점점 잘 살게 되자 배부르고 따뜻하고 편한 삶을 누리면서 한국인은 서서히 종교로부터 멀어지기 시작했다. 무엇보다 무종교인의 증가가 이를 잘 보여준다.

경제적 수준의 향상은 사람들의 가치관에 영향을 미친다. 한국갤럽의 조사에 따르면 30년 전 한국인은 신념을 갖고 생활하거나 종교를 갖는 것이 생활에서 중요하다고 보았지만, 이제는 돈이 많고 직업이 좋으며 여가를 즐기는 것이 중요하다고 생각한다(한국갤럽, 2015: 76). 개인생활에서 종교가 "중요하다"는 응답 비율이 1984년에는 68%('매우 중요' 24%)였으나 2014년에는 52%('매우 중요' 9%)로 크게 줄었다(한국갤럽, 2015: 37).

경제적인 여유는 사회적, 심리적 여유를 만들어 내면서 종교 이외의 것, 특히 "인생을 즐기는 것"에 대한 관심을 높이는데, 이에 따라 여가산업(*leisure industry*)이 발달하게 된다. 여가산업은 한 사회의 경제적 수준과 대체로 비례한다. 경제성장의 한 부산물로 1980년대 후반부터 한국사회에는 여가산업이 본격적으로 발달하기 시작했다. 그래서 많은 사람이 주말이나 휴일을 이용하여 건강과 휴식, 오락과 유흥을 위해 각종 휴양시설이나 위락시설을 찾아 국내외 휴양지와 관광지로 떠날 수 있게 됐다. 여가산업은 현대인의 긴장해소 및 정신적 치유의 좋은 수단이 되며 사람들의 개인적 위기극복의 대안이 되었다. 그렇다면 한국에서 여가산업이 급격히 발달하기 시작한 시기와 종교성장이 둔화되기 시작한 시기가 대체로 일치하는 것은 우연이 아닐 것이다. 이제 여가산업은 기성종교와 경쟁하는 하나의 강력한 '대체종교'로 사람들의 삶에 영향을 미치고 있다.

경제적 수준의 향상은 또한 다양한 취미와 여가를 즐길 여유를 갖게 하며, 이에 따라 교양, 취미, 오락 등의 공동 관심사를 나눌 수 있는 다양한 자발적 결사체가 많이 생겨나게 된다. 이러한 집단에 참여하는 것은 새로운 정체성과 공동체성 혹은 소속의식을 제공하고, 나아가서 그것은 사회적 지위에 대하여 확인하고 인정받는 수단이 된다. 뿐만 아니라 많은 사람들이 트위터, 페이스북, 카카오톡, 유튜브 등 사회네트워크서비스(SNS)를 활발하게 이용하며 새로운 인간관계, 사회관계를 만들어 가고 있다. 물론 적지 않은 사람들에게 여전히 경제적인 박탈감은 남아 있을 수 있다. 그러나 이에 대해서도 이제는 노동조합 활동이나 집단 참여와 같은 실력행사로 보상받을 수 있게 되었다. 이는 노조의 힘이 강해질수록 종교의 힘이 약해진다는 연구결과에서도 입증되고 있다(Stark, 1964).

정치상황의 변화도 한국종교의 쇠퇴에 영향을 미쳤다고 할 수 있다. 우리는 앞에서 사회가 정치적으로 불안정하고 혼란스러울 때 사람들은 종교에 의존하는 경향이 있다는 것을 밝힌 바 있다. 즉, 정치적 혼란과 불안의 사회적 상황에서는 사람들이 심리적 안정과 복지감을 종교에서 추구하기 쉽다. 그렇다면 정치적 안정과 민주화가 이루어질수록 정치적 긴장과 불안, 공포와 불만은 감소되고, 이에 따라 종교를 통하여 문제를 해결하려는 사회적, 심리적 동기는 약화될 것이다. 그리고 이것은 한국사회에서 사실로 나타나고 있다. 비록 아직까지 만족할 만한 정치적 민주화가 이루어지지 않았고 여전히 정치불신이 남아 있기는 하지만, 과거와 비교해 볼 때 민주주의가 발전하고 있는 것이 사실이다. 분단 상황과 관계된 반공, 안보 이데올로기로 인한 공포의 분위기는 거의 사라졌다. 뿐만 아니라 포퓰리즘에 가까운 '보편적 복지', '무상복지'가 모든 정치인의 구호가 될 만큼 사회적 약자들에 대한 국가적 배려가 크게 확산되고 있다. 복지수준의 향상이 종교적 쇠퇴를 초래한 서구 선진국들의 '세속화 현상'(Norris and

Inglehart, 2009)이 우리나라에서도 현실이 되고 있다.

한국에서 종교인구 혹은 종교인 비율이 감소하는 또 하나의 중요한 이유는 출산율의 감소이다. 20세기 후반부의 종교인구 증가는 개종이 아니라 주로 출산율에 따른 자연증가율에 의존하기 때문에 낮은 출산율은 종교의 쇠퇴에 영향을 미친다(이원규, 2006; 282~3). 따라서 출산율이 매우 높은 아프리카와 아시아에서 종교 인구가 크게 증가하는 것은 당연한 결과라 하겠다.

한국에서 종교가 크게 성장했던 시기에는 출산율이 높았지만 그것이 점차 낮아지면서 종교의 성장은 둔화되어 갔고 이제는 감소의 추세를 보이게 되었다. 한국의 출산율은 1970년 4.53에서 1980년 2.83으로 낮아졌고, 1990년에는 1.59로, 2000년에는 1.47로, 그리고 2018년에는 1.04까지 내려갔다. 낮은 출산율은 결국 신앙이 자녀들을 통해 대물림되면서 종교 교세가 증가하는 자연적인 과정에서 커다란 걸림돌로 작용하는 것이다. 이렇게 급격히 낮아지는 한국의 출산율은 종교 쇠퇴의 또 다른 요인이 되고 있다.

(4) 종교별 성쇠 실태

전체적으로 보면 한국에서 종교인 비율이 최근에 크게 줄었지만, 그동안 종교별로는 동일하지 않은 경향이 나타나고 있다. 〈표 15-3〉은 지난 30년간 종교 전체 및 종교별 교세 변화 실태를 보여준다.

먼저 1985년과 1995년을 비교해 보면 종교인 비율이 1985년에는 전체 인구의 42%(1천 720만 명)였으나, 1995년에는 51%(2천 260만)로 늘어났다. 10년간 전체 인구는 9% 증가(370만)한 것에 비하여 종교인구는 무려 31%(540만)나 증가했다. 2005년에는 1995년과 비교해 볼 때 10년간 전체 인구는 6%(249만) 증가했고, 종교 인구는 같은 기간 11%가 증가(237만)하여 증가율(특히 종교인구 증가율)이 1985~

1995년의 10년 동안보다 크게 줄었다. 그러나 2015년에는 10년 전에 비해 전체 인구는 4%(200만) 증가했지만, 종교 인구는 오히려

〈표 15-3〉 주요 종교의 교세 증감 실태

(단위: 천 명)

연도	인구		불교	개신교	가톨릭
1985 (A)	(총인구)	40,806	20% [1]	16%	5%
	(종교인구)	17,203	8,060	6,489	1,865
	(종교인구비)	42%	47% [2]	38%	11%
1995 (B)	(총인구)	44,554	23%	20%	7%
	(종교인구)	22,598	10,321	8,760	2,951
	(종교인구비)	51%	46%	39%	13%
2005 (C)	(총인구)	47,041	23%	18%	11%
	(종교인구)	24,971	10,726	8,616	5,146
	(종교인구비)	53%	43%	35%	21%
2015 (D)	(총인구)	49,052	16%	20%	8%
	(종교인구)	21,554	7,619	9,676	3,890
	(종교인구비)	44%	35%	45%	18%
B – A	(총인구증가)	3,748			
	(증가율)	9%			
	(종교인구증가)	5,395	2,261	2,271	1,086
	(증가율)	31%	28%	35%	58%
C – B	(총인구증가)	2,487			
	(증가율)	6%			
	(종교인구증가)	2,373	405	–144	2,195
	(증가율)	11%	4%	–2%	74%
D – C	(총인구증가)	2,011			
	(증가율)	4%			
	(종교인구증가)	–3.417	–3,107	1,060	–1,256
	(증가율)	–14%	–29%	12%	–24%

* 출처: 통계청, 《인구주택총조사》(1985; 1995; 2005; 2015)

** 주 1) 총인구 대비 종교인 비율

2) 총종교인구 대비 비율

14%(342만)나 감소했다. 분명히 교세에 따른 종교의 쇠퇴 현상이 두드러지게 나타나고 있다.

다음으로 종교별로 어떤 성쇠 형태를 띠는지 살펴보도록 하겠다. 불교의 경우 신도 수는 1985년 806만 명으로 전체 인구의 20%였고, 1995년에는 1,032만 명으로 전체 인구의 23%를 차지하여 10년간 그 비율이 3%포인트 증가했다. 2005년에는 신도 수가 1,073만 명으로 전체 인구의 23%를 유지했으나 10년 전보다 성장률이 둔화되었다. 불교 신도의 절대 수가 1985~1996년에는 226만 명이 늘어나 28%의 증가율을 보였지만, 1995~2005년에는 40만 명이 늘어나 증가율은 4%로 낮아진 것이다. 그러나 2015년 불교인 비율은 전체 인구의 16%로 2005년에 비해 7%포인트 감소했고, 신도 수도 762만 명으로 10년 사이 무려 310만 명이나 줄어들어 -29%의 감소율을 보이고 있다.

가톨릭의 경우 신도 수는 1985년에는 약 187만 명(전체 인구의 5%)이었다가 1995년에는 295만 명(전체 인구의 7%)으로 10년간 108만 명이 늘어 증가율은 58%였다. 2005년에는 그 숫자가 515만 명(전체 인구의 11%)으로 10년 전보다 220만 명이나 늘어나 증가율이 무려 74%에 이르기도 했다. 그러나 2015년에 가톨릭 신도는 389만 명(전체 인구의 8%)으로 10년 사이 126만 명이 줄어 감소율이 -24%나 된다.

개신교의 경우는 다소 특이하다. 신도 수는 1985년 약 649만 명이었으나 1995년에는 876만 명으로 10년간 227만 명이 증가하여 증가율이 35%나 되었다. 전체 인구에서 차지하는 비율도 같은 기간 동안 16%에서 20%로 늘어났다. 그러나 2005년에는 신도 수가 862만 명으로 10년 전보다 14만 명 감소(감소율 -2%)했다. 전체 인구에서 차지하는 비율도 18%로 줄었다. 그런데 특이하게도 2015년에는 개신교 신도 수가 968만 명으로 2005년에 비해 106만 명이 늘어났다(증가율 12%). 전체 인구에서 차지하는 비율은 1995년 수준인 20%로 다시 올라갔다.

이와 같이 1985년부터 30년간의 교세 성쇠 실태를 10년 단위로 요약하면 불교는 성장-성장 둔화-쇠퇴, 가톨릭은 성장-성장-쇠퇴, 개신교는 성장-쇠퇴-성장 과정을 겪어 왔다고 할 수 있다. 2000년대 한국에서 무종교인 비율이 증가하는 현상과 궤를 같이하여 불교와 가톨릭은 교세가 크게 약화되었지만, 개신교는 쇠퇴의 조짐을 보이다가 반등하여 최근 다시 성장한 것으로 드러났다. 앞으로 불교와 가톨릭의 경우 다시 성장 모드로 돌아설지, 개신교의 경우 앞으로 다시 쇠퇴의 길로 가게 될지는 지켜봐야 할 일이다. 그러나 사회경제적, 인구학적, 문화적 요인들을 고려할 때 앞으로 한국종교들이 부흥과 성장이라는 옛날의 영광을 되찾을 가능성은 별로 없어 보인다. 왜냐하면 한국은 이미 사회적이고 종교적인 세속화라는, 서구사회가 앞서 갔던 길을 그대로 따라가고 있기 때문이다(이원규, 2018: 제 1장).

3. 종교의 세속화

사회학적으로 종교의 '세속화'(*secularization*)란 사회변동의 결과로 종교가 쇠퇴하거나 종교의 사회적, 심리적 역할과 기능이 약화되는 변화 현상을 의미한다. 전자는 '사회적 세속화'로서 여기서는 종교인구가 감소하고 종교의 사회적 영향력이 약화되면서 사회 자체가 덜 종교적인 형태로 변하는 상황을 나타낸다. 후자는 '종교적 세속화'로서 이것은 믿음이나 의례 참여와 같은 종교성이 종교인들에게서 약화되고, 지금까지 지켜왔던 신앙적 전통을 종교 스스로 포기하거나 변형시키며, 종교가 수행해 왔던 전통적인 역할과 기능이 전보다 축소되는 현상을 말한다. 물론 여기에서도 종교는 하나의 종속변수로 이해된다. 그러나 사회변동의 성격이 다양할 뿐만 아니라 종교의 변화도 다양하게 나타날 수 있기 때문에 종교의 세속화는 매우 복잡한 현상이라 할 수 있다. 이 절에서는 종교의 세속화 이론의 요점을 정리해 보자. 그러나 기존의 모든 세속화 이론들은 서구사회의 기독교적 맥락에서 그 문제들이 논의되었기 때문에 그 설명들을 모든 사회와 모든 종교에 적용하는 데는 한계가 있다는 것을 염두에 둘 필요가 있다.

1) 세속화의 성격

사회가 변함에 따라 종교에 생기는 변화를 세속화라고 규정지을 때 그 종교적 변화는 오늘만의 현상은 아니지만 급격한 사회변동은 특히 현대적 상황이기 때문에 종교의 세속화 주제는 현대사회에서의 종교적 변화의 문제에 주로 초점이 맞춰져 있다. 또한 이때 종교적 변화가 무엇을 의미하는가, 그리고 그 원인은 무엇인가 하는 것에 대하여는 그 관심의 초점과 강조점에 따라 다양한 입장이 있을 수 있다. 그래서 먼저 종교의 세속화의 다양한 의미를 살펴보고, 세속화의 원인에 대하여 논의하기로 한다.

(1) 세속화의 의미

종교의 세속화의 다양한 의미는 흔히 유형론이라는 이름으로 비교분석되고 있다(Glasner, 1977; Shiner, 1967; Hill, 1980 chap. 11; 이원규, 1987: 제 3장).

첫째로, '종교의 쇠퇴'를 세속화로 보는 관점이 있다. 이것은 전에 받아들여졌던 종교적 상징, 교리, 그리고 제도가 그 지위와 영향력을 잃고 있다는 것을 세속화로 보는 견해이다(Shiner, 1967: 209). 여기서는 신도 수, 성직자 수, 그리고 종교조직의 수의 감소, 종교적 관심과 참여율의 감소, 종교적 사고와 수행, 그리고 제도의 사회적 중요성의 약화가 종교쇠퇴의 분명한 척도가 된다. 이 이론은 중요하기 때문에 다음 단원에서 자세히 다시 논의할 것이다.

둘째로, '이 세계와의 동조'(*conformity with this world*)를 세속화로 보는 관점이 있다. 이것은 종교적인 것이 이 세상적인 것을 닮아가는 식으로 변하는 것을 의미한다. 초월적인 전통적 교리가 현대적인 것으로 바뀌고, 내세지향적 윤리가 실용적 윤리로 바뀌는 경향을 세속화로 본다. 종교조직의 제도화, 복잡화, 그리고 합리성의 증가도 종교가 이 세상과 동조하려는 세속화의 한 지표로 이해된다(Phautz, 1955).

셋째로, '종교로부터의 사회의 이탈'을 세속화 현상으로 이해하기도 한다. 이것은 사회가 전에는 그것을 지시했던 종교적 영향력으로부터 이탈하여 사회 자체가 하나의 자율적 실재가 되는 것을 말한다. 이러한 세속화는 두 가지 형태로 나타나는데 하나는 제도적-사회적 세속화요, 다른 하나는 지적-실존적 세속화이다(Shiner, 1967: 212~3). 전자는 한때 종교에 의해 수행되었던 교육과 복지와 같은 기능이 점차 국가제도로 넘어가는 과정을 의미하며, 후자는 초자연적이고 신앙적인 전제가 제거된 지식이 자율성을 확립하는 것을 의미한다. '이탈'이라는 개념 대신에 몇 학자들은 '분화'라는 보다 중립적인 용어를 사용하기도 한다(Parsons, 1963b; Bellah, 1964).

넷째로, '종교적 신앙과 제도의 변형'을 세속화로 보는 견해가 있다. 이것은 한때 신적인 능력과 힘에 근거되고 있다고 이해되었던 지식, 행위의 유형, 그리고 제도적 장치가 순수한 인간적 창조와 책임성의 현상으로 변형되는 것을 세속화라는 용어로 설명한다(Shinner, 1967: 214). 이탈이론의 경우에는 세속화된 제도나 사회적 장치가 종교의 영역에 속하지 않은 어떤 것으로 보이지만, 변형이론에서는 거룩한 구조에서 인간적 구조로 변형된 것이 종교적 신앙이나 경험 자체로 보인다. 여러 가지 '주의들'(*isms*)을 대체 혹은 대용종교로 보는 입장도 여기에 속한다.

다섯째로, '세계의 비성화'(非聖化)를 세속화로 이해하는 입장이 있다. 이것은 인간과 자연이 합리적이고 인과적인 설명이나 통제의 대상이 됨으로써 세계가 점차 그 거룩한 성격을 상실하는 것을 세속화로 보는 견해이다(Shinner, 1967: 215). 이것은 초자연적 혹은 신비적 현상이 사라지고 합리적 사회가 이루어지는 과정을 의미한다. 베버의 이른바 '세계의 비(非)마술화' 개념이 이러한 세속화 현상을 설명하는 좋은 예가 될 것이다(Weber, 1946: 155). 여기에서는 합리화 과정과 테크놀로지의 발달이 중요한 구실을 한다고 본다.

이상의 여러 가지 세속화 의미는 상호 배타적이라기보다는 서로 밀접한 관계를 가지고 있다. 다만 강조점에서의 차이일 뿐이다. 그러나 분명한 것은 종교의 세속화에 대한 모든 설명은 종교에 변화가 생겨났다는 사실을 중요하게 취급하고 있다는 점이다. 그러면 종교에 이러한 변화를 가져오게 한 사회변동의 상황은 어떠한 것들인가 살펴보기로 한다.

(2) 세속화의 원인

사회의 변동상황이 종교에 영향을 미치는 현상을 종교의 세속화로 규정짓는다면 세속화 과정의 역사는 오래된 것이며, 따라서 그 원인을 알기 위해서는 역사적 근원을 처음부터 밝혀야 할 것이다. 그러나 일반적 세속화 이해는 현대사회에서의 종교변화에 초점을 맞추기 때문에 현대종교의 변화에 영향을 미친 근세 이후의 사회변동의 중요한 요인들에 대하여 주로 논의하는 것이 적합할 것 같다. 오늘날의 종교세속화를 초래한 요인들은 다양할 뿐만 아니라 그것들이 복합적으로 작용하면서 종교에 영향을 미쳤다고 할 수 있다.

종교의 세속화를 조장했던 하나의 요소는 계몽주의의 발달이다(이원규, 1987: 76~9). 17, 8세기 무렵부터 시작되었던 지성적인 의식변화는 계몽주의라는 이름 아래서 사회전반에 확산되었다. 계몽주의는 이성, 자연법, 진보, 인간성, 자유, 보편적 권리 등의 개념을 발전시켰고, 이러한 상상력은 사회문화적 체계뿐만 아니라 도덕성에도 영향을 미쳤다. 계몽주의적 의식은 전통적인 종교적 믿음과 수행체계, 그리고 종교적 권위를 과소평가하게 만들었다. 여기서는 특히 합리주의적 사고가 중요하게 작용했다. 합리주의는 종교에 대해 적대적이었고, 종교적 체계가 비합리적이고 미신적이며 정당화될 수 없다는 것을 보여주려고 했다. 이렇게 종교적 주제는 비성화(非聖化) 되고 비(非) 마술화 되었다.

니스벳(Nisbet)은 합리화 과정을 '세속화'라는 말로 설명하면서 "세속화의 과정은 성(聖)이라기보다는 활용성의 가치에 대한 존중, 그것에 대한 수동적 복종이라기보다는 환경의 통제, 그리고 신과 인간 사이의 불멸의 관계라는 가정보다는 지상에서의 인간의 현재적 복지에 대한 관심을 초래한다"고 지적했다(1970: 388). 이러한 계몽주의, 합리주의의 발달은 기성종교에 대한 강력한 도전이 되었다.

종교의 세속화를 촉진했던 또 다른 요인은 과학의 발달이라 할 수 있다(이원규, 1987: 80~3). 물론 과학의 발달은 계몽주의라는 사상적 배경을 가지고 있다. 과학은 그 실천성뿐만 아니라 또한 보편성, 비편파성, 그리고 회의주의의 특성을 가지고 있다. 세계에 대한 과학의 합리적, 경험적 설명은 종교적 세계관과 커다란 갈등을 빚었다. 문제는 사람들이 점차 종교보다는 과학에서 유래하는 실용적 가치에 의존하게 되었다는 사실이다. 그리하여 종교에 대한 과학의 실제적 위험은 과학의 명성의 증대와 종교의 지적 명성의 쇠퇴였다. 과학은 종교적인 지성적 계층의 통제 밖에서 성장했고, 그것이 하나의 전문직으로 발전함에 따라 그 지성적 명성은 성직자의 지식과 능력을 넘어서게 되었다. 이제 인간과 세계의 문제에 대한 종교적 설명의 많은 부분이 과학적 분석에 의해 수정되고 재규정되도록 요구받게 된 것이다.

정치의 발전도 종교의 세속화에 영향을 미친 다른 요인이라고 할 수 있다(이원규, 1987: 83~4). 여기서는 정치제도의 확립과 국가의 출현이 중요한 요소이다. 현대국가의 생성으로 국가는 점차 교회로부터 분리되었고, 정치적 일들은 점차 종교의 영역에서 제거되었다. 사회계약과 같은 보다 합리적인 이념에 의하여, 그리고 자본주의 경제의 확장을 감독하는 정의의 공식적 표준을 사용함으로써 국가는 종교의 영향으로부터 독립하여 거대한 규모의 정부 관료주의의 성장을 촉발했다(J. Wilson, 1978: 415). 특히 정치행위의 민주적 형태의 출현은 사회적 장치, 힘, 부, 명성, 생의 기회 그리고 생활환경에 초자연적 중재를 향한 인간적 의존을 약화시켰다(Wilson, 1966: 36). 이제 사실적 환경에 대한 종교적-도덕적 해석은 사라지고, 정치적-도덕적 해석이 그 자리를 차지하게 되었다.

세속화의 원인은 경제발전의 측면에서도 보여진다(이원규, 1987: 85~6). 종교의 세속화를 초래한 경제발전의 우선적 양상은 자본주의의 발흥이었다. 아이러니컬하게도 우리가 앞에서 살펴보았듯이 자본주의의 성장에 커다란 기여를 한 것은 종교(개신교)였다. 그러나 이렇게 생성된 자본주의는 시장을 확장했고, 기업의 규모를 확대시켰으며, 작업관계를 비인격화시켰고, 기계의 힘에 대한 의존을 확대시켰으며, 생활의 영역을 측정과 계획된 수행으로 환원시켰고, 보다 큰 물질적 생산성의 이익에서 인간 관계성을 향한 태도를 경제화하는 것을 고무했다. 이 변화들은 점차 경제활동에 대한 원래적인 종교적 동기를 제거했다. 이것이 근면, 자제, 경력에 대한 헌신이 중요한 덕이 되는 생산의 영역이든, 혹은 검소와 과시가 중요한 덕이든 간에 현대 경제체제는 완전히 세속적인 것이며 그리하여 "초월적 윤리는 추방되었다"(Bell, 1973: 78). 기능적 전문화와 기술적 합리성이 지배하는 경제체제 아래서는 작업상황과 생산과정을 규제하는 수단이 종교적 사회화로부터 기계적 장치로 바뀌게 되는 것이다.

종교의 세속화를 초래한 또 다른 변화로 공동체성의 붕괴를 들 수 있다(Wilson, 1982). 이것은 전통적 공동체는 종교가 거룩한 용어로 표현되는 사회이기 때문에 공동체의 붕괴는 종교적 영향력의 상실로 이어질 것이라는 가정에 근거했다. 산업화에 의해 생겨난 이동성, 그리고 직업에 주로 기초한 사람들의 도시집중은 지방생활의 전통적인 결속을 파괴했고, 안정과 지속성의 근원으로서의 종교의 역할을 불필요한 것으로 만들었다. 또한 공동체성을 파괴한 도시화 과정은 폐쇄적이고 지방적인 공동체에서 수행된 종교의 전통적인 통제로부터 사람들을 자유롭게 하기도 했다. 특히 도시 산업사회에서의 산업노동자, 무산계급 집단은 종교가 그들의 실제적 요구를 충족시킬 수 없다고 느끼면서 제도화된 기성종교를 떠나가기 시작했다(이원규, 1987: 87~8).

이상의 여러 요인들은 복합적으로 상호작용하면서 종교의 세속화를 촉진했다. 그 요인의 어떤 것은 이미 16세기부터 시작되기도 했고, 다른 것은 19세기에 와서 본격적으로 작용하기도 했으나 분명한 것은 현대사회에서의 종교의 세속화는 적어도 몇 세기 간에 걸쳐 진행되었던 다양하고 복잡한 사회변동의 양상들이 누적되고 가속화되어 오늘날 종교의 변화상황이 그 절정에 이르게 되었다는 사실이다. 이제 그러한 종교의 세속화, 즉 현대사회에서의 종교의 변화의 가장 전형적인 두 가지 양상에 대하여 좀더 논의하려고 한다.

2) 종교의 쇠퇴: 윌슨

종교의 세속화를 종교의 쇠퇴현상으로 보는 대표적 사회학자는 윌슨(Bryan R. Wilson)이다. 이 단원에서는 그의 종교쇠퇴론(*decline theory*)에 대하여 자세히 살펴보기로 한다(Wilson, 1966; 1979; 1982). 종교의 세속화에 대한 윌슨의 분석에서의 중요한 변수들은 주로 종교조직과 종교적 수행의 쇠퇴, 그리고 이에 관련된 공동체의 몰락과 같은 것들이고 이것에 크게 영향을 미친 것은 종교와 다른 사회제도들 사이의 분화이다. 그러나 윌슨의 분석에서 그가 쇠퇴에 대하여 논하고 있는 종교는 제도화된 유럽 기독교라는 사실을 염두에 둘 필요가 있다.

(1) 종교쇠퇴의 의미

윌슨은 종교의 세속화는 근본적 사회변동의 여러 동반적 과정들 가운데 하나라고 본다. 그는 우선 세속화를 "종교적 사고, 수행, 그리고 제도들이 사회적 중요성을 상실하는 과정"으로 규정짓는다(1966: xiv). 세속화는 종교의 사회적 중요성의 감소와 관계되어 있다. 이와 관련된 일들은 정치적 힘에 의한 종교기관의 재산과 시설의 몰수, 다양한 옛날의 종교활동과 기능에 대한 종교적 통제로부터 세속적 통제로의 이양, 초경험적 관심에 사람들이 바치는 시간, 정력, 자원 비율의 감퇴, 종교제도의 쇠퇴, 행위의 문제에서 엄격하게 기술적 기준과 조화하는 요구가 종교적 가르침을 대신 하는 일들이다(1982: 149). 그리하여 자연과 사회에 대한 신비하고 지적이고 예술적인 해석이 포기되고, 평가적이고 감정적인 정향은 인지적이고 실증적인 정향으로부터 엄격하게 분리되었다.

종교적 사고, 수행, 제도가 한때는 서구사회의 생활의 중심에 있었다. 그러나 20세기에는 그 상황이 현저하게 변화되었고 그 변화과정은 지속되고 있다. 과거에는 종교가 사람들에게 새로운 의식뿐만 아니라 영원한 진리의 심각성을 가르치는 원초적 사회화 기관이었으나, 오늘날 종교는 다수의 여가활동들 가운데 하나가 되었고, 그것은 시간, 정력, 그리고 부의 사용에 대한 다양한 선택 가운데 하나가 되었다(1979: 80). 이렇게 하여 초자연에 대한 믿음이 쇠퇴하고 있을 뿐만 아니라 초자연이 현대인의 일상생활에서 중요한 영향을 미치지 못하게 되었다. 많은 개인들이 이제는 종교적 의무와 개입으로부터 자유로워졌고, 사회적 중요성을 상실한 종교는 그들에게 사적인 독립성을 가져다주는 결과를 초래했다.

물론 종교의 힘은 여전히 사람들 사이에 남아 있다. 그러나 사회들 가운데 보이는 현저한 증거는 실제로 현대사회에서 종교적 제도와 종교적 사고는 부수현상적 성격을 나타낸다는 것이 윌슨의 생각이다(1966: xii). 그는 세속화를 사고의 방식으로, 특별한 수행의 실천으로, 그리고 사고와 행위 형태의 제도화와 조직으로 보여질 수 있는 종교가 서구사회들에서 그 영향력을 상실했다는 사실로 보는 것이다. 여기서 그는 두 가지 경향을 지적하는데, 하나는 현대사회에서의 대부분의 종교적 개입형태의 종교적 참여의 감소이고, 다른 하나는 개인의 삶의 주기(*life cycle*)에서의 종교적 참여의 감소이다.

(2) 사회분화와 종교의 쇠퇴

윌슨은 사회제도들의 구조적 분화가 종교쇠퇴의 근본적 원인이며 또한 그 과정이라고 본다. 사회제도들의 분화는 종교가 생활에 덜 침투적이 되는 반면에, 보다 분리된 단편이 되는 것을 의미한다. 우선 교육제도와 종교가 분화되었다. 전통적으로 배움을 독점했던 종교로부터 교육이 종교적 통제에서 벗어났다. 지식 자체가 점차 세속화되면서 사제는 교사로서 덜 적절하게 되었고, 교육의 내용이 종교적, 도덕적 관심으로부터 점차 도구적-기술적 관심으로 전환되면서 교육은 그 자체가 하나의 제도적 질서가 되었다(1966: 58). 그리하여 종교적 지식은 곧 그 우월성을 상실하며 교과과정에서 매우 주변적인 위치를 갖게 된다.

종교는 정치와도 분화된다. 종교는 더 이상 정치 정당들이 토의할 만큼 충분히 관심 있는 것으로 느끼는 문제가 아니다. 제도적 분리는 법과의 관계에서도 보여진다. 종교기관은 사법권을 상실했을 뿐만 아니라 세속법정 자체도 점차 사회통제의 도덕적 양상에 대하여 무관심해졌다(1966: 62~3). 사건은 종교에 대한 참조 없이 순수하게 법적인 근거에서 혹은 합리적으로 훈련된 전문가에 의해 마련된 근거에서 결정된다.

종교가 정치와 법 제도들과 분화되면서 도덕의 위치에도 커다란 변화가 생겨났다. 경제적 자유방임의 시대가 이제는 도덕적 자유방임을 가져왔다. 전에 도덕적으로 규제되었던 사회적 행위들이 이제는 종교적 규제로부터 벗어나서 도덕적으로 중립적인 것이 되었다(1966: 64). 이에 따라 종교의 사회통제력도 약화되었다. 한때는 도덕적 가치가 신의 말씀과 뜻으로부터 도출되었다. 그런 환경 가운데서 처방된 도덕성은 변하지 않는 것이었고 권위적이었다. 그러나 사회적, 법적 통제가 점차 종교적 통제로부터 분리되어 사람들이 자발적으로 종교의 지도를 받기를 멈추는 사회 안에서 종교는 신의 권위적 의지가 사람들에게 영향을 별로 미치지 못하는 상황에 직면하게 되었다(1966: 65). 이렇게 종교는 사회통제의 매체로서의 그 영향을 상실하게 된 것이다.

마지막으로 윌슨은 한때 기독교적 동기와 자선의 의미에 의해 촉진되었던 복지사업도 거의 완전히 세속화되었다고 지적한다(1966: 72). 과거에 종교적 의무에서 행해졌던 일들이 이제는 국가의 정치적, 시민적, 사회적 권리와 의무가 되었다는 것이다. 이제 성직자는 의사, 변호인, 사회사업가, 교사, 정신의학자의 역할을 상실하게 된 것이다.

이와 같이 윌슨에게 종교의 세속화는 종교의 쇠퇴현상을 말하는 것이며, 이 현상의 원인과 과정은 종교와 다른 사회제도들 사이의 분화였다.

(3) 공동체의 붕괴와 종교의 쇠퇴

윌슨은 종교의 쇠퇴를 초래한 또 다른 중요한 요인은 '공동체의 붕괴'라고 지적한다(1982). 그는 '공동사회'(*Gemeinschaft*)와 '이익사회'(*Gesellschaft*)를 구분했던 퇴니에스(Tönnies)의 사회학적 분석을 토대로 하여 세속화는 사회조직 자체가 공동적으로 기초된 것으로부터 사회적으로 기초된 체계로 변화되는 과정에서 생겨난다고 본다. 공동체에서는 인간관계와 사회관계가 신뢰, 충성, 연장자에의 존경, 그리고 권위의 분명한 형태를 수반하고 있다. 그러나 사회는 비인격적 역할관계, 기술의 협조, 공식적이고 계약적인 행위형태에 기초한다. 공동체에서는 개인의 의무가 궁극적으로는 초자연적 근원에서 유래했던 혹은 초자연적 목표에 준거점을 가진 도덕성의 개념에 의해 경영되었던 반면에, 사회에서는 의무와 역할 수행이 합리적 구조의 요구에 의하여 궁극적으로 정당화되는데, 여기서는 훈련된 기술과 유능함이 중요하게 된다(1982: 155~6).

공동체에서는 종교에 근거하여 사람들이 그들의 힘을 재확인했고 그들의 가난을 위로 받았다(1982: 159). 종교는 사회적 안정과 개인적 정체성을 마련하고 사회적 응집력과 적응의 수단을 제공했다. 그리고 무엇보다도 사회적 행위를 위한 윤리를 제시했고 공유된 도덕적 기대와 권고의 기초를 마련해 주었다. 이러한 분석은 뒤르켐적인 것이다. 그러나 사회분화의 과정과 함께 합리화 과정은 공동체를 사회로 변화시켰다. 여기에서 윌슨은 베버처럼 합리화 과정을 사회변동의 주요 근거로 본다. 즉, 합리성의 발전이 사회변동의 방향과 추진력에 영향을 미쳐 공동체와 전통적 관습을 붕괴시킨다는 것이다(1982: 158).

이제 인간의 참여가 주로 지역적인 것이기를 멈추고 인간관계가 공동체적이기를 멈추면서 한때 종교의 기능이었던 그 모든 것이 크게 약화되었다(1982: 159). 거대한 규모의 사회체계는 도덕적 질서에 의존하지 않는 대신 가능한 대로 기술적 질서에 의존하려고 한다. 이제 관습은 더 이상 사람들의 법의 부작용으로부터 보호하는 완충지로서 봉사하지 않는다. 사회는 그러한 가치에 의해서가 아니라 경험적 사실과 합리적 동조에 의해 경영된다. 윌슨은 이러한 변화과정을 '도덕공동체'가 '합리적 사회'로 바뀌는 과정이라고 보며, 이 과정에서 종교는 필연적으로 쇠퇴할 수밖에 없다고 주장한다. 왜냐하면 현대사회는 비인격적이고 비도덕적인 합리적 질서에 의존하기 때문이다.

현대사회에서 사회통제는 더 이상 신의 분노에 대한 암시나 혹은 현재의 잘못된 행위에 대한 미래의 벌과 같은 것에 의존하지 않고, 점차 확대되는 법의 장치에 의존한다(1982: 170). 사회 활동과 정치적 정책은 신의 뜻에 거의 주의를 기울이지 않고 있다. 종교는 더 이상 세계를 설명하지 못하며, 우주에 대해서는 더욱 그러하고, 사회현상에 대한 종교의 설명은 철저하게 무시되고 있다. 종교적 자각과 목표, 종교적 감수성, 종교적 도덕성, 그리고 종교적 사회화는 현대사회 체계의 작용에 대하여 적합성이 별로 없어 보인다. 정치, 경제, 법, 교육, 가족, 오락과 같은 제도들의 문제에 대한 해결책은 비종교적일 뿐만 아니라, 기계적 전문기술과 관료적 조직에 의존하는 해결책이다(1982: 177).

물론 윌슨도 새로운 종교운동의 출현이나 쇠퇴하는 종교의 회생 가능성을 부인하지는 않는다. 그러나 그는 그러한 움직임이 옛 종교적 영광을 되찾고 잃었던 세계를 재창조할 것으로 보지는 않는다. 그래서 그는 결론적으로 말한다. "종교들은 항상 죽어가고 있다. 현대 세계에서 그것들이 재생할 전망이 있는지는 분명치 않다"(1979: 116). 물론 윌슨의 이러한 종교의 쇠퇴로서의 세속화론이 현대의 모든 사회, 모든 종교에 적용되는 것은 아니다. 왜냐하면 오늘날 아프리카와 아시아 일부 지역처럼 종교가 성장하는 경우도 있기 때문이다. 그러나 그의 종교쇠퇴론은 적어도 20세기 후반기의 유럽 사회의 종교현상을 이해하는 데 상당히 설득력을 가진 설명이라고 할 수 있다.

3) 종교의 변형: 버거

종교의 세속화를 종교의 외적인 쇠퇴현상으로 보았던 윌슨과는 달리 종교의 내적 변화를 세속화로 규정짓고 그 특징을 깊이 있게 분석한 사회학자는 버거(Peter L. Berger)이다(1979; 1981; 1982). 버거에게 변형으로서의 종교의 세속화를 초래한 근본적 원인은 '다원화'

현상이었다. 물론 그에게 종교는 주로 제도화된 미국의 기독교를 의미한다.

(1) 종교 다원주의 상황과 세속화

다원주의 상황에 대한 사회학적 분석은 일찍이 베버에게서 나타난다. 그는 진리 혹은 과학, 미 혹은 미학, 선 혹은 도덕성의 영역들이 분화되면서 윤리적 세계의 일원성의 가정이 현대성 가운데서의 가치 다원주의(*pluralism*)로 대체된다고 보았다(Weber, 1946: 149). 즉, 기능적 합리성으로 특징되는 근대사회에서의 합리화 과정은 제도적인 혹은 인지적인 분화를 초래했고 이것은 가치 다원주의를 낳게 했다. 전에 가치들의 객관성을 획득했던 초월적 근거가 상실되면서 현대사회에서는 객관적 가치가 다양화된 주관적 가치로 대체되는데 종교의 경우도 이에 해당한다.

베버의 영향을 받아 버거도 현대의 다원주의 상황이 종교의 세속화를 가져왔다고 본다. 그는 우선 세속화를 "사회와 문화의 어떠한 영역이 종교적 제도와 상징체계의 지배로부터 벗어나는 과정"이라고 정의 내린다(Berger, 1982: 125). 물론 버거는 종교가 한때 역사 안에서 세계를 유지하고, 세계를 움직이는 힘이었다는 점을 인정한다. 그러나 세계를 설명하는 이른바 '설득력 구조'가 도전받으면서 종교적 믿음체계가 재규정되든지 사회적 환경에 적응하도록 변화되었다는 것이다. 그렇다면 버거에게 세속화는 종교의 설득력 구조가 도전받는, 그래서 종교의 기능과 위치에 변화가 생기는 과정이라고 하겠다.

버거는 세속화의 근원을 옛 이스라엘 종교에서 찾고 있으나(1982: 132~40), 그 전형적인 현상은 현대사회에서 나타난다고 본다. 개인이 전통사회에서 보통 경험할 수 있는 전형적 상황은 하나의 강력한 '설득력 구조 영역'에의 의존도가 높은 것이지만, 현대사회의 특징은 다양한 '설득력 구조 영역'이 산재해 있고 또한 그 구조자체도 불완전하고 일관성이 없고 믿을 수 없다는 점이다(1981: 28). 이것은 현대의식이 모든 세계관을 강력하게 상대화시키는 효과가 있기 때문이라고 본다. 그리하여 현대인은 일상생활의 무수한 상황에서 선택해야 할 뿐만 아니라 또한 이 선택의 필요성은 신념과 가치와 세계관의 영역까지 미친다. 이 상황을 버거는 다원주의 상황의 특징으로 본다. 다원주의 상황은 경쟁적인 세계관들을 상대화하고 그것들에서 당연시되는 지위를 빼앗아간다. 이러한 변화가 종교에 파급되면서 실재에 대한 전통적인 종교적 규정의 설득력이 붕괴된다고 버거는 보고 있다.

(2) 다원주의와 시장상황

전통적으로 종교는 기존 사회질서를 정당화하는 데 거의 독점적 역할을 했다. 그러나 이제 종교 다원주의 상황은 종교적 전통의 탈(脫)독점화를 초래하게 되어 종교들 간의 정당화 경쟁을 불가피하게 만들었다. 물론 이 경쟁은 비종교적 조직이나 가치에 대해서도 이루어지고 있다. 이러한 것들의 한 중요한 결과는 버거가 '시장 상황'이라고 부르는 상황의 출현이다. 전에는 권위 있게 부과될 수 있었던 종교적 전통이 이제는 시장에 내놓고 더 이상 '구매'하도록 강요받지 않는 고객들에게 '판매'되어야 한다는 것이다(1982: 156). 이러한 시장상황에서는 종교제도가 매매기관이 되며, 종교적 전통은 소비자 상품이 된다.

버거는 다원주의 상황이 종교적 내용을 변화시키는 데 더욱 유력한 새로운 형태의 세속적 영향력, 즉 '소비자 선호'의 역학을 가져왔다고 본다. 즉, 어떤 집단의 '옛 고객들' 간에는 아직도 강한 '제품 충성'이 남아 있기는 하지만, 다원주의 상황에서는 종교적 전통을 불변의 진리로 유지하기가 점점 어려워지고, 그 대신에 소비자 선호의 역학이 종교영역에 도입되었다(1982: 162). 그리하여 종교적 내용도 유행의 주제가 되었다.

버거는 종교적 내용에 대한 소비자 역학의 두 가지 경향을 지적한다. 하나는 어떤 계층의 고객 혹은 잠재적 고객들의 종교적 욕구가 유사한 한 이러한 욕구에 대응하는 종교제도도 또한 그들의 제품을 적절히 표준화시키는 경향이 있다는 것이다(1982: 164). 이것은 유행에 따라, 고객들의 취향에 따라 제품의 내용이 점차 유사성을 지니는 것처럼 종교들 간의 교리나 수행이 비슷해지는 것을 의미한다. 한편 종교적 내용이라는 상품이 표준화되고 있다면 이제는 포장의 차이가 중요하게 된다. 이와 같이 제품의 정체성을 위해 각 종교가 시도하는 구분을 버거는 '주변적 분화'라고 부른다(1982: 165). 그러나 이것은 어디까지나 소비자의 욕구의 차이에 따라 생겨나는 것이다.

(3) 종교의 사사화

다원주의 상황은 또한 종교의 사사화(私事化)를 초래하게 되었다고 버거는 밝히고 있다. 사사화란 종교가 일상적 사회생활의 사적 영역에 위치하게 되는 것을 의미한다(1982: 151). 이것은 나아가 의미와 소속감을 마련해 주는 기능들이 사적 영역의 제도로 퇴행하고 있음을 뜻하기도 한다. 결국 종교의 사사화는 종교가 개인이나 핵가족의 '선택' 또는 '선호'의 문제이며, 결과적으로 공통적인, 구속력 있는 성격을 사실상 박탈당해 버렸다는 것이다(1982: 151). 이러한 사적인 종교성은 그것을 받아들이는 개개인들에게는 그것이 아무리 '실재적'이라 할지라도, 종교의 전통적 과업, 즉 모든 사람들에게 구속력을 행사하는 궁극적 의미를 모든 사회생활에 부여해 주는 공통된 세계를 구성하는 과업을 더 이상 수행할 수 없다는 것이 버거의 주장이다.

현대사회에서 종교의 설득력 구조의 힘은 하위세계(*subworld*), 단편화된 의미의 세계를 구성하는 데 국한되게 된다(1982: 152). 종교적 내용이 사사화됨에 따라 그것은 불변의 진리로 받아들여지기가 더 어렵게 된다. 이와 같이 다원주의 상황은 상호경쟁하는 설득력 구조의 수를 증가시켜서 설득력 구조의 종교적 내용들을 상대화시켜 버리는데, 이것을 버거는 종교적 내용이 '탈(脫)객체화' 혹은 '주관화'되는 것이라고 표현한다(1982: 168). 즉, 종교적 내용은 의식 안에서 당연시되던 객체적 실재의 지위를 박탈당하고 주관화되어 버린다는 것이다. 그것의 '실재'는 이제 개개인의 '사적인 일'이 될 뿐이다. "종교는 이제 코스모스(*cosmos*)나 역사와 관계되어 있는 것이 아니라 개개인의 실존이나 심리와 관련되어 있다"는 것이다(1982: 168).

이와 같이 버거에게 종교는 결국 현대의 다원주의 상황 아래서 그 기능과 위치에서 커다란 변화를 겪게 되었는데, 기능에서는 사적인 일로서 크게 축소되었고, 위치에서는 사회적 정당화를 독점하던 중심적 위치에서 많은 경쟁자들과 시장상황에서 경쟁할 수밖에 없는 상대적 위치로 전락했다는 것이다. 종교의 쇠퇴현상이 종교의 외형적인 변화라면 버거식의 종교의 변형은 종교내적 변화라고 할 수 있다. 그렇다면 쇠퇴와 같은 유럽형 종교세속화 유형은 '밖으로부터의 세속화'로, 변형과 같은 미국형 종교세속화 유형은 '안으로부터의 세속화'라고 부를 수 있겠다.

4) 종교성쇠에 관한 이론

1960년대부터 사회학 분야에서 활발하게 논의된 종교의 세속화

이론은 종교가 쇠퇴하거나 사사화되고 있다는 식으로 종교변화 현실을 지적했다. 그러나 이 이론에는 한계가 드러나고 있다. 우선 세속화를 어떤 식으로 설명하든 종교가 세속화되는 것이 모든 종교에, 모든 사회에 보편적 현상은 아니라는 사실이 밝혀졌기 때문이다. 실제로 세계적으로 보면 쇠퇴하는 종교가 있는 반면에 성장하는 종교도 있고, 종교가 약화되는 사회가 있는 반면에 종교가 성행하는 사회도 있다. 따라서 최근에는 오히려 왜 어떤 종교는 성장하고 다른 종교는 쇠퇴하는지, 그리고 왜 어떤 사회에서는 종교가 성장하고 다른 사회에서는 종교가 쇠퇴하는지를 비교 분석하는 이론들이 주목을 받고 있다(이원규, 2012). 여기서는 종교가 성장하거나 쇠퇴하는 요인이나 배경을 설명하는 상반된 두 이론을 다루기로 한다.

(1) 사회발달 이론

사회발달 이론은 사회의 발달 수준에 따라 종교가 성장하거나 쇠퇴한다는 이론이다. 이것은 종교의 세속화 현상을 설명하는 전형적 이론이기 때문에 '세속화 이론'이라고 한다. 또한 이 이론은 사회적으로 종교를 필요로 하는 수요 여부에 따라 종교의 성장이나 쇠퇴가 있게 된다고 주장하기 때문에 '수요 측 이론'(*demand-side theory*)으로 불리기도 한다. 종교에 대한 사람들의, 사회의 요구가 강하면 종교가 성장하지만, 그것에 대한 요구가 약하면 종교는 쇠퇴한다는 것이다. 그러면 그 수요의 정도를 결정하는 것은 무엇인가?

종교적 수요에 영향을 미치는 것은 무엇보다 사회의 합리화 수준이다. '합리화'란 전통적 가치를 고려하지 않고 효율성과 능률을 강조하는, 그리고 이성적으로 논리적 세계관을 따르는 경향을 말하는 것으로, 사회의 근대화를 초래하는 원동력이 되었다. 합리적 세계관의 관념은 막스 베버에 의해 체계적으로 소개되었다(Weber, 1946; 1963).

그에 따르면 합리적 세계관의 생성은 초자연, 신비, 주술에 대한 신앙의 근거를 흔들어 놓았다는 것이다. 이후 종교의 세속화를 주장하는 많은 사회학자들이 그 주요 요인으로 합리화 과정을 꼽고 있다(Berger, 1982; Wilson, 1982; Martin, 2005; Heelas, 1998).

합리주의는 종교의 중심적 주장이 현대사회에서는 어울리지 않는 것으로 보았고, 서부 유럽에서 미신적 교리의 흔적을 지워버렸다. 특히 합리주의의 모태가 된 과학의 발달은 전통적 신앙을 약화시키는 결과를 초래한다. 예를 들어 과거에 초자연적 힘, 원시적 주술, 신적 개입, 혹은 맹목적 숙명의 탓으로 돌렸던 개인적 재난, 질병, 홍수, 전쟁은 과학 덕분에 예측할 수 있고, 대비할 수 있는 현상으로 간주된다(Norris and Inglehart, 2009: 8). 이제 신비스러움의 관념은 이 세상 밖에 있는 신적 힘이 아니라, 물리학, 생물학, 화학 등의 영역에서 발견되는 논리적 설명으로 대체된다. 과학적 설명은 신에 의한 창조 관념을 다윈의 진화론으로 바꾸어 놓았다. 세계는 인간의 이성에 의해 정복되고, 테크놀로지의 지배를 받게 된다.

합리화의 수준이 가장 높은 지역은 서구사회, 특히 유럽이다. 따라서 종교가 현저하게 쇠퇴의 길을 걷는 지역은 유럽이다. 이런 의미에서 유럽에서는 종교의 세속화가 분명히 진행되고 있다(Bruce, 2002; 2011). 실제로 모든 종교적 지표를 살펴볼 때 한때 기독교 세계를 구축했던 유럽의 종교는 몰락의 길을 가고 있다(이원규, 2012a: 제3장). 종교인 수는 급격하게 감소한 반면에 무신론자는 증가하며, 종교의례에 참여하는 비율은 현저하게 낮아졌고, 정통적인 교리적 믿음의 수준도 크게 낮아졌다. 이와 같이 합리화의 수준이 높은 사회일수록 종교는 쇠퇴하는 경향이 있다.

종교적 수요에 영향을 미치는, 즉 종교의 성쇠에 영향을 미치는 다른 요소는 산업화의 정도이다. 이 이론을 강하게 주장하는 것은 피파 노리스(Pippa Norris)와 로널드 잉글하트(Ronald Inglehart)이다(2009). 그들은 국가의 산업화 정도에 따라 사람들의 종교성은 크게 차이가 나며, 그 차이가 종교의 성장과 쇠퇴에 중요하게 작용한다고 주장한다. 그들은 세계 76개국을 대상으로 실시한 세계가치조사(World Values Survey, 2001) 결과를 분석하여 부유한 후기산업국가들은 믿음뿐만 아니라 종교적 행위와 가치에 있어 가장 세속화된 반면에, 농경사회국가들은 가장 종교적임을 발견했다. 예를 들어 종교의례에 '매주' 참석하는 비율이 농경사회의 경우 44%인데 비하여 산업사회는 25%, 후기산업사회는 20%로 낮아지고 있다(Norris and Inglehart, 2009: 57). '매일' 기도하는 비율도 농경사회는 52%이지만, 산업사회는 34%, 후기산업사회는 26%로 매우 낮다. 종교적 가치가 "매우 중요하다"는 비율이 농경사회는 64%나 되는 데 비해, 그 비율이 산업사회는 34%, 후기산업사회 20%로 커다란 차이가 드러났다.

농경사회가 가장 종교적이며, 이에 따라 종교가 가장 성장하는 반면에, 후기산업사회는 가장 세속적이며, 종교가 쇠퇴하는 요인에 대하여 노리스와 잉글하트는 '실존적 안전 이론'(*existential security theory*)으로 설명한다. 이 이론은 자신의 삶에서, 그리고 가족과 공동체의 삶에서 불안전, 질병, 기아, 문맹, 물 부족 등으로 인해 상당한 불확실성과 위험을 경험하는 취약한 사람들이 그러한 위험 없이 살아가는 사람들보다 종교를 훨씬 더 중요한 것으로 간주하고, 그 활동에 더 적극적으로 참여하게 된다고 본다. 반대로 인간의 안전이 증대되어 삶이 점차 편해지면서 부유한 사회의 사람들은 점차 종교적 가치에 무관심해지고, 종교활동도 적게 하게 된다는 것이다.

결국 실존적 안전 이론은, 생존이 불확실한 사회에 사는 것은 종교에 더욱 의존하게 만들며, 반대로 삶에서 높은 수준의 실존적 안전을 경험하는 것은 사람들의 삶에서 종교에 대한 중요성을 감소시킨다고 본다. 그것은 종교에 대한 요구는 부유한 나라보다는 가난한 나라에, 그리고 사회의 부유한 계층보다는 가난한 계층에서 훨씬 강하다는 것을 의미한다(Norris and Inglehart, 2009: 219). 따라서 후기산업사회처럼 사회발전의 수준이 높으면 종교는 쇠퇴하는 반면에 농경사회처럼 그 수준이 낮으며 종교는 성장하기 쉽다고 할 수 있다.

사회발달의 수준과 종교성쇠의 관계는 다른 경험적 연구에서도 밝혀지고 있다(이원규, 2006: 제12장). 데이비드 바레트(David Barrett)의 《세계 기독교 대사전》(*World Christian Encyclopedia*, 2001)의 자료들을 토대로 세계 227개국의 기독교 성쇠 실태를 분석한 이 연구결과 사회발달과 교회성장률 사이에 커다란 상관관계가 있음이 밝혀졌다. 예를 들어 1900~2000년 사이 개발국(74개국) 가운데 연평균 교회성장률(교인 수 증가율)이 증가한 나라는 4%이고, 감소한 것은 74%(정체 22%)인 데 비하여, 저개발국(48개국) 가운데 교회가 쇠퇴한 비율은 0%이지만 성장한 비율은 85%에 이르고 있다(정체 15%). 한편 개발도상국(125개국) 가운데는 쇠퇴가 14%, 성장이 57%였다(정체 30%). 이런 차이는 1인당 국민소득 수준에 따라서도 그대로 나타난다. 예를 들어 1인당 국민소득이 1천 달러 미만인 나라들 가운데 교회가 성장한 비율은 77%이지만, 그것이 2만 달러 이상인 나라들 가운데 교회가 성장하는 비율은 10% 미만으로 크게 낮아진다. 인간발달이나 사회복지의 수준도 종교성쇠와 밀접한 관계가 있다. 즉, 인간발달, 사회복지의 수준이 높은 나라일수록 종교는 쇠퇴하는 반면에, 그 수준이 낮은 나라일수록 종교는 성장하고 있다.

사회발달 이론은 앞에서 살펴본 윌슨의 종교쇠퇴론의 전통을 이어받은 것이라 할 수 있다. 어쨌든 우리는 종교의 세속화는 주로 사회발달의 수준이 높은 국가나 사회에서 발견되는 현상이라고 결론지을 수 있겠다. 사회발달 수준이 낮은 국가나 사회에서는 오히려 세속화에 역행하는 종교적 부흥이 일어나고 있는데, 이 문제는 다음 절에서 다루기로 한다.

(2) 종교시장 이론

종교의 성장과 쇠퇴를 설명하는 또 하나의 세속화 이론은 '종교시장 이론'(*religious market theory*, Stark and Bainbridge, 1987; Stark and Iannaccone, 1994; Stark and Finke, 2000; Finke and Stark, 2014)이다. 이 이론은 종교의 성쇠는 종교를 공급하는 시장상황에 달려 있다고 주장하며, 따라서 '공급 측 이론'(*supply-side theory*)이라고도 한다. 또한 사람들은 종교를 갖든지 말든지, 그리고 갖게 되면 어떤 종교를 갖게 되든지 합리적으로 자신의 종교적 취향을 선택하는 경향이 있다고 해서 이 이론은 '합리적 선택 이론'이라고도 불린다. 앞에서 보았듯이 종교적 '시장 상황'이란 개념은 버거에 의해 설득력 있게 논의되었고, 이런 의미에서 종교시장 이론은 버거의 종교 사사화론을 계승 발전시켰다고 하겠다.

종교시장 이론에 따르면 이른바 종교시장에서 여러 종교들이 경쟁적으로 공존하는 다원주의 사회는 그만큼 종교 선택의 폭이 넓기 때문에 보다 많은 사람이 종교를 갖게 되지만, 반대로 특정 종교가 독점적 지위를 가진 사회에서는 선택의 여지가 없어서, 그 종교를 원하지 않으면 비종교인으로 머물 가능성이 많다는 것이다. 종교시장 이론의 핵심적 근거는 종교 교파들 사이에 활발한 경쟁이 종교 참여에 긍정적 영향을 미친다는 생각이다. 교파, 종파, 교회가 한 지역사회에서 경쟁하면 할수록 경쟁적인 종교 지도자들은 회중을 확보하고 유지하기 위하여 더욱 열심히 노력한다고 가정한다. 따라서 이 이론은 종교적 다원주의 상황이, 더 나은 서비스를 증진하고 종교적 참여를 촉진하는 경향이 있다고 본다. 종교시장에서 다원적 경쟁은 생산자(종교)에게 소비자의 요구에 잘 부합하는 광범위하고 다양한 상품(신앙)을 능률적으로 공급할 수 있게 한다는 것이다.

종교시장 이론은 유럽과 미국의 서로 다른 종교상황을 설명하는 데 유용하다. 유럽과 달리 미국에서 종교적 믿음과 수행이 지속적으로 활기가 있는 것은, 미국에는 종교의 자유가 있으며 종교와 국가가 철저하게 법적으로 분리되어 있을 뿐만 아니라, 매우 다양한 신앙 조직들 가운데서 다원주의적 경쟁이 활발하게 이루어지기 때문이라는 것이다(Finke and Stark, 2014; Berger et al., 2008). 미국에는 거의 모든 세계 종교들이 들어와 있다. 개신교 안에서도 감리교, 회중교, 장로교, 성공회와 같은 주류 교파 교회들뿐만 아니라, 남침례교와 침례교와 같은 보수 교파 교회들, 그리고 하나님의 성회와 같은 성령운동 교회 등 다양한 종교집단들이 신앙적 선택과 경쟁 가능성을 극대화함으로써 대중을 동원하는 데 더욱 효과적이라고 본다. 미국은 신앙노선에서도 자유주의, 중도주의, 보수주의, 근본주의 등 다양한 이념적 상품들을 공급하여 다양한 종교적 구매자들을 확보할 수 있게 한다. 확실히 경쟁은 다양성을 만들고 혁신을 자극하며, 종교로 하여금 대중적 요구에 반응하여 활발하게 회중을 찾게 하는 동인(動因)이 된다.

대조적으로 유럽의 경우 대부분의 나라들에서 법적으로 신앙의 자유가 허용되고 종교들의 다원성을 인정하지만, 실질적으로는 특정 종교가 국가종교의 형태를 띠거나 혹은 독점적 지위를 누리고 있다. 남유럽의 가톨릭, 북유럽의 개신교, 영국의 성공회 등이 그 예가 될 것이다. 대부분의 유럽 국가들은 국가교회에 국가 보조금을 제공하며, 그 교회는 독점적 지위를 차지하는데, 이러한 종교적 독점은 덜 혁신적이고 덜 책임적이며 덜 효과적이다(Stark and Finke, 2000:

230). 뿐만 아니라 성직자가 능력에 관계없이 안전한 수입과 종신 재직권을 누리게 되면 사제들은 자기만족적이고 나태하고 해이해지기 쉽다.

종교에 대한 국가의 규제 또한 종교성장에 걸림돌이 된다. 유럽의 여러 나라에서 정부가 종교 지도자를 임명하거나 승인하는 것과 같은, 종교에 대한 국가의 규제는 종교 제공자들의 효율성을 감소시킨다. 왜냐하면 국가 규제는 사람들의 흥미를 약화시키고, 선택과 관심의 동기에 부정적 영향을 미치기 때문이다. 종교에 대한 국가 규제나 간섭의 독점적 영향은 대중종교를 덜 능률적으로 만들고, 소비자들을 위한 서비스 관리를 허용하지 않으며, 관료적 이익 때문에 소비자의 선택을 방해하고, 신앙의 다양성과 주도권을 감소시킨다. 바로 이러한 상황이 유럽 기독교의 쇠퇴를 초래한 주요인이라고 종교시장 이론은 주장한다(Stark and Iannaccone, 1994).

종교의 성쇠 요인을 설명하는 이 이론은 미국의 종교가 유럽의 경우보다 활발한 이유를 밝히는 설득력 있는 이론으로 인정받는다. 그러나 이 이론은 두 가지 점에서 비판받는다. 하나는 가톨릭의 독점적 역할에도 불구하고 남유럽의 나라에서는 여전히 종교적으로 영향력이 있으며, 서유럽의 가톨릭 국가 아일랜드는 종교적으로 세계에서 가장 활발한 나라 중 하나다. 물론 유럽의 가톨릭 국가들의 경우에도 과거에 비해서는 종교성이 크게 약화된 것은 사실이다. 다른 비판은 시장경제 이론이 기독교가 아닌 다른 종교에 적용하기는 어렵다는 점이다. 예를 들어 이슬람교가 지배적인 나라들에서는 그 종교가 독점적 지위를 누리고 있음에도 불구하고 계속 성장하고 있다(비록 그 성장이 주로 높은 출산율에 의한 것이기는 하지만). 따라서 종교시장 이론은 종교의 세속화 현상을 설명하는 데는 다소 제한적이라 하겠다.

4. 종교의 탈세속화

세계적으로 보면 분명히 종교가 세속화되는 지역들이 있다. 서구 사회들(특히 유럽)의 경우가 이에 해당될 것이다. 그러나 비서구 지역, 그리고 지구의 남반구에서는 세속화에 반(反)하거나 혹은 역행하는 이른바 '탈세속화'라는 종교현상이 일어나고 있다. 이러한 논의의 근거가 되는 것은 세계 종교인구의 변화이다. 이 절에서는 먼저 세계 종교인구의 현황과 그 변화를 살펴보고, 이어서 종교의 탈세속화 현상에 대하여 논의하기로 한다.

1) 세계 종교인구의 변화

종교의 변화에 대하여 알아볼 수 있는 가장 쉬우면서도 분명한 척도는 종교인구의 변화이다. 종교인구 변화 추이를 살펴보면 종교적 변화의 한 경향을 발견할 수 있다. 즉, 양적인, 외적인 면에서 종교가 성장하는지 쇠퇴하는지 판단할 수 있는 중요한 근거는 종교인구, 그리고 그 비율의 증감에 대한 통계자료이다.

(1) 종교인구 변화

먼저 세계의 4대 종교인구의 변화에 대하여 살펴보기로 한다. 〈표 15-4〉가 그 결과를 보여주고 있다.

먼저 2010년 세계 종교인구의 현황을 보면, 기독교 인구가 가장 많아 약 22억 6천만 명으로 세계 인구의 33%에 달하고 있다. 다음은 이슬람교로 약 15억 5천만 명 인구(23%)를 가지고 있으며, 그다음으로는 약 9억 5천만 명의 힌두교(14%), 약 5억 명의 불교(7%) 순이다. 세계의 4대 종교인구는 모두 약 52억 6천만 명으로 세계 인구

〈표 15-4〉 세계 4대 종교인구와 변화

(단위: 백만 명, %)

종교	1910(A)	2010(B)	증감(B-A) 1)	2050(C) 2)	증감(C-B)
기독교	612 (34)	2,260 (33)	-1	3,327 (35)	+2
이슬람교	222 (13)	1,554 (23)	+10	2,555 (28)	+5
힌두교	223 (13)	949 (14)	+1	1,265 (14)	0
불교	138 (8)	495 (7)	-1	556 (6)	-1
기타 3)	560 (32)	825 (12)	-20	797 (9)	-3
무종교 4)	4 (0)	814 (12)	+12	807 (9)	-3
세계 인구	1,752 (100.0)	6,896 (100.0)		9,307 (100.0)	

* 출처: Todd M. Johnson and Brian J. Grim(2013: 10).

** 주 1) 증감은 % 포인트.

2) 2050년은 추정치.

3) "기타"에는 민속종교, 부족종교, 샤머니즘, 정령신앙 등이 모두 포함.

4) "무종교인"에는 불가지론자(agnostics)와 무신론자(atheist) 포함.

의 76%에 달한다. 그밖에 '기타' 종교인구는 약 8억 3천만 명(12%), 무종교인은 8억 1천만 명(12%)이다.

그러면 종교별로는 그 교세에서 어떤 변화가 일어났는가? 1910~2010년 사이의 100년간 교세변화 현황을 살펴보자. 그 기간 동안 세계 전체 인구가 약 18억 명에서 약 69억 명으로 크게 늘어났기 때문에 기독교, 이슬람교, 힌두교, 불교 모두 절대 교인 수는 증가했다. 그러나 전체 인구 대비 종교인 비율은 종교에 따라 다르게 변했다. 기독교의 경우 1910년에는 세계 인구의 34%였으나 2010년에는 33%로 100년간 그 비율이 1% 포인트 감소했다. 그러나 이슬람교는 1910년의 13%에서 2010년 23%로 세계 인구 대비 비율이 10% 포인트나 증가해서 그 교세가 크게 성장했음을 알 수 있다. 힌두교는 1910~2010년 사이 세계 인구 대비 비율이 13%에서 14%로 1% 포인트 증가했다. 불교는 같은 기간 동안 그 비율이 8%에서 7%로 1% 포인트 감소했다. 그러나 4대 종교인구 전체의 비율은 1910년의 68%에서 2010년의 76%로 100년간 8% 포인트 증가했다. 한편 '기타' 종교인의 비율은 같은 기간 동안 세계 인구의 32%에서 12%로 20% 포인트 감소했는데, 이것은 '기타' 종교를 믿는 사람들 가운데 많은 수가 4대 종교(특히 기독교와 이슬람교)로 개종했기 때문인 것으로 보인다. 무종교인의 비율은 1910~2010년 사이 0.2%에서 12%로 크게 늘어났는데, 이것은 주로 많은 서구(특히 유럽) 종교인들이 세속화되면서 종교를 버렸기 때문일 것이다. 이와 같이 1910~2010년의 100년 사이에 이슬람교는 절대 종교인구뿐만 아니라 그 비율도 급성장했고, 힌두교는 약간 성장했으며, 기독교와 불교는 절대 종교인구는 증가했으나 세계 인구 대비 비율에서는 약간 감소했다.

종교 간의 이러한 차이는 무엇보다 출산율의 차이에 기인하고 있다. 2010년 세계 전체의 출산율은 2.5인데 무슬림의 출산율은 평균 3.1, 기독교인은 2.7, 힌두는 2.4, 불교인은 1.6으로 조사되었다(Pew Research Center, Religion & Public Life, 2015). 무슬림의 출산율이 압도적으로 높은 것이 이슬람교 성장의 결정적 요인이라 할 수 있다. 기독교인의 출산율은 원래 세계 평균보다 낮아 1910~2010년 사이 기독교인 비율이 다소 낮아졌으나, 최근 교세가 급증하는 비서구 지역의 기독교인 출산율이 높기 때문에 2010년에는 기독교인의 출산율도 전체 평균 2.5를 상회하는 2.7로 나타났고, 이것은 미래에 기독교인 비율이 늘어날 가능성을 보여주는 것이라 하겠다.

미래에는 종교별 교세가 어떻게 변할 것으로 예측되는가? 2010~2050년 사이에 기독교인 비율은 33%에서 35%로 2% 포인트, 무슬림 비율은 23%에서 28%로 5% 포인트 증가할 것으로 보인다. 기독교인 비율도 다소 증가하겠지만, 무슬림 비율은 더 증가하여 2050년에는 기독교와 이슬람교의 교세 차이는 8% 포인트로 좁혀질 것이다(1910년 20% 포인트, 2010년 10% 포인트 차이). 지금과 같은 추세라면 2100년에는 무슬림이 세계 인구의 35%로 기독교인의 34%를 앞질러 이슬람교는 교세가 가장 강한 종교가 될 것이다(Pew Research Center, Religion & Public Life, 2015). 2010~2050년 사이 힌두교 비율은 14% 그대로 유지되고, 불교인 비율은 7%에서 6%로(-1% 포인트) 감소할 것으로 보인다. 그러나 4대 종교 전체로 보면 그 신도 수가 세계 전체 인구의 83%에 이를 것으로 예상된다. 같은 기간 동안 '기타' 종교인은 12%에서 9%로(-3% 포인트), 무종교인 역시 12%에서 9%로(-3% 포인트) 감소할 것이다. 이것은 '기타' 종교를 믿거나 종교가 없는 사람들 일부가 이슬람과 기독교로 개종할 가능성을 보여주는 것이라 하겠다.

이와 같이 전 세계적으로 보면 적어도 양적 측면에서 쇠퇴 혹은 감소와 같은 종교의 세속화는 일어나지 않을 것 같아 보인다. 그러나 대륙별로 종교 상황을 비교해 보면 지역에 따라 현저하게 다른 변화를 발견할 수 있다.

(2) 대륙별 세계 종교인구의 변화

세계의 종교인구 분포와 그 변화는 대륙별로 크게 다른 양상을 보인다. 〈표 15-5〉에 그 결과가 나와 있다.

아프리카 종교는 오늘날 크게 기독교와 이슬람교로 양분된다. 아프리카 북서쪽에 위치한 사하라 사막을 기점으로 그 북쪽과 동쪽은 이슬람교가, 남쪽은 기독교가 절대적 교세를 차지한다. 그러나 지난 100년간 그 교세는 크게 변했다. 1910년 아프리카의 최대 종교는 이슬람교였으나(이슬람교 32%, 기독교 9%), 2010년에는 역전되어 기독교가 최대의 종교가 되었다(기독교 48%, 이슬람교 42%). 기독교인은 100년 사이 그 비율이 39% 포인트 증가(연평균 성장률 3.82%)했고, 무슬림 비율은 10% 포인트 증가(연평균 성장률 2.40%)했다. 신도 수

〈표 15-5〉 대륙별 세계 종교인구와 변화

(단위: 백만 명, %)

대 륙	종교	1910(A)	2010(B)	증감(B-A)	1910~2010 (% p.a.)
아프리카	기독교	12 (9)	494 (48)	+39	3.82
	이슬람교	40 (32)	426 (42)	+10	2.40
	민족종교	72 (58)	89 (9)	-49	0.21
	전체인구	125	1,022		2.13
아시아	이슬람교	172 (17)	1,079 (26)	+9	1.85
	힌두교	229 (22)	941 (23)	+1	1.45
	무종교	-(0)	620 (15)		9.88
	불교	138 (13)	487 (12)	-1	1.27
	중국민속종교	390 (38)	435 (10)	-28	0.11
	기독교	25 (2)	342 (8)	+6	2.65
	민족종교	58 (6)	147 (4)	-2	0.93
	신종교	7 (1)	58 (1)	0	2.18
	전체인구	1,026	4,164		1.41
유 럽	기독교	404 (95)	580 (79)	-16	0.36
	무종교	2 (1)	109 (15)	+14	4.24
	이슬람교	10 (2)	4 (6)	+4	1.43
	전체인구	427	738		0.55
라틴 아메리카	기독교	74 (95)	545 (92)	-3	2.01
	무종교	0.5 (1)	21 (4)	+3	1.60
	민족종교	3 (4)	4 (1)	-3	0.29
	전체인구	78	590		2.04
북아메리카	기독교	91 (97)	272 (79)	-18	1.09
	무종교	1 (1)	50 (15)	+14	5.42
	유대교	2 (2)	6 (2)	0	-0.30
	이슬람교	-(0)	5 (2)	+2	1.86
	불교	-(0)	4 (1)	+1	1.32
	힌두교	-(0)	2 (1)	+1	1.76
	전체인구	95	345		0.96
오세아니아	기독교	6 (79)	28 (77)	-2	1.27
	무종교	-(1)	6 (16)	+15	2.98
	전체인구	7	37		1.63

* 출처: Todd M. Johnson and Brian J. Grim(2013: 81~90)의 내용을 재구성한 것임.

** 괄호 안 숫자는 %, 증가율은 % 포인트.

도 같은 기간 동안 기독교는 1천 2백만 명에서 약 5억 명으로 41배 증가했고, 이슬람교는 4천만 명에서 약 4억 명으로 10배 정도로 늘어났다. 한편 민족종교인구 비율은 1910년의 58%에서 2010년의 9%로 크게 줄었다(-49% 포인트). 이것은 민족종교와 부족종교를 믿고 민속신앙을 가지고 있던 많은 아프리카 사람들이 그동안 대거 기독교와 이슬람교로 개종했기 때문이다. 이슬람교와 기독교는 모두 유일신 사상을 가진, 배타성이 매우 강한 종교이기 때문에(Stark, 2001), 두 종교 세력이 맞대고 있는 아프리카 중부 지역에서는 끊임없이 종교 전쟁과 분쟁이 일어나고 있다(Toft et al., 2011: chap. 6).

아시아 대륙은 다소 복잡한 양상을 띠고 있다. 우선 2010년 교세를 보면 이슬람교(약 10억, 26%)와 힌두교(약 9억, 23%)의 교세가 비슷하게 매우 강하다. 불교(약 5억, 12%)와 기독교(약 3억 4천만, 8%)의 교세도 강한 편이다. 이와 같이 아시아는 세계의 4대 종교 모두 많은 신도를 가진 유일한 대륙이다. 아시아에는 무종교인도 많고(약 6억, 15%), 중국민속종교를 믿는 사람도 많다(약 4억, 12%).

그러나 1910~2010년 사이 종교별로 서로 다른 변화가 있었다. 100년간 이슬람교는 대륙인구 대비 비율에 있어 17%에서 26%로 9% 포인트 증가했고, 기독교는 2%에서 8%로 6% 포인트 증가했다. 기독교는 그 비율에서 4배가 증가하여 가장 성장한 종교로 나타났다. 종교인의 절대 인구도 같은 기간 동안 이슬람교는 6배로 늘었지만, 기독교는 14배로 늘어났다(아시아 전체 인구는 4배로 증가). 1910~2010년 사이 힌두교인 비율은 22%에서 23%로 1% 포인트 증가에 그쳤고, 불교의 경우에는 13%에서 12%로 1% 포인트 감소했다. 그러나 중국민속종교 인구는 38%에서 10%로 크게 줄었는데(-28% 포인트), 이것은 그들 가운데 많은 이들이 중국의 공산화 영향으로 무종교인이 되었거나, 20세기 후반부터 기독교로 개종했기 때문인 것으로 보인다.

세계의 4대 종교가 모두 강한 교세를 가지고 있기 때문에, 아시아는 종교 간의 갈등이 가장 심하게 일어나는 지역이라 하겠다. 특정 종교(특히 이슬람교)가 국가와 사회에 지배적 영향을 미치는 곳에서는 소수 종교에 대한 제한과 탄압이 흔히 일어나고 있다(Micklethwait and Wooldridge, 2010: chap. 11).

유럽 대륙은 기독교 인구가 압도적으로 많은 대륙이지만, 1910~2010년의 100년 사이 대륙인구 대비 기독교인 비율은 크게 낮아졌다. 즉, 1910년 대륙인구의 95%였던 기독교인 비율은 2010년 79%로 감소했다(-19% 포인트). 분명히 유럽에서는 기독교 입장에서 볼 때 쇠퇴로서의 종교의 세속화가 일어났고, 지금도 진행 중이다. 이것은 무신론자를 포함한 무종교인이 100년 동안 1%에서 15%로 크게 늘어난 것에서도 드러난다. 그러나 유럽의 무슬림 인구는 꾸준히 늘어서 1910년에는 2%였지만 2010년에는 6%가 되었다. 무슬림 인구의 증가는 유럽으로 유입되는 이민 노동자의 다수가 무슬림이며, 또한 그들의 출산율이 백인 기독교인의 경우보다 훨씬 높기 때문이다.

유럽의 기독교 쇠퇴에 대한 새로운 논란이 있다. 이른바 '소속 없는 믿음' 논쟁이다. 이러한 주장을 펴는 학자들은, 상대적으로 세속적인 유럽 국가들에서도 상당히 높은 수준의 믿음을 보여주기 때문에, 사람들은 "소속되지 않고 믿는다"는 것이며, 다수가 아직도 자신을 기독교인으로 규정하고 있다는 것이다(Davie, 2000). 유럽인들은 여전히 기독교 문화의 기억을 가지고 있다고 본다. 그러나 종교가 그들에게 얼마나 오랫동안 일반화된 기억의 하나로 생존할 수 있을지는 분명하지 않다. 남아 있는 기독교의 제도적 구조가 몰락한 다음에도 한두 세대를 생존하겠지만, 그 상황이 30~40년 후에는 훨씬 암울할 것이다(Jenkins, 2002: 110). 현대 교회들은 축적된 자본으로 버티고 있으나, 그것은 위험한 속도로 고갈되고 있다.

라틴 아메리카 대륙의 경우에도 절대 다수가 기독교인으로, 2010년 그 비율은 대륙 전체 인구의 92%(약 5억 5천만)에 이른다. 그러나 그 비율은 1910년의 95%보다는 약간 감소했다(-3% 포인트). 100년 사이 무종교인은 약간 증가한 반면에, 민족종교를 믿는 인구는 다소 감소했다. 한 가지 특이한 것은 원래 라틴 아메리카는 기독교 가운데 가톨릭이 지배적인 대륙이지만, 최근에는 개신교의 복음주의, 성령운동 교회가 활발해지면서 기독교 가운데 개신교 비율이 15%까지 올라갔다(이원규, 2012a: 152).

북아메리카 대륙 역시 기독교 인구가 절대 다수를 차지하고 있어, 2010년 대륙인구의 79%(2억 7천만)가 기독교인이다. 그러나 그 비율은 1910년의 97%에 비하면 크게 감소한 것이다(-18% 포인트). 비록 유럽에 비해서 종교(기독교)에 대한 충성도가 높고, 종교 참여비율도 높은 것이 사실이다. 그러나 그 비율은 지난 몇십 년 사이 조금씩 하강 곡선을 그리고 있다. 반면에 무종교인의 비율은 같은 기간 1%에서 15%로 증가했다(+14% 포인트). 이 결과는 북아메리카에서도 양적 측면에서는 종교의 세속화가 이루어지고 있음을 보여주는 것이라 하겠다. 다양한 이민자들이 이주해 오면서 이슬람교, 불교, 힌두교 신자들도 조금씩 생겨나고 있다.

오세아니아 대륙도 기독교 인구가 2010년 77%로 지배적이지만, 1910년의 79%에 비하면 그 비율이 약간 감소했다. 반면에 무종교인 비율은 같은 기간 1%에서 16%로 크게 늘어났다. 이 대륙에서도 종교의 세속화가 일어나고 있다고 하겠다.

〈표 15-5〉의 결과에서 우리는 크게 두 가지 사실을 발견하게 된다. 첫째로 서구사회(유럽과 북아메리카)는 종교의 쇠퇴가 현실로 나타나는 반면에, 비서구사회 혹은 제 3세계(아프리카, 아시아, 라틴 아

메리카)에서는 오늘날에도 종교가 성장하고 있다는 점이다. 다음에 논의하겠지만 이것은 전통적인 종교적 세속화론이 비서구사회에 적용하는 것은 적합하지 않다는 것을 보여주는 것이라 하겠다. 둘째로 세계 종교가 지배적 영향을 미치는 지역이 종교에 따라 다르다는 점이다. 우선 기독교는 유럽과 북아메리카, 라틴 아메리카에서 절대적으로 우세하고 아프리카에서도 강세를 보인다. 이슬람교는 아시아와 아프리카에서 교세가 강하다. 그러나 힌두교와 불교는 대체로 아시아라는 지역적 범위 안에서만 그 교세가 강하다. 특히 기독교와 이슬람교가 가장 멀리 확산되어 있고, 가장 큰 교세를 가지고 있는 이유는 그 두 종교가 대표적인 보편종교로서 종교 전파의 선교적 열정이 강하고, 이에 상응하는 노력을 가장 적극적으로 (때로는 호전적으로) 시도했기 때문이라고 할 수 있다(이원규, 2006: 162). 보편 종교들은 확장과 확산을 향한 본질적인 역동성을 가진다.

2) 세속화에 대한 반응

종교의 세속화를 쇠퇴로 규정하든 변형으로 규정하든 종교의 세속화는 일종의 종교적 위기로 보이는 수가 많다. 즉, 현대적인 사회변동이 종교에 영향을 미쳐서 어떤 식으로든 종교에 변화가 생기는 것에 대하여 종교가 어떤 식으로든 대응하려는 종교적 노력이 있게 된다. 이때 사회변동에 대한 종교적 반응은 대체로 3가지 형태로 나타나는 것 같다. 하나는 현대적 상황에 적응하거나 이에 동화하려는 종교의 시도이고, 또 하나는 종교 자체의 재무장 혹은 갱신을 추구하려는 적극적 대응방식이며, 다른 하나는 그 상황을 의식적으로 부정하거나 거부하는 반응이다.

(1) 동화적 반응

종교는 세속화 상황에 대하여 동화적으로 반응할 수 있다. 여기서 동화(*accommodation*)는 현대적 추세에 따라 종교 자체도 현대적으로 되어야 한다는 입장이다. 이 동화의 과정을 윌슨은 '비(非)구조화'라는 용어로 설명하고 있다(1979: 85~7). 비구조화란 형식과 절차를 포기하는 의도적 과정이다. 예를 들면 가톨릭에서 라틴어로 집전하던 미사를 모국어로 한다든지, 교회 예배에서 세속적 상징을 실험하는 일, 위계서열적 권위관계를 거부하는 일, 평신도에 의한 성례전 집행, 여성에 대한 성직자 자격 부여와 같은 것들이 그런 과정이다. 때로는 전통적 믿음, 의식, 도덕적 교훈이 폐기되기도 한다. 이 과정은 신앙에 의한 세상의 정복이 아니라 세상의 기술에 의한 신앙의 정복이라 할 수 있다.

이따금 종교는 세속화에 대한 반응으로 종교적 세계관을 현대적으로 변형시키기도 한다. 여기서는 '현대인의 세계관'으로 간주되는 것의 인지적 권위와 우월성이 별다른 유보조건 없이 받아들여진다(Berger, 1979: 38). 전통적인 종교적 주장은 새로운 틀에 맞게, 즉 현대적 세계관에 걸맞다고 생각되는 틀에 맞추어 번역된다. 그리하여 종교적 전통 속에 있는 초자연적 요소들은 거의 완전히 청산되며 전통적인 언어는 타계적인 것에서 현세적인 것을 지칭하는 것으로 바뀌게 된다.

세속화에 대한 종교의 동화적 반응의 다른 형태는 이른바 '절충주의'이다(Wilson, 1979: 90). 종교는 경쟁적 종교들로부터 뿐만 아니라, 경쟁적인 비종교적 그리고 반종교적 힘들과의 경쟁을 피할 수 없다. 뿐만 아니라 초월성을 강조하는 종교는 세계에서 실제적으로 적합하게 되기 위하여 이 세계적 요소와 조화를 이루려고 한다. 그리하여 종교는 다른 문화와, 그리고 다른 사회적 맥락과의 병합을 시도할 수 있다(Wilson, 1979: 91). 제도적으로 종교는 다른 사회제도들의 관료주의적, 기술적 발전을 수용하고 모방하며, 윤리적으로는 종교가 옛 율법주의와 대조되는 상황윤리를 구성한다.

이러한 동화적 과정은 때로 현대성에 대한 종교의 굴복의 현상으로 보여질 수 있다. 이러한 반응은 몇 가지 문제를 만들어낸다. 원래 종교적 관심은 현대적 합리성의 구조와 완전히 동화될 수 없는 비합리적 요소를 가지고 있다. 종교적 활동의 궁극적 목적은 신의 영광과 사람들의 구원이다. 이러한 주제는 합리화의 일관적 과정에 종속될 수 없는 것이다. 따라서 종교가 지나치게 현대화됨으로써 세속사회에 적응하려는 시도는 별로 성공하는 것 같지 않다. 또한 세속화된 종교는 시대정신에 맞추어 수정된 종교적 상표가 특별히 제공해 줄 수 있는 무엇을 가지고 있다고 증명해 보이기 위해서 상당한 노력을 기울이지 않으면 안 된다(Berger, 1979: 40). 그러나 현대세계와 종교가 타협하면서 종교로서는 얻는 것보다는 잃는 것이 더 많아지기 쉽다. 왜냐하면 현대성에 대한 종교의 양보는 점차 많아지게 될 것이고 마지막에는 무엇이 남겠는가 하는 문제가 생길 수 있기 때문이다.

(2) 거부적 반응

세속화에 대한 두 번째 반응은 현대 개념들에 의해 형성되는 세계로부터의 의도적 고립과 분리를 자초하며 세속화된 현대성을 의식적으로 거부하는 태도이다. 이 가운데 가장 온건한 형태는 종교를 개인주의화하는 경향이다. 개인적 도덕성을 강조하고, 종교적 선택에 대한 자유와 그의 영혼의 상태를 위한 개인의 책임성을 강조하는 복음주의(*evangelicalism*)가 이에 속하는데, 이 반응은 상당한 호응을 받고 있다(J. Wilson, 1978: 435). 이것은 종교가 공적이고 제도적인 영역으로부터 퇴거하고 전적으로 사적이고 개인적인 영역 안에 위치하게 되는 과정을 더욱 발전시켜 왔다.

어떤 종교는 세속화에 대한 반응으로 종파적 위치로 돌아가려고 시도하기도 한다. 이 종교는 세속적 조직과 경쟁하기를 거절하고 자유적 종교조직과의 연합을 기피하며 행정적 관료화를 거부한다. 그것은 세속조직들이 제공할 수 없는 것—구원—을 제공하는 일에 집중하며, 여기에서 그 종교는 성공하기 쉽다. 이러한 종교적 태도는 신도들을 새롭게 확보하는 데 효과적일 수 있다.

세속사회의 현대성을 거부하는 극단적인 형태는 퇴거(*withdrawl*)하는 것이다(Cogley, 1968: 174~8). 퇴거란 현대세계로부터 의식적으로 물러나 있거나 자신을 구분하는 것을 말한다. 경우에 따라 종교는 신도들이 가능한 한 현대사회 밖에서 살도록 촉구한다. 그리하여 그들의 부패를 막기 위하여 될 수 있는 대로 외부의 사회적, 문화적, 종교적 영향으로부터 그들을 차단하려고 한다. 심한 경우에는 그들끼리 따로 모여 살면서 게토(*ghetto*)를 형성할 수도 있다.

세속사회의 현대성을 거부하는 이들을 버거는 '인지적 일탈자'(*cognitive deviants*)라고 부르는데, 그들은 인지적으로 반대자의 세계가 있음에도 불구하고 초자연주의적 입장을 고집하거나 재건하는 길을 선택한다(Berger, 1979: 35). 이런 입장을 지닌 종교집단은 초자연주의를 고수하겠지만 세계는 저주받을 것으로 믿는 경향이 있다. 그러나 세속화 혹은 현대성의 추세가 앞으로 계속될 것이라고 가정한다면, 이런 태도를 고수한다는 것은 결코 쉽지 않을 것이라고 버거는 지적한다. 거기에는 너무나 강한 사회적 및 사회심리적 압력이 따를 것이기 때문이다. 이러한 압력에 저항하기 위해 그들은 똘똘 뭉쳐야 하며 외부 세계에 대해서는 철저하게 폐쇄적이어야 한다(Berger, 1979: 36). 이러한 목적을 위해 그 집단은 게토가 되어야 하는데, 이것이 쉬운 일은 아니며, 설득력을 갖기도 어려운 일이다. 왜냐하면 그러한 철저한 게토화는 종교집단이 고립된 수도원이 되고, 종교인이 초연한 성자처럼 되지 않는 한 현대사회의 환경 속에서는 매우 어렵기 때문이다.

(3) 대응적 반응

세속화 경향에 대한 종교의 또 다른 반응형태는 보다 적극적인 대응적 방식이다. 이것은 종교가 자체의 재무장이나 갱신을 통하여 변화를 추구하는 입장이다. 하나의 방식은 세속화에 대응하기 위해 종교들이 '함께 모여', '함께 성장하는' 노력을 하는 것으로, 이것은 '에큐메니즘'(*ecumenism*)이라고 불린다(Wilson, 1966: 224). 종교들은 당면한 문제의 해결을 위해 상호 협조하거나 동맹하거나 경우에 따라서는 조직적으로 연합할 수 있다. 에큐메니즘은 종교 안과 밖에 있는, 종교적 그리고 비종교적 사람들, 열렬한 신자와 정열 없는 냉소주의자를 포함한 모든 사람들에게 현대 세계에서 신학적, 이데올로기적, 민족적, 문화적, 인종적 구분을 넘어서 하나의 중요한 힘이 되도록 하는 운동이다(Cogley, 1968: 203). 에큐메니즘은 효율적 계획과 조직을 통하여 낭비적 경쟁을 감소시키고, 합동으로 자금 수준을 유지하며 설득력을 넓히고 단일한 로비 활동을 통해 정치적으로 종교(들)를 보호하려는 열망을 반영한다. 이러한 에큐메니즘은 종교간에, 교파간에, 종파간에 이루어질 수 있다.

세속화에 대한 종교의 또 다른 대응적 형태는 갱신(*renewal*)이라는 것이다. 종교의 갱신이란 보다 큰 협조와 혁신을 위한 공감대를 발견하면서 종교집단이 공식적, 비공식적으로 새로워지려고 노력하는 것을 의미한다. 종교의 갱신은 제도적 그리고 개인적 종교행위의 수준에서, 공식적 교리구성과 정책의 변화에서 시도된다(Johnstone,

1975: 307). 여기서는 굳어진 형식주의와 역사적 부패를 제거하며 종교의 핵심적 요소를 유지하려는 노력이 중요하다. 그리하여 조직 형태를 수정하기도 하고 다양한 새로운 구조와 조직적 생활양식을 실험하려는 의지를 실천하기도 한다. 이러한 갱신은 개체 종교집단의 수준으로부터 거대한 전체 종교조직의 수준에 이르기까지 다양한 형태로 추진될 수 있다.

3) 종교의 탈세속화

앞에서 논의했던 종교세속화론은 여러 가지 이유로 비판받는다(이원규, 2000). 특히 종교쇠퇴론은 제도화된 유럽 기독교에 초점을 맞추기 때문에, 다른 종교나 비유럽 기독교에 적용될 수 없다는 한계가 있다. 지난 몇십 년간 이루어진 이슬람교의 급성장, 그리고 아시아와 아프리카 대륙 기독교의 눈부신 성장은, 종교가 세속화되는 것이 아니라 그 반대현상을 보여준다는 주장이 설득력을 얻고 있다. 세속화에 역행하는 종교현상을 탈(脫)세속화라고 부른다. 종교의 탈세속화란 종교가 다시 사회에 중요하게 영향을 미치게 되는 현상을 말하며, 반(反)세속화(Berger, 2002: 20)라고도 불린다. 때로는 종교의 거룩한 모습이 되돌아온다는 의미에서 재성화(再聖化)라는 표현을 쓰기도 한다(이원규, 1987). 이제 이러한 현상에 대하여 살펴보기로 한다.

(1) 종교의 부활

계몽주의와 실증주의 영향을 받은 많은 19세기 사회과학자들은 머지않아 종교가 사라질 것이라고 대담하게 예언했다. 이런 입장을 강하게 대변했던 것은 사회진화론과 유물론이었다. 사회진화론에서는 인간의 과학과 지식이 발달하면서 사회는 종교의 시대에서 과학의 시대로 진화될 것이며, 결과적으로 종교는 자연스럽게 역사의 무대에서 사라질 것이라고 주장했다. 한편 맑스로 대표되는 유물론 사상에서는 종교가 허위의식을 만들어내는 이데올로기로 사회발전에 걸림돌이 되기 때문에, 혁명적 역사 과정에서 제거될 것이라고 보았다.

그러나 20세기에 와서 사회진화론이나 유물론에서 예측한 종교의 운명은 사실과 다르다는 것이 드러났다. 만일 그 이론들이 옳다면 종교는 약화되어야 했다. 그러나 실제로 기독교 인구는 1800~1900년 사이에 세계 인구의 23%에서 34%로 오히려 늘어났다. 이러한 성장은 다른 종교들에서도 마찬가지다. 계몽주의와 실증주의 사상도, 사회진화론이나 유물론도 종교에 대하여 잘못 판단하고 잘못 예견했던 것이다.

계몽의 시대, 과학의 시대에도 종교는 사라지지 않았고 오히려 성장했다. 그러나 1960년대 이후 다시 한 번 많은 학자들이 종교, 특히 기독교가 사양길로 접어들면서, 조만간 현저하게 쇠퇴하게 될 것이라고 예측했다. 급변하는 사회상황, 예를 들면 가속화되는 산업화, 도시화, 합리화, 다원화, 사회분화, 전문화의 과정이 종교를 사회 주변으로 밀어내고, 그 교세와 영향력을 약화시킬 것이라는 주장이 1960~70년대 학계를 지배했다. 여기서 주도적 역할을 한 것은 종교의 세속화론을 주장한 사회과학자들, 그리고 이에 편승하여 세속신학을 내세운 자유주의 신학자들이었다(이원규, 2012a: 24).

그러한 종교의 세속화론은 20세기 후반부터 거센 도전을 받게 되었다. 탈세속화론으로 알려진 주장에 앞장선 것은 흥미롭게도 버거이다. 왜냐하면 그는 한때 종교의 세속화는 돌이킬 수 없는 불가피한 현실이라고 강변했기 때문이다(Berger, 1967; 1969; 1979). 그러나 1990년대 이후 세계에서의 종교현상을 재검토한 결과 버거는 오늘날 종교가 오히려 탈세속화의 양상을 보이고 있다고 단언하며 이

제 이렇게 말한다(2002: 15).

> 내가 보기에 우리가 세속화된 세계에서 살고 있다는 가정은 잘못된 것이다. 오늘날의 세상—몇 가지 예외를 제외하면—도 이전 세계만큼이나 상당할 정도로 종교적이며, 몇몇 지역들은 그 어느 때보다 더욱 종교적이다. 이는 역사가들과 사회과학자들에 의해 '세속화론'이라고 막연히 불렸던 전체적 틀이 근본적으로 잘못되었다는 것을 의미한다.

물론 종교의 쇠퇴를 예견했던 세속화론이 전적으로 틀린 것은 아니다. 왜냐하면 유럽에서는 기독교가 현저하게 몰락하고 있기 때문이다. 그러나 그 이론의 결정적 한계는 그것이 유럽의 기독교 현상을 세계의 종교 혹은 세계의 기독교 현상으로 확대 해석했다는 점이다. 비서구 세계도 근대화되면서 유럽 기독교의 쇠퇴 모델을 따라가게 될 것이라고 본 것도 잘못된 것이다.

1960년대 세속신학(*secular theology*)의 대표적 학자로서 종교의 세속화를 당연하게 여기면서 이제는 그 변화에 적응하도록 신앙구조가 현대화되어야 한다고 주장했던 하비 콕스(Harvey Cox, 1965)도 최근에는 "종교가 그 어느 때보다 부흥하고 있고 활기가 넘친다"고 주장하며 다음과 같이 말하고 있다(2010: 9~10).

> 종교의 부흥은 전혀 예상하지 못한 일이었다. 예상과는 달리 몇십 년 전만 하더라도 사려 깊은 저술가들은 종교가 곧 소멸할 것이라고 확신을 가지고 예언했다. 과학의 발달, 문자 해독의 확산, 교육의 보급으로 미신과 미개함은 곧 추방될 터였다. 따라서 종교는 완전히 사라지거나 그렇지 않으면 가족제의, 진기한 축제에, 그리고 문학, 예술, 음악의 별난 참조로만 존속할 터였다. 확실히 종교는, 결코

다시금 정치를 휘두르거나 문화를 조형하지 못할 터였다. 그러나 점쟁이들은 틀렸다. 종교는 사라지는 대신에 온 세상에 지금 새로운 활력을 과시하고 있으며 권력의 영역에도 그 무게를 널리 감지시키고 있다.

종교의 부흥은 앞에서 본 것처럼 종교인 통계가 증명하고 있다. 20세기 전반부보다는 후반부에, 그리고 20세기 말보다는 21세기 초에 전통적인 의미의 종교는 더 성장하고 있다. 종교의 영향력은 단순히 양적 성장의 측면에서만 나타나는 것이 아니다. 그리고 종교가 단순히 사적인 역할을 하며 개인 중심의 심리적 기능을 하는 것으로 그치지 않는다. 이제 종교는 공적 영역에서도 중요한 작용을 하며 사회적 기능도 활발하다. 즉, 전에는 종교가 가정, 가족, 마을, 사원, 회당, 사찰, 교회에 국한되었으나, 이제 종교는 정치, 경제, 문화, 모든 영역에서 영향을 미치고 있다(Toft et al., 2011: 3). 전에는 수동적이었으나 이제는 자기주장을 하면서 참여하고, 전에는 지역적(*local*)이었으나 이제는 지구적(*global*)이며, 전에는 권력에 종속되었으나 이제는 정치를 움직이고 있다.

종교적 부흥이 세계정세에 영향을 미치는 방식으로 버거는 4가지를 지적한다(Berger, 2002: 31~36). ① 종교는 민족주의를 포함한 정치 이데올로기에 영향을 미치고 있다. ② 종교는 평화를 조성하기도 하지만 국가 간 전쟁이나 내전을 일으키기도 한다. ③ 종교는 경제 발전의 동기를 부여하기도 한다. ④ 종교는 인권 및 사회정의 영역에서 중요한 역할을 한다.

물론 종교의 힘은 상반된 사회적 결과를 가져올 수 있다. 즉, 종교가 폭력적이고 억압적일 수 있고, 내전, 테러리즘, 여성과 소수민을 억압하는 법의 근원일 수 있다. 그러나 종교는 또한 독재를 타도하고 민주주의를 세우며 평화협정을 촉진하고 화해를 주도하며 경제와 기업의 발전을 촉진하고 여성 편을 들고 질병과 싸우며 인간을 옹호해 왔음을 보여주고 있다. 어쨌든 중요한 것은 종교가 개인 수준에서 많은 이들을 새로 받아들여 그들에게 심리적 안정과 평화를 제공할 뿐만 아니라, 사회적 수준에서 정치·경제·문화 영역에 상당한 영향력을 행사한다는 사실이다. 그래서 21세기는 '신의 세기'(*God's century*)라고 불리기도 하고(Toft et al., 2011), 21세기에 '신이 돌아왔다'(*God's back*)라고 표현하기도 한다(Micklethwait and Wooldridge, 2010).

(2) 기독교의 부흥

종교의 탈세속화 양상을 나타내는 대표적 사례는 기독교의 부흥이다. 물론 유럽의 경우는 예외적으로 기독교가 쇠퇴하고 있다. 그래서 이것을 '유럽적 예외'라고 부른다(Berger, 2002: 25). 한편 서구 선진국가들 가운데 미국의 경우에는 여전히 기독교가 활발하다는 점에서 이것을 '미국적 예외'라고 부르기도 한다(Norris and Inglehart, 2009: 89). 사실상 서구국가들 가운데 미국만은 예외적으로 종교가 유럽처럼 쇠퇴하지 않고 있다. 비록 종교인 비율은 전보다 낮아졌지만, 여전히 미국인의 종교성은 강해 의례 참여율이 유럽보다 3배 이상 높고, 전통적 믿음을 유지하는 비율도 매우 높다. 복음주의, 자유주의, 근본주의, 성령운동이 모두 미국에서 생겨났거나 꽃을 피웠다. 주류 교파 교인들의 감소 부분은 비주류 교파 교인들의 증가로 채워지고 있다. 세계에서 기독교인이 가장 많은 나라도 미국이다. 이렇게 미국은 여전히 종교적이다.

기독교 부흥의 두드러진 특징의 하나는 기독교 지형의 변화이다(Barrett, 2001; Jenkins, 2002; 이원규, 2012a). 기독교의 부흥은 유럽

이외의 지역, 특히 지구 남반구에서 활발하게 일어나고 있다. 얼마 전까지 '서구 기독교' 혹은 '유럽 기독교'라는 말에 걸맞게 기독교인의 지배적 다수는 백인 국가에서 살았다. 그러나 지난 세기 동안 기독교 세계의 중심축이 두드러지게 남쪽으로, 그리고 이른바 제3세계(아프리카, 라틴 아메리카, 아시아)로 옮겨갔다. 제3세계에서 기독교가 눈부시게 성장하면서 유럽 기독교의 쇠퇴로 인한 공백을 채우고도 남게 되었다. 1900~2000의 100년 사이 제3세계 기독교인은 세계 기독교인의 17%에서 62%로 3배 이상 늘어났다. 1900년에는 기독교인 81%가 백인이었지만, 2025년에는 30%로 줄어들 것이다. 1900년 기독교인의 70%가 유럽에 있었지만, 2025년에는 20%로 감소할 것이다. 1900년 세계 10대 기독교 국가 가운데 비서구 국가는 하나(브라질)뿐이었지만, 2000년에는 7개로 늘어났고, 2050년에는 서구국가 가운데 단 하나(미국)가 10대 기독교 국가에 포함될 것이다. 1900년 유럽과 북아메리카 밖에 있는 개신교인은 10%였으나 오늘날에는 2/3에 이르고 있다. 1900~2000년 사이 유럽의 가톨릭 인구 비율은 세계 전체 가톨릭의 68%에서 27%로 낮아진 반면에, 라틴 아메리카 가톨릭 인구가 차지하는 비중은 전체의 22%에서 44%로 늘어났다. 2025년에는 아프리카 기독교인이 유럽 기독교인보다 많아질 것이다. 이렇게 제3세계는 유럽, 미국에 이어 제3의 '기독교 세계'(*Christendom*)를 만들어가고 있다(이원규, 2012a: 제6장). 21세기에 접어들어서도 기독교의 성장을 주도하는 것은 비서구 지역이며, 이러한 경향은 앞으로 더욱 강화될 것이다.

제3세계와 미국에서 성장한 기독교는 복음주의(*evangelism* 혹은 *evangelicalism*) 성격이 강하다. 복음주의란 18~9세기 이후에 생겨난 보수적 신앙운동으로, 회심과 뜨거운 신앙체험, 개인 영혼구원과 성령운동 등이 강조된다(McGrath, 2005: 154~159). 세계적으로 성장하는 교회는 대체로 복음주의 성향이 강하다.

그러나 복음주의 중에서 가장 두드러진 것은 성령운동 혹은 오순절 운동(*pentecostalism*)이다. 20세기 초 미국에서 생겨나서 전 세계, 특히 제3세계로 퍼져 나간 성령운동은 성서적 정통성과 도덕적 엄격성에다 엑스터시의 체험을 중시하는 예배형식과 성령치유의 강조 등을 결합한 신앙 유형이다(Berger, 2002: 23). 20세기 후반부에 아프리카, 아시아, 라틴 아메리카 등에서 확산되고 있는 이러한 뜨거운 신앙운동은 이 지역들에서의 기독교 부흥운동의 중심이 되고 있다. 이렇게 성령운동은 신앙을 통해서, 그리고 이에 따른 성령체험과 은사를 통해서 모든 문제를 해결하려고 하는 하나의 성화(聖化) 운동이며, 빠른 속도로 기독교권, 특히 제3세계에서 퍼져 나가고 있다(Martin, 2002). 성령운동에 참여한 신도가 1900년에는 100만 명으로 기독교 인구의 0.2%에 불과했으나, 2000년에는 5억 2천 4백만 명으로 기독교 인구의 28%에 이르게 되었다(Barrett, 2001: 4). 2025년에는 세계 기독교인의 1/3이 성령운동 멤버가 될 것이다.

이렇게 기독교는 아프리카, 아시아, 라틴 아메리카 대륙에서의 괄목할만한 성장을 통해, 그리고 복음주의와 성령운동이라는 뜨거운 신앙운동을 통해 부흥하면서 새로운 종교의 시대를 이끌어 가고 있다(Anderson, 2013).

(3) 이슬람교의 성장

종교의 탈세속화의 또 다른 전형적 양상은 이슬람교의 성장이다. 20세기에 이슬람교는 교세에서 가장 성장했고, 21세기에도 성장은 지속될 것이다. 앞에서도 보았듯이 1910년 세계 인구의 13%였던 무슬림 비율은 1970년 15%, 2010년 23%로 고속 성장했고, 2050년에는 28%에 이를 것으로 예상된다.

이슬람교의 주요 무대가 아시아와 아프리카로서 성장은 주로 이 두 대륙에서 이루어졌으나, 유럽과 북아메리카에서도 무슬림은 꾸준히 증가하는 추세를 보이고 있다. 이슬람교의 성장이 무슬림의 높은 출산율에 기인하는 바 크지만, 여기에는 다른 요인들도 중요하게 작용했다. 예를 들면 공격적 선교열, 배교(타종교로의 개종)에 대한 철저한 금지, 민족주의적이며 반제국주의적인 성향, 그리고 이를 통한 강한 연대감 등이 그것들이다. 특히 이슬람 정체성의 강화가 종교성장에 지대한 영향을 미쳤다. 여기에 결정적으로 도화선이 된 것은 이란 혁명이다. 부패하고 세속화된 팔레비(Pahlavi) 왕정을 1979년 무너뜨리고 정권을 장악한 이슬람 성직자 호메이니(Khomeini)는 이란에서 이슬람법으로 통치하는 신정정치(神政政治)를 펴기 시작했고, 이러한 분위기는 많은 이슬람 국가로 확산되었다(Toft et al., 2011: 12, 30). '이슬람의 회복'을 기치로 내세우며 이슬람 교세가 급증하기 시작한 것이 1970년대 이후인 것은 우연이 아니다. 특히 민족주의의 부상과 함께 젊은층, 지식층, 중산층의 종교성이 강화되면서 이슬람교는 더욱 성장하고 있다(Ahmad, 1991).

그러나 이슬람교의 성장이 양적 측면에서만 이루어지는 것은 아니다. 이슬람교의 정신과 신앙이 강화되면서 그것은 점차 보수화되는 경향을 보인다. 이슬람 근본주의(*fundamentalism*)가 모든 이슬람권에서 확산되고 있다. 원래 근본주의라는 용어는 20세기 초 미국에서 매우 보수적인 개신교 집단의 신앙성향을 나타내는 말로 사용되기 시작했으나, 1980년대부터는 이슬람교의 극단적 입장을 지칭하는 용어로도 쓰이게 되었으며, 이 경우에는 개신교 근본주의와 구분하기 위해 '이슬람 원리주의'라고 부르기도 한다.

이슬람 근본주의는 일단 이슬람 규범이 적용되면, 그것이 극적인 변화에 영향을 미치고 이슬람 민족을 사로잡는 여러 사회적·정치적

· 도덕적 문제들을 사라지게 할 것이라고 약속하는 종교적 이상주의를 말한다(Sachedina, 1994). 물론 이러한 신념 혹은 신앙의 역사는 오래된 것이지만, 그것이 확산되고 호전적으로 발전하게 된 것은 대체로 1980년대 이후의 일이다. 물론 여기서 결정적 계기가 된 것은 혁명에 성공한 이슬람 근본주의자 호메이니가 이란을 신정국가로 만들려고 시도한 일이라 할 수 있다.

이슬람 근본주의의 궁극적 목표는 이슬람교 질서를 확립하고, 이슬람 국가를 건설하는 일이다. 그것은 종교적 이상주의로서 이슬람 사회와 무슬림의 정체성의 기초를 마련해 주고 있다. 이슬람 근본주의는 흔히 과격한 성격을 띠고 있다. 이것의 호전적 경향에 대하여 마티(Marty)와 애플비(Appleby)는 '싸운다'(*fight*)는 용어로 설명한다(1994: ix~x). 우선 근본주의자는 저항한다(*fight back*). 그들은 자신을 종교적 핵심이 도전받고 위협받는 것에 대하여 저항하는 전사로 여긴다. 그들은 영토를 위해, 사회집단의 통합을 위해 싸운다(*fight for*). 그들은 또한 무기로 생각할 수 있는 모든 자원을 가지고 싸운다(*fight with*). 일반화된 혹은 특수한 적(불신자, 반대자, 현대주의자, 배교자)에 대항하여 싸운다(*fight against*). 그리고 그들은 신의 목적을 수행하도록 부름 받았다는 확신으로 신 아래서 싸운다(*fight under God*). 따라서 종교의 이름으로 자행되는 폭탄 테러가 대부분 이슬람 근본주의자에 의해 이루어지는 것은 놀라운 일이 아니다(Toft et al., 2011: chap. 5). 일부 과격한 운동으로 이어지기도 하지만, 어쨌든 이슬람 근본주의는 이슬람교의 성장에 하나의 중요한 원동력이 되고 있다.

5. 종교의 미래

우리는 앞에서 종교의 세속화 및 탈세속화 현상에 대하여 살펴보았다. 그러면 종교의 미래는 어떻게 예측될 수 있는가, 그리고 미래의 종교는 어떤 양상을 띨 것인가 하는 문제들을 마지막으로 살펴보기로 한다.

1) 종교의 미래

종교의 미래에 대한 초기 사회학자들의 입장은 매우 비관적이었다. 대체로 그들은 정치와 경제의 발달, 과학과 테크놀로지의 발달, 그리고 합리주의적 사고구조에 따라 종교가 쇠퇴하거나, 나아가서는 그것이 소멸될 것이라고 예측했다. 일찍이 맑스는 종교 없는 사회의 가능성을 제기함으로써 종교의 미래에 대하여 부정적 입장을 취했고, 사회진화론자들도 사회진화과정 가운데서 종교의 자연스러운 퇴거를 예언했다.

그러나 고전 사회학의 대가인 베버는 합리화 과정이 종교의 세속화에 영향을 미칠 것으로 보기는 했지만, 신정론에 대한 설명을 통해 종교의 미래적 가능성을 예시한다(1963). 즉, 고통과 죽음의 권세에 둘러싸여 있는 인간조건에서는 이론적으로 만족을 줄 뿐만 아니라, 고통과 죽음의 위기에 직면해서 내적인 힘을 주는 해석이 필요하게 된다는 것이다. 한편 뒤르켐도 사회가 복잡하게 분업화되면서 전통적인 종교적 기능과 힘이 약화될 것을 예견했지만, 그렇다고 종교적인 도덕성이 붕괴될 것으로 보지는 않는다(1965). 그래서 그는 매우 전문화되고 다양화되며 개인주적인 종교가 생겨날 것으로 생각한다.

뒤르켐과 베버의 영향을 받은 기능이론은 종교가 사회질서의 유지에 필요한 조건이라는 가정을 통하여 종교의 지속성을 주장한다. 종교의 미래적 가능성에 대하여 가장 확신하는 사회학자 가운데 하나는 그릴리이다. 그는 사회상황이 변해 왔고, 앞으로도 변할 것이라 하더라도, 종교가 인간생활에 작용하는 기능들은 기본적으로 같다고 주장한다(Greeley, 1972b: 14~16). 종교는 인간에게 '믿음'을, 사회학적 용어로는 하나의 '의미체계'를 마련해 줌으로써 그를 근원적인 문제에 적응할 수 있게 해 준다는 것이다. 또한 종교는 인간에게 구성원들이 궁극적인 헌신을 공유하며, 그것을 통해 서로에게 도움을 제공하는 공동체 집단에의 소속감을 마련해 준다는 것이다. 이러한 종교 기능들은 베버와 뒤르켐의 핵심적 주제였다. 그릴리에 따르면 추상적 사고, 선택의 자유로운 수행의 증가가 인간에게 보다 낫고 풍부한 생활을 제공할 수 있지만, 동시에 그것들은 끝없는 인간 고통을 만들어내는데, 여기에 종교의 존속을 예견할 수 있는 근거가 있다는 것이다. 나아가 그는 인간이 변화되는 사회 가운데서도 자신의 종교를 만들고, 또한 자신을 발견하는 새로운 상황에 부합하도록 이런 혹은 저런 식으로 그것을 재창조할 수 있을 것이라고 주장한다(1972b: 53). 비슷하게 로버츠(Roberts)도 세계관, 에토스, 상징의 체계로서의 종교는 사라질 수 없는 것인데, 왜냐하면 종교가 혼돈과 무의미성의 공포로부터 개인을 보호하는 의미체계를 마련해 주기 때문이며, 종교집단은 모든 것이 변해 보이는 사회에서 정체성과 소속감의 지속적인 의미를 마련해 주기 때문이라고 말한다(1984: 400).

한편 1960~70년대 종교의 세속화를 하나의 대세라고 보았던 사회학자들에게도 여전히 종교의 미래에 대한 가능성의 단면이 보여진다. 버거는 표준적 현대인에 속한 많은 사람들이 두렵고 신비스러운 것에 대한 성향을 잃어버리지 않았다고 말하면서, 초자연이 문화의 보이지 않는 구석과 틈새에서 생존하고 있다고 주장한다. 그는 그 흔적을 '초월의 신호들'이라고 명명하는데, 그것들의 재발견은 인간의 실재에 대한 인식을 회복하게 할 것이라고 본다(1979: 88~125). 버거에게 종교는 인간으로부터 삭제될 필요도 없고 아마 그럴 수도 없을 것인데, 이것은 종교적 이해와 규정이 변할 수 있고 제도적 형태는 생겨나고 없어질 수 있으나, 근본적인 종교적 물음과 그 문제에 대한 종교적 대답은 남아 있을 것이기 때문이다. 다시 말하면 현대사회의 합리성에도 불구하고, 그것의 경험주의와 상대주의에도 불구하고, 그리고 전통적인 종교적 대답과 구성의 설득력 없는 결론에도 불구하고, 많은 사람이 초자연을 가정하고 그것을 탐구하는 데에 참여하고 있다는 것이다. 이것이 종교가 지금까지 그렇게 오래 지속되었고, 또한 미래에도 종교가 지속되리라고 예상할 수 있게 하는 이유라고 버거는 주장한다.

버거와 더불어 종교의 세속화를 사사화(私事化)로 보는 루크만(Luckmann)은 종교의 미래 역시 사사화된 형태로 지속될 것이라고 예측했다(1982). 그는 종교가 인간에게 삶의 '궁극적 중요성'을 부여하기 때문에, 종교문제는 항상 인간의 문제가 되어 왔고 앞으로도 그럴 것이라고 본다. 전통적 종교의 상징적 실재의 내면화가 현대사회의 사회구조에 의해서는 강화되지도 않고 뒷받침되지도 않기 때문에, 개인적 종교성이 중요하게 된다고 설명한다. 루크만에게 종교의 미래는 대조적 양상을 보이게 될 것인데, 하나는 제도화된 종교의 지속적인 쇠퇴요, 다른 하나는 사적인 개인적 종교성의 지속적 발전이다. 종교의 쇠퇴를 주장했던 윌슨조차도 종교의 사사화 경향에 대하여 동조하는 입장이다. 그는 현대사회의 증대되는 제도주의, 비인격성, 그리고 관료주의에 반하여 종교가 새로운 기능을 발견하게 될 것인데, 그것은 제도적 종교라기보다는 종파적 종교일 것이라고 말한다(Wilson, 1966: 233).

그러면 최근의 학자들은 종교의 미래에 대하여 어떻게 예측하는가? 물론 미래 예측이란 현재의 추세가 그대로 진행될 것이라는 가정에서 가능한 것이다. 그러나 분명한 것은 과거와 달리 그들은 종교의 미래에 대하여 일반화시켜 예견하지 않는다. 즉, 종교에 따라, 지역 혹은 사회에 따라 서로 다른 결과를 보일 것이라고 한다. 우선 종교가 쇠퇴할 것이라는 세속화 전망은 주로 유럽 사회의 기독교에 초점이 맞춰져 있고, 모든 현실과 정황을 고려해 볼 때 이것은 가능성이 있어 보인다(Bruce, 2002; 2011). 종교가 주로 사적 영역에서 기능을 수행하며 사사화될 것이라는 예측 역시 서구 사회의 상황에서는 미래에도 적용될 수 있으리라고 본다.

문제는 비서구 사회의 경우이며, 이 역시 지역과 종교에 따라 다른 미래가 예견된다. 비서구 지역에서는 탈세속화론에서 보듯이 종교의 미래적 성장이 지속될 것이다. 특히 이슬람교와 기독교의 성장은 21세기에도 하나의 대세가 될 것이다. 그러나 종교에 따라 그 미래적 성격은 서로 다를 수 있다. 우선 기독교의 경우를 보면, 신앙적 성향이 뜨거워지고 있으며 앞으로도 더욱 그럴 것이다(Jenkins, 2002; McGrath, 2005) 서구 학자들이 한때 사람들의 믿음과 수행에서 사라져 갈 것이라고 예측했던 신비, 초자연, 성스러움, 초월의 영역이 되살아나고 있다. 그들은 이성, 지성, 합리성이 종교의 핵심이 될 것이라고 생각했지만, 그들의 예상과는 다르게 감성, 영성, 경험의 종교성이 기독교에서 활기를 되찾고 있다(이원규, 2012a: 제9장). 따라서 비서구 지역에서는 복음주의와 성령운동이 더욱 활발해질 것이다. 이것은 개신교만의 현상이 아니라 가톨릭에서도 나타나고 있다. 즉, 카리스마운동, 성령운동이 특히 라틴 아메리카 가톨릭 안에서 확산되고 있다. 그래서 콕스는 21세기를 '성령의 시대'(*the*

Age of the Spirit)일 것이라고 단언한다(Cox, 2010).

미래 기독교에서 특히 주목해야 할 것은 아프리카 기독교이다. 이것은 양적 측면과 신앙성향 측면 모두에서 그렇다. 우선 양적으로 보면 아프리카의 매우 높은 출산율과 신앙적 열정 덕분에, 아프리카 기독교인은 1910년 전체 기독교인의 7%였으나 2010년에는 15%로 늘었고, 2025년에는 25%로, 2050년에는 40%로 급증할 것으로 예상되고 있다(Pew Research Center, 2015). 지금과 같은 추세가 지속된다면 21세기가 끝날 무렵에는 아프리카가 기독교의 중심지가 될 것이고, 기독교인의 다수는 흑인이 될지도 모른다. 신앙성향에 있어서도 아프리카 기독교는 특이하다. 정령신앙, 주술신앙, 민속신앙과 같은 토양에서 기독교를 받아들여 자신의 독특한 형태로 만들었기 때문에, 아프리카 기독교는 토착화되었고 혼합주의적 성격이 강하다(이원규, 2012a: 제5장; Jenkins, 2002: chap. 6). 물론 이러한 혼합주의는 아시아와 라틴 아메리카에서도 발견된다. 이에 따라 남반구, 특히 아프리카 기독교는 북반구, 특히 유럽 기독교와 신앙적 갈등이 있어 왔고, 앞으로도 그럴 것으로 보인다.

이슬람교는 미래에 가장 성장할 종교라는 것을 살펴본 바 있다. 그 종교는 보수화되면서 또한 매우 정치화될 것이다. 정치화된다는 것은 종교가 강력한 정치 세력화되는 것을 의미한다. 그리하여 21세기 이슬람권에서는 종교와 정치가 밀착하되, 종교가 정치에 영향력을 행사하여, 그것이 왕정국가이든 세속국가이든 종교 이념에 바탕을 둔 신정정치를 모색할 것이다(Toft et al., 2011: chap. 3). 종교적 보수화는 민족주의의 강화와 관계가 있다. 민족주의는 내부적으로는 민족과 국가의 결속을 필요로 할 때, 외부적으로는 적대 세력에 맞서야 할 때 결정적으로 중요한 역할을 한다. 이슬람권에서는 이슬람 문화나 가치와 대립하는, 신자유주의와 패권주의를 앞세운 기독교권

강대국들(특히 미국 중심의 NATO)에 저항할 수 있는 강력한 힘은 민족주의와 근본주의를 통해 가능하다고 본다. 21세기 이슬람권에서는 주권을 지키기 위해서, 그리고 강한 국가와 민족을 형성하기 위해서, 강력한 종교 이데올로기로서의 이슬람 근본주의가 더욱 확산되고 강화될 것이다(이원규, 2003: 30~32). 미래 이슬람교는 양적으로 성장할 뿐만 아니라, 이념적으로 더욱 강한 종교의 모습을 띨 것으로 보인다.

힌두교와 불교는 원래 선교지향적 종교가 아니고 교리적으로도 관용적이며, 그 근거도 아시아 특정 지역(힌두교는 인도, 불교는 동아시아)으로 한정되었기 때문에 주로 제한된 범위 내에서만 발전할 것이다. 힌두교는 주로 출생에 의한 자연 증가율로 교세가 유지되겠지만, 불교 지역은 출산율도 낮아 미래에 양적 성장을 이루기는 힘들 것으로 보인다. 다만 최근 힌두교에서도 근본주의자들이 생겨나면서 타종교(특히 이슬람교)와 갈등을 일으키고 있다. 불교는 대중화를 통해 자생력을 키우려고 노력하는데 얼마나 성공할지는 두고 보아야 할 일이다.

2) 미래의 종교

미래의 종교는 어떤 성격을 지니게 될 것인가? 미래에는 어떤 형태의 종교가 활기를 띨 것인가? 미래의 종교는 '종교 정의'에 따라 어떻게 다른 양상을 띨 것인가? 이제 마지막으로 이런 문제들에 대하여 알아본다. 그러나 미래의 종교라고 하는 것도 사실은 이미 그 징후가 나타나는 종교현상을 말한다. 그리고 미래적 종교성 역시 새로운 형태라기보다는 오히려 과거에 있었던 종교 형태일 수 있다.

미래적 종교는 대체로 다음과 같은 특성을 가질 것이다.

첫째로, 그것은 영성(靈性)이 강조되는 종교일 것이다. 최근에 세계적으로 크게 성장하는 종교집단은 대개 영성 훈련을 강조하고 영적 체험을 중요시하는 보수적 종교들이다. 인간의 개인적 자유가 방종에 가깝도록 방만해져 가는 현대적 상황은 도덕성과 영성의 회복을 강조하는 종교집단의 발전을 촉구할 수 있다. 현대주의의 메마름과 현대문화의 공허함이 자유주의 문화에 동조하라는 압력을 약화시킬 것이며, 이에 따라서 단순한 보수적 경건성에 대한 재확증의 요구가 증대될 것이다(Bell, 1977: 444). 이 경우 종교의 일상적인 기능은 보다 순수하게 영적인 것을 지향할 수 있다. 카리스마주의자와 새로운 복음주의자에 의한, 감정적이고 내면적인 훈련이 강조될 것이다.

둘째로, 미래에는 구속적(救續的) 성향이 강한 종교로 발전할 것이다. 경제적 부의 팽창, 과학과 기술의 확장, 합리적 사고의 증대가 초래할 수 있는 많은 문제들, 예를 들면 경제적 불평등, 전쟁의 위협, 환경파괴의 문제들이 있다. 그리고 산업화와 도시화에 따른, 공동체성과 정체성의 붕괴와 같은 문제들이 있다. 이에 따라 인간의 가치는 상품화, 기계화, 도구화되기 쉽다. 이러한 현대성의 위기는 사람들로 하여금 새로운 '구속'의 의미를 추구하게 만들 것이다(J. Wilson, 1978: 436~37). 현대성의 모순으로부터의 해방은 참된 구속을 위한 새로운 통찰력, 새롭고 자유롭게 하는 지식을 약속하는 종교에서 이루어질 수 있다는 점에서 미래의 종교에는 구속종교의 성격이 강하게 나타날 것이다.

셋째로, 미래적 종교는 신비적 혹은 신화적 성격을 띨 수도 있다(Bell, 1977: 445~46). 이것은 비신화화된 현대적 상황에서는 역설로 보일 수 있다. 그러나 세계가 너무 과학주의적이고 단조롭게 되면서 사람들은 경이와 신비가 고갈되는 세계에서 경이와 신비를 원할 것이다. 비록 그러한 신화적 방식이 원시 정령신앙이나 무교적 주술의 형태를 띠지는 않겠으나, 새로운 신화적 방식은 새롭게 사물의 정체성을 이해하는 데 도움이 될 수 있다. 신비 혹은 신화에 대한 추구가 많은 이들에게 합리화하는 힘들에 대하여 역행하는 힘으로써 비효과적 반응일 수 있다. 그러나 생활이 합리성으로 인해 무미건조해지고, 그래서 지겹게 느껴지는 이들에 대해서는 '신비스러움'이 새로운 삶의 활력소가 될 수도 있을 것이다.

이러한 미래의 종교는 한마디로 '가슴의 종교'(*religion of heart*)라고 할 수 있다. 가슴의 종교는 성스러움, 초월, 초자연, 신비의 의미를 중요하게 여기는 종교이다. 20세기가 이성, 지성, 합리성을 내세우는 '머리의 종교'(*religion of head*) 시대였다면, 21세기는 감성, 감정, 경험의 종교성을 강조하는 '가슴의 종교'가 대세가 되는 시대가 될 것이다(이원규, 2012a). 그러나 두 가지 점이 지적되어야 한다. 하나는 근본주의는 '가슴의 종교' 형태인가 하는 것이고, 다른 하나는 서구 세계에도 '가슴의 종교'가 가능할 수 있겠는가 하는 것이다.

미래 종교의 한 형태는 근본주의적일 것이고, 앞으로도 확산될 것이다. 그러나 근본주의는 '가슴의 종교'라 할 수 없다. 왜냐하면 근본주의의 핵심은 '성스러움'에 대한 경험이 아니라, 신학적 명제나 교리적 신조에 대한 절대적 신봉이기 때문이다. 근본주의는 종교의 감성적 차원이나 종교적 체험을 거부하는 경향이 있다. 그래서 콕스는 근본주의를 왜곡된 형태의 신앙이라고 신랄하게 비판한다(2010: 206~19). 근본주의는 삶의 길잡이였던 신앙을, 규정된 교리적 사상으로 대체하면서 종교의 핵심인 사랑의 윤리를 실천하기보다는 영적 자만심과 독선과 배타성을 드러내기 때문이라는 것이다. 비록 반지성주의적이기는 하지만 근본주의는 교리와 신조에 집착한다는 의미에서 '머리의 종교'라고 할 수 있다. 그래서 머리의 종교성을 가지고 있던 유럽에서 기독교가 쇠퇴하듯이, 근본주의 역시 기독교권에서는 약화되고 있다(이원규, 2012a: 273). 이런 의미에서 미래에 근본주의 종교가 강화될 것이라는 예측은 주로 이슬람교에 해당되는 것이다. 이슬람권에서의 근본주의는 민족주의와 결합되어 반 세속주의, 반 서방 세계, 반 기독교 세계 정서를 강화할 수 있는 강력한 이데올로기로 작용하기 때문이다.

미래의 종교가 영성이 강조되는 '가슴의 종교'를 지향한다는 것은 제3세계의 상황(특히 기독교권)에는 적절하게 적용될 수 있다는 것이 모든 학자들의 공통된 견해다(Jenkins, 2002; McGrath, 2005; Cox, 2010). 그러한 가슴의 종교성이 서구 사회에서도 발견되는가? 유럽의 경우에는 그렇지 않다(Bruce, 2002; 2012). 그러나 미국의 경우에는 상황이 다르다. 여기에는 두 가지 상반된 흐름이 있다. 이성과 지성을 내세우는 자유주의적인 전통적 교회들은 현저하게 몰락의 길을 가고 있다. 반면에 감성과 경험을 중시하는 복음주의적인 비전통적 교회들은 크게 성장하고 있다(이원규, 2012a: 117~19). 따라서 21세기 미국에서는 가슴의 종교성이 일반적 종교시장을 주도해 갈 것으로 보인다.

미래의 종교의 특성을 나타낼 수 있는 또 하나의 현상은 탈제도화(脫制度化)라는 것이다. 특히 기독교권에서 이것이 가속화되고 있다. 탈제도화란 제도로서의 위계질서, 조직, 교권, 교리의 종교 전통이 무너지는 것을 의미한다. 이것은 주로 개신교 현상이지만, 가톨릭에서도 그러한 변화가 일어나고 있다. 그래서 21세기에는 제도화된 교회가 몰락하면서 새롭게 영성을 추구하는 탈제도화된 신앙운동이 활성화될 것이라는 주장이 설득력을 얻고 있다(Bass, 2015). 탈제도화를 보여주는 한 개신교 형태는 독립교회 운동이다. 특정 교파에 대한 소속을 거부하는 이른바 '독립교회'가 급성장하고 있다. 여기서는 교리가 중요하지 않고, 위계적 조직도 필요 없다. 이론적 신학체계도 의미가 없다. 오로지 사람들에게 감동을 주고 영감을 주는 것으로 충분하다. 중심적 주제는 하나님과의 관계이며, 성스러움의 체험이다. 그들은 영성, 도덕성, 공동체성을 추구한다. 오늘날 독립교회에 속하는 기독교인은 약 4억만 명으로 전체 기독교인의 20%에 달한다. 그래서 도날드 밀러(Donald E. Miller)는 이제 기독교(주로 개신교)는 후기교파주의 시대에 접어들었다고 말한다(2008: 16). 그는 한편으로는 탈제도화되는 '포스트모던' 방식, 다른 한편으로는 옛날의 '영성'을 추구하는 신앙적 경향이 결합되어 있다고 해서 이러한 종교성향을 '포스트모던 원시주의'라고 부른다(Miller, 2008: 46). 이렇게 탈제도화되는 종교가 미래에 더욱 확산될 것으로 보인다.

한편 '포괄적 개념'으로 종교현상을 이해하게 되면 미래의 종교는 여전히 사회와 개인에 대하여 중요한 기능을 수행하며 그 영향을 발휘하게 될 것으로 예측할 수 있다. 사회적 수준에서의 강력한 미래 종교의 한 대표적인 예는 앞에서 논의한 '시민종교'(*civil religion*)이다. 시민종교는 "시민으로서의 한 사람의 역할, 공간, 시간, 그리고 역사 안에서의 그의 사회적 위치를 궁극적 존재와 의미의 상황들에 관계시키는 일련의 믿음, 의식, 그리고 상징들"이다(Coleman, 1970: 70). 벨라(Bellah)에 의해 분석된 이래로 많은 학자들이 시민종교를 전형적인 사회적 대체종교로 보고 있다(Bellah, 1967; 1975; Bellah and Hammond, 1980; Richey and Jones, 1974; Herberg, 1955). 다원화된 사회에서는 사회를 통합시키는 기능을 전통적인 종교가 더 이상 수행할 수 없다. 그러나 이 사회에서는 전통적 종교가 아닌 어떤 것이 사회적 합의를 위한 기초로서, 그리고 국가적 활동의 의미성을 규정하는 것으로서 기능을 수행할 수 있는데, 그것이 바로 시민종교라는 것이다(Cole and Hammond, 1974: 177~89).

물론 시민종교가 사제적 사회통합의 기능만을 수행하는 것은 아니다. 그것이 때로는 비판적인 예언자적 기능을 수행하며 국가나 사회의 정책적인 판단의 표준을 제공할 수도 있다(Mead, 1974: 45~74). 시민종교를 새로운 형태의 미래적 종교로 보는 이유는 그 어느 때보다 시민종교가 중요한 의미를 가지고 있기 때문이다. 그것은 다원화되는 세속사회에서 전통종교가 통합하는 기능을 상실함에 따라 그 사회에 일체감과 조화를 마련해 주는 힘의 필요성이 강하게 요청되고 있는 현실에 부응하는 것이 시민종교이기 때문이며, 민족적 애국주의가 많은 국가 혹은 사회에서 그 민족의 현실적 신앙으로서 전통적인 종교를 효과적으로 대체하는 현상이 확산되고 있기 때문이며, 현대사회에서 가장 영향력을 지니고 있는 강력한 체제로서의 국가의 상징적 위치가 더욱 신성시되는 것이 세속화의 한 추세이기 때문이다.

종교를 포괄적으로 정의 내릴 때 개인적인 수준에서 중요한 미래적 종교는 이른바 '보이지 않는 종교'이다. 루크만에 의해 명명된 이래로 '보이지 않는 종교'는 사적인 차원에서의 다양한 대용 종교성을 나타내는 현상으로 이해되고 있다(Luckmann, 1982). 루크만은 개인들에게 일상생활에 실질적 중요성을 결정하는 규범으로서 주관적 적합성, 궁극적 중요성을 부여하는 모든 사적인 체계를 '보이지 않는 종교'로 규정하고 있다. 이것은 전통종교에 대한 하나의 '기능적 대행물'로서 개인의 정체성 확립에 결정적으로 중요하다는 것이다. 그리하여 루크만은 현대의 '보이지 않는 종교'의 주제로 개인적인 자율성, 자기표현, 자기실현, 이동정신(*mobility ethos*), 성(*sexuality*), 가족주의 등을 예로 들고 있다(1982: chap. VII). 그는 이러한 '보이지 않는 종교'는 사사화된 종교성의 전형적 양상이라고 본다.

루크만의 '보이지 않는 종교' 개념을 토대로 마찰렉(Machalek)과 마틴(Martin)은 개개인이 가진 '궁극적 관심'을 대체적인 사적 종교성으로 규정하면서 그러한 종교성이 많은 사람들에게서 유효하다는 것을 밝혀냈다(1976: 311~21). 그들은 하나의 '보이지 않는 종교'로서 개인들에게 궁극적 관심이 되고 있는 범주를 초월적인 궁극적 관심(인간-신 관계, 구원, 도덕성, 천국 등)과 내재적인 궁극적 관심으로 크게 나누고, 다시 내재적인 궁극적 관심을 미시-인간주의적 관심(동료, 가족에의 배려와 사랑 등), 거시-인간주의적 관심(이타적 관심, 복지, 평화, 정의, 평등과 같은 사회적, 국가적 문제 등), 물질적 관심(경제적 안전과 생존권, 환경, 건강, 삶의 질의 문제 등), 그리고 실존적 관심(마음의 평화, 행복, 삶의 의미, 자기실현 등)으로 나누어 분석했을 때 이러한 종교성이 실제로 개인들에게 존재한다는 것을 입증했다.

이렇게 본다면 '보이지 않는 종교'는 분명히 현대사회에서 하나의 대체종교 혹은 기능적 대행물로서 존재하며, 그것(들)은 전통적 종교를 대신하여 많은 사람들에게 궁극적 관심, 궁극적 중요성, 궁극적 의미를 제공하는 새로운 종교라 할 것이다. 또한 이 '보이지 않는 종교'는 미래에서 개인들에게 더욱 중요하게 영향을 미칠 가능성이 충분히 있다고 하겠다.

이상의 논의를 통하여 우리는 종교의 미래, 미래의 종교에 대하여 다음과 같이 요약할 수 있을 것이다. 미래에 포괄적 의미의 종교는 사적인 영역에서는 '보이지 않는 종교'의 형태로, 사회적 영역에서는 '시민종교'의 형태로 지속되거나 강화될 것이라고 예견할 수 있다. 이때 그 종교들은 매우 다양한 형태로 나타날 것이다. 그러나 제도화된 전통종교는 그 위세가 사회적 수준에서는 약화되는 경향이 있을 것이지만, 다시 영적인 것을 강조하고 구원의 문제에 관심을 가지며 신비와 초월의 의미를 회복하려는 종교적 운동이 반작용으로 확산될 것이다. 물론 이러한 종교성을 추구하는 이들의 관심과 활동은 사사화되는 경향이 있겠지만, 종교적 열정은 보다 더 강할 것이라고 예측할 수 있다. 왜냐하면 이 경우에 종교적 믿음에의 동기가 가장 순수하게 종교적일 수 있으며, 종교적 태도와 행위는 자신의 결단과 선택에 의해 크게 결정될 것이기 때문이다.

■ 참고문헌

국내 문헌

글로벌리서치(2013), 《국민 행복/힐링 관련 전 국민 여론조사보고서》.

기독교윤리실천운동(2017), 《한국교회의 사회적 신뢰도 여론조사》.

김경동(1990), 《현대의 사회학》, 서울: 박영사.

김광일(1981), "기독교의 치병현상에 관한 정신의학적 조사연구", 서광선 외 공저, 《한국교회 성령운동의 현상과 구조》, 서울: 크리스찬 아카데미, 233~296쪽.

김동일 편(1991), 《성의 사회학》, 서울: 문음사.

김병서(1995), 《한국사회와 개신교》, 서울: 한울 아카데미.

김상욱 외(2009), 《한국종합사회조사 2008》, 성균관대학교출판부.

김성건(1991), "종말론 대두에 관한 사회학적 분석: 최근 한국에 등장한 시한부 종말론을 중심으로", 〈신학사상〉, 74(가을): 744~765.

김홍권(2008), 《좋은 종교 좋은 사회》, 서울: 예영.

노길명(1989), "한국 종교 성장의 사회적 배경", 이원규 편저, 《한국교회와 사회》, 서울: 나단 출판사, 94~126쪽.

______(1991), 《한국의 신흥종교》, 서울: 가톨릭신문사.

______(1996), 《한국 신흥종교 연구》, 서울: 경세원.

노치준(1990), 《한국의 교회조직》, 서울: 민영사.

문화체육관광부(2018), 《한국의 종교현황》.

보건복지부(2005), 《사회복지시설 현황》.

서베이리서치센터(2013), 《한국종합사회조사 2012》, 성균관대학교출판부.

신규석(2003), “한국 신학대학원생들의 의식조사 연구”, 감리교신학대학교 석사학위논문.
양영진(1992), “뒤르켐의 종교의식 이론에 대한 비판적 고찰”, 〈한국사회학〉, 26(겨울): 121~144.
양 춘 외(1987), 《사회학개론》, 서울: 진성사.
오경환(1990), 《종교사회학》, 서울: 서광사.
유동식(1978), 《민속종교와 한국문화》, 서울: 현대사상사.
윤승용(1997), “종교의 사회조사와 한국종교의 이해”, 한국갤럽, 《한국인의 종교와 종교의식》.
이관우(1982), 《조사분석방법론》, 서울: 형설출판사.
이원규(1987), 《종교의 세속화》, 서울: 대한기독교출판사.
______(1988), “웨슬리 전통과 사회운동”, 〈신학과 세계〉, 17(가을): 56~96.
______ 편저(1989a), 《한국교회와 사회》, 서울: 나단 출판사.
______(1989b), “미국 제의운동에 미친 동양 신비종교의 영향”, 한국종교학회), 〈종교연구〉, 제5집: 121~134.
______(1991), 《종교사회학》, 서울: 한국신학연구소.
______(1992), 《한국교회의 사회학적 이해》, 서울: 성서연구사.
______(1993), “해방 후 한국인의 종교의식구조 변천연구”, 한국정신문화연구원 편, 《현대 한국종교변동 연구》.
______(1994a), 《한국교회의 현실과 전망》, 서울: 성서연구사.
______(1994b), “종교적 배타성과 종교성의 관계에 대한 경험적 연구”, 나학진 교수 정년퇴임기념논문집 간행위원회 편, 《종교다원주의와 종교윤리》, 서울: 집문당, 173~205쪽.
______(1997), “한국교회의 성장과 그 둔화 요인에 대한 사회학적 고찰”, 〈신학과 세계〉, 34(봄): 145~186.
______(2000), “성(聖)의 복귀? — 종교쇠퇴로서의 세속화론에 대한 재고”, 〈신학과 세계〉, 41(2000, 가을): 235~270.
______(2003), 《기독교의 위기와 희망》, 서울: 대한기독교서회.
______(2006), 《인간과 종교》, 파주: 나남 출판.

______(2009), "종교와 도덕성의 관계에 대한 연구", 〈신학과 세계〉, 64(봄): 125~174.
______(2010), 《한국교회의 위기와 희망》, 서울: kmc.
______(2012a), 《머리의 종교에서 가슴의 종교로》, 서울: kmc.
______(2012b), "여성의 종교성에 대한 사회학적 연구", 〈신학과 세계〉, 75(겨울): 253~287.
______(2018), 《한국교회의 사회학》, 성남: 북코리아.
이장식(1984), "종교와 정치", 기독교사상 편집부 편, 《한국의 정치신학》, 서울: 대한기독교서회.
조흥윤(1987), "신흥종교", 윤이흠 외 공저, 《한국인의 종교》, 서울: 정음사, 143~168쪽.
차배근(1990), 《사회과학 연구방법》, 서울: 세영사.
통계청(1985/1995/2005/2015), 《인구주택 총조사》.
한국갤럽(2015), 《한국인의 종교 1984-2014》.
한국목회자협의회(2018), 《한국 기독교 분석 리포트》, 서울: 도서출판 URD.
한국사회복지관협회(2005), 《사회복지관 백서》.
한국종교사회연구소(1993), 《한국종교연감》.
한미준(2005), 《한국교회 미래 리포트》, 서울: 두란노.
한완상(1982), "교회 양적 급성장에 대한 사회학적 고찰", 서광선 외 공저, 《한국교회 성령운동의 현상과 구조》, 서울: 대화출판사, 165~231쪽.
市川白弦(1981), "禪的 자유와 실존의 자유", 이재창 외 공편, 《현대사회와 불교》, 서울: 한길사, 189~217쪽.

국외 문헌

Ahmad, Mumtaz(1991), "Islamic Fundamentalism in South Asis", in *Fundamentalism Observed*, edited by Martin E. Marty and R. Scott Appleby, pp. 457~528, Chicago: The University of Chicago Press.
Ammerman, Nancy T.(2011), "Congregations: Local, Social, and Religions," Peter B. Clarke (ed.) The Oxford Handbook of the

Sociology of Religion. New York: Oxford University Press

Anderson, Allan Heaton(2013), *To the Ends of the Earth: Pentecostalism and the Transformation of World Christianity*, Oxford: Oxford University Press.

Allport, Gordon W.(1960), *Personality and Social Encounter*, Boston: Beacon Press.

Alpert, Harry(1961), *Emile Durkeim and His Sociology*, New York: Russell & Russell.

Argyle, Michael(2000), *Psychology and Religion*, London: Routledge.

Argyle, Michael and Beit-Hallahmi, Benjamin(1975), *The Social Psychology of Religion*, London: Routledge & Kegan Paul.

Aron, Raymond(1967), *Main Currents in Sociological Thought* II, translated by R. Howard and H. Weaver, Garden City, New York: Doubleday.

Atchley, Robert(1980), *The Social Forces in Later Life*, Belmont, Ca.: Wadsworth Publishing Co.

Babbie, Earl R.(1975), *The Practice of Social Research*, Belmont, Ca.: Wadsworth Publishing Co.

Bainbridge, William S.(1997), *The Sociology of Religious Movements*, New York: Routledge.

Bainbridge, William S. and Stark, Rodney(1979), "Cult Formation: Three Compatible Models", *Sociological Analysis* 40(4): 283~295.

Baldridge, J. Victor(1975), *Sociology: A Critical Approach to Power, Conflict, and Change*, New York: John Wiley & Sons.

Banton, Michael(ed., 1966), *Anthropological Approaches to the Study of Religion*, London: Tavistock Publications.

Barkun, Michael(1974), *Disaster and the Millennium*, New York: Yale University Press.

Barrett, David B.(ed., 2001), *World Christian Encyclopedia*, Oxford: Oxford University Press.

Bass, Diana(2015), 《교회의 종말》, 이원규 역, 서울: kmc(*Christianity after Religion: The End of Church and the Birth of a New Spiritual*

Awakening, New York: HaperCollins Publishers, 2012).

Batson, C. Daniel and Ventis, W. Larry(1982), *The Religious Experience: A Social-Psychological Perspective*, New York: Oxford University Press.

Baum, Gregory(1966), *The Teachings of the Second Vatican Council*, New York: Glen Tock.

______(1983), 《종교와 소외》, 이원규 역, 서울: 대한기독교출판사(*Religion and Alienation*, New York: Paulist Press, 1975).

Becker, Howard(1932), *Systematic Sociology*, New York: John Wiley & Sons.

Beckford, James A.(1973), *Religious Organization*, published as Vol. 21(2) of Current Sociology.

______(2003), *Social Theory and Religion*, Cambridge: Cambridge University Press.

Bell, Daniel(1977), "The Return of the Sacred?", *British Journal of Sociology* 28(4): 419~449.

Bellah, Robert N.(1957), *Tokugawa Religion*, Glencoe, Ill.: The Free Press.

______(1964), "Religious Evolution", *American Sociological Review* 29(3): 358~374.

______(1967), "Civil Religion in America", *DAEDALUS*(Winter): 1~21.

______(1970), *Beyond Belief*, New York: Harper & Row.

______(1975), *The Broken Covenant: American Civil Religion in Time of Trial*, New York: Seabury.

______(1976), "New Religious Consciousness and the Crisis in Modernity", pp. 333~352 in *The New Religious Consciousness*, edited by Charles Y. Glock and Robert N. Bellah, Berkeley: University of California Press.

Bellah, Robert N. and Hammond, Phillip E.(eds., 1980), *Varieties of Civil Religion*, San Francisco: Harper & Row.

Benda, B. B. and Corwyn, R. F.(1997), "Religion and Delinquency", *Journal for the Scientific Study of Religion* 36(1): 81~92.

Bender, I. E. (1968), "A Longitudinal Study of Church Attenders and Non-attenders", *Journal for the Scientific Study of Religion* 7(2): 230~237.

Bendix, Reinhard (1962), *Max Weber: An Intellectual Portrait*, Garden City, New York: Doubleday.

Benedict, Ruth (1934), *Patterns of Culture*, Boston: Houghton Mifflin.

Berger, Peter L. (1982), 《종교와 사회》, 이양구 역, 서울: 종로서적 (*The Sacred Canopy: Elements of a Sociological Theory of Religion*, Garden City, New York: Doubleday, 1967).

______ (1979), 《현대사회와 신》, 김쾌상 역, 서울: 대한기독교서회 (*A Rumor of Angels: Modern Society and the Rediscovery of the Supernatural*, Garden City, New York: Doubleday, 1969).

______ (1981), 《이단의 시대》, 서광선 역, 서울: 문학과지성사 (*The Heretical Imperative: Contemporary Possibilities of Religious Affirmation*, Garden City, New York: Doubleday, 1979).

______ (1974), "Some Second Thoughts on Substantive versus Functional Definitions of Religion", *Journal for the Scientific Study of Religion* 13(2): 125~133.

______ (2002), "세상의 탈세속화: 개관" (pp. 13~36), 김덕영 · 송재룡 역, 《세속화냐? 탈세속화냐? — 종교의 부흥과 세계정치》, 서울: 대한기독교서회 (*The Desecularization of the World — Resurgent Religion and World Politics*, edited by Peter L. Berger, Grand Rapids, MI.: William B. Eerdmans Publishing Co., 1999).

Berger, Peter L., Grace, Davie, and Effie, Fokas (2008), *Religious America, Secular Europe?*, Burlington, VA: Ashgate.

Berstein, Eduard (1963), *Cromwell and Communion*, translated by M. J. Stenning, New York: Schocken Books.

Besanceney, Paul (1970), *Interfaith Marriages*, New Haven: College and Universities Press.

Blizzard, Samuel W. (1956), "Role Conflict of the Urban Minister", *The City Churches* 7(Sep.): 13~15.

Boisen, A. T. (1955), *Religion in Crisis and Custom*, New York: Harper & Row.

Borgatta, Edgar F. and Borgatta, Marie L. (1992), *Encyclopedia of Sociology*, New York: Macmillan Publishing Co.

Brothers, Joan (1971), *Religious Institutions*, London: William Clowes & Sons.

Bottomore, Tom (1981), "A Marxist Consideration of Durkeim", *Social Forces* 59: 902~917.

Boughey, Howard (1978), *The Insights of Sociology: An Introduction*, Boston: Allyn and Bacon, Inc.

Bouma, Gary D. (1973), "Beyond Lenski: A Critical Review of Recent 'Protestant Ethic' Research", *Journal for the Scientific Study of Religion* 12(2): 141~155.

Bourque, L. B. and Back, K. W. (1968), "Values and Transcendental Experiences", *Social Forces* 47: 34~38.

Bradburn, Norman M. (1969), *The Structure of Psychological Well-Being*, chicago: Aldine Publishing Co.

Brewer, Earl D. C. (1952), "Sect and Church in Methodism", *Social Forces* 30: 400~408.

______(ed., 1967), *Readings in the Sociology of Religion*, London: Pergamon Press.

Bruce, Steve (2002), *God is Dead: Secularization in the West*, Oxford: Blackwell.

______(2011), *Secularization*, New York: Oxford University Press.

Budd, Susan (1973), *Sociologists and Religion*, London: Collier-MacMillan Publishers.

Burridge, Kenelm (1969), *New Heaven, New Earth: A Study of Millenarian Activities*, New York: Schocken Books.

Campbell, Angus, Converse, Philip E., and Rodgers, Willard L. (1976), *The Quality of American Life*, New York: Russell Sage.

Campbell, Thomas and Fukuyama, Yoshio (1970), *The Fragmented Laymen*,

Philadelphia: Pilgrim Press.

Cantril, Hadley(1965), *The Pattern of Human Concerns*, New Brunswick, New Jersey: Rutgers University Press.

Carmody, Denise L.(1992), 《여성과 종교》, 강돈구 역, 서광사(*Women and World Religion*, Nashville, Tenn.: Abingdon, 1979).

Chalfant, H. Paul, Beckley, Robert E., and Palmer, C. Eddie(1981), *Religion in Contemporary Society*, Sherman Oaks: Alfred Publishing Co.

Chesen, Eli(1972), *Religion May Be Hazardous to Your Health*, New York: Peter Wyden.

Christ, Carol P.(1987), "Why Women need the Goddess", in *Women's Studies in Religion: Multicultural Reader*, edited by Kate Bagley and Kathleen McIntosh. Upper Saddle River: Pearson Prentice-Hall.

Christiano, Kevin J., Swatos, William H. Jr., and Kivisto, Peter(2002), *Sociology of Religion*, New York: Rowman & Littlefield Publishers, Inc.

Clark, Elmer T.(1965), *The Small Sects in America*, New York: Abingdon Press.

Clarke, Peter B.(ed., 2011), *The Oxford Handbook of the Sociology of Religion*, New York: Oxford University Press.

Clement, Frank and Sauer, William J.(1976), "Life Satisfaction in the U. S.", *Social Forces* 54(March): 621~631.

Clinebell, Howard J.(1965), *Mental Health Through Christian Community*, Nashville, Tenn.: Abingdon Press.

Cody, J.(1953), "Religion and Politics in Modern Burma", *Far Eastern Quarterly* 12(1):149~162.

Cogley, John(1968), *Religion in a Secular Age*, New York: Encyclopaedia Britannica.

Cohen, Albert and Hodges, Harold M.(1963), "Lower-Blue-Collar Characteristics", *Social Problems* 10(1): 303~334.

Cohn, Norman(1964), "Medieval Millenarism: It's Bearing on the

Comparative Study of Millenarian Movements", pp. 168~181 in *Religion, Culture, and Society*, edited by Louis Schneider, New York: John Wiley & Sons.

Cole, William A. and Hammond, Phillip E. (1974), "Religious Pluralism, Legal Development, and Societal Complexity: Rudimentary Forms of Civil Religion", *Journal for the Scientific Study of Religion* 13(2): 177~189.

Coleman, John A. (1970), "Civil Religion", *Sociological Analysis* 31(2): 66~77.

Comte, Auguste (1896), *The Positive Philosophy*, translated and abridged by Harriet Martineau, 2 Vols., London: George Bell.

Coser, Lewis A. (1982), 《사회사상사》, 신용하 · 박명규 역, 일지사(*Masters of Sociological Thought*, New York: Harcourt Brace Jovanovich, 1971).

Cox, Harvey (2010), 《종교의 미래》, 김창락 역, 서울: 문예출판사(*The Future of Faith*, New York: HarperCollins, 2009).

______ (1965), *The Secular City: Urbanization and Secularization in Theological Perspective*, New York: Macmillan.

CRM (1973), *Society Today*, Del Mar, Ca.: Ziff-Davis Publishing Co.

Cross, Whitney (1965), *The Burned-Over District: The Social and Intellectual History of Enthusiastic Religion in Western New York, 1800-1950*), New York: Harper & Row.

Dahrendorf, Ralf (1959), *Class and Class Conflict in Industrial Society*, Stanford, Ca.: Stanford University Press.

Davie, Grace (2000), *Religion in Europe: A Memory Mutates*, Oxford: Oxford University Press.

______ (2013), *The Sociology of Religion*, London: Sage.

Davis, Kingsley (1948), *Human Society*, New York: Macmillan Co.

Demerath III, N. J. (1965), *Social Class in American Protestantism*, Chicago: Rand McNally.

Demerath III, N. J. and Hammond, Phillip E. (1969), *Religion in Social*

Context, New York: Random House.

De Vaus, David and Ian McAllister(1987), "Gender Difference in Religion: A Test of the Structural Location Theory", *American Sociological Review* 51: 2.

Dillon, Michele(ed., 2003), *Handbook of the Sociology of Religion*, Cambridge: Cambridge University Press.

Doress, Irvin and Porter, Jack N. (1981), "Kids in Cults", pp. 297~302 in *In God We Trust*, edited by Thomas Robbins and Dick Anthony. New Brunswick: Transaction Books.

Douglas, William O. (1952), *Beyond the High Himalayas*, Garden City. New York: Doubleday.

Durkheim, Emile(1950), *The Rules of Sociological Method*, translated by Sarah A. Solovay and John H. Mueller and edited by George E. G. Catlin. New York: The Free Press.

______(1951), *Suicide*, translated by John A. Spaulding and George Simpson, Glencoe, Ill.: Free Press.

______(1956), *The Division of Labor in Society*, translated by George Simpson, New York: Free Press.

______(1961), *Moral Education*, translated by Everett K. Wilson and Herman Schnurer. New York: Free Press.

______(1965), *The Elementary Forms of the Religious Life*, translated by Joseph W. Swain, New York: Free Press.

Eagly, A. H. (1995), "The Science and Politics of Comparing Men and Women", *American Psychologist* 50.

Eisenstadt, S. N. (ed., 1968), *The Protestant Ethic and Modernization: A Comparative View*, New York: Basic Books.

Eister, A. W. (1957), "Religious Institutions in Complex Societies: Difficulties in the Theoretic Specification of Functions", *American Sociological Review* 22(4): 387~391.

Eliade, Mircea(1959), *The Sacred and the Profane: The Nature of Religion*, translated by Willard R. Trask, New York: Harcourt, Brace &

World.

Encyclopedia Britannica(2004), *Book of the Year.*

Erikson, Erik H. (1958), *Young Man Luther: A Study of Psychoanalysis and History*, New York: Norton.

Etzioni, Amitai(1961), *The Comparative Analysis of Complex Organizations*, New York: Free Press.

Evans-Pritchard, E. E. (1965), *Theories of Primitive Religion*, London: Oxford University Press.

Fallding, Harold(1974), *The Sociology of Religion*, New York: McGraw Hill.

Faulkner, Joseph E. (ed., 1972), *Religious Influence in Contemporary Society: Readings in the Sociology of Religion*, Columbus, Ohio: Charles E. Merrill Publishing Co.

Faulkner, Joseph E. and DeJong, Gordon F. (1966), "Religiosity in 5-D: An Empirical Analysis", *Social Forces* 45(2): 246~254.

Feldman, K. A. (1969), "Change and Stability of Religious Orientations during College", *Review of Religious Research* 11(1): 40~60.

Fenn, Richard K. (1972), "Toward a New Sociology of Religion", *Journal for the Scientific Study of Religion* 11(1): 16~32.

______(1978), *Toward a Theory of Secularization*, Storrs, Conn.: Society for the Scientific Study of Religion.

______(ed., 2003), *Sociology of Religion*, Malden, MA: Blackwell.

Ferraro, K. F. and Kelley-Moore, J. A. (2000), "Religious Consolation among Men and Women", *Journal for the Scientific Study of Religion* 39: 2.

Feuerbach, Ludwig(1957), *The Essence of Christianity*, New York: Harper & Row.

Fichter, Joseph H. (1954), *Social Relations in the Urban Parish*, Chicago: University of Chicago Press.

______(1967), "The Urban Parish as a Social Group", pp. 189~199 in *Readings in the Sociology of Religion*, edited by Joan Brothers,

London: Pergamon Press.

Finke, Roger and Stark, Rodney(2014), *The Churching of America 1776-2005: Winners and Losers in Our Religious Economy*, New Brunswick, New Jersey: Rutgers University Press.

Fischoff, Ephraim(1968), "The Protestant Ethic and the Spirit of Capitalism: The History of a Controversy", in *The Protestant Ethic and Modernization: A Comparative View*, edited by S. N. Eisenstadt. New York: Basic Books.

Francis, Leslie J. (1997), "The Psychology of Gender differences in Religion", *Religion* 27.

Frazer, James G. (1951), *The Golden Bough* Vol. I, Abridged Edition, New York: The Macmillan Co.

Freud, Sigmund(1960), *Totem and Taboo*, translated by A. A. Brill, New York: Vintage.

______(1964), *The Future of an Illusion*, translated by W. D. Robson-Scott. Garden City, New York: Anchor Books.

Fukuyama, Yoshio(1961), "The Major Dimensions of Church Membership", *Review of Religious Research* 2(3): 154~161.

Garai, J. E. and Scheinfeld, A. (1968), "Sex Differences in Mental and Behavioral Traits", *Genetic Psychology Monographs* 77.

Gee, Ellen M. (1991), "Gender Differences in Church Attendence in Canada: The Role of Labor Force Participation", *Review of Religious Research* 32: 3.

Geertz, Clifford(1973), *The Interpretation of Cultures*, New York: Basic Books.

Gibbs, James O. and Crader, Kelly W. (1970), "A Criticism of Two Recent Attempts to Scale Glock and Stark's Dimensions of Religiosity", *Sociological Analysis* 31(2): 107~114.

Glasner, Peter E. (1977), *The Sociology of Secularization: A Critique of a Concept*, London: Routledge & Kegan Paul.

Glock, Charles Y. (1959a), "The Religious Revival in America", pp. 25~

42 in *Religion and the Face of America*, edited by Jane Zahn, Berkeley: University of California Press.

______(1959b), "The Sociology of Religion", pp. 153~177 in *Sociology Today* Vol. I, edited by Robert K. Merton, Leonard Broom and Leonard S. Cottrell, New York: Harper & Row.

______(1962), "On the Study of Religious Commitment", *Religious Education* 62(Winter): 98~110.

______(1964), "The Role of Deprivation in the Origin and Evolution of Religious Groups", pp. 24~36 in *Religion and Social Conflict*, edited by Robert Lee and Martin E. Marty, New York: Oxford University Press.

______(1973), *Religion in Sociological Perspective*, Belmont, Ca.: Wadsworth Publishing Co.

Glock, Charles Y. and Bellah, Robert N. (eds., 1976), *The New Religious Consciousness*, Berkeley: University of California Press.

Glock, Charles Y., Ringer, Benjamin, and Babbie, Earl R. (1967), *To Comfort and to Challenge: A Dilemma of the Contemporary Church*, Berkeley: University of California Press.

Glock, Charles Y. and Hammond, Phillip E. (eds., 1973), *Beyond the Classics?: Essays in the Scientific Study of Religion*, New York: Harper & Row.

Glock, Charles Y. and Stark, Rodney(1965), *Religion and Society in Tension*, Chicago: Rand McNally & Co.

______(1966), *Christian Beliefs and Anti-Semitism*, New York: Harper & Row.

Gockel, G. L. (1969), "Income and Religious Affiliation: A Regression Analysis", *American Journal of Sociology* 74: 632~647.

Goode, Erich(1980), *Social Class and Church Participation*, New York: Arno Press.

Goode, William(1951), *Religion among the Primitives*, New York: Free Press.

Gould, Julius and Kolb, William L. (eds., 1964), *A Dictionary of the Social Sciences*, New York: The Free Press.

Gray, Robert and Moberg, David O. (1977), *The Church and the Older Person*, Grand Rapids: Eerdmans.

Greeley, Andrew M. (1972a), *The Denominational Society: A Sociological Approach to Religion in America*, Glenview, Ill.: Scott, Foresman and Co.

______(1972b), *Unsecular Man: The Persistence of Religion*, New York: Dell Publishing Co.

Greeley, andrew M. and Hout, Michael (2006), *The Truth about Conservative Christians*, Chicago: The University of Chicago Press.

Hadaway, Christopher K. (1978), "Life Satisfaction and Religion: A Reanalysis", *Social Forces* 57(Dec): 636~643.

Hamilton, Malcolm B. [2001(1995)]. *The Sociology of Religion*, New York: Routledge.

Hammond, Phillip E. (1974), "Religious Pluralism and Durkheim's Integration Thesis", pp. 115~142 in *Changing Perspectives in the Scientific Study of Religion*, edited by Allen W. Eister, New York: John Wiley and Sons.

Hargrove, Barbara (1979), *The Sociology of Religion: Classical and Contemporary Approaches*, Arlington Heights, Ill.: AHM Publishing Corporation.

Harper, Marvin H. (1939), "Christianity and the Culture of India", in *Environmental Factors in Christian History*, edited by McNeil et al., Chicago: Chicago University Press.

Heelas, Paul (1998), *Religion, Modernity and Postmodernity*, Malden, MA: Blackwell.

Herberg, Will (1955), *Protestant-Catholic-Jew: An Essay in American Religious Sociology*, Garden City, New York: Doubleday.

______(1967), "Religion in a Secularized Society: The New Shape of Religion in America", pp. 470~481 in *The Sociology of Religion*, edited by Richard D. Knudten, New York: Appleton-Century

Crofts Division of Meredith Publishing Co.

Hertel, Bradley R. (1988), "Gender, Religious Identity and Work Force Participation", *Journal for the Scientific Study of Religion* 27: 4.

Hirschi, T. and Stark, Rodney (1969), "Hellfire and Delinquency", *Social Problems* 17: 202~213.

Hill, Michael (1980), *A Sociology of Religion*, London: Heinemann.

Holt, John B. (1940), "Holiness Religion: Cultural Shock and Social Reorganization", *American Sociological Review* 5 (5): 740~747.

Hopkins, C. H. (1940), *The Rise of the Social Gospel in American Protestantism*, New Haven: Yale University Press.

Horton, Paul B. and Hunt, Chester L. (1984), *Sociology*, New York: McGraw Hill.

Hoult, Thomas F. (1958), *The Sociology of Religion*, New York: The Dryden Press.

Hudson, Winthrop S. (1949), "Puritanism and the Spirit of Capitalism", *Church History* 18 (1): 3~16.

Hughey, Michael W. (1983), *Civil Religion and Moral Order*, Westport, Conn.: Greenwood Press.

Hunt, Chester L. (1949), "Religious Ideology as a Means of Social Control", *Sociology and Social Research* 33 (Jan-Feb.): 180~187.

Hunt, Richard A. and King, Morton (1971), "The Intrinsic-Extrinsic Concepts: A Review and Evaluation", *Journal for the Scientific Study of Religion* 10 (4): 339~356.

James, William (1958), *Varieties of Religious Experience*, New York: New American Library.

Jenkins, Philip (2002), *The Next Christendom: The Coming of Global Christianity*, Oxford: Oxford University Press.

Jensen, G. E. and Erickson, M. L. (1979), "The Religious Factor and Delinquency", pp. 152~177 in *The Religious Dimension*, edited by Robert Wuthnow, New York: Academic Press.

Johnson, Benton (1963), "On Church and Sect", *American Sociological*

Review 28(4): 539~549.

Johnson, Elmer H. (1973), *Social Problems of Urban Man*, Homewood, Ill.: The Dorsey Press.

Johnson, Harry M. (ed., 1979), *Religious Change and Continuity*, San Francisco: Jossey-Bass Publishers.

Johnson, Todd M. and Grim, Brian J. (2013), *The World's Religions in Figure: An Introduction to International Religious Demography*, Malden, MA: John Wiley & Sons.

Johnstone, Ronald L. (1975), *Religion and Society in Interaction: The Sociology of Religion*, Englewood Cliffs, New York: Prentice-Hall.

______(2006), *Religion in Society: A Sociology of Religion*, Englewood Cliffs, New Jersey: Prentice-Hall.

Kanter, Rosabeth M. (1972), *Commitment and Community*, Cambridge, Mass.: Harvard University Press.

Kautsky, Karl(1953), *Foundations of Christianity*, translated by H. F. Mims, New York: Russell and Russell.

King, Morton and Hunt, Richard(1975), "Measuring the Religious Variable: National Replication", *Journal for the Scientific Study of Religion* 14(1): 13~22.

Kinsey, Alfred C. (1948), *Sexual Behavior in the Human Male*, Philadelphia: W. B. Saunders Co.

______(1952), *Sexual Behavior in the Human Female*, Philadelphia: W. B. Saunders Co.

Knudten, Richard D. (ed., 1967), *The Sociology of Religion: An Anthology*, New York: Appleton-Century-Crofts.

Kosmin, Barry A. and Lachman, Seymour P. (1994), *One Nation under God: Religion in Contemporary American Society*, New York: Crown Trade Paperbacks.

Krause, Neal, Ellison, Christopher C., Shaw, Benjamin A., Marcum, John P., and Boardman, Jason D. (2001), "Church-Based Social Support and Religious Coping", *Journal for the Scientific Study of*

Religion 40(4): 637~656.

Krueger, David A. (1986), "Capitalism, Christianity, and Economic Ethics: An Illustrative Survey of Twentieth Century Protestant Social Ethics", pp. 24~45 in *Christianity and Capitalism*, edited by Bruce Grelle and David A. Krueger. Chicago: Center for the Scientific Study of Religion.

Landis, Judson T. and Landis, Mary G. (1958), *Building a Successful Marriage*, New York: Prentice-Hall.

Lazerwitz, Bernard (1962), "Membership in Voluntary Associations and Frequency of Church Attendance", *Journal for the Scientific Study of Religion* 2(3): 74~84.

Lee, Matthew R. (2006), "The Religious International Base and Violent Crime in Rural Area", *Journal for the Scientific Study of Religion* 45(3): 309~324.

Lee, Matthew R. and Bartkowski, J. P. (2004), "Love Thy Neighbor?: Moral Communities, Civic Engagement, and Juvenile Homicide in Non-metro Communities", *Social Forces* 82: 1001~1035.

Lee, Matthew R. and Ousey, G. C. (2005), "Institutional Access, Residential Segregation, and Urban Black Homicide", *Sociological Inquiry* 75: 31~54.

Lee, Robert and Marty, Martin E. (eds., 1964), *Religion and Social Conflict*, New York: Oxford University Press.

Lee, Won Gue (1981), "Religion and Integration: Religious Commitment as Related to Anomie and Life Satisfaction", Unpublished Ph. D. Dissertation, Emory University.

Lefever, Harry G. (1977), "The Religion of the Poor: Escape or Creative Force?", *Journal for the Scientific Study of Religion* 16(3): 225~236.

Lehman, Edward C. and Shriver, Donald W. 1968), "Academic Discipline as Predictive of Faculty Religiosity", *Social Forces* 47: 171~182.

Lenski, Gerhard(1961), *The Religious Factor*, Garden City, New York: Doubleday.

______(1962), "The Sociology of Religion in the United States", *Social Compass* 9: 307~337.

Lessa, William A. and Vogt, Evon Z. (eds., 1972), *Reader in Comparative Religion*, New York: Harper & Row.

Levi-Strauss, Claude(1969), *Totemism*, Harmondsworth: Penguin Books.

Lofland, John(1977), *Doomsday Cult*, New York: Irvington Publishers.

Lowie, Robert H. (1924), *Primitive Religion*, New York: Liveright Publishing Co.

Lowith, K. (1954), "Man's Self-Alienation in the Early Writings of Marx", *Social Research* 21(Summer): 204~230.

Luckmann, Thomas(1977), "Theories of Religion and Social Change", *Annual Review of the Social Sciences of Religion* 1: 1~28.

______. 1982), 《보이지 않는 종교》, 이원규 역, 서울: 기독교문사(*The Invisible Religion*, New York: The Macmillan Co., 1967).

Machalek, Richard and Martin, Michael(1976), "'Invisible' Religion: Some Preliminary Evidence", *Journal for the Scientific Study of Religion* 15(4): 311~321.

MacIver, Robert M. (1951), *Community*, London: Routledge and Kegan Paul.

Maduro, Otto(1977), "New Marxist Approaches to the Relative Autonomy of Religion", *Sociological Analysis* 38(4): 359~367.

______(1988), 《사회적 갈등과 종교》, 강인철 역, 서울: 한국신학연구소(*Religion and Social Conflicts*, New York: Orbis Books, 1979).

Malinowski, Bronislaw(1954), *Magic, Science and Religion*, Garden City, New York: Doubleday.

Mannheim, Karl(1936), *Ideology and Utopia*, translated by L. Wirth and E. Shils, New York: A Harvest/HBJ Book.

Marshall, Gordon(1982), *In Search of the Spirit of Capitalism: An Essay on Max Weber's Protestant Ethic Thesis*, New York: Columbia

University Press.

Martin, Bernice(2004), "From Pre-to Postmodernity in Latin America: The Case of Pentecostalism", pp. 102~146 in *Religion, Modernity and Postmodernity*, edited by Paul Heelas. Malden, MA: Blackwell.

Martin, David(1978), *A General Theory of Secularization*, New York: Harper & Row.

______(2002), *Pentecostalism: The World Their Parish*, Malden, MA: Blackwell.

______(2005), *On Secularization: Toward a Revised General Theory*, Burlington, VA: Ashgate.

Marty, Martin E. and Scott, Appleby, R. (eds., 1994), *Fundamentalism Observed*, Chicago: The University of Chicago Press.

Marx, Gary T. (1967), "Religion: Opiate or Inspiration of Civil Rights Militancy among Negroes?", *American Sociological Review* 32(1): 63~72.

Marx, Karl(1964), *Economic and Philosophic Manuscripts of 1844*, edited by D. Struik, New York: International Publishers.

______(1976), *Capital* Vol. 1, translated by S. Moore and E. Aveling. Moscow: Foreign Language Publishing House.

______(1977), *Selected Writings*, edited by David McLellan. Oxford: Oxford University Press.

Marx, Karl and Engels, Friedrich(1964), *On Religion*, New York: Schocken Books.

______(1975), *Collective Works* Vol. 6, London: Lawrence & Wishart.

______(1981), *The German Ideology*, edited by C. J. Arthur, New York: International Publishers.

Maslaw, Abraham H. (1964), *Religions, Values, and Peak-Experiences*, Columbus, Ohio: Ohio State University Press.

Masters, W. H. and Johnson, V. E. (1970), *Human Sexual Inadequacy*, London: Churchill.

McCready, William C. and Greeley, Andrew M. (1976), *The Ultimate*

Values of the American Population, Beverly Hills: Sage.

McGrath, Alister(2005), 《기독교의 미래》, 박규태 역, 서울: 좋은 씨앗 (*The Future of Christianity*, Oxford: Blackwell, 2000).

McGuire, Meredith B.〔2008(1981)〕. *Religion: The Social Context*, Belmont, Ca.: Wadsworth Publishing Co.

McKown, D. B. (1991), 《마르크스주의 종교이론》, 강돈구 · 박정해 역, 서울: 서광사(*The Classical Marxist Critiques of Religion*, The Hague: Martinus Nijhoff, 1975).

McLellan, David(1987), *Marxism and Religion*, New York: Harper & Row.

McLoughlin, William(1959), *Modern Revivalism*, New York: Ronald Press.

Mead, Sidney E. (1974), "The Nation with the Soul of a Church", pp. 45~74 in *American Civil Religion*, edited by R. E. Richey and D. G. Jones, New York: Harper & Row.

Mehl, Roger(1970), *The Sociology of Protestantism*, translated by James H. Farley, Philadelphia: The Westminster Press.

Meier, Dorothy L. and Bell, Wendell(1959), "Anomie and Differential Access to the Achievement of Life Goals", *American Sociological Review* 24(2): 189~202.

Merton, Robert K. (1957), *Social Theory and Social Structure*, Glencoe, Ill.: Free Press.

Micklethwait, John and Adrian, Wooldridge(2010), *God is Back: How the Global Revival of Faith is Changing the World*, New York: Penguin Books.

Miller, Alan and John, Hoffmann(1995), "Risk and Religion: an Explanation of Gender Differences in Religiosity", *Journal for the Scientific Study of Religion* 34: 1.

Miller, Donald E. (2008), 《왜 그들의 교회는 성장하는가?》, 이원규 역, 서울: kmc(*Reinventing American Protestantism: Christianity in the New Millennium*, Berkeley: University of California Press, 1997).

Millikan, Robert A. (1931), *Living Philosophies*, New York: Simon and Schuster.

Moberg, David(1962), *The Church as a Social Institution*, Englewood Cliffs, New Jersey: Prentice-Hall.

______(ed., 1979), *Spiritual Well-Being: Sociological Perspective*, Washington D.C.: University Press of America.

Mol, Hans(1983), *Meaning and Place*, New York: The Pilgrim Press.

Moore, Robert(1974), *Pit-Men, Preachers and Politics*, London: Cambridge University Press.

Mott, Paul E.(1965), *The Organization of Society*, Englewood Cliffs, New Jersey: Prentice-Hall.

Muelder, Walter G.(1961), *Methodism and Society in the Twentieth Century*, New York: Abingdon Press.

Müller, Max(1889), *Natural Religion*, New York: Longmans, Green and Co.

Needleman, Jacob and Baker, George(eds., 1981), *Understanding the New Religions*, New York: Seabury Press.

Nelson, Benjamin(1973), "Weber's Protestant Ethic: Its Origin, Wanderings, and Forseeable Futures", pp. 71~130 in *Beyond the Classics?: Essays in the Scientific Study of Religion*, edited by Charles Y. Glock and Phillip E. Hammond, New York: Harper & Row.

Nichols, James Hastings(1951), *Democracy and the Churches*, Philadelphia: The Westminster Press.

Niebuhr, H. Richard(1957), *The Social Sources of Denominationalism*, New York: The World Publishing Co.

Nietzsche, Friedrich(1924), *The Birth of Tragedy*, New York: Macmillan.

Nisbet, Robert A.(1966), *The Sociological Tradition*, New York: Basic Books.

______(1970), *The Social Bond*, New York: Knopf.

NORC(1974-1978), *General Social Survey*, National Opinion Research Center.

Norris, Pippa and Inglehart, Ronald(2009), *Sacred and Secular: Religion and Politics Worldwide*, New York: Cambridge University Press.

Nottingham, Elizabeth K. (1954), *Religion and Society*, New York: Doubleday.

______(1971), *Religion: A Sociological View*, New York: Random House.

O'Dea, Thomas F. (1961), "Five Dilemmas in the Institutionalization of Religion", *Journal for the Scientific Study of Religion* 1(1): 30~39.

______(1966), *The Sociology of Religion*, Englewood Cliffs, New Jersey: Prentice-Hall.

______(1970), *Sociology and the Study of Religion: Theory, Research, Interpretation*, New York: Basic Books.

O'Toole, Roger(1984), *Religion: Classic Sociological Approaches*, Toronto: McGraw-Hill.

Otto, Rudolf(1923), *The Idea of the Holy*, translated by John W. Harvey, London: Oxford University Press.

Parsons, Talcott(1952), "Sociology and Social Psychology", pp. 286~337 in *Religious Perspectives in College Teaching*, edited by Hoxie N. Fairchild et al., New York: The Ronald Press.

______(1949), *The Structure of Social Action*, Glencoe, Ill.: The Free Press.

______(1954), *Essays in Sociological Theory*, New York: The Free Press.

______(1963a), "Introduction to Max Weber", *The Sociology of Religion*, Boston: Beacon Press.

______(1963b), "Christianity and Modern Industrial Society", pp. 33~70 in *Sociological Theory, Values and Socio-Cultural Change*, edited by Edward Tiryakian, New York: The Free Press.

______(1964), *The Social System*, New York: The Free Press.

______(1965), "Culture and the Social System", in *Theories of Society*, edited by Talcott Parsons et al., Glencoe, Ill.: The Free Press.

Pawlikowski, John T. (1986), "Modern Catholic Teaching on the Economy: An Analysis and Evaluation", pp. 3~24 in *Christianity and Capitalism*, edited by Bruce Grelle and David A. Krueger. Chicago: Center for the Scientific Study of Religion.

Peterson, James A. (1956), *Education for Marriage*, New York: Charles Scribner's Sons.

Pew Research Center (2015), "Religion & Public Life".

Phautz, Harold (1955), "The Sociology of Secularization: Religious Groups", *American Journal of Sociology* 61(2): 121~128.

Photiadis, J. and Schweiker, W. (1970), "Attitudes toward Joining Authoritarian Organizations and Sectarian Churches", *Journal for the Scientific Study of Religion* 9(3): 227~234.

Poblete, Renato and O'Dea, Thomas F. (1960), "Anomie and the Quest for Community", *Sociological Analysis* 21(1): 18~36.

Pope, Liston (1942), *Millhands and Preachers: A Study of Gastonia*, New Haven: Yale University Press.

Pope, Whitney, Cohen, Jere, and Hazelrigg, Lawrence E. (1975), "On the Divergence of Weber and Durkheim: A Critique of Parson's Convergence Thesis", *American Sociological Review* 40(4): 417~427.

Radcliffe-Brown, A. R. (1939), *Taboo*, Cambridge: Cambridge University Press.

______ (1948), *The Andaman Islanders*, New York: Free Press.

______ (1952), *Structure and Function in Primitive Society*, New York: Free Press.

Raglan, Lord (1956), *Hero: A Study in Tradition, Myth and Drama*, New York: Vintage Books.

Rauschenbusch, Walter (1918), *A Theology for the Social Gospel*, New York: The Macmillan Co.

Reiss, Ira L. (1967), *The Social Context of Premarital Sexual Permissiveness*, New York: Holt.

Reitsma, Jan, Scheepers, Peer, and Grotenhuis, Manfred Te. (2006), "Dimension of Individual Religiosity and Charity: Cross-National Effect Differences in European Countries", *Review of Religious Research* 47(4): 347~362.

Riccio, James A. (1979), "Religious Affiliation and Socioeconomic

Achievement", pp. 199∼228 in *The Religious Dimension*, edited by Robert Wuthnow, New York: Academic Press.

Richey, Russell E. and Jones, Donald G. (eds., 1974), *American Civil Religion*, New York: Harper & Row.

Robbins, Thomas and Anthony, Dick (eds., 1981), *In God We Trust*, New Brunswick: Transaction Books.

Roberts, Keith A. [2004 (1984)]. *Religion in Sociological Perspective*, Homewood. Ill.: The Dorsey Press.

Roberts, Keith A. and Yamane, David (2012), *Religion in Sociological Perspective*, London: Sage.

Robertson, Roland (1984), 《종교의 사회학적 이해》, 이원규 역, 대한기독교출판사 (*The Sociological Interpretation of Religion*, New York: Schocken Books Inc., 1970).

Roof, Wade Clark (1978), *Commitment and Community*, New York: Elsevier.

______ (1979), "Concepts and Indicators of Religious Commitment: A Critical Review", pp. 17∼45 in *The Religious Dimension*, edited by Robert Wuthnow, New York: Academic Press.

Sachedina, Abdulaziz (1994), "Activist Shi'ism in Iran, Iraq and Lebanon", pp. 403∼456 in *Fundamentalism Observed*, edited by M. Marty and R. S. Appleby, Chicago: The University of Chicago Press.

Saloman, Albert (1949), "Prophets, Priests and Social Scientists: Sociology of Religion and Religion of Sociology", *Commentart* 7 (June): 594∼600.

Samuelsson, Kurt (1961), *Religion and Economic Action: A Critique of Max Weber*, New York: Harper & Row.

Scharf, Betty R. (1970), *The Sociological Study of Religion*, New York: John Wiley & Sons.

Scheepers, Peer and Grotenhuis, Manfred Te. (2005), "Who Cares for the Poor in Europe?", *European Sociological Review* 21.

Schneider, Louis (1970), *Sociological Approach to Religion*, New York:

John Wiley & Sons.

Schroeder, David A., Penner, Louis A., Dovidio, John F., and Piliavin, Jane A. (1995), *The Psychology of Helping and Altruism: Problems and Puzzler*, New York: McGraw-Hill.

Schwartz, Gary (1970), *Sect Ideologies and Social Status*, Chicago: University of Chicago Press.

Seidman, Steven (1983), "Modernity, Meaning and Cultural Pessimism in Max Weber", *Sociological Analysis* 44(4): 267~278.

Sharpe, Dores (1942), *Walter Rauschenbusch*, New York: The Macmillan Co.

Shaw, Marvin E. and Costanzo, Philip R. (1970), *Theories of Social Psychology*, New York: McGraw-Hill.

Shiner, Larry (1967), "The Concept of Secularization in Empirical Research", *Journal for the Scientific Study of Religion* 6(2): 207~220.

Shippey, Frederick A. (1967), "The Variety of City Churches", pp. 157~166 in *The Sociology of Religion*, edited by Richard D. Knudten, New York: Appleton-Century-Crofts.

Sinnott, Edmund W. (1950), *Science and Religion: A Necessary Partnership*, The Hazen Pamphlets.

Smith, Donald E. (1971), *Religion, Politics and Social Change in the Third World*, New York: Free Press.

Smith, M. Brewster (1969), *Social Psychology and Human Values*, Chicago: Aldine Publishing Co.

Snow, David A. and Phillips, Cynthia L. (1980), "The Lofland-Stark Conversion Model: A Critical Reassessment", *Social Problems* 27(April): 430~447.

Sombart, Werner (1951), *The Jews and Modern Capitalism*, New York: Free Press.

Spencer, Herbert (1898), *The Principles of Sociology* Vol. I, New York: A. Appleton and Co.

Spilka, B., Hood, R. W., Hunsberger, B., and Gorsuch, R. (2003), *The Psychology of Religion: An Empirical Approach*, New York: Guilford Press.

Spiro, Melford E. (1966), "Religion: Problems of Definition and Explanation", pp. 85~126 in *Anthropological Approaches to the Study of Religion*, edited by Michael Banton, London: Tavistock Publications.

Stark, Rodney (1964), "Class, Radicalism, and Religious Involvement in Great Britain", *American Sociological Review* 29(5): 698~706.

______ (1972), "The Economics of Piety: Religious Commitment and Social Class", pp. 483~503 in *Issues in Social Inequality*, edited by G. W. Thielbar and S. D. Feldman, Boston: Little, Brown and Co.

______ (2001), *One True God: Historical Consequences of Monotheism*, Princeton, New Jersey: Princeton University Press.

______ (2002), "Philosophy and Faith: Addressing the 'universal' Gender Difference in Religious Commitment", *Journal for the Scientific Study of Religion* 41: 3.

Stark, Rodney and Bainbridge, William S. (1987), *A Theory of Religion*, New York: Peter Lang.

Stark, Rodney and Finke, Roger (2000), *Acts of Faith: Explaining the Human Side of Religion*, Berkeley: University of California Press.

Stark, Rodney and Glock, Charles Y. (1968), *American Piety: The Nature of Religious Commitment*, Berkeley: University of California Press.

Stark, Rodney and Iannaccone, Laurence R. (1994), "A Supply-Side Reinterpretation of the 'Secularization' of Europe", *Journal for the Scientific Study of Religion* 33(3): 230~252.

Stark, Werner (1967), *The Sociology of Religion: A Study of Christendom*, New York: Fordham University Press.

Steeman, Theodore M. (1964), "Max Weber's Sociology of Religion", *Sociological Analysis* 25(1): 50~58.

Stroup, Herbert H. (1967), *Church and State in Confrontation*, New York: The Seabury Press.

Swanson, Guy E. (1964), *The Birth of the Gods: The Origin of Primitive Beliefs*, Ann Arbor, Mich.: University of Michigan Press.

______(1967), *Religion and Regime: A Sociological Account of the Reformation*, Ann Arbor, Mich.: University of Michigan Press.

Talmon, Yonina (1965), "The Pursuit of Millennium: The Relation Between Religion and Social Change", pp. 522~537 in *Reader in Comparative Religion*, edited by William A. Lessa and Evon Z. Vogt, New York: Harper & Row.

Tamney, Joseph B., Burton, Ronald, and Johnson, Stephen (1988), "Christianity, Social Class, and the Catholic Bishops' Economic Policy", *Sociological Analysis* 49(4): 78~96.

Tawney, R. H. (1962), *Religion and the Rise of Capitalism*, Gloucester, Mass.: Peter Smith.

Thomas, William I. (1937), *Primitive Behavior*, New York: McGraw Hill.

Thompson, Edward H. (1991), "Beneath the Status Characteristic: Gender Variations in Religiousness", *Journal for the Scientific Study of Religion* 30: 4.

Tillich, Paul (1956), *Systematic Theology* Vol. I, Chicago: University of Chicago Press.

Toft, Monica Duffy, Philpott, Daniel, and Shah, Timothy Samuel (2011), *God's Century: Resurgent Religion and Global Politics*, New York: W. W. Norton & Company.

Towler, Robert (1974), *Homo Religiosus*, New York: St. Martin Press.

Troeltsch, Ernst (1960), *The Social Teaching of the Christian Churches* Vol. I/II, translated by Olive Wyon, New York: Harper & Brothers.

Turner, Jonathan H. (1974), *The Structure of Sociological Theory*, Homewood, Ill.: Dorsey.

Turner, Jonathan H. and Maryanski, Alexandra (1979), *Functionalism*, Menlo Park, Ca.: The Benjamin/Cummings Publishing Co.

Tylor, Edward B. (1920), *Primitive Culture*, New York: G. D. Putnam's Sons.

Van Dahm, Thomas E. (1984), "The Christian Far Right and Economic Policy Issues", *Journal of the American Scientific Affiliation*: 28~35.

Van den Berghe, Pierre L. (1963), "Dialectic and Functionalism: Toward a Theoretical Synthesis", *American Sociological Review* 28(5): 695~705.

Van der Leeuw, G. (1963), *Religion in Essence and Manifestation*, translated by J. E. Turner, New York: Harper & Row.

Van Gennep, Arnold(1960), *The Rites of Passage*, Chicago: University of Chicago Press.

Vernon, Glenn M. (1962), *Sociology of Religion*, New York: McGraw-Hill.

Verweij, Johan, Eater, Peter, and Nauta, Rein(1997), "Secularization as an Economic and Cultural Phenomenon: A Cross-National Analysis", *Journal for the Scientific Study of Religion* 36: 2.

Vogt, Edvard(1967), "Objectivity in Research in the Sociology of Religion", pp. 115~125 in *Readings in the Sociology of Religion*, edited by Joan Brothers. Oxford: Pergamon Press.

Wach, Joachim(1958), *Sociology of Religion*, Chicago: The University of Chicago Press.

Wallace, Anthony F. C. (1966), *Religion: An Anthropological View*, New York: Random House.

Wallis, Roy(1977), *The Road to Total Freedom: A Sociological Analysis of Scientology*, New York: Columbia University Press.

______(1979), *Salvation and Protest: Studies of Social and Religious Movements*, New York: St. Martin's Press.

Walzer, Michael(1965), *The Revolution of the Saints: A Study in the Origins of Radical Politics*, Cambridge, Mass.: Harvard University Press.

Ward, A. Dudley(1961), *The Social Creed of the Methodist Church*, New York: Abingdon Press.

Warner, W. Lloyd (1961), *Family of God: A Symbolic Study of Christian Life in America*, New Haven: Yale University Press.

Weber, Max (1946), *From Max Weber*, translated and edited by Gerth and Mills, New York: Free Press.

______(1947), *The Theory of Social and Economic Organizations*, translated by A. M. Henderson and T. Parsons, New York: Oxford University Press.

______(1951), *The Religion of China: Confucianism and Taoism*, translated by H. H. Gerth. Glencoe, Ill.: The Free Press.

______(1952), *The Religion of India: The Sociology of Hinduism and Buddhism*, translated and edited by H. H. Gerth and D. Martindale, New York: The Free Press.

______(1958), *The Protestant Ethic and the Spirit of Capitalism*, translated by T. Parsons, New York: Charles Scribner's Sons.

______(1963), *The Sociology of Religion*, translated by E. Fischoff, Boston: Beacon Press.

______(1968), *Economy and Society* Vol. 1/2, translated by G. Roth et al., and edited by G. Roth and C. Wittich. New York: Bedminster Press.

Weigert, andrew and Darwin, Thomas (1969), "Religiosity in 5-D: A Critical Note", *Social Forces* 48 (Sep.): 260~263.

Wesley, John (1958), *The Works of John Wesley* Vol. 7, Grand Rapids: Zondervan Publishing House.

Westhues, Kenneth (1973), "The Established Churches as an Agent of Change", *Sociological Analysis* 34 (2): 106~123.

Willits, Fern K. and Crider, Donald M. (1988), "Religion and Well-Being: Men and Women in the Middle Years", *Review of Religious Research* 29 (1): 281~294.

Whitley, Oliver R. (1964), *Religious Behavior: Where Sociology and Religion Meet*, Englewood Cliffs, New Jersey: Prentice-Hall.

Williams, J. Paul (1972), "The Nature of Religion", pp. 21~37 in

Religion's Influence in Contemporary Society: Readings in the Sociology of Religion, edited by Joseph E. Faulkner, Columbus, Ohio: Bell & Howell Co.

Wilson, Bryan R. (1966), *Religion in Secular Society: A Sociological Comment*, London: C. A. Watts & Co.

______(1970), *Religious Sects*, New York: McGraw-Hill.

______(1979), *Contemporary Transformations of Religion*, Oxford: Clarendon Press.

______(1982), *Religion in Sociological Perspective*, Oxford: Oxford University Press.

______(ed., 1967), *Patters of Sectarianism: Organization and Ideology in Social and Religious Movements*, London: Heinemann.

Wilson, John (1978), *Religion in American Society*, Englewood Cliffs. New Jersey: Prentice-Hall.

Wimberley, Ronald et al. (1976), "The Civil Religious Dimension. Is it There?", *Social Forces* 54(June): 890~900.

Winter, J. Allan (1977), *Continuities in the Sociology of Religion*, New York: Harper & Row.

Worsley, Peter (1968), *The Trumpet Shall Sound: A Study of Cargo Cult in Melanesia*, New York: Schocken Books.

Wrightsman, Lawrence S. (1977), *Social Psychology*, Monterey, Ca.: Brooks/Coles Publishing Co.

Wuthnow, Robert (1976), *The Consciousness Reformation*, Berkeley: University of California Press.

______(ed., 1979), *The Religious Dimension*, New York: Academic Press.

______(1991), *Acts of Compassion: Caring for Others and Helping Ourselves*, Princeton, New Jersey: Princeton University Press.

Yang, C. K. (1951), "Introduction to Max Weber", *The Religion of China*, Glencoe, Ill.: The Free Press.

Yinger, J. Milton (1946), *Religion in the Struggle for Power*, Durham, N. C.: Duke University Press.

______(1970), *The Scientific Study of Religion*, New York: The Macmillan Co.

______(1977), "A Comparative Study of the Substructures of Religion", *Journal for the Scientific Study of Religion* 16(1): 67~86.

Young, Donald(1937), *American Minority Peoples*, New York: Harper.

Zaretsky, Irving I. and Leone, Mark P. (eds., 1974), *Religious Movement in Contemporary America*, Princeton, New Jersey: Princeton University Press.

Zuckerman, Phil(2003), *Invitation to the Sociology of Religion*, New York: Routledge.

■ 찾아보기(용어)

ㄴ ~ ㄷ

ㄹ ~ ㅁ

ㅂ

ㅅ

ㅈ

ㅊ ~ ㅋ

ㅌ ~ ㅍ

ㅎ

■ 찾아보기(인명)

ㄱ ~ ㄴ

ㅇ ~ ㅎ

기타

A ~ B

C ~ D

E ~ G

H ~ I

J ~ L

M ~ N

O ~ R

S

T ~ V

W

Y ~ Z